U0492648

经以除也
划徐尚未
贺教方卯
至大才向项目
必主之继

教育部哲学社会科学研究重大课题攻关项目

"十三五"国家重点出版物出版规划项目

农产品流通体系建设的机制创新与政策体系研究

RESEARCH ON MECHANISM INNOVATION
AND POLICY SYSTEM OF AGRI-PRODUCT
DISTRIBUTION SYSTEM CONSTRUCTION

夏春玉 等著

中国财经出版传媒集团
经济科学出版社
Economic Science Press

图书在版编目（CIP）数据

农产品流通体系建设的机制创新与政策体系研究/夏春玉等著.—北京：经济科学出版社，2018.7
ISBN 978-7-5141-9484-5

Ⅰ.①农… Ⅱ.①夏… Ⅲ.①农产品流通-研究-中国 Ⅳ.①F724.72

中国版本图书馆 CIP 数据核字（2018）第 150303 号

责任编辑：孙丽丽　王文成
责任校对：郑淑艳
责任印制：李　鹏

农产品流通体系建设的机制创新与政策体系研究

夏春玉　等著

经济科学出版社出版、发行　新华书店经销
社址：北京市海淀区阜成路甲 28 号　邮编：100142
总编部电话：010-88191217　发行部电话：010-88191522
网址：www.esp.com.cn
电子邮件：esp@esp.com.cn
天猫网店：经济科学出版社旗舰店
网址：http://jjkxcbs.tmall.com
北京季蜂印刷有限公司印装
787×1092　16 开　35.5 印张　680000 字
2018 年 8 月第 1 版　2018 年 8 月第 1 次印刷
ISBN 978-7-5141-9484-5　定价：88.00 元
（图书出现印装问题，本社负责调换。电话：010-88191510）
（版权所有　侵权必究　举报电话：010-88191586
电子邮箱：dbts@esp.com.cn）

课题组主要成员

夏春玉　刘凤芹　汪旭晖　张　闯　徐　健
于　左　陈　梅　费　威　薛建强　任博华
田　敏

编审委员会成员

主　任　吕　萍
委　员　李洪波　柳　敏　陈迈利　刘来喜
　　　　樊曙华　孙怡虹　孙丽丽

总　序

哲学社会科学是人们认识世界、改造世界的重要工具，是推动历史发展和社会进步的重要力量，其发展水平反映了一个民族的思维能力、精神品格、文明素质，体现了一个国家的综合国力和国际竞争力。一个国家的发展水平，既取决于自然科学发展水平，也取决于哲学社会科学发展水平。

党和国家高度重视哲学社会科学。党的十八大提出要建设哲学社会科学创新体系，推进马克思主义中国化、时代化、大众化，坚持不懈用中国特色社会主义理论体系武装全党、教育人民。2016年5月17日，习近平总书记亲自主持召开哲学社会科学工作座谈会并发表重要讲话。讲话从坚持和发展中国特色社会主义事业全局的高度，深刻阐释了哲学社会科学的战略地位，全面分析了哲学社会科学面临的新形势，明确了加快构建中国特色哲学社会科学的新目标，对哲学社会科学工作者提出了新期待，体现了我们党对哲学社会科学发展规律的认识达到了一个新高度，是一篇新形势下繁荣发展我国哲学社会科学事业的纲领性文献，为哲学社会科学事业提供了强大精神动力，指明了前进方向。

高校是我国哲学社会科学事业的主力军。贯彻落实习近平总书记哲学社会科学座谈会重要讲话精神，加快构建中国特色哲学社会科学，高校应需发挥重要作用：要坚持和巩固马克思主义的指导地位，用中国化的马克思主义指导哲学社会科学；要实施以育人育才为中心的哲学社会科学整体发展战略，构筑学生、学术、学科一体的综合发展体系；要以人为本，从人抓起，积极实施人才工程，构建种类齐全、梯队衔接的高校哲学社会科学人才体系；要深化科研管理体制改革，发挥高校人才、智力和学科优势，提升学术原创能力，激发创新创造活力，建设中国特色新型高校智库；要加强组织领导、做好统筹规划、营造良好学术生态，形成统筹推进高校哲学社会科学发展新格局。

哲学社会科学研究重大课题攻关项目计划是教育部贯彻落实党中央决策部署的一项重大举措，是实施"高校哲学社会科学繁荣计划"的重要内容。重大攻关项目采取招投标的组织方式，按照"公平竞争，择优立项，严格管理，铸造精品"的要求进行，每年评审立项约40个项目。项目研究实行首席专家负责制，鼓励跨学科、跨学校、跨地区的联合研究，协同创新。重大攻关项目以解决国家现代化建设过程中重大理论和实际问题为主攻方向，以提升为党和政府咨询决策服务能力和推动哲学社会科学发展为战略目标，集合优秀研究团队和顶尖人才联合攻关。自2003年以来，项目开展取得了丰硕成果，形成了特色品牌。一大批标志性成果纷纷涌现，一大批科研名家脱颖而出，高校哲学社会科学整体实力和社会影响力快速提升。国务院副总理刘延东同志做出重要批示，指出重大攻关项目有效调动各方面的积极性，产生了一批重要成果，影响广泛，成效显著；要总结经验，再接再厉，紧密服务国家需求，更好地优化资源，突出重点，多出精品，多出人才，为经济社会发展做出新的贡献。

作为教育部社科研究项目中的拳头产品，我们始终秉持以管理创新服务学术创新的理念，坚持科学管理、民主管理、依法管理，切实增强服务意识，不断创新管理模式，健全管理制度，加强对重大攻关项目的选题遴选、评审立项、组织开题、中期检查到最终成果鉴定的全过程管理，逐渐探索并形成一套成熟有效、符合学术研究规律的管理办法，努力将重大攻关项目打造成学术精品工程。我们将项目最终成果汇编成"教育部哲学社会科学研究重大课题攻关项目成果文库"统一组织出版。经济科学出版社倾全社之力，精心组织编辑力量，努力铸造出版精品。国学大师季羡林先生为本文库题词："经时济世　继往开来——贺教育部重大攻关项目成果出版"；欧阳中石先生题写了"教育部哲学社会科学研究重大课题攻关项目"的书名，充分体现了他们对繁荣发展高校哲学社会科学的深切勉励和由衷期望。

伟大的时代呼唤伟大的理论，伟大的理论推动伟大的实践。高校哲学社会科学将不忘初心，继续前进。深入贯彻落实习近平总书记系列重要讲话精神，坚持道路自信、理论自信、制度自信、文化自信，立足中国、借鉴国外、挖掘历史、把握当代、关怀人类、面向未来，立时代之潮头、发思想之先声，为加快构建中国特色哲学社会科学，实现中华民族伟大复兴的中国梦做出新的更大贡献！

教育部社会科学司

前　言

始于20世纪70年代末80年代初的农村家庭联产承包责任制和农产品流通的市场化改革，使农户成为农业生产和农产品流通的基本组织单元。这两项改革极大地提高了农业生产率、保障了农产品供应、繁荣了农产品市场，也极大地促进了农民收入的增长。然而，随着这两项改革的深化，一些新的矛盾逐渐凸显出来，其中尤以"小农户"与"大市场"之间的矛盾最为突出。特别是中国加入世界贸易组织，国内市场与国际市场逐步接轨的情况下，小规模生产的农户组织与大市场流通格局之间的矛盾一直没有得到有效的解决。农产品流通一头连接着从事农业生产的农户家庭，另一头则连接着广大城市消费者，农产品生产与消费之间存在的若干差异全都依靠此流通过程来调节。因此，在农业生产规模化不足和国内、国际市场融通大流通格局并存的情况下，高效率的农产品流通过程对农户增收、保证城市市场供应、保障农产品质量安全，以及提升中国农产品的国际竞争力都至关重要。这正是本书的成书背景。

东北财经大学在流通问题研究方面有着较为悠久的历史和深厚的研究基础。早在1952年建校之初，东北财经大学（时称东北财经学院）就有一支力量雄厚的流通（贸易）经济研究与教学队伍，60多年来一直没有中断。随着1998年开始的学科专业目录调整，东北财经大学与流通有关的学科专业也发生了新的整合，流通经济、市场营销、物流管理替代了原来的商业经济与物资经济等相关学科。目前，东北财经大学的流通问题研究主要集中在以下几个领域：流通理论（含农产品流通）、市场营销与物流管理，并逐渐在流通基础理论、农产品流通、营销渠道管理与网络营销等几个研究方向上形成了比较优势。近年来,东北财经大学营销与流通研究团队已经在 Industrial Marketing Management，Journal of Business-to-Business Marketing，American Journal of Agricultural Economics 等 SSCI 和 SCI 期刊，以及《管理世界》《财贸经济》《中国工业经济》《中国农村经济》《农业经济问题》《中国软科学》等国内权威期刊发表学术论文 200 余篇，承担国家自然科学基金、国家社会科学基金、教育部哲学社会科学重大课题攻关项目、教育部人文社科重点研究基地重大项目，以及教育部人文社科研究项目近 30 项。

东北财经大学营销与流通研究团队对农产品流通问题的关注始于 21 世纪初。由于团队自身的专业背景与传统农业院校专业背景的差异，在进入农产品流通研究领域的最初，东北财经大学研究团队就选择了其积累比较丰厚，也比较擅长的研究视角——从流通理论和营销理论（尤其是营销渠道理论）的角度切入研究。这一研究视角虽然是专业背景决定的自然结果，但却使得该团队的研究形成了与传统农业院校学者差异明显的研究角度。如对"订单农业"的研究，传统农业经济背景的学者主要采用契约理论、交易成本理论等来解释"订单农业"运行中存在的问题，而对订单交易关系中的社会要素很少关注。基于这一点，东北财经大学研究团队选择从营销渠道管理领域中的渠道行为理论和渠道治理理论两个角度切入对"订单农业"运行中存在问题的研究，重点从若干社会要素（如关系中的权力结构、农村社会的人际关系网络、交易关系中的冲突与感知公平等）来解释农产品交易关系。这个独特的视角与传统农业经济研究视角恰好是互补的，可以更为完整地理解包括"订单农业"在内的农产品交易关系。以流通理论和营销理论为研究视角，东北财经大学研究团队先后申请并完成了多项国家社会科学基金项目、教育部人文社会科学重点研究基地重大项目和教育部人文社科研究一般项目，期间发表了几十篇学术论文，并出版了 2 本专著。

在前述研究积累的基础上，东北财经大学研究团队于 2012 年投标了教育部哲学社会科学重大课题攻关项目：农产品流通体系建设的机制创新与政策体系研究（12JZD025），并幸运地中标该项目。在项目研究的4年中，课题组进行了大量的调研，调研活动覆盖了全国20余个省、自治区与直辖市，共计发放调查问卷5 000余份，深度访谈各类农产品流通主体、行业管理者近300人次，形成了数万字的调研笔记，这些调研活动为项目研究提供了坚实的基础。在项目执行期间，项目研究团队在 American Journal of Agricultural Economic、《管理世界》《中国软科学》《农业经济问题》《经济管理》等 SSCI、SCI、CSSCI 期刊发表论文总数为39篇，其中8篇被中国人民大学书报中心全文转载，公开出版专著3部，孵化课题14项，其中包括2项国家社会科学基金青年项目和2项教育部人文社科研究项目。在这些阶段性成果的基础上，课题组完成了最终的研究报告，其中的核心部分则形成了本书的内容。

本书研究的核心内容是农产品流通体系建设的机制创新与政策体系，由于此研究主题涉及的研究问题非常广泛，本书将聚焦于农产品流通体系中那些较为薄弱的环节和突出的问题，展开一系列深入的专题研究，并按照专题研究之间的逻辑联系安排本书的章节结构。具体来说，本书主要包括三大部分的内容：第一部分主要围绕农产品流通的商流体系建设（流通组织、交易关系与渠道治理）、物流体系建设和信息体系建设展开，旨在探索农产品流通三大子系统的互动关系、发展现状、影响因素、治理机制、建设路径等；第二部分围绕农产品流通体系的建设目标展开，旨在探寻降低农产品流通成本、稳定农产品价格、保障农产品质量安全的对策建议；第三部分主要围绕我国现行农产品流通政策的梳理、国际农产品流通政策的经验、专题研究结论的启示展开，旨在发掘改进与完善我国农产品流通政策的建议与措施。

纵观全书，以下三点可能是本研究的贡献与创新之处：第一，构建了农产品流通体系建设系统的理论框架。传统的关于农产品流通的研究，往往仅立足于农产品流通渠道、农产品物流、农产品信息化某一个方面，而本研究集合农产品商流、物流、信息流为一体，建立了一个包含农产品流通渠道与组织、农产品物流、农产品流通信息化三大方面的农产品流通体系建设的系统性分析框架，并以机制创新为分析重点，构建和创新政策支持体系。第二，通过以流通理论为基础的多学科理论来解读农产品流通的内在机制。本研究从流通理论的角度切入对农产品流通问题的研究，将流通理论中的流通结构理论、流通渠道理论、流通功能理论、流通信息化理论，以及物流理论等理论应用于农产品流通的研究，力图深化流通理论在该研究领域的应用，同时结合新制度经济学、营销理论、供应链理论、信息经济学等多学科理论，为农产品流通领域的研究提供更为广阔的分析视角和更为丰富的理论基础，具有较大的理论价值。第三，拓展了农产品流通理论研究的广度和深度。本研究在搭建集合商流体系、物流体系、信息流体系的农产品流通体系框架的基础上，还对农产品批发市场公益性实现方式、农产品价格波动、农产品质量安全问题进行了系统而深入的探讨，进一步拓展了农产品流通理论研究的广度和深度。

摘 要

建设高效的农产品流通体系，不仅是提高生活质量、保障人民健康的关键所在，也是解决"三农"问题、实现协调发展的重要课题。目前，我国初步建立了以市场机制为主导的多渠道、多层次、多形式的农产品流通体系，但是，农产品流通的基础设施不足、现代化水平不高、信息化薄弱、效率低下、成本高企等留存问题，导致农产品创收困难、价格波动剧烈、质量安全事故频发等乱象愈演愈烈，严重降低了居民的生活水平、抑制了农业的快速成长、阻碍了农村的健康发展，甚至延缓了国内经济的现代化进程。那么，在农产品流通体系建设已经取得阶段性成果的前提下，如何进一步深化机制创新和体制改革，从而更好地推进农产品流通现代化，不仅是改善人民生活的重要保障，也是推进乡村振兴战略的关键环节，更是实现我国经济高质量发展的重要一环。鉴于此，本书系统考察了农产品从田头到店头再到餐桌的流通全过程，对农产品流通的组织模式、交易方式、渠道结构、技术水平、成本效率等进行全面分析和比较研究，并围绕农产品流通体系建设过程中的关键环节和薄弱环节开展了五个专题研究。

第一个专题研究围绕农产品流通组织、交易关系与渠道治理展开（第三至第六章）。针对农产品批发市场公益性的回归问题，本书以北京新发地市场为例，分析了如何实现企业化运行的农产品批发市场的公益性目标。交易关系的治理机制主要关注如何规避交易关系中的机会主义行为，降低交易成本，提高交易绩效，为此，我们把市场营销中的关系营销理论和渠道治理理论引入该研究领域，考察在农产品交易关系的独特情景下，契约、管理控制、人际关系的治理效果（如抑制投机行为和提高绩效），并据此提出农产品流通渠道治理机制的优化建议。对于快速发展的农产品电子商务，我们在建构基于线上线下融合的农产品O2O体系框架的基础上，展开对天猫生鲜和沱沱工社的双案例研究，并据此提出农产品电子商务发展的若干政策建议。

  第二个专题研究围绕农产品物流体系建设展开（第七章）。为了降低农产品流通过程中的物流成本、提高物流效率、发展物流产业，构建高效的农产品物流体系，本书从物流组织、物流方式、物流基础设施、物流技术等方面分析农产品物流体系现状与问题；对农产品物流成本进行解构，归纳导致农产品物流成本居高不下的影响因素；构建农产品物流体系创新机制，提出农产品物流体系建设路径。

  第三个专题研究围绕农产品信息体系建设展开（第八章）。本书首先梳理了农产品流通信息不对称的主要表现及其对农产品价格波动、质量安全和流通效率的影响，进而对农户、中间商和消费者三类典型渠道主体展开调查，探索不同主体对各类农产品流通信息的需求与供给情况，及其在不同类型农产品流通信息上的渠道选择，揭示供需差距和农产品流通信息渠道中存在的问题，并提出以农产品流通信息供给内容优化、传播渠道优化与信息平台建设为主的农产品流通信息体系建设路径。

  在上述以三个流通子系统为研究对象的专题研究基础上，本书还以整个农产品流通体系为研究对象，围绕农产品流通体系的建设目标开展专题研究。首先是农产品流通成本与利润的解构研究（第九章）。我们采用案例研究方法，从微观的农产品流通渠道入手，揭示我国农产品流通中的成本构成和利润分配状况，探究降低流通成本、优化流通渠道的路径。其次是农产品价格波动的研究（第十章）。我们利用Census-X12、HP滤波等计量经济模型对农产品流通过程中价格波动的季节波动、长期趋势、周期波动、随机成分等特征进行分析；利用VAR模型从供给、需求、货币三个方面分析农产品流通过程中价格波动的成因；利用SVAR模型分析中国农产品价格波动对经济增长、消费等宏观经济的影响；利用VAR模型分析农产品价格波动对通货膨胀的影响、传导渠道及贡献度。最后是流通领域农产品安全问题的研究（第十一章）。我们基于农业经济学、流通理论、食品安全管理等理论，借助管理学、经济学等多学科的研究方法，分析农产品流通领域的食品安全现状、主要原因、质量追溯体系建设，进而提出保障流通领域农产品质量安全的对策。

最后，围绕农产品流通政策体系设计与创新开展专题研究（第十二章）。我们率先对农产品流通政策进行界定，进而对我国现行农产品流通政策进行系统的梳理与评价，并在借鉴美国、日本、德国、巴西的农产品流通政策的经验，以及专题研究结论的基础上，提出了改进与完善我国农产品流通政策的建议与措施。

本书整合流通结构理论、流通渠道理论、流通功能理论、流通信息化理论、物流理论等流通理论，结合新制度经济学、营销理论、供应链理论、信息经济学等多学科理论，建构了一个包含农产品流通渠道、物流、流通信息化三大体系的系统性分析框架与创新性研究范式，为农产品流通研究提供了更为广阔的分析视角和更为丰富的理论基础。同时，本书基于相关的研究结论，借鉴国际的先进经验，探索了农产品流通体系建设过程中的机制创新与政策体系，为进一步深化农产品流通体制改革提供了相应支持。

Abstract

An efficient agri-product distribution system is crucial to improve the quality of life and ensure the health of the people, and its establishment will be helpful to solve the issue of "agriculture, rural areas and farmers" and achieve coordinated development of national economy. Though a preliminary market-oriented agri-product distribution system, with multiple channels and forms at different levels, has been established in China, the existing problems concerning agri-product distribution, such as deficient infrastructure, low degree of modernization, insufficient application of information technology, low efficiency, and roaring cost, have led to many negative results: agri-product's low profitability; drastic price fluctuations; frequent quality & safety accidents; severely reduced living standards; sluggish agricultural growth; retarded development of rural areas; and even loss of momentum in modernizing China's economy. Then, the future steps or policies to further deepen the reform and innovation of agri-product distribution mechanism and system in a bid to promote its modernization are not only an important guarantee for raising people's living standard, but also part of the strategy of rural rejuvenation, and even conducive to the transformation of China's economy into a high-quality growth mode. In view of this, through systematically examining the whole agri-product distribution process from producing fields to shopping outlets and then to dining tables, this book makes a comprehensive analysis and comparative study on the organization modes, transacting patterns, channel structures, technical level, and cost & efficiency in agri-product distribution, with special focus on key points and bottlenecks in establishing the agri-product distribution system in the following five topics.

The first topic focuses on agri-product distribution organizations as well as the governance of transaction relationships and channels (Chapter 3 – 6). In the context of resuming the public welfare nature of agri-product wholesale markets, this book, taking Xinfadi Market in Beijing as an example, analyzes how to achieve the public welfare goals of agri-product wholesale markets while operating them under market mechanism. The governance mechanism of transaction relationships deals mainly with how to prevent opportunistic behavior in transaction relationships, reduce transaction costs, and improve transaction efficiency. For this purpose, we introduce theories of relationship marketing and channel governance to explore the governance effects (such as preventing opportunistic behavior and improving performance) of contracts, management control, and interpersonal relationships in the unique context of agri-product transaction relationships. Then, we make some recommendations to optimize the governance mechanisms for agri-product distribution channels. After constructing an O2O agri-product distribution framework based on online and offline integration, we explore the fast-growing agri-product e-commerce with a double-case study of Tmall and Tootoo, and then, propose our policy recommendations on developing agri-product e-commerce.

The second topic is about establishing agri-product logistics system (Chapter 7). In order to reduce the logistic cost, improve efficiency in the process of agri-product distribution, speed up the development of the logistics sector, and construct an efficient agri-product logistics system, this book analyzes the status quo and problems existing in current agri-product logistics system in terms of logistics organizations, logistics models, logistics infrastructure, and logistics technology; through "deconstructing" the logistics cost of agri-product, sums up the factors responsible for increasing logistics cost; through constructing the innovation mechanism of agri-product logistics system, proposes the path of establishing an efficient agri-product logistics system.

In the third topic, we go into details on how to build an agri-product information system (Chapter 8). Starting with sorting out the main manifestation of information asymmetry in agri-product distribution and its impacts on agri-product price fluctuations, quality & safety issues, and distribution efficiency, we investigate three typical distribution bodies, namely, farmers, middlemen, and consumers, to explore their own demand for and acquisition of agri-product distribution information, and their selection of channels for different types of agri-product distribution information. After revealing the imbalance between information supply and demand as well as the problems in information channels of agri-product distribution, we propose that the strategies of establishing information system of agri-product distribution mainly cover the following aspects: optimizing the content of supplied information in agri-product distribution, optimizing distribution channels, and building information sharing platforms.

Apart from those above-mentioned sub-systems of distribution, the agri-product distribution system is also explored as a whole with focus on its construction goals. First comes the deconstruction of agri-product's distribution costs and profits (Chapter 9). The cost structure and profit distribution in China's agri-product distribution are uncovered through analyzing the specific agri-product distribution channels with the case study method, thus making it possible to find out the ways to reduce distribution costs and optimize distribution channels. Then follows the study of agri-product price fluctuations (Chapter 10). Such characteristics of agri-product price fluctuations in distribution as the seasonal fluctuations, long-term trends, periodic fluctuations, and random elements are identified with econometric models including Census – X12 and the Hodrick – Prescott Filter; the causes for price fluctuations in distribution are pinpointed from three aspects of supply, demand, and currency using the VAR model; its impacts on China's economic growth and consumption are analyzed with the SVAR Model; and its impacts on inflation, including the transmission channels and contribution, with the VAR Model. What comes last is the issue of agri-product safety in distribution (Chapter 11). The status quo, main causes, and quality traceability system of food safety in China's agri-product distribution are made clear and then the measures for agri-product quality & safety through applying the theories of agricultural economics, distribution, and food safety management as well as using the research methods adopted in multiple disciplines such as management science and economics.

The last topic goes around the system design and innovation of agri-product distribution policy (Chapter 12), in which, the agri-product distribution policy is defined first, China's present policies on agri-product distribution get reviewed and evaluated then, and further, based on the relevant experience from the policies implemented in USA, Japan, Germany, and Brazil, and the conclusions we have made from the research on those topics, corresponding suggestions and measures are proposed to improve and perfect China's agri-product distribution policies.

Through integrating distribution theories related to distribution structure, distribution channel, distribution function, IT application in distribution, and logistics, and combining theories in various disciplines including new institutional economics, marketing, supply chain, and information economics, this book constructs a systemic analysis framework and innovative research paradigm, covering three major systems of agri-product distribution channels, logistics, and the IT application in distribution, which provides a broader perspective and enriches the theoretical foundation for the agri-product distribution research. In addition, starting from relevant findings and drawing on international advanced experience, this book explores the issues of mechanism innovation and policy system in the process of establishing agri-product distribution system, which, hopefully, would offer some support for further deepening the reform of China's agri-product distribution system.

目录

第一章 ▶ 导论　1

第一节　选题背景、现实意义与学术价值　1
第二节　研究思路、研究方法与技术路线　4

第二章 ▶ 农产品商流、物流与信息流的互动关系研究　17

第一节　农产品商流体系分析　17
第二节　农产品物流体系分析　23
第三节　农产品信息流体系分析　28
第四节　农产品商流、物流、信息流互动关系分析　34
第五节　总结及研究展望　40

第三章 ▶ 农产品批发市场公益性实现方式研究：
以北京新发地市场为案例　43

第一节　理论背景　44
第二节　研究设计　48
第三节　案例分析　51
第四节　讨论　56
第五节　结论与政策建议　59

第四章 ▶ 农产品流通渠道治理：契约与管理控制　62

第一节　契约型农产品渠道中的契约治理、企业控制与农户绩效　63
第二节　非对称依赖渠道关系中的契约治理和投机行为：
市场不确定性与政府支持的调节作用　75

第三节　契约型农产品营销渠道治理过程研究：
　　　　收购商管理控制的中介作用　88

第四节　本章的管理启示　106

第五章 ▶ 农产品流通渠道中的人际关系对交易关系的影响　109

第一节　"订单农业"中的人际关系对农户投机行为的影响机制　109

第二节　人际关系对农户投机行为的影响：农户感知公平的
　　　　中介作用　130

第三节　专有资产投入、人际信任对关系稳定的影响　139

第四节　本章管理建议　150

第六章 ▶ 农产品电子商务研究　153

第一节　基于线上线下融合的农产品 O2O 体系框架　154

第二节　电子商务破解生鲜农产品流通困局的内在机理
　　　　——基于天猫生鲜与沱沱工社的双案例比较研究　162

第三节　生鲜农产品电子商务行业前景分析　181

第四节　生鲜农产品电子商务行业发展建议　185

第七章 ▶ 农产品物流体系建设　191

第一节　农产品物流成本与效率分析　191

第二节　农产品物流体系创新　222

第三节　农产品物流体系的建设路径　247

第八章 ▶ 农产品流通信息体系建设　256

第一节　农产品流通信息的需求与供给分析　257

第二节　农产品流通信息渠道选择分析　271

第三节　农产品流通信息平台建设满意度及其影响因素研究　291

第四节　我国农产品流通信息传播渠道优化与信息平台建设策略　318

第九章 ▶ 农产品流通成本构成与利润分配　324

第一节　价格高涨背景下我国农产品流通成本解构研究　326

第二节　短渠道中的农产品流通成本与利润解构研究　335

第三节　不同流通渠道下农产品流通成本与利润解构研究　343

第四节　不同类型农产品零售终端的成本利润对比研究　356

第十章 ▶ 农产品价格波动问题研究　368

    第一节　我国农产品价格波动的表现与特点　368

    第二节　农产品价格波动的成因
          ——对中国农产品价格波动影响的外部因素研究　385

    第三节　农产品价格波动的影响
          ——中国农产品价格波动对宏观经济的影响　394

    第四节　农产品价格波动的影响
          ——农产品价格波动对我国通货膨胀动态冲击效应的
             计量分析　402

    第五节　日本稳定蔬菜价格过度波动的经验与启示　411

第十一章 ▶ 农产品流通领域食品安全的现状及其原因　417

    第一节　流通领域典型农产品安全事件及其监管因素分析　418

    第二节　农产品流通中质量安全影响因素的实证分析
          ——以山东省苍山县调查数据为例　422

    第三节　农产品质量安全问题产生的流通主体原因　426

    第四节　流通领域的农产品质量安全治理模式　447

    第五节　保障流通领域农产品质量安全的对策　460

第十二章 ▶ 农产品流通政策体系建设　468

    第一节　农产品流通政策的界定　468

    第二节　我国现行农产品流通政策的梳理与评价　469

    第三节　国外农产品流通政策评介与启示：以美、日、巴西为例　478

    第四节　完善我国农产品流通政策体系的建议与措施　486

参考文献　501

后记　529

Contents

Chapter 1　Introduction　1

    1.1　Background, Practical Significance and Academic Value　1

    1.2　Research Ideas, Methods and Technical Routes　4

Chapter 2　Interactions among Business Flow, Logistics and Information Flow in Agri-product Distribution　17

    2.1　Analysis of Business Flow System in Agri-product Distribution　17

    2.2　Analysis of Logistics System in Agri-product Distribution　23

    2.3　Analysis of Information Flow System in Agri-product Distribution　28

    2.4　Interactions among Business Flow, Logistics, and Information Flow in Agri-product Distribution　34

    2.5　Summary and Research Prospect　40

Chapter 3　Study on Achieving Public Welfare Goals of Agri-product Wholesale Markets: The Case of Beijing Xinfadi Market　43

    3.1　Theoretic Background　44

    3.2　Research Design　48

    3.3　Case Study　51

    3.4　Discussions　56

    3.5　Conclusions and Policy Recommendations　59

Chapter 4 Agri-product Distribution Channel Governance: Contract and Management Control   62

4.1 Contract Governance, Corporate Control and Farmer Performance in Contractual Channels   63

4.2 Contract Governance and Opportunistic Behavior in Channel Relationships with Dependence Asymmetry: The Moderating Role of Market Uncertainty and Government Support   75

4.3 Governance Process of Contractual Channels of Agri-product Distribution: Intermediary Role of Buyers Management Control   88

4.4 Management Implications   106

Chapter 5 Influences of Interpersonal Relationship on Transaction Relationship in Agri-product Distribution   109

5.1 Influencing Mechanism of Interpersonal Relationship in Contract Farming on Farmers' Opportunistic Behavior   109

5.2 Influence of Interpersonal Relationship on Farmers' Opportunistic Behavior: The Mediator Role of Farmers' Perceived Fairness   130

5.3 Influences of Specific Asset Investment and Interpersonal Trust on Relationship Stability   139

5.4 Management Suggestions   150

Chapter 6 Study on Agri-product E-commerce   153

6.1 Agri-product O2O Framework Based on Online and Offline Integration   154

6.2 How E-commerce Helps to Solve the Distribution Difficulty of Fresh Agri-products
    —A Comparative Double-case Study of Tmall and Tootoo   162

6.3 Prospect of Fresh Agri-product E-commerce   181

6.4 Suggestions for Developing Fresh Agri-product E-commerce   185

Chapter 7 Building Agri-product Logistics System   191

7.1 Analysis of Logistics Cost-Efficiency of Agri-product   191

7.2 Innovation of Agri-product Logistics System   222

7.3　Establishing Route of Agri-product Logistics System　247

Chapter 8　Building Information System of Agri-product Distribution　256

8.1　Analysis on Demand & Supply of Agri-product Distribution Information　257

8.2　Analysis on Channel Selection of Agri-product Distribution Information　271

8.3　Satisfaction of Agri-product Information Platforms and Its Influencing Factors　291

8.4　Strategies of Optimizing Agri-product Information Platforms and Building Information Platforms　318

Chapter 9　Cost Ingredients and Profit Distribution of Agri-product Distribution　324

9.1　Deconstruction of Agri-product's Distribution Cost in the Context of Soaring Prices　326

9.2　Distribution Cost and Profit Deconstruction of Agri-product through Short Channels　335

9.3　Distribution Cost and Profit Deconstruction of Agri-product through Different Channels　343

9.4　Cost – Profit Contrast of Different Types of Agri-product Retail Terminals　356

Chapter 10　Study on Price Fluctuations of China's Agri-product　368

10.1　Performance and Characteristics of China's Agri-product Price Fluctuations　368

10.2　Causes for Agri-product Price Fluctuations
　　　—Analysis of External Factors Influencing China's Agri-product Price Fluctuations　385

10.3　Impacts of Agri-product Price Fluctuations
　　　—Impacts of China's Agri-product Price Fluctuations on Macro-economy　394

10.4　Impacts of Agri-product Price Fluctuations
　　　—Quantitative Analysis of Dynamic Shock Effect of Agri-product Price Fluctuations on China's Inflation　402

10.5 Japan's Experience and Enlightenment of Avoiding Excessive Fluctuations of Vegetable Prices　411

Chapter 11　Status Quo of Food Safety Issue in Agri-product Distribution and Its Causes　417

11.1 Typical Food Safety Incidents in Agri-product Distribution and Government Regulation　418

11.2 Empirical Analysis of Factors Affecting Quality Safety in Agri-product Distribution
——Based on Data from Cangshan County, Shandong Province　422

11.3 Causes for Agri-product Quality Safety on the Part of Main Bodies of Distribution　426

11.4 Quality Safety Management Pattern in Agri-product Distribution　447

11.5 Countermeasures of Assuring Agri-product Quality Safety in Distribution　460

Chapter 12　Construction of China's Agri-product Distribution Policies　468

12.1 Defining Agri-product Distribution Policies　468

12.2 Review and Evaluation of China's Current Agri-product Distribution Policies　469

12.3 Review of and Lessons from Other Countries' Agri-product Distribution Policies　478

12.4 Suggestions and Measures for Improving China's Agri-product Distribution Policies　486

References　501
Postscript　529

第一章

导 论

第一节 选题背景、现实意义与学术价值

一、选题背景

党的十八大报告中明确指出，解决好农业农村农民问题是全党工作重中之重。我国是农业大国，农业是我国国民经济发展的基础，农村是我国经济发展的薄弱地区，农民负担重、保障少、收入低，因此"三农"问题历来都是关系到党和国家发展的根本性问题。改革开放初期，从1982年至1986年中共中央连续五年发布的"一号文件"都是以"三农"问题为主题，确立了以家庭联产承包责任制为核心的农业生产经营体制，逐步取消了中华人民共和国成立以后长期实行的农副产品统购统销的农产品流通制度。这5个中央"一号文件"在当时指明了我国农村发展和改革的战略性方向，并提出了具体的农村改革发展措施，从而使我国农业与农村经济获得了跨越式发展，农民生活水平有了显著提高，取得了辉煌的成就。进入21世纪以来，特别是从2004年到2016年，连续13年党中央公布的"一号文件"都聚焦在"三农"问题上，这13个中央"一号文件"指明了新时期进一步深化"三农"改革的发展方向，也提出了进一步解决"三农"问

题的关键性政策措施。尽管这13年来每个"一号文件"的侧重点不同，但是几乎每个"一号文件"都强调了发展和完善我国的农产品流通市场体系，可见农产品流通是破解"三农"问题的关键环节。

最近10年的统计数据显示，我国农村经济依然落后于城市经济，农业经济发展依然落后于第二产业和第三产业。根据国家统计局公布的数据，截至2015年底，我国乡村人口总数为60 346万人，占全国总人口近43.90%，然而第一产业（农林牧渔业）总产值为107 056.4亿元，增速仅为4.7%，占全国GDP总量的比例只有8.8%，可见农业经济发展依然落后。2015年农村居民人均可支配收入为11 421.7元，比2014年名义增长8.9%。而2015年城镇居民人均可支配收入为31 194.8元，比2014年名义增长8.2%。尽管农村居民收入增长速度高于城镇居民，但是2015年的城乡居民收入比为2.73∶1，城乡收入差距依旧很大。以上统计数据说明，我国面对的"三农"问题依然严峻，这严重制约了我国社会主义新农村建设。在这一宏观背景下，从农产品流通体系建设的机制创新进行研究，不仅是实现中国农产品流通现代化的核心环节和关键问题，也是保障弱势小农户在现代化的农产品流通体系中基本利益的重要课题。

二、现实意义

改革开放以来，党中央启动了农产品流通体制改革，取消了中华人民共和国成立以来长期实行的统购统销制度，逐步推动农产品流通的市场化，以市场化为核心的一系列改革打破了国有商业和供销合作社商业在农村流通中的垄断地位。30多年过去了，我国农产品流通改革取得了巨大成就，在国家宏观调控下，一个以市场机制为主导的多元化、多渠道、多层次、多形式的农产品流通体系已初步建立。然而，随着"三农"改革不断深入推进，"小农户"与"大市场"之间的矛盾仍旧十分突出，成为破解"三农"问题的关键环节。由于长期受城乡二元经济结构影响和农村生产力水平较低的制约，目前农产品流通基础设施不足、流通现代化水平不高、流通信息化薄弱、流通效率低下、流通成本较高、农民进入市场难等问题依然十分突出，这进一步带来了农民增收困难、农产品价格波动剧烈、农产品质量安全等诸多问题，从而影响了居民对农产品的消费，抑制了农业与农村的发展，乃至阻碍了整个中国经济的现代化进程。因此，在农产品流通体制改革已经取得了阶段性成果的情况下，如何进一步深化和创新农产品流通体系建设，解决农产品流通中尚未解决的问题，不仅是推进社会主义新农村建设的关键环节，更是增强我国经济实力的重要一环。

2004~2016年，党中央、国务院连续出台了13个指导农业和农村工作的中央"一号文件",成为新时期加强农产品流通体系建设的基本思路和政策支撑,但是这些政策建议对于农产品流通体系建设的论述却是零散的,未能形成全面的、统一的、连贯的政策体系。这为本课题的政策研究提出了研究空间和研究方向。本课题以农产品流通体系建设的机制创新为核心,从农产品流通渠道与组织体系建设的机制创新、农产品物流体系建设的机制创新和农产品流通信息化建设的机制创新等方面进行全面综合研究,并且构建和创新农产品流通的政策支持体系,从而为进一步深化农产品流通体制改革提供理论支持。因此,本课题研究具有重大的现实意义。

三、学术价值

对农产品流通问题的研究一直是农业经济学和流通理论研究的重要课题,我国学者进行了广泛而深入的研究,这些研究取得了丰硕的研究成果,具有重要的学术价值和现实意义。从研究内容上看,现有研究多集中于农产品流通渠道与组织、农产品物流、农产品流通信息化等方面,并以农产品流通渠道与组织的研究为最多,而农产品物流的研究相对较少,农产品流通信息化的研究则更为稀少。目前学界大多将农产品流通体系的三大子系统分别进行研究,而忽视了这三大方面之间的内在关联,这种做法可能会妨碍对农产品流通问题进行全面、深入的把握,进而不利于农产品流通体系建设的机制创新和政策体系的设计。因而,本书将建立一个包含农产品流通渠道与组织、农产品物流、农产品流通信息化三大方面的农产品流通体系建设的系统性分析框架,以机制创新为分析重点,并且构建和创新政策支持体系。

此外,从研究方法来看,除对策性研究外,理论研究大多限于新制度经济学的分析范式,尤其是交易成本经济学、契约经济学等理论更是分析农产品流通组织、流通效率、交易形式与成本等问题的主要工具。而流通理论在农产品流通研究领域的应用,无论是广度还是深度都远不及前者。本书从流通理论的角度切入对农产品流通问题的研究,将流通理论中的流通结构理论、流通渠道理论、流通功能理论、流通信息化理论,以及物流理论等理论应用于农产品流通的研究,力图深化流通理论在该研究领域的应用,同时结合新制度经济学、营销理论、供应链理论、信息经济学等多学科理论,为农产品流通领域的研究提供更为广阔的分析视角和更为丰富的理论基础。因此,本书的研究具有重大学术价值。

第二节 研究思路、研究方法与技术路线

一、总体思路

本研究将农产品流通体系视为包括农产品商流体系、农产品物流体系和农产品流通信息体系三个子系统的综合系统。现代流通理论认为,商品流通包括商流、物流、信息流三个基本方面,流通过程是商流、物流、信息流的统一。农产品作为一种商品,其流通过程自然也包括商流、物流、信息流三大方面。在三个子系统中,农产品商流体系包括农产品流通组织、交易关系与渠道治理等内容,在农产品流通体系中处于中心地位,是农产品流通体系建设的关键所在。农产品物流体系和农产品流通信息体系为农产品商流体系提供了物流和信息支撑,从而使农产品流通更加快速、便捷、有效率。

本研究分别从商流体系、物流体系和信息体系三个子系统入手,研究农产品流通体系建设的机制创新与政策体系设计问题,以商流体系建设中的流通组织、交易关系与渠道治理创新为中心,以农产品物流体系建设和农产品流通信息体系建设为支撑,以政策体系设计与创新为保障,从而实现降低农产品流通成本、平抑农产品价格过度波动、保障农产品质量安全的目标。

农产品的渠道两端价差过大、价格过度波动、质量安全问题频发等问题都是在农产品从田头到店头再到餐桌的过程中发生的,因此课题组将对农产品的流通过程进行全面考察,对农产品流通的组织模式、交易方式、渠道结构、技术水平、成本效率等进行全面分析和比较研究,发现并揭示农产品流通渠道两端价差过大、价格过度波动、质量安全问题频发等现象的产生根源与机理、影响因素和关键环节,并提出经济、技术、政策方面的对策和解决方案。

本研究所关注的农产品既包括种植产品,也包括养殖产品。由于农产品种类繁多,产品属性千差万别,不同类型的农产品对运输、仓储和加工等流通业务具有不同的要求,在流通过程中也存在不同的问题,因此在专题研究中,我们会根据现实问题及研究的需要选择合适的兼具典型性与代表性的农产品品种作为研究对象。

二、本项目研究方法概览

由于本项目所包含的研究内容类型广泛,为了更加科学地完成研究任务,课题组研究人员综合采用了多种研究方法开展研究。本项目所采用的主要研究方法包括案例研究方法、调查研究方法、计量分析方法、数理建模分析方法和比较分析方法。这些方法并不是相互独立地使用,而是被有机地融合到不同类型的研究问题中,综合采用多种研究方法的目的就是为了获得对所研究问题的更为深刻的洞察与解释。

(一) 案例研究方法

作为一种定性研究方法,案例研究(case study)适用于回答"怎么样"(how)和"为什么"(why)的问题,尤其是当研究问题本身的状况与内在作用机制与机理尚不明确,研究者无法直接应用大样本统计调查来对研究问题进行描述与检验时,进行探索性、描述性及解释性的案例研究就更为重要。案例研究有助于帮助我们更好地了解研究问题的当前状况,理清其内在作用的机制与机理,从而为大样本实证研究奠定基础。农产品流通领域的很多问题都具有上述属性,如本项目研究所涉及的农产品批发市场的公益性实现方式问题,不同类型的农产品在不同渠道中、不同市场行情下其成本与利润的构成等。因此,针对这一类研究问题,课题组主要采用了案例分析方法,通过深度访谈、焦点小组座谈、专家访谈等方式获取定性数据,并据此展开案例研究。课题组开展案例研究的目的有二:一是对一些研究问题进行探索与描述,从而为下一阶段的大样本调查研究的开展奠定基础;二是对一些研究问题进行解释,在理论上解释其内在的作用机制与机理,从而建构理论,并生成政策建议。

(二) 调查研究方法

作为一种最为广泛采用的社会科学研究方法之一,调查研究(survey study)方法是以统计抽样和统计检验为基础的方法,适用于那些研究问题明确、变量界定清晰且可以定量测量的研究问题。在农产品流通领域中,有很多问题已经经过了定性探索与描述阶段,很多变量也存在成熟可用的测量量表,因而可以直接开展调查研究。如农产品流通渠道行为与治理的研究就属于这一类。本课题组一方面针对具备上述条件的研究问题直接设计调查问卷,在预测试的基础上直接开展调查研究；另一方面则以定性的案例研究为基础，在案例分析的基础上设计调查问卷，开展调查研究。通过调查研究获得的大样本经过统计分析后可以生成外部效度更强的研究结论，据此生成的政策建议也更加具有科学依据。

（三）计量分析方法

对于一些相对微观的研究问题，本课题组主要采用了案例研究和调查研究两种方法，而对于比较宏观的研究问题，如农产品的价格波动及其作用机理的研究，上述两种方法就不适用了。针对这一类研究问题，如果相对完整的二手数据可以获得，课题组研究人员就采用经济计量的方法，通过建立经济计量模型，应用二手数据对研究问题进行分析，并在此基础上生成若干管理建议。

（四）数理建模分析方法

在本项目研究内容中还有一类问题，涉及农产品流通主体的最优决策及农产品流通体系运行的最优解，这类问题既不适用于案例和调查研究方法，也不适用于经济计量分析方法，课题组研究人员主要采用了数理建模的分析方法，通过经济模型的建立与求解获得对所研究问题的洞察与解释。

（五）比较分析方法

比较分析方法适用于通过将一个研究主体在不同的情境中（如时间、地点、本课题研究涉及的不同市场行情、不同渠道结构等）进行比较以获得更加一般的观察结论；或者适用于两个主体之间的比较，如中国与其他国家的比较，以获得可以借鉴的经验与结论。在本项目研究过程中，课题组成员也采用了比较分析方法，这种方法主要用来分析中国农产品流通政策的国际比较与体系设计，不同行情、不同渠道结构、不同农产品类型的成本与利润的结构比较等。

三、本项目调研活动概览

本项目的调研活动大体上分为两个阶段：第一阶段为课题组整体调研；第二阶段为各个子课题组针对具体研究领域的深入调研。第一阶段的调研目的主要是为项目研究开展奠定基础，项目组共组织了4次大规模调研，调研地区涉及东北、西北、华北3个农产品主产区；第二阶段的调研则以第一阶段的大规模调研获得的宏观数据和问题为基础,各个子课题组分别针对各自的研究问题展开全国范围的大规模问卷调查和对相关主体的深度访谈,这一阶段的调研贯穿在整个项目研究过程中。在项目研究过程中,课题组共发放调查问卷 5 000 余份,回收有效问卷近 3 000 份;深度访谈各级政府主管部门工作人员、涉农企业经理及农产品流通从业者近 300 人次,这些调研涉及全国近 20 个省区市。本项目的主要调研活动如表 1-1 所示。

表 1-1　　　　　　　本项目研究过程中主要调研活动概览

调研时间	调研内容	调研实施情况
2012 年 7 月 23 日至 2012 年 8 月 3 日	我国西北地区农产品流通体系的现状和存在的问题	课题组先后前往宁夏回族自治区、甘肃省、青海省的银川、固原、兰州、定西和西宁等地开展调研工作 在调研前,课题组围绕农产品生产与流通体制情况、近年来主要农产品产量价格与收益情况、主要农产品销售渠道及其成本费用情况、农产品物流现状与成本费用情况、制约农产品流通成本与效率的关键因素、进一步改革或完善农产品流通体制的建议、政府如何发挥在农产品流通中的调节作用等 8 个方面的内容,分别设计了《农户访谈提纲》《合作社访谈提纲》《农产品批发商访谈提纲》《农产品批发市场访谈提纲》《农产品零售商访谈提纲》《农产品零售市场访谈提纲》《农产品物流商访谈提纲》《政府部门访谈提纲》 课题组采用实地走访和召开小型座谈会相结合的方式开展调研工作。在农产品生产环节,课题组调研了宁夏农垦局、前进农场(粮食)、灵武农场(粮食)、连湖农场(供港蔬菜基地)、茂盛草业有限公司、玉泉营农场(葡萄产业)、平吉堡农场(乳业)、头营镇富原肉牛养殖专业合作社、陇西县首阳黄芪种植基地、陇西县首阳中药材科技示范园、临洮县三易兰花生产基地,以及相关农户。在批发市场方面,课题组调研了银川四季鲜果品批发市场、银川北环批发市场、固原市瑞丰综合农产品批发市场、文峰药材交易城,以及市场内和周边的批发商、零售商和运输商。此外,课题组还调研了陇西中天药业有限责任公司、甘肃清吉淀粉制品有限公司、甘肃凯龙淀粉有限公司等农产品流通加工企业。本次调研涉及粮食、蔬菜、牧草、肉牛、乳业等农产品流通渠道

续表

调研时间	调研内容	调研实施情况
2013年3月19日至2013年5月9日	大连市农产品流通体系的现状和存在的问题	课题组以大连市农产品流通体系中的相关部门和组织为调研对象，先后前往大连市服务委、大连市农委、大连市双兴批发市场等处开展调研工作 2013年3月19日，课题组在大连市服务委召开小型座谈会。流通处、生资处、储备处、秩序处和粮食行业处的相关领导和专家参加了此次座谈会。座谈会调研内容主要包括：（1）近年来大连市农产品流通体系（批发和零售）建设情况；（2）农产品物流发展现状及存在的问题、发展思路与对策建议；（3）农产品流通信息化建设中存在的问题与对策；（4）大连市冷链物流发展情况；（5）大连市在确保农产品质量（食品）安全方面都采取了哪些政策措施，效果如何？（6）有关农产品流通的其他问题 2013年4月10日和4月11日，课题组联合大连市人大财经委，以大连市蔬菜流通体系建设情况为主题，先后和大连市物价局、财政局、服务委和农委在人大财经委召开了4次小型座谈会。此次调研的内容主要包括：（1）近年来大连市蔬菜价格走势；（2）大连市农产品供需关系；（3）大连市农产品流通渠道现状；（4）大连市农业产业化发展情况；（5）农产品生产流通中的成本费用情况；（6）大连市价调基金使用情况；（7）大连市农产品流通信息化建设情况；（8）大连市食品安全体系建设情况与问题；（9）大连市农产品流通体系建设措施
		2013年4月12日，课题组在大连市农委召开小型座谈会。综合处和市场信息处的相关领导和专家参加了此次座谈会。座谈会调研内容主要包括：（1）大连市近年来主要农产品的产量、价格与收益情况；（2）大连市农产品流通（交易）体系建设中的经验与问题；（3）大连市冷链物流发展情况；（4）大连市农产品物流体系建设的思路及相关政策；（5）大连市农产品流通信息化建设中存在的问题与对策；（6）大连市农业专业合作社的发展现状与问题等 2013年4月25日，课题组在东北财经大学召开小型座谈会。大连双兴批发市场的相关领导、大连市服务委的相关领导参加了此次座谈会。座谈会调研内容主要包括：（1）近年来大连市农产品流通体系（批发和零售）建设情况；（2）大连双兴批发市场的发展历程、主营业务、商户数量和市场份额等情况；（3）大连市农产品流通渠道情况；（4）批发市场为商户提供的服务和收费情况；（5）批发市场中的信息化建设情况等。在此次调研的基础上，课题组于2013年5月9日前往双兴批发市场开展实地调研，先后与批发市场的各部门负责人和蔬菜批发商进行深度访谈

续表

调研时间	调研内容	调研实施情况
2013 年 5 月 14 日至 2013 年 5 月 15 日	辽宁省农产品流通体系的现状和存在的问题	课题组以辽宁省服务委、辽宁省供销合作社为调研对象，前往沈阳开展调研工作 2013 年 5 月 14 日，课题组在辽宁省服务委召开小型座谈会。辽宁省服务委市场建设处、生活服务业处、物流处、生产资料处和市场秩序处的相关领导和专家参加了此次座谈会。座谈会调研内容主要包括：（1）近年来辽宁省农产品流通体系（批发和零售）建设情况；（2）辽宁省农产品物流发展现状及存在的问题、发展思路与对策建议；（3）辽宁省农产品流通信息化建设中存在的问题与对策；（4）辽宁省冷链物流发展情况；（5）辽宁省在确保农产品质量安全方面都采取了哪些政策措施？效果如何？（6）有关农产品流通的其他问题 2013 年 5 月 15 日，课题组在辽宁省供销合作社召开小型座谈会。辽宁省供销合作社联合社副主任、合作指导处和经济发展处的相关领导和专家参加了此次座谈会。座谈会调研内容主要包括：（1）近年来辽宁省供销合作社的发展情况；（2）辽宁省供销合作社在发展农民专业合作社方面的经验；（3）辽宁省供销合作社在确保农产品质量安全方面都采取了哪些措施；（4）辽宁省供销合作社在冷链物流方面的建设经验；（5）辽宁省供销合作社在农产品流通信息化建设方面的经验等
2013 年 6 月 14 日至 2013 年 6 月 15 日	我国农产品流通体系的整体状况和存在的问题	课题组在北京以商务部、农业部、八里桥批发市场为对象开展了一系列的调研工作 2013 年 6 月 14 日上午，课题组在商务部召开小型座谈会。商务部农产品流通处的领导和专家参加了此次座谈会。座谈会调研内容主要包括：（1）商务部农产品流通方面的工作回顾；（2）批发市场如何规范的问题；（3）批发市场的公益性问题；（4）农产品电子商务的发展现状与趋势；（5）农产品质量安全问题；（6）农产品流通的政府调控等 2013 年 6 月 14 日下午，课题组前往北京八里桥批发市场调研，和批发市场的赵尔烈总经理和部分商户进行了深入访谈。此次调研的主要内容包括：（1）八里桥批发市场概况与发展历程；（2）农产品质量问题的根源与对策；（3）中国批发市场电子交易发展现状与制约因素；（4）批发市场公益性问题等 2013 年 6 月 15 日，课题组在北京工商大学召开座谈会。商务部、农业部、北京新发地农产品批发市场、中商流通生产力促进中心、中商商业经济研究中心、北京工商大学的领导和专家参加了此次座谈会。座谈会调研主要内容包括：（1）主要农产品销售渠道及其成本费用情况；（2）农产品流通体系（批发和零售）建设情况；（3）农产品物流发展现状及存在的问题、发展思路与对策建议；（4）农产品流通信息化发展现状及存在的问题、发展思路与对策建议；（5）农产品质量安全方面都采取了哪些措施？效果如何？（6）农产品质量追溯体系建设现状及存在的问题、发展思路与对策建议等

续表

调研时间	调研内容	调研实施情况
2013年7月25日至8月10日	油菜流通成本构成	课题组对大连本地油菜的种植户、批发商、零售商等流通主体进行实地访谈。实施深度访谈之前拟订了详细的访谈提纲，访谈内容根据流通主体的不同有所差异，主要由三部分构成：第一部分为被访者的基本信息，包括年龄、学历、家庭规模、从业人口与从业年限等；第二部分为被访者流通环节发生的主要成本费用，包括生产环节的土地投入成本、生产资料费用、人工费用等，批发、零售环节的包装费、运输费、市场管理费、雇用工人费等；第三部分为被访者的相关收入，包括销售收入、政府补贴等 本研究按照采用典型抽样和滚雪球抽样相结合的方法，由于当时大连居民消费的油菜基本都是本地菜，因此农户调查主要在大连市周边进行。我们组织了由8名博士和硕士研究生组成的调研小组，采用实地调研的方式直接通过与农户和中间商的访谈获取一手数据。我们在调查过程中也让受访者向我们推荐其他油菜种植农户和中间商 本研究共调研各类农产品流通渠道主体64人，其中油菜种植农户、批发商和零售商分别为24户、15位和23位
2013年8月19日	批发市场公益性问题	2013年8月19日，为了深入研究批发市场公益性问题，研究小组先后前往北京市商务局和新发地批发市场进行调研，与商务局领导和专家、新发地批发市场的总经理和管理者、批发商进行了深度访谈。访谈主要围绕以下主要问题：（1）批发市场公益性的现状；（2）批发市场公益性的必要性；（3）批发市场公益性的实现方式等问题
	冷链物流问题	研究小组以辽宁、河北、上海等地52家冷链相关企业为对象展开问卷调查，包括冷链物流企业26家，流通加工企业11家，农产品批发市场6家，农产品仓储物流中心9家 调研内容为鲜活农产品冷链物流中物联网采纳的影响因素。此外，研究小组还对中铁铁龙集装箱物流股份有限公司、大连世达集团（农副产品物流中心）、班尼斯鲜奶的相关负责人进行了深度访谈，调研内容为农产品物流模式及物流成本相关问题

续表

调研时间	调研内容	调研实施情况
2013年1月15日至2013年2月25日	农产品流通组织、交易方式与渠道结构优化问题	第一次正式调查（2013年1月15日至2013年2月25日的寒假期间），研究对象同时考虑市场型交易和契约型交易，为此我们组织了64名来自19个不同省份（辽宁、黑龙江、吉林、内蒙古、山东、河北、河南、山西、陕西、甘肃、青海、新疆、江苏、安徽、湖南、湖北、重庆、云南、贵州）的东北财经大学本科生和硕士生，以及18名黑龙江农垦大学的本科生，利用放假回家的机会在其家乡发放问卷进行调查。此次调研共发放问卷1 300份，剔除存在数据缺失的问卷，其中市场型交易有效问卷776份，契约型交易有效问卷105份，有效问卷回收率为67.7%
2014年1月11日至2014年2月23日		第二次正式调查（2014年1月11日至2014年2月23日的寒假期间），此次调研目的是针对上次调研中契约型交易有效问卷不足的现状，进行补充调研。该次调查组织了43名来自16个不同省份（辽宁、黑龙江、吉林、内蒙古、山东、河北、河南、山西、陕西、甘肃、青海、宁夏、江苏、安徽、湖南、云南）的东北财经大学本科生和硕士生，利用放假回家的机会在其家乡发放问卷进行调查。该次调研共发放问卷735份，剔除存在数据缺失的问卷后，共收到有效问卷217份，有效问卷回收率为29.5%
2013年12月25日至2014年3月21日	基于农户视角的农产品流通信息平台使用	2013年12月25日至2014年3月21日，课题组利用学生寒假回家的时机，组织了67名学生在家乡发放调查问卷。为了提高问卷的回收率和填答质量，我们采取了以下措施：第一，根据学生的专业和户籍进行了过滤，主要选择来自农村并且专业相关的学生作为调查员；第二，在调查前对所有调查员进行了培训，让调研人员了解问卷调查的方法，以及问项代表的具体含义；第三，要求受访者必须是户主或了解家庭生产详细情况的人；第四，问卷调查员采用访谈的形式向受访者解释问题，并根据受访者的意见代为填写问卷；第五，为了激励调查员，我们按照每份有效问卷15元的标准支付报酬 问卷包含三个部分：第一部分是调查农产品信息服务平台的使用情况；第二部分是研究模型构建测量问项，本部分是问卷的主体部分，采用五级李克特量表，1～5分别表示"完全不同意"、"不同意"、"持中立态度"（既不同意也不反对）、"同意"、"完全同意"，被调查者根据其自身情况与看法从而选择相应的数字；第三部分为被调查者的基本信息 调查中共投放问卷800份，回收503份，其中有效问卷391份，来自17个省的样本，有效回收率48.88%

续表

调研时间	调研内容	调研实施情况
2014年1月5日至2014年3月6日	农产品流通信息使用现状和流通信息平台满意度问题	组织硕士生和本科生利用寒假返乡机会，在家乡发放调查问卷。为了保证调查的质量，我们首先对参与调查的学生进行了筛选，在满足专业要求的基础上，我们主要选择那些来自农村的学生实施调查。其次，我们在调研前对所有参与调查的学生进行培训，为了降低农户理解上的偏差而对数据产生影响，我们要求调查员在调查过程中对于那些独立填写问卷有困难的受调查者负责向受访者解释每一个问项，并根据受访者的意见代为填写问卷。《农产品流通信息平台满意度调查问卷》发放800份，回收有效问卷412份；《农产品流通信息使用现状调查问卷》发放817份，回收有效问卷670份。《农产品流通渠道关系研究调查问卷》发放735份，回收有效问卷217份
2014年7月30日至8月1日	蔬菜跨区域流通中的物流成本水平及结构	围绕农业企业、农产品批发商对农产品价格及物流成本问题的认知情况；农产品物流中的成本费用构成；农产品物流中可能存在的推高成本费用的因素；改善农产品物流效率、降低物流成本的途径等调研内容，课题组对山东省寿光当地农业企业、农产品批发商、农业合作社进行了实地调研 2014年7月30日上午，调研人员来到寿光洛城农业发展有限公司，对总经理张先生进行了访谈。访谈内容主要涉及农业企业对农产品物流成本问题的认知状况，寿光蔬菜批发市场在农产品物流方面的现状及问题，以及农业生产企业在物流运作方面的习惯和经验 2014年7月31日，调研人员来到寿光锦丰蔬菜合作社，与负责人崔先生及在场社员骨干进行了座谈。座谈内容围绕合作社在蔬菜销售过程中发生的各项物流成本状况及物流操作中的经验、惯例及可能存在的问题展开 2014年8月1日，调研人员来到寿光个体蔬菜批发商王先生家里对其进行了深度访谈。访谈中，王先生向调研人员详细介绍了寿光当地蔬菜从收购到储运到销地批发各环节的实际运作流程及操作惯例，对各个环节中发生的各项物流成本费用做了比较细致的核算，并探讨了降低蔬菜物流成本进而降低销地蔬菜批发价格的途径

续表

调研时间	调研内容	调研实施情况
2014年11月20日至25日	大连市秋白菜集中上市期间的流通成本考察	为保证调研质量,首先对负责调研的学生进行了培训,做到充分理解访谈问卷各部分内容的调研目的,并要求在访谈过程中为了尽量降低销售商理解偏差由调查员向受访者细致讲解调查问题,并根据受访者的意见代为填写问卷 研究小组由博士生和硕士生组成,根据大连市政府规定的秋菜进城时间,在2014年11月20日至25日之间,在大连市黑石礁街道、孙家沟、由家村、五一路等区域,对相关的秋白菜销售商进行访谈,共回收问卷21份,其中有效问卷18份
2015年1月至2015年4月	基于中间商视角的农产品流通信息平台使用	课题组在2015年1月至4月间,对辽宁、黑龙江两省的批发商、零售商和批售兼营商进行问卷调查。问卷包含三个部分:第一部分是调查中间商使用农产品信息服务平台的情况;第二部分是研究模型构建测量问项,本部分是问卷的主体部分,采用五级李克特量表,1~5分别表示"完全不同意"、"不同意"、"持中立态度"(既不同意也不反对)、"同意"、"完全同意",被调查者根据其自身情况与看法从而选择相应的数字;第三部分为被调查者的基本信息 正式调查前,研究组首先对调研人员进行调查事项的培训,让调研人员了解问卷调查的方法,以及问项代表的具体含义。其次调研人员将问卷带到调研地点进行实地的问卷调研。问卷调研人员通过对中间商的实际调查访问,根据他们的实际回答对问卷进行填写。这样保证了问卷被理解的准确性,并降低了问卷填写过程中的误差。问卷的设计有调研对象的联系方式,可进行回访。为了保证问卷的质量,我们采取了一定激励措施,即对回收的有效问卷每份给予15元的劳务费用奖励 调查目标对象为参与农产品流通过程的中间商,包括批发商、零售商和批售兼营商,且每周使用网络时间超过1小时。调查中投放问卷200份,回收162份,其中有效问卷113份,有效回收率56.50%

续表

调研时间	调研内容	调研实施情况
2015年7月17日至22日	内蒙古奶联社的创业投融资和组织模式	此次调研内容包括：（1）奶联社的创业发展历程；（2）呼伦贝尔奶联社与呼和浩特奶联社的区别；（3）农联社的投融资与组织发展模式；（4）呼伦贝尔奶联社家庭合作牧场的投融资与组织发展模式 2015年7月17日晚，课题组约见了奶联社李正洪总经理，李总首先为我们分析了我国自解放以来农业发展组织模式的变革历程，以及在每个阶段农业产量和质量的变化，存在的深层次问题，进一步深入分析了美国、欧洲和新西兰、澳大利亚这些发达农业国家的奶业和农业组织模式，由此提出了我国奶业和农业发展的可行组织模式选择以及投融资模式选择，以及奶联社模式的适用性和发展前景 2015年7月18日，与呼伦贝尔奶联社邓玫东总经理进行了深度详细座谈。邓总主要详细介绍了呼伦贝尔家庭合作化牧场的创建过程与发展现状，以及呼伦贝尔奶联社与呼和浩特奶联社的区别 2015年7月19~22日，参观调研了呼伦贝尔奶联社家庭合作化牧场，向牧场的主要员工了解了牧场的经营运作情况，以及当地牧民对奶联社的反映

四、本项目研究技术路线

本项目的研究路径与技术路线如图1-1所示。项目的研究将分为文献研究与调研准备、调研与数据收集、理论与对策研究，以及研究结论生成与整理四个阶段进行。

第一阶段的研究工作包括对国内外农产品流通研究文献的系统检索与阅读、评述，以明确本研究的定位和创新方向；对中国过去30多年农产品流通体制改革历程的回顾，以总结经验，明确问题；对国外典型国家的农产品流通体系进行比较研究，以充分借鉴成功经验，吸取失败的教训，作为农产品流通体系建设的机制创新的重要参照。通过以上工作，课题组一方面为项目研究的深入开展奠定理论与文献基础；另一方面则为项目调研的开展做好理论准备。

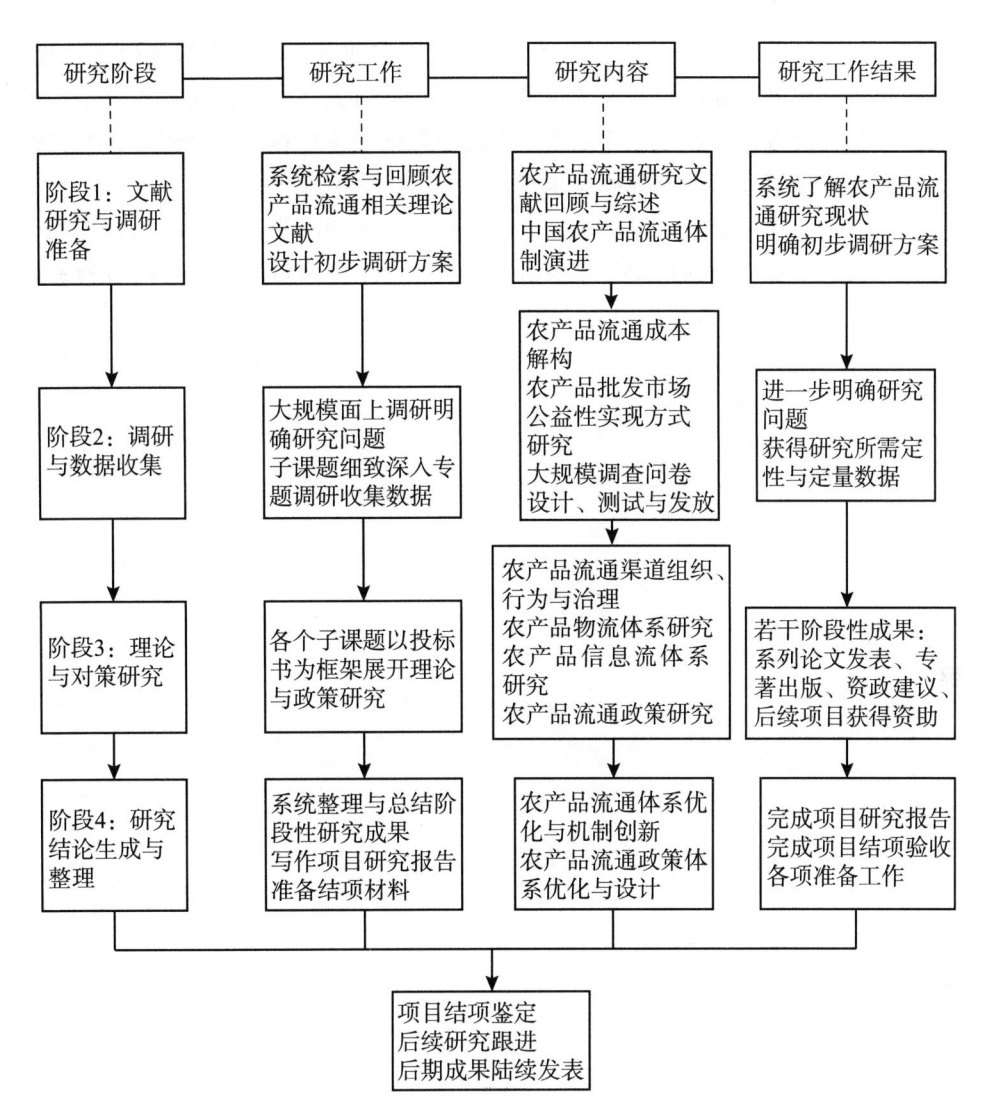

研究阶段	研究工作	研究内容	研究工作结果
阶段1：文献研究与调研准备	系统检索与回顾农产品流通相关理论文献 设计初步调研方案	农产品流通研究文献回顾与综述 中国农产品流通体制演进	系统了解农产品流通研究现状 明确初步调研方案
阶段2：调研与数据收集	大规模面上调研明确研究问题 子课题细致深入专题调研收集数据	农产品流通成本解构 农产品批发市场公益性实现方式研究 大规模调查问卷设计、测试与发放	进一步明确研究问题 获得研究所需定性与定量数据
阶段3：理论与对策研究	各个子课题以投标书为框架展开理论与政策研究	农产品流通渠道组织、行为与治理 农产品物流体系研究 农产品信息流体系研究 农产品流通政策研究	若干阶段性成果：系列论文发表、专著出版、资政建议、后续项目获得资助
阶段4：研究结论生成与整理	系统整理与总结阶段性研究成果 写作项目研究报告准备结项材料	农产品流通体系优化与机制创新 农产品流通政策体系优化与设计	完成项目研究报告 完成项目结项验收各项准备工作

项目结项鉴定
后续研究跟进
后期成果陆续发表

图 1-1 项目研究技术路线

  第二阶段的工作主要是调研工作的开展与数据的收集。这个阶段将与第三阶段理论与对策研究的工作紧密结合、相互交织。如前文所述，本项目的调研工作分为两个小阶段进行，前一个小阶段是项目组全体骨干成员参与的调研，目的在于对当前国内农产品流通的现实状况有个感性认知，并从调研中进一步明确与提炼研究问题。后一个小阶段则主要由各个子课题负责实施，主要针对项目研究的具体问题开展深入、具体、有针对性的调研，采集定性与定量数据，并据此开展理论与政策研究。

  第三阶段的工作是开展理论与对策研究，并陆续生成阶段性研究成果。理论与政策的研究主要以各个子课题为单位，项目组定期召开讨论会沟通研究进度，并对研究中碰到的问题进行沟通与讨论。为了提高研究经费的使用效率，也为了提高研究工作的效率，各个子课题组在调研与数据采集过程中紧密配合，交叉合作，最大限度地提高了研究的协作水平。

第四阶段则是在第三阶段的基础上，对研究所取得的阶段性成果进行汇总与整理，根据项目投标书的框架写作项目研究报告，整理项目结项所需的各种资料与文件，准备项目结项验收。

第二章

农产品商流、物流与信息流的互动关系研究

现代流通理论认为,商品流通包括商流、物流、信息流三个基本方面,流通过程是商流、物流、信息流的统一(夏春玉,2013)。农产品作为一种商品,其流通过程自然也包括商流、物流、信息流三大方面。本书将农产品流通体系视为包括农产品商流体系、农产品物流体系和农产品流通信息体系三个子系统的综合系统。在三个子系统中,农产品商流体系包括农产品流通组织、交易关系与渠道治理等内容,在农产品流通体系中处于中心地位,是农产品流通体系建设的关键所在。农产品物流体系和农产品流通信息体系为农产品商流体系提供了物流和信息支撑,从而使农产品流通更加快速、便捷、有效率。

第一节 农产品商流体系分析

农产品商流是指农产品所有权由生产领域(田间地头)向消费领域(餐桌)的转移过程。农产品商流过程也就是交易过程,一般发生在两个以上相对独立的个人或组织之间。因此,农产品商流体系也就是农产品交易体系或者农产品流通渠道体系。

农产品商流体系涉及农产品在由供应商向最终消费者转移的过程中所经历的运输路线和停留节点,其基本要素包括渠道长度、渠道宽度、中间商类型以及由此形成的渠道权力,这些节点主要涉及:(1)农户——农产品供应商或生产者;

(2) 产地批发商——分布于农产品产地批发市场的经销商；(3) 加工生产商——农产品流通加工企业；(4) 农产品批发市场——从事批发业务的经销商或物流配送中心；(5) 零售商——农产品销售终端，包括超市、菜市场、大卖场和农贸市场等；(6) 最终消费者，主要包括个体消费者和宾馆、饭店、学校等群体消费者。

  流通渠道结构影响我国农产品流通的流量和流向变化，进而影响我国城乡农产品市场的繁荣。我国农产品流通渠道是由长期的历史因素形成的，与产销形式、供求关系的变化紧密相关。从时间序列纵观我国农产品流通渠道的发展历程，其渠道结构呈现出"长而窄→长而宽→长而广"的演变规律（赵晓飞、李崇光，2012）。现阶段，我国农产品流通的交易方式以市场交易为主，辅以多种交易形式。我国目前的农产品流通渠道可归纳为以下四种类型："农户—消费者"型（包括农户直销型、"农家乐型"和直接契约型）、"农户—中间商—消费者"型（包括"农户—批发商—零售商—消费者""农户—运销大户—零售商—消费者""农户—运销大户—批发商—零售商—消费者""农户—超市—消费者"等表现形式）、"农户—龙头企业—(中间商)—消费者"型、"农户—合作社—中间商/加工企业—消费者"型等，其中"农户—批发商—零售商—消费者"是最主要的一种模式，这种渠道结构主要表现为"长而广"，渠道关系相对紧密。

  中国农产品的流通渠道长期以来一直是"农户—收购商（批发商）—批发市场—零售商—消费者"这种多环节、长链条的交易模式。同时，随着经济的发展和技术的进步，"农超对接"模式、"电子商务直销"模式等新型农产品交易模式应运而生，也为我国农产品交易模式创新提供了新的选择方向。下面，本节将从连接农户的视角出发，着重介绍"农户+市场"模式、"农户+经纪人"模式、"农户+批发商"模式、"农户+龙头企业"模式以及"农超对接"模式等五种典型模式。

一、"农户+市场"模式

  "农户+市场"是一种直接交易模式，主要是指农户不经过任何中间环节直接销售给消费者的交易模式。农户主要是通过农贸市场或其他直接面向终端消费者的市场来进行农产品销售，该模式中农户与消费者之间的关系非常松散，大多是一次性交易。农产品主要由农户自己运输，主要通过地县、乡镇一级的农产品农贸市场，或者将农产品运到居民小区，实现与消费者面对面交易。这种农产品交易模式是农户与消费者双方直接见面进行现货交易，但因营销渠道辐射面小、半径小，农户往往难以准确把握市场整体的交易信息，无法充分实现调节农产品供求的功能。

"农户+市场"的直接交易模式具有传统农业下农产品流通的显著特征，小农户在这样的农产品交易模式中既承担着生产者角色又承担着流通者的角色。虽然，这条流通路径在绝大多数情况下是农户直接和消费者交易，没有中间环节，但由于消费者和小农户的双重分散性使得这种交易模式无法承担农产品大批量化的流通，从而造成农产品流通的效率低下，耗费的时间成本、精力成本高，特别是农产品季节性、鲜活性特点明显，低效率的流通渠道导致的后果必然是农产品"卖难"，来自市场的不确定性给农户带来了巨大的风险。

二、"农户+经纪人"模式

"农户+经纪人"模式是指农户通过经纪人进入市场销售农产品的交易模式，该模式以经纪人为中介，一般情况下，农户与经纪人之间的关系不是非常紧密。我国农户规模小而分散，参与农产品流通具有天然的弱势，限制了农产品在更广阔的市场上高效流通。经纪人的出现，是农产品流通专业化分工的结果，在农户和市场之间架起了一座桥梁。农民经纪人开展农产品购销运经营，提供中介交易服务，为农副产品的交易双方搭桥牵线，从而加快了农产品流通，促进了农村经济发展。

农民经纪人是连接农户与市场的桥梁，主要为农户提供信息传播、产品销售、物流配送、技术辅导等中介服务，他们在搞活农产品流通、繁荣农村经济、增加农民收入等诸多方面发挥着积极作用，有很强的影响力。农产品经纪人本身就是农民，他们往往更能接近普通农户，特别是在偏远农村，由于龙头企业和农民专业合作社等流通主体发展不足，农民经纪人就承担了农产品集散和流通的功能。但是农民经纪人大多是掌握一定农产品市场信息的"二道贩子"，不仅规模较小，而且具有较强的投机思想。目前我国符合传统意义的农民经纪人相对较少，一般都是自己运销与中介经纪服务混合在一起，经纪人范围也不限于农产品，还包括农业技术服务、农用物资供应等方面。所以，一般把农民经纪人泛指为农产品经纪人和农产品运销户。由于我国农民经纪人发展的基础比较薄弱，农产品市场发育还不完善等因素，使我国农民经纪人的发展无论在规模上、层次上还是发挥作用等方面都远未到位，仍然存在较多问题。

三、"农户+批发商"模式

农户通过批发商销售农产品进入市场的农产品交易模式称为"农户+批发

商"模式。这种模式的特点是批发商在农产品主产区进行收购,然后通过批发市场进行跨区域流通,批发市场成为农产品的主要集散地,该模式中农户与批发商之间的交易关系不够紧密。农户通过批发商进入市场是我国农产品流通的一条重要通路。在相当长的一段时间内,依托于农产品批发市场的"农户+批发商"交易模式将会是我国农产品流通的主要模式。

以我们对大连市的"大菜市"农产品批发市场中的蔬菜批发商调研为例,有的批发商经营蔬菜品种较多,他们的蔬菜主要来源于山东,他们会在山东当地找到一个农户(小贩)帮他代收各种蔬菜,然后装车把菜运到大连,小贩的回报是每斤蔬菜提成1分钱。还有的批发商只经营一种蔬菜,其中有一个批发商只经营大白菜,由于大白菜种植规模往往比较大,因此这个大白菜批发商直接与农户进行交易,农户把收割的大白菜直接装车运到大连,省去了小贩收购的中间环节。因此,"农户+批发商"的农产品交易模式其中又隐含了两种具体模式:一是在农户和批发商之间存在收购小贩;二是没有收购小贩的交易模式。

"农户+批发商"交易模式也存在很多问题:首先,农户和批发商作为农产品流通主体规模小、数量众多、组织化程度偏低,这就增加了农产品流通的复杂程度,使交易次数增加的同时也提高了交易成本。其次,农产品流通渠道关系不稳定。由于农户与批发商的利益冲突激烈,批发商往往对于农户的农产品压低收购等级,进而压低农产品的价格,农户作为市场价格承受者,其收入风险增加了。最后,农产品流通渠道环节众多。众多的农产品流通主体并不是专业化分工深化的结果,这些渠道参与者的功能往往重叠,大大增加了农产品的流通成本,降低了农产品流通效率,结果就是农户所得甚少,其利益被严重压缩,同时让消费者承担农产品高昂的价格。

四、"农户+龙头企业"模式

"农户+龙头企业"模式是指农户把农产品销售给龙头企业的农产品交易模式。这一模式也包含了两种具体形式:一是农户与龙头企业按照市场价格进行现货交易,这种形式研究的学术价值有限,因此本节不做特别分析;二是农户与龙头企业通过签订契约(合同)来实现农产品交易,其实质是一种"契约型"农产品交易模式,通常也被称为"订单农业"或是"合同农业"等,这种模式是学术界和实践界非常关注的,具有很高的学术价值和很强的实践意义,因此本节所分析的"农户+龙头企业"模式主要是指这种以契约为核心的交易模式。此外,本节所分析的龙头企业是指主要从事农产品生产加工的企业。

以"农户+龙头企业"为主要组织形式的农业产业化经营蓬勃发展,其在农业产业化初期，在推广农业产业化经营思想、带领农户参与市场竞争、培育农产品流通主体和引导农业产业结构调整等多方面发挥着重要的作用。但是，随着农业产业化和订单农业不断深入发展，"农户+龙头企业"的组织模式也引发出很多问题和矛盾。有关资料表明，"订单农业"违约率曾经一度高达80%（刘凤芹，2003）。从根本上讲，"农户+龙头企业"的农产品流通组织方式存在三大缺陷：一是存在"不平等"的初始契约，指由于龙头企业和农户之间在信息、权力、地位等方面是不平等的，造成了双方在契约中规定的义务和权利的不平等。二是存在履约障碍，其根本原因是因为双方利益目标的不一致性，农户与龙头企业是不同的利益主体，交易双方机会主义倾向严重，当交易双方存在信息不完全和信息不对称的情况下，通常会引发逆向选择和道德风险。三是存在较高的违约治理成本，一方面，合约的不完全性造成了违约治理成本高昂，另一方面，当一方违约时，即使履约方能够证实对方违约，但是由于违约治理成本太高，从而使履约方放弃对违约方的"惩治"。

鉴于"农户+龙头企业"交易模式的缺陷，理论和实践提出了"农户+农民专业合作社+龙头企业"交易模式。在农户和龙头企业之间加入专业合作社这一环节，看似增加了农产品流通链条的长度，实则是对"农户+龙头企业"交易模式的完善与矫正。"农户+农民专业合作社+龙头企业"与"农户+龙头企业"相比较，合作社充当了农户与龙头企业之间的桥梁。农业合作社将分散的农民集合起来，根据订单要求组织生产，并将农户的农产品进行统一收购，然后组织进行销售。"农户+农民专业合作社+龙头企业"模式的优点在于：首先，农民专业合作社是社员农户的代表，合作社与龙头企业交易能够减少交易成本（包括搜寻成本、签约成本、监督成本和执行成本等），降低违约倾向，稳定双方的交易关系。其次，同分散的单个农户相比，农民专业合作社作为一个组织，其实力大大增强，能够平衡与龙头企业之间的权力结构，在谈判、签约和履约过程中能够代表农户的利益，为农户争取更多的权益。最后，农民专业合作社是非营利性组织，以服务农户和惠顾农户为己任，因此农户的利益会得到强有力的保障。尽管我国农民专业合作社近年来发展迅速，数量不断增加，然而也要清醒地看到农民专业合作社在我国的发展还处于初级阶段，缺乏规范性，其经营管理机制还不完善，因此培育实力强、有竞争力的农民合作社是当下工作的重点。

五、"农超对接"模式

农产品"卖难"现象的产生以及超市的迅速发展为"农超对接"模式的出现奠定了基础，该模式是传统农业向现代农业转变的必然阶段。有数据显示，目前，亚太地区农产品经超市的比例达70%以上，美国达80%，而我国仅为15%左右。2008年底至2017年底，农业部和商务部发布了多个文件推动"农超对接"由局部试点到在全国全面铺开，已成为政府高层推进农产品流通现代化的一项重要举措。"农超对接"模式是指超市凭借自身在市场管理、市场信息等方面的优势，全过程参与农产品生产、加工、流通，为农户提供信息咨询、物流配送、产品销售、技术支持等多方面服务，将小农户与大市场有效连接起来，从而成为农户与消费者之间的联系纽带，充分发挥流通带动生产的作用，促进农民增收（姜增伟，2009）。

目前国内农超对接主要有如下三种具体模式：第一种模式是以家乐福为代表的"农户+农民专业合作社+超市"模式。该模式以农民直采为主，培育农民专业合作社为辅。超市通过成立专门的"直采"小组，同符合其要求的农民专业合作社进行合作，签订采购合同，合作社再组织社员进行生产，并为其提供符合质量标准要求的农产品。其核心是超市利用合作社，来组织农民生产，以获得质优价廉的农产品。第二种模式是以家家悦为代表的"农户+基地+超市"模式。家家悦超市是现代化综合零售企业，通过土地流转建立了自己的农产品生产基地。为了保证生鲜农产品的质量安全，家家悦积极发展订单农业，通过与农户签订种植协议，对农产品生产流通"一条龙"进行控制和监督，从而实现农产品的全部自主生产经营。第三种模式是以麦德龙为代表的"超市+龙头企业+农户"模式。该模式是超市本身或者成立专门负责"直采"的子公司，通过农业产业化龙头企业来组织农民生产优质农产品，超市则对农产品的生产、加工、物流以及销售等方面进行全产业链监控，并委托第三方检测机构对农产品的质量进行检测，如果农产品质量达标，然后再进行收购和销售。

"农超对接"模式的优点主要体现在以下方面：第一，从整个农产品流通过程来看，减少了农产品流通环节，缩短了流通渠道的长度，降低了农产品流通成本，超市与合作社合作，通过对农产品生产到超市售卖进行全过程的监督控制，实现了农产品质量安全和可追溯性。第二，从超市角度来看，保证了生鲜农产品的供应，降低了农产品的收购价格，同时也保证了农产品流通质量安全，节省了流通成本，从而提高了超市的市场竞争力。第三，从农户角度来看，通过与超市签订协议，农户避免了盲目性生产，降低了市场风险，也能够使农户的利益得到保证。第四，从消费者角度来看，消费者可以买到价格便宜而且质量有保证的农产品。

从前面的分析可以看出，"农超对接"可以有效解决农民"卖难"和消费者"买贵"的问题，有助于降低农产品流通成本，提高流通效率，是一种能够使农户、超市、消费者三方共赢的农产品交易模式，但是"农超对接"模式也存在一些问题。首先，现阶段，很多超市并不具备自采的业务能力，能够"直采"的超市还比较少，很多超市还等着送货上门，而且直采的运输成本比较高，从而使得超市"直采"面临很大的困难。其次，我国农户规模小，生产经营分散，生产的农产品标准化程度不够，甚至使用化肥农药造成农产品质量无法保证，这些问题的存在进一步制约了"农超对接"的发展。此外，农户和超市双方还存在利益冲突。超市追求的是价格低质量好的农产品，而农户则希望高价出售农产品，双方为了自身利益难免产生矛盾，这样就直接影响了"农超对接"双方的长期合作。

第二节 农产品物流体系分析

农产品物流是指农产品实体由生产领域（田间地头）向消费领域（餐桌）的转移过程。农产品物流体系的基本要素包括物流主体、物流通路、物流功能。不同的农产品物流主体在一定的环境制约下选择不同的物流通路以不同的组织形式执行物流功能，就形成了具体的物流活动，所有的物流活动及其各类关系的总和构成了农产品物流体系的基本框架。农产品物流辅助要素则主要包括物流设施、物流装备、物流工具、信息设施等硬件，以及相关的体制和制度、标准化系统等环境因素。目前，我国的农产品物流呈现出品种多、要求高、难度大等特征。根据课题组深入农村的实地调研，结合对现有理论的研究梳理，可以发现随着农产品物流的发展，我国农产品物流体系呈现出以下特征。

一、农产品物流主体多元化

农产品物流体系中涉及的主体主要有农户和农产品合作组织、原材料供应商、产地批发商、加工商、销地批发市场、零售商、消费者等。农产品物流体系是一个包含众多主体的体系，需各个环节和物流主体的有效协作。但我国农产品物流体系主体间协作程度较低，主要体现在以下两个方面。

一是农产品物流主体组织化程度低，上下游协同困难。在我国除小麦、玉米等实现了大批量运输外，生鲜类仍然主要以个体商贩为主要物流运输主体，主要是因供给主体及需求主体的分散性所致。组织化程度低的直接表现就是在农产品流通各环节出现大量规模参差不齐的流通主体，在没有统一的协调组织指挥下，这些主体之间的交易极其分散，交易次数过多，很难形成一条有序的协作链条并长期保持协作关系。部分主体在农贸市场的交易甚至是偶然的，即购买者到农贸市场后依据自己的标准选择符合条件的菜贩子,这就导致没有进一步的协同可言。

二是物流各主体间信息流通性差。当前,我国农产品流通过程的交易方式仍以"即时货银两讫"交易为主,商流与物流混为一体,滋生了大量上下游投机交易行为,极大地削弱了交易双方合作的可能性,并增强了双方的竞争关系。如此一来,造成了上下游信息的不畅通,甚至是信息严重扭曲的问题。信息问题直接导致物流链条各环节衔接不畅通,降低了物流效率,并为恶意加价提供了便利,导致农产品价格体系紊乱,出现"蒜你狠""姜你军"等市场调节失灵的恶性现象。造成各环节信息流通不畅的一个主要原因就是缺乏统一标准的农产品价格及物流信息平台。目前,仅有国内大型农产品物流企业、物流配送中心搭建起了各自的信息平台,但由于缺乏有效的衔接机制,造成农产品物流信息平台间信息无法共享和传递,导致农户及中小农业企业信息获取与共享困难,以及供应链中的各企业间信息不能很好地协同,进一步降低了物流效率。

二、农产品物流渠道多样化

农产品物流渠道是指产品从生产者向消费者转移中经过的路径,它由一系列的中介机构或个人组成。虽然我国物流业的不断发展极大地提高了农产品流通速度,加快了农产品商业化的进程。但是农产品物流渠道模式一直以来没有得到较大程度的更新,主要体现在农产品流通主导模式单一,流通链条过长。当前我国主流的农产品物流渠道主要有三种:一是以农产品批发市场为中心的物流模式;二是以加工或流通型龙头企业为中心的物流模式;三是以超市为核心的"农超对接"物流模式。

但在我国,从20世纪70年代末开始农副产品批发市场一直是农产品商流与物流的主要载体,具备较高效率的订单农业,农超对接模式下的物流体系仍尚未成规模。此外,我国农产品物流供应链链条过长。物流配送链条未能跟随新的物流模式的出现而缩短。目前,基本仍是以小农户为农产品种植单位,农户自己将农产品运输至周边小型批发市场,然后流通至本地市区批发市场或直接进入零售商,或者运送至外地批发市场,才会进入消费者手中。如此一来,从田间至餐桌的农产品要经过农户、商贩、小型批发市场、商贩、市区批发市场或零售市场的转运,包装、加工、冷藏功能性商家的处理,农产品流通链条过长且流经环节相当复杂。这种复杂的物流链条不仅增加了物流损耗,降低了物流效率,而且提高了农产品运输成本,推高了农产品价格,甚至影响了农产品质量安全。

三、农产品物流组织形式多元化

农产品物流组织是以农产品物流运作和管理为核心的实体性组织，是农产品物流活动的组织者和协调者，也是农产品物流活动得以有效进行的基础和保障。目前，我国农产品物流组织形式主要包含三种形式：

一是自营物流，自营物流是农业生产者或者农业生产单位自己组建的物流组织，属于农业生产者或农业生产单位的内部机构，其主要优势是能够满足农业生产者或者农业生产单位在农产品物流上的时间、空间的要求，但是自营物流机构存在资金有限、成本较高、风险能力较低的缺陷。

二是农业生产者与企业联合组建的物流形式，具体有三种方式：其一是农业生产者与运销企业联合；其二是农业生产者与农产品加工企业联合；其三是农业生产者与农产品采购商的联合。

三是第三方物流形式，第三方物流是指独立的物流机构主体接受农业生产者及农产品经营各方的委托，为其提供专业化物流服务的组织。这种物流方式由于能及时配送、专业化管理、信息化服务，因而大大降低了整体物流成本，还能够提供灵活多样的服务。但是，由于目前第三方物流主体对农业生产和农业经营领域的需求了解较少，所以其提供的服务与实际需求之间存在一定的差距，而这种差距恰恰增加了农业生产经营者在物流过程中的成本。物流社会化是一种全新的物流模式，在国外也称契约物流，国内的理解莫衷一是，如第三方物流、第三方后勤等，较多的看法是，对外委托形态才是真正意义上的"物流社会化"，即由货主企业以外的专业企业代替其进行物流系统设计并对系统运营承担责任的物流形态。物流社会化具有物流信息化、物流自动化（智能化）等特征。

虽然我国一直在鼓励开放农业系统，促进社会资源为农产品物流服务，但是为农产品物流提供专项服务的企业少之又少，政府在此方面的作为也有限。尤其是当前的低组织化物流主体的长期存在严重阻碍了第三方规模物流的发展。第三方物流是实现订单农业的基础工具，是解决当前农产品物流与商流不分离的有效方式，能够极大提高农产品物流效率，推动农业走向规模农业，实现规模经济，再由规模农业带来规模物流，降低农产品物流成本，形成良性循环。但是，当前我国低组织化程度的物流主体规模较小、数量多，且服务能力和市场竞争力差，上下游分化严重，这些特征导致农产品物流主体在发展的过程中难以扩大组织规模，并且由于物流主体学历较低，受到专业知识与管理水平的限制，致使其主观上也没有能力扩大规模，这极大地阻碍了大规模第三方农业物流的发展，减缓了农产品物流体系的合理专业化分工的进程。

四、农产品物流基础设施发展规范化

物流基础设施的组成要素包括物流结点和物流通道，我国已经初步形成了比较规范化的农产品物流基础设施网络，农产品物流园区建设有了长足发展。但是，我国农产品物流基础设施仍不完善，主要体现在四个方面。

一是交通设施完善程度与发达国家有一定差距，且国内地区之间也参差不齐。我国的高速公路和铁路只分别相当于美国的 1/3 和 1/5，路网密度相差甚远；边远地区、山区及农村道路建设滞后，对农产品的收购与调运造成阻碍；某些城区交通阻塞频繁发生，也极大地降低了农产品物流的效率。

二是农贸市场基础设施简陋，脏乱差情况长久未能改变。虽然我国拥有大量的各类农贸市场且某些市场还具备一定的规模，为农产品流通主体提供了经营场地，但大多数农贸市场设施简陋，脏乱现象普遍存在，经营档次较低，商品质量欠佳，交易方式传统。

三是农产品的仓储设施严重不足。农产品专用仓库、冷藏库、保鲜库严重不足，技术含量高、规模大的农产品仓储设施基本没有。据调查，当前在我国农副产品批发市场中，建有冷库的仅占 38.56%。

四是农产品物流信息化基础设施不完备，缺乏对大型农产品物流信息数据库的建设，农产品物流过程中的物联网设备尚未全面搭建起来。主要因为物联网的搭建需要各主体共同参与，这样才能够收集并共享整个链条信息，所获信息才有参考价值。在我国农产品物流中物联网的应用条件尚不成熟。一方面，当前我国农业物流主体过于分散，各主体之间欠缺高效的合作机制，无法发挥物联网技术的真实优势；另一方面，由于物联网技术对设备要求较高，而现在大多数农产品物流企业是小型家庭式货车物流，规模过小，没有实力投入巨额资金安装相关设备，阻碍了对信息化的布局。

五、农产品冷链物流日趋现代化

在农产品物流中，发展农产品的冷冻技术是促进农产品保鲜的重要措施，同时也是实现农产品物流技术现代化的一个重要方面。由于农产品具有易腐性特点，冷链物流的低温配送优势，使得国家及相关企业越发重视农产品冷链物流。尤其是 2010 年发改委颁布的《农产品冷链物流发展规划》对农产品物流发展产生了重大影响。生鲜农产品物流损耗率居高不下的一个重要原因就是对于新兴的冷链物流技术的应用程度低，主要体现在两个方面。

其一，冷链技术使用范围较窄。根据中国物流与采购联合会冷链物流专业委员会的统计，2014年我国城市居民人均冷库占有量仅为0.116立方米，很多大型农产品批发市场、区域性农产品配送中心等关键物流节点的冷链设施严重匮乏。现有的铁路冷链设施大多是陈旧的、机械式的速冻车皮，现代化的保鲜冷冻冷藏车厢还比较少，冷藏运量仅占总货物运量的1%。而在公路运输中，鲜活农产品冷链运输占运输总量的比重不足20%。在西方发达国家，鲜活农产品的预冷保鲜率一般为80%~100%，冷链运输率为80%~90%，冷藏保温车辆占货运车辆比率为1%~3%，而在我国这些指标仅分别为30%、10%~20%、0.3%，与发达国家存在较大差距。

其二，无缝衔接的冷链联运方式尚未发挥潜力。农产品质量极易受到温度的影响，若冷链技术在各个环节无法有效衔接，仍然会造成农产品极大损耗，尤其是在长距离运输过程中，由于微生物的活动会随着温度的升高而加强，对生鲜农产品来说，如果产品从低温状态突然进入高温环境，其变质速度比不经过低温处理的产品变质更快。但是，现在我国在冷冻运输过程中，尚未形成多种冷链运输方式无缝衔接的运输网络。特别是长距离的陆铁冷链集装箱联运方式，没有实现火车与产地和销地汽车运输的有效衔接，主要是因为农产品从火车转运至汽车过程没有使用冷冻设备，一般是人工装卸，这严重降低了冷链物流的效率。

六、农产品物流人才与行业需求匹配度较低

物流产业是一个跨行业、跨部门的复合产业，同时它又是劳动密集型和技术密集型相结合的产业，特别是农产品的生产、加工、保存、运输等作业有特殊要求。但是与之不对应的是教育部设置的物流专业所培养的人才，缺乏涉及农产品的高级物流管理人才、物流执行型与操作型人才。我国物流从业人员素质普遍较低，人才结构很不平衡，当前从事基础物流的，如运输、保管、包装、装卸、流通加工等储运活动的人基本没有受过物流教育，相关部门并没有提供相应的农产品物流知识培训服务。而且绝大部分的农业管理与技术人员高度集中于经济发达的北京、上海、广东、浙江、江苏等地区。

从以上分析结果来看，虽然我国农产品物流体系的建设取得很大进步，但农产品物流效率仍然有待提高。随着互联网的普及和农产品电商营销模式的出现，农产品的电子商务物流配送模式也应当紧跟其后。农产品物流在开拓农村市场中有举足轻重的作用，优化农产品物流体系不仅能使农产品充分实现其价值与使用价值，且能使农产品经物流过程实现增值，降低农产品生产、流通、加工的成本，提高农产品物流效率和农产品生产的整体效益。因此，农产品物流体系需要

进一步加强交通基础设施建设，加强物联网和冷链物流的基础设施建设，推进新兴技术在农产品物流中的应用，创新农产品物流组织模式，构建新型的物流渠道关系。

第三节 农产品信息流体系分析

信息存在于人类社会的各个领域，流通信息是对流通活动的客观描绘，是流通领域中各种关系及其状态的真实反映，流通信息依赖于商品流通。农产品流通是农产品生产结束后，通过商品交换实现从农产品生产领域向消费领域转移的全部过程。农产品流通包括农产品生产、运输、储存、加工、营销等一系列流通环节。其中生产是起点，营销是终点，运输和储存是联结产销的中间环节，加工则是农产品生产后销售前改变农产品形态、将农产品由初级产品变为最终产品的重要环节。在农产品流通中，信息流起着领先、导向和支撑的作用。信息流是由信息源向信息接收者传递信息的全部过程，是在空间和时间上向同一方向运动的信息的集合。农产品流通信息包括农产品品种、数量、价格、质量、标准等大量内容，不仅具有一般商品流通信息所具有的共性，同时具有农产品的特殊性。

在本书中，农产品流通信息是指与农产品生产、经营、销售有关的一切信息，不仅包括宏观环境中的政策信息、农业科学技术信息，也包括产生在农产品供应链上的生产、物流、销售等信息。本书将农产品流通信息划分为两个部分，即外部信息和内部信息。一方面，农户、中间商的生产经营活动受到外部环境的影响，包括政治法律要素的政策信息及与农业生产极为相关的科学技术信息。另一方面，农户、中间商还关注在农产品供应链上产生的信息，包括生产阶段的农产品价格信息、农产品质量信息、农资价格信息、物流信息以及农产品销售阶段的市场需求信息和同业者信息。

一、农产品流通信息技术应用分析

尽管计算机和网络已经走进农村，但农产品经营者信息化意识薄弱，信息设备使用能力不足，导致能够通过互联网获得市场和技术信息的流通主体，以及通过计算机网络购买生产资料或出售农产品的农户所占比重很小。而且，中国的农产品流通信息化基础设施建设整体水平不高，网络信号差、速度慢，特别在偏远山区基本没有网络设施，难以满足农产品现代化流通发展的需要。绝大多数的企业在农产品流通方面的技术装备水平低，新技术、新装备应用较少，即使已经较为成熟的POS、EDI、条形码等技术，在农产品流通产业应用也较少。而且，以农业信息为主要内容的网站在全国所占的比例不高，利用程度也很低。

农产品流通信息化水平低的一个重要原因就是缺乏有实力的农产品物流信息化服务供应商。我国的信息化程度已经取得飞跃发展，但是对农产品流通的推动作用尚未完全发挥，物联网技术服务商、农产品信息化平台运营商等在农产品流通中形成规模的很少，仅有中农网、慧聪网等少数几个农产品信息平台，但是主要功能是发布信息、促进交易，针对整合农产品流通信息的服务功能尚未开发。大型信息化服务供应商的缺位严重阻碍农产品流通信息化的发展，这是因为从事农产品物流的主体文化知识水平普遍不高，接受新兴技术的能力较低，只能由专门的信息化服务供应商来帮助其解决农产品信息化设备和网络的搭建及各环节衔接问题，并为其决策提供数据信息服务。

当前，我国农产品流通信息标准化程度较低。农产品流通信息标准化体系包括技术标准化、数据标准化和信息管理标准化，这三个项目中任何一项都有了统一的标准才能实现信息的有效衔接，高效应用。但由于受我国特定的分散农业生产模式及"即时货银两讫"贸易方式的影响，农产品流通各环节基本上是独立运作，所使用的信息标准也是根据自身系统的特点而设计的，各类企业的网站、行业机构甚至政府部门信息平台在信息分类分级、收集渠道和信息应用环境等方面还没有形成统一的标准体系，出现了大量重复建设和众多不同的标准，使得信息难以自由流通，信息孤岛现象长期存在。农产品流通信息资源缺乏有效整合，各级政府部门难以及时集散全面、系统、准确的信息，也使农户和企业的信息查询使用存在很大困难。

物联网技术在农产品流通中的应用对于农产品流通信息化至关重要。近几年，我国企业已经逐步实现将物联网技术应用至农产品流通领域，然而，随着冷链技术在农产品物流中的应用不断增多，将物联网技术应用到农产品冷链物流体系建设中就变得尤为关键，这有助于破解当前冷链物流中断频发的难题，对于确保生鲜农产品质量安全、稳定农产品价格具有重要意义。生鲜农产品冷链物联网的建设包括信息采集系统、仓储管理系统、运输调度系统、监控与预警系统、企业冷链安全追溯系统，以及物联网信息公共平台等。由于生鲜农产品"农田到餐桌"的冷链物流全过程较长以及我国农产品冷链物流发展刚刚起步，农产品物流主体的组织化程度低，且物联网技术的应用需要冷链企业的高额投入，生鲜农产品冷链物联网的建设难以依靠一家或几家企业。因此，加强生鲜农产品冷链物流领域的战略合作，科学构建生鲜农产品冷链物联网供应链体系成为必然。

二、农产品流通中信息不对称分析

农产品市场信息不对称的问题,即指在农产品市场上,卖方与买方对于有关交易对象农产品内在质量、性能、价格、供求及农业科技与政策等信息掌握是不对称的。在农产品生产、经营、消费和监管过程中,一方比另一方掌握更多的信息,从而影响他们的行为,导致农产品市场出现价格偏离价值、质量下降、市场交易效率低下等诸多问题(曲研真,2013)。

(一)农产品流通中信息不对称的表现

农产品流通信息不对称主要体现在三个方面:

一是农产品生产者与农资供应商之间的信息不对称。农产品生产需要各种农资要素的投入,包括种子、化肥和农药等的选择和使用。对于农资供应商而言,他们与市场的联系更加紧密,获得的关于农资市场信息和政策信息比农产品生产者更快更准(冯忠泽、李庆江,2008)。因此,在农产品生产者特别是单个农户没能及时准确获得信息的时候,作为有限理性的农资供应商就有可能实施个人投机行为。例如向农产品生产者提供假种子、高毒高残留农药等。这些行为会影响市场上农产品的质量,并间接影响农产品价格及农产品生产者的收入。

二是农产品流通中间商与农产品生产者之间的信息不对称。在生产信息方面,生产者对于农作物种子或禽畜品种的选择和培育,化肥和农药的施洒,种植或饲养的方式,以及对疾病的检测和防治水平都更加清楚。这些方面也构成了农产品隐藏的内在质量信息。而农产品流通中间商只能通过农产品的外在特征(如外观、颜色、新鲜度等)进行质量判断。这就造成了农产品生产者与流通中间商之间的信息不对称,导致农产品优质难以实现优价,而普通产品却存在着掠夺优质农产品市场的可能。而在市场行情上,农产品流通中间商则通常更了解市场信息。一方面,农村地区的农民文化素质普遍不高,对农业信息缺乏了解与认识,他们大多凭借以往经验和参考其他农户的经营决策进行生产和经营,其行为决策具有较大的盲目性和不确定性。另一方面,农产品流通中间商的经济实力相对雄厚,经济意识强,市场信息来源广泛,而且更贴近市场,因此他们掌握了更为准确和丰富的市场信息。流通中间商可以利用信息优势,发布虚假信息或隐藏信息而行使机会主义行为,以期低价收购和高价出卖。同时,在部分其他农产品价格上涨的时候,他们可能故意跟风上涨,营造假象,从而容易导致农民错误预期市场行情,造成生产决策失误,最终可能扰乱农产品供给和市场价格水平。

三是消费者与农产品生产经营者之间的信息不对称。农产品生产经营者与消费者在进行交易时,他们对于农产品的相关信息掌握差异显著。对生产经营者向市场提供的安全农产品,多数消费者并不清楚其真实的安全水平。由于农产品安全品质具有"信任品"特性,更加凸显了生产经营者与消费者之间的信息不对称。例如,加工企业知道其产品加工过程中的添加剂使用情况,对此消费者却不明确甚至一无所知;批发市场和零售市场的经营者知道其产品在储运和销售过程中是否卫生和安全、是否受到污染等,消费者并不知道。消费者只有通过食用才可能了解农产品质量安全,甚至食用后也未必能够准确认定其质量安全。因此,生产经营者与消费者之间存在显著的信息不对称问题。

(二) 信息不对称对农产品价格波动的影响

信息在农产品价格的形成中起着重要的作用。农产品价格取决于农产品交易模式中不同交易个体的行为,而交易个体的交易行为决策依据就是各自拥有的信息。交易各方所拥有的信息一旦发生改变,其决策行为也会相应发生变化,进而导致市场均衡价格改变,造成农产品价格的波动。在影响农产品价格波动的因素中,信息扮演着重要角色(王勉,2015)。市场参与者所掌握信息的变化会通过他们之间相互的综合作用进而表现为市场均衡价格的调整。

首先,生产环节的信息不对称导致价格异常波动。由于自身知识水平和农村信息传递物理条件的限制,处于分散生产和经营的个体农民很难准确把握市场需求并及时调整生产结构与产量(沈梅、杨萍,2005)。他们大多凭借以往经验进行生产和经营,带有较大的盲目性和不确定性。往年的高价格会使农户增加种植面积或者养殖数量,低价格则相反,而农产品种养殖和收获有一定的时间差,因此农产品生产总会出现供应缺口时的"价贵伤民"和供大于求时的"价贱伤农"怪圈,导致农产品供给短缺和过剩现象交替出现,并最终造成农产品价格异常波动。同时,我国农产品运行机制不完善,农业生产地区相对落后,信息资源匮乏,农户盲目跟风现象严重。农户的生产决策往往参考村内能人和其他农户的决策,这加剧了区域内农产品品种的一致性,容易引发部分生产规模过大的农产品品种供过于求,并导致生产规模过小的农产品品种供不应求,进而加剧农产品价格的波动。

其次,流通环节的信息不对称扰乱农产品价格。一般而言,农产品在流通环节中要经过加工经销和零售两个阶段。农民和消费者都与加工商和经销商(即农产品中间商)之间存在信息不对称。相比于农民和消费者,农产品中间商不仅市场经济意识相对较强,掌握充分的市场信息,有较完善的市场营销体系,而且通晓政府的经济政策与法律法规。而农户和消费者多数力量薄弱,他们准确、及时、充分捕捉以及评估和鉴别市场信息的能力不足。因此,在与农产品中间商交易的过程中，农户和消费者都处于信息不对称的不利地位（邵作昌，2011）。农产品中间商出于自身经济利益最大化的目的，一方面可能利用信息优势行使机会主义行为，以期低价收购和高价出卖；另一方面，随着其他农产品价格波动，故意跟风涨价，扰乱农产品的正常供求关系，导致价格异常波动。

最后，供求双方的信息不对称加剧价格波动。农产品生产者与消费者之间的信息不对称造成供求不匹配。其中信息在农产品流通过程中的不对称主要指需求信息不能通过流通环节及时反馈给生产者，造成生产的盲目性，同时，生产信息也不能通过流通环节到达消费者，造成非合理性消费（刘宝宏，2001）。我国目前存在的生产端农产品滞销、价格低，而零售终端价格居高不下的普遍现象与信息不对称密切相关。就我国农产品市场而言，市场运行机制不完善，农产品市场供求主体对于信息处理能力和把握能力也存在很大差异。在这种情况下，那些掌握较多市场信息的市场主体可以更好地把握市场机遇。而对于大多数市场主体而言，他们由于缺乏信息或者信息甄别能力低，而只能模仿其他主体的相关行为。农产品价格是由市场供求所决定的，然而农产品市场的信息不对称却导致供求双方决策的非合理性，造成供求不匹配加剧了农产品价格的波动。

（三）信息不对称对农产品质量安全的影响

近年来，"三聚氰胺""瘦肉精""毒生姜"等事件频现，农产品质量安全问题在我国尤为突出。农产品生产者知道其在生产过程中农药、化肥、添加剂等使用情况。农产品中间商知道其经营的农产品在流通环节的运输、仓储与加工等过程中是否使用了有毒有害的物质、添加剂等。消费者很难通过表面观察得知农产品的质量安全，对于农产品的产供销过程更是知之甚少。农产品的卖方成为占有较多信息的优势方，而买方是占有信息较少的劣势方。由于农产品质量安全的信任品特性，相关质量安全的信息不容易在买卖双方之间有效传递，因此各环节上的买方在农产品市场交易中面临严重的信息不对称问题，同时使农产品卖方为获取更多的经济利益，可能供给假冒伪劣产品，损害买方利益，导致农产品市场资源配置严重扭曲。

首先，信息不对称导致农产品质量安全的信任品特性。信任品特性是指消费者在消费之后仍没有能力了解有关农产品的安全和营养水平方面等质量安全特征，如农产品的营养成分含量、农药的残留量等。同时消费者在消费农产品之后也很难判断到其安全、营养水平、农药残留量等，所以农产品也具有信任品特性。而农产品质量安全的信任品特性导致农产品市场中交易双方信息不对称问题更为严重，消费者由于自身条件和环境的局限更处于信息劣势。在政府监管存在漏洞、奖惩机制不严格的外部环境下，具有信息优势的农产品供给主体可能采取机会主义行为，消费者的身心健康受到损害（聂祖东等，2008）。

其次，信息不对称导致农产品质量安全信息难以传递。从农产品的种植或养殖到加工、包装再到运输过程直至最后的市场流通过程，整个农产品流通产业链上的每一环节都可能对食品安全产生直接或间接危害，而农产品产业链中各个环节的信息不对称问题更加剧了食品不安全的程度（郑风田、赵阳，2003）。农产品流通链条越长，农产品从田间到餐桌的环节越多，信息传递难度越大，质量安全问题发生的概率越高。在农产品生产加工过程中，生产者不按工艺要求操作，如没有经过必要的杀菌程序或者超量使用、滥用食品添加剂或非法添加物等。这些生产加工信息消费者是很难掌握的。农产品流通过程中，仓储、运输等是否按规定采取了相关措施，消费者也很难了解。有些出厂合格的食品在流通过程中变质或受损，却依然被提供到零售终端，甚至到了消费者的口中。整个农产品流通链条上各环节都存在信息不对称，交错叠加后的结果是农产品质量安全的有效信息传递难度指数倍增。

（四）信息不对称导致农产品市场的逆向选择和道德风险

农产品市场中信息不对称容易导致信息拥有方或信息优势方为获取自身更大的利益而使另一方利益受到损害，从而产生两种市场行为即"逆向选择"和"道德风险"。从发生时间上看，事前信息不对称容易存在"逆向选择"问题，而事后信息不对称则容易产生"道德风险"问题（张维迎，1996）。不管是"逆向选择"还是"道德风险"都会使农产品市场处于低效率状态，市场无法实现资源的最优配置，高成本的优质安全农产品市场将会逐步萎缩甚至消亡。

逆向选择是指由于交易双方信息不对称和市场价格不断下降导致的劣质品驱逐优质品，进而出现市场交易产品平均质量下降的现象。例如，二级农产品流通主体由于相对缺乏鉴别农产品优劣真伪的有效一手信息，只能根据市场产品的平均质量水平决定支付意愿给一级流通主体。根据质量与价格的对应关系和交易双方循环往复的博弈过程，最终低质量的农产品将逐渐把高质量的农产品逐出流通过程，从而导致农产品生产者和流通主体选择低劣化农产品的现象。

道德风险是指在信息不对称下，交易双方已经达成交易意向或者签订了交易合同后，其中具有信息优势的一方通过采取不被另一方识别或者难以被另一方证实的行为（该行为却违背了已经达成的交易规定）来损害对方的利益。例如，由于靠近农产品采购地和销售地的流通主体分别对供给和需求信息具有一定优势，并且流通组织自身零散性的特点造成他们之间的信息不完全和不共享。农产品供给者未按事先约定的严格控制种植过程中农药、化肥的过量使用，在采购方无法完全证实或者检测时，将过度施肥或者农药滥用的农产品提供给采购方。这将导致劣质农产品供应和低于市场均价收购等扰乱正常市场的行为（朱闪闪、方威，2010），进而导致农产品市场交易的不稳定，致使交易效率降低。

第四节 农产品商流、物流、信息流互动关系分析

一、农产品商流与物流互动机制分析

由社会专业化分工导致的商流与物流分离是现代流通经济的突出特点之一。商流与物流是农产品流通经济的重要内容，分析农产品商流与物流之间的基本关系，对于本研究而言是至关重要的。

在农产品流通过程中，商流和物流是既分离又统一联系的。农产品商流和物流都是从生产者（农户）向需求者的运动，有相同的流向，相同的起点和终点。在功能上，农产品商流和物流互为补充，共同完成流通的功能。农产品商流与物流有密切联系，但又是两种不同的概念，农产品物流是农产品实体的流动，而农产品商流是农产品价值实体的流动，是所有权的转移。农产品商流发生在农产品物流的前面，而农产品商流实施必须有物流的支持才能做到。

比如，农民专业合作社与农产品流通企业经过商谈，达成了一笔供货协议，确定了农产品价格、品种、数量、供货时间、交货地点、运输方式等，并签订了合同，也可以说商流活动开始了。要认真履行这份合同，自然要进入农产品物流过程，将农产品进行包装、装卸、保管和运输等物流活动。也就是说由于需求与供给相匹配，才有了农产品买卖交易，交易的原因和理由就是商流的动机和目的。又因为有了农产品交易，才有了农产品物流活动。农产品商流活动产生后，必须要有一个农产品物流的过程，否则农产品商流就没有意义。同样的，如果没有农产品物流，或者农产品物流与商流不匹配，那么农产品商流活动也就没有意义了。因此可以说，农产品商流和物流之间有时是互为因果关系，农产品商流是动机和目的，农产品物流是终结和归宿。

在传统的"农户+市场"农产品流通模式中，农产品商流与物流是统一的。"农户+市场"是一种直接流通模式，主要是指农户不经过任何中间环节直接销售给消费者的流通模式。农户主要是通过农贸市场或其他直接面向终端消费者的市场来进行农产品销售，农产品主要由农户自己运输，主要通过地县、乡镇一级的农产品农贸市场，或者将农产品运到居民小区，实现与消费者面对面交易。但

由于消费者和小农户的双重分散性使得这种流通模式无法承担农产品大批量化的流通，从而造成农产品流通的效率低下，特别是农产品季节性、鲜活性特点明显，低效率的流通渠道导致的后果必然是农产品"卖难"，来自市场的不确定性给农户带来了巨大的风险。

随着农业经济的发展和农产品流通的频繁发生，特别是现代科学技术的突飞猛进，农产品商流与物流在时间和空间上的间隔呈现出放大的趋势，并由此出现了专门的农产品商流和纯粹的物流过程，即实现了农产品商流与物流过程的分离。同时，出现了专门从事农产品商流和物流的经济部门，农产品商流与物流的主体也实现了分离。农产品物流与农产品商流分离，成为独立的农产品流通部门是现代农业经济发展的必然。在现阶段农产品流通过程中，农产品商流与物流在时间和空间上往往并不一致，如果要求农产品商流与物流一致，就会发生农产品物流路线的迂回、倒流、重复等不合理现象，造成资源浪费和农产品流通效率低下。

农产品商流与物流分离，可以加快农产品流通速度，节约运输仓储费用；加快农产品流通企业资金周转，提高资金利用效率；有利于农户和其他农产品流通主体的专业化，提升规模经济；有利于提高农产品流通的产业现代化，创造经济效益和社会效益。因此，在合理的农产品流通中，实行农产品商流与物流分离是提高农产品流通效率和社会经济效益的客观需要，农产品商流与物流分离后将会带来更低的社会成本和更大的社会效益。

二、农产品商流与信息流互动机制分析

农产品商流与农产品信息流关系密切，相互影响。农产品信息流产生于农产品流通活动中，并为农产品流通活动服务。农产品信息流贯穿于农产品商流活动过程中，通过信息流，供与需的信息能及时得到了解，协商订立贸易合同需要信息的支持，信息流贯穿于农产品商流整个环节。农产品信息流是农产品商流的前提条件，是商流活动的描述和记录，反映农产品商流的运动过程。农产品信息流对农产品商流起指导和控制作用，为农产品商流活动提供决策依据。农产品商流的发展离不开农产品信息流作为基础。

一方面，农产品商流不畅制约了农产品信息流通。我国农户传统的小农经济思想严重，受教育程度偏低，市场经济意识薄弱，不能够及时、充分、准确地捕捉、辨别、分析市场经济信息，在掌握信息和运用信息方面明显处于劣势，这就会造成农民生产的盲目性。而我国农产品经纪人、批发商和龙头企业等农产品流通主体众多，农产品流通渠道复杂，农产品流通环节过多，则导致了农产品流通

相关信息收集加工、分析、预测非常困难，信息处理时效性差，进而使得农产品供求不平衡，对接不顺畅，造成农产品价格大幅波动，限制了农民增收。

另一方面，农产品信息流通不畅又影响了农产品商流。如前文所述，当前我国农产品流通中存在的信息不对称严重影响了农产品商流活动。首先，信息不对称会提高农产品商流活动的交易成本。信息不对称的存在使农产品市场面临许多不确定性，而这种不确定性的减少必须支出一定的经济成本。有些农产品流通主体为防止欺骗行为暴露而需要支付"隐藏成本"；诚信的农产品流通主体为使其与投机者相区别而需要支付"鉴别成本"；消费者为了在庞大的市场中找到诚信商人需要支付"搜寻成本"；而社会为了惩罚投机者则需要支付"惩戒成本"。另外，信息不对称所产生的"道德风险"也增加了交易的风险性，从而使交易的风险成本增加。例如，农产品市场上有部分生产者用劣质产品假冒名优产品，加剧了市场信息的不对称性，导致假冒伪劣商品泛滥，这不仅损害了消费者的利益，而且由于需要投入大量的人力、物力和资金用于产品的防伪识别，在一定程度上加大了整个同类产品市场的交易成本，造成资源浪费。这些成本的出现和增加对应的就是农产品商流活动过程中总交易成本的增加。其次，信息不对称会降低农产品商流活动中的交易效率。农产品市场信息不对称造成了市场交易过程中信息搜寻的障碍，增加了信息的搜寻成本，降低了市场交易过程的效率。第一，由于农产品市场信息不对称，追求利益最大化的目标使卖方在市场价格较高的情况下抢售农产品，为了获得更多收益不惜以次充好使买方遭受损失。重复的购买经验会使买方在再次购买时，为降低购买到低劣产品带来的经济损失，就会压低价格，卖方在得不到预期的高收益时就会进一步降低投资、疏于管理，尽可能减少生产经营过程中的一切成本，造成农产品品质不断下降，使市场上充斥了不合格的农产品，循环往复就形成农产品市场中次货代替好货，迫使农产品市场成为"柠檬"市场。第二，农产品市场中买卖双方信息不对称会在一定程度上降低市场资源配置。信息不对称导致交易双方在买卖农产品的交易过程中博弈时间过长，在一定程度上降低农产品市场的交易效率。因为信息不对称使交易双方为了各自的经济利益不停地进行心理较量，大大延长了成交时间。而农产品尤其是生鲜农产品的保质期相对较短，交易时间过长会使供给者处于不利地位，同时农产品的市场价值随保质期缩短也会降低，所以成交时间的延长会大幅降低农产品市场的交易效率。

此外，由于现代信息技术的迅猛发展也带来了农产品商流活动的变革。现代信息技术使农产品流通主体的运营方式、农产品交易关系发生了根本性的变化，对农产品商流系统的结构和功能也产生了深远的影响，成为农产品商流变革的推动力。我们认为，现代信息技术的发展对农产品商流活动的影响主要表现在以下两个方面。从宏观角度讲，现代信息技术可以从多个方面改变农产品流通行业竞争结构，也使得竞争更加激烈。农产品交易双方获取信息更为方便，可以对众多的农产品价格、服务等进行比较分析，并且不再受时间和地理位置的限制，这就使得竞争更加激烈，有助于提升农产品流通效率。从微观角度讲，农产品流通主体可以充分利用信息技术获取、处理、传输、应用知识和信息资源，通过创建外部的信息网络和内部网，优化自身内部人与人、人与物、物与物之间的传统的沟通方式，改善农产品流通主体与上下游之间的沟通方式，从而彻底改变自身的经营方式、管理方式和组织形式。

近年来，以 B2B、B2C 为代表的农产品电子商务得到了飞速发展。农产品电子商务就是农产品流通主体之间通过信息技术为媒介进行的农产品交易活动。通过计算机、手机等进行网络交易，农产品交易双方从贸易磋商、签订合同到支付，均通过网络完成，整个交易完全虚拟化。农产品电子商务突破了时空限制，农产品流通主体可以足不出户全天 24 小时完成各种交易活动，同时也减少了农产品流通活动的中间环节，缩短了农户和消费者之间的时空距离，大大节约了农产品交易成本，提升了农产品商流活动的效率。

电子商务平台能够把农户，农产品加工企业、批发商、零售终端、消费者等农产品流通主体连接起来，达到了资源共享、信息共用的目的，而且产、供、销一体化运作，减少了中间环节，各环节之间也实现了无缝衔接，使农产品流通结构得到了优化。第一，通过电子商务平台，实现了各方信息的整合，各流通主体能够及时、有效地了解农产品的供求信息、价格信息、质量信息等。第二，电子商务平台使农户真正介入农产品流通中，减少了信息流通的中间环节，降低了因"牛鞭效应"而造成的市场信息失真，农户完全可以根据市场需求合理安排生产，减少了因生产过程带来的损耗。第三，通过电子商务平台也扩大了农产品的市场半径，使过剩农产品有了更大的销售空间，减少了农产品供大于求时因受区域局限性影响而带来的损耗。

三、农产品物流与信息流互动机制分析

现代物流依赖于信息流的调节和控制。畅通、准确、快速的信息能够对整个农产品的流通过程进行协同整合，再结合第三方物流公司高效的管理及运营模式，可以提高农产品的运输和交易效率，降低农产品运输过程中的损耗。

从物流服务角度来看，从农产品生产出来到最后送达消费者手中，整个农产品物流环节要做到准确及时安全，就必须有信息流作为它的智力与技术支持。没有信息，农产品物流活动也将要终止。因此，农产品信息流是农产品物流的前

导，是农产品物流过程的依存，是农产品物流过程后的反馈。农产品信息流必须先于农产品物流，伴随着农产品物流，而且农产品物流停止后，信息还要流动。

农产品信息流通不畅会导致农产品物流成本显著上升。在整个农产品物流过程中，发生的物流费用有：农产品采购环节的费用、批发环节的费用、零售环节的费用、运输费用等。大多数"小规模、分散化"的农民，因批量小而无法采用有效率的运输工具带来损失，因交易量少需支付较高的单位产品运输成本，因掌握市场信息不充分而发生迂回运输多承担运输成本并因此造成腐烂和销售的损失。与此同时，由于农产品信息不对称，使得农产品产销地对接不顺畅，致使我国农产品流通渠道多而杂，流通环节过多，过路费、进场费等费用支出巨大，产品耗损率过高导致损耗成本过大等，这些都使农产品物流过程中的物流成本急剧增加。

信息是物流的神经系统，必须了解影响农产品物流系统的各方面信息，并及时对农产品物流系统各个环节的物流信息做出处理，才能有效应对市场变化。目前，农产品信息网络不健全，沟通渠道不畅，各个参与方的物流信息分散，许多信息难以收集、传递信息化体系不能满足农产品物流系统的需要。因此，必须建立农产品物流信息共享系统，充分利用现有的信息渠道，广泛采用信息网络技术，加快实现农产品物流系统的信息化，为了提高中国农产品的国际竞争力，监控农产品的质量安全，降低农产品物流成本，增加农民的收入，必须对传统的农产品物流模式进行信息化改造，建立基于信息共享的农产品物流运作模式。

基于信息共享的农产品物流运作模式是通过基于信息共享的信息平台，将农产品的生产、加工、流通、消费等环节有机地结合起来。农产品生产者、供应商、经销商通过信息共享平台形成农产品产、供、销一体化运作，各个环节之间实现无缝衔接。信息共享的内容，包括农产品物流系统的内部信息，如农产品的供需状况、市场价格、质量标准、运输能力等以及与农产品物流系统相关的外部信息，如农产品进出口法规、气象信息、交通状况等。农产品的生产监管机构、检疫机构、市场监管机构等也可以通过信息平台对农产品的生产加工、市场准入、质量安全直接进行监管，同时从信息平台上发布农产品最新的国际、国内标准来指导生产。消费者则可以通过信息平台的门户终端对所购买的农产品的质量安全进行查询，并可追溯产地，切实保证消费者的权益，同时也有利于农产品品牌的创建和保护。农产品供应商根据信息平台上经销商和零售终端提供的需求信息，向其上游的农产品生产者发布生产信息，生产加工企业、中介组织通过订单向农户收购农产品，这样就减少了农产品生产的盲目性，为农产品的销路提供了保证，降低了农产品物流的成本，减少了农产品的损耗，有利于促进农业生产的产业化发展。农户可以通过信息平台改变由于信息不对称引起的弱势地位，了解农产品的市场价格和供需状况，生产适销对路的农产品，增加收入。第三方物流公司可以根据信息平台中供需双方的信息合理、高效地组织业务，也可以把自己的商务信息通过电子商务平台发布出去；同时第三方物流公司可以根据道路交通数据库、车辆信息数据库的信息合理安排运输线路和运输车辆，突发事件信息流可以在意外事件发生时帮助第三方物流公司及时调度车辆。通过信息共享，可以促进期货等先进的交易方式，如果连接上银行，可以实现银行转账、网上支付。

四、农产品商流、物流与信息流之间的互动关系

在农产品流通过程中存在着三流，即商流、物流和信息流。农产品商流、物流和信息流三者既互相区别又互相联系，它们合则形成统一的流通过程，分则拥有彼此独立的运动形式和客观规律。在农产品流通过程中，以农产品信息流为媒介，通过商流实现农产品的价值，通过物流实现农产品的使用价值。在农产品商流、物流和信息流三者之间，农产品信息流是导向，农产品商流是前提，农产品物流是基础。一方面，农产品信息流既制约农产品商流，又制约农产品物流，并且将农产品商流和物流联系起来，完成农产品流通全过程；另一方面，农产品商流、物流和信息流相辅相成、相互促进，推动流通过程不断向前发展。

所谓农产品商流，就是一种农产品买卖或者说是一种农产品交易活动过程，通过商流活动发生农产品所有权的转移。农产品商流是农产品物流和信息流的起点，也可以说是农产品物流和信息流的前提，没有农产品商流一般不可能发生农产品物流和信息流。反过来，没有农产品物流和信息流的匹配和支撑，农产品商流也不可能达到目的。

农产品物流是指农产品实体由生产领域（田间地头）向消费领域（餐桌）的转移过程。农产品物流体系的基本要素包括物流主体、物流通路、物流功能。不同的农产品物流主体在一定的环境制约下选择不同的物流通路以不同的组织形式执行物流功能，就形成了具体的物流活动，所有的物流活动及其各类关系的总和构成了农产品物流体系的基本框架。农产品物流辅助要素则主要包括物流设施、物流装备、物流工具、信息设施等硬件，以及相关的体制和制度、标准化系统等环境因素。

在农产品流通中，信息流起着领先、导向和支撑的作用。信息流是由信息源向信息接收者传递信息的全部过程，是在空间和时间上向同一方向运动的信息的集合。农产品流通信息包括农产品品种、数量、价格、质量、标准等大量内容，不仅具有一般商品流通信息所具有的共性，同时具有农产品的特殊性。农产品信息流产生于农产品商流和农产品物流活动中，并为农产品商流和物流活动服务。

农产品信息流是农产品商流和物流活动的描述和记录，反映农产品商流和物流的运动过程。农产品信息流对农产品商流和物流活动起指导和控制作用，为农产品商流和物流活动提供决策的重要依据。

农产品"三流"之间有时是互为因果关系。比如，农民专业合作社与农产品流通企业经过商谈，达成了一笔供货协议，确定了农产品价格、品种、数量、供货时间、交货地点、运输方式等，并签订了合同，也可以说商流活动开始了。要认真履行这份合同，自然要进入农产品物流过程，将农产品进行包装、装卸、保管和运输。在农产品商流和物流活动过程中，同时伴随着信息传递活动。无论是农产品商流活动，还是农产品物流活动，这两大过程中都离不开信息的传递和交换，没有及时的信息流，就没有顺畅的农产品商流和物流。因此可以说，农产品商流是动机和目的，农产品信息流是手段，农产品物流是终结和归宿。

综上所述，物流、商流与信息流一体化，在农产品流通中显得十分重要。商流、物流和信息流的一体化，不仅是现代农产品流通发展的必然趋势，更是农业供给侧改革的必然需求。要促成三者的一体化，必然要加强商流、物流的系统建设，尤其是信息流技术的建设与改进，而这些改进不仅需要政府在政策资金方面的支持与投资，更需要物流企业协会加强自身的建设与发展，只有这样我国的农产品流通才能发展得更好。

第五节　总结及研究展望

本章分别从农产品商流体系、物流体系和信息体系三个子系统入手，研究了农产品流通中商流、物流和信息流的互动关系。农产品商流、物流和信息流是农产品流通过程中的三大组成部分，由这"三流"构成了一个完整的流通过程。"三流"互为存在，密不可分，相互作用，既是独立存在的单一系列，又是一个组合体。将农产品商流、物流和信息流作为一个整体来考虑和对待，会产生更大的能量，创造更大的经济效益，提升农产品的流通效率。

本书认为，农产品流通体系建设与创新发展，要以农产品商流体系建设中的流通组织、交易关系与渠道治理创新为中心，以农产品物流体系建设和农产品流通信息体系建设为支撑，以政策体系设计与创新为保障，才能实现降低农产品流通成本、平抑农产品价格过度波动、保障农产品质量安全的目标。本章内容与后续章节研究内容之间的关系如图2-1所示。

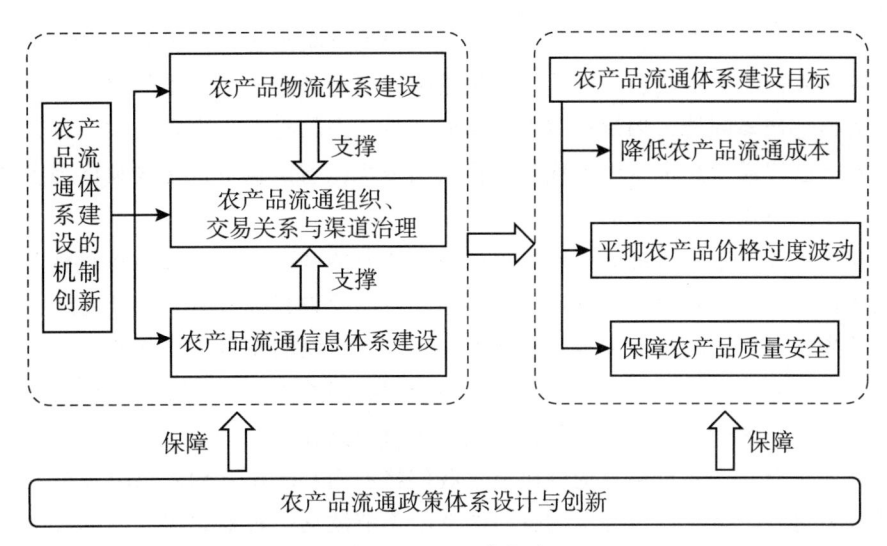

图 2-1 研究框架

在农产品流通体系建设的机制创新部分，本书将对农产品的流通过程进行全面考察，从农产品商流体系建设（重点关注流通组织、交易关系与渠道治理）、农产品物流体系建设、农产品流通信息体系建设三个层面开展专题研究。同时，本书也对我国现行农产品流通体系以及农产品流通体系建设的机制创新进行了深入的探讨。

第一个专题研究围绕农产品流通组织、交易关系与渠道治理展开。针对农产品批发市场公益性的回归问题，本书以北京新发地市场为案例，分析了如何实现企业化运行的农产品批发市场的公益性目标。交易关系的治理机制研究所关注的问题是如何规避交易关系中的机会主义行为，降低交易成本，并提高交易的绩效，在这个专题研究中，我们将把市场营销中的关系营销理论和渠道治理理论引入该研究领域，考虑在农产品交易关系的独特情景下，契约、管理控制、人际关系的治理效果（如抑制投机行为和提高绩效），并据此提出农产品流通渠道中的治理机制优化建议。

第二个专题研究围绕农产品物流体系建设展开。为了降低农产品流通过程中的物流成本、提高物流效率、发展物流产业，构建高效的农产品物流体系，本书从物流组织、物流方式、物流基础设施、物流技术等方面分析农产品物流体系现状与问题；对农产品物流成本进行解构分析，并归纳导致农产品物流成本居高不下的影响因素；进而构建农产品物流体系创新机制，提出农产品物流体系建设路径。

第三个专题研究围绕农产品信息体系建设展开。本书将在系统梳理农产品流通中信息不对称的主要表现及其对农产品价格波动、质量安全和流通效率的影响的基础上，通过对农户、中间商和消费者三类典型渠道主体的调查，研究不同主体在各类农产品流通信息上的需求与供给情况，及其在不同类型的农产品流通信息上的渠道选择问题，揭示供需差距和农产品流通信息渠道中存在的问题，并提出以农产品流通信息供给内容优化、传播渠道优化与信息平台建设策略为主要内容的农产品流通信息体系的建设路径。

在上述以三个子系统为研究对象的专题研究的基础上，本书还将以整个农产品流通体系为研究对象，围绕农产品流通体系的建设目标开展专题研究。

首先是对农产品流通成本与利润的解构研究。我们将采用案例研究方法，从微观的农产品流通渠道入手，揭示我国农产品流通中的成本构成和利润分配状况，探究降低流通成本，升级与优化流通渠道的路径。

其次是对农产品价格波动的研究。我们将利用 Census – X12、HP 滤波等计量经济模型对农产品流通过程中的价格波动的季节波动、长期趋势、周期波动、随机成分等特征进行分析；利用 VAR 模型从供给、需求和货币三个冲击途径分析农产品价格波动的成因；利用 SVAR 模型分析中国农产品价格波动对经济增长、消费、CPI 等宏观经济的影响；利用 VAR 模型分析农产品价格波动对通货膨胀的影响、传导渠道及其贡献度。

最后是农产品流通领域食品安全问题的研究。我们将基于农业经济学、流通理论、食品安全管理等理论，借助于管理学、经济学等多学科的研究方法，分析农产品流通领域的食品安全现状、主要原因、质量追溯体系建设对策，进而提出保障流通领域农产品质量安全的对策。

在农产品流通政策体系设计与创新部分，本书在对农产品流通政策进行界定的基础上，对我国现行农产品流通政策进行了系统的梳理与评价，并在借鉴美国、日本、德国与巴西的农产品流通政策的经验，以及专题研究结论的基础上，提出了改进与完善我国农产品流通政策的建议与措施。

第三章

农产品批发市场公益性实现方式研究：以北京新发地市场为案例

作为我国农产品流通的主渠道，农产品批发市场承担着约70%农产品的流通与集散功能（张浩等，2009），在沟通产销、保障城市市场供应方面发挥着难以替代的作用。近年来，频繁出现的农产品价格大起大落、"菜贱伤农""菜贵伤民"现象，以及生鲜农产品质量安全事件，都将学界及政府主管部门的注意力愈发引向以农产品批发市场为核心的流通体系。一些学者将上述问题出现的部分原因归结为批发市场公益性的缺失，认为企业化运营的批发市场的逐利性构成了其公益性实现的主要阻碍（刘雯等，2011；李志博等，2013；赵尔烈，2013），因而国家应当尽快加强公益性批发市场的建设，打造农产品批发市场的"国家队"（徐柏园，2011；赵尔烈，2013）。在对农产品批发市场公益性回归呼声日渐高涨的背景下，政府主管部门也日益关注农产品批发市场的性质，如2012年中央"一号文件"明确提出："鼓励有条件的地方通过投资入股、产权置换、公建配套、回购回租等方式，建设一批非营利性农产品批发、零售市场。"2014年中央"一号文件"则直接将开展公益性农产品批发市场的建设试点作为一项工作任务。北京市更是已经决定率先试点建设一个政府主导的公益性农产品批发市场。

从欧洲、北美及亚洲主要国家和地区的农产品批发市场管理体制来看，农产品批发市场确实承担着相当的公益性功能，其主要表现在中央或地方政府对批发市场建设与运行的直接介入与监管（门峰，1999；刘雯等，2011；赵尔烈，2013）。20世纪90年代中期以来，我国农产品批发市场确立了"谁投资、谁管理、谁受益"的建设原则，目前全国4 500余家批发市场，基本上以企业化形态运营（罗仲伟等，2012）。我们认为在当前农产品批发市场运行与管理机制的基础上强调批发市场公益性的回归，政府主管部门的角色与介入方式是一个非常关键的问题。首先，强调批发市场的公益性，是否如同一些学者呼吁的那样，一定意味着由政府主导建设一批公益性的批发市场？这个问题不仅涉及建设资金的投入和管理体制的问题，更涉及政府直接新建公益性的批发市场是否会破坏了市场机制？是否会出现批发市场运行的"双轨制"，并且如何保障市场公平？即使政府不是以完全新建的方式，以投资入股、回购、回租等方式来恢复批发市场的公益性，全国4 500多家批发市场也涉及巨量的资金投入，这恐怕也是难以实现的目标。其次，与之相关的是两个更为深层的问题：第一，在理论层面，如何界定农产品批发市场的公益性？这种公益性目标体现在哪些方面？这个问题显然是我们寻求批发市场公益性实现方式的基础和前提，但现有研究并没有给出明确的解释。第二，企业化运行的批发市场是否一定与其公益性目标存在难以融合的冲突？现有研究似乎先验性地认为企业对利润的追逐与公益性目标的实现是水火不容的。如果二者之间的矛盾并非完全不可兼容，那么政府主管部门就可能通过更低成本、更高效率的方式来实现农产品批发市场的公益性目标。本章以国内最大、最有代表性的销地批发市场——北京新发地农产品批发市场（下文简称"新发地"）为案例，拟对上述两个问题做出初步的回答，并在此基础上提出政策建议。

第一节 理论背景

一、农产品批发市场及其主要功能

批发市场作为一种流通中介组织，其本身并不参与批发交易，而是为批发交易提供场所和交易服务（夏春玉，1998）。从这个角度来看，农产品批发市场指的是以农产品为主要交易物，为农产品批发交易提供空间载体和交易服务的组织（罗仲伟等，2012）。根据在农产品流通产业链中所服务对象的不同，农产品批发市场主要包括销地批发市场和产地批发市场两大类。其中前者主要服务于城市消费，后者主要服务于农产品生产者销售。一些大型产地或销地批发市场还有比较强的中转功能，一些文献将中转功能特别强的批发市场称为中转地批发市场。我国的农产品批发市场是伴随着农产品流通市场化改革而发展起来的，自20世纪90年代的市场化改革以来，现有批发市场基本以企业化形式进行经营，企业作为批发市场的投资者和经营者，主要通过向批发商收取交易费和场地租金获取经营利润。

虽然世界各地农产品批发市场的运营方式各有不同，但从流通理论的角度来看，农产品批发市场的功能主要包括以下五种（刘雯、安玉发，2010；罗仲伟等，2012）。一是商品集散功能，无论是在产地还是在销地，农产品批发市场都可以吸引并汇集分散生产的农产品进入市场完成交易，把农产品分销到各个消费地。二是农产品批发市场具有价格形成功能，即供求双方通过市场交易，形成具有资源配置作用的价格信号。形成价格信号是农产品批发市场的核心功能，而商品的集散和供需情况则是形成价格信号的前提条件。三是农产品批发市场具有信息传递功能，这是指将市场形成的价格、交易量和产品质量等信息传递给供求双方，起到指导生产、调节供需、稳定价格的作用。四是批发市场具有交易结算功能，即为保证交易双方能够及时完成交易而采取的结算方式及相关支持。五是农产品批发市场还具有产品质量安全监管功能，对进入市场交易的农产品质量安全负有检测和监管的责任。

二、农产品批发市场的公益性及其体现

公益即公共利益，指用于满足社会公共生活需要、能被一定社群中所有个人公平地享有、不具有排他性质的共同利益（陈振明、孟华，2006）。某一组织的公益性是指该组织的性质，是相对于私益性而言的，公益性组织是以满足社会公众的共同利益为目标的，并且这种共同利益不具有排他性，或者排他的成本过于高昂；非公益性组织则是以满足组织成员的私人利益为目标的，并且这种利益具有非常高的排他性。因此，公益性组织往往也被称为非营利性组织，与其相对应的是以营利为目的的企业。但是纯粹的公益性组织与纯粹的营利性组织之间并不是非此即彼，这是由于当代社会中原本应当由公益性组织提供的产品或服务也大量地通过市场化的方式提供（如教育和医疗），如果提供产品或服务的组织是企业，那么企业的公益性则主要体现在其提供的产品或服务满足社会公众需求的程度。由于企业运营的基本目标是获取利润，这会与政府追求的公益性目标之间产生冲突和张力，因而公益性目标的实现往往通过政府的若干制度安排来实现。

因此，当我们讲到农产品批发市场的公益性时，实际上涉及两个基本的方面。一方面，农产品批发市场是什么类型的组织？如果它是非营利的公益性组织，那么公益性目标就是它最为基本的运行目标。如果批发市场是营利性组织，那么它所体现的公益性目标就要通过政府的一系列政策和制度安排来实现。就我

国当前农产品批发市场的运营机制来看，改革之后企业化运作的市场是营利性组织，这一点没有争议。另一方面，如果批发市场本身就是以营利为目标的企业，那么其是否会损害公共利益而不能保证公益性？理论上，企业追求利润的行为可能会损害某些公共利益，如销地批发市场可依赖场地专用性而收取较高的交易费和场地租金，这会提高农产品的价格，或者影响农产品的供应；批发市场为了节约成本不对进场交易的农产品进行安全检测，使得具有安全隐患的产品流入市场，这显然会影响城市居民的公共利益。如果单纯依靠市场机制难以有效解决上述问题，那么政府的介入就是必要的。但必须指出的是，政府的介入并不必然是政府来直接提供相应的产品或服务，从而保证公益性目标的实现（顾昕，2006），我们稍后再回到这一问题。

企业化运作的农产品批发市场的公益性实际上是政府希望通过其运行达到的一系列公益性目标。一般而言，政府希望达到的农产品批发市场的公益性目标主要体现在以下五个方面：保障城市市场的供应、稳定农产品价格、保障农产品质量安全、引导农产品生产和解决农产品"卖难"。其中，前三项为销地批发市场体现的公益性目标，后三项为产地批发市场体现的公益性目标。其中，保障城市市场供应、稳定价格既包括正常市场情况下的供应保障和价格稳定，也包括在突发情况下（如自然灾害、突发疫情等）的保障。我们以下的分析主要集中在销地批发市场公益性的前三项目标上。

三、农产品批发市场公益性的实现方式

如果企业化运行的农产品批发市场的营利性目标与政府追求的公益性目标之间存在着张力与冲突，那么政府的介入就非常必要了。但问题在于政府通过何种方式介入来保证这种公益性的实现？我们认为就农产品批发市场的建设与运营而言，政府的介入方式是一个以完全依靠市场机制与完全依靠行政机制为端点的连续分布带，采用何种方式介入实际上取决于效率的衡量。在这个连续分布带上，越靠近市场机制的一端，政府直接介入批发市场经营的程度就越低，即使是对批发市场的经营实施相应的干预（如补贴）也是以市场机制为基础的。与之相反，越靠近依靠行政机制的一端，政府直接介入批发市场经营的程度就越高，这涉及政府以投资入股、完全投资建设，甚至直接经营批发市场等方式，即越靠近这个端点越表现为政府对市场的替代。显然，政府直接介入的水平越高，越有可能保证批发市场公益性目标的实现，在极端情况下批发市场被转换为一个非营利组织。但在我国当前农产品批发市场现状的基础上，政府直接介入新建或转换一部分非营利性批发市场可能并不是最优的方案。首先，无论是新建还是通过投资入

股的方式来组建农产品批发市场的"国家队",都需要巨额的资金投入。其次,政府的直接介入可能会破坏市场机制,影响市场公平。如非营利性的农产品批发市场与企业化运营的批发市场可能形成了一种新的"双轨制",政府既当教练员又当运动员的教训在改革过程中并不鲜见。最后,非营利性的批发市场采用何种管理体制才能保障其运行效率?实际上"管办不分""效率低下"正是20世纪90年代批发市场企业化改革的重要原因,如果这个问题没有很好的解决方案,很可能走了回头路。

虽然目前很多学者都主张强化政府的直接介入,但这一观点实际上有几个重要的问题值得商榷。首先,这一观点先验性地认为目前企业化运行的农产品批发市场没有很好地实现公益性目标,但事实是这样的吗?农产品批发市场是否一味地追求利润目标而损害了公共利益?如果对这个问题不做出基本的回答,其他的讨论就没有基础了。其次,即使企业化运行的农产品批发市场没有保证公益性目标,是否就意味着打造一个农产品批发市场的"国家队",由政府来主导农产品批发市场的建设与运行就一定能实现好批发市场的公益性?再次,完全由政府主导的批发市场能否以及如何保证在实现公益性的前提下,不破坏市场机制对资源配置的"决定性作用"?从理论的角度来看,政府介入可以有许多种方式,政府完全主导只是一种非常极端的状态。而改革开放的历程已经证明,这样的观点可能是非常危险的。最后,这一观点的主要依据是西方和日韩等国家农产品批发市场的管理机制,我们认为这一点对于解决当前我国农产品批发市场公益性的问题虽然有一定的借鉴意义,但必须明确我们的实际情况。我们现在是在几乎全盘市场化的基础上讨论如何实现企业化运行的批发市场的公益性回归,这一基本国情与早就以法律为基础界定了农产品批发市场的性质和管理体制的美国、日本等国家是否有可比性?显然,在我国当前全部市场化的农产品批发市场现状基础上,轻易地从完全市场跳到政府主导建设农产品批发市场"国家队"这个极端可能并不是最好的方式。

根据以上观点,我们应该明确的是,即使完全市场化运行的状态无法充分保证公益性目标的实现,也绝不意味着政府要以完全主导的方式来取代企业化运作的批发市场。政府可以在两个端点之间通过多种多样的制度安排,以市场机制为基础与企业合作,在满足企业营利性目标的同时达到政府公益性的目标。我们认为政府的介入应当本着两个基本的原则:一是以不干扰或破坏市场机制、充分利用市场机制为前提;二是采用渐进式的介入方式,以存量调整为主,增量调整为辅。无论政府是采用监管、补贴等不直接介入农产品批发市场经营决策的方式,还是采用投资入股等直接介入批发市场经营决策的方式,都应当充分遵循和利用市场机制,不要轻易地以行政机制干扰或替代市场机制。以下我们将以北京新发地农产品批发市场为研究对象，深入考察北京市政府采用何种介入方式保证了其公益性目标的实现，为解决企业营利性和公益性目标之间的冲突和张力问题提供些许借鉴。

第二节 研究设计

一、研究对象选择及其背景

（一）案例选择

选择以新发地为研究对象是出于以下几个方面的原因。首先，新发地是目前国内最大的销地批发市场，2012年交易额达440亿元。相对于产地批发市场主要引导农产品生产和解决农产品"卖难"这两个公益目标而言，销地批发市场更能体现保证城市市场供应、稳定农产品供应价格、保证农产品质量安全等公益性目标，更能体现政府对农产品批发市场的关切。其次，新发地是北京最大的批发市场，承担着北京约70%的生鲜蔬菜和水果的供应任务，其公益性目标的达成与否及实现方式都具有非常重要的典型性和示范性。最后，为了保证首都农产品的供应和价格稳定，北京市政府也出台了若干行之有效的政策措施，这为我们从政府的角度考察农产品批发市场公益性目标的实现方式提供了难得的样本。

（二）案例背景[①]

北京新发地农产品批发市场成立于1988年5月16日，位于北京南四环马家楼桥南，京开高速公路新发地北桥西侧。新发地农产品批发市场所在的新发地村位于北京丰台区南部，村域面积约4.69平方千米，总人口约4700人。改革开放前，新发地村就是北京重要的蔬菜生产与供应基地。1985年，北京市政府出台了放开肉、蛋、水产、蔬菜五种农副产品价格和打开城门欢迎各地蔬菜进京两项举措，新发地地区由于地域与产业基础方面的优势逐渐形成了一个自发的农贸市

[①] 此部分内容参考了如下资料，下面不再一一注出：北京新发地市场官方网站（www.xinfadi.com.cn）；张玉玺：《农产品流通理论思考与实践探索——北京新发地市场的实践与经验》，社会科学文献出版社2012年版；新发地市场宣传册：《天下大农·新发地》。

场。1988年初,在丰台区政府的支持下,新发地村在村口菜农聚集的地方,投资15万元,组织了15个村民,连夜用水泥杆、铁丝网圈起了15亩地,中间铺上焦渣,建成了最初的新发地农贸市场。经过25年的建设和发展,新发地现已成为北京,乃至全国交易规模最大的农产品批发市场。新发地目前占地1 820亩,固定摊位5 558个、定点客户8 000多家,日均车流量3万多辆(次)、客流量6万多人(次),日吞吐蔬菜1.5万吨、果品1.5万吨、生猪3 000多头、羊3 000多只、牛500多头、水产1 800多吨。目前,市场已形成以蔬菜、果品批发为龙头,肉类、粮油、水产、调料等十大类农副产品综合批发交易的格局。2012年,新发地实现交易量1 300万吨、交易额达440亿元人民币,见图3-1、图3-2。

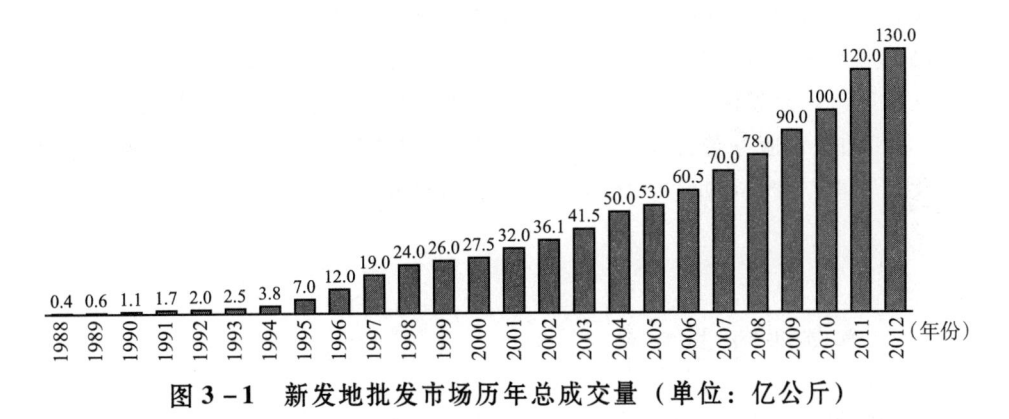

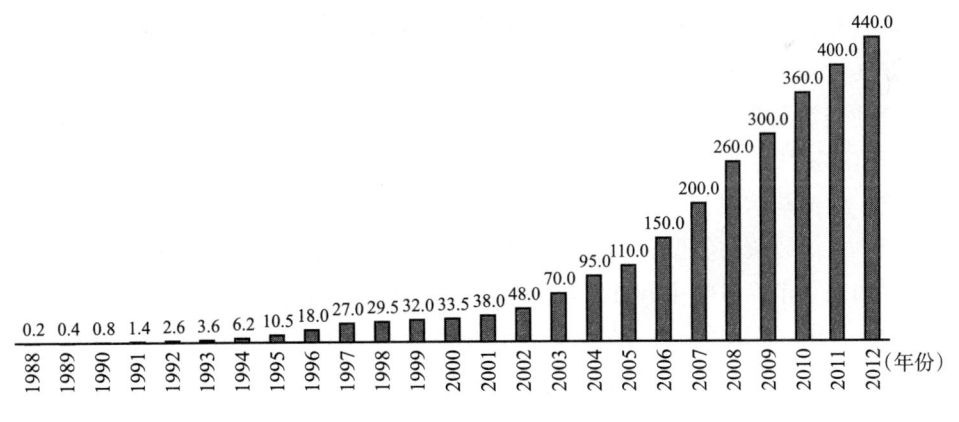

图3-1 新发地批发市场历年总成交量(单位:亿公斤)

图3-2 新发地批发市场历年交易额(单位:亿元)

为不断提升市场功能,新发地自2003年起陆续投资5.53亿元启动了市场升级改造工程,目标是将新发地建设成为"北京大型,全国一流"、符合首都国际化大都市建设要求的现代化农产品批发市场。升级改造工程规划建设了三大功能区，即综合交易区、仓储加工区、农产品展销与商业服务区；规划建设了市场交易中心、拍卖中心、电子结算中心、信息网络中心、检测中心、仓储物流中心、加工配送中心、商务中心、展销中心及生活服务中心十大中心；实施了入场商户资格审定制度，落实了入场交易产品的"三化标准"，建立全程可追溯制度，改进交易与结算方式，建立稳定经纪人队伍，并实施了政府倡导的放心肉菜工程。同时，以市场改造为契机，新发地还大力推进了企业改制，建立健全现代企业制度，改制后的新发地农产品股份有限公司于2008年1月成立。近年来，在政府主管部门的支持下，新发地实施了"内升外扩"发展战略，市场业务正稳步向生产源头和零售终端同步延伸。一方面，新发地采用承租、托管、自建等方式推进市场外扩战略，在北京周边、河北省及国内主要农产品产地建设了13个产地批发市场；联合市场业户在海南、河北、甘肃、宁夏、内蒙古等地建立了400万亩农产品供应基地。另一方面，新发地还在北京市区内建立了150多家便民菜店，实现从批发市场向零售终端的直接配送。在快速发展的过程中，新发地始终秉承"服务首都市民、服务首都发展、服务中国'三农'"的宗旨，先后获得"农业产业化国家重点龙头企业""全国重点联系批发市场""全国优秀市场"等200多项荣誉。

二、数据收集与分析

根据案例研究的"证据三角"原则（殷，2004），本书力求从所有可能的渠道收集相互补充的数据信息。第一，我们召开了一次专家座谈会。座谈会于2013年6月举行，与会专家来自商务部、农业部市场与经济信息司、中商（原商业部）商业经济研究中心、中商流通生产力促进中心、北京工商大学和新发地。座谈会内容并不限于农产品批发市场公益性问题，还涉及生鲜农产品质量安全、流通渠道、物流与信息流等内容。业内专家观点为本书提供了理论与实务双重依据，让本书的政策与实践背景更为明晰。第二，在专家座谈会的基础上，我们对商务部和北京市商务委主管批发市场规划与运行的部门领导进行了深度访谈。访谈分别在2013年6月和8月进行，访谈的对象包括商务部市场建设司农产品流通处、北京市商务委流通规划处、储备协调处等主管部门的领导。访谈的内容主要围绕农产品批发市场规划与建设、批发市场的公益性、批发市场现行管理体制的问题及未来政策取向等方面展开。第三，在前两轮访谈的基础上，我们对新发地批发市场高层管理者、批发市场中的经营业户，及其竞争市场的高层管理者作了深度访谈。这轮访谈主要围绕农产品批发市场的公益性及其实现方式展开，访谈对象包括新发地批发市场董事长、新发地流通研究院研究员、新发地市场经营大户和北京八里桥农产品批发市场董事长。这些访谈让我们获取了关于农产品批发市场运行状况、与政府主管部门的互动与实现公益性目标等方面更为具体、详尽的数据。第四,我们系统收集了新发地市场整理出版的相关资料。这包括新发地批发市场董事长张玉玺的文集《农产品流通理论思考与实践探索——北京新发地市场的实践与经验》《中国农产品流通产业发展报告(2012)》,以及新发地市场的对外宣传材料等。第五,我们实地考察了新发地批发市场,并从新发地批发市场的网站获取了一些补充信息。

在征得受访者同意的情况下,我们对访谈过程进行了全程录音,而后由研究团队的2名硕士研究生将访谈录音转换成文字记录。对于转换过程中可能出现的差错,我们采取了三种办法来控制:第一,我们根据访谈对象对录音文件进行了统一的命名和编码;第二,我们要求学生在转换过程中如遇有模糊或理解有歧义的情况,请其在文稿上进行标记并与我们沟通确认;第三,对于那些表达含混,理解上容易出现歧义的内容,我们尽可能与受访者沟通进行确认。音频文件转换成文字资料以后,我们根据音频文件的编码对文字资料进行了统一的命名和编码,以和音频文件一致。在数据分析过程中,我们以本研究提出的研究问题为基本线索对数据进行编码分析,最终将数据内容结构化,用以支持对研究问题的分析。

第三节 案例分析

一、新发地如何保障北京市场的供应及价格稳定

根据北京市统计局和国家统计局北京调查总队联合发布的数据,2013年北京常住人口2 069.3万人,其中在京居住半年以上的外来人口773.8万人,这意味着北京的人口总量达2 843.1万人。根据北京市商务委和新发地批发市场的测算,每天约需要1.6万~2.0万吨蔬菜的供应才能满足如此庞大规模人口的需求。受到城市性质及自然条件的影响,北京蔬菜的自给率仅为20%左右,而冬季的自给率更低至10%左右,这意味着满足北京市场需求的蔬菜有80%~90%来自外埠,这使得保障蔬菜的供应稳定成为一个非常关键的问题。作为京城最大的农产品批发市场,新发地承担着北京约70%的蔬菜供应量,这使得新发地在保障城市供应方面扮演着举足轻重的角色,北京市政府也自然将各项调控的重点放在

新发地。以下我们从新发地和北京市政府两个角度来分析保障城市市场供应这一公益目标的实现方式。

从新发地的角度来看，以下三个方面对保障北京市场供应起到了积极作用。

首先，新发地致力于做大市场交易量，依靠市场供求机制吸引大量蔬菜供应。批发市场本质上是买卖双方交易的平台，市场交易量的放大无疑对买卖双方都会产生更大的吸引力。自1988年开业以来，新发地就将市场交易费的收取标准严格控制在成交额的1.5%~2.0%（张玉玺，2012）①，这会降低经营商户的经营成本，从而吸引更多的商户进场交易。实际上这是一个良性循环的过程，市场交易费收取比例的降低会吸引更多商户进场交易，从而放大市场交易量，这会令新发地在收取额度很低的情况下依然有比较高的收入；而后者又会促使市场进一步降低交易费，从而进一步放大市场交易量。目前，新发地市场的市场交易费收取比例仅为交易额的1%左右。实际上市场交易量的放大对于经营业户而言不仅体现在交易费用的节省，也意味着更小的交易风险，从而有利于批发商户扩大营业规模。如新发地一位批发商户所言，他们更多时候更关注的并不是农产品价格的高低，而是市场的交易量，因为市场交易量越大，越能保证他们及时出货进入下一轮运营。

其次，新发地致力于建立与市场经营业户的稳定的合作关系，使得蔬菜供应量有了一定的基础性保障。市场交易量的放大建立在市场经营业户群体的稳定和增加的基础上，新发地在这一方面也进行了卓有成效的探索。在市场运营的初期，新发地就确立了"让客户发财，求市场发展"的服务宗旨（张玉玺，2012）。新发地要求所有的管理岗位工作人员以这一宗旨作为工作的基本规则，并不断建立、健全各项企业规章制度来规范员工的行为。如新发地绝不允许其工作人员在市场内采购任何物品，甚至不允许女性工作人员在上班期间抹口红、穿高跟鞋，目的是拉近管理人员与市场经营业户的距离。新发地还制定了灵活的收费制度，对于那些亏损的商户少收或免收交易费，这无疑可以提高商户的忠诚度。除了在日常经营管理中全心全意为业户服务以外，为了解决业户生活上的后顾之忧，新发地投资6000万元建设了建筑面积达4.3万平方米的外地经营者乐园，可容纳600多户商户入住。新发地还针对市场中具有一定规模的大客户、每年评选出来的文明业户和市场协会会员在住房租金方面给予10%~20%的优惠。上述在生活上解决市场经营业户后顾之忧的做法不仅提升了业户的忠诚度，还会在客观上对业户起到一定的绑定作用，从而保证优质业户队伍的稳定。此外，新发地还与市场中的大客户在经营上展开实质性的合作。这种合作一方面体现在市

---

① 根据我们对全国其他地区农产品批发市场的实地调研，这一收费标准在全国也是极具竞争力的。

场内的合作。如新发地与主营海南蔬菜和水果的大客户共同出资 1 000 万元建设了市场内的海南厅，共同投资、共享收益。该业户在新发地的年交易额达 5 亿元，而对交易厅的投资无疑起到了专用资产的绑定作用，这种共赢的合作可以将这种大规模的业户留在新发地。另一方面，新发地还与市场内的大业户合作，在外埠地区建设批发市场和生产基地，这一点我们会在下文详述。目前新发地市场内 8 000 余家商户中有 4 家上市公司的分公司，年交易额亿元以上的有 32 家，年交易额过千万的有 883 家。显然，新发地围绕着场内业户所做的工作对放大市场交易量、保证市场供应量起到了非常重要的作用。

最后，新发地将经营触角延伸至农产品产地，通过多种方式建设产地批发市场和蔬菜生产基地，这为在供应短缺情况下保证北京市场的供应量提供了基础。一方面，新发地与市场内的大批发商、产地大批发商及批发市场合作，通过自建、承租、托管等方式在河北、安徽、内蒙古等农产品产地建立了 13 个产地批发市场。另一方面，通过与产地批发市场、大批发商的合作，新发地还采用订单的方式在海南、河北、甘肃、宁夏、内蒙古等地建立了 400 万亩农产品生产基地。这些生产基地产出的农产品在正常情况下完全按照市场机制经营，但在供应短缺的非正常情况下，新发地就可以利用产地批发市场、大批发商将其投资建设的生产基地产出的农产品优先销往北京新发地，从而保证北京市场的供应。

从政府的角度来看，北京市以下几个方面的政策对保证北京市场供应起到了积极作用。首先，北京市政府通过补贴的方式支持新发地在外埠建设农产品生产基地。政府的补贴降低了新发地在农产品产地建设生产基地的成本和风险，使其有更大的积极性进行生产基地建设，这为在市场剧烈波动情况下保证北京市场供应起到了"护城河"的作用。其次，在每年的秋冬季，北京市政府通过补贴的方式取消部分品种蔬菜进入新发地市场的交易费，吸引外地蔬菜供应商进入新发地市场[①]。每年进入北方地产蔬菜供应淡季（每年 11 月至次年 4 月）以后，北京市政府对豆角、黄瓜、萝卜、土豆、白菜、洋葱、圆白菜等八大品种的蔬菜进行市场交易费补贴，即上述品种的蔬菜在此期间进入新发地免收交易费，而政府根据新发地记录的交易量向其支付补贴费用。这种补贴对在淡季吸引外埠蔬菜进入新发地交易无疑起到了积极的作用。最后，北京市政府通过补贴合作社等中介组织的方式提高北京周边地区蔬菜的种植面积，从而提高蔬菜的自给率。这一点不在本书的讨论范围内，因而此处不再赘述。

---

① 类似的做法，在我们调研的其他批发市场也采用。如大连市政府在春节期间对进入大连批发市场的批发业户给予直接补贴，以保证上市量。

实际上农产品供给价格与供给量是一个硬币的正反两面,在需求总量一定的情况下,供应量的增加必然带来供给价格的降低,反之亦然,这是市场机制最为基本的作用。因此,如前文所述新发地致力于做大市场流量、降低市场交易费收取标准,以及北京市政府在每年冬季启动的针对交易费的补贴都有利于增加市场的供应量,从而降低农产品供应价格。市场交易量越大,市场内供求所决定的价格信息就越准确。对价格最为敏感的莫过于在市场内直接进行交易的批发商,当市场内某种农产品的价格上涨时,出于逐利的动机,批发商会迅速反应,利用其遍布全国的供应网络增加该产品的上市量,其结果就是上涨的价格会在短期内趋于稳定。访谈中,一个批发商谈到了2003年"非典"期间萝卜的案例。2003年4月23日,白萝卜的价格从上午的1元/千克迅速上涨到5.6元/千克,而快速响应的批发商们仅用了不到2天的时间就让白萝卜的价格回落到了正常水平。可见,在正常情况下,依靠市场机制基本可以保障农产品的供应量和供应价格的稳定,而在非正常情况下则需要政府适当的干预。

为了加大对满足市场供应和价格稳定的保障力度,北京市政府除了采取补贴手段以外,还做了一项更为正式的制度安排。北京市政府出资收购了新发地20%的股份,成为新发地的股东,并在此基础上做出了如下安排:首先,北京市政府正常情况下完全不介入新发地的正常经营,市场的运行完全保留新发地自主决策、自主运行与管理的状态;其次,作为股东,北京市政府获得的分红用于补贴新发地建设农产品生产基地等项目;最后,北京市政府要求在重大决策上绑定大股东新发地村,即在涉及批发市场经营方向、影响北京市蔬菜供应和价格稳定的重大决策上拥有一票否决权。这种正式的制度安排,对于那些非市场机制可以调节的因素所造成的供应不足或价格异常波动(如企业经营上的转型)显然具有较强的调控力度,因而可以作为市场机制的补充。

二、新发地如何应对突发情况带来的供给与需求波动

市场机制在正常的情况下基本可以保证城市市场的供应和价格稳定,那么在一些突发情况(如自然灾害、突发疫情)造成供给或需求剧烈波动的情况下如何有效地调节供求令价格回落到正常水平,则是另一个重要的任务。北京市政府和新发地通过以下方式实现了突发情况的有效调控。

首先,北京市政府依托新发地等大批发市场建立了农产品储备制度。自1992年开始,北京市商务委和发改委就建立了针对18种基本物资的储备制度,储备主要针对应急和救灾,方法是政府委托、企业代储。其中,蔬菜的储备建立了冬春蔬菜储备制度,主要针对大白菜、圆白菜、洋葱、土豆、冬瓜等8个主要品

种，从 9 月储备到第二年 3 月，企业代储，轮换储备。政府在储备库装有远程探头，确保企业的储备量和蔬菜质量。储备期内蔬菜产权归企业，政府有使用权，储备投放市场时按市场价支付，产生的费用由政府补贴。企业代储期间，政府向企业支付每吨 4 元/天的储备费。目前，北京市有约 2.6 万吨的储备，约为全市 2~3 天的供应量。新发地是北京市政府主要代储企业之一，每年储备约 1 万吨的蔬菜。除了政府委托、企业代储制度以外，北京市政府对于企业建设冷库等储备基础设施还给予一定比例的补贴。这种补贴降低了企业建设储备基础设施的成本，有利于农产品储备制度的建立与执行。如新发地正在筹备建设储备量达 12 万吨的冷藏库和冷冻库，投入运行以后可以保证北京市约 7 天的市场供应。这种蔬菜储备制度在突发情况下对平抑市场物价有非常显著的作用。如 2009 年底至 2010 年初，北京市接连下了两场几十年未遇的大雪，导致外地蔬菜一时难以运输进京。新发地一方面将储备的 3 000 吨蔬菜紧急投放市场，另一方面组织商户紧急调运蔬菜，避免了蔬菜供应紧张造成的价格大幅上涨。

其次，北京市政府支持新发地在外埠建立的农产品生产基地为紧急调运农产品提供了保障。新发地在主要农产品产地建立的生产基地在突发情况下构成了保证北京市场供应的一道"护城河"，企业可以利用产权、契约等机制，将生产基地产出的农产品优先销往新发地，以保证北京市场供应。如在 2010 年几十年不遇的降雪事件中，除了抛出 3 000 吨储备菜以外，新发地充分发挥了当时建立的 85 万亩生产基地的优势，紧急从海南调运了 150 多车，共 4 000 多吨蔬菜投放北京市场，不仅保证了北京市场供应，还在国内其他受降雪影响城市菜价上涨的情况下，使北京蔬菜价格连续 5 天下降。

最后，新发地与其市场内的大客户之间的紧密合作关系使得突发情况发生时能够有效利用市场和管理机制调节供应量。新发地作为批发市场的经营者并不直接介入农产品的交易，因而在紧急情况下调运蔬菜，或者在平时建立蔬菜储备都有赖于市场内的批发商来进行。显然，新发地与其大批发商之间紧密的合作关系使其能在关键时刻动员并调动批发商的力量完成蔬菜的调运与储备。无论是在北京新发地本部，还是在外埠产地批发市场，新发地都与一些大规模的批发商合作建设了生产基地、储备冷藏库等设施，实际上产地批发市场中的储备在紧急情况发生时可以更为迅速地完成蔬菜的调运与投放。

三、新发地如何把关农产品的质量

生鲜农产品的质量安全是近年来各界普遍关注的问题，虽然受到我国农业生产制度的影响，短时间内还难以从农产品生产的源头解决产品质量安全问题（如农药、化肥的超标使用),但农产品批发市场却是农产品进入城市消费领域的一道重要关口,因而批发市场对进场交易的农产品质量进行检控实际上是一项非常重要的公益性任务[①]。

新发地市场对把关农产品质量安全采取了以下几点做法。首先,市场建立了检验中心,每天对进场交易的农产品按照品种进行抽检,对于检验不合格的产品报工商管理部门处理。检验活动所需要的成本投入包括检验设备和药剂等,北京市政府在这些方面会向新发地支付一定的补贴,以弥补其成本的支出。其次,新发地建立了一系列制度来把关进场交易的产品质量。如在肉类产品的供应方面,新发地建立了北京首个跨区县的"猪肉产销联合体",确保进入市场的猪肉全部来自定点屠宰场,并建立全程可追溯系统。为了鼓励批发商户也自行把关产品质量,新发地还在工商管理部门的指导下建立了"双查双验"制度,对运输农产品的车辆在入场时检查产地证明和检验证明,出场时检查销售凭证。对持有检测证明或产地证明的商户,新发地给予20%的交易费优惠。最后,国家农业主管部门、商务主管部门,以及北京市相关主管部门也在新发地设有检验中心,或定期在市场抽检,为农产品质量安全把关。

第四节 讨 论

强调农产品批发市场公益性的回归是近年来政府和学界关注的焦点问题之一,那么在当前我国农产品批发市场基本处于企业化运行的状态下究竟该如何回归批发市场的公益性?本书以北京新发地为案例研究对象,对北京市政府与新发地之间就如何实现公益性目标进行的相关合作方式和一系列制度安排进行了深入、细致的研究,我们的研究结论有助于深化学界对如何实现企业化运行的农产品批发市场的公益性目标这一问题的理解,也有助于政府相关部门制定相关的政策(见图3-3)。

[①] 近年来,学界普遍达成的共识是安全的农产品不是检测出来的,而是生产出来的。诚如新发地董事长张玉玺所言,由于我国农业生产制度是以农户家庭为基本生产单位的家庭联产承包责任制,进入批发市场的大批量的同一品种的农产品可能来自成百上千个独立农户,因而,市场抽检的产品无论是否合格都无法确保整批农产品的合格与否。探讨这一问题显然超出了本书的范围,但在这样的现实情况下,批发市场构成了一道关键防线,通过各种检测制度,最大限度地杜绝存在质量安全隐患的产品进入城市市场。

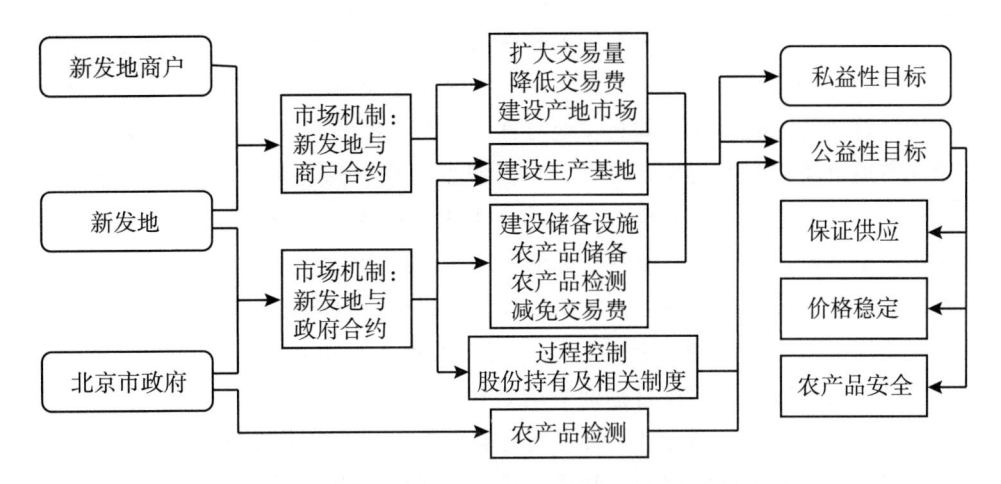

图 3-3 新发地农产品批发市场公益性目标实现方式示意

首先，案例研究发现，北京市政府充分利用了市场机制的作用来实现公益性目标。在新发地案例中，北京市政府采用了两种主要的方式来实现保证供给及价格稳定、应对突发情况及质量安全等公益性目标。一种方式是补贴，包括对新发地向批发商收取的交易费、建设外埠生产基地、建设冷库等储备基础设施、对农产品质量安全进行检测，以及新发地的蔬菜代储支付相应的补贴。这种补贴在性质上相当于北京市政府与新发地之间的市场交易合约，是以不干预或影响市场机制运作为基础的补贴，这些补贴不仅没有影响新发地对利润追逐的目标，还有利于政府追求的公益性目标的实现，即通过市场合约的方式实现了企业与政府的双赢结果。另一种方式是出资入股，即北京市政府出资入股新发地并做出一系列比较正式的制度安排，这一方式从本质上说仍然是以市场机制为基础的，是新发地与政府之间的产权交易合约。从政府的角度来看，之所以出资入股，其根本原因在于单纯地以市场机制为基础，通过补贴的方式难以实质性地对新发地的运作实施干预，政府担心的是新发地资本的逐利性可能造成对北京蔬菜供应的巨大影响（如新发地经营转向），当这种情况发生时，市场机制是难以发挥作用的，而政府出资入股并在重大决策事项上绑定大股东则为这种潜在的风险上了一份保险。可见，上述两种方式相互补充，既充分地发挥市场机制的作用，又可有效地在市场机制失灵时实施合理的控制。但从上述两种方式的一般适用性来说，前者的适用性显然更有一般性，而后者如果要实施也仅适用于那些对城市农产品供应有非常重要影响的市场（北京市政府针对新发地采用这种方式是因为新发地的供应量占北京市总需求的 70%），政府完全没有必要针对所有市场出资入股参与重大经营决策。

其次，企业化运行的批发市场的私益性目标（利润）与政府追求的公益性目标之间并非水火不容。对于资本的逐利性与公益性之间的张力问题，新发地案例表明二者并不是相互排斥的，并且在一些情况下企业对私益性目标的追求还有利于市场公益性目标的实现。如新发地与其市场内大批发商合作建设交易厅、在外埠建设产地市场和农产品生产基地，以及新发地采取的一系列旨在扩大交易量、提升经营业户稳定性的经营措施，虽然在主观上是为了提升新发地的经济收益，但在客观上也有助于市场公益性目标的实现，如更稳定的供应和更低的价格，以及更好地应对突发情况造成的供求剧烈波动。另外，政府通过补贴、投资入股以及分红使用方向等方面使得新发地在实现公益性目标的同时也获取了合理的利润，并没有因为追求公益性目标而影响企业的盈利。但我们必须注意的一点是，上述企业私益性目标与公益性目标之间的兼容是有重要的前提条件的，其中最为关键的就是存在一个批发市场之间适度竞争的环境。北京市目前有大中型农产品批发市场约30个，这些市场之间显然存在较为激烈的市场竞争。竞争的存在令任何一个批发市场都无法提高交易费收取比例，都必须重视对市场经营业户的服务和关系的维系，因为这与企业本身的收益直接相关。更为重要的是，适度的市场竞争是市场机制正常发挥作用的基础，竞争不足和竞争过度都会影响市场机制发挥作用的有效性，这显然与批发市场的行业性质有关[①]。因此，城市政府通过规划等方式营造并保持一个适度竞争的市场环境对于实现批发市场的公益性目标是有益的，我们下面就转入对这一问题的讨论。

  最后，实现企业化运行的批发市场的公益性需要政府提供更多公益性的服务，而不是直接介入批发市场的建设与运行。从新发地的案例中我们可以看出，主要依靠市场机制、政府适度介入的方式可以很好地实现批发市场的公益性目标，而且政府的适度介入也应当以不影响市场机制正常发挥作用为前提。从这一点来看，实现批发市场的公益性绝不意味着政府要深度介入农产品批发市场的建设和经营，也不意味着城市政府要介入所有批发市场的运行。相反，在那些市场机制能够发挥作用的地方，城市政府除了通过补贴等方式适度介入以外，更应该为批发市场的建设和运行提供更多的公共产品，如加快农产品批发市场立法，用法律来规制批发市场的规划、建设与运营；加快批发市场的规划，对新建市场的选址、现有市场的升级改造、搬迁等进行科学规划，逐渐消除批发市场建设的盲目性和无序性；给予批发市场建设在土地、水电气、税费等方面的优惠等。这些

---

① 如东北某市3个主要农产品批发市场对农产品的供应占整个城市的供应量的90%以上，而这3个市场都属于一个商业集团，其结果就是批发市场对交易费的收取和租金水平居高不下（该批发市场交易费的收取比例高达6%），这是竞争不足造成的垄断的直接后果。西南某市政府在该市最大的农产品批发市场的一街之隔规划建设了另一个大型批发市场，其结果可想而知，批发市场运行的市场规则被人为地破坏了，恶性竞争的结果直接影响政府追求的公益性目标实现。

公共产品可以为农产品批发市场的建设与运营营造一个有序竞争的环境，从根本上减少批发市场在建设与运行过程中的负担，从而有利于实现市场的公益性目标。此外，政府还要通过一系列的合作与合约，适当增加企业化批发市场之间的竞争性，这是实现批发市场公益性与效率性相兼容的重要制度安排。事实上，北京市政府为规避新发地可能的"垄断"及"风险"，拟筹建一个新批发市场也是出于这种制度上的考虑。

综上所述，新发地的案例表明，城市政府以市场机制为基础，通过与企业的合约和一系列制度安排可以很好地解决企业营利性目标与政府公益性目标之间的冲突和张力，实现多赢的结果。从交易成本和运行效率的角度来看，政府与企业的合约既消除了完全依靠市场机制可能带来的对公益性目标的阻碍，也避免了政府直接介入批发市场建设与运营的高成本投入、潜在的低效率和有碍市场机制正常发挥作用的风险，是一种低交易成本、高效率地实现企业化运营的批发市场公益性目标的方式。

第五节　结论与政策建议

我们的研究结论可以概括为以下几个方面。

首先，实现农产品批发市场的公益性绝不意味着政府要全面介入农产品批发市场的建设和运行，充分利用市场机制可以有效实现批发市场的公益性。尤其是在我国当前农产品批发市场基本企业化，并且存量巨大的情况下，政府的全面介入无论是以新建市场的方式，还是针对存量的部分都是不现实的，并且也是没有必要的。政府直接、全面的介入很可能会影响市场机制作用的正常发挥，反而会产生不利影响。

其次，企业化运行的农产品批发市场与其公益性目标的实现不是完全不可兼容的，在有序竞争的市场环境中，政府通过与批发市场之间的各种合约安排可以有效解决资本逐利性与公益性之间的张力。在新发地案例中，我们甚至还发现企业对利润的追逐可以间接地促进公益性目标的实现。

最后，政府无论是通过市场合约，还是通过产权合约介入批发市场的运行，都要以不破坏市场机制和不直接干预企业经营决策为基本前提。在通过市场合约，以补贴方式介入批发市场运行时，政府需要考虑的是在财力有限情况下对哪些环节进行补贴可以最大限度地放大公益性目标的实现。相对于补贴农民的生产而言，本研究认为补贴批发市场的运行可能更有效率。而以产权合约方式更为直接地介入批发市场运行时，选择什么样的批发市场作为介入对象更为关键？显然选择那些对公益性目标影响最大的市场介入效果会更好。

基于以上基本结论，我们提出以下几点政策建议。

首先，针对批发市场公益性的回归，政府应当明确的是公益性绝不意味着政府要全面介入，应当充分利用市场机制的作用，政府可以通过补贴、适当入股等不影响市场机制发挥作用的方式适当介入批发市场的运行。对于存量批发市场而言，政府应当选择那些对公益性目标实现有重大影响的重点批发市场为介入对象，充分利用市场机制来带动整个批发市场行业的调整。对于新建批发市场而言，即使政府要以直接投资的方式介入，也不宜占有太多股份，更不应当由政府直接开办和经营批发市场，要充分吸收民营资本投入，充分利用市场机制建设与运行新市场，以不破坏市场规则。

其次，相对于直接介入农产品批发市场的建设与运营，政府更应该致力于完善并维护良好的制度环境。第一，政府应当尽快出台农产品批发市场法，在法律上明确农产品批发市场的公益性职能，政府在农产品批发市场规划、建设与运营过程中应当扮演的角色、采取的方式、主管部门等，从根本上杜绝当前农产品批发市场规划建设的无序状态，杜绝利用批发市场建设圈地现象。第二，在立法的基础上，政府应当加强对全国重点农产品批发市场建设的规划，逐步形成以中央批发市场为核心，以区域批发市场为骨干，以大城市批发市场为网络节点的批发市场体系，逐步营造并建立全国市场、区域市场，以及城市市场内有序竞争的市场环境，逐渐消除区域、城市市场中批发市场存在的垄断和过度竞争。第三，还应当进一步明确农产品批发市场在规划建设过程中涉及的土地出让政策、税费减免及优惠政策，以及批发市场用水、用电、用气的优惠政策，降低农产品批发市场的建设与运营成本。

再次，政府应当在立法与规划的基础上，通过与企业的多种合约与合作，建立与维持批发市场的有效竞争环境，既要避免独家垄断，也要避免过度竞争。适度、有序的市场竞争环境可以为企业化运营的批发市场提供充足的激励来改进经营、降低市场收费水平、强化对批发商的服务，这无疑将有利于批发市场公益性的实现。实际上，很多城市存在的批发市场收费过高、服务水平低下问题的根源可能并不在于市场的投资主体是谁（国有或民营），而在于市场垄断的存在，适度的竞争将会通过市场力量将上述问题自然而然地解决。相反，如果市场竞争过度则会影响到企业的利润，企业最终还是会通过降低服务水平或其他灰色的方式来增进自身的盈利，同样也会对公共利益造成影响。因此，政府应当根据城市的人口规模，科学确定批发市场的数量和布局，以有效的竞争环境促进公益性目标的实现。

最后，城市政府应当适度减少对城郊农产品生产的补贴，而将补贴的重点放到冷库等基础设施建设、批发市场农产品生产基地建设和农产品质量安全检测等方面。在生鲜农产品全国大流通格局已经形成的情况下，城市政府为了提高农产品的自给率，补贴城郊农户生产农产品实际的效果可谓是杯水车薪。就北京市而言，京郊的蔬菜种植受到季节等自然因素及城市规划发展的影响，政府补贴产出的蔬菜无论是品种还是数量实际上仅占北京城市供应非常小的比例。在这种情况下，政府的这笔补贴资金所产生的效果就大打折扣了。因而，城市政府可以将更多的补贴资金用于各种流通基础设施（如冷库、物流中心等）的建设，以及用于农产品生产基地建设，这两个方向的补贴显然更有利于实现保证供给和价格稳定的公益性目标。相对于供给而言，农产品的安全检测更能体现公益性，因为批发市场在安全检测上的投入更多地表现为企业的成本和公益性，而对其私益性目标实现少有促进作用。因而，如果要强化批发市场的农产品安全检测职能，政府必须要对这部分成本给予补贴。此外，政府应当更多地直接介入农产品的安全检测，如在批发市场内常设一个检测机构，这不仅可以减少对批发市场的补贴环节，还可以避免批发市场在检测活动中角色不清、没有执法权等问题。

第四章

农产品流通渠道治理：契约与管理控制

西方学者对渠道治理研究始于 20 世纪 80 年代，经过近 30 年的发展，这一领域的成果已经日渐丰富，渠道成员间关系的治理也迅速成为营销渠道研究的中心范式（Heide，1994）。渠道治理理论最早产生于新制度经济学中的交易成本理论，交易成本理论最早将治理宽泛地定义为组织交易的方式或支持经济的制度框架（Coase，1937；Williamson & Ouchi，1981）。著名营销学者海德（Heide，1994）从交易关系发展过程定义了治理，他认为治理是一个过程，是一个包括交易关系建立、维持和结束的多维度概念。即从本质上讲，治理包括交易关系建构要素及其监督和执行方面。

渠道治理机制是用来协调交易关系的工具（Heide，1994）。目前，权威机制（authoritative control）、契约机制（contractual control）和规范机制（normative control）被认为是非一体化渠道中三种重要的治理机制。由于农产品流通渠道与普通工业品营销渠道关注的渠道问题（如抑制投机行为和提升渠道绩效）和所使用的分析工具是相同的，因此，两者的研究在理论上是一脉相承的。但是，农产品流通渠道独特的研究背景，例如，农产品生长周期长、具有很高的自然风险和市场风险，以及经验品、信任品、鲜活性和收入弹性小，定量化和标准化程度低等特点，加之农产品市场发育相对迟缓、市场分割较为严重和渠道结构失衡等问题，都增加了产业化经营的难度，使得现有的渠道治理机制对渠道绩效（或行为）的影响过程更加复杂，也在一定程度上制约了治理机制的有效性。比如，契约机制，它的一致性和协调的有效性很大程度上取决于实践执行的效果（Stern et al.，1996），而农产品较高的自然风险和市场风险，不仅提高了契约的不完全程度，也导致规范合约的成本过高或某些合约法庭执行的困难或成本过高（刘凤芹，2003）。因此，对于农产品流通渠道交易关系治理需要关注以下三方面的问题：一是现有治理机制在农产品流通渠道治理中作用效果如何？特别是治理机制的哪些维度影响治理效果？二是如何确保现有的治理机制在交易过程中能够发挥预期的作用（如抑制投机行为和提高绩效）？三是外部（环境）因素如何影响农产品流通渠道交易关系治理过程？下面我们通过三个针对契约型农产品营销渠道（也称订单农业）的研究力图回答这些问题。

第一节 契约型农产品渠道中的契约治理、企业控制与农户绩效

订单农业能够使农户成为农业生产和农产品流通的基本组织单元，并带动分散农户有效进入市场，因而受到极大的关注。但是，在实践中，公司或农户违约的比例高达80%（刘凤芹，2003），这不仅难以有效提升渠道绩效，而且农户与企业的利益，尤其是农户的利益更是难以保障。近十多年来，学者们多是从经济学角度关注契约型农产品交易违约问题，并提出了提高交易关系稳定性的组织模式与机制（如林强、叶飞，2014；刘凤芹，2003；马九杰、徐雪高，2008；万俊毅，2008；叶飞等，2012），然而这却造成了交易关系中的许多行为问题没有得到应有的关注。订单农业是典型的契约型渠道关系，因为交易契约将渠道上游的生产者（农户）与下游的农产品收购者联结成一个有机的整体，从而有助于提升渠道绩效（张闯等，2010）。近年来，学者们将营销渠道行为（张闯、夏春玉，2005；张闯等，2010）以及渠道治理理论（蔡荣、马旺林，2014；陈灿，2013；陈灿、罗必良，2011；胡新艳，2013；田敏等，2013）应用到契约型农产品渠道领域，探讨企业与农户之间的互动行为及其对交易绩效的影响。尽管如此，这一领域仍然存在一些问题有待进一步研究。

首先，虽然现有研究已经关注到契约治理在契约型农产品渠道中的作用（陈灿，2013；胡新艳，2013），但对契约治理能否直接提高农户绩效这一问题还没有给予回答。但是，由于我国目前的法律法规的执行性差（Zhou & Poppo，2010），而且中国社会中强调私人关系等非正式制度的重要性，因而明确的契约并不意味着该契约能够得到完全执行。因此，本研究还将从农户感知的角度考察契约的明确性和可执行性对农户绩效的影响作用。

其次，由于契约型农产品渠道中的权力结构严重失衡（张闯、夏春玉，

2005），加上契约不完全与履约困难等问题的存在（刘凤芹，2003），企业需要通过管理控制活动来支持交易活动（Poppo & Zenger，2002）。那么，企业的管理控制对农户绩效有怎样的影响呢？这构成了本研究的第二个研究问题。此外，企业的管理控制活动与契约治理机制同时影响着渠道成员的行为（Kashyap et al.，2012），因而本书还将进一步考察企业的管理控制活动在契约治理与农户绩效之间的调节作用。以往研究表明，作为正式管理活动（Poppo & Zhou，2014），管理控制包括结果控制和过程控制两种形式（Heide et al.，2007；Grewal et al.，2013）。因此，本书将考察结果控制和过程控制对农户绩效的直接影响与调节作用。

一、理论基础

（一）契约治理机制：契约的明确性与可执行性

正式契约（formal contract）是交易双方达成的一个正式协议，其中详细规定了双方的责任与义务，如在交易中的角色与责任、对绩效的期望、监督程序和争端解决机制等（Lusch & Brown，1996；Zhou & Poppo，2010）。交易成本理论认为，正式契约能够抑制交易双方的投机行为，从而使交易绩效不受损害（Williamson，1996），因为契约规定了双方认可的应当履行的义务，以及没有履行或违约的惩罚措施（Poppo & Zenger，2002）。在渠道关系中，契约治理机制是降低交易风险和不确定性的有效机制（Lusch & Brown，1996）。研究发现，正式契约能够有效抑制投机行为，提升绩效（Liu et al.，2009；Poppo & Zenger，2002；Poppo & Zhou，2014）和关系稳定性（Zhou & Poppo，2010）。根据以往研究的做法（Lusch & Brown，1996），本书用契约的明确性（explicitness）来表示契约的正式化程度，并考察其对农户绩效的影响。

虽然正式契约规定了双方认可的应当履行的行为，以及没有履行或违约的惩罚措施（Poppo & Zenger，2002），但是渠道成员对执行契约的响应程度却不尽相同（Antia & Frazier，2001）。一方面，在转型经济过程中，支持契约执行的法律法规尚不完善；另一方面，渠道成员之间强调通过私人关系或人情往来等非正式制度解决交易关系中的冲突，而较少依靠依据契约规定诉诸法律等正式制度（Zhou & Poppo，2010）。因此，渠道成员对契约执行性有着不同的感知。契约的可执行性强，则渠道成员感到关系双方所签订的契约能够在交易关系中有效保护其经济利益。这主要取决于以下两方面：一是现有法律法规能否保证契约得到执行；二是关系双方是否愿意按照契约规定处罚违约行为。本书主要关注的是农户感知的契约可执行性（perceived enforceability），即正式契约在与收购商的交易关系中对农户利益的保护程度，而非作为事后治理机制的契约执行行为（Antia &

Frazier, 2001; Antia et al., 2006; Kashyap et al., 2012)。

(二) 渠道控制：结果控制与过程控制

渠道控制（channel control）是指企业对渠道伙伴进行监督、指导与评价的过程，目的是对其渠道伙伴的行为施加影响（Bello & Gilliland, 1997）。结果控制（outcome control）和过程控制（process control）是渠道控制的两种重要形式（Bello & Gilliland, 1997; Grewal et al., 2013; Heide et al., 2007; Kashyap et al., 2012）。其中，结果控制是渠道成员提供明确的标准以评价其交易伙伴的行为结果（Grewal et al., 2013），比如供应商的产品质量与送货时间、分销商的产品销量、市场进入与顾客满意率等；而过程控制是渠道成员影响渠道伙伴实现预期目标的方式与行为，包括销售程序、促销活动以及产品管理等（Bello & Gilliland, 1997; Heide et al., 2007）。与企业内部控制不同，渠道控制以企业间关系为背景，强调的是渠道成员协调与影响其交易伙伴的行动，而非运用企业的权威发布命令（Bello & Gilliland, 1997; 庄贵军, 2004）。根据委托代理理论（Eisenhardt, 1989），渠道成员对控制方式的选择取决于对渠道伙伴实现目标过程的了解程度、对渠道伙伴行为结果测量的难度以及渠道目标的明确程度等。

尽管企业管理控制在渠道管理中发挥着重要作用，但两种控制方式对渠道绩效的影响作用机制并不相同，而且现有研究发现尚未达成一致结论。有研究发现，结果控制能够提升绩效，但是过程控制对绩效并没有显著影响（Bello & Gilliland, 1997; Joshi, 2009）；也有研究发现，结果控制对绩效的影响作用呈倒U型，而过程控制的影响作用呈U型（Grewal et al., 2013）。这些差异意味着不同的研究情境可能影响渠道控制对渠道行为与绩效的影响；同时，控制活动与不同的治理机制相结合也会产生不同的影响作用（Poppo & Zhou, 2014）。因此，本书将研究情境置于契约型农产品渠道中农户与收购商的渠道关系，主要关注收购商所使用的结果控制和过程控制对农户绩效的直接影响作用，及其对契约治理机制与农户绩效关系的调节作用。

二、研究假设

(一) 契约明确性与契约执行性对农户绩效的影响

明确的契约能够显著提高渠道成员与渠道关系的绩效水平（Liu et al., 2009; Poppo & Zenger, 2002; Poppo & Zhou, 2014; 张闯等, 2014），因为明确

的契约为渠道成员完成任务提供了法律和制度框架（Liu et al., 2009），它详细地规定了渠道成员的责任与义务，以及如何应对不可预期情况的出现（Lusch & Brown, 1996）。此外，明确的契约还能够促进渠道成员之间的合作，并弥补非正式治理机制缺乏正式规则和期望的不足，保证了关系稳定性（Poppo & Zenger, 2002；Zhou & Poppo, 2010），进而使渠道成员感到自身的利益得到保障。在契约型农产品渠道中，农户与收购商所签订的契约不仅规定了生产要素、技术投入、产品质量等内容，同时还规定了双方应对偶发情况调整行为的制度框架，为双方解决问题提供程序标准。因此，明确的契约有助于提高农户与收购商的渠道关系绩效。显然，合作绩效的提高有助于提高农户的收入水平。由此，本书提出如下假设：

H1a：契约明确性对农户绩效有显著的正向影响。

同时，较高的契约可执行性也有助于提升渠道成员的绩效水平。一方面，高度可执行的契约会对渠道成员的违约行为做出惩罚，使其承受高昂的成本，因而能够有效抑制损害渠道关系的投机行为（Antia et al., 2006），进而维护渠道成员之间的合作关系，提升绩效（Samaha et al., 2011）。另一方面，契约的可执行性高表明渠道成员对继续发展渠道关系的承诺，同时也表明其对交易伙伴一视同仁的态度（Antia & Frazier, 2001），这种公平性有利于增加渠道成员的关系投入，提升渠道关系绩效（Liu et al., 2012）。在契约型农产品渠道中，如果农户感知与收购商签订的契约可执行性高，则农户与收购商的交易关系中任何一方的违约行为都会被诉诸法律，而违约的一方也会受到相应的惩罚（刘凤芹，2003）。显然，这有利于保护农户经济收入。由此，本书提出如下假设：

H1b：契约可执行性对农户绩效有显著的正向影响。

（二）结果控制与过程控制对农户绩效的影响

结果控制和过程控制对渠道绩效有提升作用（Bello & Gilliland, 1997；Heide et al., 2007；Joshi, 2009）。结果控制关注交易关系的结果，这有助于渠道成员明确渠道关系的目标以及自身所承担的责任，因而促使渠道成员会努力达到事先规定的绩效标准；同时，结果控制并不直接干预交易伙伴的行为和活动，为其经营活动留有足够的空间。此外，结果控制能够减少关系双方的利益冲突，进而抑制投机行为（Bello & Gilliland, 1997；Heide et al., 2007）。过程控制能够表明渠道成员对其交易伙伴的关系承诺，因为交易过程由多个相互联系的活动构成，而渠道成员对交易过程的指导、建议以及适应需要投入大量的时间与精力，这表明了渠道成员对合作关系的信心与投入（Grewal et al., 2013）。

在契约型农产品渠道中，一方面，收购商通过在数量、质量、规格等条款上的详细规定对农户所生产的最终产品进行监督（结果控制），这在使农户明确生产目标的同时，也极大地提高了农户与收购商的目标一致性，从而减少了双方的利益冲突，有助于增强关系稳定性，增加农民收入。另一方面，收购商对农户在种植和养殖过程中的生产规范进行指导监督（过程监督），比如，农药、化肥等使用频率和数量，饲料的选购等，这会防止农户生产出不符合标准的产品而被拒绝收购，避免其经济利益受到损失。此外，收购商向农户提供生产知识和经验需要投入大量的时间成本和人力成本，这会使农户增强对交易关系的信心，进而维持渠道关系长远发展，这也会保证农户获得长期稳定的收入。因此，本书提出如下假设：

H2a：收购商的结果控制对农户绩效有显著的正向影响；

H2b：收购商的过程控制对农户绩效有显著的正向影响。

（三）结果控制与过程控制的调节作用

渠道成员的管理控制活动除了对渠道绩效有直接影响之外，本书认为结果控制和过程控制还会在契约治理与渠道绩效之间起到调节作用，也就是说，契约的明确性与可执行性对渠道绩效的影响可能有赖于上述管理控制活动的作用。结果控制会削弱契约明确性和契约可执行性对渠道绩效的提升作用。当契约高度明确以及具有高度可执行性时，渠道成员会服从契约安排，抑制自身的投机行为以免遭受惩罚，因而渠道成员对交易结果加以控制会增加额外的成本，且显得没有必要（Kashyap et al., 2012）。此时，如果保持高水平的结果控制，一方面会浪费渠道成员签订契约所投入的成本；另一方面，也会给渠道成员传递与契约规定不一致的信号，进而造成目标冲突。显然，这会稀释契约明确性和可执行性对渠道绩效的影响作用。

在契约型农产品渠道中，当农户与收购商签订的契约高度明确或高度可执行时，收购商所采取的结果控制会降低契约治理对农户绩效的影响作用。一方面，高水平的结果控制意味着农户与收购商不但没有实现事先签订契约所预期的收益，还要对所收购的农产品承担额外的监督成本。尤其是对农户而言，还需要为适应收购商更加严格的收购标准而承担额外的成本，比如按契约要求生产但未达到收购商结果控制要求的产品所造成的损失，以及拣选符合标准的产品所付出的人力成本等。另一方面，正式契约的签订与执行代表着收购商与农户对交易关系的期望，但是正式契约（以预期市场行情为基础）与结果控制（以当前市场行情为基础）存在一定分歧，这会造成农户生产目标冲突，降低正式契约对农户收入的影响作用。因此，本书提出如下假设：

H3a：收购商的结果控制会削弱契约明确性对农户绩效的正向影响；

H3b：收购商的结果控制会削弱契约可执行性对农户绩效的正向影响。

过程控制也会削弱契约明确性和可执行性对渠道绩效的提升作用。当契约高度明确以及可执行性高时，渠道成员的自主性受到限制，而高水平的过程控制将会进一步限制渠道成员的自主性，进而产生抵制作用（reactance effect），这会对渠道绩效产生负向影响作用（Grewal et al.，2013；Heide et al.，2007；Kashyap et al.，2012），因为渠道成员放弃自主性会导致成本增加、渠道关系的价值降低（Crosno & Brown，2014）。

在契约型农产品渠道中，农户与收购商签订高度明确或高度可执行性的契约有助于提高农户绩效，但这也有可能因严格限定农户的自主性而带来不满的情绪。此时，高度的过程控制会加剧农户的抵触情绪，因而农户可能会做出防卫行为以保护或恢复其自主性，比如增加投机行为（Heide et al.，2007；Joshi，2009；Kashyap et al.，2012）。而投机行为是破坏渠道关系的重要因素之一，它会降低农户与收购商之间的关系行为，进而影响农户的经济绩效（Samaha et al.，2011）。因此，本书提出如下假设：

H4a：收购商的过程控制会削弱契约明确性对农户绩效的正向影响；

H4b：收购商的过程控制会削弱契约可执行性对农户绩效的正向影响。

图4-1是根据以上理论和假设提出的本研究概念模型。

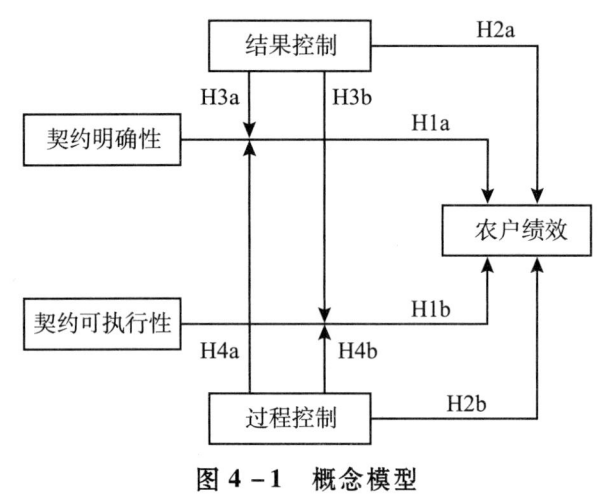

图4-1 概念模型

三、研究设计

（一）样本与数据收集

本研究以农户与农产品收购商（龙头企业、合作社、协会、经纪人或中间商等）之间的契约型渠道关系为研究对象。由于在农产品营销渠道中此种契约型渠道关系相对于传统的购销方式并不普遍，因此出于数据可获性和调查成本等方面的考虑，本研究主要从参与契约型渠道关系的农户方面搜集数据（张闯等，

2010)。本研究的正式调查为 2014 年 1~2 月寒假期间组织的东北财经大学 43 名本科生和硕士生,利用放假回家的机会在其家乡发放问卷进行的调查①。此次调研共发放问卷 735 份,其中回收有效问卷 217 份,有效问卷回收率为 29.5%。在有效样本中,年龄在 30 岁到 60 岁之间的受访者占 87.56%,高中及高中以下学历占 94.93%。在受访的农户中,从事种植业和养殖业的分别为 131 户和 86 户,分别占 60.37% 和 39.63%。农户的签单对象主要为龙头企业(35.94%)、经纪人或中间商(36.41%)、合作社(21.20%)以及协会等其他组织(6.45%)。

(二) 问卷与变量测量

本研究量表均来自前人在营销渠道研究中使用过的成熟量表,但本研究根据前期访谈与预测试对量表的问项做了相应修改,以使之符合订单农业情境下的渠道关系,并确保问卷题项能够反映研究情境的特点并为调查对象(农户)所理解。契约明确性的量表来自卢施和布朗(Lusch & Brown, 1996),包括 5 个题项。契约可执行性的量表来自安妮塔和弗雷泽(Antia & Frazier, 2001),包括 4 个题项。结果控制和过程控制的量表来自海德等(Heide et al., 2007),分别包括 3 个和 4 个题项。农户绩效的量表来自萨马哈等(Samaha, 2011),包括 3 个题项。

本章的研究还控制了可能会对因变量产生影响的变量:(1)农户家庭中的劳动力人数("您家中从事农业的劳动力有多少人?");(2)农业纯收入["您家去年全年的农业纯收入(全部收入扣除各种生产成本开支部分)多少万元?"];(3)关系长度("您从事订单生产多少年了?");(4)收购商的收购比例("该收购者收购您农产品占您总的销售额的比例约为多少?")。此外,由于农户与收购商的专有资产投入会影响二者之间相互依赖状态及其关系行为,进而也会影响渠道关系质量和关系绩效,参照以往研究的操作方法(寿志钢,2012),本研究分别测量了农户的专有资产投入和收购商专有资产投入。其中,农户的专有资产投入包括学习专门的技术、生产用地、固定资产(如圈舍、大棚等)、生产工具(如农机具等)以及其他生产资料(如肥料、饲料、种子、苗雏、包装材料等)等 5 个题项;而收购商的专有资产投入包括提供的周转资金、赊销或垫付的生产资料(如肥料、饲料、种子、苗雏、包装材料等)、为生产设施(如大棚、温室、圈舍)垫付的资金、为辅助生产工具(如农机或交通工具等)垫付的资金、安排的专门技术人员以及其他投入(如专设的收购站及管理人员、在当地建设的加工厂或批发市场)等 6 个题项。接下来,本研究用农户与收购商的专有资产投

---

① 这些学生来自全国 16 个不同省份,包括辽宁、黑龙江、吉林、内蒙古、山东、河北、河南、山西、陕西、甘肃、青海、宁夏、江苏、安徽、湖南、云南。

入之和表示相互专有资产投入总量，用农户与收购商的专有资产投入之差的绝对值表示专有资产投入的不对称性。

（三）量表的信度与效度

表 4-1 是本研究所使用的量表及其中反映性量表的信度与效度检验结果。农户专有资产和收购商专有资产两个量表属于合成性量表，不适用且不必要计算 Cronbach's α 值和进行验证性因子分析以判别信度和效度（庄贵军等，2008）。信度方面，除结果控制的 Cronbach's α 值为 0.783 外，其他量表的 Cronbach's α 值都大于 0.8。接着，本研究计算了量表的组合信度（composite reliability），各变量的组合信度（CR）都接近或大于 0.8，说明此量表具有良好的内部一致性。本研究采用 AMOS7 进行验证性因子分析（CFA），结果如表 4-2 所示。从表 4-1 中可以看出，该模型具有较好的拟合度。在模型中，所有题项因子的标准载荷均大于 0.5（p < 0.001），且所有核心变量的平均方差提出量（AVE）均大于 0.5，因此，本研究量表中的各变量具有较好的聚敛效度。

表 4-1　　　　　测量题项及信度、效度检验结果

变量	题项	因子载荷
契约明确性 α = 0.856, CR = 0.852, AVE = 0.540	我们签订的合同明确规定了我们双方的任务	0.687
	我们签订的合同明确规定了我们双方应承担的责任	0.722
	我们签订的合同明确规定了每一方的行为	0.876
	我们签订的合同明确规定了该如何处理意外发生的事	0.736
	我们签订的合同条款很详细	0.640
契约可执行性[R] α = 0.815, CR = 0.836, AVE = 0.561	当他们不履行合同时，我没什么办法	0.802
	当有人违约时，我们很少打官司	0.789
	违约时，即使去打官司也很难有令人满意的结果	0.720
	违约的情况很普遍	0.679
结果控制 α = 0.783, CR = 0.808, AVE = 0.590	收购者对所收购的产品有明确的标准	0.822
	收购者收购时会检查产品是否符合标准	0.864
	收购者会告诉我的产品是否达到收购标准	0.590
过程控制 α = 0.831, CR = 0.837, AVE = 0.565	收购者会监督我是否按规定程序进行生产活动	0.745
	收购者会评估我的生产过程是否有利于生产符合收购标准的农产品	0.849
	我达不到收购者所要求的种植（养殖）标准时，收购者会帮我改进种植（养殖）过程	0.750
	收购者会告诉我对生产过程的检查结果	0.648

续表

变量	题项	因子载荷
农户绩效 α = 0.914， CR = 0.916， AVE = 0.784	近 3 年，我的农业毛收入增长非常快	0.899
	近 3 年，我的农业纯收入增长非常快	0.941
	近 3 年，我的整体农业收入水平非常高	0.812
模型拟合指数	CMIN/DF = 2.335，p = 0.000，RMSEA = 0.079，GFI = 0.866，TLI = 0.900，CFI = 0.918，IFI = 0.919	

注：R 表示反向计分。

表 4-2 是各变量的均值、标准差与相关系数以及判别效度的检验结果。在表 4-2 中，各变量 AVE 值的平方根（对角线上的黑体数字）都大于与对角线下方其他因子相关系数的绝对值，表明这些变量具有较好的判别效度。

四、分析结果

本研究采用多元层次回归方法进行假设检验。为了避免多重共线性的影响，我们先对相关变量进行中心化处理，然后再相乘以构建交互项（Aiken & West，1991）。此外，本研究在回归过程中对所有模型进行了多重共线性诊断，在各个模型中所有变量的 VIF 值都小于 2，远低于临界值 10，说明不存在多重共线性问题（Zhou et al.，2014）。

本研究以农户绩效为因变量，契约明确性和契约执行性为自变量，结果控制和过程控制为自变量和调节变量，农户劳动力人数、农业纯收入、关系长度、收购商收购、相互专有资产投入总量和专有资产投入不对称性为控制变量，对数据进行回归分析，结果如表 4-3 所示。从表中可以看出，在 PR 模型（Ⅱ）中，契约明确性的系数显著为正（β = 0.257，p < 0.01），契约可执行性的系数显著为正（β = 0.152，p < 0.05）。这说明，契约明确性和契约执行性对农户绩效都有显著的正向影响。因此，H1a 和 H1b 都得到支持。在模型（Ⅲ）中，结果控制的系数显著为正（β = 0.202，p < 0.05），过程控制的系数显著为正（β = 0.276，p < 0.01）。这说明，结果控制和过程控制对农户绩效都有显著的正向影响。因此，H2a 和 H2b 都得到支持。在模型（Ⅴ）中，契约明确性×结果控制的系数显著为负（β = -0.261，p < 0.001）；且在模型（Ⅵ）中，契约可执行性×过程控制的系数显著为负（β = -0.128，p < 0.1）。这说明，结果控制在契约明确性与可执行性对农户绩效的影响作用中起到负向调节作用。因此，H3a 和

表 4-2　变量的均值、标准差与相关系数以及平均方差提取量（AVE）的平方根

	1	2	3	4	5	6	7	8	9	10	11
1. 契约明确性	**0.735**	—	—	—	—	—	—	—	—	—	—
2. 契约可执行性	0.319***	**0.749**	—	—	—	—	—	—	—	—	—
3. 结果控制	0.414***	0.006	**0.768**	—	—	—	—	—	—	—	—
4. 过程控制	0.363***	0.008	0.611***	**0.752**	—	—	—	—	—	—	—
5. 农户绩效	0.270***	0.187**	0.376***	0.445***	**0.885**	—	—	—	—	—	—
6. 总量	0.150*	0.140*	0.104	0.244***	0.262***	n. a.	—	—	—	—	—
7. 不对称	-0.074	-0.191**	0.050	-0.038	-0.034	-0.028	n. a.	—	—	—	—
8. 劳动力人数	-0.075	-0.167*	-0.060	-0.071	-0.058	0.073	0.058	n. a.	—	—	—
9. 农业纯收入	0.090	0.150*	0.118	0.081	0.247***	0.286***	-0.026	0.114	n. a.	—	—
10. 关系长度	0.255***	-0.142*	0.173*	0.112	-0.011	0.002	0.187**	0.093	-0.027	n. a.	—
11. 收购比例	0.048	0.013	-0.075	0.055	0.052	0.269***	-0.100	0.220**	0.189*	0.146*	n. a.
均值	3.637	2.610	3.845	3.362	2.951	5.555	0.929	2.13	4.412	5.13	69.20
标准差	0.637	0.786	0.659	0.724	0.865	1.171	0.715	0.761	3.585	5.077	25.430

注：(1) *** 表示 $p<0.001$，** 表示 $p<0.01$，* 表示 $p<0.05$（双尾检验）；(2) n. a. 表示不适用（not applicable）。

表 4-3 回归分析结果：标准系数

因变量：农户绩效

变量	（Ⅰ）	（Ⅱ）	（Ⅲ）	（Ⅳ）	（Ⅴ）	（Ⅵ）	（Ⅶ）	（Ⅷ）	（Ⅸ）
劳动力人数	-0.103	-0.038	-0.077	-0.025	-0.051	-0.043	-0.020	-0.012	-0.020
农业纯收入	0.209**	0.198**	0.167*	0.144*	0.116*	0.178**	0.188**	0.196**	0.150*
关系长度	-0.083	-0.142†	-0.162*	-0.175**	-0.086	-0.111	-0.142*	-0.102	-0.128†
收购比例	-0.015	-0.019	0.020	0.029	0.011	-0.011	-0.012	-0.035	-0.021
专有资产总量	0.230**	0.208**	0.162*	0.183**	0.157**	0.133*	0.128†	0.110†	0.164*
专有资产不对称	-0.032	0.041	0.003	0.026	-0.022	0.056	0.080	0.042	0.070
契约明确性	—	0.257**	—	0.117	0.112	0.140*	0.137†	0.125†	0.135†
契约可执行性	—	0.152*	0.202*	0.178**	0.198**	0.215**	0.208**	0.216**	0.209**
结果控制	—	—	0.276**	0.324***	0.273***	0.378***	0.376***	0.381***	0.392***
过程控制	—	—	—	—	-0.261***	—	—	—	—
明确性×结果控制	—	—	—	—	—	-0.128†	—	—	—
明确性×过程控制	—	—	—	—	—	—	—	-0.183**	—
可执行性×结果控制	—	—	—	—	—	—	—	—	-0.124†
可执行性×过程控制	—	—	—	—	—	—	—	—	—
F值	4.358***	6.268***	9.352***	8.327***	9.529***	9.536***	10.024***	10.236***	9.474***
R²	0.130	0.225	0.302	0.303	0.358	0.358	0.344	0.374	0.357
Ad-R²	0.100	0.189	0.270	0.267	0.320	0.320	0.310	0.338	0.319

注：*** 表示 $p<0.001$，** 表示 $p<0.01$，* 表示 $p<0.05$，† 表示 $p<0.1$。

H3b 都得到支持。在模型（Ⅷ）中，契约明确性×过程控制的系数显著为负（β = -0.183，p<0.01）；且在模型（Ⅸ）中，契约可执行性×过程控制的系数显著为负（β = -0.124，p<0.1）。这说明，过程控制在契约明确性与可执行性对农户绩效的影响作用中起到负向调节作用。因此，H4a 和 H4b 都得到支持。

五、讨论与结论

第一，契约明确性能有助于提升农户收入（H1a），这与以往传统渠道的研究结论是一致的（Poppo & Zenger, 2002；张闯等, 2014）。这说明，在契约型农产品渠道中，明确的契约能够防范（safeguarding）投机行为以保证交换绩效最大化，还能够协调（coordinating）关系双方的行动以促成合作。此外，明确的契约还能够保证交易关系的公平性，进而提升渠道绩效（Poppo & Zhou, 2014）。

第二，契约可执行性也有助于提升农户收入水平（H1b）。以往营销渠道研究着重关注了执行契约的行为（比如惩罚）对渠道成员行为的影响（Antia et al., 2006；Kashyap et al., 2012），而本研究在此基础上，从农户感知的角度，进一步明确了契约可执行性对农户绩效的影响。这说明，农户感知的契约可执行性越高，则农户绩效越能够得到保护。

第三，收购商对农户所采取结果控制和过程控制能够有效提升农户绩效（H2a 和 H2b）。一方面，与传统渠道研究一致，由于结果控制能够协调收购商与农户的目标一致性，指导农户生产投入的方向，因而能够提升农户的经济收入。另一方面，与以往研究不同的是，过程控制也能够显著提升农户绩效。造成这一差别主要有以下几方面原因：一是农户自身的特征。由于农户的文化程度较低（本研究中 72.35% 的农户文化程度为初中及以下），因而他们很难掌握适应市场需要的先进技术，采用标准化的生产流程。因此，收购商监督农户的生产过程并提供必要的技术指导，能够防止生产过程出现失误，造成最终产品无法收购给农户带来经济损失。二是收购商比农户更接近市场，占有更多的市场动态信息（刘凤芹，2003）。在生产过程中，收购商将市场需求的变化传递给农户，这有利于农户调整下期生产，避免出现产品滞销或供不应求，有利于保护农户的经济利益。因此，相比于传统工业品渠道，契约型农产品渠道中的过程控制对农户有积极的影响作用。

第四，在契约明确性和可执行性较高的情况下，收购商对交易结果的高度控制会使农户感到收入水平下降（H3a 和 H3b）。这进一步说明，明确的事前契约则无须事后控制（Kashyap et al., 2012）。但是，这与以往研究发现相反，在以传统渠道为背景的研究中，结果控制主要起到正向调节作用（Joshi, 2009；

Kashyap et al. , 2012)。一方面,这是由农业生产的特点所决定。农产品生产周期较长,农户难以根据市场变化及时调整生产(林强等,2014)。此时,如果收购商保持高水平的结果控制,难免会减少收购量,这会直接减少农户的经济收入。另一方面,这也是农产品渠道的特殊权力结构所决定的。在契约型农产品渠道中,农户与收购商的权力结构是严重失衡的,且向收购商一方倾斜,因而收购商与农户签订的契约从一开始就是不平等的,因为实力弱小的农户无力与收购企业进行谈判以争取有利于自己的契约条款(张闯、夏春玉,2005)。在这种情况下,如果收购商进一步对交易结果和生产过程施加影响,就会增加农户不公平的感知(Husted & Folger, 2004)。

第五,在契约明确性和可执行性较高的情况下,收购商对生产过程的高度控制也会使农户感到收入水平下降(H4a 和 H4b)。与以往传统渠道的研究相一致,本研究进一步强调了过程控制的消极调节作用。但是,以往研究多是关注契约执行对渠道行为(投机行为与服从行为)的影响(Antia et al. , 2006;Kashyap et al. , 2012),而本研究以提高契约农产品渠道中农户收益为着眼点,进一步明确了收购商的控制活动与契约治理机制(明确性与执行性)相结合对农户绩效的影响作用。这说明,在契约型农产品渠道中,契约治理与过程控制构成了限制农户生产与销售自主性的双重"枷锁",因为农业生产过程受到诸多不可控因素的影响,比如,气候变化、病虫害等(林强等,2014),而农户比收购商更接近于生产环节,拥有多年农业生产经验,能够灵活应对不可控因素带来的不确定性。

第二节 非对称依赖渠道关系中的契约治理和投机行为:市场不确定性与政府支持的调节作用

一、问题的提出

作为破坏渠道关系的重要因素之一(Samaha et al. , 2011),渠道成员的投机行为会增加交易成本,进而降低渠道成员对绩效的满意度(Dahlstrom & Nygaard, 1999;Seggie et al. , 2013),影响渠道关系的长远发展(Barnes et al. , 2010)。而在农产品流通渠道中,特别是契约型农业中,投机行为(违约)的比例甚至高达 80%(刘凤芹,2003)。因此,抑制投机行为一直是农产品流通渠道治理研究的核心议题。作为正式的治理机制,契约治理对渠道成员投机行为的影响作用虽得到现有研究关注（Cavusgil et al., 2004; Liu et al., 2009; Wuyts & Geyskens, 2005; Rindfleisch & Heide, 1997），但仍存在一些问题有待进一步研究。

首先，在渠道关系中，渠道成员之间的相互依赖通常是不平衡的（Gilliland et al., 2010），这使得关系双方所签订的契约具有单边性（one-sidedness），即契约条款会有利于交易关系中的一方（Kashyap et al., 2012），那么，在依赖不平衡的渠道关系中，契约治理机制对渠道关系双方投机行为是否具有相同的抑制作用是值得关注的问题。在现有研究中，学者们主要关注的是渠道成员如何利用契约治理机制防范渠道伙伴的投机行为，以保护自身的利益（Jap & Anderson, 2003; Joshi & Stump, 1999）。根据交易成本理论，渠道成员是追求利益最大化的主体，先天具有投机倾向（Rindfleisch & Heide, 1997），这意味着，只要有机会，渠道关系中的任何一方都会做出投机行为（Stump & Heide, 1996; Williamson, 1985），而渠道关系中任何一方的投机行为不仅会直接破坏渠道关系（Samaha et al., 2011），还会招致另一方以投机行为进行报复（周茵等，2015；庄贵军、刘宇，2010）。在契约型农产品流通渠道中，农户与收购商的依赖结构向收购商一方倾斜，收购商在谈判与签约过程中处于主导地位，而处于弱势地位的农户无力与收购企业进行谈判以争取有利于自己的契约条款（张闯、夏春玉，2005）。因此，只关注契约治理机制对渠道关系中一方投机行为的抑制作用，并不能够全面地理解正式契约在渠道治理中的作用。鉴于此，本研究将首先回答"在依赖结构不平衡的渠道关系中，契约治理机制能否同时抑制渠道关系双方的投机行为？"这一问题。

其次，现有研究中关于契约治理机制对投机行为的影响作用并没有取得一致结论。有的研究发现，正式契约对投机行为具有抑制作用（Liu et al., 2009）；而有的研究则发现，正式契约对投机行为并没有显著影响（Cavusgil et al., 2004; Wuyts & Geyskens, 2005）。这意味着，契约治理对渠道成员投机行为的影响作用可能取决于一些环境因素，比如法律环境（Cavusgil et al., 2004）。在中国转型经济背景中，市场不确定性和政府支持被认为是对企业行为有重要影响的环境变量（Sheng et al., 2011）。一方面，不确定性是制度转型过程中市场环境的重要特征（Rindfleisch & Heide, 1997; Sheng et al., 2011）。契约治理对投机行为的影响作用可能取决于市场不确定性，因为在不确定的市场环境中渠道成员很难制定详细契约条款来应对市场的变动（Luo, 2005）。在农产品市场中，价格波动、消费者需求多变等因素所带来的市场不确定性会对农户与收购商的交易关系造成冲击（田敏等，2013）。另一方面，在制度转型阶段，由于保障契约执行的法律法规等正式制度尚不完善（Xin & Pearce, 1996），政府有必要为渠道成员提供有价值的政策和产业信息以支持交易。但是，由于不同地区的经济发展水平不同，因而各地政府在制定农业发展政策、引进龙头企业等方面的支持程度也存在差异。同时，现有研究尚未关注这两个关键环境因素如何在依赖结构不对称的渠道关系中影响契约治理对关系双方投机行为的抑制作用。因此，我们将检验契约型农产品流通渠道中契约治理机制对关系双方投机行为的影响作用以及市场不确定性和政府支持两个重要环境变量的调节作用。

二、理论基础与研究假设

（一）渠道成员的投机行为

投机行为（opportunistic behavior）是"伴有欺骗（guile）的自私自利行为"（Williamson，1975）。根据交易成本理论，渠道关系的任何一方都具有投机行为的倾向（Stump & Heide，1996；Williamson，1985）。因此，本研究将关注渠道关系双方的投机行为，即契约型农产品渠道中农户与收购商的投机行为。具体来说，农户投机行为表现为虚报或隐瞒产品的数量或质量，将没有达到收购标准的产品掺杂到合格产品中，以及不按合同规定交货或者违反合同约定把货卖给别人；而收购商投机行为则表现为隐瞒市场行情等信息、压级、压价收购产品（马九杰、徐雪高，2008）。

契约明确性对农户和收购商投机行为会产生影响。正式契约（formal contract）是交易双方达成的一个正式协议，其中详细规定了双方的责任与义务，如在交易中的角色与责任、对绩效的期望、监督程序和争端解决机制等（Lusch & Brown，1996；Zhou & Poppo，2010）。在渠道关系中，作为一种控制交易双方行为的治理机制，契约能够有效降低交易风险和不确定性（Lusch & Brown，1996）。根据Lusch和Brown（1996）的做法，本研究用契约的明确性（explicitness）来表达契约的正式程度。

根据以往研究，明确的契约能够有效抑制投机行为，因为明确的契约详细规定了交易双方的责任和义务，同时为渠道成员通过法律途径抑制投机行为提供了可能性（Liu et al.，2009；Rindfleisch & Heide，1997；Williamson，1985）。在契约型农产品渠道中，明确的契约规定了农产品的生产数量、价格、质量、交易时间以及农户与收购商在农产品生产过程中的责任和义务（马九杰、徐雪高，2008）。在农户与收购商签订契约后，农户根据契约安排生产，而收购商则按照契约收购农产品（刘凤芹，2003；马九杰、徐雪高，2008），这减少了农户与收购商进行投机的空间（Wuyts & Geyskens，2005），同时对任何一方的违约行为都

能够根据事前契约安排诉诸法律。由此,本研究提出如下假设:

H1:明确的契约对农户投机行为有显著的负向影响;

H2:明确的契约对收购商投机行为有显著的负向影响。

(二) 市场不确定性的调节作用

市场不确定性 (market uncertainty) 是指在市场中意料之外且难以预期的变化 (Sheng et al., 2011; Zhou & Poppo, 2010)。引起这些变化的因素包括技术改进、价格变化、产品供给波动等 (Cannon & Perreault, 1999)。在高度不确定的市场环境中,明确的契约对依赖结构不对称的关系双方的投机行为可能有不同的影响作用。具体来说,处于弱势地位的渠道成员会严格按照事先契约规定去适应不断变化的市场环境 (Zhou & Poppo, 2010) 而不大可能做出投机行为,因为高度明确的契约规定了应对不可预期的情况的措施 (Lusch & Brown, 1996)。但是,处于强势地位的渠道成员在契约签订与执行过程中占据主导地位 (Lusch & Brown, 1996),因而面对高度不确定市场环境时更可能利用契约中"未尽事宜"做出投机行为 (Wuyts & Geyskens, 2005)。

在契约型农产品渠道中,市场不确定性是指农户与收购商难以准确预测市场需求品种或需求量、价格走势等 (刘凤芹, 2003)。市场不确定性对农户与收购商的投机行为存在不同的调节作用。对农户而言,在高度市场不确定性的情况下,高度明确的契约对其投机行为的抑制作用会更强。一方面,农产品是季节性产品且生产周期长,农户难以根据市场需求调整生产;另一方面,农产品产量变化滞后于市场价格的变化,因为农产品的当期产量由上期价格决定 (刘凤芹, 2003)。因此,面对高度不确定的市场环境,为了保证自己的收入,农户会根据契约明确规定的数量、质量进行生产,而不会做出投机行为。但是,对收购商而言,在高度市场不确定性的情况下,高度明确的契约对其投机行为的抑制作用会减弱。收购商更接近于消费市场,对市场变化具有较高的敏感度,这使收购商比农户拥有更完备的市场信息。面对高度不确定的市场环境时,收购商很可能利用其权力优势寻找契约中"空白点"做出投机行为 (Wuyts & Geyskens, 2005),以保证自身利益最大化。此外,当市场出现较大波动时,由于农户在渠道关系中处于弱势地位(张闯、夏春玉, 2005),即使事前签订了高度明确的契约,农户也难以执行契约,监督收购商的行为。这为收购商做出投机行为提供了可能。因此,本研究提出如下假设:

H3a:市场不确定性会强化契约明确性对农户投机行为的负向影响;

H3b:市场不确定性会削弱契约明确性对收购商投机行为的负向影响。

（三）政府支持的调节作用

政府支持（government support）是指政府为了减少转型经济条件下市场制度不完善对企业造成的不利影响而提供的各种支持（Li & Atuahene-Gima, 2001; Sheng et al., 2011; Xin & Pearce, 1996）。由于中国经济转轨过程中的正式制度尚不完善，因而政府有必要以公共品的方式为渠道成员提供有价值的政策和产业信息（比如，通过明确的规章制度去传达津贴补助和税收减免），以保证渠道的公正、公开和透明（Xin & Pearce, 1996）。在渠道关系中，治理机制的影响作用取决于政府支持、法律法规执行等制度环境要素（Sheng et al., 2011）。以往研究发现，随着法律制度的完善，渠道成员会更多地选择正式治理机制（契约治理）来应对交易关系中的风险（Zhou & Poppo, 2010）。按此逻辑，作为支持交易的正式制度，政府支持能够为契约治理机制维持渠道关系稳定与发展提供良好的制度环境。

在契约型农产品渠道中，政府支持主要表现为当地政府在引进种植（或养殖）新技术、设备和品种，引进龙头企业，组建合作社等方面，以及在农户与企业签订契约过程中提供必要的制度支持。由于对当地政府的信任与依赖，处于弱势地位的农户会更加愿意依靠政府来维护和协调交易关系（夏春玉等，2009）。因此，当政府支持的程度较高时，无论契约的明确程度如何，农户都会自觉抑制自身的投机行为。

相反，对收购商而言，当政府支持程度较高时，明确契约对其投机行为的抑制作用会得到加强。由于农户的脆弱性与规模的有限性，农户和收购商的合作关系缺乏一种内在稳定的机制（张闯、夏春玉，2005）。与对政府的信任相比，农户对抱有经济目的的收购商则具有高度的不信任感，因而高度的政府支持为农户与收购商互动过程提供了信任"担保"（夏春玉等，2009）。在这种情况下，收购商会更加依靠明确的契约规定约束自身行为，这能够表达对当地政府和农户的高度承诺，同时也有效保护自身利益。因此，政府支持的程度越高，明确契约对收购商投机行为的抑制作用越强。由此，本研究提出如下假设：

H4a：政府支持会削弱契约明确性对农户投机行为的负向影响；

H4b：政府支持会强化契约明确性对收购商投机行为的负向影响。

图4-2是根据以上理论和假设提出的本研究概念模型。

图 4-2 概念模型

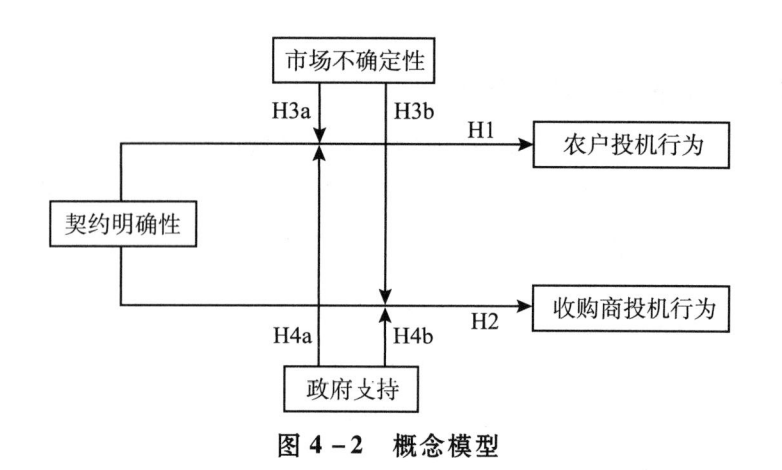

三、研究设计

（一）样本与数据收集

本研究与本章第一节研究的数据来源相同，故省略样本与数据收集部分。

（二）变量测量

契约明确性的量表包括 5 个题项。市场不确定性的量表包括 3 个题项。政府支持的量表包括 6 个题项。农户投机行为的量表包括 4 个题项。收购商投机行为的量表包括 6 个题项。

本研究控制了一些可能对因变量产生影响的变量。首先，中国社会中的"关系"是营销渠道中的一种重要非正式治理机制（Yang & Wang, 2011）。根植于农村乡土社会的契约型农产品渠道关系中也是如此（张闯等，2009）。因此，本研究将包含有农户与收购商之间人情和感情的人际关系作为控制变量，量表来自李和道斯（Lee & Dawes, 2005），包括 4 个题项。其次，由于农户与收购商的专有资产投入会影响二者之间相互依赖状态，进而也会影响渠道关系质量和关系绩效（寿志钢，2012）。因此，研究将相互专有资产投入总量（IRI）和专有资产投入不对称性（ARI）也作为研究的控制变量，其中，IRI = FRI + BRI；ARI = |FRI - BRI|。最后，本研究还控制了农户家庭中的劳动力人数（NL）、农业纯收入（AI）、关系长度（RL）以及收购商的收购比例（PR）。

（三）量表的信度与效度

表 4-4 是本研究所使用的量表，及其中反映性量表的信度与效度检验结果。

农户专有资产（FRI）和收购商专有资产（BRI）两个量表属于合成性量表，不适用且不必要计算Cronbach's α值和进行验证性因子分析以判别信度和效度（Kumar et al.，1998）。信度方面，所有量表的Cronbach's α值都大于0.8。接着，我们计算了量表的组合信度（composite reliability），各变量的组合信度（CR）都大于0.8，说明此量表具有良好的内部一致性。我们采用AMOS7进行验证性因子分析（CFA），结果如表4－4所示。从表4－4中可以看出，该模型具有较好的拟合度。在模型中，所有题项因子的标准载荷均大于0.5（$p<0.001$），且所有核心变量的平均方差提出量（AVE）都大于0.5，因此，本研究量表中的各变量具有较好的聚敛效度。

表4－5是各变量的均值、标准差与相关系数以及判别效度的检验结果。在表4－5中，各变量AVE值的平方根（对角线上的黑体数字）都大于与对角线下方其他因子相关系数的绝对值，表明这些变量具有较好的判别效度。

表4－4　　　　　　测量题项及信度、效度检验结果

变量、题项及信度与效度	因子载荷
契约明确性（CS）：α=0.856，CR=0.849，AVE=0.534	
我们签订的合同明确规定了我们双方的任务	0.691
我们签订的合同明确规定了我们双方应承担的责任	0.726
我们签订的合同明确规定了每一方的行为	0.899
我们签订的合同明确规定了该如何处理意外发生的事	0.703
我们签订的合同条款很详细	0.601
市场不确定性（MU）：α=0.807，CR=0.817，AVE=0.601	
我所种植（养殖）的农产品的市场需求量变化非常大	0.802
我所种植（养殖）的农产品的品种市场需求经常变化	0.872
我所种植（养殖）的农产品的市场行情变化很快	0.633
政府支持（GS）：α=0.921，CR=0.922，AVE=0.663	
当地政府在我们申请贷款时提供了必要的支持	0.711
当地政府帮助我们引进了新技术、设备和品种等	0.783
当地政府在我们与企业签订订单过程中给予很大支持	0.835
当地政府在引进龙头企业方面工作力度很大	0.842
当地政府在组建合作社等方面给予了很多支持	0.802
当地政府在其他方面也提供了很多支持	0.901
农户投机行为（SP）：α=0.848，CR=0.827，AVE=0.554	
有时，为了增加收入，我会将没有达到收购标准的产品掺杂到合格产品中	0.609

续表

变量、题项及信度与效度	因子载荷
为了从收购者那里得到额外的帮助和支持，我可能会虚报产品的数量或质量	0.561
当有市场价高于收购价时，我偶尔会不按合同规定交货或者违反合同约定把货卖给别人	0.840
当收购者无法追究我的违约行为时，我可能会隐瞒产品数量和质量信息	0.907
收购商投机行为（OP）：α = 0.905，CR = 0.907，AVE = 0.661	
这个收购者为了达到他们的目的经常言过其实	0.845
这个收购者为了得到他们想要的利益，经常掩盖事实	0.892
我很难与这个收购者进行真诚的商谈	0.793
这个收购者为了他们自己的利益经常违反正式或非正式的协议	0.761
这个收购者经常试图利用我们的合作关系来为他自己谋取利益	0.765
人际关系（GX）：α = 0.802，CR = 0.807，AVE = 0.515	
当他遇到困难时，我会表示关心和支持	0.820
我们都不会轻易做伤害感情的事	0.782
需要时，我们会相互帮忙	0.677
交往中我们都遵循有来有往的原则	0.565
农户专有投入（FRI）合成性量表	
学习专门的技术	n. a.
生产用地	n. a.
固定资产（如圈舍、大棚等）	n. a.
生产工具（如农机具等）	n. a.
其他生产资料（如肥料、饲料、种子、苗雏、包装材料等）	n. a.
收购商专有投入（BRI）合成性量表	
提供周转资金	n. a.
赊销或垫付的生产资料（如肥料、饲料、种子、苗雏、包装材料等）	n. a.
为生产设施（如大棚、温室、圈舍）垫付资金	n. a.
为辅助生产工具（如农机或交通工具等）垫付资金	n. a.
安排专门的技术人员	n. a.
其他投入（如专设的收购站及管理人员、在当地建设了加工厂或批发市场）	n. a.
模型拟合指数	
$\chi^2/df = 1.913$，$p = 0.000$，RMSEA = 0.065，GFI = 0.838，TLI = 0.908，CFI = 0.920，IFI = 0.921	

注：n. a. 表示不适用（not applicable）。

表4-5 变量的均值、标准差与相关系数以及平均方差提取量（AVE）的平方根

	1	2	3	4	5	6	7	8	9	10	11	12
1. CS	**0.727**	-0.120	0.306***	-0.292***	-0.302***	0.264***	0.017	-0.138	-0.102	0.009	0.270***	0.047
2. MU	-0.130	**0.776**	-0.244**	0.098	0.371***	0.291***	0.112	0.035	0.093	0.099	0.007	-0.065
3. GS	0.276***	-0.230**	**0.814**	-0.507***	-0.319***	0.056	0.179*	-0.060	-0.115	-0.037	0.003	0.003
4. SP	-0.353***	0.160*	-0.311***	**0.744**	0.275*	-0.158*	-0.021	0.198**	0.164**	-0.084	-0.023	-0.137
5. OP	-0.273***	0.312***	-0.237***	0.313***	**0.813**	0.042	-0.160*	0.333***	0.064	0.018	-0.024	-0.293***
6. GX	0.329***	0.203**	0.026	-0.252***	-0.086	**0.896**	0.210**	-0.178*	0.071	0.273***	-0.005	-0.045
7. IRI	0.150*	0.091	0.163*	-0.087	-0.132	0.291***	n. a.	-0.041	0.086	0.234**	0.027	0.266***
8. ARI	-0.074	0.009	-0.054	0.069	0.273***	-0.120	-0.028	n. a.	0.096	-0.083	0.125	-0.108
9. NL	-0.075	0.077	-0.080	0.129	0.013	0.027	0.073	0.058	n. a.	0.123	0.062	0.218**
10. AI	0.090	0.099	-0.116	-0.189**	-0.036	0.317***	0.286***	-0.026	0.114	n. a.	-0.029	0.184**
11. RL	0.255***	0.022	0.042	-0.020	-0.005	-0.080	0.002	0.187***	0.093	-0.027	n. a.	0.146*
12. PR	0.048	-0.053	-0.005	-0.139	-0.278**	-0.046	0.269***	-0.100	0.220***	0.189*	0.146*	n. a.
13. MV	0.025	-0.039	0.098	0.029	-0.047	-0.020	-0.032	-0.066	-0.112	-0.213**	0.071	-0.045
均值	3.637	3.297	3.100	2.164	2.398	3.509	5.555	0.929	2.13	4.412	5.13	69.20
标准差	0.637	0.797	0.902	0.679	0.781	0.626	1.171	0.715	0.761	3.585	5.077	25.430

注：(1) *** 表示 $p<0.001$，** 表示 $p<0.01$，* 表示 $p<0.05$（双尾检验）；(2) 对角线上的黑体数字为相应变量的 AVE 平方根，对角线下方数字为各变量间的零阶相关系数，对角线上方数字为潜在同源偏差调整后的相关系数；(3) n. a. 表示不适用（not applicable）；(4) MV 表示标记变量。

（四）同源偏差检验

本研究仅从农户一边获得数据，这可能导致同源偏差（common method biases）问题。首先，我们采用哈曼（Harman）单一因素检验（single method biases）的方法（Podsakoff et al.，2003），将本研究所使用的反映性量表的测量题项放在一起进行探索性因子分析。结果显示，解释变量变异所必需的最少因子数为5个，并未析出一个单一因子。另外，析出的5个因子，解释了总变异量的71.953%，其中第一主成分解释了30.051%的变异量，说明数据中并不存在能够解释绝大部分变异量的单一因子。因此，同源偏差问题不严重。

接下来，本研究运用标记变量（marked variable）的方法（Lindell & Whitney，2001）进一步检验同源偏差问题。我们选择一个与现有分析中至少一个变量在理论上不相关的标记变量。在本研究中，我们选择受访者的年龄作为标记变量。如表4-5所示，在控制标记变量之后，本研究重要变量的相关性并没有发生显著变化。在全部66个显著的相关系数中，仅有2个相关系数（CS与IRI，RL与ARI）由显著变为不显著，也有2个相关系数（SP与ARI，SP与NL）由不显著变为显著。这说明，同源偏差问题在本研究中并不是严重的问题（Yang et al.，2012；Zhou et al.，2014）。

四、数据分析

本研究采用多元层次回归方法进行假设检验。多元层次回归是一种广泛应用于经济管理研究的分析方法，与标准的多元回归分析中所有解释变量同时进入模型不同，层次回归分析使研究者可以决定解释变量或变量集进入回归分析模型的顺序，进而可以在控制了其他变量的情况下更准确地估计解释变量或变量集对被解释变量的独立影响；同时层次回归分析方法还可以检验新引入的变量或变量集是否能够显著地提高模型的解释力（R^2），进而判断新引入的变量是否对模型具有重要意义（Joshi & Campbell，2003）。

层次回归分析结果分别如表4-6和表4-7所示。为了避免多重共线性的影响，我们先对相关变量进行中心化处理，然后再相乘以构建交互项（Aiken & West，1991）。此外，我们在回归过程中对所有模型进行了多重共线性诊断，在各个模型中所有变量的VIF值都小于2，远低于临界值10，说明不存在多重共线性问题（Zhou et al.，2014）。

表 4 – 6　　　　　　　回归分析结果（一）：SP 模型

变量	（Ⅰ）	（Ⅱ）	（Ⅲ）	（Ⅳ）	（Ⅴ）	（Ⅵ）
SP 模型						
NL	0.201**	0.170*	0.166*	0.178**	0.132*	0.137*
AI	-0.048	-0.059	-0.061	-0.036	-0.102†	-0.099
RL	-0.025	0.043	0.039	0.065	0.008	-0.007
PR	-0.179*	-0.165*	-0.160*	-0.148†	-0.182**	-0.142*
IRI	0.058	0.047	0.043	0.068	0.151	0.144
ARI	0.131†	0.105	0.101	0.074	0.099	0.099
GX	-0.156*	-0.089	-0.112	-0.141†	-0.114	-0.123†
CS	—	-0.240**	-0.225**	-0.248**	0.083	-0.072
MU	—	—	0.072	0.092	—	—
GS	—	—	—	—	-0.487***	-0.450***
CS × MU	—	—	—	-0.159*		
CS × GS	—	—	—	—	—	0.153*
F 值	3.100**	4.062***	3.710***	3.838***	10.375***	10.154***
R^2	0.111	0.158	0.163	0.183	0.352	0.373
ΔR^2	—	0.047**	0.004	0.021*	0.194***	0.021*

注：*** 表示 $p<0.001$，** 表示 $p<0.01$，* 表示 $p<0.05$，† 表示 $p<0.1$。

表 4 – 7　　　　　　　回归分析结果（二）：OP 模型

变量	（Ⅰ）	（Ⅱ）	（Ⅲ）	（Ⅳ）	（Ⅴ）	（Ⅵ）
OP 模型						
NL	0.088	0.049	0.032	0.030	0.031	0.026
AI	0.106	0.092	0.082	0.078	0.072	0.069
RL	-0.034	0.052	0.034	0.029	0.035	0.051
PR	-0.250**	-0.233**	-0.211**	-0.213**	-0.241**	-0.282***
IRI	-0.125†	-0.139*	-0.157**	-0.162*	-0.090	-0.083
ARI	0.321***	0.289***	0.272***	0.277***	0.285***	0.285***
GX	0.080	0.164*	0.062	0.068	0.152*	0.162*
CS	—	-0.303***	-0.238***	-0.234***	-0.229**	-0.241**
MU	—	—	0.312***	0.308***	—	—
GS	—	—	—	—	-0.225**	-0.254***

续表

变量	OP 模型					
	(Ⅰ)	(Ⅱ)	(Ⅲ)	(Ⅳ)	(Ⅴ)	(Ⅵ)
CS×MU	—	—	—	0.030	—	—
CS×GS	—	—	—	—	—	-0.160**
F 值	6.787***	8.812***	11.363***	10.200***	9.513***	9.413***
R^2	0.214	0.290	0.373	0.374	0.332	0.355
ΔR^2	—	0.075***	0.083***	0.001	0.043*	0.023*

注：*** 表示 $p<0.001$，** 表示 $p<0.01$，* 表示 $p<0.05$，† 表示 $p<0.1$。

在表 4-6 中，SP 模型（Ⅱ）的 CS 系数显著为负（$\beta=-0.240$，$p<0.01$）。这说明，契约明确性对农户的投机行为有显著负向影响。因此，H1 得到支持。SP 模型（Ⅳ）的 CS 的系数显著不为 0（$\beta=-0.248$，$p<0.01$），且 CS×MU 的系数显著为负（$\beta=-0.159$，$p<0.05$）。这说明，市场不确定在契约明确性与农户投机行为之间起强化作用。SP 模型（Ⅵ）的 CS 系数虽然不显著，但 CS×GS 的系数显著为正（$\beta=0.153$，$p<0.05$）。这说明，政府支持在契约明确性与农户投机行为之间起削弱作用。因此，H3a 和 H4a 都得到支持。

在表 4-7 中，OP 模型（Ⅱ）的 CS 系数显著为负（$\beta=-0.303$，$p<0.001$）。这说明，契约明确性对收购商的投机行为有显著负向影响。因此，H2 得到支持。OP 模型（Ⅳ）的 CS 系数显著不为 0（$\beta=-0.234$，$p<0.01$），但 CS×MU 的系数不显著（$\beta=0.030$，$p>0.1$）。这说明，市场不确定在契约明确性与收购商投机行为之间并没有调节作用。OP 模型（Ⅵ）的 CS 系数显著不为 0（$\beta=-0.241$，$p<0.01$），且 CS×GS 的系数显著为负（$\beta=-0.160$，$p<0.01$）。这说明，政府支持在契约明确性与收购商投机行为之间起强化作用。因此，H3b 没有得到支持，而 H4b 得到支持。

五、讨论与结论

在渠道关系中，交易关系双方的投机行为高度相关（在本研究中相关系数为 0.313，$p<0.001$），且具有相互性（周茵等，2015；庄贵军、刘宇，2010）。因此，只有同时关注渠道关系双方的投机行为，才能全面理解渠道治理机制的作用。本研究在契约型农产品渠道背景下发现，明确的契约对渠道关系双方的投机行为同时具有显著的抑制作用，而且市场不确定性和政府支持对关系双方的投机行为起到不同的调节作用。以上研究发现的理论意义值得进一步讨论。

首先，契约明确性对依赖结构不对称的农户和收购商双方的投机行为都有显著的负向影响（H1 和 H2）。一方面，对渠道关系中弱势的一方而言，作为一种正式的治理机制，正式契约能够有效抑制投机行为，维护渠道关系发展，并保护渠道成员（尤其是弱势一方）的利益（Dahlstrom & Nygaard, 1999; Liu et al., 2009）。另一方面，对渠道关系中强势的一方而言，明确的契约同样具有抑制作用。但以往研究指出，在依赖结构不平衡的渠道关系中，拥有权力优势的一方既不会受到维持渠道关系发展的约束，也不会担心另一方对其行为实施报复（Antia & Frazier, 2001; Lusch & Brown, 1996），因而依赖程度较低的一方更有可能作出投机行为。造成这种差异的原因在于，投机行为具有相互性，一方的投机行为会直接招致另一方以投机行为进行报复（周茵等，2015；庄贵军、刘宇，2010）。在契约型农产品渠道中，每一轮订单的周期比较短，农户能够考察与收购商的交易关系，从而决定其接下来的行为（夏春玉等，2009）。如果收购商作出投机行为，农户投机行为或违约倾向也会增加，这会直接影响收购商在下一周期的农产品供给。因此，即使处于强势地位，收购商也会遵照契约安排，自觉抑制投机行为。

其次，市场不确定性会强化契约明确性对农户（渠道关系中的弱势一方）投机行为的抑制作用（H3a）。也就是说，市场不确定性越高，明确契约对农户投机行为的抑制作用越强。这说明，在依赖结构不平衡的渠道关系中，弱势方（依赖程度较高的一方）能够从现有关系中获得更大的价值，而且很难找到现有关系的替代者（Kumar et al., 1998）；而且强势方（依赖程度较低的一方）会对弱势方的违约行为进行严厉的惩罚（Antia & Frazier, 2001）。因此，面对高度不确定的市场环境时，处于弱势地位的渠道成员会自觉遵守契约安排，维护交易关系，而不会破坏渠道关系发展。在契约型农产品渠道中，农户的文化程度较低（本研究中72.35%的农户文化程度为初中及以下），加之农户远离消费市场，因而无法准确预测市场行情与消费者偏好的变化；而收购商能够将市场需求信息传递给农户，有利于农户调整生产，避免出现产品滞销或供不应求的问题（夏春玉等，2015）。因此，面对高度不确定的市场环境，农户会自觉遵守事先所签订的明确契约，约束自身行为，以最大限度地保护自身利益。

但是，市场不确定在契约明确性与收购商（渠道关系中强势一方）投机行为之间的调节作用并不显著（H3b 未被支持）。其原因在于，在交易关系的建立与发展过程中，渠道关系双方都会进行大量专有资产投入，这能够增加交易双方的信任感，促进渠道关系向长远发展（Ganesan, 1994；张闯等，2009）。具有长期导向的渠道成员会致力于最大化长期交易的结果，愿意牺牲短期利益，以期在未来的关系发展中得到回报（Ganesan, 1994；Lusch & Brown, 1996）。因此，在依赖不对称的渠道关系中，虽然高度不确定的市场环境为强势方的投机行为提供了空间，但该成员并不会做出投机行为。在本书的研究背景中，农户与收购商都对交易关系投入了大量的专有资产（在本研究中，双方专有资产投入总量的均值为5.555，而专有资产的不对称性的均值为0.929），这有助于交易双方在关系发展过程中建立相互信任与承诺，那么处于强势地位的收购商愿意牺牲自己的短期利益以保护农户的利益（夏春玉等，2009；张闯等，2009）。因此，明确的契约对收购商投机行为的抑制作用并不会随着市场环境的变化而变化。

最后，政府支持会减弱契约明确性对农户投机行为的抑制作用（H4a），但会加强契约明确性对收购商投机行为的抑制作用（H4b）。这说明，作为正式制度环境因素，政府支持对依赖结构不对称的渠道关系双方存在不同的影响作用；而且，这一发现在前人研究的基础上进一步强调了正式制度环境（政府支持）对正式治理机制（契约治理）的影响作用。具体来说，一方面，对处于弱势地位的一方（农户）而言，政府支持与契约治理机制构成相互替代关系，因为政府支持能够直接强有力地抑制农户投机行为（$\beta = -0.445$，$p < 0.001$），这稀释了正式契约对农户投机行为的抑制作用。另一方面，对处于优势地位的一方（收购商）而言，政府支持与契约治理机制形成互补关系，因为政府支持（$\beta = -0.260$，$p < 0.001$）与明确契约（$\beta = -0.194$，$p < 0.01$）对收购商投机行为构成了双重约束，因而政府支持强化正式契约对农户投机行为的抑制作用。以上研究发现也在一定程度上表明，在制度转型过程中，由于法律法规尚不完善，且执行性差（Sheng et al.，2011；Zhou & Poppo，2010），因而政府支持是保证渠道交易关系有效且稳定运行的重要因素。

第三节　契约型农产品营销渠道治理过程研究：收购商管理控制的中介作用

一、问题的提出

如本章第二节中研究所述，在契约型农业实践的过程中，农户与收购商的交易关系并不稳定，渠道投机行为屡见不鲜，订单的违约率甚至高达80%，其中农户违约率更高（刘凤芹，2003），这不仅严重影响了农民增收致富、收购商和农户参与契约型农业交易的积极性，以及契约型农业在解决"三农"问题上的作用和价值，也延缓了我国农业产业化进程。

目前，国内学术界对契约型农业交易关系管理的研究集中于农产品交易关系治理机制的设计和选择，对治理过程关注不足。特别是定量研究中，大多关注于治理机制对渠道行为结果的直接影响，忽视了治理过程在维系交易关系稳定性和提升渠道绩效中的重要作用。渠道治理是一个过程，不仅包括建构交易的过程，还包括维系交易的过程（Heide，1994；Gilliland et al.，2010；庄贵军，2012a）。而农业是一个自然再生产和社会再生产两个相互交织的过程，决定了农业生产经营和交易过程的复杂性和不确定性要远远高于其他经济活动，使得收购商与农户事前签订的正式契约具有"注定"不完全性。同时，在转型经济的中国市场环境下，环境的高度不确定性和保障契约执行的法律法规等正式制度尚不完善，使得作为主要的渠道治理机制——正式契约，不仅对交易的某些方面无法完全和详细地界定（Li et al.，2008），而且在执行过程中的一致性及其有效性也受到制约（Stern et al.，1996；Antia & Frazier，2001；Sheng et al.，2011）。特别是在契约型农产品流通渠道中，渠道权力严重失衡，以及当地政府出于保护农户弱势群体的考虑，促使农产品契约在出现违约时的法律执行更加困难。因此，在契约型农产品营销渠道中，需要采取何种渠道治理过程机制，保障正式契约机制在渠道交易关系过程中得到有效的执行，以及应对契约条款外未预测到的事件，可能是影响渠道交易关系稳定性和渠道绩效的关键。

根据管理控制理论的相关文献，管理控制在应对无法预期的波动时更加具有弹性，可以根据当时情况，规定如何完成组织目标的具体细节，更多地应用于交易建立后日常的交往过程中（Zhang & Zhou，2013）。在契约型农产品营销渠道中，渠道权力往往倾向于收购商一方，赋予了收购商对农户实施管理控制的能力（Zhou et al.，2012）。因此，我们将收购商对农户的管理控制作为渠道治理过程机制，实证性地检验现有治理机制（契约完备性）如何通过收购商对农户的管理控制实现对渠道行为结果（农户投机行为和农户绩效）的影响。

二、理论回顾与研究假设

（一）管理控制

管理控制是指控制方根据建立的标准（明确或非明确）对受控方（行为或结果）进行监督、反馈，对出现偏离标准的行为进行纠错。渠道管理控制是指一个渠道成员对于另一个渠道成员在某些决策问题上的影响（庄贵军，2004），或者是对渠道成员行为的协调（Celly & Frazier，1996；Joshi，2009）。常见的正式化渠道管理控制方式有3种：结果控制、过程控制和能力控制。结果控制强调施控方对受控方的行为结果进行控制。过程控制是指管理者试图影响受控者如何实现一个既定的任务，关注的是行为或活动（Jawroski & Macinnis, 1989）。能力控制强调发展受控方的技术和能力。过程控制指管理者试图影响受控者如何实现一个既定的任务。能力控制是查拉加拉和谢尔瓦尼（Challagalla & Shervani, 1996）从过程控制中分离出的一种新的控制方式，并通过实证研究表明它和过程控制是不同的控制方式。能力控制强调发展受控方的技术和能力（Challagalla & Shervani, 1996），它在契约型农业中具有更为重要的现实意义[①]。

在契约型农产品营销渠道中，收购商和农户属于独立的经济个体，因此收购商对农户管理控制属于渠道成员之间控制关系。收购商对农户管理控制具有一定的可行性：首先，在契约型农产品渠道中，渠道权力往往倾向于收购商一方，赋予了收购商对农户实施管理控制的能力（Zhou et al., 2012）。其次，农户常常需要收购商进行专有资产投资，特别是一些相对特殊农产品，这也使得收购商更有资格或机会参与到农户的日常生产当中，从而对农户活动进行干预和指导（Joshi, 2009）。再次，农民生产区域相对集中。收购商往往是和某一村很多农户签订订单，由于农民生产生活的相对集中，降低了收购商监督农户行为的成本。最后，目前我国农户文化水平普遍偏低[②]，很多农产品生产需要更为专业的技术指导。

1. 契约完备性与收购商对农户的管理控制。契约完备性指在正式契约中，交易双方的角色、义务和预期收益，以及如何处理计划外事件和冲突等被详细规定的程度（Wuyts & Geyskens, 2005）。正式契约通过契约条款规定每一方的权利和责任，为合作提供了一个制度框架（Luo, 2002；Li et al, 2010），该框架可以指导任务的执行并监督合作成员之间的交易（许景, 2011）。契约越完备，承诺、责任和纠纷处理过程越被清晰地界定（Poppo & Zenger, 2002；Kashyap et al., 2012），越可以为评估与绩效相关的投入和产出标准提供更好的指导，从而会促进随后的监督和执行努力（Ghosh & John, 2005）。在契约型农产品营销渠道中，收购商与农户签订的书面契约越完整，意味着正式契约在农产品交割环节，越能详细地规定收购的产品种类、数量、评级标准、价格及双方的违约责任等，这些详细的评估标准使得收购商对农户生产结果控制有章可循，有助于生产结果控制

[①] 在田敏等（2013）和夏春玉等（2015）对全国16个省的大样本调查中发现，大部分从事农业生产的农户以小学文化居多，但很多订单农业生产特殊品种的农产品，例如，中草药、花卉等，需要更为专业的技术指导。

[②] 在田敏等（2013）和夏春玉等（2015）对全国16个省的大样本调查中发现，大部分从事农业生产的农户以小学文化居多。

活动顺利展开。在生产过程中，完备契约详细规定了农户应该遵守的生产程序（如施肥时间间隔，不打高毒农药）和收购商的相关权利（如对农户生产的过程进行监督检查），使得收购商对农户的生产过程控制有章可依，有利于生产过程控制活动的进行。同时，完备契约详细规定了农户应该具备的种植（养殖）能力（如会给牲畜打防疫针等），以及收购商为提高农户生产技能开展的各项活动（如收购商定期派专人对农户进行技术培训、指导等），这为收购商控制农户生产能力提供了更好的标准，有利于收购商对农户生产能力控制活动的开展。由此，本书提出研究假设 1：

H1a：农户与收购商签订的契约越完备，收购商对农户的生产结果控制水平越高；

H1b：农户与收购商签订的契约越完备，收购商对农户的生产过程控制水平越高；

H1c：农户与收购商签订的契约越完备，收购商对农户的生产能力控制水平越高。

2. 收购商对农户的管理控制与农户投机行为。在非一体化营销渠道结构中，由于相互依赖的渠道成员是相互独立的，拥有各自不同的目标，为了追求自身利益最大化，渠道成员常以牺牲对方经济利益为代价，进行"欺骗性"的逐利行为。渠道成员的这种投机行为会提高对方的交易成本，降低渠道系统运行绩效和交易方的满意度，从而影响交易关系稳定性（Jap & Anderson，2003；Wang et al.，2013）。因此，对投机行为的抑制一直是渠道治理的核心问题（Wathne & Heide，2000）。在契约型农产品营销渠道中，农户的投机行为主要源于收购商对农户的特质或行为存在信息不对称（Wathne & Heide，2000），如农户可能有意隐藏生产情况的信息，为了从收购商那里获得额外的帮助和支持，可能会虚报产品的数量或质量，或者是违背显性或隐性的承诺，例如逃避、不完成承诺，当市场价格高于收购价时，不按合同规定交货或者违反合同约定将农产品卖给他人等。

为了降低渠道成员的投机行为，需要对渠道成员的行为进行管理控制。控制之所以可以降低渠道成员的投机行为，主要是基于以下两点：一是控制的信息作用。控制通过监督、评估和反馈活动降低了施控者和受控者之间的信息不对称，特别是控制的监督环节能够明显降低交易双方的信息不对称，提高了施控者觉察被控者投机行为的能力（Stump & Heide，1996）。同时，在控制的执行过程中，不仅使管理者获得受控者的信息，还为施控者和受控者提供了沟通交流的机会，促使双方了解到彼此的期望，降低了双方的信息不对称。二是控制的强化作用。管理者会正强化，也就是奖励那些组织需要的行为，从而加强这种行为。同时，管理者会惩罚对组织不利或者造成损失的错误行为，使犯错者感到挫折，从而削弱这种行为再次发生（Challagalla & Shervani，1996）。在契约型农产品营销渠道中，收购商对农户行为结果控制中，通过严格监督检查和惩罚机制降低了农户在农产品交割环节，将没有达到收购标准的产品掺杂到合格产品中，或为了得到额外的销售支持、虚报产品的数量或质量等投机行为；在收购商对农户的过程控制中，收购商通过不定期的监督检查，降低了农户在生产过程中不遵守规定程序的生产活动。同时，收购商在过程控制中还可能帮助农户改进种植（养殖）过程，这意味着控制实施过程还可能存在知识传递，而知识传递具有激励效果（Oliver & Anderson，1994），提高了双方沟通的频率和质量（Hernandez & Arcas，2003），进一步降低了收购商与农户之间的信息不对称，进而降低了农户的投机行为。在收购商对农户的能力控制中，收购商提供技能指导需要付出很多时间和努力，这也为他提供了与农户大量互动和交流的机会。因此，能力控制不仅降低了双方的信息不对称，同时收购商所提供的指导和训练会被认为是一种关心（Fry et al.，1986），进而抑制了农户的投机行为。由此，本书提出研究假设2：

H2a：收购商对农户的生产结果控制水平越高，农户投机行为越少；

H2b：收购商对农户的生产过程控制水平越高，农户投机行为越少；

H2c：收购商对农户的生产能力控制水平越高，农户投机行为越少。

3. 收购商对农户的管理控制与农户绩效。渠道绩效是指渠道成员的产出以及渠道成员间的满意度水平（韩顺平、徐波，2007），它是交易关系的最终目的（Robicheaux & EI－Ansary，1976）。通常渠道成员的绩效增长取决于两方面的因素：一是渠道成员自身因素，如内部管理水平或个人执行力等。二是外界的因素，特别是渠道成员是否从其他成员那里获得了其发展所需要的关键资源，如有价值的信息。管理控制可以通过以上两个方面帮助渠道成员提升绩效。首先，根据激励理论，交易一方之所以愿意服从或接受另一方命令或安排，是因为这样的影响能给自己带来所期待的利益（Anderson & Oliver，1987）。例如，结果控制会在事前清晰阐明受控者最终可以获得的经济上和非经济的利益，以及不遵从行为的惩罚，使得他们清晰地认识到目标收获和付出之间的关系，这为受控方提供一种方向感，激励他们寻找更为合适的策略去完成结果目标（Challagalla & Shervani，1996），进而有助于提高绩效。其次，过程控制和能力控制中的知识传递，提供了使他们工作更加有效的信息（Agarwal & Ramaswami，1993），有助于绩效的提高。此外，能力控制通过指导和训练增进受控方的能力会提高其内在动机，促使其对任务产生更强烈的兴趣（Deci & Ryan，1985），进而提高了绩效（Grant & Cravent，1996）。

在契约型农产品营销渠道中，当收购商对农户生产进行结果控制时，即收购商通过明确详细的收购标准（收购的产品种类、数量、评级标准、价格）激发了农户为了最终收益目标而努力的行为动机；在收购商对农户过程控制中，收购商通过监督指导，避免了农户可能在生产过程中发生重大失误（例如，提醒农户按时给牲畜打疫苗），进而提高了绩效。同时，收购商帮助农户改进种植（养殖）过程，为他们生产提供有效的信息，而这些信息具有激励效果（Oliver & Anderson, 1994），进而促进了农户绩效的提高；在收购商对农户的能力控制中，收购商通过确保农户拥有能够实现好的绩效的技能和能力来影响他们的绩效，例如定期对农户进行动物防疫知识普及、农药知识宣传等，这些旨在提高能力的信息可能会满足个人对能力的内在心理需求和提高他（她）的内在心理动机（Deci & Ryan, 1985），促使他们对提高绩效展现出极大的兴趣，进而有利于农户绩效的提高。由此，本书提出研究假设3：

H3a：收购商对农户的生产结果控制水平越高，农户绩效越高；

H3b：收购商对农户的生产过程控制水平越高，农户绩效越高；

H3c：收购商对农户的生产能力控制水平越高，农户绩效越高。

（二）收购商对农户管理控制的中介作用

1. 收购商对农户的管理控制在契约完备性与农户投机行为之间的中介作用。威廉森（Williamson, 1996）提出正式契约是保护交易免受投机行为侵害的主要机制。完备契约通过详细的契约条款界定了渠道成员可能发生投机行为的领域（Poppo & Zenger, 2002），明确地阐明了各种未来情形如何处理，降低了交易方隐藏与绩效相关的信息（例如能力限制的相关信息）的可能性（Wuyts & Geyskens, 2005），特别是包含渠道成员违背契约所面临的法律和经济处罚，为交易提供了保护机制，因此会降低交易方的投机行为（Jap & Ganesan, 2000；Yu et al., 2006）。

但在中国转型经济背景下，契约完备性对渠道成员的投机行为的影响可能需要对渠道成员进行管理控制作为中介。首先，契约条款最明显的好处是可以使用法律制裁迫使交易者按照契约条款的内容执行（Klein, 1990）。因为契约的一致性和它协调的有效性很大程度上取决于实践执行的效果（Stern et al., 1996），而正式契约执行的一个潜在的关键前提取决于完整的法律制度（North, 1990）。在中国，保护契约执行的法律制度是不健全或发展相对滞后的，这降低了正式契约的理想效果（Zhou & Poppo, 2010）。由于执行的不确定性和法律条文的可变性，企业很难确保交易对方会遵守最初的协议（Yu et al., 2006；Zhou, Poppo & Yang, 2008；Zhang & Zhou, 2013）。因此，虽然完备契约详细规定了当事方违背契约条款的投机行为的法律和经济处罚，但我国制度环境的不健全，意味着交易方违约后不会受到相应的惩罚（Zhou & Xu，2012），这降低了法律契约的震慑力，需要寻求其他机制保障契约执行的一致性和有效性。管理控制主要强调交易过程中对受控方行为的监督、反馈和纠偏，不仅有利于发现成员行为的不一致，而且可以及时对交易方的不规行为进行惩罚或纠偏（Zhang & Zhou，2013），进而降低了渠道成员的投机行为，保障了契约内容得到有效的执行，因此，完备契约需要通过管理控制进而抑制渠道成员的投机行为。其次，完备契约规定了当事方在一个时间跨度内的详细行动计划（许景，2011），因为管理者具有有限理性，完备契约无法涵盖交易中所有细节，特别是在长期关系或波动环境下（Gundlach & Achrol，1993），受制于人们表述，或者预见和解释未来发生的事情的能力，不可能预测到所有未来发生的事情（Macneil，1980；Zhang & Zhou，2013）。而交易成本理论认为只要有机会，渠道成员就可能投机（Stump & Heide，1996），即投机行为既会出现在契约规定的领域内，也会出现在契约未规定的领域（Zhou & Xu，2012），因而，这些契约未规定的"空白区域"将成为决定交易关系稳定性的关键。管理控制理论更多地应用于交易双方日常的交往过程，在应对无法预期的波动时更加具有弹性，可以规定如何完成组织目标的具体细节（Heide，2003）。因此，管理控制在执行过程中根据具体情况，提供明确的指导或规则程序可以填补完备契约在交易过程中管理交易细节或计划外事件中的不足，进而有助于实现对渠道成员投机行为的抑制。

在契约型农产品营销渠道中，完备契约更需要通过收购商对农户的管理控制进而影响农户的投机行为。首先，完备契约面临着法律执行的困难。目前保障我国农产品交易纠纷的法律制度不健全，而且当发现农户的投机行为，收购商在决定是否请求第三方规制对方的行为时，面临着一个成本与收益的权衡。收购商一般不会请求第三方对农户的违约行为进行规制（张闯、夏春玉，2005）。其次，与普通工业产品相比，农产品的生长过程受到严重的自然条件约束，而且生长周期长，具有经验品和信任品的特性，这些特性带来的高度不确定性，使得完备契约无法界定所有农户投机行为的领域，而控制在执行的过程中可以通过直接的观察和监督，降低双方的信息不对称（Crosno & Brown，2014）。因此，控制作为一种事后治理机制（Zhang & Zhou，2013），不仅保障了事前签订的完备契约的有效执行，还可以弥补完备契约存在的不足之处，进而抑制农户的投机行为。具体而言，在农产品的交割环节，收购商通过严格地监督、检查农户生产结果，保证了完备契约中所详细规定的交易事项（如产品种类、数量、评级标准等）能够顺利进行，避免了农户将没有达到收购标准的产品掺杂到合格品中，或者是有意隐瞒产品数量和质量信息等投机行为。在农产品生产过程中,收购商通过不定期监督检查农户的生产流程和具体操作,不仅使得农户不敢轻易采取投机行为,保证了完备契约中预期目标能够实现,而且这种直接观察农户的控制行为,还有助于发现契约规定内容之外,农户潜在的投机行为,并采取及时地纠偏或惩罚措施,降低农户的投机行为。此外,收购商通过对农户生产能力的评估、培训指导,不仅保证了完备契约中对农户生产能力考核的顺利进行,避免了农户隐藏能力信息骗取额外支持的投机行为。同时,收购商对农户的技术指导,还有助于农户解决完备契约中可能所未预见到的突发状况(如大面积的病虫害),促使农户相信收购商不是只站在自己角度施加命令和剥夺他们的利益,会认同收购商控制的合法权力,并将自己绩效的提高归结于收购商的"权威",进而提高他们对收购商的依赖和对于关系的长期的承诺(Hernandez & Arcas, 2003),因此不会轻易采取投机行为。由此,本书提出研究假设4:

H4a:收购商对农户的生产结果控制在契约完备性对农户投机行为的影响过程中起到中介作用;

H4b:收购商对农户的生产过程控制在契约完备性对农户投机行为的影响过程中起到中介作用;

H4c:收购商对农户的生产能力控制在契约完备性对农户投机行为的影响过程中起到中介作用。

2. 收购商对农户的管理控制在契约完备性与农户绩效之间的中介作用。完备契约为交易提供了一个更为全面的法律和制度框架,可以有效地指导交易双方履行各自的职责,并通过设计各种经济激励措施促进渠道成员之间的相互依赖和合作行为,进而提高了渠道绩效(Lusch & Brown, 1996;Cannon et al., 2000)。但如上文所述,在目前中国制度转型阶段,保障契约执行的法律法规等正式制度尚不完善(Xin & Pearce, 1996;Yang et al., 2011),这制约了明确契约在执行过程中的一致性和它协调的有效性(Stern et al., 1996;Antia & Frazier, 2001;Sheng et al., 2011)。同时,完备契约无论如何详尽,也不可能规定未来所有可能发生的事情(Wuyts & Geyskens, 2005;Zhou & Xu, 2012),因此需要通过管理控制保证契约条款的执行和契约条款外突发事件的处理,进而提高交易方的绩效。

在契约型农产品营销渠道中,完备契约作为管理收购商和农户交易关系的主要治理机制,在对农户绩效的影响过程中需要收购商对农户的管理控制作为中介。首先,完备契约虽然尽可能地规定了农户在生产或交易过程中应该遵守的各项要求,但由于法律执行的震慑力不足,农户出于短期收益最大化,不按照契约要求操作时有发生。因此需要收购商对农户生产过程进行控制,监督农户的生产行为,出现问题及时纠正,才能保证完备契约中有助于提高农户绩效的契约条款得到有效执行。其次，农业是一个自然再生产和社会再生产相互交织的过程，这决定了与普通工业品相比，预测与农产品交易相关的事件非常困难，即使契约再完整，也注定存在管理的"空白区域"。与此同时，我国大量小农户文化水平不高，受资金、信息条件约束，抗风险能力相对较弱，因此他们需要收购商在生产中提供有价值的管理控制，以帮助他们提高交易绩效。具体而言，在农产品交割环节，收购商通过对农户行为结果进行监督和检查，保障了完备契约中所有保护交易绩效契约条款能够得到有效实施（如严格分类标准），同时还有助于发现农户交割阶段存在的问题（例如没有对某些易腐的农产品进行合理的包装），进而为其提供相应的指导和帮助，提高了农户绩效；在农产品生产过程中，收购商通过不定期的监督和检查，使得农户按照完备契约中所规定的科学合理的生产流程进行操作，保障了农产品的品质，还有助于发现农户生产过程中出现的新问题，提醒、帮助农户弥补其过失，进而提高了农户绩效。同时，收购商对农户生产能力的控制既可以检查农户是否具备完备契约中所要求的生产能力，还有助于发现契约无法预测的技术难题（如遭遇外来物种入侵），进而为农户提供相应的技术支持和指导，这些来自收购商的技术知识将会转化为高质量的行为结果，即农户绩效的提高。由此，本书提出研究假设5：

H5a：收购商对农户的生产结果控制在契约完备性对农户绩效的影响过程中起到中介作用；

H5b：收购商对农户的生产过程控制在契约完备性对农户绩效的影响过程中起到中介作用；

H5c：收购商对农户的生产能力控制在契约完备性对农户绩效的影响过程中起到中介作用。

图4-3是根据本章理论分析建立的一个概念模型。

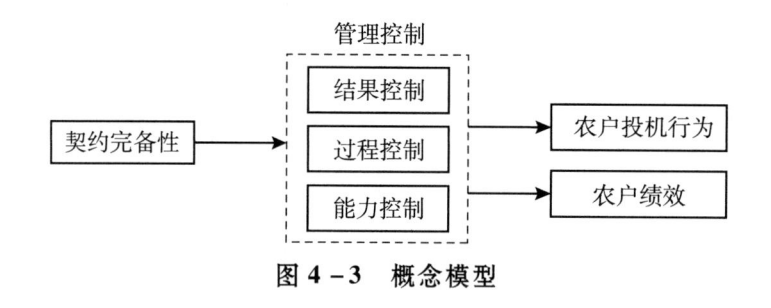

图 4-3 概念模型

三、研究设计

因本研究与本章第一节研究的数据来源相同，故省略问卷设计内容。

（一）变量测量

契约完备性（CS）的原始量表来自沃耶斯和盖斯肯（Wuyts & Geyskens, 2005），包括5个题项。结果控制（OC）和过程控制（PC）的原始量表都来自贾沃斯基等（Jaworski, 1993），分别包括3个和4个题项。能力控制（CC）的原始量表来自查拉加拉和谢尔瓦尼（Challagalla & Shervani, 1996），包括3个题项。农户投机行为（SP）的原始量表包括4个题项。农户绩效的原始量表来自萨马哈等（2011），包括3个题项，为了避免年度之间偏差较大，请受访者依据其近3年收入情况进行评价。

此外，研究还控制了可能对因变量产生影响的其他变量——农户年龄（AGE）、农户学历（EDU）、家庭中农业劳动力人数（LABOR）、生产类型（TYPE）、关系长度（relationship length，RL）。此外，研究还控制了专有资产投入总量（InterRI = FRI + BRI）和专有资产投入不对称性（AsymRI = |FRI − BRI|）。

（二）量表的信度和效度

信度方面，所有结构变量的 Cronbach's Alpha 值都高于0.6这一可接受水平，如表4-8所示。接着，我们采用 AMOS17.0 对测量变量进行验证性因子分析（CFA），以检验研究数据的信度和效度。

首先，从表4-8可以看出，所有观测变量在相应潜变量上的标准化载荷系数都超过了0.5的门槛值（Hair et al., 1998），且全部通过了t值检验，在 $p < 0.001$ 的水平上显著。同时，所有变量的平均抽取方差（AVE）大于或接近0.5，这说明本研究的各变量具有充分的收敛效度。

其次，为了测量问卷的信度，我们利用福内尔和拉克尔（Fornell & Larcker, 1981）的计算公式计算了量表的组合信度（composite reliability）（见表4-8）。所有变量的组合信度均大于0.6的门槛值（Bagozzi & Yi, 1988），所以本研究的量表信度良好。此外，根据表4-8中测量模型与数据的拟合度指标，表明测量模型和数据具有较好的拟合度。

最后，据福内尔和拉克尔（1981）的研究结论，为了确保各个潜变量（CS、OC、PC、CC、PR、SP）之间存在着内涵和实证方面的差异，模型中每个潜变量的 AVE 的平方根应该大于该潜变量与其他潜变量的相关系数。从表4-9可以看出，该条件得到了满足，这表明本研究使用的量表具有很好的判别效度。

表 4 – 8　　　　　　　测量题项及信度、效度检验结果

变量	问项	因子载荷
契约完备性（CS） CR = 0.854 AVE = 0.543 α = 0.853	我们签订的合同明确规定了我们双方的任务	0.707
	我们签订的合同明确规定了我们双方应承担的责任	0.772
	我们签订的合同明确规定了每一方的行为	0.881
	我们签订的合同明确规定了该如何处理意外发生的事	0.717
	我们签订的合同条款很详细	0.577
结果控制（OC） CR = 0.810 AVE = 0.593 α = 0.785	收购者对所收购的产品有明确的标准	0.825
	收购者收购时会检查产品是否符合标准	0.863
	收购者会告诉我的产品是否达到收购标准	0.596
过程控制（PC） CR = 0.794 AVE = 0.566 α = 0.831	收购者会监督我是否按规定程序进行生产活动	0.770
	收购者会评估我的生产过程是否有利于生产符合收购标准的农产品	0.840
	我达不到收购者所要求的种植（养殖）标准时，收购者会帮我改进种植（养殖）过程	0.743
	收购者会告诉我对生产过程的检查结果	0.634
能力控制（CC） CR = 0.742 AVE = 0.491 α = 0.722	收购者对我的种植（养殖）技术有明确的要求	0.684
	收购者会评估我的种植（养殖）技术是否有利于生产符合收购标准的农产品	0.776
	收购者会帮助我提高相应的种植（养殖）能力	0.634
农户投机行为（SP） CR = 0.837 AVE = 0.566 α = 0.849	有时，为了增加收入，我会将没有达到收购标准的产品掺杂到合格产品中	0.887
	为了从收购者那里得到额外的帮助和支持，我可能会虚报产品的数量或质量	0.795
	当有市场价高于收购价时，我偶尔会不按合同规定交货或者违反合同约定把货卖给别人	0.646
	当收购者无法追究我的违约行为时，我可能会隐瞒产品数量和质量信息	0.657
农户绩效（PR） CR = 0.915 AVE = 0.782 α = 0.722	近 3 年，我的农业毛收入增长非常快	0.892
	近 3 年，我的农业纯收入增长非常快	0.947
	近 3 年，我的整体农业收入水平非常高	0.810
模型拟合度	CMIN/DF = 2.063，RMR = 0.058，RMSEA = 0.076，TLI = 0.896，CFI = 0.915，IFI = 0.917，NFI = 0.860，GFI = 0.851	

表 4-9　相关系数及偏相关系数表

	CS	OC	PC	CC	SP	PR	InterRI	AsymRI	EDU	LABOR	TYPE	RL
CS	—	0.406**	0.388**	0.469**	−0.408**	0.329**	0.179*	−0.016	−0.037	−0.035	−0.074	0.266**
OC	0.422**	—	0.600**	0.546**	−0.356**	0.391**	0.096	0.086	−0.065	−0.026	−0.023	0.163*
PC	0.402**	0.608**	—	0.694**	−0.447**	0.463**	0.250**	−0.022	0.028	−0.062	−0.025	0.107
CC	0.481**	0.559**	0.701**	—	−0.424**	0.437**	0.234**	0.008	−0.015	0.019	0.029	0.219**
SP	−0.368**	−0.321**	−0.418**	−0.395**	—	−0.234**	−0.126	0.084	−0.013	0.151*	−0.048	−0.022
PR	0.324**	0.374**	0.446**	0.422**	−0.186**	—	0.249**	−0.031	0.137*	−0.056	−0.180*	−0.009
InterRI	0.184**	0.092	0.242**	0.224**	−0.084	0.261**	—	−0.037	0.062	0.064	0.067	0.005
AsymRI	−0.032	0.061	−0.035	−0.009	0.068	−0.032	−0.035	—	−0.131	0.046	0.034	0.196**
EDU	−0.050	−0.088	0.027	−0.028	−0.041	0.094	0.065	−0.090	—	0.044	0.090	−0.235**
LABOR	−0.044	−0.050	−0.070	0.004	0.128	−0.057	0.065	0.064	0.084	—	0.146*	0.107
TYPE	−0.076	−0.041	−0.018	0.022	−0.060	−0.167*	0.066	0.054	0.163*	0.175**	—	−0.083
RL	0.267**	0.171*	0.109	0.224**	−0.022	−0.012	−0.003	0.185**	−0.246**	0.094	−0.099	—
AGE	−0.013	0.029	−0.052	−0.007	0.027	0.024	−0.039	−0.059	−0.344**	−0.106	−0.245**	0.073
$\sqrt{AVE}$	0.711	0.769	0.750	0.702	0.744	0.884	n.a.	n.a.	n.a.	n.a.	n.a.	n.a.
均值	3.559	3.847	3.360	3.497	2.162	2.949	5.544	0.930	2.09	2.14	1.39	5.18
标准差	0.646	0.661	0.721	0.653	0.676	0.860	1.171	0.714	0.811	0.760	0.490	5.072

注：(1) ** 表示 $p<0.01$，* 表示 $p<0.05$（双尾检验）；(2) "n.a." 表示不适用。

(三) 同源偏差检验

本研究自变量和因变量均从农户一边获得信息,容易导致同源偏差 (common method biases) 问题。为了判定同源偏差性的存在,研究采用两种方法检验:

首先,采用常规的哈曼的单一因子方法 (Podsakoff et al., 2003),将本研究所使用的反映性量表的测量题项放在一起进行探索性因子分析。结果显示,解释变量变异所必需的最少因子数为 6 个,并未析出一个单一因子。同时,析出的 6 个因子,解释了总变异量的 67.967%,其中第一主成分解释了 31.989% 的变异量,说明数据中并不存在能够解释绝大部分变异量的单一因子。因此,测量中不存在严重的同偏差问题。

其次,本研究运用标记变量 (marked variable) 的方法 (Lindell & Whitney, 2001) 进一步检验同源偏差问题。我们选择一个与现有分析中至少一个变量在理论上不相关的标记变量,放入模型中与现有研究中主要变量做偏相关分析。在本研究中,我们选择受访者的年龄 (AGE) 作为标记变量。如表 4-9 所示,在控制标记变量之后,本研究重要变量的相关性并没有发生显著变化。在全部 34 个显著的相关系数中,有 2 个相关系数 (EDU 与 PR, LABOR 与 SP) 由不显著变为显著,有 1 个相关系数 (EDU 与 TYPE) 由显著变为不显著。这说明,本研究中的同源偏差问题并不严重 (Zhou et al., 2010)。

四、假设检验

本节主要采用多元层次回归 (Hierarchical Regression Modeling) 的方法验证研究假设。

(一) 直接效应检验

根据科恩等 (Cohen et al., 2003) 的多元层次回归步骤的建议如下:

第一,为了检验契约完备性对农户生产结果控制 (OC)、生产过程控制 (PC) 和生产能力控制 (CC) 的影响,研究先将控制变量,农户年龄、农户学历、家庭农业劳动力人数、生产类型、关系长度、专有投入总量和专有投入非对称性加入回归方程,再将自变量——契约完备性 (CS) 加入回归方程,对数据做回归分析,结果如表 4-10 所示。在 OC 模型 (Ⅱ) 中,契约完备性的系数 (b = 0.390, p < 0.001) 显著为正,说明契约完备性对农户生产结果控制正向影响显著,假设 H1a 得到支持;在 PC 模型 (Ⅱ) 中,契约完备性的系数 (b = 0.344, p < 0.001) 显著为正,说明契约完备性对农户生产过程控制正向影响显

著,假设 H1b 得到支持;在 CC 模型(Ⅱ)中,契约完备性的系数(b=0.416,p<0.001)显著为正,说明契约完备性对农户生产能力控制正向影响显著,假设 H1c 得到支持。上述方程加入自变量后的拟合优度 ΔR^2 和 F 值都显著提高。

表 4-10　　　　　　　　回归分析结果:标准化系数(1)

变量	OC 模型 (Ⅰ)	OC 模型 (Ⅱ)	PC 模型 (Ⅰ)	PC 模型 (Ⅱ)	CC 模型 (Ⅰ)	CC 模型 (Ⅱ)
AGE	-0.010	0.016	-0.067	-0.045	-0.017	0.009
EDU	-0.027	-0.035	0.047	0.041	0.022	0.014
LABOR	-0.049	-0.023	-0.090	-0.067	-0.025	0.003
TYPE	-0.011	0.011	-0.022	-0.003	0.037	0.059
RL	0.150*	0.039	0.130†	0.032	0.234**	0.117†
InterRI	0.103	0.031	0.253***	0.190**	0.230**	0.154
AsymRI	0.060	0.082	-0.028	-0.008	-0.027	-0.003
CS	—	0.390***	—	0.344***	—	0.416***
F 值	1.313	5.528***	2.894**	6.171***	3.479**	8.935***
R^2	0.043	0.173	0.090	0.191	0.106	0.259
ΔR^2	—	0.133***	—	0.101***	—	0.153***

注:*** 表示 $p<0.001$(双尾检验),** 表示 $p<0.01$(双尾检验),* 表示 $p<0.05$(双尾检验),† 表示 $p<0.1$(双尾检验)。

第二,为了检验收购商对农户管理控制对农户投机行为(SP)、农户绩效(PR)的影响,研究以生产结果控制、生产过程控制和生产能力控制为自变量,分别以农户投机行为和农户绩效为因变量,农户年龄、农户学历、家庭农业劳动力人数、生产类型、关系长度、专有投入总量和专有投入非对称为控制变量,对数据做回归分析,结果如表 4-11 所示。在 SP 模型(Ⅱ)中,生产过程控制的系数(b=-0.222,p<0.01)和生产能力控制的系数(b=-0.213,p<0.01)都负向显著,但生产结果控制的系数负向不显著(b=-0.115,p>0.1),说明生产过程控制和生产能力控制对农户投机行为抑制显著,但生产结果控制对农户投机行为没有影响,假设 H2b 和 H2c 得到支持,H2a 不成立;在 PR 模型(Ⅱ)中,结果控制的系数(b=0.174,p<0.05),过程控制的系数(b=0.175,p<0.1)和能力控制的系数(b=0.217,p<0.05)都显著为正,说明生产结果控制、生产过程控制和生产能力控制对农户绩效的正向影响显著,假设 H3a、H3b 和 H3c 都得到支持。上述方程加入自变量后的拟合优度 ΔR^2 和 F 值都显著提高。

表4-11　　　　　　　　回归分析结果：标准系数（2）

变量	SP模型 (Ⅰ)	SP模型 (Ⅱ)	SP模型 (Ⅲ)	PR模型 (Ⅰ)	PR模型 (Ⅱ)	PR模型 (Ⅲ)
AGE	0.024	-0.004	0.006	0.040	0.057	0.060
EDU	-0.011	-0.001	-0.006	0.154**	0.146*	0.148**
LABOR	0.174*	0.143*	0.144*	-0.051	-0.021	-0.030
TYPE	-0.074	-0.072	-0.050	-0.208**	-0.211**	-0.192**
RL	-0.065	0.031	0.051	0.012	-0.087	-0.074
InterRI	-0.128	-0.011	—	0.257***	0.147*	0.202**
AsymRI	0.085	0.080	—	0.004	0.004	0.022
OC	—	-0.115	—	—	0.174*	—
PC	—	-0.222**	—	—	0.175†	—
CC	—	-0.213**	—	—	0.217*	—
CS	—	—	-0.414***	—	—	0.303***
F值	1.705	7.246***	6.651***	2.558*	10.299***	8.671***
R^2	0.055	0.263	0.206	0.124	0.304	0.206
ΔR^2	—	0.208***	0.151***	—	0.180***	0.082***

注：*** 表示 $p<0.001$（双尾检验），** 表示 $p<0.01$（双尾检验），* 表示 $p<0.05$（双尾检验），† 表示 $p<0.1$（双尾检验）。

（二）中介效应结果

为了检验契约完备性是否是通过收购商对农户的管理控制过程进而影响农户投机行为和农户绩效，本节根据温忠麟等（2004）的做法检验管理控制的中介作用，步骤如下：(1) 检验自变量对因变量的标准化回归系数 c。若显著，则继续下面的检验，否则停止中介作用分析。(2) 依次检验自变量对中介变量的标准化回归系数 a 和中介变量对因变量的标准化回归系数 b。若 a 和 b 都显著，则检验包含自变量和中介变量的模型中，自变量对因变量的标准回归系数 c'，若 c' 不显著，则说明是完全中介作用；若 c' 显著，则说明是部分中介作用。若 a 和 b 至少一个显著，则需要进行 Sobel 检验，检验统计量为 $z = \hat{a}\hat{b}/S_{ab}$，若 z 显著则说明中介作用显著，否则中介作用不显著。为了方便检验本研究的中介效应，根据研究内容构建了"CS→OC→SP""CS→PC→SP""CS→CC→SP""CS→OC→PR""CS→PC→PR""CS→CC→PR"6 个模型。从表4-12 可以看出，由于结果控制对农户投机行为的直接影响（OC→SP）不显著（b=-0.115，p>0.1），模型

"CS→OC→SP"稍后需要进行 Sobel 检验,以确认生产结果控制是否在契约完整性与农户投机行为之间存在中介作用。其余模型的 c、a 和 b 全部显著,在这其中,模型"CS→PC→SP""CS→CC→SP""CS→OC→PR"中,c'全部显著,说明收购商对农户生产过程控制、生产能力控制在契约完备性与农户投机行为之间起到部分中介作用,假设 H4b 和 H4c 成立;收购商对农户生产结果控制、生产过程控制在契约完备性与农户绩效之间起到部分中介作用,假设 H5a 和 H5b 成立。与此同时,在模型"CS→CC→PR"中,c'都不显著,说明收购商对农户生产能力控制在契约完备性与农户绩效之间起到完全中介作用,假设 H5c 成立。

表 4-12　　　　　管理控制的中介作用分析结果

模型	c	a	b	c'	结论
CS→OC→SP	-0.379***	0.294***	-0.104	—	待定
CS→PC→SP	-0.379***	0.294***	-0.230*	-0.283***	部分中介作用
CS→CC→SP	-0.379***	0.363***	-0.220*	-0.270***	部分中介作用
CS→OC→PR	0.224**	0.294***	0.164*	0.141*	部分中介作用
CS→PC→PR	0.224**	0.294***	0.199*	0.121†	部分中介作用
CS→CC→PR	0.224**	0.363***	0.240*	0.096	完全中介作用

注:*** 表示 $p<0.001$(双尾检验),** 表示 $p<0.01$(双尾检验),* 表示 $p<0.05$(双尾检验),† 表示 $p<0.1$(双尾检验)。

模型"CS→OC→SP"进行 Sobel 检验,检验的统计量是 $z=\hat{a}\hat{b}/S_{ab}$,其中 $\hat{a}$、$\hat{b}$ 是 ab 的估计,$S_{ab}=\sqrt{\hat{a}^2 s_b^2 + \hat{b}^2 s_a^2}$,$S_a$、$S_b$ 分别是 $\hat{a}$、$\hat{b}$ 的标准误。如表 4-13 所示,在"CS→OC→SP"模型中,$z=-1.238$($p>0.1$),说明收购商对农户生产结果控制在契约完备性与农户投机行为中间不存在中介作用,假设 H4a 不成立。

表 4-13　　　　　生产结果控制中介效应的 Sobel 检验

模型	$\hat{a}$	$\hat{b}$	S_a	S_b	Z	P(双尾)	结论
CS→OC→SP	0.294	-0.104	0.072	0.080	-1.238	0.215	中介作用不存在

五、讨论与结论

(一)契约完备性与收购商对农户的管理控制

根据分析结果,契约完备性对管理控制有显著的正向影响,说明农户与收购商签订的契约越完备,收购商对农户的控制水平越高(假设 H1),具体而言,生产结果控制(H1a)、生产过程控制(H1b)和生产能力控制(H1c)的水平都会随着契约完备程度的提升而相应地提高。这表明控制作为一种事后治理机制(Zhang & Zhou, 2013)与事前管理机制——正式契约(Kashyap et al., 2012)密切相关。脱离计划,控制就会失去方向(庄贵军,2004),契约载明了当事方在一个时间跨度内的计划行动(许景,2011),是控制的标准。契约越完备,代表着(交易)相关的事情被规定得越详细(Kashyap et al., 2012),因而越有利于收购商对农户实施管理控制。本文的研究为论证契约机制与管理控制之间的关系提供了实证研究证据。

与此同时,在3种控制形式中,相对于生产结果控制(b=0.390)和生产过程控制(b=0.344),契约完备性对农户生产能力控制的影响更为显著(b=0.416),这表明契约完备性对三种控制形式的影响存在着差异。究其原因,可能是因为结果控制和过程控制要求管理者对手段与结果之间的关系认识清晰化(Eisenhardt, 1989),但在高度不确定性的农产品营销渠道中,收购商很难在事前对农户行为结果和生产过程中的所有事项进行清晰的界定,而能力控制强调收购商在生产过程中为了提高农户生产技能应该承担的责任,相较于结果控制和过程控制更容易清晰和完全地界定。因此,契约完备性对农户生产能力控制的影响更为显著。

(二) 收购商对农户的管理控制与农户投机行为

根据分析结果,收购商对农户的生产过程控制和生产能力控制对农户投机行为有显著的抑制作用(假设 H2b 和 H2c),但收购商对农户的生产结果控制对农户投机行为的负向影响不显著(假设 H2a)。这可能是因为,虽然结果控制使农户对自己最终可以获得的经济上和非经济的利益有清晰的认识(Ouchi & Maguire, 1975)。但是,结果控制却将生产风险全部转移给了农户,同时分享农户的最终劳动剩余(Anderson & Oliver, 1987)。当受控者在无法预知风险的情况下完成目标很困难时,他们会感到来自外部的压力,伴随着压力的提升,他们试图通过行使一些不良的行为来减轻这种压力(Hirst, 1981; Ramaswami, 1996)。因此,收购商对农户结果控制虽然有助于发现农户的投机行为(隐藏在上交的农产品的质量和数量信息中),但会形成隐性的压力,不能抑制农户的投机行为产生,甚至可能起到相反的效果。收购商对农户生产过程控制和生产能力控制之所以可以抑制投机行为,是因为在过程控制中,收购商会帮助农户改进生产流程,这意味着存在着知识的传递,这一现象在收购商对农户生产能力控制中更为明显。知识传递具有激励效果(Oliver & Anderson, 1994),提高了双方沟通的频率和质量

(Hernandez & Arcas, 2003), 降低了收购商与农户之间的信息不对称, 进而降低了农户的投机行为。同时, 知识传递使得受控者知道如何提高行为活动, 对他们的价值创造活动有直接的影响 (Hernandez & Arcas, 2003), 降低了农户生产经营风险, 促使他们不轻易选择投机。因此, 生产过程控制和能力控制能够减少农户投机行为的产生。

(三) 收购商对农户的管理控制与农户绩效

在契约型农产品营销渠道中, 收购商对农户的管理控制不仅有利于稳定交易关系, 还有助于农户绩效的提升。如实证结果所示, 收购商对农户的管理控制水平越高, 农户的绩效越高 (假设 H3)。其中, 生产能力控制对农户绩效的影响最为显著 ($b = 0.171$, $p < 0.05$), 生产过程控制的影响次之 ($b = 0.175$, $p < 0.1$), 生产结果控制的作用较弱 ($b = 0.217$, $p < 0.05$), 这表明不同的控制方式对农户绩效影响水平不同。产生这种差异的原因可能在于, 作为资金和信息都相对匮乏的农户, 结果控制可以使得农户清晰地认识到目标收获和付出之间的关系, 激励他们寻找更为合适的策略去提高绩效 (Challagalla & Shervani, 1996)。但是, 收购商在生产过程控制和能力控制中提供的有效信息, 能够更为有效地帮助他们提高绩效, 特别是能力控制不仅直接满足了农户对生产技能提高的心理需求, 增进了农户提高绩效的信心, 更能显著地提高农户生产经营能力, 从而有助于长期绩效的提升。此外, 本文测量的是农户过去 3 年的绩效水平, 而相对于结果控制和过程控制, 能力控制是一个长期努力的过程, 使得受控者能够具备顺利完成一项任务的能力, 或者是自己解决问题的能力 (Challagalla & Shervani, 1996; Joski, 2009)。因此, 它将直接影响农户生产活动的产出, 对长期绩效提升显然更有作用。

(四) 收购商对农户管理控制的中介作用

1. 收购商对农户的管理控制在契约完备性与农户投机行为之间的中介作用。根据分析结果, 收购商对农户的生产过程控制和生产能力控制在契约完备性对农户投机行为的影响过程中起到部分中介作用 (H4b 和 H4c)。但是, 收购商对农户的生产结果控制在契约完备性对农户投机行为的影响过程中的中介作用不显著 (H4a), 这说明契约完备性无法通过收购商对农户的生产结果控制降低农户的投机行为。究其原因, 如上文所述, 收购商对农户的生产结果控制目的是为保障完备契约中所规定的交割事项能够顺利进行, 有助于发现农户的投机行为, 但它不能抑制这种行为的产生, 因为结果控制是将生产经营风险转移给农户, 同时分享农户的最终劳动剩余 (Anderson & Oliver, 1987)。因此, 结果控制越严格, 农户感到自己利益被侵蚀越严重，会产生强烈的逆反情绪，不仅不能降低投机行为，还可能强化投机行为（Ramaswami，1996）。

2. 收购商对农户的管理控制在契约完备性与农户绩效之间的中介作用。根据分析结果，收购商对农户的生产结果控制和生产过程控制在契约完备性对农户绩效的影响过程中起到部分中介作用（假设 H5a 和 H5b），收购商对农户的生产能力控制在契约完备性对农户绩效的影响过程中起到完全中介作用（假设 H5c），这说明相对于生产结果控制和生产过程控制，生产能力控制在契约完备性对农户绩效影响过程中发挥着更为重要的作用。渠道成员的绩效与其生产技术水平密切相关（Challagalla & Shervani，1996），在契约型农产品营销渠道中，对于文化水平不高，受资金、信息条件约束的小农户而言，农业生产中无法预料的生产技术难题，可能是更为棘手的问题，将直接影响他们的绩效水平。收购商对农户生产能力的控制既确保了农户具备完备契约中所要求的生产能力，还可以为农户提供及时的、有效的技术帮助和培训指导，以应对契约无法预测的技术难题，这对提高农户绩效的作用更为显著。此外，如上文所述，本文测量的是农户近 3 年的绩效水平，而能力控制是一个长期努力的结果，能够使受控者具备顺利完成任务的必要技能，对生产活动的产出有直接影响，因此，收购商对农户的生产能力控制在契约完备性对农户长期绩效影响过程中发挥着更为重要的作用，即收购商对农户的生产能力控制在契约完备性对农户绩效的影响过程中可以起到完全中介作用。

第四节　本章的管理启示

以上三个研究对（契约型）农产品流通渠道管理具有一定的实践启示：

第一，与工业品渠道一样，在契约型农产品流通渠道中，收购商与农户仍然需要重视正式契约机制，特别是契约的明确性和执行性在提高渠道交易绩效和稳定关系中的重要作用。本章第一节中研究发现，契约明确性和执行性能够明显提高收购商和农户双方的绩效水平。在本章第二节中研究发现，契约的明确性能够抑制交易双方的投机行为，维护关系稳定。这说明尽管农户在契约签订与执行过程中的影响力较弱，但双方仍需重视契约治理机制的作用。特别是收购商应该合理地设计契约条款，并充分履行契约规定，以最大限度地保护农户利益。

同时，该研究结论提示政府部门也应当为农户与收购商提供有利于交易关系建立与发展的制度环境，为交易双方提供充分的市场信息和政策支持，保证契约条款明确而清晰，以最大限度地保证交易双方的利益。而且，地方政府、法律部门等第三方机构更有必要监管契约的执行，以使交易双方在面对不断变化的农产品市场环境时，能够按照事前签订的契约进行交易，以最大限度地维护交易关系稳定，保证交易双方的收益。

第二，收购商应关注渠道管理控制机制在契约型农产品流通渠道中所发挥的重要作用，特别是不同的管理控制方式在影响农户渠道行为和绩效过程中的差异。首先，管理控制可以直接抑制农户投机行为和提升农户的绩效，而且不同的管理控制方式的作用还存在着差异性。本章第一节和第三节中研究发现，相对于结果控制，收购商采用过程控制可以明显提高农户的绩效。且本章第三节中研究发现，过程控制和能力控制都可以抑制农户投机行为和提高农户绩效，其中能力控制作用更为明显。其次，本章第三节中研究还发现，在契约型农产品流通渠道中，生产过程控制和生产能力控制可以作为有效的治理过程机制，弥补了正式契约机制在治理过程中无法界定所有交易细节的缺陷，以及法律执行效果低的不足，进而达到抑制农户投机行为和提升农户绩效的作用。因此，农产品收购商应该加强生产过程控制和能力控制在契约型农业中的应用，这对稳定交易关系，降低农户违约率，以及农民增产增收具有重要实践价值。

我们在宁夏的实际调查中也验证了一点，在与参与契约型农户（种植香瓜）的交谈中了解到，他们对于给予他们技术指导的收购商的管理控制不仅没有抵触心理，而且还期望他能总来看看，帮自己解决技术上的问题。因为大部分从事农业生产的农户以小学文化居多，但很多订单要求生产特殊品种的农产品，例如，中草药、花卉、特殊品类的果蔬等，需要更为专业的技术指导。同时，在我们对中银绒业的调查访谈中得知，该企业在中国主要的羊绒产区——新疆、内蒙古等地常设的收购机构中，除了羊绒的收购人员，还需要配备一定数量的技术人员，他们常年与牧民生活在一起，时刻关注着羊群的生长状况，牧民有技术问题会帮助他们及时解决，从而极大地保障了收购羊绒的品质，也为牧民的增收致富做出了贡献，使得双方建立起长期稳固的交易关系。因此，收购商在与农户交易时，重点关注对农户生产过程控制和生产能力的控制，这样不仅可以有效降低农户的投机行为，以及由于生产过程失误和农户生产能力不足带来的农产品的品质不达标的销售风险，从而保障了农户的经济收入，提升了交易关系稳定性。同时，该研究结论也提示政府在招商引资选择农业化产业龙头企业时，可以有意选择能够在农户生产过程中提供支持和帮助的收购商，或者促进收购商和农户在生产环节的密切合作。这不仅对农户增收有显著的作用，也对稳定收购商与农户交易关系，完善现有的契约型农业交易制度具有一定意义。

第三，应关注外部环境（市场不确定性、特别是政府支持）因素在治理机制对农户行为影响过程中的调节作用。研究一发现，市场不确定性会强化契约明确性对农户（渠道关系中的弱势一方）投机行为的抑制作用，政府支持会减弱契约明确性对农户投机行为的抑制作用，但会加强契约明确性对收购商投机行为的抑制作用。因此，收购商在与农户交易时，应当关注市场环境的变化，及时将市场行情、消费者需求等信息传递给农户，因为当市场不确定性较高时，正式契约对农户投机行为的约束力会增强。同时，在契约型农产品渠道中，交易关系双方还要充分重视当地政府对农产品交易关系的影响作用。在政府支持程度较高的情况下，农户会由于对地方政府的高度信赖而维护交易关系的发展；而收购商会更加严格地遵守正式契约的规定，避免做出有损渠道关系的行为。同时，研究结论也提示地方政府有必要监管契约的制定与执行，以维护农产品交易关系健康有序发展。张闯等（2009）在辽宁省昌图县宝力镇的调研也验证了这一点，在镇政府的挨家挨户的走访、宣传中，当地农户打消了对于外地收购大户的疑虑，积极参与到与其订单的交易中。而且，由于政府的监督作用，交易双方、特别是收购大户能够严格地履行交易承诺，例如向农户赊销种子、化肥等，也对一些困难的菜农提供了一些资金上的支持，使得交易双方逐渐建立起相互信任的基础，形成了很多默契（交易中的行为规范），为合作关系长期稳定发展奠定了基础。

第五章

农产品流通渠道中的人际关系对交易关系的影响

在中国社会中，关系（也称为人际关系或私人关系）是中国文化和制度极为重要的组成部分（边燕杰、张磊，2013），特别是农村社会里，人们生产生活范围相对狭小，各自保持着孤立的社会圈子，地理空间的相对封闭使得乡村社会中的人际关系对农民的经济行为产生了更为直接的影响（张闯、林曦，2012）。现有研究也发现，农村人际关系会对农户与收购商的交易关系稳定性及交易绩效产生影响（万俊毅，2009；张闯等，2009；田敏、张闯，2010；田敏等，2013）。但是，人际关系如何对农产品交易关系稳定性产生影响？本章将通过三个密切相关的研究关注契约型农产品渠道关系（或"订单农业"）中人际关系对交易关系稳定性的影响机制。

第一节 "订单农业"中的人际关系对农户投机行为的影响机制

一、理论与研究假设

中国传统文化是通过人与人之间的社会关系来定义个体的（孙隆基，2011；

杨国枢，2008a），即"人"只有在特定的社会关系中才能体现出来，如果将这些社会关系都抽空了，则"人"也就不存在了（孙隆基，2011）。以各种基本的社会关系为基础，中国社会的基本结构就是由一个个以"己"为中心的像水波纹一样逐渐推出去的私人联系所构成的"差序格局"（费孝通，2008）。中国社会这种凡事以人际关系为归依的文化特征被称为"伦理本位"（梁漱溟，2005）或"关系导向"（杨国枢，2008a）。在这样的文化传统中，人际之间的互动不是以内在的自我意向为中心，而是以外在的社会情境为中心（杨国枢，2008a），许烺光（Hsu，1981）将其定义为"情境中心"。

中国人的关系导向决定了其在社会互动中会根据关系的类型来决定互动的行为规范，杨国枢（2008a）将差序格局中的中国人的关系分成家人关系、熟人关系和生人关系三类。其中，对待家人要讲责任（即责任原则），尽当尽之责而不期望对方做对等的回报。在家人关系中，彼此无条件地相互信任、相互依赖，相对于其他社会关系，中国人会高度特殊地处理与家人的关系（高特殊主义）。在熟人关系中，中国人则要讲人情（即人情原则），人情的往来虽然是长期的，但彼此却抱有对方回报的预期，然而对人情的回报又绝不能斤斤计较，双方遵循长期交往中大体的人情均衡。对待熟人，双方有条件地相互信任和相互依赖，凡事要设法融通（低特殊主义），保持人际关系的和谐。在生人关系中，彼此都讲求利害（即利害原则），长期导向的缺乏也导致在这种关系中彼此都要求及时的回报。中国人对待生人通常没有相互信任也没有相互依赖，凡事见机行事（非特殊主义）。

与杨国枢（2008a）以人际关系的基础作为分类标准不同，黄光国（Hwang，1987）按照人际关系中情感性成分和工具性成分的多寡将中国人的人际关系分为情感性关系（expressive tie）、工具性关系（instrumental tie）和混合性关系（mixed tie）三类。其中，情感性关系通常都是长久而稳定的关系，如家人关系、亲密朋友之间的关系等。在这样的关系中，人们将维系关系本身当作社会互动的最终目的，因为人们期望从关系中获得情感、关爱、安全感等方面的满足。因此，在情感性关系中，人们遵循需求法则（need rule）进行互动，对交换回报的预期很低。相反，在工具性关系中，由于人们建立关系的目的就是为了获得自己期望的目标，因而关系是实现目标的手段和工具。由于工具性关系中情感成分非常微小，人们通常遵循公平法则（equity rule）以维护自己的利益，关系的长期导向通常是非常低的。混合性关系介于情感性和工具性关系之间，关系中同时包含着较多的情感与工具性成分，但由于关系中的情感性成分既没有深厚到如同情感性关系一样可以在社会互动中不讲回报，又没有浅薄到工具性关系一样可以斤斤计较，因而人们需要在这种关系中平衡情感性与工具性目标的需要，人情法则

(renqing rule）是人们遵循的互动规范。

实际上，上述两个理论框架的内在机制是相通的，由于以血缘关系为基础的家人关系是中国社会的核心关系（翟学伟，2005），人们对待以家人为核心的情感性关系、以熟人为主的混合性关系，以及以生人为主的工具性关系的方式不同，本质上是以家人关系为参照点逐渐外推所形成的差序格局。与杨国枢（2008a）相对静态的模型相比，黄光国（Hwang，1987）的模型增加了更多的动态性，即人们建立或维护关系的动机与目的。显然，在差序格局的关系中，影响人们在社会互动中行为的是关系的类型和关系的强度，而衡量关系强度的核心要素就是黄光国所强调的情感要素相对于工具性要素的多寡（Hwang，1987；Jacobs，1979；Marsden & Campbell，1984）。总体而言，从家人关系到熟人关系，再到生人关系，关系强度渐次减弱，因为情感成分在关系中渐次减少，而工具性成分则渐次增多。具体到某一具体的关系类型中也同样如此，如家人关系中，直系亲属比旁系亲属关系更强；在熟人关系中，从非常亲密的挚友到一般的点头之交的朋友，关系强度也随着感情成分的减少而减弱。可见，某一特定类型的人际关系中情感性成分和工具性成分的此消彼长决定了参与这些关系互动的人们采用什么样的方式来对待互动对象。在这一点上，黄光国的模型对研究商业关系（如营销渠道关系）中人际关系的作用显然更有启发性。

（一）营销渠道背景中的人际关系

在营销渠道关系中，除去少数例外，绝大多数人际关系应当都可以归入混合性关系范畴。这种混合性的关系可能是先赋性的，也可能是后致性的。对于前者，代表两个企业的边界人员可能原来就熟识（如他们是大学同学），在没有成为商业伙伴之前，他们关系中的工具性成分是很低的（可能是情感性关系），但商业交易关系的建立增加了他们关系中的工具性成分。对于后者，两个企业的边界人员也许原本并不认识（生人关系），但由于业务关系的建立而认识（工具性关系），而后随着社会互动带来的情感性成分的增加，工具性关系会发展成为混合性关系（Hwang，1987）。

针对中国社会中混合性关系在商业交易背景中作用的研究非常少见，西方关系营销理论中关于商业友谊（business friendship）的研究可以为我们的研究提供一个参照点。Haytko（2004）将企业间商业关系背景中的人际关系概括为三种类型：高度私人化的关系（highly personal relationship）、严格的商业关系（strictly business relationship）和商业朋友关系（business friend relationship）。三种关系的差异也在于关系中情感性要素的强度，同时混合了商业交易（工具性）和友谊（情感性）两种成分的商业朋友关系与黄光国模型中的混合性关系是一致的。虽然在纯粹的商业交易关系中发展友谊对商业关系绩效是有益处的（Price & Arnould, 1999），但是商业朋友关系中包含着两种相互冲突的导向——商业交易关系强调利益最大化的工具性导向（instrumental orientation）和朋友关系中强调的内在情感导向（intrinsic orientation）——会让商业朋友关系面临巨大的张力与冲突，并进而对商业关系绩效产生负面影响（Grayson, 2007）。

显然，在"人己关系"和"公私界限"相对清晰的美国文化中（费孝通，2008；孙隆基，2011；杨中芳，2009），这种角色间的张力与冲突是非常显而易见的。然而在关系导向的中国社会中，"己"是通过与他人的关系来界定的（孙隆基，2011）。因而中国社会中的"人己关系"和"公私关系"更像是太极图中的阴阳两极，不仅界限是你中有我、我中有你的模糊状态，而且处于不断的变化之中（费孝通，2008）。因此，在商业关系中，只要不是"一锤子买卖"，关系双方都会刻意地拉近关系的距离，把一个生人关系（工具性关系）变成一个熟人关系（混合性关系），因为陌生的关系往往被认为缺乏必要的强度来支持重要的经济性交易（Luo, 2011）。显然，把一个工具性关系转化为一个混合性关系就是向纯经济交易中不断注入感情的过程，随之而来的是关系双方的角色由原来一元化的商人（businesspeople）转化为朋友和商人并重的二元角色（Montgomery, 1998; Heide & Wathne, 2006）。当然，西方商业友谊理论中的角色冲突问题在中国商业关系中并非不重要，只是中国人在处理角色冲突时更倾向于在二者之间寻找平衡性的解决方案，而非像美国人那样倾向于二选一（杨中芳，2009）。人际关系的和谐是中国人社会生活的最高目标（孙隆基，2011），在"和为贵""和气生财"的原则下，中国人倾向于将混合性关系中的工具性导向隐藏在情感性导向之下，即将对经济目标的追逐披上一层温情脉脉的外衣。那么，如何向原本纯工具性的关系中注入感情，而将其发展成为混合性关系呢？这就需要在关系建立以后通过人情与面子来运作。

（二）人际关系中人情、面子对感情的影响

感情指的是人际关系中双方的情感依恋程度（Wang, 2007），它反映了关系双方愿意彼此分享喜怒哀乐、彼此忠诚、团结和奉献的程度，以及"有福同享，有难同当"的意愿（Chen & Chen, 2004）。感情不仅强调人际间的责任、义务和忠诚，还更注重因理解、喜爱和认可所形成的持久性的心理承诺（Tsang, 1998），因而感情被认为是人际关系最为核心的构成要素（Chen & Chen, 2004; Tsang, 1998），同时也是反映关系亲密程度的最为重要的指标（Barnes et al., 2011; Marsden & Campbell, 1984; Yen et al., 2011）。在先赋性关系中，感情来自于关系基础，除了以血缘为基础的家人关系以外，共同的社会生活经历或社

化过程也会促使人际间建立感情（Leung, et al., 2008）。而在后致性关系中，感情的培养与积累则有赖于各种社会活动，而人情和面子则在此过程中起着核心作用。

人情被认为是人际关系的核心要素之一，林语堂（2003）甚至认为中国文化就是以人情为前提的文化。在中国社会中，人情包含如下三种含义（Hwang, 1987）：首先，人情指的是个人遭遇到各种不同生活情境时可能产生的情绪反应。其次，人情是人们在进行社会交往时，可以用来馈赠给对方的一种资源。从这个角度来看，人情可以看作是社会交换的媒介，但作为一种资源的人情除了包含财物或服务以外，还包含着抽象的情感。最后，人情是中国社会中人际交往中人们应当遵循的一种社会规范，即人情法则。人情法则在规范人们的社会活动方面发挥着核心作用，它包括两个方面：一方面，在平常的交往中人们应当通过人情交换来维系良好的人际关系，并且在关系网内有人遭遇困厄之时，应当尽力帮助，即"做人情"给他。另一方面，受了别人的恩惠与帮助就欠了别人人情，而应当在适当的时候给予回报。但人情的回报却不能即时完成，人们在人情交换之中寻求的是一种长期的均衡，受人恩惠，马上就回报，会给人以一种急于清算人情，互不相欠，不愿意保持长期关系的感受。与此同时，人情的回报不能少还，也不能对等地还，而要多还，即"受人滴水之恩当涌泉相报"。这种多还人情的规范会带来令人情交换继续持续的后果：多还的人情不仅还清了亏欠的人情，还让对方有所亏欠，这样对方就会在适当的时候再来还人情。如此往复，人际关系就在理不清也还不清的人情债中由疏远慢慢地变得亲近。可见，受人情规范约束的人际关系中，人情的交换与往来是增加社会互动、培养关系内感情的主要方式。送人情与还人情为关系双方的社会互动创造了条件，而双方共同参与的社会活动（如饮宴与娱乐）无疑会增进彼此的了解，促进感情的积累（Leung et al., 2011）。

在本书关注的契约型农产品渠道中，由于农业生产的周期性和专用资产投入的特点，农户和收购企业都有比较强的长期合作导向。为了促进交易过程更为顺利高效，企业会非常注重培养与签约农户之间的人际关系（张闯等，2009；夏春玉等，2009）。为了增进与农户之间的关系，企业老板或其渠道管理人员会通过各种送人情的方式来增加与农户之间的互动。如年节送上的礼物、农户家里红白喜事时送上的礼金和慰问、农户家庭生活遭遇困顿时及时伸出的援手，以及平常日子里的额外关照和一起吃饭、娱乐等。受到人情法则的约束，受到企业恩惠的农户一定会努力地还人情，这不仅表现在生产与销售过程中遵守协议（张闯等，2009），也表现在过年过节时的问候或一顿家常便饭的款待。在这个过程中，农户与企业管理人员由于频繁的人情往来会增进彼此的理解，进而加强了其关系中的感情。

H1：农户与企业渠道管理人员的人情交换会促进双方人际关系中的感情增加。

林语堂（2014）认为面子虽然"抽象而不可捉摸"却是调节中国人社会交往的"最高等最精细的规范"。根据胡先晋（Hu，1944）的经典研究，面子包括"脸"与"面"两个范畴，前者指的是社会对于个人道德品质的信心，而后者指的是个人通过成功和炫耀而获得的名望或声誉。其中，"脸"与个人的道德相关，因而它不仅是一种维护道德标准的社会约束力，也是一种内化的自我约束力；"面"则主要与个人的社会地位有关。因此，对于中国人来说，面子可以失去（丢面子）或没有（没面子），但脸却绝不可以失去（丢脸或没脸）。虽然一些学者并不赞同将脸与面子分开定义（Ho，1976），但面子所涉及的上述两个维度却基本得到认可，金耀基（2006）将其分别称为道德性面子与社会性面子。本文采用何友晖（Ho，1976）的定义，即面子是个体要求别人对其表现出的尊敬和（或）顺从。面子的基础是社会地位，既包括先赋性的地位，也包括通过个人努力而赢得的后致性地位（Ho，1976）；而从面子的道德性层面而言，面子则来自于个体遵守社会规范，无论在何种情况下都能够履行义务的正直品质（Hu，1944）。在社会互动过程中，由于丢面子（或没面子）会产生"耻感"（金耀基，2006），因而人们都会努力地避免丢面子，而多为自己争面子。面子的失去一方面源于个体无法维持自己的社会地位，或无法履行社会期望的义务；另一方面则源于社会互动对象不能根据个体的期望而行事，即互动对象对待个体的方式与其期望之间存在差异（Ho，1976，1994）。对于前者，个体自然要努力地维护自己的社会地位，充分地按照社会的期望来担当某种角色、履行自己的义务。后者则嵌入在何友晖（Ho，1994）所称的交互性这一面子动力机制中。面子的交互性指的是在社会关系中，面子是相互的，即互动双方都期望从对方那里获得或者给予对方依从或尊敬（Ho，1976）。这意味着个人在社会互动过程中不仅要关注自己的面子，还要关注对方的面子需要，有时候无法给对方面子也可能意味着自己没面子（Ho，1994）。从面子的交互性引申出来的机制就是面子的社会影响或社会控制。由于个人社会地位的差异，面子自然有大有小。"面子大"不仅意味着更大的社会影响力，更大的社会荣耀与尊重，还意味着个人可以把社会影响加之于他人，拥有更强的动力和权威去实现自己的目标（Cheng，1986）。与此同时，由于维护面子的要求，施加影响者的行动也受到强烈的制约（Ho，1994）。因而，在中国社会中，各种与面子相关的行为（如有面子、留面子、丢面子、争面子等）是调节人际关系的重要机制，它是人们用以规范、调节与评估自尊、关系好坏，以及社会尊重的控制机制（Cheng，1986）。对面子的注重为社会关系中的任何一方都施加了一种相互制约，甚至是强制性的力量（Ho，1976），这种力量影响着人们互动的行为与规范。

　　面子是一种缓解社会冲突的机制，它规范着人际关系的合理运作而达到和谐的目的（Cheng，1986）。由于面子涉及自尊、尊重与声誉，相对于有着良好关系基础的先赋性关系而言，后致性关系中的当事人对面子问题会更加敏感。一方面，在关系互动过程中，人们通过相互给予面子的交换可以表明彼此对对方的尊重，以及对关系本身的重视。相互给面子的行为与人情交换之间存在着互通机制，当一方向另一方请求面子而后者给了面子的时候，前者就欠了后者人情。人情规范在这样的交换机制中自然会启动，而照顾后者的面子自然是还人情的一种重要方式。这种良性的社会互动自然会逐渐拉近关系的距离，逐渐培养感情。另一方面，不给对方面子，或者让对方丢面子不仅表明对对方的不尊重，严重的时候还会诱发对方的"耻感"，被认为是侵犯行为（Hu，1944；金耀基，2006）。根据中国社会中"报"的规范（Hwang，1987；文崇一，2012），丢了面子的一方一定会在未来适当的时机来"报仇"，通过让前者丢面子的方式来争回自己的面子。因此，不遵循面子规范会导致面子机制的负面运作，从而对人际关系造成破坏。在本文关注的情境中，由熟人构成的乡土社会让面子问题更为敏感和重要（费孝通，2008）。农户与企业管理人员之间如果想维持或建立更为紧密的关系，他们在互动过程中就会谨慎地处理与面子有关的问题，尽量照顾对方的面子而不伤和气，努力增进对方的面子而启动面子的良性交换机制，增进彼此的感情。

　　H2：农户与企业渠道管理人员对面子的注重会促进双方人际关系中的感情增加。

（三）人际关系对投机行为的影响

　　1. 投机行为。根据威廉森（Williamson，1985）的经典定义，投机行为是以欺诈的方式谋取私利（self-interest seeking with guile），它包括撒谎、欺骗、故意隐瞒或歪曲信息，以及主动或被动地违反合同、合作规范等行为（Seggie et al.，2013；Wathne & Heide，2000）。交易成本理论将行为主体的投机倾向作为一个基本的理论前提假设，即只要有机会，任何交易方都有可能投机（Rindfleisch & Heide，1997）。但投机行为的实施是基于成本和收益的比较，只有投机能够获得潜在收益超过投机的潜在成本（如投机行为被识别或暴露所产生的成本）时，交易方才会实施投机行为（Jap et al.，2013；Williamson，1985）。本文关注契约型农产品渠道中农户一方的违约行为，这是基于以下几点原因。首先，契约型农产品渠道签约双方往往是企业和许多农户签约，为了生产运作的需要，企业往往需要当地投入很多专用资产（如建设工厂、交易市场、仓库，以及为农户垫付若干生产资料费用等），这种专用资产的投入会对企业在当地的长期运营产生约束作用，因而企业比农户有更强的动机履约。其次，在企业与农户的渠道关系中，农户是弱势一方，为了保护农户的利益，当地政府一般也会对企业的经营行为进行监管，必要时政府会介入双方的关系来协调冲突（夏春玉等，2009）。最后，订单农业的一些研究表明，农户违约率要远远高于企业（刘凤芹，2003），因而抑制农户违约是企业渠道管理的关键任务之一。在契约型农产品渠道中，农户的违约行为主要体现在以下方面：违反合约将农产品转卖给其他收购者、故意隐瞒产品产量与质量信息、生产过程中违反企业规定（如违规使用农药和化肥、不使用企业指定饲料等）、产品销售过程中以次充好等。这些行为会增加农户的短期收益，而损害企业的当期利益。作为一种非正式的治理机制，我们认为人际关系能够有效地抑制渠道成员的投机行为，并且这种抑制作用是通过人情、面子与感情这三种关键要素来实现的。

2. 人情对投机行为的影响。人情往来是以关系的建立为基础的（Wang，2007），在中国农村熟人社会中，人情法则会对农户的投机行为产生抑制作用（翟学伟，2004）。首先，人情往来意味着关系双方认可关系存在的价值，从而愿意努力去维持（Shou et al.，2011）。在契约型农产品渠道中，当农户认为收购商有实力，或拥有其所需要的重要资源时，农户会通过"送人情"的方式努力去维持与发展其与收购商间的关系，所以会尽力避免损害渠道关系的投机行为。其次，人情往来体现了"知恩图报"的社会规范，一旦一方接受了另一方的帮助，就等于背上了社会债务（欠了人情），需要在未来回报这份恩情。在契约型农产品渠道中，企业管理人员在各种适当的时候送给农户的人情，会让农户背负还人情的压力。中国人讲求"受人滴水之恩当涌泉相报"，而"恩将仇报"则绝对是被人唾弃的行为。因此，这种情况下即使投机契机出现，农户也会抑制自身的投机行为。最后，在人情往来的过程中，关系双方互帮互助，双方长期导向的信念和关系承诺会不断增强（Wang et al.，2008；Shi et al.，2011）。在契约型农产品渠道中，在农户与企业管理人员间的人情往来过程中，农户对其与企业合作关系的长期导向和关系承诺会不断增强，这会拉近双方关系，培养相互信任，进而创造和谐的合作关系氛围。在这种氛围下，农户会抑制有损企业利益的投机行为（Shou et al.，2011）。

H3：农户与企业渠道管理人员之间人情往来越密切，农户的投机行为越少。

3. 面子对投机行为的影响。一方面，由于面子涉及自尊、尊重与声誉，为了避免丢面子，人们往往将其作为一种内化的自我约束力，即恰当地完成自己应当承担的义务和责任（Ho，1976；Nie，et al.，2011；钱丽萍、任星耀，2010）。在契约型农产品渠道中，投机行为往往意味着违反合同、撒谎和欺诈，一旦投机行为败露，农户的面子就会遭受损失。在这样的情境中，农户面子的丢失不仅是在和企业的互动关系中，在村民群体中也会感觉没有面子。因此，当农户顾及其自身的面子、害怕丢面子时，其采取投机行为的意愿就会降低。因此，面子是农户履行承诺，抑制投机行为的"抵押品"（Williamson，1983；Mavondo & Rodrigo，2001；Ren et al.，2010），具有道德约束的作用。当投机契机出现时，面子所形成的道德约束会促使农户克服私利，抑制自身的投机行为。另一方面，因为农户的投机行为实际上是没有按照企业渠道管理人员的期望来履行其应当承担的义务，根据面子的"相互性"（Ho，1976，1994），农户实施的投机行为不仅会让企业的管理人员感受到农户"不给面子"，同时也会让管理人员"丢面子"。如果农户的投机行为在村民群体中被广泛认知，企业管理人员的这种感觉就会被放大。显然，农户的投机行为将可能诱发农户与企业管理人员之间的不良互动（文崇一，2012），这不仅会破坏人际关系的和谐，更会给农户未来的经营绩效带来负面影响。因此，出于对投机行为成本的考虑，农户也会抑制其自身的投机行为。

H4：农户与企业渠道管理人员越在乎面子，农户的投机行为越少。

4. 感情对投机行为的影响作用。感情能够满足个人在关爱、温情、安全感、归属感等方面的需要，是维系长久而稳定的社会关系的核心要素（Hwang，1987；Tsang，1998）。在差序格局的人际关系结构中，关系中的感情越深厚，关系就越向家人这一端点靠近，关系对象就越会被称为"自己人"（杨宜音，2005）。在农户与企业渠道管理人员构成的混合性关系中，双方感情越深，双方的互动就会越注重责任与情义（Hwang，1987；杨国枢，2008a），这会对农户的行为产生强大的约束力。一方面，关系中的感情会对农户的投机行为产生一种内在的约束力。在感情深厚的关系中，投机行为作为一种"损人利己"的行为会诱发农户心中的"罪感"和"耻感"（杨国枢，2008a），感情越深厚，这种负面的感受就会越强。因而，当投机契机出现时，关系中的感情越深，农户"见利忘义"的动机就会越弱。另一方面，在感情深厚的关系中实施投机行为也会由于外在社会道德规范力量的存在而得到抑制。在亲密的关系中实施的投机行为会被认为是"见利忘义""背信弃义"，这是与中国传统的道德评判标准背道而驰的行为，实施投机行为农户的人品会被质疑，这会令农户付出巨大的社会成本。这种成本显然会远远超出农户从投机行为中获得的经济收益，更为重要的是，这种社会成本的影响是长期的，并且很难获得补偿。综合以上论述，我们提出如下假设：

H5：农户与企业渠道管理人员的感情越深，农户的投机行为越少。

5. 感情的完全中介作用。混合性关系中的情感性要素从根本上决定了关系的性质与亲密程度（Chen & Chen，2004；Tsang，1998；Wang，2007），虽然人情与面子对于促进感情的积累具有重要作用，但它们在人际关系中有着更强的工具性属性。换言之，关系中人情的往来以及对面子问题的注重可能并不必然地促进关系内感情的增加，人情与面子的交换完全有可能是出于各种工具性的目的，这显然与中国人追求的人际关系和谐这一目标有关。因此，如果关系内的感情得不到有效的累积，虽然人际关系中人情往来密切、面子问题得到重视，关系的性质也不会发生根本性的变化。在契约型农产品渠道关系中，我们认为人情与面子对投机行为的抑制作用是通过感情完全中介实现的。

从人际互动的角度来看，人情交换可以看作是一套社会技巧（金耀基，2006），其对行为的作用机制主要体现在两个方面。一方面，人情具有很强的工具性目的（Leung et al.，2008；Shi et al.，2011；Su et al.，2009）。为了将疏远的关系拉近，主动送出人情是一种创造社会互动机会的重要方式。另一方面，人情法则作为社会层面的一种行为规范对人情交换行为产生了一种近似于强制性的约束力（Hwang，1987）。如果接受了别人的人情，就一定要还，并且要多还，这就在客观上开启了社会互动的良性循环。然而，这种人情的往来却并不必然地促进关系内感情的积累。中国人为了保证人际关系的和谐，不得不遵从人情法则进入人情交换的过程，如果人情交换的核心目的是为了维持一个工具性的关系以及维持关系表面上的和谐，那么这种关系的内在稳定性及其对投机行为的约束力就很有限了。中国人心里会把自己的朋友（混合性关系）区分得很清楚，哪些是真正的朋友（以深厚情感为基础），哪些是酒肉朋友（以工具性目的为基础）（Lee & Dawes，2005）。前者很多时候并不需要频繁地人情互动，但双方对彼此的情感承诺是很强的；后者的人情往来往往非常频繁，但这样的朋友往往并不可靠。

因此，如同我们关注的契约型农产品渠道中的农户与企业渠道管理人员之间的人际关系，如果人情往来不能促进关系内感情的累积，那么其对农户的投机行为就可能没有约束力。如果不以感情为纽带，渠道成员间的人情往来仅体现出中国人际交往方式上的必须和仪式，彼此并不顾及对方是真心还是假意，只强调形式上是否过得去（翟学伟，2005）。若农户与企业渠道管理人员之间没有感情基础，农户会怀疑对方"送人情"的动机只是为了促成交易（Ren et al.，2010），农户虽会像对待宾客般对待管理人员，但同样也会如防盗贼般地提防他。只有农户感知到企业管理人员对自己是"真情实意"时，双方的人情往来才会增进感情基础，农户才会担心"伤感情"而选择不投机（Barnes et al.，2011；Shou et al.，2011）。

H6a：感情完全中介农户与企业渠道管理人员间人情往来对投机行为的影响。

与人情一样，为了维护人际关系的和谐，中国人发明了一种精致的"面子功夫"来处理与面子有关的问题（Hwang，1987）。中国人在社会互动中所体现出来的面子功夫，总是以不使人丢脸、没面子为基本原则，这一原则不仅可以使得关系双方的面子得到维护，还可以促进人际关系的和谐。由于丢面子会引发强烈的"耻感"，并会引发恶性的社会互动，因而上述原则也会产生一种近似强制性的力量来约束人们的面子行为。这一强制性规则所产生的一个必然结果就是种种表面无违，其实内心背离的虚伪的"形式主义"（金耀基，2006）。这种形式主义造就了很多人际关系表面上一团和气，其实离心离德的内外不一的矛盾状态。因此，关系双方对面子问题的注重既可能来自于社会规范的强制性压力，也可能来自维持一个有价值关系的工具性目的。与人情的作用机制类似，关系双方对面子问题的注重与维护，并不必然地促进关系内感情的积累，当然也不必然地使其对个人行为具有内在的约束力。在契约型农产品渠道背景中，农户与企业渠道管理人员可能受到上述两种机制的影响谨慎地处理面子问题，但如果这不能促进关系内感情的实质性积累，其对农户投机行为可能就没有约束力。

H6b：感情完全中介农户与企业渠道管理人员间注重面子对投机行为的影响。

（四）"患难见真情"：市场不确定性的调节作用

市场不确定性是指市场环境要素难以预期的变化（Zhou & Poppo，2010）。根据交易成本理论，市场不确定性会带来适应性问题，从而影响治理机制的效果（Rindfleisch & Heide，1997）。对于农产品渠道而言，由于农业生产周期长、受自然环境影响大，加上以农户为单位的小规模生产组织远离终端消费市场，市场不确定性，如价格行情的变化、需求量及需求类型的变化，会给契约型农产品交易关系提出非常严峻的挑战。在市场环境高度不确定的状况下，企业和农户的违约契机更多，为了减少自身的损失，农户的违约倾向也会更强（刘凤芹，2003）。我们认为，市场环境不确定性会增强感情对农户投机行为的抑制作用。首先，环境不确定性增加了交易双方的交易风险，在这样的情况下感情对关系的承诺以及对农户行为的自我约束功能更显重要。一方面，相对于稳定的市场环境而言，在不确定的市场环境中实施投机行为相当于"落井下石"，这从根本上违背情感性关系的伦理准则，这种行为更会被视为一种"背信弃义"的背叛行为，会使得农户受到内心与外部社会环境的双重压力。另一方面，所谓"患难见真情"，环境的不确定性会激发农户基于情感性要素的更强的责任感，即环境不确定程度越高、交易伙伴面临的风险越大，农户就越有责任来保护交易伙伴的利益。这对于进一步增进双方的感情基础是非常关键的，而农户对关系的特殊性保护则会在未来为其带来更稳定、持久的经济与社会的双重回报。其次，市场环境不确定程度越高，农户与企业签订的正式协议的执行难度也就越大，在这样的情况下双方会更加倾向于采用非正式的治理机制来保证交易的执行（Cavusgil et al. , 2004）。显然，这会激发人际关系的作用机制。在契约没有预见的市场环境要素出现时，关系双方的感情越深厚，双方就越会紧密合作应对风险，在合力解决市场不确定性带来的交易风险过程中，农户自然更会抑制自己的投机行为。

H7：市场不确定性会增强感情对农户投机行为的抑制作用。

二、研究设计

（一）样本与数据收集

本研究以农户与农产品收购商（龙头企业、合作社、协会、经纪人或中间商等）之间的契约型渠道关系为研究对象。在契约型农产品渠道中，农户在农业生产之前与企业或中介组织签订具有法律效力的确定双方权利与义务关系的产销合同，农户根据合同组织生产，企业或中介组织按合同收购农户生产的产品（刘凤芹，2003）。由于在农产品营销渠道中此种契约型渠道关系相对于传统的购销方式并不普遍，因此出于数据可获得性和调查成本等方面的考虑，我们主要从参与契约型渠道关系的农户方面搜集数据。本研究的正式调查在2014年1~2月寒假期间进行，我们组织了43名营销管理、物流管理和工商管理等相关专业的本科生和硕士生，利用放假回家的机会在其家乡发放问卷进行调查。这些学生来自辽宁、山东、河南、青海、安徽、云南等全国16个不同省份。

为保证调查的质量，首先，我们对参与调查的学生进行筛选，在满足专业要求的基础上，主要选择那些来自农村的学生开展调查，这一方面是出于调查成本的考虑，更为重要的是来自农村的学生熟悉农村社会的情况，可以利用其家庭在当地的人脉关系有效开展调查。其次，我们请所有参加调研的同学事先与家长沟通确认其家庭所在地是否存在契约型农产品渠道关系；接下来，我们对所有参与调查的学生进行了培训，为了降低农户理解上的偏差，我们要求调查员在调查过程中负责向那些独立填写问卷有困难的受访者解释每一个问项，并根据受访者的意见代为填写问卷。再次，我们要求受访者是参与契约型渠道关系农户的户主或了解家庭生产详细信息的人，以保证信息的准确性。最后，为了监督和激励调查员认真有效地开展调查工作，我们在问卷回收后进行电话回访，并为调查完成的有效问卷支付一定的报酬。此次调研共发放问卷735份，回收有效问卷217份，有效问卷回收率为29.5%。

针对非响应误差（non-response bias）问题，根据格雷瓦尔等（Grewal et al., 2001）的做法，本研究将本次调研的样本与前期预调研的样本在受访者学历、年龄、身份等人口统计特征以及从事订单农业的年限方面进行对比。双样本 t 检验结果表明，二者并无显著差异（p＞0.1），因此无须担心非响应误差问题。表 5-1 是对有效样本的描述性统计特征。

表 5-1　　　　　　　　　样本特征情况一览

基本特征变量		频数	百分比（%）	基本特征变量		频数	百分比（%）
农户年龄	＜30 岁	12	5.53	购销关系长度	1 年	22	10.14
	30~40 岁	42	19.35		2~3 年	45	20.74
	40~50 岁	101	46.54		3~5 年	69	31.80
	50~60 岁	47	21.67		5~10 年	53	24.42
	≥60 岁	15	6.91		≥10 年	28	12.90
农户文化程度	小学及以下	50	23.04	签单对象	龙头企业	78	35.94
	初中	107	49.31		合作社	46	21.20
	高中（中专）	49	22.58		经纪人/中间商	79	36.41
	大专及以上	11	5.07		其他（如协会）	14	6.45
生产类型	种植业	131	60.37		—		
	养殖业	86	39.63				

（二）问卷与变量测量

本研究的调查问卷有 5 页长，大约需要 30 分钟填写完成，包括几个李克特量表和一组旨在调查受访对象一些基本信息的分类选择题。量表均来自前人在营销渠道研究中使用过的成熟量表，但由于研究对象及其背景的转换，所以我们根据前期访谈与预测试对量表的问项做了相应修改，以使之符合订单农业情境下的渠道关系，并确保问卷题项能够反映研究情境的特点并为调查对象（农户）所理解。

人际关系中人情、面子和感情三个维度的量表来自李和道斯（Lee & Dawes, 2005），其中人情包括 3 个题项，而面子和感情各包括 5 个题项。市场不确定性的量表包括 3 个题项。农户投机行为的量表包括 4 个题项。本研究以签约订单的农户为调查对象，由受访农户同时报告自身与收购商双方的投机行为。对于自我报告投机行为的农户，为了避免由于考虑道德因素而影响测量效果，遵照简普和安德森（Jap & Anderson, 2003）的建议，我们对测量题项的措辞进行了相应的调整，以避免使用直接、敏感的表达方式。

本研究控制了一些可能对因变量产生影响的变量。首先，由于农户与收购商的专有资产投入会影响二者之间相互依赖状态，进而也会影响渠道关系质量和关系绩效（寿志钢，2012）。参照以往研究的操作方法（Kumar et al.，1998；寿志钢，2012），我们分别测量了农户的专有资产投入和收购商专有资产投入，量表来自 Wang 等（2013）的合成性量表。其中，农户的专有资产投入包括学习专门的技术、生产用地、固定资产（如圈舍、大棚等）、生产工具（如农机具等）以及其他生产资料（如肥料、饲料、种子、苗雏、包装材料等）5 个题项；而收购商的专有资产投入包括提供周转资金、赊销或垫付的生产资料（如肥料、饲料、种子、苗雏、包装材料等）、为生产设施（如大棚、温室、圈舍）垫付资金、为辅助生产工具（如农机或交通工具等）垫付资金、安排专门的技术人员以及其他投入（如专设的收购站及管理人员、在当地建设了加工厂或批发市场）6 个题项。接下来，我们计算得出相互专有资产投入总量和专有资产投入不对称性。其中，相互专有资产投入总量 = 农户专有资产投入 + 收购商专有资产投入；专有资产投入不对称性 = |农户专有资产投入 - 收购商专有资产投入|。其次，本研究还控制了农户家庭中的劳动力人数（"您家中从事农业的劳动力有多少人？"）、农业纯收入 ["您家去年全年的农业纯收入（全部收入扣除各种生产成本开支部分）多少万元？"]、关系长度（"您从事订单生产多少年了？"）以及农户的受教育程度 [请农户在小学及以下、初中、高中（中专）以及大专及以上等选项中进行选择]。

（三）量表的信度与效度

表 5-2 是本研究所使用的量表，及其中反映性量表的信度与效度检验结果。农户专有资产和收购商专有资产两个量表属于合成性量表，不适用且不必要计算 Cronbach's α 值和进行验证性因子分析以判别信度和效度（Kumar et al.，1998）。信度方面，所有量表的 Cronbach's α 值都大于 0.8。接着，我们计算了量表的组合信度（composite reliability），各变量的组合信度（CR）都大于 0.8，说明此量表具有良好的内部一致性。我们采用 AMOS7 进行验证性因子分析（CFA），结果如表 5-2 所示。从表 5-2 中可以看出，该模型具有较好的拟合度。在模型中，所有题项因子的标准载荷均大于 0.5（$p < 0.001$），且所有核心变量的平均方差提出量（AVE）都大于 0.5，因此，本研究量表中的各变量具有较好的聚敛效度。

表 5 - 2　　　　　　　测量题项及信度、效度检验结果

变量、题项及信度与效度	因子载荷
人情：α = 0.914，CR = 0.916，AVE = 0.784	
RQ1 当有红白喜事时，他会有所表示	0.826
RQ2 过年过节时，他总会有所表示	0.916
RQ3 过年过节时，我们也会有所表示	0.911
面子：α = 0.846，CR = 0.835，AVE = 0.514	
MZ1 我们都很在乎面子	0.722
MZ2 我们都会尽量照顾对方的面子	0.914
MZ3 我们都不会轻易驳对方的面子	0.810
MZ4 交往中，我们都比较尊重对方	0.549
MZ5 我给他面子，他也会给我面子	0.508
感情：α = 0.890，CR = 0.882，AVE = 0.601	
GQ1 我们可以像朋友一样进行坦诚的沟通	0.699
GQ2 如果我不再把产品卖给他，我可能会失去一个好朋友	0.796
GQ3 在做一些决定时，我会考虑他的感受并不要伤害了他的感情	0.703
GQ4 当他遇到困难时我会尽最大努力帮助他，因为他是我的朋友	0.811
GQ5 我们之间的感情深厚	0.856
农户投机行为：α = 0.812，CR = 0.824，AVE = 0.617	
为了从收购者那里得到额外的帮助和支持，我可能会虚报产品的数量或质量	0.574
当有市场价高于收购价时，我偶尔会不按合同规定交货或者违反合同约定把货卖给别人	0.851
当收购者无法追究我的违约行为时，我可能会隐瞒产品数量和质量信息	0.893
市场不确定性：α = 0.802，CR = 0.815，AVE = 0.600	
MU1 我所种植（养殖）的农产品的市场需求量变化非常大	0.817
MU2 我所种植（养殖）的农产品的品种市场需求经常变化	0.862
MU3 我所种植（养殖）的农产品的市场行情变化很快	0.623
模型拟合指数	
χ^2 (139) = 1.662，p = 0.000，RMSEA = 0.055，GFI = 0.903，IFI = 0.960，TLI = 0.950，CFI = 0.960	

表 5 - 3 是各变量的均值、标准差与相关系数以及判别效度的检验结果。在表 5 - 3 中，各变量 AVE 值的平方根（对角线上的黑体数字）都大于与对角线下方其他因子相关系数的绝对值，表明这些变量具有较好的判别效度。

表 5-3　　变量的均值、标准差与相关系数以及平均方差提取量（AVE）的平方根

	1	2	3	4	5	6	7	8	9	10	11
1. 人情	**0.885**										
2. 面子	0.287**	**0.717**									
3. 感情	0.451**	0.369**	**0.775**								
4. 投机行为	−0.104	−0.160*	−0.363**	**0.785**							
5. 市场不确定性	−0.178**	−0.016	0.099	0.150*	**0.775**						
6. 总量	0.247**	0.081	0.349**	−0.081	0.091	**0.804**					
7. 不对称	0.182**	−0.009	0.255**	−0.045	0.083	0.002	**0.802**				
8. 关系长度	−0.140*	−0.127	0.011	−0.042	0.022	0.286**	0.046	n. a.			
9. 农业纯收入	0.048	0.090	0.282**	−0.177**	0.099	0.073	0.218**	−0.027	0.238**		
10. 劳动力人数	0.057	−0.007	0.038	0.129	0.077	0.055	0.087	0.093	0.114	n. a.	
11. 教育程度	0.068	0.084	0.069	−0.042	0.056	−0.032	0.004	−0.243**	0.238**	0.091	n. a.
12. 标记变量	−0.047	0.036	−0.069	0.035	−0.039	0.055	−0.067	0.071	−0.213**	−0.112	−0.340**
均值	2.536	3.656	3.196	2.151	3.297	5.555	3.181	5.13	4.142	2.13	2.10
标准差	0.945	0.603	0.756	0.704	0.797	1.171	0.715	5.077	3.585	0.716	0.812

注：(1) ** 表示 $p<0.01$，* 表示 $p<0.05$（双尾检验）；(2) 对角线上的黑体数字为相应变量的 AVE 平方根，对角线下方数字为各变量间的零阶相关系数，对角线上方数字为潜在同源偏差调整后的相关系数；(3) n. a. 表示不适用（not applicable）。

（四）同源偏差检验

本研究仅从农户一边获得数据，这可能导致同源偏差问题。首先，我们采用哈曼（Harman）单一因素检验（single method biases）的方法（Podsakoff et al.，2003），将本研究所使用的反映性量表的测量题项放在一起进行探索性因子分析。结果显示，解释变量变异所必需的最少因子数为5个，并未析出一个单一因子。另外，析出的5个因子，解释了总变异量的72.616%，其中第一主成分解释了30.138%的变异量，说明数据中并不存在能够解释绝大部分变异量的单一因子。因此，同源偏差问题不严重。

接下来，本研究运用标记变量（marked variable）的方法（Lindell & Whitney，2001）进一步检验同源偏差问题。我们选择一个与现有分析中至少一个变量在理论上不相关的标记变量。在本研究中，我们选择受访者的年龄作为标记变量。如表5-3所示，在控制标记变量之后，本研究重要变量的相关性并没有发生显著变化。在显著的相关系数中，仅有2个相关系数（投机行为与市场不确定性，专有资产总量与不对称）由显著变为不显著；而在不显著的相关系数中，仅有1个相关系数（劳动力人数与投机行为）由不显著变为显著。这说明，同源偏差问题在本研究中并不是严重的问题（Zhou et al.，2014）。

三、数据分析

本研究采用多元层次回归方法进行假设检验。为了避免多重共线性的影响，我们先对相关变量进行中心化处理，然后再相乘以构建交互项（Aiken & West，1991）。此外，本研究在回归过程中对所有模型进行了多重共线性诊断，在各个模型中所有变量的VIF值都远低于临界值10，说明不存在多重共线性问题。

表5-4是本研究对数据进行回归分析的结果。从表中可以看出，在模型（Ⅱ）中，人情（$\beta = 0.321$，$p < 0.001$）和面子（$\beta = 0.258$，$p < 0.001$）的系数都显著为正。这说明，人际关系中的人情往来与对面子的注重会促进双方感情的增加。因此，H1和H2得到支持。

在模型（Ⅳ）中，人情（$\beta = -0.125$，$p < 0.1$）和面子（$\beta = -0.130$，$p < 0.1$）的系数都显著为负。这说明，人际关系中的人情往来与对面子的注重对农户投机行为有抑制作用。因此，H3和H4得到支持。在模型（Ⅴ）中，感情（$\beta = -0.394$，$p < 0.001$）的系数也显著为负。这说明，人际关系中的感情对投机行为也具有抑制作用。因此，H5得到支持。

表 5 - 4　　　　　　　　回归分析结果：标准系数

变量	因变量						
	感情		投机行为				
	（Ⅰ）	（Ⅱ）	（Ⅲ）	（Ⅳ）	（Ⅴ）	（Ⅵ）	（Ⅶ）
劳动力人数	0.002	-0.020	0.117*	0.186**	0.178**	0.165*	0.146*
农业纯收入	0.201**	0.197**	-0.126*	-0.159*	-0.081	-0.087	-0.058
农户的教育程度	0.014	-0.009	-0.010	0.001	-0.003	-0.011	-0.025
关系长度	0.018	0.085	-0.142	-0.087	-0.053	-0.053	-0.029
专有资产总量	0.330**	0.193†	-0.142	-0.082	-0.006	-0.006	-0.024
专有资产不对称	-0.062	-0.006	0.064	0.041	0.035	0.024	0.055
人情	—	0.321***	—	-0.125†	0.001	0.056	0.023
面子	—	0.258***	—	-0.130†	-0.028	-0.032	-0.024
感情					-0.394***	-0.424***	-0.425***
市场不确定性						0.168*	0.182**
感情×市场不确定性	—	—	—	—	—	—	-0.162*
F 值	6.321***	14.025***	2.528*	3.054**	9.529***	9.536***	10.024***
R^2	0.157	0.357	0.069	0.108	0.208	0.233	0.256
$Ad-R^2$	0.132	0.332	0.042	0.073	0.172	0.195	0.215
ΔR^2	—	0.200***	—	0.039*	0.100***	0.025*	0.023*

注：*** 表示 p < 0.001，** 表示 p < 0.01，* 表示 p < 0.05，† 表示 p < 0.1。

根据温忠麟等（2004）的做法，在模型（Ⅳ）中人情和面子对投机行为有显著的负向影响；在模型（Ⅱ）中人情和面子对感情有显著的正向影响，但在模型（Ⅴ）中加入感情后，感情对投机行为有显著的负向影响，而人情和面子的影响不再显著。这说明，人情和面子对投机行为的影响作用被感情完全中介。因此，H6a 和 H6b 得到支持。

在模型（Ⅶ）中，感情与市场不确定性的交互项显著为负（β = -0.162，p < 0.05），且感情对投机行为的影响作用显著为负（β = -0.423，p < 0.001）。这说明，随着市场不确定性的增加，感情对投机行为的抑制作用会得到增强。因此，H7 得到支持。

为了更直观地反映调节作用，我们将市场不确定性分为高（高于均值 1 个标准差）和低（低于均值 1 个标准差）两组。如图 5 - 1 所示，感情在市场不确定性高时的抑制作用（β = -0.381，p < 0.001）要大于在市场不确定性低时（β = -0.158，p < 0.05），且两条斜率的差异是显著的（t = -2.399，p < 0.05）。这

进一步说明，市场不确定性会强化感情对投机行为的抑制作用。

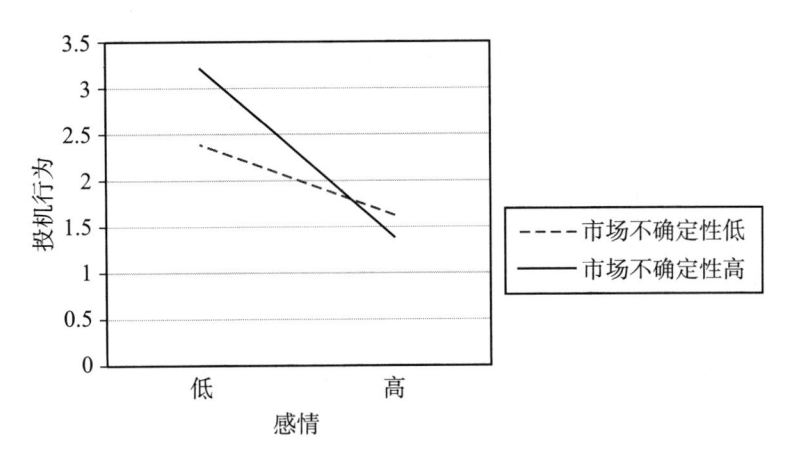

图 5-1　市场不确定性的调节作用

四、研究的理论贡献与启示

对人际关系这样的文化嵌入性变量，只有从中国本土视角展开研究才能充分解释其作用机制（张闯等，2013）。本文立足中国本土文化，以本土社会心理学理论为基础，以契约型农产品渠道中的人际关系作为一种治理机制，对农户投机行为的抑制作用进行了理论与实证研究。研究发现人际关系的三个核心构成要素——人情、面子与感情均能显著抑制农户的投机行为，但人情与面子的影响是通过感情完全中介实现的。同时，市场环境的不确定性显著增强了感情对投机行为的抑制作用，从而进一步强化了感情作为人际关系核心要素的观点。

（一）理论贡献

首先，本节从中国本土文化角度将人际关系解构为人情、面子与感情三个构成要素，并将其作为3个独立的变量检验它们对投机行为的影响。这一研究丰富与拓展了中国社会中人际关系作为一种渠道治理机制的研究文献。现有文献关于人际关系的研究视角大体可以区分为西方理论视角和中国本土视角。其中前者大多以社会资本理论为基础，将人际关系概念化为商业联系与政治联系（如 Dong et al.，2013；Li et al.，2008；Sheng et al.，2011；Zhou et al.，2014），虽然这种研究视角与操作化方式正在成为人际关系研究的主流方式，但这种"强加客位式"的研究（Berry，1989；杨国枢，2008b）并不能触及中国文化中人际关系的实质性内容，而只能体现人际关系的广度（人脉）这一方面（庄贵军，2012）。中国本土视角的研究虽然体现了人际关系在中国社会中的丰富内涵，关注了诸如人情、面子、感情与信任等要素，但在实证研究操作中要么将这些要素作为人际关系的维度将其作为一个二阶变量（如 Nie et al., 2011），要么将人际关系看作是一个单维变量，从整体上测量（如 Chen et al., 2011；Gu et al., 2008；Li et al., 2001；Liu et al., 2008），很少有研究区分这些不同构成要素的作用（Barnes et al., 2011；Lee & Dawes, 2005）。本节研究发现表明，要充分展现人际关系的作用机制首先需要从中国本土文化角度展开研究，为人际关系的作用提供本土情境的解释；另一方面，鉴于人际关系这一概念内涵的复杂性，实证操作中需要区分人际关系的不同构成要素，简单地将其操作化为单维变量会损失太多信息。

其次，本节研究发现人情、面子与感情作为人际关系的三个关键构成要素，其在抑制投机行为方面的作用机制存在巨大的差异，其中感情是最为核心的要素，因为人情与面子的影响要以感情为完全中介来实现。这一研究发现进一步表明要充分揭示人际关系的作用机制有必要将这一概念解构。如果将人际关系操作化为一个单维变量，这些内在的影响机制就被完全忽略了。另外，本研究突出了感情作为人际关系核心要素的作用，这在以往研究中并没有得到足够的关注。虽然在理论上将感情作为人际关系的构成要素得到了诸多学者的认同（如 Leung et al., 2011；Tsang, 1998；Wang, 2007），但在实证研究中感情的作用却很少得到关注。Lee 和 Dawes（2005）发现人情和面子无法促进人际信任，而只有感情能够显著促进信任，他们把原因归结为人情与面子的工具性属性，而感情作为情感性属性要素的作用区别于前者。我们的研究发现进一步拓展了现有研究，揭示了人情、面子与感情之间存在的作用机制，这对推进营销渠道中人际关系的研究具有重要参考价值。

最后，现有研究将人际关系作为一种渠道治理机制大多关注的是其对渠道绩效的影响（Ambler et al., 1999；Gu et al., 2008；Sheng et al., 2011；Zhou et al., 2014），而其对投机行为的影响作用却很少得到关注（庄贵军等，2008）。本文实证研究表明，人际关系能够显著抑制投机行为，并且这种抑制作用最强的是渠道成员之间的感情，如果人情往来与维护面子等人际关系行为不能实质性地促进关系内感情的增加，那么人情与面子对投机行为是无法产生显著的抑制作用的。与此同时，我们发现感情作为人际关系的核心要素对投机行为的抑制作用在不确定性的市场环境中会增强，这进一步表明人际关系作为一种治理机制其核心作用来自于关系成员内在的自我约束力，而对关系表面和谐有促进作用的人情与面子的作用并不强。因此，我们的研究也丰富与拓展了渠道治理理论，在中国情境中对关系治理机制的研究需要额外关注人际关系的作用,尤其是感情的作用。

(二) 研究启示

为了进一步阐述感情的作用,我们结合研究发现与相关文献建立了一个理论框架(见图5-2)。我们借鉴黄光国(Hwang, 1987)经典模型的表达方式,根据胡先晋(Hu, 1949,转引自杨中芳, 2009)的经典人类学框架,将中国人关系中的"情"区分为"应有之情"和"真有之情"两种。其中,真有之情是以特定的关系基础(如家人),及通过直接社会交往的经验而衍生的一种发自内心的情感。真有之情的交流,能够提供个人所需的爱及安全感。应有之情是根据社交场合,以及与对方的关系,行动者自觉应当有的情感。应有之情的往来,可以让人们的交往在比较和谐的氛围中进行(杨中芳, 2009)。从这一角度来看,黄光国(Hwang, 1987)模型的一个重要缺漏是将关系中的情感成分做了一元化的简单处理,即将关系中的情感默认为发自内心的真情实感,即"真有之情"。杨中芳(2009)认为,在中国人的关系中,两种不同的情感同时存在,二者之间并不是简单的互补或替代关系。人们在不同的关系中,会依据关系的类型与状态来决定进行何种感情的交换。应有之情的交换受到"人情法则"与"面子规则"的约束,这两种近乎强制性的力量约束着人们在社会互动中不得不进行一些应有之情的交换——送人情或给面子。然而,这种具有约束力的行为法则带来了应有之情与真有之情的对立。受到行为法则的约束,人们很多时候不得不向对方表示应有之情(如不愿意给面子的时候还要给,不想送人情的时候还必须送),但内心里的真有之情则是非常少的。因此,应有之情的交换,有两种可能的结果:一是促进真有之情的积累;二是产生"表面和谐,内心背离"的虚假和谐。因此,当投机情境出现的时候,"面和心不和"会导致关系的强度降低,双方会基于(短期与长期)成本与收益的算计来决定是否投机。在这样的关系中,应有之情对行动者投机行为的约束力是很低的。而"面和心也和"的真有之情,则会在投机情境出现时,具有强大的约束能力,行动者会自发地抑制投机行为,保护商业伙伴的利益。本文的实证研究发现为社会心理学关于中国人关系中"情"的作用提供了实证证据,在商业交换关系中,只有"真有之情"才能有效抑制投机行为,并且在正式契约无法有效抑制投机行为的不确定环境中这种抑制作用会被进一步强化。这一结论一方面强调了未来关于人际关系研究对感情这一要素给予额外关注的重要性,另一方面也表明感情这一要素在人际关系中作用机制的复杂性。

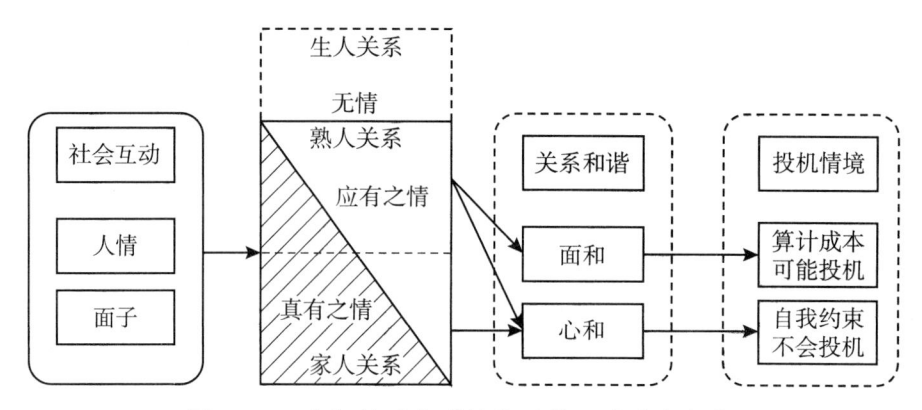

图 5-2 人际关系中感情作用的一个分析框架

第二节 人际关系对农户投机行为的影响：农户感知公平的中介作用

如本章第一节所述，人际关系不同构成维度（人情、感情和面子）在影响渠道投机行为过程中，发挥的作用路径是不同的。例如，研究发现人际关系中人情往来和面子注重需要感情的完全中介作用进而影响农户的投机行为。但是，除了人际关系中的构成维度（例如，感情），是否存在其他变量进一步中介人际关系的不同维度对渠道结果变量的影响？本节将回答这一问题。

一、问题的提出

公平作为一种理念和诉求，是维系社会交换关系的重要基础（Yilmaz et al., 2004）。在农产品营销渠道中，由于收购商和农户各自的资源禀赋优势不同，双方在产业链上分工又合作，共同分享合作剩余（万俊毅、欧晓明，2010），因此如何公平合理地分配合作剩余是关系维系和发展的关键。感知不公平会增加渠道关系双方的敌意（Kaufmann & Stern, 1988），加剧渠道冲突和投机行为（Samaha et al., 2011），特别是对于广大农民而言，"不患寡而患不均"的小农思想在中国农村根深蒂固，因此，农户在合作过程中感知公平对其投机行为的抑制作用显得尤为重要（张闯等，2012）。同时，农户的感知公平又取决于其与收购者之间的人际关系，因为人际关系作为一种关系治理机制不仅为交易双方创造一个和谐友好的交易氛围，更重要的是它在关系发展过程中所提供的协调和弹性机制，降低了单次交易可能带来的不公平感（Kaufmann & Stern, 1988）。因此，与收购者之间的人际关系对农户投机行为的影响作用很可能是通过农户感知公平的中介作用实现的，而现有文献尚没有对这一影响机制进行研究。

二、理论与研究假设

公平是指个体感知到从交易关系中获得的与其预期自己应该获得的，比较后产生的一种心理感受。在营销渠道领域，库马尔等（Kumar et al., 1995）最早将渠道成员的感知公平分为分配公平和程序公平两个维度，这也成为后续研究的理论基础（Hernández & Arcas, 2003; Yilmaz et al., 2004; 杨力等，2012; 张闯等，2014）。其中，分配公平是指渠道成员实际获得收益与其认为应该获得收益的比较（Kumar et al., 1995），这种比较实际上包括自己的投入收益比较，与自己同一类型渠道成员的投入收益比较，以及与合作对象的投入收益比较，而公平的感知主要来自这种比较的经济等值性。程序公平是指渠道成员对进行交易的过程和程序感到的公平性，可以通过与渠道成员双向沟通、采取一视同仁的政策、考虑或根据对方意见调整政策、向对方解释、对对方了解和礼貌等要素来体现（Kumar et al., 1995）。在农产品流通渠道中，收购商的分配公平直接关乎农户的经济收益，而在交易过程中收购商的行为是否让农户感到公平则会直接影响农户的感受，进而影响其决定交易是否有持续的必要。

如本章第一节所述，人情对农户的投机行为有抑制作用，但在商业环境中，人情对农户投机行为的影响更多的是通过感知公平中介的，因为收购商和大部分农户不存在血缘关系，只是生人关系或熟人关系，当双方在长期的互惠合作中产生的收益弥补了农户放弃投机获得的溢价收益，农户才可能放弃投机行为，同时，人情中强调做事"合情合理"是需要通过具体行为作为媒介体现出来，如收购商向农户解释他们的决定，需要考虑农户不同的意见，以及对农户尊重礼貌等的程序公平行为，农户感知到了收购商以礼相待，也将心比心，就不会做出违背"情理"的事情，从而降低了投机行为风险。由此，我们提出研究假设1：

H1a：农户感知到的分配公平在农户与收购商之间的人情往来对农户投机行为影响过程中起到中介作用。

H1b：农户感知到的程序公平在农户与收购商之间的人情往来对农户投机行为影响过程中起到中介作用。

如本章第一节研究中所述，感情对农户的投机行为有抑制作用，但收购商与农户之间的感情在抑制农户投机行为过程中需要通过感知公平中介，首先，商业中感情具有更多的功利性，是建立在人情交换的基础上（Park & Luo, 2001），也就是说，交易方感知到对方对自己是"真情实意"，即在交易中利益分配是公平的，农户才会担心"伤感情"而选择不投机。其次，感情好是体现在双方具体行为中的，如收购商与农户坦诚地沟通、因农户不同意见修改收购方案等，这使得农户感受到了自己利益在交易过程中被公平政策和程序保护，有助于形成关系长期导向，因此不会轻易投机，由此，我们提出研究假设2：

H2a：农户感知到的分配公平在农户与收购商之间的感情对农户投机行为影响过程中起到中介作用。

H2b：农户感知到的程序公平在农户与收购商之间的感情对农户投机行为影响过程中起到中介作用。

如研究一所述，信任对农户的投机行为有抑制作用，但这一过程不需要农户感知公平中介。因为信任作为关系发展高级阶段的标志，既包括感情中为对方利益付出，共担风险的非理性行为，又包括鉴于对方行为"守信"产生的理性认知，是情感付出和理性思考的混合体。这使得交易方预期对方能够彻底承担他所被托付的责任及义务，也就是在必要时能为他人利益而牺牲自己的利益（杨中芳、彭泗清，1999）。这种信任带来的安全感更加真实可靠，也是波动农业生产中农户亟须的，因此农户具有很强的动机维持这种关系的稳定性，即不需要感知公平的中介作用就可直接抑制其投机行为。由此，我们提出研究假设3：

H3：农户感知到的分配公平和程序公平在农户与收购商之间的信任对农户投机行为影响过程中没有中介作用。

根据上述理论及研究假设，我们建立了一个概念模型，如图5-3所示。

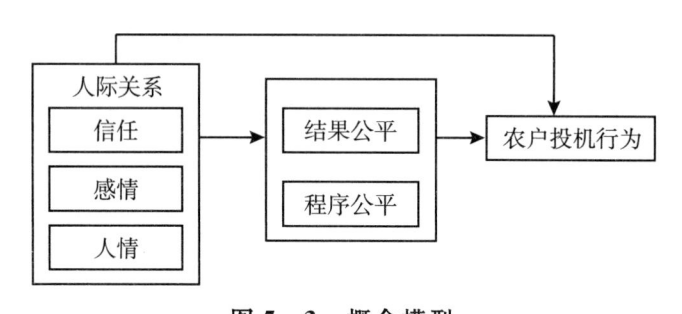

图5-3 概念模型

三、研究设计

本研究与本章第一节研究的数据样本相同，因此数据收集过程和样本描述过程省略。

(一) 变量测量

人际关系（GX）的量表由人情（RQ）、感情（GQ）和信任（TR）三个维度构成，其中人情和感情来自 Lee 和 Dawes（2005），各包括 4 个和 5 个题项，信任来自多尼和坎农（Doney & Cannon, 1997），包括 8 个题项。分配公平（DF）和程序公平（PF）的量表来自 Kumar 等（1995），各包括 4 个题项。农户投机行为的量表包括 4 个题项。

(二) 量表的信度和效度

如表 5-5 所示，信度方面，本研究所用量表的 Cronbach's α 值均超过了 0.6 的最低可接受水平。接着，我们计算了量表的组合信度（composite reliability），各变量的组合信度（CR）都大于 0.7，说明此量表具有良好的内部一致性。我们采用 AMOS17.0 进行验证性因子分析（CFA），结果如表 5-5 所示。在模型中，所有题项的因子标准载荷均大于 0.5（$p < 0.001$），同时，所有变量的平均抽取方差（AVE）大于或接近 0.5，这说明本研究的各变量具有充分的收敛效度。此外，表 5-5 中测量模型与数据的拟合度指标表明测量模型和数据具有较好的拟合度。

表 5-5　　　　　测量题项及信度、效度检验结果

变量	问项	因子载荷	α 值
人情（RQ） CR = 0.924 AVE = 0.754	他有时会送给我们一些不太贵的礼物	0.812	0.921
	当有红白喜事时，他会有所表示	0.814	
	过年过节时，他总会有所表示	0.937	
	过年过节时，我们也会有所表示	0.896	
感情（GQ） CR = 0.884 AVE = 0.606	我们可以像朋友一样进行坦诚的沟通	0.765	0.890
	如果我不再把产品卖给他，我可能会失去一个好朋友	0.813	
	在做一些决定时，我会考虑他的感受并不要伤害了他的感情	0.673	
	当他遇到困难时我会尽最大努力帮助他，因为他是我的朋友	0.785	
	我们之间的感情深厚	0.846	

续表

变量	问项	因子载荷	α值
信任（TR） CR = 0.906 AVE = 0.549	这个收购者说话算数	0.589	0.909
	这个收购者总是诚实可靠的	0.720	
	我相信这个收购者所提供的信息	0.706	
	这个收购者确实关心我们是否能挣到钱	0.760	
	在做出重要决定时，这个收购者会考虑让我们双方都能获得好处	0.818	
	我相信这个收购者时刻关心我的收益	0.831	
	这个收购者值得相信	0.797	
	我没有必要提防这个收购者	0.673	
分配公平（DF） CR = 0.827 AVE = 0.550	我的收益与我所付出的辛苦和投入相一致	0.851	0.816
	我的收益与我在生产和买卖中实际承担的责任相符	0.767	
	我的收益与投入的比例同收购者相比大致相同	0.535	
	在与所有收购者的买卖中，我的收益与我的付出是相符的	0.776	
程序公平（PF） CR = 0.795 AVE = 0.494	不会歧视，而是一视同仁地对待所有农户	0.661	0.854
	对所有农户采取一视同仁的收购政策		
	有时根据农户提出的不同意见而调整他们的收购政策	0.775	
	认真考虑农户针对收购计划的不同意见		
	经常向农户解释他们的决定	0.737	
	在调整对农户造成影响的政策时给予充分的解释		
	尊重农户	0.629	
	客气而有礼貌		
农户投机行为（SP） CR = 0.826 AVE = 0.554	有时，为了增加收入，我会将没有达到收购标准的产品掺杂到合格产品中	0.611	0.848
	为了从收购者那里得到额外的帮助和支持，我可能会虚报产品的数量或质量	0.558	
	当有市场价高于收购价时，我偶尔会不按合同规定交货，或者违反合同约定把货卖给别人	0.822	
	当收购者无法追究我的违约行为时，我可能会隐瞒产品数量和质量信息	0.924	
模型拟合度	CMIN/DF = 1.853，RMSEA = 0.063，TLI = 0.913，CFI = 0.924，IFI = 0.925，NFI = 0.850，GFI = 0.834		

最后，据福内尔和拉克尔（1981）的研究结论，为了确保各个潜变量（TR、GQ、RQ、DF、PF 和 SP）之间存在着内涵和实证方面的差异，模型中每个潜变量的 AVE 的平方根应该大于该潜变量与其他潜变量的相关系数。从表 5-6 可以看出，该条件得到了满足，这表明本研究使用的量表具有很好的判别效度。

同时，我们还控制了可能会对因变量产生影响的控制变量——农户年龄（NL）、学历（XL）、家庭农业劳动力人数（RS）、生产类型（LX）和关系长度（relationship length，RL）。首先，农户的年龄越大，社会经验丰富、生产技能较之年轻人也更为纯熟，不仅对农业绩效有直接影响，对自身投机时机把握和处理也会比较有方法。与之相反，学历高有助于提高农业绩效，但在一定程度上会抑制农户的投机行为，因为通常学历高的人会比较在意自己在他人心中的形象。在文中，学历主要分为四类进行测量：1 = 小学及以下，2 = 初中，3 = 高中（中专），4 = 大专及以上。同时，农户的生产规模与家庭农业劳动力人数密切相关，而生产规模对交易行为有直接的影响。其次，不同的生产类型对农业资源禀赋要求不同，特别是养殖业相对于种植业将投入更多的专有资产，因而会对农业绩效和渠道投机行为有影响。文中主要划分两类产业进行测量，0 = 种植业，1 = 养殖业。最后，关系长度是关系紧密程度的重要属性，会对交易双方产生重要影响。本研究中，关系长度指农户参与订单交易的年限。以上信息均根据被调查者实际情况进行选择或填写。各个变量的均值、标准差和相关系数如表 5-6 所示。

四、数据分析

本书采用布瑞彻和海因斯（Preacher & Hayes，2008）提出的 Bootstrap 方法进行感知公平中介效应检验。相对于经典的班瑞恩和肯尼（Baron & Kenny，1986）三步因果回归法的检验方法，Bootstrap 方法可以检验多个并列中介变量共同中介作用大小，以及单个中介路径的作用大小和对比不同中介路径的大小是否存在显著差异，而且 Bootstrap 方法不需要对中介效应 a×b 分布进行限制且适用于中、小样本，有效地克服了现在普遍使用 Sobel 中介检验法要求中介效应 a×b 是正态分布且大样本（陈瑞等，2013）的缺陷。

表 5-6 变量的均值、标准差和相关系数表

	均值	标准差	TR	GQ	RQ	DF	PF	SP	NL	XL	RS	LX	RL
TR	3.239	0.720	**0.741**	—	—	—	—	—	—	—	—	—	—
GQ	3.195	0.755	0.550**	**0.778**	—	—	—	—	—	—	—	—	—
RQ	2.522	0.908	0.283**	0.458**	**0.868**	—	—	—	—	—	—	—	—
DF	3.095	0.763	0.575**	0.301**	0.233**	**0.742**	—	—	—	—	—	—	—
PF	3.382	0.630	0.634**	0.543**	0.446**	0.480**	**0.703**	—	—	—	—	—	—
SP	2.164	0.679	-0.344**	-0.338**	-0.054	-0.297**	-0.265**	**0.744**	—	—	—	—	—
NL	45.170	9.518	-0.070	-0.069	-0.059	0.074	-0.039	0.029	n.a	—	—	—	—
XL	2.100	0.812	0.066	0.069	0.072	0.097	0.108	-0.043	-0.340**	n.a	—	—	—
RS	2.130	0.761	0.055	0.038	0.063	0.019	0.062	0.129	-0.112	0.091	n.a	—	—
LX	0.400	0.490	-0.029	0.200**	0.152*	-0.286**	-0.004	-0.061	-0.251**	0.171*	0.180**	n.a	—
RL	1.320	0.771	0.175*	0.122	-0.135*	-0.068	0.050	-0.069	0.120	-0.241**	0.131	-0.009	n.a

注：(1) * 表示 $p < 0.05$，** 表示 $p < 0.01$（双尾检验）；(2) 对角线黑体数字为各潜在变量的 AVE 平方根，下方为各变量之间的相关系数；(3) "n.a" 表示不适用。

为了检验 DF 和 PF 的中介作用，我们构建了 RQ→DF／PF→SP，GQ→DF／PF→SP，TR→DF／PF→SP 三个模型，按照赵等（Zhao et al.，2010）提出的中介分析程序，参照布瑞彻和海因斯（Preacher & Hayes，2008）提出的多个并列的中介变量检验方法，进行中介检验，样本量选择 5000，设置 95% 的置信区间。具体检验程序如下：首先，查看中介效应 a×b 置信区间是否包含 0，若包含 0，中介效应不显著；若不包含 0，中介效应显著。其次，本研究将着重关注以下信息：（1）两个中介变量（DF 和 PF）共同发挥中介作用的大小和显著性（total indirect effect）；（2）在剔除另一中介变量中介作用后，两个中介变量各自单独的中介作用大小及显著性；（3）比较两个中介变量各自的中介作用大小。

如表 5-7 所示，在模型 RQ→DF／PF→SP 中，DF 和 PF 两个中介变量共同发挥中介作用的置信区间（-0.166，-0.055）不包含 0，即中介作用显著，作用大小为 -0.104；在两个中介路径中，DF 的中介作用的置信区间（-0.076，-0.013）不包含 0，大小为 -0.039，PF 中介作用的置信区间（-0.129，-0.014）也不包含 0，大小为 -0.065，因此，分配公平和程序公平分别在人情抑制投机过程中的中介作用显著，且程序公平的作用大于分配公平，假设 H1a 和 H1b 得到支持。同时，RQ→SP 的主效应置信区间（-0.043，0.170）包含 0，即人情对投机行为直接影响不显著，这与上述回归验证假设 H5a 一致，因此 PF 和 DF 为完全中介作用。在模型 GQ→DF／PF→SP 中，DF 和 PF 两个中介变量共同发挥中介作用的置信区间（-0.141，0.005）包含 0，即中介作用不显著；在两个中介路径中，DF 的中介作用的置信区间（-0.108，-0.018）不包含 0，大小为 -0.056，而 PF 中介作用的置信区间（-0.090，0.071）包含 0，因此，分配公平单独在感情抑制农户投机行为的过程中中介作用显著，而程序公平单独的中介作用不显著，假设 H2a 成立，H2b 不成立，而且 GQ→SP 的主效应置信区间（-0.371，-0.105）不包含 0，即感情对投机行为有直接的抑制作用，这与上述回归验证假设 H5b 一致，因此 DF 存在部分中介作用。在模型 TR→DF／PF→SP 中，DF 和 PF 两个中介变量共同发挥的中介作用置信区间（-0.241，0.034）包含 0，即中介作用不显著，且在两个中介路径中，DF 和 PF 各自的中介作用的置信区间（-0.165，0.023）和（-0.143，0.082）都包含 0，因此，分配公平和程序公平在信任对农户投机行为的影响过程中没有中介作用，假设 H3 成立。

表 5-7　　　　　　　　DF 和 PF 的并列中介检验

模型	RQ→DF / PF→SP 置信区间	作用大小	GQ→DF / PF→SP 置信区间	作用大小	TR→DF / PF→SP 置信区间	作用大小
共同中介作用	(-0.166, -0.055)	-0.104	(-0.141, 0.005)	-0.067	(-0.241, 0.034)	-0.107
DF 中介作用	(-0.076, -0.013)	-0.039	(-0.108, -0.018)	-0.056	(-0.165, 0.023)	-0.076
PF 中介作用	(-0.129, -0.014)	-0.065	(-0.090, 0.071)	-0.011	(-0.143, 0.082)	-0.031
主效应作用	(-0.043, 0.170)	0.064	(-0.371, -0.105)	-0.237	(-0.385, -0.051)	-0.218
结论	DF 和 PF 都存在完全中介作用		DF 存在部分中介作用，PF 不存在中介作用		DF 和 PF 都不存在中介作用	

五、讨论与结论

通过本节对于感知公平中介作用的研究，我们可以得出以下结论：首先，分配公平和程序公平在人情和农户投机行为之间的完全中介作用都显著（H1a 和 H1b），但分配公平的作用小于程序公平，这说明人情在抑制农户投机行为过程中是建立在交易的平等互惠的基础上，而由于程序公平具有相对稳定性，只与收购商个人及其可观测行为有关，较之分配公平受到的外界影响因素较少（Kumar et al., 1995），因而在人情的中介路径中发挥的作用更加明显。其次，分配公平在感情与农户投机行为之间的中介作用显著（H2a），但程序公平在其中的作用不显著（H2b 未支持），这也进一步说明商业环境中感情大多数是在长期平等互惠的基础上建立起来的，需要确认对方自己是"真情实意"才能放弃投机。同时，感情相对于人情，是关系发展的更高级阶段，感情中不仅蕴含着程序公平中的尊重礼貌、一视同仁等，还包括程序公平中没有的情感上的依赖和奉献精神，因而不需要通过程序公平实现对农户投机行为的抑制。最后，信任不需要感知公平的中介作用，可以直接抑制农户的投机行为（H3），这也进一步确认了信任作为稳定社会关系基本要素和关系发展的高级阶段，对渠道成员行为的影响力。

第三节 专有资产投入、人际信任对关系稳定的影响

如本章第二节研究所示,信任作为稳定社会关系基本要素和关系发展的高级阶段,在稳定交易关系中发挥着重要的作用。但是,渠道成员之间的信任又是如何产生和发展的呢?本研究将回答这一问题。

一、理论与研究假设

(一)专有资产与信任

专有资产(specific assets)是指企业为了特定的交易伙伴或交易关系做出的高度专业化投资,一旦关系破裂,做出投资方将遭受巨大的沉没成本(Williamson,1985)。现有探讨专有资产投入在渠道关系中作用的研究大都依据交易成本理论和社会交换理论。交易成本理论认为,当某一渠道成员在关系中投入人力、物质等专有资产后,它就在关系中处于被锁定的状态,由于其转移成本的提升,增加了其对渠道伙伴的依赖程度,导致渠道成员间依赖处于不对称状态(Heide et al.,1988)。处于优势地位的渠道成员可以采取强迫让步、逃避责任等机会主义行为获得更多的收益。可见,从交易成本理论角度来看,一方的专有资产投入容易引发另一方的机会主义行为。与交易成本理论观点不同,社会交换理论认为,企业并不是单纯考虑自身当下的利益,还会顾及关系发展的长远收益以及合作伙伴的利益。当一方在关系中投入人力、物质等资产的时候,体现了它对关系的忠诚,表明它愿意让自身处于不利位置,致力于发展长期关系。由此,一方的专有资产投入是向交易伙伴表明其可靠性和可信性的信号(Ganesan,1994),接受投入的一方感受到这一信号,也会增强对进一步发展关系的信念。因此,一方的专有资产投入会增强渠道双方的信任,推动渠道双方开展更为紧密的合作。

在本书中,我们采用社会交换理论的观点。收购商专有资产投入指收购商为了向农户表达自己的诚意所做出的实质性的投入。这些投入主要包括为签订订单的农户垫付生产过程中所需要的种子、化肥、农药等生产资料的费用,为签约农户无偿提供农业基础设施建设的资金等。因为契约型农产品渠道中的农户和收购商之间的权力结构是严重向收购商倾斜的,这种权力结构的严重不对称使农户

在交易关系中处于弱势地位，从而使其对收购商有较强的防范意识，进而导致交易关系不稳定。而收购商通过这些前期投入增强了自身对农户的依赖，可以缓解权力结构不对称所引起的农户低水平信任，表达愿意发展长期稳定关系的意愿。

在营销渠道研究中，信任一直占有重要地位，被认为是形成紧密合作关系的核心构件之一（Doney & Cannon，1997）。信任是一方对另一方所持有的诚意和信念。信任方某种程度的脆弱性是信任的必要前提，即对信任方而言，决策后果必定是不确定的、重要的。现有研究认为信任包括了两个方面：其一是可靠性（credibility），即相信渠道伙伴会信守承诺，完成自身的职责和义务；其二是仁爱心（benevolence），即相信渠道伙伴会考虑其他渠道成员的收益或福利，寻求共同的利益，而不会单纯追求自身利益的最大化。在本文所关注的契约型农产品渠道中，信任是指农户对收购商的信任，即农户对收购商的正直和仁爱的信心，并相信收购商能够完成其义务和承诺的信念。

（二）收购商专有资产投入对农户信任的影响及农户专有资产投入的调节作用

投资方的专有资产投入会增强接受方对其的信任（Ganesan，1994）。首先，专有资产投入能明确表达出投资方的诚意、对关系的重视以及维持关系的意愿，接受方可以此来保障自己的收益（Anderson et al.，1992）。其次，随着企业在交易关系中投入专有资产，则该企业被锁定在交易关系中，这可以有效地抑制其投机行为，增强专有资产接受方对其信任的感知（Handfield et al.，2002）。在契约型农产品渠道中，农户的弱势地位使收购商的口头承诺并不足以打消其疑虑，而收购商的专有资产投入这种预承诺则可以起到"人质机制"的作用，让农户相信其不会存在欺诈行为（夏春玉等，2009）。依据社会交换理论，收购商对农户的专有资产投入向农户传递了以下信号：首先，收购商传递了可靠性和可信性信号，其对农户的投入不是一种空泛的许诺，而是一种实实在在的体现。收购商专有资产投入会对其在当地的长期运营产生约束作用，因而收购商比农户有更强的动机履约，其通过增加关系结束时的沉没成本将自己锁定在这段关系里，增加自己对农户的依赖度，减少了农户的猜测和怀疑。农户接收到这一信号，也会增强其对进一步发展关系的信念，推动双方展开更为紧密的合作。其次，在收购商与农户的渠道关系中，农户是弱势一方，为了保护农户的利益，收购商的专有资产投入是对农户的重视与忠诚，表明了其远离机会主义行为的决心。收购商的专有资产是专门用于农户生产活动的资产，也就是说，收购商希望农户去执行在合作中非常重要的职能，收购商在做出专有资产投入后，考虑到资源有限性，减少了其与其他农户交易的机会，会比之前有更大的动机长期维系关系稳定，使双方都能持续从这段关系中稳定获利。由此，收购商的专有资产投入有利于农户降低因相互依赖不对称而对自身处境的不安全感，打消农户的疑虑，增强农户的信任。据此，我们提出假设1：

H1：收购商的专有资产投入能够增强农户的信任。

由于专有资产投入在特定交易关系之外的价值很低，专有资产投入方会因终止关系可能带来的高额沉没成本而被锁定在特定的关系中（Williamson，1985），这不仅增加了其对交易伙伴的依赖，且这种依赖不对称会影响渠道伙伴间的关系（钱丽萍、任星耀，2012）。但是，补偿性专有资产投入（即另一方同时做出专有资产投入）可以减轻依赖的不对称，实现关系中均等的依赖，从而促进渠道成员间的相互信任（Heide et al.，1988）。在契约型农产品渠道中，由于农户和收购商签订的契约无法排除诸如自然和经济因素对农产品价格的影响，当市场价格高于协议价格时，农户存在着把农产品转售给市场的强烈动机。但收购商可以通过使农户同时进行专有资产投入的方式，抑制农户的投机行为，强化渠道间关系。为了与收购商签订订单，农户会对种子、化肥、蔬菜大棚、养殖圈舍等生产要素投入专有资产，这种资本上的联结对双方具有绑定效应，形成了结构性的退出障碍，增强了彼此间的依赖，双方变成了共担风险、共享收益的更为紧密的合作伙伴。根据社会交换理论，收购商可以通过吸收农户专有资产投入，以关系规范的方式保护自身的专有资产，强化渠道间关系（钱丽萍等，2014）。因此，农户专有资产投入会进一步推动其与收购商的合作行为，有助于构建和睦、团结的渠道关系。较之收购商单方面进行专有资产投入的渠道，这种双边锁定的渠道会提高合作绩效、强化渠道间信任。据此，我们提出假设2：

H2：农户专有资产投入能够强化收购商专有资产投入所带来的农户信任。

（三）农户信任对渠道关系稳定性的影响

契约型农产品渠道关系稳定性是指农户与其签约企业之间交易关系的稳定程度。由于我国农业生产的特点，在订单农业中企业或农户违约的案例大量存在（刘凤芹，2003），交易关系的不稳定对农户与企业双方的绩效都带来了负面影响。邓宏图和米献炜（2002）将订单农业中的交易关系不稳定分为两种情况：一是在订单当期违约；二是虽然在订单当期没有违约，但拒绝续约。据此，本文站在农户的角度从两个方面来衡量契约型农产品渠道中的关系稳定性：农户在订单当期的违约倾向和签订下一期订单的续约意愿。

如前所述，信任的建立有利于未来关系延续的意愿，推动渠道成员间的合作，构建长期稳定的合作关系（Doney & Cannon，1997）。当经销商认为供应商在渠道关系中具有可靠性和一致性时，会更愿意与供应商发展稳定的合作关系。因此，当交易双方信任程度较高时，双方的合作关系将是稳定的；相反，当交易双方缺乏信任时，双方进行的交易可能就是短暂与临时的（张旭梅、陈伟，2011）。由于我国农业生产体制的特点，农户存在着将农产品转卖给其他收购者、故意隐瞒产品产量与质量信息、生产过程中违反企业规定（如违规使用农药和化肥、不使用企业指定饲料等）、产品销售过程中以次充好等有损渠道关系稳定性的行为，这些行为会增加农户的短期收益，而损害企业的当期利益，因此选择合适的治理机制对于提升渠道关系稳定性至关重要。一方面，农户对收购商的信任意味着农户相信收购商的可靠性和仁爱心。农户对收购商可靠性的认可表明在以往的渠道关系中，收购商积极投身于双方的业务往来，履行职责和义务，这可以保证农户能够从渠道关系中获得相应的回报。同时，农户对收购商仁爱心的认可意味着收购商会为了长期的利益而克制自身的短期利益，并且不会采取不利于农户的举动。因此，农户对收购商的信任，会增强其签订下一期订单的续约意愿。另一方面，农户对收购商可靠性和仁爱心的认可表明其与收购商之间存在融洽的合作氛围，意味着农户相信收购商会采取有助于实现合作目标的行为，那么农户也会采取有助于实现合作目标的行为，抑制自身的违约倾向。据此，我们提出假设3和假设4：

H3：农户的信任水平越高，续约意愿就越高；

H4：农户的信任水平越高，违约倾向就越低。

（四）政府支持对农户信任与渠道稳定性间关系的影响

政府支持是指政府为了减少转型经济条件下市场制度不完善对企业造成的不利影响而提供的各种支持（Sheng et al.，2011）。由于中国经济转轨过程中的正式制度尚不完善，因而政府有必要以公共品的方式为渠道成员提供有价值的政策和产业信息，以保证渠道的公正、公开和透明。在契约型农产品渠道中，由于农户的脆弱性与规模的有限性，农户和收购商的合作关系缺乏一种内在稳定的机制，这要求政府必须以某种形式介入双方的缔约与交易过程，构建一个有利于契约双方的制度环境，提升交易绩效。

在契约型农产品渠道中，政府通过为农户提供必要的市场行情信息来弥补契约不完备给农户带来的可能风险（夏春玉等，2009）；通过约束收购商的交易行为来缓解农户信任所引起的对收购商的过度依赖，使其按照有利于提升农户绩效的方式开展经营活动（夏春玉等，2009）；通过在引进收购商方面提供大量支持，利用农户对政府的信任强化农户的信心，增强双方契约的信用度（张闯等，

2009）。在这种制度环境下，农户有更强的续约意愿。但是，在契约型农产品渠道中，收购商拥有比农户更完备的市场信息，因而存在着隐藏信息、诱使农户签订不合理契约、将市场风险推给农户或直接违约的可能（刘凤芹，2003）。但是，政府通过为农户提供必要的市场行情信息，缓解了农户在与收购商交易过程中信息不对称的问题，为农户发现收购商的投机行为提供了可能。当政府所提供的市场行情信息与农户在收购商处获取的信息不一致时，农户对政府的天然信任会降低其对收购商的信任感，进而农户的违约倾向也会有所增加。据此，我们提出假设 5a 和 5b：

H5a：政府支持可以强化农户信任对续约意愿的正向影响；

H5b：政府支持可以削弱农户信任对违约倾向的负向影响。

图 5-4 是根据以上理论和假设提出的本研究概念模型。

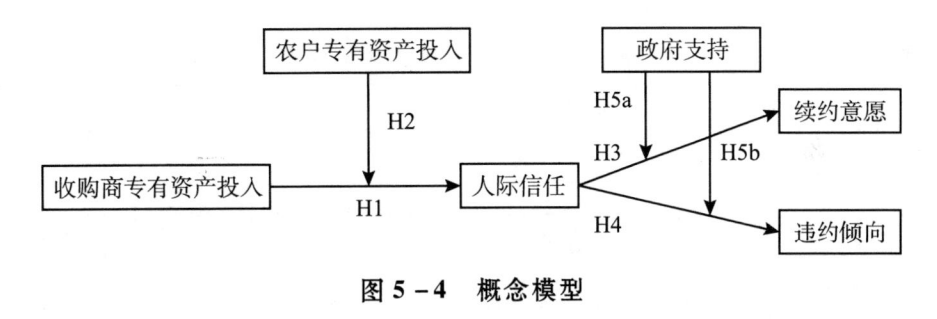

图 5-4 概念模型

二、研究方法

本研究也与本章第一节研究中的数据样本相同，因此数据收集过程和样本描述过程省略。

（一）变量测量

本研究的量表均来自以往的研究，但根据研究背景我们对量表的问项进行了相应的修订，以使之符合农产品渠道的研究背景。收购商专有资产投入（BRI）和农户专有资产投入（FRI）的量表分别包括 6 个和 5 个问项；农户信任（TR）量表来自多尼和坎农（Doney & Cannon, 1997），包括 6 个问项；政府支持（GS）的量表包括 6 个问项，农户违约倾向（VC）和续约意愿（RC）的量表来自张闯等（2010），各包括 3 个问项。所有变量的量表均采用五点李克特量表来测量。

（二）量表的信度与效度分析

表 5-8 是本研究所使用的量表,及其中反映性量表的信度与效度检验结果。收购商专有资产投入与农户的专有资产投入属于合成性量表,不适用且不必要计算 Cronbach's α 值和进行验证性因子分析以判别信度和效度（庄贵军等，2008）。信度方面,本研究所用量表的 Cronbach's α 值均超过了 0.7，同时各变量的组合信度（composite reliability，CR）都大于 0.7，说明此量表有良好的内部一致性。我们采用 AMOS22 对模型中所有反映性量表进行验证性因子分析（CFA），结果显示测量模型具有较好的拟合度，所有题项因子的标准载荷均大于 0.5（$p < 0.001$），变量平均抽取方差（AVE）都大于 0.5，说明量表中的各变量有较好的聚敛效度。

表 5-8 测量题项及信度、效度检验结果

量表与测量题项		因子载荷
收购商专有资产投入（BRI）合成性量表	BRI1 提供周转资金	n. a.
	BRI2 赊销或垫付的生产资料（如肥料、饲料、种子、苗雏、包装材料等）	n. a.
	BRI3 为生产设施（如大棚、温室、圈舍）垫付资金	n. a.
	BRI4 为辅助生产工具（如农机或交通工具等）垫付资金	n. a.
	BRI5 安排专门的技术人员	n. a.
	BRI6 其他投入（如专设的收购站及管理人员、在当地建设了加工厂）	n. a.
农户专有资产投入（FRI）合成性量表	FRI1 学习专门的技术	n. a.
	FRI2 生产用地	n. a.
	FRI3 固定资产（如圈舍、大棚等）	n. a.
	FRI4 生产工具（如农机具等）	n. a.
	FRI5 其他生产资料（如肥料、饲料、种子、苗雏、包装材料等）	n. a.

续表

量表与测量题项		因子载荷
农户信任（TR） Cronbach's α = 0.902 CR = 0.897 AVE = 0.592	TR1 这个收购者总是诚实可靠的	0.717
	TR2 我相信这个收购者所提供的信息	0.703
	TR3 这个收购者确实关心我们是否能挣到钱	0.767
	TR4 在做出重要决定时，这个收购者会考虑让我们双方都能获得好处	0.817
	TR5 我相信这个收购者时刻关心我的收益	0.815
	TR6 这个收购者值得相信	0.788
政府支持（GS） Cronbach's α = 0.921 CR = 0.924 AVE = 0.670	GS1 当地政府在我们申请贷款时提供了必要的支持	0.699
	GS2 当地政府帮助我们引进了新技术、设备和品种等	0.767
	GS3 当地政府在我们与企业签订订单过程中给予了很大支持	0.863
	GS4 当地政府在引进龙头企业方面工作力度很大	0.841
	GS5 当地政府在组建合作社等方面给予了很多支持	0.835
	GS6 当地政府在其他方面也提供了很多支持	0.890
续约意愿（RC） Cronbach's α = 0.879 CR = 0.881， AVE = 0.713	RC1 我愿意与现有企业（或合作社等）签订订单	0.821
	RC2 我很高兴继续与现有企业（或合作社等）签订订单	0.923
	RC3 订单到期后我还会继续做	0.782
违约倾向（VC） Cronbach's α = 0.825 CR = 0.831， AVE = 0.622	VC1 我可能不能完全按照订单的要求进行生产	0.706
	VC2 如果其他收购者出的价格高出合同价格，我会将产品卖给他们	0.821
	VC3 在生产和销售过程中，我可能违反合同规定的事情	0.834

模型拟合指数：CMIN/df = 1.751，p = 0.000，RMSEA = 0.059，IFI = 0.964，CFI = 0.963，NNFI = 0.954，GFI = 0.902

注：n.a. 表示不适用。

表 5 – 9 是各变量的均值、标准差与相关系数以及判别效度的检验结果。在表 5 – 9 中，各变量 AVE 值的平方根（对角线上的黑体数字）都大于与对角线下方其他因子相关系数的绝对值，表明这些变量具有较好的判别效度。

表 5-9　均值、标准差与相关系数表

	BRI	FRI	TR	GS	RC	VC	EDU	LQ	FI	RL	RATE
BRI	n. a.										
FRI	0.309**	n. a.									
TR	0.407**	0.069	0.769								
GS	0.160*	0.102	0.370**	0.819							
RC	0.248**	0.191**	0.466**	0.039	0.844						
VC	-0.213**	-0.080	-0.435**	-0.257**	-0.189**	0.789					
EDU	0.084	0.040	0.067	0.092	0.035	-0.060	n. a.				
LQ	0.033	0.087	0.030	-0.080	0.074	0.196**	0.091	n. a.			
FI	0.246**	0.218**	0.213**	-0.116	0.249**	0.266**	0.238**	0.114	n. a.		
RL	-0.042	0.046	0.167*	0.042	0.105	0.004	-0.243**	0.093	-0.027	n. a.	
RATE	0.270**	0.161*	0.323**	-0.005	0.270**	-0.193**	0.070	0.220**	0.189*	0.146*	n. a.
均值	2.374	3.181	3.192	3.101	3.569	2.485	2.100	2.130	4.142	5.130	69.200
标准差	0.732	0.715	0.768	0.902	0.694	0.814	0.812	0.761	3.585	5.077	25.430

注：(1) * 表示 p<0.05（双尾），** 表示 p<0.01（双尾），N=217；(2) 对角线上黑体字为 AVE 的平方根；(3) n. a. 表示不适用。

三、分析结果

本研究采用多元层次回归方法进行假设检验。为了避免多重共线性的影响，我们先对相关变量进行中心化处理，然后再相乘以构建交互项。

为了检验 H1 和 H2，我们首先以农户信任（TR）为因变量，收购商专有资产投入（BRI）为自变量，对数据进行回归分析。表 5 - 10 中 TR 模型（Ⅱ）的 F 值显著不为 0，且 $\Delta R^2 = 0.061$，（$p < 0.01$），这说明 TR 模型（Ⅱ）的拟合优度优于 TR 模型（Ⅰ）。在 TR 模型（Ⅱ）中，收购商专有资产投入（BRI）对农户信任（TR）的影响系数显著为正（$\beta = 0.267$，$p < 0.001$），这说明收购商专有资产投入（BRI）对农户信任（TR）有显著的正向影响，由此 H1 得到了验证。而后，在 TR 模型（Ⅳ）中，加入交互项之后的 TR 模型（Ⅳ）的 $\Delta R^2 = 0.021$（$p < 0.05$），且交互项（BRI×FRI）对农户信任（TR）的影响显著为正（$\beta = 0.153$，$p < 0.05$），这说明农户专有资产投入会强化收购商专有资产投入所带来的农户信任，由此 H2 得到了验证。

表 5 - 10　　　　　　回归分析结果：TR 模型

变量	TR（Ⅰ）	TR（Ⅱ）	TR（Ⅲ）	TR（Ⅳ）
控制变量	—	—	—	—
EDU	0.045	-0.026	0.020	-0.017
LQ	-0.021	-0.006	-0.029	0.025
FI	0.211**	0.154*	0.170**	0.180**
RL	0.104	0.109†	0.111†	0.128*
BL	0.308***	0.240***	0.247***	0.232***
GS	0.367***	0.320***	0.349***	0.344***
自变量	—	—	—	—
BRI	—	0.267***	0.322***	0.296***
调节变量	—	—	—	—
FRI	—	—	-0.208**	-0.161*
交互项	—	—	—	—
BRI×FRI	—	—	—	0.153*

续表

变量	TR（Ⅰ）	TR（Ⅱ）	TR（Ⅲ）	TR（Ⅳ）
模型拟合	—	—	—	—
F – value	12.013***	13.553***	13.853***	13.332***
R^2	0.294	0.355	0.393	0.414
ΔR^2	—	0.061**	0.038*	0.021*

注：*** 表示 $p < 0.001$，** 表示 $p < 0.01$，* 表示 $p < 0.05$，† 表示 $p < 0.1$。

为了检验 H3 和 H5a，我们首先以续约意愿（RC）为因变量，农户信任（TR）为自变量，对数据进行回归分析。表 5 – 11 中 RC 模型（Ⅱ）的 F 值显著不为 0，且 $\Delta R^2 = 0.196$（$P < 0.001$），这说明 RC 模型（Ⅱ）的拟合优度优于 RC 模型（Ⅰ）。在 RC 模型（Ⅱ）中，农户信任对续约意愿的影响系数显著为正（$\beta = 0.478$，$p < 0.001$），这说明农户信任（TR）对续约意愿（RC）有显著的正向影响，由此 H3 得到了验证。而后，在 RC 模型（Ⅳ）中，加入交互项之后的 RC 模型（Ⅳ）的 $\Delta R^2 = 0.012$（$p < 0.1$）。且交互项（TR * GS）对续约意愿（RC）的影响显著为正（$\beta = 0.116$，$p < 0.1$），这说明政府支持会强化农户信任对续约意愿的正向影响，由此 H5a 得到了验证。

表 5 – 11　　　　　回归分析结果：RC 模型和 VC 模型

变量	RC（Ⅰ）	RC（Ⅱ）	RC（Ⅲ）	RC（Ⅳ）	VC（Ⅰ）	VC（Ⅱ）	VC（Ⅲ）	VC（Ⅳ）
控制变量	—	—	—	—	—	—	—	—
EDU	-0.019	-0.031	-0.009	-0.014	-0.012	0.000	0.032	0.027
LQ	0.069	0.109†	0.094	0.095	0.260***	0.218***	0.197**	0.198**
FI	0.158*	0.085	0.061	0.053	-0.204**	-0.128†	-0.162*	-0.171**
RL	0.105	0.050	0.050	0.051	0.031	0.088	0.088	0.089
RATE	0.211**	0.071	0.055	0.079	-0.216**	-0.071	-0.094	-0.069
自变量	—	—	—	—	—	—	—	—
TR		0.478***	0.549***	0.577***		-0.497***	-0.393***	-0.364***
调节变量	—	—	—	—	—	—	—	—
GS			-0.159*	-0.155*			-0.234**	-0.229**

续表

变量	RC(Ⅰ)	RC(Ⅱ)	RC(Ⅲ)	RC(Ⅳ)	VC(Ⅰ)	VC(Ⅱ)	VC(Ⅲ)	VC(Ⅳ)
交互项	—	—	—	—	—	—	—	—
TR * GS	—	—	—	0.116†	—	—	—	0.121†
模型拟合	—	—	—	—	—	—	—	—
F - value	4.373**	12.851***	12.013***	11.008***	5.469***	15.403***	15.811***	14.502***
R^2	0.112	0.308	0.328	0.340	0.136	0.348	0.392	0.404
ΔR^2	—	0.196***	0.020*	0.012†	—	0.212***	0.044**	0.011†

注：*** 表示 $p<0.001$，** 表示 $p<0.01$，* 表示 $p<0.05$，† 表示 $p<0.1$。

为了检验 H4 和 H5b，我们首先以违约倾向（VC）为因变量，农户信任（TR）为自变量，对数据进行回归分析。表 5-11 中 VC 模型（Ⅱ）的 F 值显著不为 0，且 $\Delta R^2 = 0.212$，（$p<0.001$），这说明 VC 模型（Ⅱ）的拟合优度优于 VC 模型（Ⅰ）。在 VC 模型（Ⅱ）中，农户信任对违约倾向的影响显著为负（$\beta = -0.497$，$p<0.001$），这说明农户信任（TR）对违约倾向（VC）有显著的负向影响，由此 H4 得到了验证。而后，在 VC 模型（Ⅳ）中，加入交互项之后的 VC 模型（Ⅳ）的 $\Delta R^2 = 0.011$，（$p<0.1$）。且交互项（TR * GS）对违约倾向（VC）的影响显著为正（$\beta = 0.121$，$p<0.1$），这说明政府支持会削弱农户信任对违约倾向的负向影响，由此 H5b 得到了验证。

四、讨论与结论

第一，契约型农产品渠道关系中，收购商的专有资产投入对农户信任有显著的正向影响（H1）。这说明，收购商通过对农户进行专有资产投入能够提升农户的信任水平。学界一般认为，在我国当前农业生产体制下，农户与收购商交易关系中的权力结构是严重向收购商倾斜的。基于上述权力结构，农户的弱势地位使农户有更高的风险意识和防范意识，收购商很难获取农户的信任，渠道关系极其不稳定。但本研究发现，在这样的权力结构下，收购商对农户进行专有资产投入，通过提升自身对农户的依赖来缓解权力结构不对称；通过使自身处于不利地位来降低农户的防范意识；通过实质性投入而非口头承诺来打消农户疑虑，可以显著提升农户信任。这一研究发现，对渠道关系中一方的专有资产投入能够增强另一方对自身的信任（Ren et al., 2010），以及强势方的专有资产投入可降低弱势方因相互依赖不对称而对强势方机会主义行为的感知（钱丽萍、任星耀，

2012）进行了补充和拓展。即在相互依赖不对称的权力结构下，强势方的专有资产投入能够减轻相互依赖不对称，增强弱势方的信任。同时，这一研究发现为夏春玉等（2009）和张闯等（2009）有关契约型农产品的案例研究中收购商的专有资产投入能够增强农户信任的观点提供了实证证据。从这一点来看，在订单农业中，尽管农户会因与收购商权力结构不对称而具有很强的风险意识和防范意识，企业仍可通过必要的方式来增强农户信任。

第二，农户专有资产投入能够强化收购商专有资产投入对农户信任的正向影响（H2）。这说明，较之收购商单方面进行专有资产投入时，农户的专有资产投入可以提升农户的信任水平。由于收购商一方的专有资产投入会增加农户所可能采取的机会主义行为，而当农户同时进行专有资产投入时，通过均衡专有资产投入、增强彼此间依赖，能够有效提高合作的绩效。农户和收购商双方专有资产投入的对称性是影响渠道间关系的重要因素（钱丽萍、任星耀，2010）。从上述结论来看，农户专有资产投入通过增强了双方专有资产投入的对称性，能够通过双边锁定的合作关系来提高合作绩效，强化收购商专有资产所带来的农户信任。

第三，本研究也再次验证了人际关系中的信任对关系稳定性有显著正向影响（H3和H4）。这说明，农户信任水平越高，其在下一期续约的意愿就越强，违约倾向也就越低。

第四节　本章管理建议

本章的三个研究对渠道关系管理有以下几点启示：

第一，在农村社会中，人际关系在稳定交易关系中发挥着重要的作用。从以上三个研究中可以看出，人际关系可以有效抑制农户的投机行为，或者是降低农户的违约倾向、增强其与收购商的续约意愿。因此，企业在农产品渠道管理中应当注重人际关系的作用。由于中国农村熟人社会的性质，为了更好地与农户建立人际关系，企业可以多雇佣一些当地人作为渠道管理人员，这些当地人与农户由于先赋性关系的存在，可以极大地提高渠道管理的效率。同时，企业应当给渠道管理人员充分的授权，让他们有更多的自主权来建立和发展与农户之间的人际关系。我们在宁夏中银绒业[①]的调查中也证实了这一发现，公司为稳定羊绒的收购，

[①] 宁夏中银绒业股份有限公司成立于1998年9月，主要从事无毛绒、绒条、羊绒纱及羊绒制品的生产及国内外销售，是中国唯一一家专业经营羊绒及其制品的全产品系的上市公司。公司A股股票在深圳证券交易所挂牌交易，股票简称"中银绒业"，股票代码000982。此次调查在2015年4月期间。

在我国羊绒的主要产区——新疆、内蒙古等地常设收购机构，主要雇用了大量当地人作为公司代表，处理公司与牧民的日常事务，与牧民建立了长期友好的关系，极大保障了公司收购羊绒的品质和数量。

第二，企业渠道管理人员在渠道管理过程中，应当区分人际关系的不同维度在关系发展不同阶段的作用，以及在稳定交易关系过程中作用路径的差异性。首先，研究一发现，农村社会的性质决定了农户会对人情与面子问题更为敏感，因此企业渠道管理人员首先应当做到的就是入乡随俗，根据当地的风俗习惯来与农户展开互动。但是，如果人情往来和对面子问题的注重不能有效促进关系内感情的增加，那么仅靠人情和面子是无法有效抑制农户的投机行为的。因此，企业渠道管理人员在与农户互动过程中，应当真心实意地对待农户，充分尊重农户，而不是仅限于表面的仪式性的交往。企业管理人员的行为只有被农户感知为真心实意，而不是为了促成交易的时候，农户才可能愿意以朋友的身份来与管理人员互动，只有这样才能促进关系内的感情，从而有效地抑制农户的投机行为。其次，本章第二节中研究发现，感知公平在人际关系影响渠道投机行为过程起到中介作用。例如，处于关系初级阶段的人情是通过增进农户分配公平和程序公平来抑制农户的投机行为，感情是通过增进农户的分配公平来降低投机行为，而关系高级阶段的信任则可直接抑制农户的投机行为。因此，企业的渠道管理关系管理者，需要区分人际关系的不同维度在稳定交易关系中作用路径的差异性，才能更好地应用人际关系管理其与农户的交易行为。

第三，专有资产投入有助于人际关系的发展。本章第三节中研究发现，收购商可以通过专有资产投入来增强农户的信任。这可能是由于当交易对方投入更多的专有资产投资时，使得其更有资格或机会参与到农户的日常生产当中（Joshi，2009），促进双方的沟通交流，从而更好地提升交易关系的质量。因此，企业应该进行专有资产投入，才能促进关系的发展，进而提升渠道关系的稳定性。同时，收购商在与农户交易时，在自己做出专有资产投入时，应做出最大的努力使农户同时进行专有资产投入，通过双边锁定的渠道关系去促进农户信任，增强渠道关系的稳定性。例如，内蒙古塞飞亚公司[①]为激励更多农户扩大养殖数量，当农户养殖数量在 500~1 000 只之间，企业给予农户一定的鸭舍改造补偿；如果农户养殖数量超过 1 500 只，公司将以抵押担保的方式为农户贷款修建鸭舍。这样的双边专有资产投资，对于农户而言，有利于其扩大养殖规模，降低投资风险；对于公司而言，为农户贷款提供抵押担保不仅有助于稳定交易合约（农户退出交

[①] 内蒙古塞飞亚集团公司始建于 1998 年，是一个以肉鸭养殖加工为主导产业，兼营印刷包装、精细化工、餐饮服务等产业的较大型现代化民营企业，是全国文明乡镇企业、农业产业化国家重点龙头企业，集团的肉鸭产业被列为全国农副产品深加工食品工业示范项目和国家星火计划项目。

易会蒙受损失），同时，可以增进产出，创造更大剩余。因此，双方的专用性投资培育了养殖大户，进而也为公司与农户长期合作提供了物质支撑（邓宏图、米献炜，2002）。

第四，人际关系也有其局限性和负面效应（Gu et al., 2008; Nie et al., 2011），企业应当充分地意识到这一点，以避免增加渠道管理的成本。一方面，人际关系的建立与维护往往需要投入很多的成本，并且一旦人际关系稳定以后就具有很强的绑定效应。如与农户建立人际关系的是企业的渠道管理人员，而后者则完全有能力"私有化"与企业合作的农户，一旦这些管理人员离职或跳槽就会给企业带来巨大的损失。因此，企业需要建立完善的管理制度来避免或约束此类行为的发生。例如，辽宁盛德集团[①]为了防止公司的业务员离职后将企业的养殖户带走，对公司业务员离职后的行业进行了限制，规定业务员一旦辞职后三年内不能从事相同的职业（田敏、张闯，2010）。另一方面，人情的往来是长期的互动过程，企业可能陷入过多的人情交换而增加渠道管理的成本。因此，企业在人际关系稳定以后，就要适当平衡人际关系维系的价值与成本投入的关系。

[①] 辽宁盛德集团始建于2000年，公司是集种禽饲养、禽雏孵化、原料仓储、饲料生产、放养回收、肉禽屠宰、分割加工、冷藏储存、纸箱生产、牧业科研开发和产品营销于一体的国家级农业产业化重点龙头企业。

第六章

农产品电子商务研究

农产品流通效率直接决定着农民收入，是"三农"问题的核心（夏春玉，2009）。但是由于小生产与大市场之间的矛盾，以及普遍存在的流通基础设施薄弱、流通成本高、信息不灵和产销衔接不畅等问题，我国农产品流通效率一直比较低下。这不仅加剧了农产品价格波动，导致了"菜贵伤民、菜贱伤农"的怪圈，使"种菜赔"与"买菜贵"同时并存，而且诱发了"甲醛白菜""翻新土豆""蓝矾韭菜""硫磺枸杞"等诸多农产品质量安全事件。如何平抑农产品价格、保障"舌尖上的安全"已经成为关乎民生的重大工程，也是农产品流通的重点和难点问题。互联网的快速发展为解决农产品流通中的这些突出问题，提高农产品流通效率提供了新的思路（樊西峰，2013）。2013年国家工商总局发布的《关于加快促进流通产业发展的若干意见》，要求推进网络商品交易平台向农村延伸，同时积极支持农业龙头企业、农产品批发市场建立农产品网上交易市场，开展农产品网上集中交易活动，实现传统市场升级转型。2014年中央"一号文件"在论及加强农产品市场体系建设时，也明确指出要启动农村流通设施和农产品批发市场信息化提升工程，加强农产品电子商务平台建设。农产品电子商务作为现代农产品流通中新兴的流通业态，它的发展进程和成熟程度，对于提高中国农产品流通效率和提升农产品国际竞争力具有重要实际应用价值。纯电商模式必须有线下店支撑，首先，这是由消费者购物习惯所决定的。消费者购买农产品一般都有"挑挑拣拣"的习惯，瓜果蔬菜尤其需要眼见为实。其次，线下店能够锁定目标客户群体，解决"最后一公里"的仓储配送问题。一般而言，线下店会以社区店的形式落地在社区里面或社区外的核心街道，终端店铺有提货和展销的双重价值,通过网络实现互通,以灵活地协调运营。所以基于线上线下融合的O2O模式才能从根本上突破农产品电子商务的发展瓶颈。本研究拟构建基于线上线下融合的农产品O2O体系框架,并对农产品O2O未来的发展趋势进行探索。

第一节 基于线上线下融合的农产品O2O体系框架

一、以不同流通主体为核心的农产品O2O模式

发展农产品O2O的首要目标是要解决流通环节过多、流通成本居高不下这一难题。从现有的农产品流通体系来看,一条完整的农产品流通链应该包括生产者、产地批发市场或物流中心、加工商、物流商、销地批发市场或物流中心、零售商、消费者等多个流通主体,农产品从田间到餐桌一般要经过产地收购、中间运输、销地批发和终端零售等环节,有的地方甚至还要经过产地批发、销地一级批发、二级批发等更多的环节。流通的环节越多,农产品流通成本就越高,农产品损耗也越大,这将在无形中抬高农产品价格,造成巨大的资源浪费,使消费者及相关利益者的福利受损。本书所构建的农产品O2O流通模式,试图精简流通环节,重新整合农产品流通链条,实现产销间和区域间的高效对接,从而推进农业产业化发展,如图6-1所示。

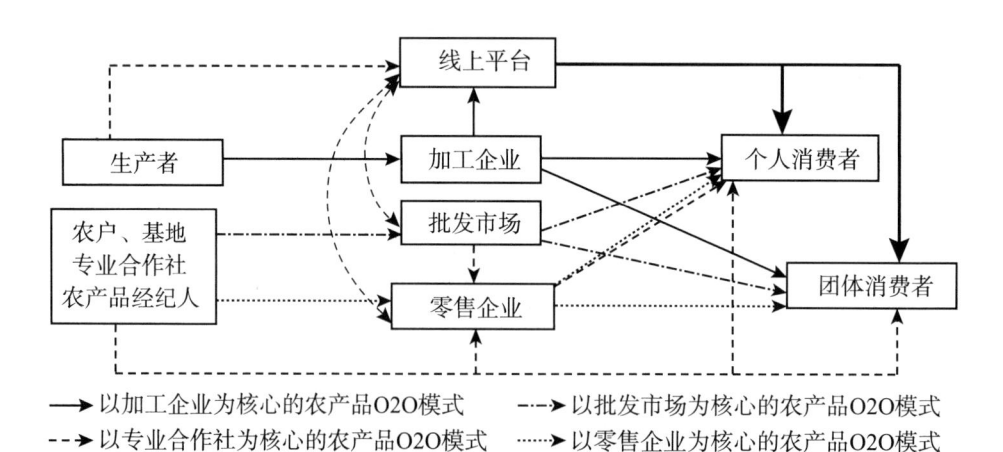

图6-1 以不同流通主体为核心的农产品O2O模式

依据核心流通主体的不同,我们把农产品O2O分为以加工企业为核心的农

产品 O2O 模式、以专业合作社为核心的农产品 O2O 模式、以批发市场或物流中心为核心的农产品 O2O 模式、以零售企业为核心的农产品 O2O 模式等等。

1. 以加工企业为核心的农产品 O2O 模式。这一模式中的加工企业往往拥有规模化的生鲜加工配送基地、强大的物流能力与销售网络。企业会建立独立的网上交易平台，以图片、视频等形式向消费者展示农产品的外观、包装、生产环节、价格、促销等方面的信息，引导消费者做出决策，完成在线支付；同时加工企业会拥有中央厨房以及线下连锁实体店面，这些实体店往往分布于中央厨房可辐射的周边社区。与加工企业具有长期战略伙伴关系的生产基地、专业合作社会将农产品直接供应到加工企业的中央厨房，经过中央厨房统一分拣、流通、加工形成半成品或成品后，由加工企业自身的物流系统或第三方物流公司配送至加工企业的各个实体门店。消费者在线上支付以后，可以在距离最近的实体门店提取所购农产品。比如上海厨易配菜有限公司开创的"厨易时代"就属于这类模式。"厨易时代"选择特定小区，开设了实体门店，即"厨易站"。厨易站中有自主研发的可视化小冷库，用以售卖并贮藏消费者所购农产品。消费者首先可以从电脑、手机上浏览"厨易时代"商城，订购当日拟购农产品，上午网上订购，下午即可在小区厨易站提取所订购的农产品。目前"厨易时代"已经覆盖了上海 30 余个社区，网站销售产品达到了 3 000 个左右，产品种类涵盖了菜品、果蔬、海鲜、肉类、蛋奶等在内的几乎所有生鲜农产品种类。此外，"厨易时代"正在酝酿一个独立的"家宴平台"，可以将净菜以套餐的形式宅配到家。

2. 以农民专业合作社为核心的农产品 O2O 模式。在该模式中，农民首先要加入专业合作社成为其中的社员，作为生产者的专业合作社组织农民进行组织化生产，培育出自己的农产品品牌，有时多个合作社还将组成合作联社，以便于农产品品牌的推广。合作社或合作联社将开设 O2O 电商农产品直销店。个人消费者和团体消费者都可以在农产品直销店的网上平台选购农产品，在线交易达成后，合作社或合作联社会通过自身的物流系统或第三方物流网络将农产品配送到消费者所在地。比如惠州市广博大种植业专业合作联社开设了 O2O 电商农产品直销店，消费者在直销店官网扫描二维码成为微信会员后，即可通过网上销售平台选购新鲜农产品，在微信、支付宝等平台完成付款后，就会有专人负责把农产品配送到会员手中。此外，以农民专业合作社为核心的农产品 O2O 模式的线下部分，专业合作社或合作联社还可以选择与零售商展开合作，通过"农超对接"等形式减少流通环节；有实力的专业合作社甚至可以整合资金自办超市，并将合作社的产品放在超市销售。例如，山东淄博就有一个由 156 家合作社联合起来共同建立的超市，该超市于 2009 年 9 月正式开业，对合作社的产品全部实行免费进入，采取展销结合、实地与网络结合的方式经营，到目前为止共吸引全市 156

家农民专业合作社的 358 个品种进入，其中有机食品、绿色食品认证的多达 270 个（黄修杰，2012）。

  3. 以批发市场为核心的农产品 O2O 模式。在该模式下，农产品批发市场一方面维持原来实体批发市场的运作模式，另一方面以独立或联盟的形式开办网上交易市场。网上交易市场不仅仅为批发市场内的批发商提供了网上交易展示的平台，而且在更大范围内搭建了一个农户和客户之间的交易平台。无论是批发市场内的实体批发商还是批发市场以外的任何农户、农民合作社均可在网站上租赁摊位，租金是一定比例的交易佣金；消费方可根据自己的需要在这个虚拟的农产品市场里进行选购。对于进入市场进行买卖的农产品，批发市场的交易网站都会对它们的数量、价格等信息进行实时公布，提供远程交易平台，支持买卖双方用网上银行、支付宝等多种支付方式完成交易。对于同批发市场内的批发商完成的交易，批发市场与批发商自营的物流系统或者其委托的第三方物流将完成配送服务，将农产品直接送达客户；对于同批发市场以外的销售方达成的交易，可以支付一定服务费委托批发市场的物流系统提供配送服务。北京新发地农产品批发市场就已经开始了 O2O 的尝试，在传统批发市场运营以外，打造了新发地农产品电子商务平台，作为第三方服务平台，该平台盈利主要靠收取佣金。一是通过提供买卖双方的信息促成交易，当交易达成时，按交易额的 1‰ ~ 5‰ 收取交易佣金；二是通过提供物流相关服务收取一定的费用；三是帮助卖方进行短期融资，按融资额的 1% 收取费用。2013 年末北京新发地联手电商巨头京东商城，推出了线上生鲜农产品交易平台，实现了线上线下的融合。

  4. 以零售企业为核心的农产品 O2O 模式。本模式中的零售企业包括连锁超市、农贸市场、社区直销店以及农副产品专卖店。同其他模式相类似，这一模式的核心流通主体换成了零售企业，它们不仅拥有成熟的实体卖场，同时还开展电子商务。比如杭州"王氏水产"的大闸蟹采取了"网上商城+百家实体连锁"的 O2O 模式，同时进行网上销售和实体店营销，且实行线上线下统一价格的原则，消费者可以线上交易，然后就近到"王氏水产"连锁专卖店自行取货。

  除了上述几种主要模式以外，还存在以物流企业或运营服务商为核心的农产品 O2O 模式。比如顺丰优选就是以物流企业为核心的 O2O 模式，顺丰速运作为一家物流企业，在物流配送能力方面有着天然的优势，能够确保配送速度，为线上线下的无缝链接提供了有效保障。再比如运营服务商京拍档建立了自己的生鲜品牌"农鲜生"，并和中国农产集团合作北京菜篮子工程项目，目前北京西城区已有 300 家销售蔬菜水果的便利店纳入该体系之中，农鲜生为北京菜篮子体系中的便利店提供部分水果蔬菜等产品的采购，并依托合作企业第三方快递"快行线"将农产品配送到相应的店铺。便利店则负责配送周边地区农鲜生的线上订单，能够实现订单在 12 小时之内送达。消费者可以通过线上农鲜生的店铺下单，订购的生鲜产品将由距离最近的店铺进行配送。线上也可以为便利店吸引一定的人流。

二、农产品 O2O 运行机制

尽管依据核心流通主体的不同，农产品 O2O 模式可以有多种类型，但是其核心无外乎线上与线下两个基本点，只有实现线上线下的融合和无缝链接，才能取得良好的效果。农产品流通主体在开展 O2O 时，既可以自建网上商城，同线下实体店协同运作，也可以借助布局全国的第三方平台，借助第三方平台的巨大流量，迅速推广带来客户。无论开展 O2O 的农产品流通主体是谁，O2O 整体框架及内在运行机制都有着很多共同点。如图 6-2 所示，农产品生产者一般为农产品基地或农产品品牌商，农产品流通主体既可以是农民专业合作社，也可以是农产品加工企业、批发市场或者零售企业，也可以是包含上述两个以上环节的一体化企业。农产品消费者既可以是个人，也可以是需要农产品的经济组织，如学校、医院、政府机关等。交易平台是消费者和农产品流通企业在线上进行支付交易的平台，实体店则包括农产品流通主体开办的各类销售终端，如直营店、超市、便利店、专卖店等。

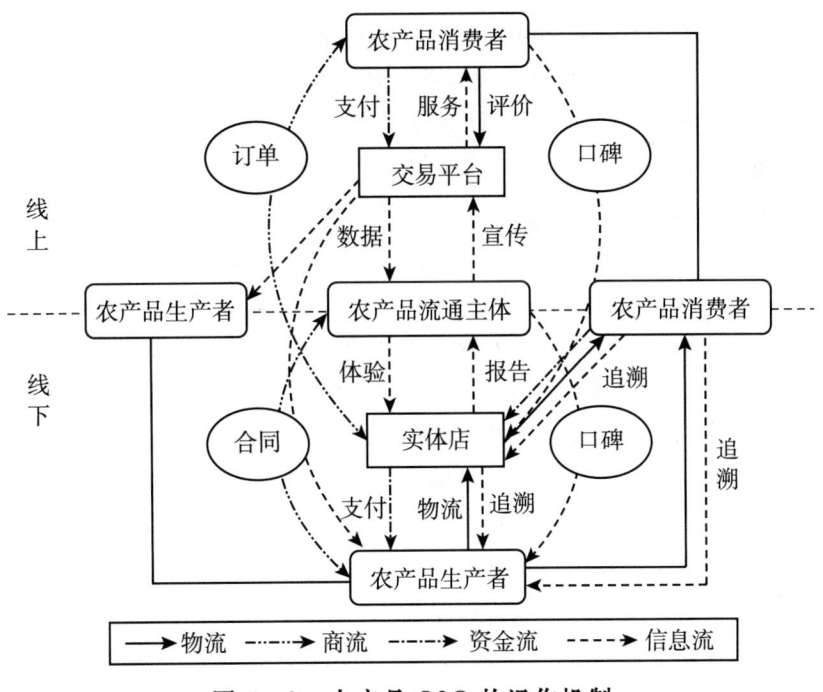

图 6-2 农产品 O2O 的运作机制

在整个框架中，线上线下两个系统是同时运行的。线上系统以交易平台为核心进行网络营销，汇集了大量的线上交易数据以及客户生成内容，可供农产品生产者和流通企业深入挖掘客户需求，预测市场发展趋势。流通企业在这里发布相关信息，进行产品宣传和品牌推广，消费者则可以在这里享受O2O模式所提供的在线服务，通过对比筛选做出购买决策，生成订单，完成在线支付，待农产品收货后还可以到这里做出评价，从而形成网络口碑。线下系统则是以实体店面为核心进行交易，这里展示着丰富的农产品实体，直接面向终端客户，为其提供全方位的购物体验，每隔一定时期上交总部的销售报告也可以为农产品流通企业的决策制定提供现实依据，从而确保系统的正常运行。农产品生产者通过与流通企业签订相关的合同，然后将产品运输到线下的实体店，一部分用于产品展销，其余的则通过物流配送到线上消费者订单中的指定地点。农产品消费者可以直接到实体店体验购物的快乐，也可以先在农产品网站下单订购，然后享受送货上门的服务。无论是流通企业实体店面还是消费者都可以通过追溯系统查询农产品生命周期的相关信息，这对于确保质量安全起到了积极的作用。

在农产品O2O框架中，交易平台是一个连接线上和线下的农产品O2O平台，对线上线下的有效融合起着重要的支持作用。O2O平台的数据信息一方面同消费者相衔接，另一方面同农产品流通主体总部、农产品流通主体开设的实体店以及农产品生产者衔接，所以O2O是一个典型的双边用户平台，一边是海量规模的消费者，另一边则是线下提供农产品的各类企业以及提供农产品配送、销售服务的各类实体资源。这个平台要高效运作，还需要依靠周边一些辅助性的支持力量，包括搜索引擎、LBS、支付、社交媒体等，多方商业力量构成一个完整的生态体系。交易平台的基本作用是实现规模性消费者与线下实体资源的对接，并且借助辅助支持的力量，使消费者的农产品消费体验变得高效而富有趣味，使农产品流通效率大幅度提高。农产品O2O模式成功运作需要注意三点：

1. 确保"引流—转化—消费—反馈—留存"形成完整的闭环。首先，利用大众点评、电子地图、社交类网站或工具（微信、人人网）、二维码营销等引流，将消费者吸引到农产品流通主体的网上交易平台或实体店铺。其次，线上平台向消费者提供农产品详细信息、各种优惠（如团购、优惠券）、便利服务，以方便消费者搜索、对比，并最终帮助消费者做出消费决策。再次，消费者线上支付、线下取货或者利用线上获得的信息到线下完成消费。接下来，消费者会将自己的消费体验反馈到线上平台，这将有助于其他消费者做出消费决策。线上平台通过梳理和分析消费者的反馈，形成更加完整的本地农产品商铺信息库，可吸引更多的消费者使用在线平台，进一步帮助引流。最后，线上平台为消费者和本地农产品流通商铺建立沟通渠道，可以帮助本地商铺维护消费者关系，使消费者重复消费,成为忠诚顾客。

2. 依赖一整套信息化系统及数据集成和数据处理技术的支持。农产品流通主体线上线下的数据交换,农产品流通主体与相关企业、消费者之间的信息交流,消费者支付取货的过程,农产品冷链配送过程等都需要依赖于一整套信息化系统。比如厨易时代除了有一套完善的会员系统外,还开发了一套 ESL 电子价格标签系统。每个 20 平方米左右的厨易站橱窗内陈列着 108 种常规商品,配备了冷库保鲜系统,价格均采用电子标签形式,由系统的后台统一控制。消费者在中午 12 点前下单,后台系统收集订单,并传到中央厨房处理处,之后由冷链车队运送到各个厨易站,消费者可于当日 17 点到 20 点凭会员卡号到站取货。每个厨易站都配有 iPad 点菜器,会员直接在 iPad 里输入卡号及密码,在窗口外即可通过电子点菜系统实现点菜或提货,并不需要进入站内。除此之外,数据集成和数据处理技术确保了对线上线下数据的采集与挖掘,农产品 O2O 商家可以依据对消费者购买行为的分析,有针对性地推出增值服务,更好地开展精准营销,更好地维护老客户、发展新客户。

3. 线上线下有效的协同策略。首先是产品协同,虽然很多农产品都可以线上交易,但是经过一定的流通加工、标准化、规格化、品牌化,农产品品类线上交易的效果更好,如进口高档水果、精品蔬菜、油粮作物、名优特产等。所以农产品 O2O 企业要很好地确定线上线下的农产品品类,有选择性地将部分农产品置于线上交易平台,大多数农产品仍然通过线下渠道完成交易。对于热销农产品应当提升线上线下的重叠率,让顾客无论是在实体店还是在线上网店均可买到。其次是价格协同,一般来说,在 O2O 实施初期,为了吸引线上消费者群体、有效应对其他网络竞争对手,线上渠道整体上会采取低价策略,即线上所售农产品的价格与实体店相比而言要低。不过,为了避免线上线下价格体系的紊乱,线上与线下之间的价格差距必须控制在合理的区间范围内。但是随着 O2O 带来的农产品流通效率提升以及物流成本的降低,线下价格可呈现下降的趋势,渐渐向线上看齐,最终实现线上线下同价。再次是促销协同,对于农产品品类比较丰富的流通主体而言,可以根据不同农产品的市场供求情况确定不同时期的促销品,线上线下淡旺季互补,在不同渠道里开展轮换促销。线下实体店与线上网店可采取不同的促销方式,如实体店主要采用优惠券/卡、现金折让、赠品等传统促销手段;线上网店主要采用团购、抢购、特色商品推荐、特价热卖、返券/送积分等更具互联网特色的促销手段。最后是物流协同,农产品 O2O 企业对线上线下订单数据集成分析之后,将进行系统的物流配送方案规划,灵活调用自营的物流系统或委托第三方物流公司完成配送服务。消费者线上支付后,即可等待农产品配送上门或者农产品 O2O 企业会将农产品经由农产品生产者直接配送到实体门店,消费者可在就近的实体门店提取货物。需要特别说明的是，线上线下协同策略并不是一种彼此孤立的简单集合，而是彼此之间存在着相互支撑、密切联系的有序组合，形成不同渠道之间的密切配合（汪旭晖、张其林，2013）。

三、农产品O2O的发展趋势

（一）农产品O2O的内涵将在实践中不断拓展延伸

农产品O2O并不仅仅代表着从线上到线下，在实践中可以衍生出多种模式。除了线上支付到线下取货（online to offline）、线下体验到线上购买（offline to online）以外，还可以是线下营销到线上交易再到线下消费体验（offline to online to offline），采用这种农产品O2O模式需要农产品流通主体同其他行业展开跨界合作，针对共同的消费主体展开营销。例如开展购买农产品套餐送电影票活动，消费者在实体店面看到这类促销信息后，可以用二维码扫描实体农产品进行在线交易支付，支付完成后，便可获得合作伙伴所赠送的电影票，可以在规定时间内前往指定影院观看，享受到更加丰富的消费体验。类似的还有线上营销到线下消费再到线上消费体验（online to offline to online），消费者首先在线上进行比较后，选择好预购农产品，线上选购的农产品往往会和一些换购券或代金券捆绑，然后到线下的实体店去完成交易，消费者在线下购买农产品的同时，实体店会将交易信息反馈到线上系统，把换购券或代金券充值到消费者的会员账户里，这样消费者就可以继续在线上进行消费体验。当然也还会存在 offline to offline to online 或者 online to online to offline 等多种形式。只要线上和线下能形成一个完整的闭环，都可以成为有效的O2O模式。

（二）农产品O2O将成为一种多层次、多维度的复合生态体系

未来农产品O2O将是一种多层次、多维度的复合生态体系，不断向多元化和纵深化发展。所谓多元化意味着将演变出平台型、外包型、直营型、合作型、区域型、垂直型等多种形态，以及多个不同形态相互融合的新模式。他们之间虽然存在一定程度的竞争，但更多的是互补与合作，是一种共生共赢关系。所谓纵深化则意味着农产品O2O将更加注重细分化和差异化，未来将出现更多专门针对特定农产品类型的O2O形态，如水产品O2O、鲜花O2O、水果O2O、蔬菜O2O等，这将有助于O2O企业更好地利用有限资源，通过精益化的农产品流通模式，最大限度地提高流通效率。

（三）基于 LBS 的移动农产品 O2O 将占据主流地位

随着移动互联网的快速发展，消费者已经进入了 SoLoMo（social + local + mobile）时代。SoLoMo 消费群是社交消费群，消费者通过各种社交网络连接了起来；也是一个本地消费群，可以应用基于地理位置的本地化服务 LBS（location based service）；同时还是一个移动消费群，可以利用各种移动终端（如智能手机和平板电脑等）进行消费活动。几乎所有的 80 后、90 后，以及越来越多的 70 后和 60 后都在加入 SoLoMo 消费群的队伍，SoLoMo 已经成为一种趋势。SoLoMo 消费群的一个显著特点就是希望在任何时间、任何地点都能随时买到自己需要的商品，包括各类农产品，他们把越来越多的工作时间和休闲时间放在了手机微博、微信上。而且随着现代人们生活节奏的加快、工作压力的增大，日常到集贸市场、超市买菜往往也成了一种负担。在这样的背景下，基于 LBS 的移动农产品 O2O 将有巨大的市场空间。LBS 是在地理信息系统（geographic information system，GIS）平台的支持下，利用电信运营商的移动通信网络或外部定位方式（GPS）获得移动终端用户位置信息（地理坐标或大地坐标）后，再向终端用户提供相关服务的一种移动互联网业务（张志杰、吕廷杰，2012）。农产品流通主体可以与应用提供商合作，应用 LBS 等定位技术，对进入目标位置（地点）范围内的特定人群进行宣传，快速地锁定目标人群，进行精准营销，可以通过短信、二维码等多种方式推送优惠券、代金券及广告信息，通过这些方式引流。基于 LBS 的移动农产品 O2O 最典型的模式就是"LBS + 社区团购"及"LBS + 本地优惠券"。农产品流通主体将通过团购平台、各类社交媒体发布团购信息，尤其是运用 LBS 技术将最新团购信息向社区居民推送，附近居民在接受推送信息的同时，可以通过移动社交媒体与企业互动，并可以查看到企业基本信息、粉丝信息、正在进行的团购、过往团购、精品优惠券以及用户评论等信息。这不仅减少了消费者的搜索成本，也提升了用户体验。而 LBS 与本地优惠券的结合正好解决了强制消费者接受的问题，消费者可以在任意空闲时间，自己用移动设备的 LBS 应用查询、搜索周边的农产品优惠项目，查找选择拟购买的农产品，然后只需手机确认支付、等待送货上门，或者将选定的各类农产品装入自己的移动"菜篮子"，在方便的时候到距离最近的实体店提货即可。

（四）线下资源整合是未来农产品 O2O 的重点

虽然 O2O 涉及线上和线下两个基本点，但是农产品 O2O 的目标是为消费者提供质优价廉安全的农产品，无论线上支付如何快捷便利，如果农产品本身质量安全无法保障、配送过程损耗过大，依旧无法达到 O2O 的理想效果。所以对于农产品O2O而言,线下的资源整合尤为重要,这也将成为未来农产品O2O发展的一个趋势。越来越多的农产品O2O企业一方面将着力整合前端农业基地,通过大力支持生态订单农业提供最健康、生态的农产品,实现社区支持农业(community support agriculture)的基本价值(刘丽伟,2012),或者直接收购、承包农场,以从源头上确保农产品安全;另一方面将重点整合物流资源,自建冷库、发展冷链物流系统的农产品O2O企业会急剧增加,以确保农产品物流配送效率,减少流通损耗。

第二节 电子商务破解生鲜农产品流通困局的内在机理
——基于天猫生鲜与沱沱工社的双案例比较研究

电子商务成为破解生鲜农产品"菜贱伤农"与"菜贵伤民"同现、供给危机与质量危机并存的新思路。生鲜农产品的生产、流通、消费具备迥异于工业品的特殊性,使得生鲜农产品电商遭遇流通模式重构与公益性要求的双重压力,未来发展面临前所未有的机遇与挑战。据统计,在4 000家农产品电商中,盈利的商家仅为1%,4%保持持平,88%的电商处于略亏状态,7%则呈现出巨额亏损。本书对两家不同类型的生鲜农产品电商进行探索性案例分析,研究发现:生鲜农产品电商流通模式对传统生鲜农产品流通体系进行了分解与重构,能够确立以实际信息流带动商流、物流、资金流协同流转的新模式,并形成"大供应、大市场、小配送"的流通格局。在此基础上,本书分析了电子商务破解生鲜农产品流通困局的内在机理:基于用户规模的盈利模式有利于确保生鲜农产品稳定低价;定价权的丧失有利于降低生鲜农产品损耗;信息共享与"锁定效应"有利于确保生鲜农产品质量安全;依托有效信息流的流通模式有利于确保生鲜农产品稳定供应。

一、研究设计

本研究试图探讨生鲜电商的流通模式以及能否破解生鲜农产品流通困局,属于运营机制及内在机理的探讨问题,为此,本节选择案例研究方法,同时,为了更加深入地揭示因果机制并提炼理论,选择双案例比较研究的方法,规避单案例研究容易陷入"故事描述"的局限。

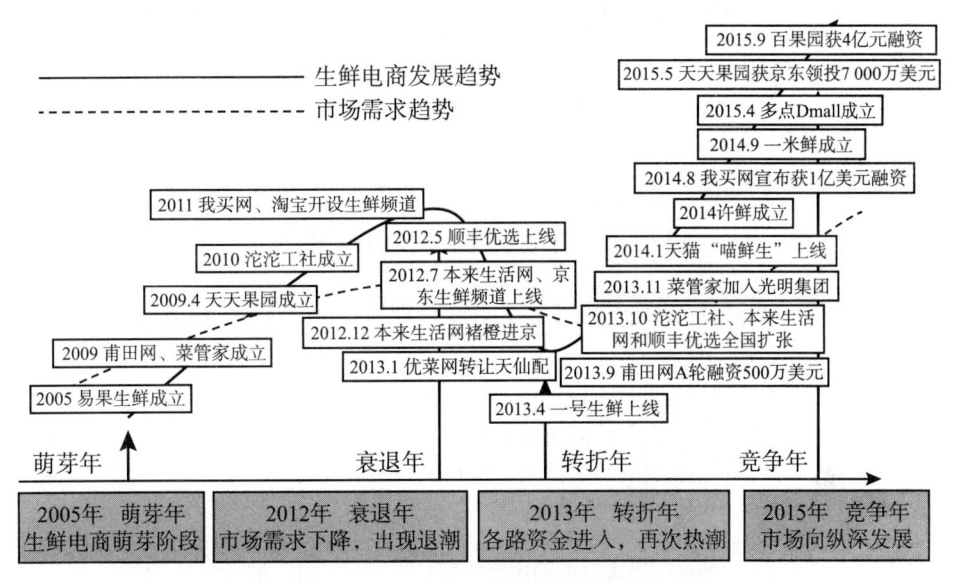

（一）中国生鲜电商发展历程

中国生鲜电商发展历程如图 6-3 所示。

图 6-3　中国生鲜电商发展历程

（二）问题界定

参照现有领域的研究，生鲜农产品流通大致经过货源组织、物流环节、配送环节、零售环节四个阶段（如图 6-4 所示）。由于生鲜农产品供应链上下游之间存在双重边际效应，使得独立决策情境下的最终产品价格通常高于集中决策情境，因而以往的理论导向与实践导向均侧重于减少交易环节（如"农超对接"）或供应链一体化，这也构成了生鲜农产品流通体系改革的战略发展方向。正是基于这一理论基础与实践经验，本文将从货源组织、物流环节、配送环节、零售环节检视样本企业的流通模式。

生鲜农产品流通所具备的高难度与公益性双重特征，共同导致了生鲜农产品流通困局。因此，生鲜电商除了解决高效率流通模式的构建问题，更重要的在于实现一系列公益性目标，即稳定低价、降低损耗、质量安全、稳定供应、合理生产、流畅销售等。需要指出的是，流通模式只是一种手段，公益性目标才是评判流通困局解决与否的终极指标，这为本文探究电子商务能否破解生鲜农产品流通困局提供了可行的思路。

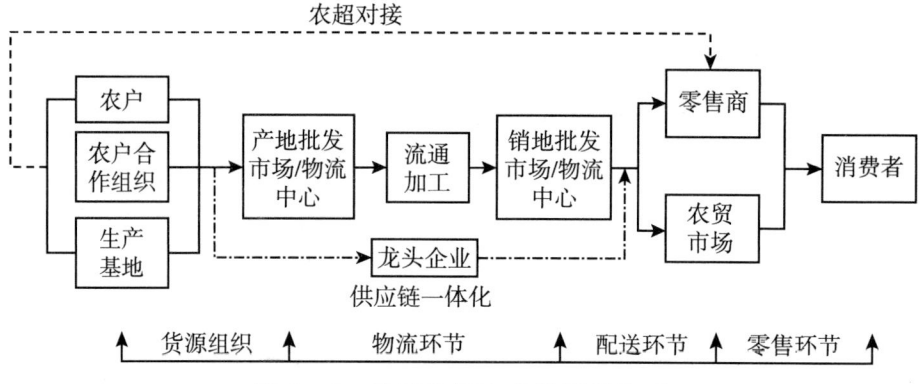

图 6-4 传统生鲜农产品流通体系

基于上述分析，本节正式确定了基本分析框架，具体如图 6-5 所示。

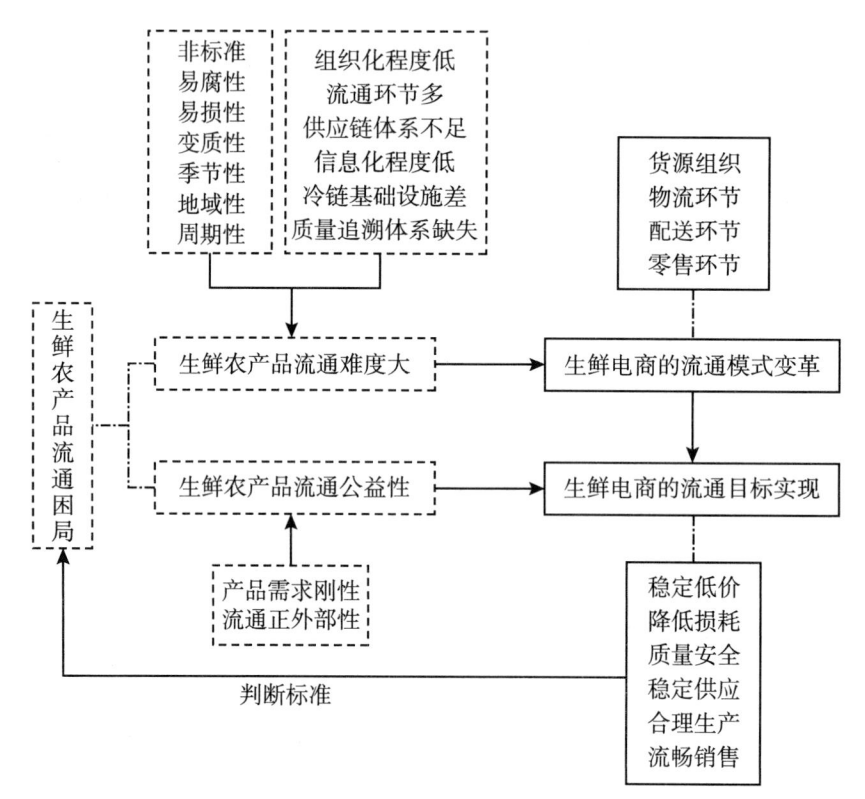

图 6-5 研究框架

注：虚线框为文献梳理结果，也即理论基础；实线框为案例分析内容。

(三) 样本选取

国内生鲜电商尚无统一分类，普遍认为存在以下几类：(1) 平台型电商，吸引生鲜农产品生产组织、销售组织以及加工企业入驻平台，为供需双方提供线上交易撮合，如天猫生鲜、京东生鲜等；(2) 垂直型电商，采购或自产生鲜农产品，通过线上渠道销售，如沱沱工社、本来生活、天天果园、菜管家等；(3) 拓展型电商，凭借供应链优势资源进行逆向整合，如顺丰优选；(4) 地方型电商，实体生鲜销售商开通线上渠道，实行O2O零售，如永辉超市。

分析四类生鲜电商的商流、物流、资金流、信息流，可以看出：平台型电商的商流、信息流聚集平台，资金流、物流归于供应商；垂直型电商的商流、物流、资金流、信息流全部聚集平台；拓展型与地方型电商的商流、物流、资金流、信息流全部聚集平台，与垂直型电商的区别在于供应链参与主体的产权归属（如图6-6所示）。鉴于流通模式的归类最终取决于"四流"安排，并不依赖产权归属，将拓展型和地方型电商作为与垂直型电商并列的类型并不合适。正因为如此，本节将重点考察平台型与垂直型电商。

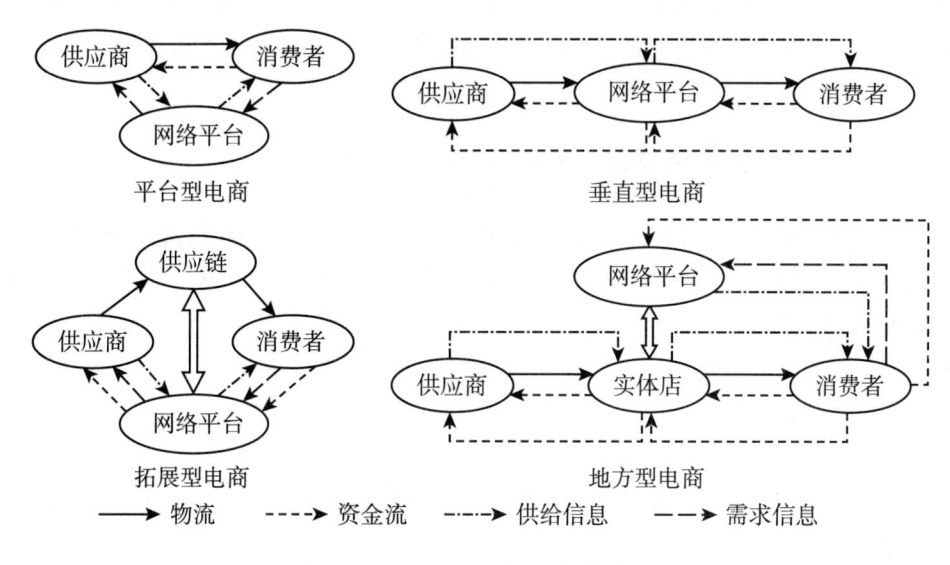

图6-6 四种类型的生鲜电商

经过层层筛选，本节最终选择天猫生鲜与沱沱工社作为案例研究对象，主要考虑到这两家企业具有典型性，天猫生鲜是国内最大的平台型生鲜电商，沱沱工社是国内领先且发展势头良好的垂直型生鲜电商，符合理论抽样性；同时，天猫生鲜始终坚持平台横向扩展战略，沱沱工社始终坚持垂直纵深整合战略，在运营模式上表现出极大的不同，符合极化类型（Polar Type）选择；此外，笔者对两家企业的跟踪研究可追溯至成立之初,多次开展深度访谈和实地考察,为本研究奠定了可靠而扎实的数据基础。需要厘清的是,天猫卖家属于一种特殊的垂直型电商,沱沱工社也开设了天猫旗舰店。但是,B2B2C 与 B2C 并非一种完全等同的模式,天猫卖家与沱沱工社也存在较大差别。为此,在处理天猫卖家和沱沱工社的案例资料时,区别部分将特别给出,相同部分则不再赘述。

(四) 数据收集

本文数据收集采用了三角形方法,以确保案例研究的信度和效度,具体如下:(1) 文献研究法。笔者收集了样本企业的相关文献百余篇,对公开出版的文献资料进行了系统分析。(2) 网络资料法。样本企业面向社会公开了很多资料,如《阿里农产品电子商务白皮书》、企业领导人发表的演说、年度报告和其他文件,新闻报道、专题访谈等网络信息也特别多,笔者做了系统梳理。(3) 访谈法。笔者对样本企业的中高层管理者、天猫卖家以及消费者进行了半结构化访谈,获取了研究所需的第一手资料。(4) 实地观察法。笔者对样本企业进行了实地考察,了解了生鲜电商的具体运作模式,进一步丰富了本文的研究资料。此外,笔者一直从事流通领域研究,积累了丰富的先期成果,均有助本研究的开展。

二、生鲜电商的流通模式变革

本节从货源组织、物流环节、配送环节、零售环节四个阶段对样本企业的流通模式进行了检视,发现生鲜电商流通模式已经改变为货源组织、零售交易、物流配送三个阶段,较之以往发生了重大变革。鉴于此,本文不再沿用传统研究常用的四阶段流通分析框架,主要采用了三阶段流通分析框架对调研资料进行系统梳理及最终整合。

(一) 货源组织:生鲜农产品供应商的发展与平台型网络生鲜市场的形成

参照生鲜农产品与电子商务流通模式的相关研究,笔者从四个方面对生鲜电商的货源组织进行了考察:

1. 商品品类。受即时消费及挑拣购物的传统习惯所致,现阶段消费者在生鲜电商的购物属于典型的"发现式购物",也正因如此,先期发展的生鲜电商均将所售产品定位在高档水果、海鲜、有机蔬菜等。从长远看,生鲜电商市场消费总要经历"发现式购物—搜索式购物—仓储式购物"的发展脉络(如图 6-7 所示),生鲜电商产品供应也要经历"高档稀缺—稀缺低价—低价普通"的发展历程。特别是中国电子商务基础设施已经改善,消费者网络购物习惯也已经养成,生鲜电商市场消费各个发展阶段的顺次迁移时间将远远低于传统电商市场,因此,中国电商市场将很快进入"仓储式购物"。为了迎合这种市场变化,作为平台型生鲜电商,天猫生鲜范围经济效应突出,采取了外延式发展道路,即不断吸引更多生鲜卖家进驻平台,扩充生鲜品类,通过多样化产品满足广大消费者的"一站式购物"需求,追求"大而全"的发展方式;作为垂直型生鲜电商,沱沱工社规模经济效应突出,采取了内涵式发展道路,即加强自营生产基地建设,强化合作联盟的纵深化发展,降低生鲜成本,通过低价高质的品牌产品满足区域消费者的专业化需求,追求"小而美"的发展方式。尽管天猫生鲜与沱沱工社的发展道路存在差别,但发展导向却是一致的:天猫生鲜从单品营销(噱头式营销引导"发现式购物")走向品类营销(基于范围经济发展"一站式仓储式购物"),从最初的"荔枝大战"转为优化整条生鲜产品线;沱沱工社追求品类"减法",从多品类营销走向高频品类营销(基于规模经济发展"专业化仓储式购物"),将原来5000SKU减少到现在的2000SKU。其发展导向的实质均是将常规生鲜作为重点发展品类(或集聚非常规生鲜需求形成长尾市场),这表明本研究的案例选择与研究设定问题具有较强的匹配度,证明了本研究的合法性。

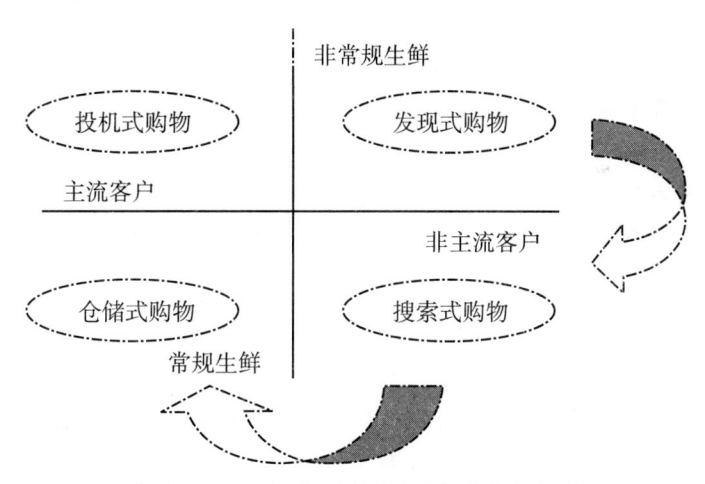

图6-7 生鲜电商市场消费的发展阶段

2. 商品来源。受地理、气候的影响较大,生鲜农产品生产具有强烈的地域性、季节性、周期性,直接导致了生鲜供给的时空非均衡性,这与具备时空无偏及刚性特征的生鲜需求产生了不可调和的矛盾,如何确保商品来源稳定成为关键。采取外延式发展道路的天猫生鲜主要依靠制度安排吸引卖家数量不断增长,凭借平台规模经济引导平台卖家无限集聚,以平台卖家规模化确保商品来源稳定性，为此，天猫生鲜为平台卖家开通固定频道、展示入口、专业导购、专场活动支持等，引导大量生鲜卖家集聚。采取内涵式发展道路的沱沱工社，一方面依靠技术安排生产"反季节"蔬菜与"反地域"蔬菜，降低生产的时空非均衡性，目前用于种植反季节蔬菜的"保温棚"和"春秋棚"已经投入使用；另一方面，依靠制度安排加强农业生产基地规模扩张与合作伙伴规模扩大，以供应链逆向整合确保商品来源稳定性，目前自有农场规模达到1 050亩，联合农场达到8个，还与翠京元、维乐夫等国内外知名生鲜供应商开展了合作，并且仍在不断拓展合作伙伴。

由于生产过程的规范程度低、复杂程度高、风险程度大，生鲜农产品生产组织的规模经济边界较为有限，天猫卖家与沱沱工社难以依靠自身力量确保商品来源的稳定性，为此，二者均增设了采购功能。人口多、耕地少以及家庭联产承包责任制导致生鲜农产品生产的分散化，而不具备转业务工条件，导致闲置劳动力无法参与社会再分配进一步推高了土地流转价格（土地流转价格包含了用于弥补闲置劳动力的机会成本），从而锁定了这一现状，导致分散式供应未随着制度变迁与技术进步发生改变，众多小规模、分散式、无差异农户成为生鲜物流主体。考虑到直接对接农户存在规模不经济以及范围不经济双重困局，天猫卖家与沱沱工社均选择直接对接实体批发市场（产地批发市场/销地批发市场），充分利用传统生鲜流通渠道确保供应的稳定性。

3. 商品加工。由于生长过程对自然条件异常敏感，生鲜农产品很难实现标准化，并不具备工业品的质量无偏特性，很难实现以"标准产品、统一价格"为基础的商业化运作。沱沱工社在自营农业生产基地加强了规范化生产、标准化加工，同时对于采购的生鲜农产品进行深度加工，天猫卖家也采取了类似策略。通过将工业化流程导入生鲜农产品生产，沱沱工社和天猫卖家在很大程度上确保了产品质量的无偏性。

4. 商品仓储。生鲜农产品所具备的易腐性、变质性，对于仓储设施提出了更高要求。天猫卖家的传统冷冻仓储中心仅具备低温存储功能，只能实现少量短期仓储，不得不依赖平台规模客户实现快速分发，依靠贴近货源优势实现快速补货，通过为消费者提供更加符合需求的品类，实现自身的快速发展；沱沱工社在北京、上海建有集冷藏、冷冻库于一体的现代化仓储配送中心，可进行多温区存储，并设有低温加工车间以及对应的分拨中心与配送站点，可以满足大量的长期仓储，以此强化仓储规模以尽可能降低成本，延长生命周期以尽可能持续供应，通过为消费者提供更加质优价廉的产品，实现自身的快速发展。

综上所述，为了追求生鲜农产品的品类完整、供应稳定、产品标准、仓储合理，垂直型生鲜电商集成生产、采购、加工、销售功能，成为生鲜供应商；平台型生鲜电商严把生鲜卖家准入关，成为连接供应商与消费者的平台型网络生鲜市场。

（二）零售交易：环节前置的虚拟链条

生鲜电商将零售环节分解为零售交易与零售配送，并实现了时空分离，改变了传统的"银货两讫"交易方式。生鲜电商将零售交易前置，使得传统的"货源组织—物流环节—配送环节—零售环节"更改为"货源组织—零售交易—物流运输—零售配送"，甚至是"零售交易—货源组织—物流运输—零售配送"（预售模式），还实现了零售交易的线上虚拟操作，即消费者完全可以线上查询、线上下单、线上支付，既降低了消费者的购买成本，也为生鲜农产品按需配送提供了可能。

传统生鲜流通体系下，零售交易处于流通链条末端，只能被预测，难以被操纵，相对简单且包含在其他流通环节中，很少有研究对其进行单独分析，这也是供需失衡、滞销损耗等流通困局迟迟无法得到解决的关键原因。但在生鲜电商流通体系下，零售交易实现了环节前置，使得信息流成为引导物流、资金流、商流的原动力，提高了流通的目的性、主动性，成为引导流通模式变革的关键一环，这是本文将其作为单独环节予以探讨的关键原因。

除了对流通模式变革产生重要影响，零售交易还界定了生鲜电商运作模式：沱沱工社的买家注册账号只能在该平台重复登录使用，转换成本高，目标客户群较为稳定，因而沱沱工社的零售交易发生在自家商城，有效圈定了目标用户，可以获得独占收益，属于典型的"坐商模式"；天猫生鲜的买家账号对所有平台卖家通用，转换成本低，目标客户群变化较大，因而天猫卖家的零售交易发生在生鲜平台，有效吸引了更多客户，可以获得分享收益，属于典型的"行商模式"；天猫生鲜成为零售交易平台，为交易双方提供线上交易撮合，成功引导双边用户进驻，可以获得"连接红利"（Linkage Dividend），属于典型的"市场模式"。零售交易类型界定了生鲜电商运作模式，进而在很大程度上决定了生鲜电商的物流配送模式（下文将予以详细阐释），这也是将其作为单独环节予以列出的重要依据。

（三）物流配送：两段式物流整合策略

天猫卖家与沱沱工社直接面向消费者销售生鲜，产成品直接进入物流配送，不再经历加工企业、批发市场、零售市场的中转。面对国内冷链物流发展较为滞后的现状，天猫生鲜与沱沱工社采用了不同的物流组织（见表6-1）：天猫卖家采用的"行商模式"，主要追求平台买家规模，需要与全国地区的消费者进行交易,单次运输数量小、整体运输路线多,存在运输分散化的问题,为此,天猫生鲜组建菜鸟物流①,集成不同平台卖家的订单,解决单次运输数量少的问题,满足整体运输路线多的需求,实现社会化配送的规模经济;沱沱工社采用的"坐商模式",主要追求区域买家规模,目前业务范围主要限于北京、上海,目标市场的消费者基数有限,用户数量增长较为缓慢,存在客户数量不足的问题,为此,沱沱工社采用建设成本相对较低的自营物流适应运输半径较小、配送区域集中的特点,并且全程冷链配送的高品质生鲜还可以吸引更多忠实客户,解决了单次运输数量少的问题,实现了自营配送的规模经济。

表6-1　　　　　天猫生鲜与沱沱工社的流通模式对比

		天猫生鲜	沱沱工社
竞争优势		范围经济	规模经济
客户群体		广大消费者	特殊消费者
市场定位		一站式购物	专业化购物
辐射范围		全国消费者	区域消费者
发展战略		外延式发展	内涵式发展
货源组织	商品品类	单品营销→品类营销	多品类营销→高频品类营销
	商品来源	天猫卖家集聚	技术安排与供应链逆向整合
	商品加工	规范化生产+标准化加工	规范化生产+标准化加工
	商品仓储	传统冷冻仓储中心	现代化仓储配送中心
零售交易		天猫生鲜:"市场模式" 天猫卖家:"行商模式"	"坐商模式"
物流配送	物流运输	天猫卖家:自建物流采购+社会化物流供应	社会化物流采购+自建物流供应
	物流组织	整合社会化物流(菜鸟物流)	自建物流基础设施+联盟第三方物流
	零售配送	①合作社区店;②社区自提柜	①精准化直配;②合作社区店;③社区自提柜

---

① 2013年5月28日,阿里巴巴联合顺丰集团、"三通一达"(申通、圆通、中通、韵达)以及相关金融机构共同组建"菜鸟网络科技有限公司",利用先进的互联网技术,建立开放、透明、共享的数据应用平台,为电商企业、物流公司、仓储企业、第三方物流服务商、供应链服务商等提供优质服务,致力于打造一个开放的社会化物流大平台,实现在全国任意一个地区"24小时送达"的目标。

天猫卖家旨在实现"集中采购、分散供应","高附加值产品全国供应、低附加值产品本土供应";沱沱工社旨在实现"分散采购、集中供应","低附加值产品本土采购、高附加值产品全球采购"。为了尽可能降低成本,天猫卖家与沱沱工社均采取了两段式物流整合策略:天猫卖家的自建物流(或供应商配货)应对采购过程的短距离集中运输,其规模经济可以保障采购低成本;社会化物流应对供应过程的长距离分散运输,其规模经济可以保障供应低成本。沱沱工社的自建物流应对供应过程的短距离集中运输,其规模经济可以保障供应低成本;社会化物流应对采购过程的长距离分散运输,其规模经济可以保障采购低成本。生鲜农产品的易变质以及易损性要求运输过程中必须加强外部防护与内部温控,这提高了物流成本,也对配送时效以及配送半径提出了更为严格的要求。为此,天猫卖家与沱沱工社要求消费者提前下单,汇总整合订单、合理安排物流,实现运输规模经济,同时加强运输路线优化,实现物流运输的快捷化、运输成本的最优化。

传统生鲜农产品零售以现场直接交易为主,消费者前往实体卖场购买并携带回家,卖家一般不负责零售配送。而生鲜电商零售实现了线上虚拟交易、线下实体交割,需要依靠零售配送解决生鲜农产品流通"最后一公里"的问题。生鲜农产品易损伤降低了携带的便利性,消费者更加偏好接近居住地的交付地点;生鲜农产品易变质决定了消费的即时性,消费者更加偏好即食即送生鲜。但是,零售配送需要克服需求时空离散导致的规模不经济,配送地点的集聚与配送时间的集中成为生鲜卖家的偏好,因而卖家期望交付地点与买家期望交付地点以及卖家期望配送时间与买家期望配送时间存在冲突。为此,菜鸟物流与社区便利店开展全面合作,允许消费者在便利店正规运营时间前往自提货物,还设置了社区自提柜,允许消费者随时去楼下自取货物;沱沱工社为消费者暂时无法接收的生鲜提供"二次配送"甚至"三次配送"等精准化直配,其合作伙伴顺丰物流也采取了合作社区店与社区自提柜策略,允许消费者自行前往取货。

(四) 生鲜电商流通模式整合框架

根据上文分析,笔者归纳总结了平台型生鲜电商与垂直型生鲜电商的流通模式,如图6-8所示,从中发现如下特点:(1)生鲜电商流通模式是对传统流通体系的分解与重构。生鲜电商流通形成"供应—交易—配送"三阶段模式,其中,供应环节实现了生产、采购、加工、销售的一体化,零售交易转移到线上虚拟市场并实现了环节前置,配送环节集成了物流运输与零售配送。可见,生鲜电商流通模式从减少流通环节、供应链一体化两个方面共同推动了流通体系变革。(2)生鲜电商流通模式能够确立基于实际信息流的"四流"协同流转新模式。

反映真实供需状况的零售交易在生鲜供应链的位置越靠前，越有利于提高整条供应链效率，而生鲜电商流通模式将零售交易前置，突破了传统流通模式不得不依靠预测信息流的局限，使得基于实际信息流推动商流、物流、资金流的协同流转成为可能，有效抑制了"牛鞭效应"。(3) 生鲜电商流通形成了"大供应、大市场、小配送"的格局。时空限制的突破促成了规模化订购与分散化配送并存，改变了传统的"小生产、大市场"的格局，形成了全新的"大供应、大市场、小配送"格局，导致物流配送存在严重的规模不经济，使得一大批先期进入的生鲜电商陷入"配送成本高—生鲜价格高—客户数量少—规模不经济—配送成本高"的恶性循环而不得不退出历史舞台。

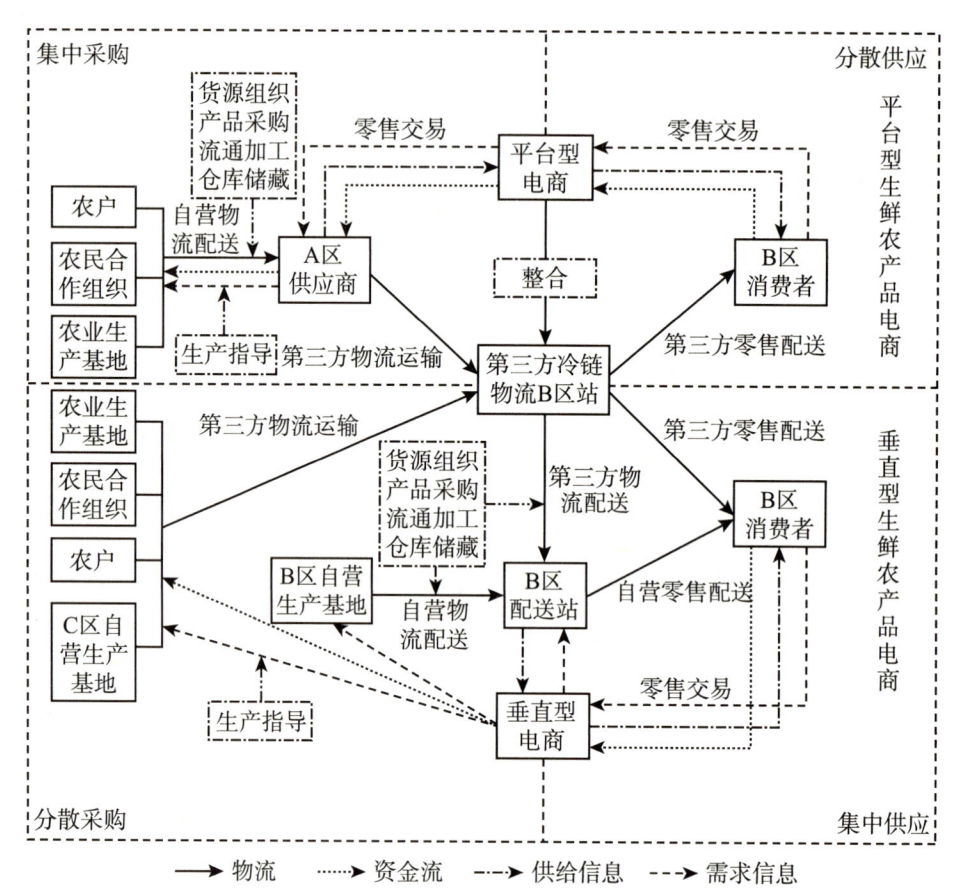

图 6-8 平台型与垂直型生鲜电商流通模式

三、生鲜电商的流通目标实现

以上文的分析中可以看出，生鲜电商已经建立了适合自身发展的流通模式，解决了生鲜农产品流通难度大的问题。那么，生鲜电商是否有助于实现流通公益性目标，对该问题的肯定回应与原因阐释将是生鲜电商破解流通困局的内在机理所在，这是本节的重点讨论内容。需要特别指出的是，天猫生鲜与沱沱工社均将基本生存所需的生鲜农产品作为重点发展品类，这是本研究选择稳定低价、降低损耗、质量安全、稳定供应作为流通公益性目标加以探讨的重要原因。天猫生鲜与沱沱工社的业务范围还涵盖了高档生鲜农产品，其流通公益性目标仅仅包括降低损耗与质量安全。对此，在案例调研中发现，无论是对基本生存所需的生鲜农产品还是高档生鲜农产品，生鲜电商之间均存在激烈竞争。稳定低价可以吸引消费者，稳定供应可以留住消费者，这些都是生鲜电商争夺客户的关键策略。也即，稳定低价与稳定供应并不是高档生鲜农产品的流通公益性目标，但是生鲜电商也会自发地追求。因此，在案例分析过程中没有区分两类生鲜农产品，并不会影响本研究的合法性。

（一）稳定低价目标

实体零售商的地理空间有限，所售生鲜农产品种类及数量较少，且限于地理位置、旅行成本、需求刚性，很难实现规模经营，追求客单价成为盈利模式的核心所在，这解释了生鲜农产品零售"完全竞争市场结构"无法实现"完全竞争市场价格"的悖论。天猫生鲜与沱沱工社突破了时空限制、降低了旅行成本，以"大供应"对接"大市场"破局"小生产"制约"大市场"，存在较强的规模效应。作为平台型生鲜电商，天猫生鲜具备联合需求效应、范围经济效应、锁定效应、"赢者通吃"等平台型网络市场的特征，"交叉补贴""三方市场""版本划分""数据服务"成为主要盈利模式，追求用户规模成为盈利模式的重要支柱。作为垂直型生鲜电商，沱沱工社具备规模经济效应，"如何吸引更多的客户"与"如何引导客户购买更多的生鲜农产品"同等重要甚至更为关键。"如何引导客户购买更多的生鲜农产品"能够实现配送规模经济，却有悖于追求新鲜度偏好消费者的初衷，这会导致"新鲜度偏好消费者进驻电商—客单价要求引致大批量采购—生鲜农产品放置过久不新鲜—新鲜度偏好消费者离开电商"，所以"如何吸引更多的客户"成为沱沱工社的主流发展导向。不仅如此，由于生鲜农产品生产的地域性、季节性、复杂性，沱沱工社无法依靠自营生产基地满足消费者需要。特别是需求的多样性以及消费的团体性导致生鲜农产品交易的范围经济强于规模经济，沱沱工社不得不与国内外知名生鲜企业开展合作，实现外延式扩张，沱沱工社由此具备了平台型网络市场的特征，也开始追求规模用户基础上的新型盈利模式。

因此，无论是平台型还是垂直型生鲜电商，均形成了基于用户规模的新型盈利模式，摆脱了挂钩客单价的传统盈利模式，有利于实现生鲜农产品的稳定低价：（1）天猫生鲜追求双边用户规模最大化，其盈利取决于合作剩余，不参与供应链利润分配；沱沱工社追求客户规模最大化，促使其减少供应链利润分配，从而将该部分剩余归还消费者以提升价格竞争力。（2）天猫生鲜与沱沱工社不断吸引生鲜农产品供应商加入合作阵营，天猫生鲜集聚大量供应商有利于向消费者提供竞争性销售价格；沱沱工社联盟更多上游供应商有利于获得竞争性供应价格，而且长期合作关系降低了交易费用，这对于少批量、高频次的生鲜农产品交易而言无疑是一笔巨大的费用节约，有利于为消费者释放更多剩余。（3）天猫生鲜面向客户的范围经济以及面向商户的规模经济推动了竞争性市场结构的形成，有利于实现所有生鲜农产品的低价销售；沱沱工社新增商品展示成本、搜索成本近乎为零，销售高频商品的规模经济以及销售低频商品的范围经济促成了销售利润的"二八结构"，避免了传统渠道商经营单一品种无法实现利润互补而被客单价绑架的窘境，有利于确保高频生鲜农产品的平价销售。（4）投资资产的注入。天猫生鲜具备自然垄断特性，可以为天猫卖家提供一定的金融扶持，确保天猫卖家承受短期内"供应链价格上涨、零售价格不变"造成的亏损，以避免客户流失；沱沱工社也具备自然垄断特性，这形成了投资者的长期盈利预期，大量投资资产的注入使得沱沱工社能够长时期维持亏损运营，以产品低价吸引更多消费者，从而实现"产品价格下降—客户规模扩张—运营规模经济—物流成本下降—产品价格下降"的良性循环，并利用聚拢的大量资金（投资资金与销售沉淀）熨平短期价格波动，这些都有利于实现生鲜农产品的稳定低价。天猫生鲜与沱沱工社的商品价格分析见表 6-2。

表 6-2 　　　　　天猫生鲜与沱沱工社的商品价格分析

	天猫生鲜	沱沱工社
价格要求	所有商品的稳定低价	高频商品的稳定低价
盈利来源	会员费 + 增值服务费 + 广告费 + 数据费等	以"购销差价"为主
盈利核心	规模商户 + 规模客户	联盟商户 + 规模客户
利润情况	利润独立于生鲜供应链	利润在生鲜供应链占比远远低于实体零售商

续表

	天猫生鲜	沱沱工社
经营目标	双边用户规模扩大与市场成交额扩张	追求规模扩张，不设盈利预期
营业资金	边际经营成本为零，无大量额外投入	销售收入＋投资方投资

稳定低价的证据示例

商品品类	黄瓜	南果梨	柴鸡蛋	波士顿鲜活龙虾
北京新发地农副产品批发市场	3.4元/千克	7元/千克	20.2元/千克	220元/千克
北京鲜农乐食品专营店（天猫卖家）	7.5元/千克＋8元运费	14元/千克＋8元运费	24元/千克＋10元运费	215元/千克（免运费）

注：沱沱工社所售生鲜农产品多为自有品牌，线下难以寻找对应的实体市场价格，故不参与数据评比；鉴于不同区域的生鲜零售价格差别较大，本文采用北京市某地为坐标系进行了价格比较，实体市场采用了距离较近、价格更为透明的北京新发地农副产品批发市场；北京新发地农副产品批发市场与北京鲜农乐食品专营店的生鲜价格均采用了市场均价。

需要指出的是，传统流通体系下的生鲜农产品购买价格仅包含产品自身成本和物流运输费用等显性成本，消费者前往实体市场购买所耗费的时间成本、体力成本、交通成本等隐性成本不被考虑在内；电商流通体系下的生鲜农产品购买价格包含了产品自身价格、物流运输费用和零售配送费用等显性成本，线上交易节省了时间成本、体力成本等隐性成本，零售配送费用涵盖了交通成本。作为购买生鲜主流群体的中老年人，其耗费的时间、体力无法得到物质补偿或补偿率较低，导致生鲜电商追求零售配送规模经济的流通模式变革所形成的价格得不到消费者认同。并且，生鲜农产品流通费用占据总成本较大比例，导致生鲜电商短期内牺牲物流运输规模经济的流通模式变革所形成的显性产品购买价格明显高于实体市场零售价格，这是生鲜电商尚没有得到大众消费者青睐的关键原因。在调研中也发现，生鲜电商的商品价格（不含运费）并不比线下实体市场高出太多，个别商品的价格甚至低于线下实体市场。由此可见，伴随着生鲜电商市场消费进化到"仓储式购物"阶段以及第三方冷链物流网络渐趋完善，生鲜电商同时实现物流运输的规模经济和零售配送的规模经济，生鲜农产品绝对价格将极具竞争力；不仅如此，成为购买生鲜主流群体的新一代消费者更加看重隐性成本，生鲜农产品的相对价格也更具竞争力。基于以上分析，本节提出：

命题1：生鲜电商基于用户规模的盈利模式有利于确保生鲜农产品稳定低价。

（二）降低损耗目标

生鲜农产品的配送半径较小以及少批量、高频次订购特性形成了购物地点便利性偏好，高昂旅行成本导致实体店竞争适从空间差异豪泰林模型，纳什均衡价格随旅行成本上涨无限接近垄断价格。以沱沱工社为代表的垂直型电商"最后一公里"无偏差配送打破了区域空间差异，旅行成本为零使得追求低价的豪泰林模型最终得到伯特兰德均衡结果，即均衡价格等于完全竞争时的均衡定价。以天猫生鲜为代表的平台型电商所具备的范围经济效应，促使生鲜电商市场形成了近乎完全竞争市场结构；以沱沱工社为代表的垂直型电商所具备的规模经济效应促成了生鲜农产品的标准化（伴随沱沱工社外延式扩张道路的逐步推广，该趋势将更加明显），两者为消费者提供的区域购物竞价平台还降低了流通信息不对称，从而加剧了流通渠道竞争性，使得生鲜电商采用的竞争性价格完全取决于市场均衡价格。因此，生鲜电商无法复制实体零售商依靠垄断市场结构与差异化产品获得生鲜定价权，进而依靠垄断定价补偿损耗以获取合理利润，其不得不依靠降低损耗以获取更大收益，客观上促进了社会福利的最大化[①]。

为了降低流通成本、提高价格竞争力，沱沱工社与天猫卖家集成流通功能、减少流通环节的物流模式改革，缩短了流通时间、提高了流通效率，减少了流通环节过多导致的装卸损耗、流通时间过长导致的质量损耗以及消费者翻检造成的人为损耗；天猫卖家和沱沱工社的"预售模式"，还减少了仓储环节，进一步降低了配送损耗与滞销损耗；天猫生鲜与沱沱工社突破了时空限制与旅行成本约束，增强了促销手段的杠杆作用，规避了实体零售渠道促销手段的低效率，使得零售库存考核引入电商库存管理，产生了更好的效果，有效提升了促销价格调供需、降损耗的效用。此外，天猫生鲜和沱沱工社还强化了供应链控制，尽可能降低在途损耗。特别是，天猫生鲜与沱沱工社立足现实需求的冷链建设投入效率远远高于政府补贴冷链物流企业的效率，因为生鲜电商主导冷链建设投入与自身发展存在"冷链投资数量大—冷链服务质量优—冷链用户规模大—冷链运输成本低—冷链投入收益高—冷链投资数量大"的正向促进作用，能够有效规避政府扶

[①] 零售商引进一批生鲜农产品 A 入库，成本 C 为固定值，利润取决于收益 $R = PQ$。若该零售商为实体零售商拥有定价权，且降损成本为固定值 C'，则降损利润 $L' = P'Q' - C' - C$；不降损利润 $L'' = P''Q'' - C$。$L'' - L' = P''Q'' - P'Q' + C'$。生鲜农产品需求缺乏弹性，在有限的市场，$P''Q'' - P'Q' > 0$，$L'' > L'$，实体零售商的降损动机不强。若该零售商为电商不具备定价权，价格 P 一定的情况下，利润只取决于 Q，降损动机较强。

持冷链物流企业存在的"滚雪球"效应①。目前,沱沱工社与部分经营良好的天猫卖家已经可以将流通损耗率控制在合理区间,远远低于传统的实体零售市场。伴随未来进一步发展,该趋势将更加明显。基于以上分析,本节提出:

命题2:生鲜电商定价权的丧失有利于降低生鲜农产品损耗。

(三)质量安全目标

空间差异豪泰林模型锁定了消费者可能的"退出"行为,消费个体与实体渠道的非均衡博弈关系导致"呼吁"行为亦不能引起渠道重视,从而进一步加剧了生鲜农产品市场的"逆向选择":消费者难以对隐性质量进行认定,便退而求其次,对显性价格高度敏感,使得低质低价的生鲜农产品逐步成为"畅销品"。为了规制生鲜电商市场"劣币驱逐良币",天猫生鲜和沱沱工社为消费者提供了网络评价平台,消费者可以对所购商品进行晒单、评价,为其他消费者决策提供依据。更为重要的是,评价路径可以被精确地追踪,比传统营销活动有更长的延续性并能产生更高的响应度。网络评价的成本低、传播快、范围广、影响大等特点,使得消费者"呼吁"真正得到渠道重视。不仅如此,沱沱工社立足规模经济的标准化运营,为消费者提供了更多可供选择的无差异替代品;天猫生鲜立足范围经济的零转换成本,为消费者提供了更多可供选择的无差异供应商,从而有效降低了消费者"退出"成本。因此,无论是天猫卖家、沱沱工社,还是天猫生鲜,均高度重视生鲜农产品的质量管控。对于天猫生鲜与沱沱工社的商品质量情况分析见表6-3。

表6-3　　　　天猫生鲜与沱沱工社的商品质量情况分析

	天猫生鲜	沱沱工社
零售商维护质量安全的激励	"商品评价+店铺评价+信用评价"形成的店铺声誉约束机制	"商品评价"形成的电商声誉约束机制
供应链维护质量安全的激励	生产者、加工者、运输者、配送者的信息公开形成的质量追溯与责任追索	

---

① 滚雪球效应:政府一阶段单车补贴值 N_1 等于冷链运输成本增加值 C_1 [C_1 = F(冷链设备费用,机车改造费用,新增油耗费用)]减去冷链运输收益值 R_1(R_1 = 一阶段减损产品价格 P_1 与减损数量 Q 的乘积);减损产品的目标市场供给增加,导致二阶段减损产品价格 $P_2 < P_1$,Q 则保持不变;政府二阶段单车补贴值 N_2 等于冷链运输成本增加值 C_2($C_2 = C_1$)减去冷链运输收益值 R_2(减损产品价格 P_2 与减损数量 Q 的乘积,因为 $P_2 < P_1$,所以 $R_2 < R_1$),二阶段补贴值 N_2 大于一阶段补贴值 N_1。因此,未来政府的补贴数量将会越来越大,边际补贴递减效应突出,并不具备长久的可持续性,这也是为什么国家推动冷链物流体系建设成效甚微的重要原因。

续表

	天猫生鲜	沱沱工社
维护质量安全的收益	"双边用户锁定"形成的"市场圈定"	"会员锁定"
维护质量安全的方式	将质量安全视为平台卖家的进入门槛与退出要件	全产业链控制
质量安全的证据示例		
针对天猫买家和沱沱会员的消费者满意度调查问卷显示,消费者对生鲜电商的最不满意因素分别是价格、新鲜、物流、质量、服务,表明质量安全问题并不是制约生鲜发展的最关键问题		

除了网络评价,天猫生鲜和沱沱工社还主动公开供应链参与者信息,改变了传统生鲜农产品供应链体系的风险分担机制。一直以来,生产者获得的田头价格只取决于生鲜农产品成熟后的供需状况,生产过程风险并不包含在田头价格中,流通过程风险则随着"银货两讫"发生完全转移,生产者无法依靠生产过程风险参与供应链利润分配,承担了流通过程风险的强势渠道商得以压榨弱势生产商,从而导致了生产商的机会主义行为。更为重要的是,生鲜农产品的非标准化以及检验高成本,导致生产者的机会主义行为并没有随着长期合作关系的建立而消失;生鲜农产品流通主体的规模小、数量多降低了生产者的退出成本,导致生产者的机会主义行为也没有随着惩处措施的严厉而消失。为了规制该问题,天猫生鲜与沱沱工社强制要求所有供应链参与者必须公开信息,确保供应链参与者共同分摊流通过程风险,即一旦生鲜农产品出现质量安全事故,所有供应链参与者均会受到影响,从而加强了各级参与者的自我约束,规避了高监控成本导致的监控失效问题。

生鲜农产品的高频次订购特点导致了消费者的高搜寻成本,生鲜电商凭此对消费者进行了"锁定"。不仅如此,不同生鲜电商账号不具备通用性,基于电商服务形成的 SNS 关系圈带来的非物质转换成本成为用户放弃该电商的障碍;除了非物质转换成本,还存在物质转换成本,如平台卖家积累的信誉、平台消费者积累的积分以及买卖双方良好关系带来的双边利益等,生鲜电商还凭此对消费者进行了"锁定"。"锁定效应"实现了消费者与生鲜电商的无限重复博弈,生鲜电商的机会主义行为将会招致消费者的"报复行为",最终均衡结果是生鲜电商为消费者提供优质的生鲜农产品,从而规避了农贸市场近乎完全竞争状态下的单次博弈可能导致的道德风险。

伴随生活水平的提高以及恩格尔系数的下降,消费者对产品质量给予了更高权重,并通过"退出"与"呼吁"行为对生鲜电商进行筛选,有利于形成生鲜电商市场的"正向选择"。生鲜电商降低产品质量的机会主义行为不仅难以取得收益,还会造成巨大损失,这在很大程度上降低了生鲜电商的投机动机。基于以上分析,本节提出:

命题3:生鲜电商的信息共享与"锁定效应"有利于确保生鲜农产品质量安全。

(四)稳定供应目标

生鲜农产品生产所具备的周期性与地域性,引致了生产与销售的时空分离性,从而确定了信息流在供应链的重要地位,即有效的信息流对抑制具有发散型蛛网特征的生鲜农产品供需不平衡具有举足轻重的作用。基于预测信息流的传统生鲜农产品流通体系容易产生"牛鞭效应",从而导致严重的供需失衡。天猫卖家和沱沱工社则可以依据顾客订单合理安排生鲜农产品配送,特别是预售模式使得以实际信息流引导商流、物流、资金流的流转成为可能,可以实现生鲜农产品的精准化供应,减少供需不匹配,保障常规用户的正常供应。天猫生鲜与沱沱工社的商品供应情况分析见表6-4。

表6-4 天猫生鲜与沱沱工社的商品供应情况分析

		天猫生鲜	沱沱工社
商品供应目标		满足全体客户全部所需	满足目标客户日常所需
商品供应方式		依据顾客订单安排生鲜农产品配送	
商品供应保障	消费者需求预测	市场需求预测	企业需求预测
	销售模式转变	预售模式	
	生产模式转变	农业生产合作组织的发展	农业生产基地的建设
客户处理商品缺货行为		跨卖家购买(同一市场、不同卖家之间的订单再分配)	跨市场购买(不同市场、不同企业之间的订单再分配)
稳定供应的证据示例			
针对天猫买家和沱沱会员的消费者调查显示,高达80%的消费者选择生鲜电商的原因在于购买难以从实体市场获得的生鲜农产品,可见天猫生鲜和沱沱工社已经成为线下实体市场的重要补充			

生鲜电商的"锁定效应"在很大程度上保障了客户稳定,降低了需求波动性,提高了先期预测准确性,将实际信息流与预测信息流的差距控制在合理区间。天猫卖家可以依据天猫生鲜的预测需求合理组织生产与销售,沱沱工社可以

利用大数据中心指导自营生产基地与合作生产基地的种植作业，从而减少盲目生产导致的供需摩擦性失衡，有利于确保生鲜农产品的稳定供应。此外，生鲜电商覆盖消费群体范围越大，越有利于确保生鲜农产品需求结构的稳定性，能够避免传统实体店限于客户群体较少导致需求结构波动较大引起的供需失衡，有利于最大限度满足消费者需求。

天猫生鲜与沱沱工社提供了全国范围内的实时比价平台，价格作为一种协调机制真正成为供需"晴雨表"。生鲜电商可以内部协调产品供应，并形成示范效应，引导其他生鲜供应商参与其中，带动生鲜农产品跨区域流动，以价格高低决定产品流向，真正实现物尽其用、货畅其流。

由于生鲜电商退出供应链利益争夺、供应链损耗下降以及生产计划按需调整，生产组织可以从电商供应链分享更多合作剩余，有效提升了农业生产组织的投资回报率，而农业生产组织化发展有助于抑制个体理性决策导致的集体非理性问题，如生产领域的"囚徒困境"等等，使得信息流能够真正起到引导合理生产的作用，从而确保生鲜农产品的合理供应与稳定供应。目前，天猫生鲜与沱沱工社的"搜索式购物"已经为生鲜农产品的稳定供应提供了一定的补充作用，伴随生鲜电商的进一步发展壮大，其还将发挥更大的支柱作用。基于以上分析，本节提出：

命题4：生鲜电商依托有效信息流的流通模式有利于确保生鲜农产品稳定供应。

四、研究结论

生鲜农产品成为电子商务市场最后一片"蓝海"，高效流通模式成为生鲜电商的核心竞争力；解决生鲜农产品流通困局迫在眉睫，电子商务将成为"救命稻草"：正是生鲜电商的经营运作困境以及政府对电商破解生鲜农产品流通困局的主观预期，构成了本研究破题的逻辑起点。通过比较平台型与垂直型生鲜电商的流通模式，本研究发现平台型电商的外延式发展道路确立了基于"集中采购、分散供应"的流通模式，垂直型电商的内涵式发展道路确立了基于"分散采购、集中供应"的流通模式，在此基础上形成了"社会化物流+自营物流"两段式配送策略，最终形成"大供应、大市场、小配送"的流通格局。生鲜电商流通模式不仅分解重构了传统流通体系，还有效解决了生鲜农产品的流通困局，成为生鲜农产品流通模式改革的战略先导。并且，生鲜电商追求个体利益最大化的市场行为与生鲜农产品流通的公益性目标不谋而合，不需要政府规制加以矫正，这是生鲜电商破解流通困局的内在机理：（1）生鲜电商建立了以用户规模为基础的盈利模式，将会主动寻求稳定低价吸引更多忠实用户，但是，直到生鲜电商市场消费进化到"仓储式购物"阶段，生鲜电商市场价格才会对线下实体市场形成冲击，这也决定了生鲜电商并不像传统电商那样能够实现快速发展，"农贸市场+超市"仍将成为未来相当长一段时间内的主流购买场所。（2）生鲜电商突破了时空限制，实现了区域零旅行成本，充分有效的竞争导致其丧失了产品定价权。尽管沱沱工社等垂直型电商一直努力寻求差异化产品用以重新夺取定价权，但是，生鲜农产品生产的规模经济有限，且生产过程具备一定的周期性，并不能满足消费的快速增长需求，不得不依靠采购功能的生鲜电商很难延续差异化产品策略，且生鲜农产品的非标准化也降低了消费者对差异化产品的认知，因此，如何降低损耗成为未来生鲜电商竞争的关键点。（3）生鲜电商使得"呼吁"和"退出"成为有效的策略，从而促成了"消费者主权时代"的到来；"锁定效应"为生鲜电商与消费者提供了无限重复博弈机会，这使得声誉成为抑制生鲜电商市场逆向选择的重要工具，从而促使参与各方分摊供应链风险，加强自我约束，规避机会主义行为可能导致的质量安全问题。（4）生鲜电商还可以为供应链提供更加有效的信息流，使得生鲜农产品的生产与销售更具合理性，客观上为消费者提供了更加稳定的产品供应。

生鲜电商的崛起在于其解决了生鲜农产品的销售难问题，本研究并未将流畅销售作为流通困局给出特别解答。生鲜农产品的合理生产也应包括在流通公益性的目标之中，但是，现有生鲜电商大多对接传统农产品批发市场，短期内很难对生鲜农产品合理生产产生实质性影响。但是，正如前文所言，生鲜电商已经开始助推生鲜农产品生产组织的发展与升级，也将为生鲜农产品的合理化生产提供重要的外部推动与信息指导。长期内，伴随"刘易斯拐点"的到来以及农村劳动力的转移，被推高的土地流转价格逐渐回归理性，生鲜农产品生产的组织化规模收益逐渐增加，"大生产"对接"大市场"的格局逐渐形成，生鲜电商作为关键渠道商必将为合理生产做出更大贡献。

第三节 生鲜农产品电子商务行业前景分析

随着政府对生鲜电商的扶持，技术升级和资本介入，消费者对消费品质的更高追求，生鲜电商具有更为广阔的发展前景。

一、生鲜农产品电商发展背景

农产品电子商务架起了城市和农村、小生产和大市场之间的桥梁。农产品电子商务为农产品交易提供了新的流通方式和流通渠道,实现了农产品跨地域直接买卖。一定程度上解决了农产品买难卖难的问题,形成品牌,增加收入。国家推出多项政策支持农业发展,电子商务是其中的途径之一,由于生鲜产品本身价值以及运输、仓储等特性,生鲜是农产品触电的最有效抓手。2010 年至 2016 年国家对于农产品及其电子商务所出台的政策情况见表 6-5。

表 6-5　　　　　　　　农产品及其电子商务相关政策

年份	名称	具体内容
2010	农产品冷链物流发展规划	鼓励肉类农产品冷链物流发展;加快培育第三方冷链物流企业
2012	中央"一号文件"	加强农产品流通体系建设,创新农产品流通方式
2013	中央"一号文件"	加强农产品流通和农村体系建设
2014	中央"一号文件"	大力培育现代流通方式和新型流通业态,发展农产品网上交易、连锁分销和农民网店
2016	中央"一号文件"	支持电商、物流、商贸、金融等企业参与设计农产品电子商务平台建设

随着城镇居民人均可支配收入的提升,人们生活水平提高,在食品安全屡次暴露问题后,消费者对无污染、安全的绿色食品的消费已经成为一种时尚,消费者的食品安全意识逐渐增强,对物品的追求层次也逐渐提高。生鲜农产品电子商务改变了传统的面对面选择购买方式,线上交易可以为消费者提供更加多样化的信息服务,具有一定的透明度。例如,在生鲜电商沱沱工社的网站上,对所销售的西瓜不但给出了产地、品种,还标明了产地的特点、储存方式、食用益处、产品生长过程的图片展示,以及已购消费者的在线评论。消费者可以在网上迅速全面地了解生鲜农产品信息,并根据需要进行多方比较,一旦选择便会形成一定的黏性。由于生鲜农产品性质特殊,消费者无法快速辨别其品质。与传统渠道相比,生鲜电商企业普遍具有食品检验检疫能力,这为消费者购买生鲜农产品提供了可靠的屏障。虽然很多超市开展了农超对接和基地直采,但拥有自营农场的生鲜电商对产品质量的把控能力更强,例如沱沱工社,因为是自己的农场,所以它们的优势在于不用担心供应出现问题,自产自销,让消费者更加放心,供货更有

保障。因此，生鲜电商的发展能满足消费者不断增长的食品安全的需求。

随着电子商务消费者群体规模的增长，网络购物环境和现代信息技术日趋完善成熟，人们逐渐享受网络购物的便利。2012 年底，商务部发布《关于加快推进现货农产品流通创新的指导》，提出要鼓励利用互联网、物联网等现代技术，发展鲜活农产品网上销售。网站浏览、数据库信息、电子支付手段、安全支付等现代技术的迅速发展，有助于推动农产品电子商务的步伐，并对新兴产业带来更多支撑。电子商务企业的营销推广和丰富的促销活动使电子商务逐渐深入人心，网民的渗透率逐年增加。据《2013～2017 年中国冷链物流行业前瞻与投资战略规划分析报告》的数据显示，生鲜农产品在传统零售超市销售额中占 20%。如果生鲜农产品的网络渗透率达到 10% 以上，整个生鲜电商行业的市场规模将至少达到 2 000 亿元以上，农产品与电子商务的结合在全世界范围内都是新的课题，市场前景非常广阔。生鲜农产品的持续、稳定购买可以为电子商务网站带来稳定的网站流量和订单，消费者对产品多样化的需求与电子商务多样选择的特性高度契合，有比较好的市场基础。

2013 年我国生鲜农产品市场交易规模为 130 亿元，2014 年快速发展至 260 亿元，2015 年全国生鲜电商交易规模达 560 亿元，2016 年增长至 900 亿元，预计 2017 年全国生鲜电商市场交易规模将突破 1 500 亿元。

从 2015 年 9 月到 2016 年 3 月，FreshFresh 两鲜直购、本来生活网、拼好货、每日优鲜、中粮我买网、百果园、美菜网等生鲜电商平台均收到来自高榕资本、IDG 资本、浙商创投、泰康人寿、百度投资等投资方超亿元的融资金额，再度掀起"资本热"（见表 6-6）。

表 6-6　　　　　　　　2016 年部分生鲜电商融资信息

月份	企业名称	融资轮次	融资金额
10	我买网	C 轮	2.2 亿美元
9	爱鲜蜂	C 轮	7 000 万美元
9	百果园	A 轮	4 亿元
5	我是农民	天使轮	2 000 万元
4	每日优鲜	天使轮	500 万美元
4	五百家	天使轮	500 万美元
3	青年菜君	—	数百万美元
2	调果师	Pre-A	2 000 万元

二、生鲜电商发展现状

目前生鲜电商呈现缩减生鲜产品，扩大其他食品销售的趋势。生鲜类产品占据生鲜电商销售额的69.5%，2016年1月，生鲜类销售额占生鲜电商总体销售额的73.9%，而10月内生鲜销售额只占65.2%，非生鲜类的普通食品占据27.4%。在关于生鲜电商的负面信息中，物流和产品质量占主要内容。时间过长、食物腐烂等原因导致生鲜电商的发展遭遇瓶颈。

（一）冷链物流短板

生鲜电商的冷链物流需要在仓储、转运和运输、终端配送过程中采取低温保鲜的设备和措施，来确保跨地区保鲜运输；满足反季节销售对低温储藏保鲜水平的要求；满足消费者对质量安全、多样化、新鲜度和营养性等方面的要求；实现全程"无断链"。尽管2015年果蔬、肉类、水产品的冷链流通效率分别达到22%、34%、41%，冷藏运输率分别为35%、57%、69%，但是物流问题依旧明显，具备冷链物流的农产品电子商务企业微乎其微。

（二）供应链脆弱

生鲜电子商务能够实现生鲜农产品方便、快速的购买，这是新时期消费者选择生鲜电商的主要原因。生鲜农产品保质期较短，要求库存周转要快，这需要对客户订单有相对精准的预测，从而减少库存，降低成本。但是实际交易中，传统渠道对预测订单数量的准确率不超过70%。一旦高估销量，库存过多就要面临巨大损耗，很容易使企业陷入亏损。近几年，众多中小电商纷纷倒闭，甚至一些大的电商也出现各种危机。据我们调研统计，4 000家农产品电商中仅有1%电商盈利。2014年及以前，上海天鲜配、福州家百福相继倒闭；特土网、小农女和美味七七、青年菜君等生鲜电商也在近3年内倒闭，这在很大程度上是因为供应链的脆弱性。

（三）产品劣势

目前生鲜电商网站上展示的产品信息，包括文字、图片和视频都是经过预期处理过的，并不是产品的真实写照，"所见非所得"变成为生鲜电商的一大难题。在传统的交易中，消费者可以直接对实物进行挑选，而在网络购物中，商家替代消费者进行商品的挑选，但消费者要承担商家选择的结果，因此，消费者会变得更加挑剔。

(四) 配套法规有待进一步完善

生鲜农产品电商行业目前受到强烈关注,越来越多的电子商务网站开展生鲜农产品业务。在生鲜农产品方面,国家虽然建立了检验检疫制度,但是对网络销售产品的检验检疫专门的制度规定不够完善。在流通方面,只对实体店的设备设施、工作人员等进行监管,对网络店铺,尤其是一些中小型生鲜电商,准入门槛较低,网络交易受限较少,中间物流环节存在诸多不可控因素,市场监管亟待进一步加强。

(五) 农业现代化水平不高

农业现代化意味着农业经营方式和生产方式的双重变革。在经营方式上,现代农业应该适度规模化、信息化经营,完善农民合作组织的功能,以适度规模化带动具有区域特色的生鲜农产品打造电商网络销售渠道,提高电子商务在农户中的使用率和可信度,使之担负起现代农业的责任,形成共享、融合、发展的局面。但目前我国的大型农业基础设施建设不足,无力承受高度的农业现代化。

第四节 生鲜农产品电子商务行业发展建议

一、加强生鲜电商的生态系统拓展,实现生鲜电商市场的稳定低价

生鲜电商的发展集成了生产商、加工商、供应商、物流商、消费者等直接利益相关者以及金融机构、技术机构等间接利益相关者,形成了一种相互依存、共生共进的生态系统。不同于食利型实体零售商榨取供应商通道费并向消费者梯级定价,借此直接分割供应链利润,生鲜电商的盈利更多取决于生态系统内部的连接红利与合作剩余,这是生鲜电商市场能够实现稳定低价的重要原因。因此,无论是平台型电商还是垂直型电商,都应该高度重视外延式扩张,选择合适的供应商纳入平台或加入合作伙伴清单,借助"联合需求效应"吸引更多消费者加入,形成双边用户规模良性循环,实现范围经济基础上的规模经济,主动适应"非主流客户购买非常规生鲜"向"主流客户购买常规生鲜"的转变,以此拓展生鲜电商生态系统,获取更多剩余价值,为消费者释放更多剩余。同时,还要高度重视内涵式增长,加强对供应商或合作伙伴的筛选,建立完善的合作机制与淘汰机制,强化供应商或合作伙伴的专用资产投资,加强生态系统的内部竞争与自我约

束，避免供应商或合作伙伴的"敲竹杠行为"以及可能的道德风险行为，从而减少交易成本，降低风险波动，提高供应链利润，为消费者释放更多剩余。未来的电商企业都是以移动互联网为核心的商业生态系统，跨界融合将是一种趋势。例如，2015 年 7 月，生鲜电商 O2O 先行者沱沱工社宣布正式入驻百度外卖，主推办公室生鲜和休闲零食；2015 年 8 月，沱沱工社宣布与亲亲宝贝达成战略合作关系，沱沱工社携旗下有机农场全面入驻亲亲宝贝 APP，为母婴家庭提供产品及服务。2015 年 6 月，沱沱工社公布了"创客营"计划，由创客领头人带领成员积极探索新业务模式，打造沱沱工社商品的核心能力，增加经典而有口碑的极致单品，创造新的发展机遇。其清晰的跨界融合的战略打法足以见得他们对"互联网 +"时代的认识。未来在互联网金融、供应链金融、生态旅游等产业上，生鲜电商跨界融合的趋势会更加明显。

二、加强生鲜电商的供应链优化，降低生鲜电商市场的商品损耗

不同于传统实体零售商可以依靠旅行成本获得生鲜农产品定价权，以此实现利润外向式扩张，生鲜电商突破时空限制形成的完全竞争市场结构与区域零旅行成本，使其丧失了定价权，不得不寻求利润内向式发展，降低损耗成为生鲜电商发展的必然选择。为此，生鲜电商应该加强冷链物流体系建设，保证两段式物流的协同运作：平台型电商旨在加强社会化物流整合，打通不同物流企业之间的横向藩篱，加强社会化物流网络体系的建设，实现冷链物流企业的合作共享；垂直型电商应该加强自营冷链物流体系建设，实现冷链物流业务升级改造，主动接入社会化物流网络体系，不断强化无缝衔接。生鲜电商还应该高度重视物流配送优化，平台型电商的发展重点在于强化消费者订单的优化组合，垂直型电商的发展重点在于强化零售配送路径的合理安排，以此实现生鲜农产品配送的规模经济，加强生鲜农产品配送的集约化发展，助推大型冷链物流企业的发展以及物流服务质量的提高，为进一步降低损耗奠定基础。

三、加强生鲜电商的信息公开，提高生鲜电商市场的质量安全

不同于农贸市场近乎完全竞争市场结构以及超市近乎寡头垄断市场结构，生鲜电商属于单寡头竞争性垄断市场结构，也即生鲜电商在细分市场形成单寡头垄

断结构，但在整体市场产生完全竞争行为。竞争行为降低了退出成本，垄断结构形成了重复交易，这使得消费者"呼吁"与"退出"对生鲜电商发展具有较大影响。因此，强化源头控制，注重生鲜产品标准化，提升生鲜农产品质量，争取更多忠实顾客，并形成正向口碑传播，成为生鲜电商的工作重点。平台型电商应该强制供应链信息公开，明确质量追溯制以及质量事故责任制，同时加强供应商的品牌认知，以品牌区隔、市场区隔、标识区隔、高低区隔、优劣区隔抑制供应链的道德风险与逆向选择，让更多优秀企业得到更多消费者认同，从而使信息显示升级为声誉机制，以此确保产品质量，实现生鲜电商市场的长远发展；垂直型电商既要强化供应链的信息公开，也可以赋予电商品牌信誉背书，避免地域品牌发展过程中的"公地悲剧"，从而实现生鲜电商企业的长远发展。

四、加强生鲜电商的信息化建设，确保生鲜电商市场的稳定供应

生鲜电商的预售模式以及准确的需求预测，使其可以基于有效信息流甚至实际信息流引导商流、物流、资金流的协同流转，从而确保生鲜农产品的稳定供应。因此，生鲜电商应该强化供应链信息化建设，平台型电商应该加强大数据中心建设，实现平台内部的信息共享，形成系统的市场供需监测及预测系统；垂直型电商应该加强与合作伙伴的信息分享，建立面向消费者的产品供给信息系统以及面向合作伙伴的生产指导信息系统；政府应该组织建设国家层面的生鲜农产品信息共享平台，直接对接电商信息系统，建设辐射全国的农产品网络交易平台，遴选符合标准的流通主体纳入其中，同时也积极鼓励流通主体自建网络交易平台，完善农产品网络交易体系，以便及时了解生鲜农产品供需变化，为农业政策的制定以及生鲜农产品的稳定供应提供必要的信息支撑，最终减少生鲜农产品供需的摩擦性失衡、结构性失衡与周期性失衡，确保国家的生鲜粮食安全。强化农产品零售终端的信息采集与输出，推广条码技术与二维码技术在农产品零售中的运用，能够方便消费者的查询、下单、移动支付以及网上评价。生鲜电商企业应该利用大数据解决供需矛盾，重塑生鲜供应链和配送优化，实现精准供应和精准营销。

五、加强生鲜电商的源头控制，建立健全农产品质量追溯体系

短短一年时间，"网红"橙子纷纷偃旗息鼓，暴露出对上游产能、品质控制

等源头环节重视不够的问题。农产品电子商务有效发展的强力支撑在于健全的质量追溯体系，不仅对于消费者建立线上购物信心、丰富线下购物体验具有重要的促进作用，而且对于扫除农产品流通过程中的产品损耗这一障碍也具有巨大的推动作用。因此，建立各环节有效衔接、追溯过程协调、追溯链条完整、追溯信息供给高效的产品质量追溯体系至关重要（费威，2013）。首先，政府出资建立专门的农产品质量追溯系统，吸引流通主体免费加入，降低流通主体的经营成本以及可能导致的产品价格升高等问题；其次，按照统一要求对追溯资源进行协调整合，借助条码自动识别和 EPC 编码等技术进行数据收集，将农产品生产过程中的相关数据整理到质量追溯平台，建立以 GIS 农田地理信息系统和二维码技术为依托的生产履历中心；再次，鼓励农产品加工企业、批发企业、物流企业、零售企业等加入质量追溯系统，利用物联网技术打通农产品物流配送体系与质量追溯体系的联系渠道，利用为每个产品分配的 EPC 编码实时更新农产品流通过程中的信息，实现对于农产品在流通全过程中的跟踪定位；最后，利用互联网技术特别是移动互联网技术，为消费者提供二维码查询、网络查询、超市触摸屏查询等多种方便快捷的质量追溯信息的查询方式，提高消费者对于质量追溯体系的应用，使农产品质量追溯体系的建设由"供给推动"变为"需求推动"，提高质量追溯体系的建设效率。

让消费者亲自感知，将品控与消费者参与结合，加强生鲜电商的源头控制。让消费者做虚拟农场主，实现农产品可追溯。用户可以在平台上租赁一小块土地成为虚拟农场主，农场主决定种植什么，可以 24 小时看到农场里的情况，可以发布指令给作物浇水、施肥等。种出来的蔬菜、瓜果，农场主可以自家食用，也可以送给亲朋好友，剩余的还可以在平台上出售。还可以将虚拟农场与虚拟猪羊等产品结合，例如"羊在旅途"线下体验店，客户众筹一头猪或者一头羊，如果可能的话，客户还可以试着去农场喂食，顺便了解农场的情况。成长过程的全部信息客户可知晓，客户可实时了解所购买的商品的情况，在线下进行体验，增加口碑效应。国外农业发达国家农产品进市场前都按一定标准进行严格筛选和分级。日本鱼虾是以"条"计量；梨、苹果多以"只"计量；大白菜、包菜以一棵或半棵标价。在市场上见不到以重量单位计价销售蔬菜水果，等级外农产品不允许进入市场，只能作为加工原料。加强生鲜产品标准化控制，通过土壤、施肥周期和施肥量、用药时间和用药量、养殖种植标准等明确界定实现标准化种植；建田间档案，实现农产品"可溯源"；标准化生产包装、运输包装、销售包装及运输全流程温度、湿度、时间控制等包装和物流流程，确保产品都符合标准并有据可查。

六、完善农产品冷链物流体系，推动物流模式创新

农产品电子商务有效发展面临的最大障碍在于流通过程中的产品损耗，这与食品安全、价格虚高等问题息息相关，所以完善农产品流通过程中的冷链物流体系以降低产品损耗势在必行。第一，根据农产品的价值性、易腐性以及消费者可接受的价格水平等因素筛选出具备冷链应用可行性的农产品类型并确定不同类型农产品应用的优先级顺序，逐步推进农产品冷链物流体系建设。第二，成立专项基金建设农产品冷链物流体系，建立完善的农产品冷链物流信息公共平台，同时采用财税优惠措施政策鼓励农产品批发市场、农产品物流中心、零售企业应用冷链物流技术，对农产品冷链物流企业实行财政补贴与贷款优惠政策。第三，建立冷链物流运作标准体系，包括农产品原料采集、分拣加工与包装、冷却冷冻、冷库仓储、包装标识、冷藏运输、批发配送、分销零售等环节的保鲜技术和制冷保温技术标准，以及冷链各环节能耗与效率标准以及最佳作业操作标准等（杨钧，2013）。第四，推动基于物联网的农产品冷链物流体系与农产品网络交易平台的无缝对接，优化农产品配送路线，提高消费者选择物流配送时的自主权。第五，加强政策支持，2016 年 6 月，财政部、商务部联合发布了《关于中央财政支持冷链物流发展的工作通知》，将山东、河南、重庆、宁波、新疆、河北、广东、四川、青海、宁夏地区列为示范省区市，对相关冷链项目建设给予资金支持。同时，国家发展改革委编制的《营造良好市场环境推动交通物流融合发展实施方案》，提出到 2020 年形成一批有较强竞争力的交通物流企业，规划建设危险品、冷链等专业化物流设施设备，完善冷链运输服务规范，实现全程不断链。

众包物流是在分享经济兴起的背景下新兴的物流模式，类似于专车，是指把原由企业员工承担的配送工作，转交给企业外的大众群体来完成，兼职完成最后一公里的配送。京东到家、爱鲜蜂、田鲜、沱沱工社等生鲜电商可以通过互联网或者手机软件将配送单信息发布给公众，公众通过抢配送单获得奖励，从而吸引有兴趣的社会人员成为兼职配送员，实现全民参与物流配送。可以在各社区寻找合作居民，成为收发生鲜农产品的一个"站点"，既充分利用了企业外部的人力资源，提高"最后一公里"配送效率，又降低了配送成本。众包物流与众包仓储结合，更能有效实现无缝连接。

七、推动"互联网＋生鲜"销售模式创新

随着移动互联网和社交网络的发展，微信、微博等社会化媒体成为企业有效

的宣传工具，甚至是交易平台。互联网的发展为生鲜电商开辟了新的销售渠道，在原有 B2C、C2C 等销售模式基础上，全渠道、社区化、社交化、体验式的销售模式成为创新重点，SoLoMo、B2S 等逐渐开启生鲜电商销售新模式，这值得我们关注。生鲜电商销售模式见表 6-7。

表 6-7　　　　　　　　　　生鲜电商销售模式

模式	主要内容	模式	主要内容
B2C	生鲜电商网站对消费者	C2F	订单农业
B2B2C	生鲜产业链模式	B2M	企业根据客户需求建立网站
C2C	农户对消费者	M2C	生鲜产品加工企业对消费者
B2F/F2C	生产者（农户）对家庭	BMC	企业+中介平台（网络）+终端客户
ABC	代理商—商家—消费者	SoLoMo	生鲜产品社区化模式
娱乐竞拍	生鲜产品秒杀	CSA	社区支持农业
P2P	点对点、渠道对渠道、人对人、贸易伙伴对贸易伙伴	P2C	生活服务平台
B2S	分享式、体验式电商	SNS-EC	生鲜产品社交电商
O2O	线上与线下相融合	跨境	跨境电商
C2B	集合竞价订购模式（订单）	—	

第七章

农产品物流体系建设

目前,农产品流通过程中"小生产"和"大市场"的矛盾越发突出,这不仅涉及亿万农户的生存根本,而且事关广大民众的生活品质,成为关乎国计民生的社会热点问题。现阶段,农产品价格大起大落,产后损耗严重,有效供给不足,以及流通商滥用保鲜添加剂引发的"蓝矾韭菜""甲醛白菜"等质量安全事故频发,引发了学界及政府主管部门对农产品物流体系建设的探讨。作为一个农业大国,农产品物流体系的有效运转不仅涉及农户和消费者的根本利益,而且涉及整个国民经济运行效率与质量。降低物流成本、提高物流效率、发展物流产业,构建高效的农产品物流体系,已成为农产品流通体系建设机制创新的重中之重。鉴于此,本章将分析农产品物流成本和物流效率,构建农产品物流体系创新机制,提出农产品物流体系建设路径。

第一节 农产品物流成本与效率分析

目前,我国农产品物流发展尚处于初级阶段,农产品物流成本过高和物流效率低下已成为制约我国农业现代化和农村经济发展的"瓶颈"。作为农业大国,我国农产品的物流运输量十分巨大,其中未经深加工的生鲜农产品占据较大比重。但是由于农产品市场体系与物流组织体系不完善、农产品物流基础设施薄弱、物流技术水平落后、物流运作模式不成熟等原因，导致我国农产品物流损耗严重，农产品物流效率低下。据统计，我国农产品物流环节的损耗率高达35%，是美日等发达国家的十倍左右，这不仅在一定程度上推高了农产品消费价格，而且诱发了一些农产品安全事件。损耗率过高，是导致农产品物流成本居高不下的一个重要因素，这在很大程度上影响了农民真正收益的实现。而损耗率过高同时也导致物流运输效率过低，农产品物流的效益不高。所以降低农产品物流成本、提高农产品物流效率是我国解决农产品物流问题的根本出发点和落脚点，是一件关乎民生的大事，将有利于缓解农产品小生产与大市场之间的矛盾，稳定农产品价格、保障农产品质量安全。

农产品物流体系的建设问题，根本上是降低农产品物流成本、提高农产品物流效率的问题。面临我国农产品物流体系建设的现状，目前促进农产品物流发展的关键点在于减少损耗、降低成本，加快流通速度并真正实现增值，进而提高农产品物流的效率。因此，提高农产品物流效率刻不容缓，对农产品物流成本结构及效率分析十分必要。

基于以上原因，本章节对农产品物流成本进行解构分析，并归纳出造成农产品物流成本居高不下的影响因素，为后续研究做出铺垫。在对农产品物流成本进行解构这一节中，引入两个研究，分别为寿光蔬菜批发市场的三种蔬菜成本分析及物联网技术采纳对农产品物流成本的影响。在此基础上，对农产品物流效率的影响因素进行归纳，从制度、技术等环节提出八个相关命题，并以此构建农产品物流效率影响因素框架，为后续研究奠定基础。

一、农产品物流成本解构

（一）寿光蔬菜批发市场三种蔬菜成本分析

本节以山东寿光农产品批发市场三种农产品为例，对物流成本进行解构分析。

1. 农产品物流成本摸底。

本节研究主要选取了寿光当地主要出产的三种农产品：黄瓜、苦瓜和茄子。这三种农产品在当地种植量大，市场交易量大。通过获得的数据推算，得到寿光地区三个主要农产品品种的物流成本结构，如表7-1所示。

表7-1　　　　寿光批发市场三种农产品的物流成本构成

成本费用项目		每斤农产品分摊费用（元/斤）		
		黄瓜	苦瓜	茄子
包装费用	包装箱	0.10	0.17	0.14
	塑料薄膜、胶带、吸水纸等包装附属物	0.05	0.20	0.04
	装箱手工费	0.04	0.04	0.03
	包装费小计	0.19	0.41	0.21
运输仓储费用	短距运输装卸费	0.01	0.03	0.05
	短距运输车辆使用费	0.02	0.06	0.07
	上大货车装卸费	0.01	0.02	0.03
	冷库费用	0.04	0.00	0.15
	长途运输费（寿光—长沙，里程约1 390公里）	0.07	0.17	0.25
	运输仓储费小计	0.15	0.28	0.55
各项物流成本费用合计		0.34	0.69	0.76
考虑到20%的损耗率调整后的物流成本费用		0.41	0.83	0.91

　　表7-1中黄瓜的包装箱按20千克容量的箱子（4元每个）计算；每箱所用的塑料薄膜、胶带、吸水纸等包装附属物的费用约为2元，则平均每千克黄瓜分摊包装附属物成本为0.025元。除非运到很远的地方，否则黄瓜包装箱内并不需要保鲜冰块，因此冰块费用暂且忽略不计。每箱黄瓜的装箱手工费为1.5元，平摊到每千克黄瓜是0.018 75元，计0.02元。收购过程中的短距物流费用（从合作社到批发商货车上转运过程中所发生的费用）以一辆大货车的装载量为单位来计算：收购一整车30吨黄瓜需要3辆小货车和5名装卸工，装卸工总费用为750元，平均每千克黄瓜分摊0.025元，计0.02元；每辆小货车的使用费（租金及燃料费）350元，3辆车共1 050元，平均每千克黄瓜分摊0.035元，计0.04元；装载大货车时需4~5名装卸工，总费用为400元，平均每千克黄瓜分摊0.013 4元，计0.02元。装载后货车进冷库，以平均冷藏3小时计算，冷库价格是800元每车（9米长货车）每小时，3小时总费用为2 400元，平均每千克黄瓜分摊0.08元。长途运费，根据每车8 000千克茄子（8吨，9米长卡车）从寿光运至湖南长沙（里程约1 390公里）平均每千克茄子分摊0.5元的标准计算（假定运费受里程的影响远远大于装载重量的影响，因此视装载30吨黄瓜的总运费与装载8吨茄子的总运费相同），平均每千克黄瓜分摊长途运费0.133 4元，计0.14元。

　　表7-1中苦瓜包装箱成本按照每箱可装19千克苦瓜的大号泡沫箱计算，箱

子价格为 6.3 元，则平均每千克苦瓜分摊 0.332 元，计 0.34 元；苦瓜与黄瓜的保鲜条件不同，每箱中除总共 3 元的塑料薄膜、胶带、吸水纸之外，还有 6.5 千克冰块和 3 千克水泥板，冰块价格是 0.6 元/千克，水泥板总费用按 0.5 元计算，这样，每千克苦瓜分摊包装附属物总费用达到 0.39 元，计 0.4 元；平均每千克苦瓜分摊的装箱手工费与黄瓜大致相同，计 0.08 元；收购与装车过程中的短距物流总费用，苦瓜与黄瓜是相同的，但由于苦瓜单位体积质地较轻，每车装载量远远小于黄瓜，再加上冰块和水泥板的配重因素，因此平均每千克苦瓜分摊的这部分费用较黄瓜明显上升，按每辆大货车装载 18 吨苦瓜计算，去掉冰块和水泥板的质量（每箱总重 28.5 千克，其中 19 千克苦瓜，冰块及水泥板重 9.5 千克，研究按此比例推算苦瓜的净重），整车苦瓜净重 12 吨，收购中的装卸费为 750 元，平均每千克苦瓜分摊 0.062 元，计 0.06 元；车辆使用费总共 1 050 元，平均每千克苦瓜分摊 0.088 元，计 0.08 元；大货车装载费 400 元，平均每千克苦瓜分摊 0.034 元，计 0.04 元；由于箱内已装有冰块，假定苦瓜一般不需入冷库储存，这里冷库费用忽略不计；长途运输费，同样以寿光到长沙为例，参照每千克茄子（整车装载 8 吨）分摊 0.5 元运费的标准，推算每千克苦瓜分摊的运费为 0.334 元，计 0.34 元。

表 7-1 中茄子包装箱按纸箱计算（茄子一般不需要泡沫箱，除非运往广州、深圳等特别远的地区），能装 21 千克茄子的纸箱价格为 6 元每个，则每千克茄子分摊 0.286 元，计 0.28 元；每箱中绳子、塑料薄膜、胶带等附属物的费用为 1.5 元，平均每千克茄子分摊 0.072 元，计 0.08 元；装箱手工费按 1.3 元每箱计算（相比于黄瓜、苦瓜，茄子的装箱工作量少一些），平均每千克茄子分摊 0.06 元；短距物流费用总额与黄瓜、苦瓜相当，只是每辆货车装载茄子仅 8 吨（单位体积茄子质量更轻），因此平均每千克茄子分摊的费用较黄瓜和苦瓜都有上升，每千克茄子分摊收购中的装卸费 0.094 元，计 0.1 元；每千克茄子分摊收购车辆使用费 0.132 元，计 0.14 元；每千克茄子分摊大货车装载费计 0.06 元；冷库费按 800 元每车每小时，按共 3 小时计算（至少需要 1 小时），每千克茄子分摊冷库费用为 0.3 元；每千克茄子分摊长途运输费（根据批发商的经验估算）0.5 元。

此外，表 7-1 中计算的"各项物流成本费用合计"中并未包括农产品收购、包装、仓储、运输等过程中的损耗。关于损耗水平，如将 20% 作为损耗的标准（苦瓜的损耗率可能高于 20%，茄子的损耗率可能低于 20%），那么表 7-1 中所得出的"各项物流成本费用合计"还要乘以一个损耗系数（1+20%）才能得出最终在销地有效出售的每千克农产品所分摊的物流总成本。

2. 农产品物流成本的基本结构分析。

按照物流成本费用产生的环节将各种物流费用归为三类（在表 7-1 中已经

有所体现）：包装费、仓储运输费和损耗费。在总的物流成本中这三类成本费用的占比及不同产品类别成本费用之间的数量关系如表7-2和图7-1所示。

表7-2　　　　　　　　三种农产品的物流成本结构

物流费用项目	每斤农产品分摊物流费用（元/千克）		
	黄瓜	苦瓜	茄子
包装费	0.38	0.82	0.42
仓储运输费	0.3	0.56	1.1
损耗费	0.14	0.28	0.3
总成本费用	0.82	1.66	1.82

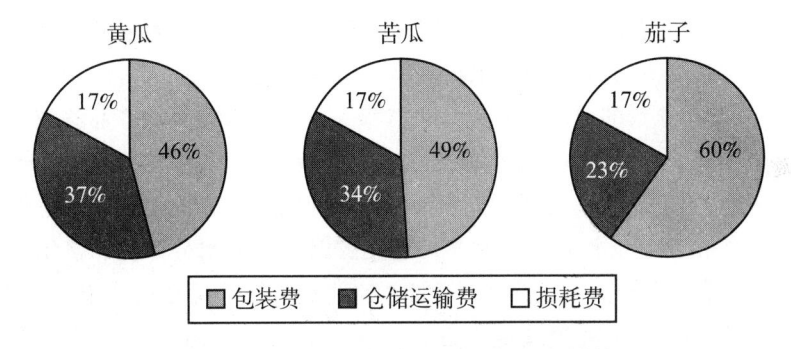

图7-1　三种农产品的物流成本结构

通过研究发现农产品物流成本的基本结构呈现如下特征：

（1）不同种类农产品之间各项物流成本差异较大。数据显示，在包装费这项上，黄瓜和茄子较为接近，而苦瓜的包装费明显高于黄瓜和茄子的包装费，基本相当于它们的两倍。这是由于苦瓜在装箱时对箱内保鲜措施要求较高，需要添加冰块等包装附属物，并由此可能带来更高的装箱费。可见，由于不同种类的农产品在易腐性及抗挤压性上存在差异，因此对包装中的保鲜和稳固支撑有不同要求，进而很可能导致包装成本的不同。越是易腐的、挤压下容易损坏的农产品，物流成本就越高。

（2）包装费用占比较大。在总的物流成本费用中包装费的占比，黄瓜达到46%，苦瓜达到49%，分别都是占比最高的一项费用。显然在这两种农产品中，包装成本是最大的。当然，对茄子来说，情况有些不同，这将在下面的第三个特征中讨论。

（3）单位质量农产品分摊的仓储运输费用与农产品比重有关。之所以茄子的包装费没有像黄瓜、苦瓜一样占据最大比重，是因为茄子的仓储运输费明显高于另外两种农产品，而仓储运输费之所以明显高于另外两种农产品，主要是由于单位体积的茄子质量轻于黄瓜或苦瓜，由于体积的限制，一辆满载时可装载30吨黄瓜的货车，仅能装载8吨茄子，在运输里程及主要由其决定的总运费一定的情况下，这必然导致每千克茄子分摊的仓储运输费高于黄瓜或苦瓜。因为很多费用，比如装卸费、冷库费、长途运输费，都是以一整车为单位来支付的，并不会因货物的总重量不同而支付不同的费用额度。研究发现每千克茄子分摊的仓储运输费比每千克黄瓜分摊的仓储运输费的3倍还多，这与每车黄瓜30吨载重量而每车茄子8吨载重量的情况刚好形成反比例的对应关系。可以说，比重越轻的农产品品种，单位质量农产品分摊的仓储运输费用就越高。这就是为什么对茄子这样质轻的农产品来说，仓储运输费是总物流成本费用中的"绝对主力"——占据超过60%的比重，从而显得包装费用相对不那么高了。实际上，由于茄子的比重小于黄瓜，在包装费用的分摊上也同样导致了茄子较黄瓜的上升。总之，比重越轻的农产品，单位质量农产品承担的物流成本费用越高。

（4）由损耗导致的成本上升幅度仍然很大。研究未能对农产品物流环节的损耗率开展全程观测或实验，而是根据业内专业人士的经验将损耗率定在20%，就是说从产地起运的每10千克农产品，到销地后能够完好实现上市销售的，只有8千克了，由于物流操作中各种不可避免的因素（如水分蒸发、挤压毁损、腐烂等），有2千克农产品"消失了"。如果各种农产品都是在这个损耗率水平上，那么每千克农产品分摊的损耗成本都达到总物流成本费用中的17%左右。考虑到在农产品物流中已经广泛采用泡沫箱隔热、添加冰块和塑料薄膜、起运前入库冷藏等技术手段，这个损耗成本还是偏高的，应有一定的下行空间。

3. 各类物流成本费用的内部结构分析。

（1）包装费中材料费占主导。根据表7-1中的数据，包装费用的内部结构用比例图表示见图7-2。

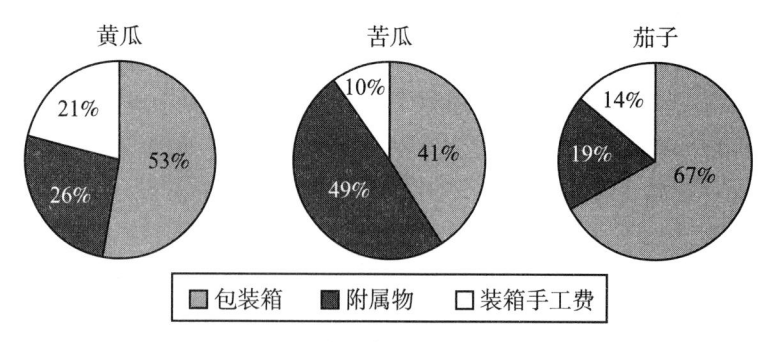

图7-2 三种农产品包装费内部结构

首先，就黄瓜和茄子来说，包装箱的费用在包装费中占据了最大比重，其中茄子由于比重小，每千克茄子分摊的包装箱成本占到总包装成本的67%；尽管对苦瓜来说，由于需要额外添加冰块等附属物而导致分摊的附属物的费用超过了包装箱成本，但包装箱成本仍然占总包装成本的40%以上。其次，包装中物质资料的成本比重远大于人力成本的比重。包装中的人工成本，黄瓜占到21%，苦瓜占到10%，茄子占到14%（见图7-2）。与物质性成本相比，人力成本相对低廉。

（2）仓储和运输费用中冷库费和长途运输费占主导。在总的仓储和运输费用中，由收购和装车所产生的短距离运输与装卸费用所占比例较小，黄瓜和茄子占到27%，苦瓜占到39%（见图7-3）。原本由于比重差别的存在，若短距装卸总费用相近，则每千克农产品分摊的这部分费用比例理应在三种农产品中由大比重农产品到小比重农产品渐次提高，但由于苦瓜装运中添加的冰块等附属物导致苦瓜的实际净装载量大为减少，作用相当于将苦瓜变得更为轻质，再加上苦瓜并不需在起运前入冷库（因为已经加装了冰块），因此每千克苦瓜分摊的短距运输与装卸费比例最大；而茄子虽然更为轻质，但由于起运前茄子需要冷藏，冷库费用大大高于苦瓜和黄瓜，因此冷库和长途运输总费用的提高抵消了由于比重问题导致的每千克茄子分摊短距物流费用的上升（较黄瓜和苦瓜而言），因此茄子的短距物流费用占整个仓储运输费的比重并没有高于黄瓜，甚至明显低于苦瓜。

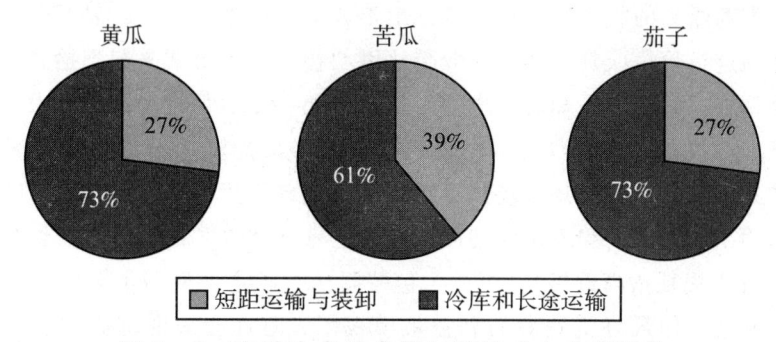

图7-3 三种农产品仓储与运输成本内部结构

图7-3中容易看出，冷库和长途运输费在总的仓储运输费中占据主要位置，黄瓜和茄子都达到73%，苦瓜也达到61%。研究认为这种结构形成的原因可能有两个方面：一是相对于提供短距运输和装卸所需的小型货车、农村零散劳动力而言，冷库和长途货车属于更具有专用性、专业性的资产，形成这部分资产的投资要大大高于对短距运输和装卸服务的投入水平，资本和技术门槛的存在使这部分资源相对更为稀缺，收费水平可能更高；二是研究考察的个案恰好运输距离较远（寿光—长沙，里程约1 390公里），因此长途运输费较高。研究估算，如果运输里程缩减为原来的一半，即约700公里，则长途运费将降低约50%，并且由

于里程缩减，运抵时间也相应缩短，可能导致保鲜费用（冰块和冷库费用）也随之减少，那么冷库和长途运输费所占的比例将可能小于短距物流费所占的比例。

4. 农产品物流成本优化思路。

（1）降低包装费。如表7-2及图7-1所示，包装费在总的物流成本费用中占有较大比重，降低这部分的费用水平对整体上降低农产品物流成本具有重大意义。又如图7-2所示，包装费中物质资料的成本远大于人工成本，因此研究认为要降低包装费，应首先从降低包装物的综合使用成本着手。物质资料成本中，包装箱的成本经常居于首位。这些单价4~7元的泡沫或纸质包装箱目前都是一次性使用的产品，实际上如果开发一种不易损毁、能够重复使用的包装箱，就可能降低每次运输中的包装箱使用费。可重复使用的包装箱的应用，也无疑有利于节约资源，减少污染。

胶带、薄膜、绳子、冰块等包装附属物很难像包装箱一样被重复利用，但可以通过严格限制它们的使用量来达到降低成本的目的。在调研中发现了一个现象，就是这些包装附属物，特别是比重较大的附属物（如冰块、水泥板）经常被过度使用。比如在苦瓜的包装运输中，农户经常过量添加冰块和水泥板，这些比重很大的附属物名义上是为了保鲜和支撑等实际需要，但明显过量的添加实际上是相当于暗地里减少了农产品的交货量，从而抬高了农户出售农产品的价格。当农户对批发商给出的收购价格不满时，出于竞争或其他考虑，通常不会选择去与批发商重新进行价格谈判，而是采取暗地里"掺水"的方式来起到抬高价格的作用。根据调查，批发商是知道农户的"掺水"行为的，但批发商作为农产品经营的中间商，并不是最终消费者，而是只管按照名义价格（不考虑掺水因素的价格）将农产品出售给销售地市场的下游中间商或零售商，就可以收回自己的成本和利润，而下游中间商和零售商则可以轻易地将"掺水"的损失转嫁给最终消费者（通过计入损耗抬高价格）。可见，包装附属物的过度使用不会影响中间商和零售商的利益，但最终消费者的利益被漠视了，对社会来说也造成了大量的浪费。研究认为要减少不合理的过度包装，一是要建立能保障农户与批发商之间平等、便利地开展议价的市场机制；二是要订立包装附属物使用规范并确保监督执行。遏制过度包装，这将对降低农产品物流成本发挥重要作用。

（2）尽量缩短轻质农产品的供应距离。运输里程的减少，将有效降低物流费用，这是毋庸置疑的。但由于我国农产品的产销在区域间和季节间非常不平衡，因此短期内很难充分实现城市农产品的就近供应。就在寿光了解到的情况来看，仅仅在北方时值夏秋之际，我国东北地区城市主要农产品可以一定程度上实现就近供应（由城市周边的农村供应），但一旦北方进入寒冷季节，东北地区绝大部分的农产品供应都来自寿光。从品种来看，主产区在南方的农产品则在一年中大部分时节都是经由寿光批发市场输入东北城市中的。由于区域间适宜种植的品种不同，以及区域间季节气候差异导致的农产品产量差异的存在，使各个区域城市同时充分实现就近解决农产品供应问题是不现实的。农产品物流中的长距离运输现象将在长期内难以消除。尽管如此，研究认为至少在一定的范围内降低仓储运输成本还是有可能的。研究已经看到，就每千克农产品分担的长途运输成本来看，轻质的农产品较一般农产品分担的更多，也就是代价更高昂。因此即使不能做到在所有农产品品种上缩短运输里程，但至少应该在轻质农产品品种中尽量实现缩短运输里程，这将对降低这些农产品的物流成本有明显的作用。这需要在距离销售地较近的地区建立规模化的轻质农产品供应基地。比如，对东北地区来说，冬季农产品严重依赖区外供应，但像青椒、苦瓜、茄子这样的轻质农产品品种只要技术上可行（暖棚技术等），就可以在东北本地部分地区扩大种植规模，提高区内自给的比例；而黄瓜、角瓜、西红柿等非轻质农产品则完全可以依赖山东供应。这样综合的农产品物流成本将会被降低。

（3）降低冷库建设运营中的成本费用。很多农产品需要长途运输，作为长途运输前的准备，往往要入冷库储存一段时间。在寿光，冷库已经成为农产品物流环节中一个关键性的稀缺资源，这从冷库的价格就可见一斑：一辆满载的9米长卡车入冷库每小时的价格是800元，冷藏3小时的费用即达2400元，以每车装载8000千克茄子来计算，每千克茄子即分摊0.3元冷库成本，而茄子在夏季的收购价格最高也不过1.6元每千克，按销地批发价2.4元每千克计算，仅冷库成本就占到销地价格的12.5%。

冷库建设成本主要是土地成本、基建成本、电气装置成本，仓库管理的人力成本可忽略不计。要降低冷库成本就要鼓励冷库建设投资，市场化、透明化地降低土地审批的门槛，降低税费标准，提高冷库建筑材料和设计施工的技术含量，降低能耗，降低日常运行费用。在主要农产品供应基地附近，冷库资源将是今后农产品全程冷链物流的重要起点，冷库规模的扩大和冷库使用成本的降低将对农产品物流成本的降低有至关重要的意义。

通过本节的研究发现：农产品物流成本主要集中在包装费、仓储运输费和损耗费之中，且其基本结构具有如下特征：一是不同种类农产品之间各项物流成本差异较大；二是包装费用占物流费用比重较大；三是单位质量农产品分摊的仓储运输费用与农产品比重有关；四是由损耗导致的成本上升幅度较大。在对各类农产品物流成本费用的内部结构分析中，进一步发现：一是包装费中材料费占主导；二是仓储和运输费用中冷库费和长途运输费占主导。基于以上发现，本节研究针对农产品物流成本提出如下优化思路：一是降低包装费；二是尽量缩短轻质农产品的供应距离；三是降低冷库建设运营中的成本费用。

（二）基于物联网采纳的农产品冷链物流决策研究——成本收益分析视角

物联网技术的应用，可以使生鲜农产品冷链物流效率明显提升，但同时不可避免地也会增加运营成本，所以各级流通主体需要根据成本收益情况来进行物联网采纳的决策。因此对物联网采纳成本与物联网采纳收益进行全面比较，决定着冷链物流主体能否真正采纳物联网技术。该研究从冷链物流角度出发，结合生鲜农产品易腐特性，通过分析物联技术采纳前后两阶段供应链的成本与收益情况，着重对比供应链主体在流通时间变化的条件下，动态调整批发价格、零售价格、最优订货数量以达到成本最小化的高效率决策方案，为冷链企业物联网采纳提供决策依据。

考虑由产地到批发商再到零售商，最后流通到消费者手中的简化了的单向供应过程。在销售季节来临前，零售商根据批发商提供的批发价格 p_0 拟订订货量 q，批发商根据零售商的需求，考虑整个供应过程中与流通相关的成本与损耗，选择使自己成本最小化的最优批发价格与订货量。而零售商在收到批发商运送的农产品后，根据产品的品质与市场需求量，加上自身承担的冷链物流成本，确定最终的零售价格 P_f。图 7-4 所示是生鲜农产品供应链的单向流程图。

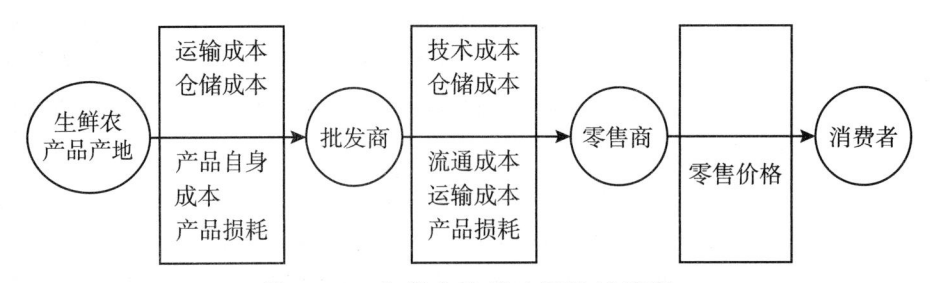

图 7-4 生鲜农产品冷链物流流程

具体描述和假设条件如下：

1. 运输成本。

在本研究中我们考虑冷链物流的特性，因此运输成本成为非常关键的变量函数。假设批发商承担产地到批发商环节的冷链物流运输成本 $\alpha_1(t)$，零售商承担批发商到零售商环节的冷链物流运输成本 $\alpha_2(t)$。运输成本函数应该与流通运输过程中的行驶路程呈正相关。路程越长，流通时间越长，冷能消耗越多，成本越高，如果流通时间超过了一定的时间限制，冷链运输的成本过高就没有价值了。所以假设函数是以时间为自变量的成本函数，T 是时间限定值，并存在以下函数特性：

$$\frac{\partial \alpha_1(t)}{\partial t} \geq 0, \quad \frac{\partial^2 \alpha_1(t)}{\partial t^2} > 0, \quad \frac{\partial \alpha_2(t)}{\partial t} \geq 0, \quad \frac{\partial^2 \alpha_2(t)}{\partial t^2} > 0 \quad (0 \leq t \leq T)$$

2. 农产品损耗成本。

（1）在常温的物流供应链流通过程中，生鲜农产品极易损耗，即便是在冷链物流的低温环境下，运输时间长仍然会使部分生鲜农产品发生损坏。如果达到生命周期 Y，农产品会全部损坏。为方便研究分析，我们构造与流通时间紧密相关的产品保存比率函数 $\phi(t)$ $(0 \leq t \leq Y)$，用以阐述这一产品实体数量的变化规律。当 $t = Y$ 时，$\phi(t) = 0$；当 $t = 0$ 时，$\phi(t) = 1$。生鲜农产品在存储时往往是开始时腐烂得较慢，随着时间的延长，腐烂的速度会随之加快。根据生鲜农产品的这种特性，我们假设 $\frac{\partial \phi(t)}{\partial t} \leq 0$，$\frac{\partial^2 \phi(t)}{\partial t^2} < 0$。当订货量为 q 时，批发市场为了预测出损耗后的订货量有效值，需运送 $\frac{q}{\phi(t)}$ 件产品。

（2）基于对生鲜农产品的了解，流通时间越长，产品的品质就越低下，例如：农产品表面磕碰，水分缺失，部分腐烂等。设产品品质函数 $\gamma(t)$ $(0 \leq t \leq Y)$，Y 为农产品生命周期。当 $t = Y$ 时，$\gamma(t) = 0$；当 $t = 0$ 时，$\gamma(t) = 1$。假设品质函数是关于流通时间 t 的单调连续减函数，并且随着流通时间的延长加速递减。存在以下函数特性：$\frac{\partial \gamma(t)}{\partial t} \leq 0$，$\frac{\partial^2 \gamma(t)}{\partial t^2} < 0$ 流通时间越长，农产品品质越差。

3. 仓储成本。

假设流通企业对每件农产品的加工成本为 L，批发商承担产地到批发商环节的冷链物流仓储成本 $\beta_1(t)$，零售商承担批发商到零售商环节的冷链物流仓储成本 $\beta_2(t)$，冷藏时间越久，冷能消耗越多，仓储成本越高。如果流通时间超过了一定的时间限制，仓储成本将超出预算，给供应链带来不必要的负担。假设仓储成本函数是以时间为自变量的成本函数，T 是时间限定值，并存在以下函数特性：

$$\frac{\partial \beta_1(t)}{\partial t} \geq 0, \quad \frac{\partial^2 \beta_1(t)}{\partial t^2} > 0, \quad \frac{\partial \beta_2(t)}{\partial t} \geq 0, \quad \frac{\partial^2 \beta_2(t)}{\partial t^2} > 0 \quad (0 \leq t \leq T)$$

4. 物联网技术成本。

物联网采纳成本为 C_g^*（$C_g^* = C_g + C_t$），应用物联网技术，首先需要支付技术硬件的固定成本 C_t（安装射频识别，视频监控，传感器等），其次是应用技术的变动标签成本 C_g。生鲜农产品冷链物流中的货物种类繁多且数量巨大，由此供应链产生变动的标签成本 C_g 对决策更为重要。采纳物联网技术的成本体现在批发、零售等诸多环节，并且由批发商与零售商分别承担。在支付高额成本的同时，由技术应用带来的流通过程中时间的缩短，速度的加快，产品耗损率的下降及产品品质的提升，都提高了供应链流通过程的效率。

5. 产品自身成本。

产品在生鲜农产品产地的自身成本为 C_0，季末残值为零，本研究中产品自身成本不包括损耗成本。所有决策者都是风险中性且完全理性。

6. 市场需求函数。

市场需求函数 $d = AP_f^{-k}\gamma(t)$ 是零售价格与产品品质的函数，在同样的价格条件下，生鲜农产品的品质（包括外观，营养，水分等）越好，消费者的需求量越大，其中 A 是市场规模系数，k 是价格弹性系数，k > 1。

假定物联网技术采纳前后的流通时间分别为 t_1，t_2；批发商的运输与仓储成本满足 $0 \leq \alpha_1(t_1) \leq \alpha_1(t_2) \leq \alpha_1(T)$，$0 \leq \beta_1(t_1) \leq \beta_1(t_2) \leq \beta_1(T)$；零售商的运输与仓储成本满足 $0 \leq \alpha_2(t_1) \leq \alpha_2(t_2) \leq \alpha_2(T)$，$0 \leq \beta_2(t_1) \leq \beta_2(t_2) \leq \beta_2(T)$。产品保存比率函数与产品品质函数满足 $0 \leq \phi(t_1) < \phi(t_2) \leq 1$，$0 \leq \gamma(t_1) < \gamma(t_2) \leq 1$。

构建物联网技术应用前后生鲜农产品冷链物流的成本与收益模型，通过对比各级流通主体的成本与收益，得出采纳物联网技术的决策条件。

情景一：不采纳物联网技术情况下的生鲜农产品冷链物流决策模型

当不采纳物联网技术时，产品季末残值为零，生鲜农产品的流通时间 t_1。在批发价格为 p_0 时，零售商的成本：

$$C_R = (L + \alpha_2(t_1) + \beta_2(t_1) + p_0)q_0$$

零售商的收益：

$$\pi_R^0(P_f, q_0) = (P_f - p_0 - \beta_2(t_1) - \alpha_2(t_1) - L) \times q_0$$

假设零售商完全理性，为追求最大收益，会根据市场的实际需求制定适合的零售价格，且市场需求函数 $d = AP_f^{-k}\gamma(t_1)$，可得：

$$P_0^w = \left(\frac{A\gamma(t_1)}{q_0^w}\right)^{\frac{1}{k}}$$

显然有零售商的收益：

$$\pi_R^0(q_0) = \left[\left(\frac{A\gamma(t_1)}{q_0}\right)^{\frac{1}{k}} - p_0 - \beta_2(t_1) - \alpha_2(t_1) - L\right] \times q_0 \quad (7-1)$$

对 q_0 求导，一阶导：

$$\frac{d\pi_R^0}{dq_0} = \left(1 - \frac{1}{k}\right)\left(\frac{A\gamma(t_1)}{q_0}\right)^{\frac{1}{k}} - p_0 - \beta_2(t_1) - \alpha_2(t_1) - L$$

二阶导：

$$\frac{d^2\pi_R^0}{dq_0^2} = \left(-\frac{1}{k}\right)\left(1 - \frac{1}{k}\right)(A\gamma(t_1))^{\frac{1}{k}}\gamma(t_1)^{-1-\frac{1}{k}}$$

显然有二阶导数小于零，令一阶导数为零，可得：

$$q_R^0 = A\gamma(t_1) \times \left(\frac{k-1}{k(p_0 + \beta_2(t_1) + \alpha_2(t_1) + L)}\right)^k \quad (7-2)$$

代入已知函数得：

$$P_R^0 = \frac{k(p_0 + \beta_2(t_1) + \alpha_2(t_1) + L)}{k-1} \quad (7-3)$$

由此，我们得知在批发商给出的批发价格为 p_0 时，零售商最优决策后的成本为：

$$C_R^0 = A\gamma(t_1)(L + \beta_2(t_1) + \alpha_2(t_1) + p_0) \times \left(\frac{k-1}{k(L + \beta_2(t_1) + \alpha_2(t_1) + p_0)}\right)^k$$

$$(7-4)$$

收益为：

$$\pi_R^0 = A\gamma(t_1) \times \frac{(p_0 + \beta_2(t_1) + \alpha_2(t_1) + L)}{k-1} \times \left(\frac{k-1}{k(p_0 + \beta_2(t_1) + \alpha_2(t_1) + L)}\right)^k$$

$$(7-5)$$

另外，对于批发商来说，当零售商每次订货为 q_0 时，考虑到冷链物流流通过程中农产品的实体耗损率，批发商需要提供大于 q_0 的产品。上文我们构造与流通时间紧密相关的产品保存比率函数 $\phi(t)(0 \leq t \leq Y)$，即当订货量为 q_0 时，批发市场为了预算出产品损耗后的订货有效值，需运送 $\frac{q_0}{\phi(t)}$ 件产品。在这些条件下的约束下，批发商的成本为：

$$C_S = (\alpha_1(t_1) + C_0 + \beta_1(t_1)) \times \frac{q_0}{\phi(t_1)} \quad (7-6)$$

批发商的收益为：

$$\pi_S^0(p_0) = [p_0 - (\alpha_1(t_1) + \beta_1(t_1) + C_0)] \times \frac{q_0}{\phi(t_1)} \quad (7-7)$$

对批发价格求导，令一阶导数为零，

$$\frac{d\pi_S^0}{dp_0} = q_0 + \left(p_0 - (\alpha_1(t_1) + \beta_1(t_1) + C_0) \times \frac{1}{\phi(t_1)}\right) \times q_0' = 0$$

由式（7-2）可得 $q_R^{0'} = q_R^0 \times \frac{-k}{p_0 + \beta_2(t_1) + \alpha_2(t_1) + L}$，显然批发商的最优批发价格为：

$$p_0^\omega = \left(\frac{\alpha_1(t_1) + \beta_1(t_1) + C_0}{\phi(t_1)} + \frac{\alpha_2(t_1) + \beta_2(t_1) + L}{k}\right) \times \frac{k}{k-1} \quad (7-8)$$

通过上式，批发价格直接影响到零售商的订货量，我们还可以看到批发价格受到多方面因素的影响，不光包含产品的自身成本，还包括批发商与零售商的运输与仓储成本，产品耗损率与流通中的简单加工成本等一系列费用。为了更清楚直观地看到批发价格对整个供应链流通过程的影响，我们先将式（7-8）代入式（7-2）、式（7-3）中，得到：

$$q_R^\omega = A\gamma(t_1) \times \left[\frac{\alpha_1(t_1) + \beta_1(t_1) + C_0}{\phi(t_1)} + \alpha_2(t_1) + \beta_2(t_1) + L\right]^{-k} \times \left(\frac{k-1}{k}\right)^{2k}$$
(7-9)

$$P_R^\omega = \left[\frac{\alpha_1(t_1) + \beta_1(t_1) + C_0}{\phi(t_1)} + \alpha_2(t_1) + \beta_2(t_1) + L\right] \times \left(\frac{k}{k-1}\right)^2 \quad (7-10)$$

将式 (7-8) 代入式 (7-4)、式 (7-5) 中，得到零售商的成本为：

$$C_R^\omega = A\gamma(t_1) \times \left[\frac{\alpha_1(t_1) + \beta_1(t_1) + C_0}{\phi(t_1)} + \alpha_2(t_1) + \beta_2(t_1) + L\right]^{1-k} \times \left(\frac{k-1}{k}\right)^{2k-1}$$
(7-11)

零售商收益为：

$$\pi_R^\omega = A\gamma(t_1) \times \left[\frac{\alpha_1(t_1) + \beta_1(t_1) + C_0}{\phi(t_1)} + \alpha_2(t_1) + \beta_2(t_1) + L\right]^{1-k} \times \left(\frac{k-1}{k}\right)^{2k} \times \frac{1}{k-1}$$
(7-12)

将零售商的最优订货量式 (7-2) 和批发商的最优批发价格式 (7-8) 代入式 (7-6)、式 (7-7)，可得批发商的最小成本：

$$C_S^\omega = A\gamma(t_1) \times \left[\frac{\alpha_1(t_1) + \beta_1(t_1) + C_0}{\phi(t_1)} + \alpha_2(t_1) + \beta_2(t_1) + L\right]^{-k}$$
$$\times \frac{\alpha_1(t_1) + \beta_1(t_1) + C_0}{\phi(t_1)} \times \left(\frac{k-1}{k}\right)^{2k} \quad (7-13)$$

批发商最优收益为：

$$\pi_S^\omega = A\gamma(t_1) \times \left[\frac{\alpha_1(t_1) + \beta_1(t_1) + C_0}{\phi(t_1)} + \alpha_2(t_1) + \beta_2(t_1) + L\right]^{1-k} \times \left(\frac{k-1}{k}\right)^{2k} \times \frac{1}{k-1}$$
(7-14)

综上，单周期的冷链物流流通总成本为：

$$C_U^\omega = A\gamma(t_1) \times \left[\frac{\alpha_1(t_1) + \beta_1(t_1) + C_0}{\phi(t_1)} + \alpha_2(t_1) + \beta_2(t_1) + L\right]^{-k}$$
$$\times \left(\frac{(2k-1)(\alpha_1(t_1) + \beta_1(t_1) + C_0)}{k\phi(t_1)} + \alpha_2(t_1) + \beta_2(t_1) + L\right) \times K$$
(7-15)

其中 $K = \left(\frac{k-1}{k}\right)^{2k-1}$，这里简化为常量。

总收益为：

$$\pi_U^\omega = A\gamma(t_1) \times \left[\frac{\alpha_1(t_1) + \beta_1(t_1) + C_0}{\phi(t_1)} + \alpha_2(t_1) + \beta_2(t_1) + L\right]^{1-k} \times H$$
(7-16)

其中 $H = \frac{2k-1}{k(k-1)} \times \left(\frac{k-1}{k}\right)^{2k-1}$。

通过对模型的计算，我们不难观察出批发价格与零售价格都受到流通过程中产品实体耗损率的影响，并且受到流通过程中运输、仓储费用的影响。零售商的订货量则与产品实体耗损率和产品品质有关，也受到流通过程中的运输、仓储费用的影响。综上分析，在冷链物流流通过程中，除了考虑传统的产品实体耗损率和产品品质等因素对供应链决策的影响外，运输成本与仓储成本在流通中占有重要地位，不容忽视。

情景二：采纳物联网技术情况下的生鲜农产品冷链物流决策模型

生鲜农产品的冷链物流供应链采纳物联网技术后，流通时间大幅缩短（由 t_1 缩短到 t_2），流通效率显著提高，降低了产品实体耗损率，使得批发商可以减少产品的供给数量，仍然能够达到零售商所需要的订货量 $\left(\frac{q_0}{\phi(t_1)} > \frac{q_0}{\phi(t_2)}\right)$，有效减少了产品损耗成本。同时提高了产品的品质，使得零售商可以调整产品的零售价格，用以获得更大的收益。流通时间缩短，降低了运输与仓储成本，由于批发商与零售商都要承担各自的运输仓储费用，所以理论上二者都应承担一定的技术成本。

假设批发商与零售商各自承担采纳物联网技术的成本，可得采纳技术后批发商的批发价格为：

$$p_0^* = \left(\frac{\alpha_1(t_2) + \beta_1(t_2) + C_0 + C_g + C_t}{\phi(t_2)} + \frac{\alpha_2(t_2) + \beta_2(t_2) + L}{k}\right) \times \frac{k}{k-1}$$

(7-17)

零售商的最优订货量和零售价格为：

$$q_R^* = A\gamma(t_2) \times \left[\frac{\alpha_1(t_2) + \beta_1(t_2) + C_0 + C_g + C_t}{\phi(t_2)} + \alpha_2(t_2) + \beta_2(t_2) + L\right]^{-k} \times \left(\frac{k-1}{k}\right)^{2k}$$

(7-18)

$$P_R^* = \left[\frac{\alpha_1(t_2) + \beta_1(t_2) + C_0 + C_g + C_t}{\phi(t_2)} + \alpha_2(t_2) + \beta_2(t_2) + L\right] \times \left(\frac{k}{k-1}\right)^2$$

(7-19)

根据上式可知，批发商的最小成本表达式为：

$$C_S^* = A\gamma(t_2) \times \left[\frac{\alpha_1(t_2) + \beta_1(t_2) + C_0 + C_g + C_t}{\phi(t_2)} + \alpha_2(t_2) + \beta_2(t_2) + L\right]^{-k}$$

$$\times \frac{\alpha_1(t_2) + \beta_1(t_2) + C_0 + C_g + C_t}{\phi(t_2)} \times \left(\frac{k-1}{k}\right)^{2k} \quad (7-20)$$

零售商的最小成本表达式为：

$$C_R^* = A\gamma(t_2) \times \left[\frac{\alpha_1(t_2) + \beta_1(t_2) + C_0 + C_g + C_t}{\phi(t_2)} + \alpha_2(t_2) + \beta_2(t_2) + L\right]^{1-k} \times \left(\frac{k-1}{k}\right)^{2k-1}$$

(7-21)

供应链总成本表达式为:

$$C_U^* = A\gamma(t_2) \times \left[\frac{\alpha_1(t_2) + \beta_1(t_2) + C_0 + C_g + C_t}{\phi(t_2)} + \alpha_2(t_2) + \beta_2(t_2) + L\right]^{-k}$$
$$\times \left(\frac{\alpha_1(t_2) + \beta_1(t_2) + C_0 + C_g + C_t}{\phi(t_2)} \times \frac{2k-1}{k} + \alpha_2(t_2) + \beta_2(t_2) + L\right) \times K$$

(7-22)

批发商最大收益表达式为:

$$\pi_S^* = A\gamma(t_2) \times \left[\frac{\alpha_1(t_2) + \beta_1(t_2) + C_0 + C_g + C_t}{\phi(t_2)} + \alpha_2(t_2) + \beta_2(t_2) + L\right]^{1-k}$$
$$\times \left(\frac{k-1}{k}\right)^{2k} \times \frac{1}{k-1}$$

(7-23)

零售商最大收益表达式为:

$$\pi_R^* = A\gamma(t_2) \times \left[\frac{\alpha_1(t_2) + \beta_1(t_2) + C_0 + C_g + C_t}{\phi(t_2)} + \alpha_2(t_2) + \beta_2(t_2) + L\right]^{1-k}$$
$$\times \left(\frac{k-1}{k}\right)^{2k-1} \times \frac{1}{k-1}$$

(7-24)

总收益表达式为:

$$\pi_U^* = A\gamma(t_2) \times \left[\frac{\alpha_1(t_2) + \beta_1(t_2) + C_0 + C_g + C_t}{\phi(t_2)} + \alpha_2(t_2) + \beta_2(t_2) + L\right]^{1-k} \times H$$

(7-25)

本着采纳物联网技术后各级流通主体的收益应不少于技术应用前收益的原则，显然有：

命题1：采纳物联网技术后，生鲜农产品冷链物流供应链总成本减少，总收益增加。

当 $0 \leq C_g^* \leq C_g^T$ 时，

$$C_g^T = \left(\frac{\gamma(t_2)}{\gamma(t_1)}\right)^{\frac{1}{k-1}} \times \frac{\phi(t_2)}{\phi(t_1)} \times \left[(\alpha_1(t_1) + \beta_1(t_1) + C_0) + \phi(t_1)(\alpha_2(t_1) + \beta_2(t_1) + L)\right]$$
$$- \left[\alpha_1(t_2) + \beta_1(t_2) + C_0\right] - \phi(t_2)\left[\alpha_2(t_2) + \beta_2(t_2) + L\right]$$

证明观察采纳技术前后两阶段的总收益式（7-16）与式（7-25），决策条件是 $\pi_U^* \geq \pi_U^\omega$，则有：

$$\pi_U^* = A\gamma(t_2) \times \left[\frac{\alpha_1(t_2) + \beta_1(t_2) + C_0 + C_g + C_t}{\phi(t_2)} + \alpha_2(t_2) + \beta_2(t_2) + L\right]^{1-k} \times H$$

$$\geq \pi_U^\omega = A\gamma(t_1) \times \left[\frac{\alpha_1(t_1) + \beta_1(t_1) + C_0}{\phi(t_1)} + \alpha_2(t_1) + \beta_2(t_1) + L\right]^{1-k} \times H$$

化简得：

$$C_g^* \leq \left(\frac{\gamma(t_2)}{\gamma(t_1)}\right)^{\frac{1}{k-1}} \times \frac{\phi(t_2)}{\phi(t_1)} \times [\alpha_1(t_1) + \beta_1(t_1) + C_0 + \phi(t_1)(\alpha_2(t_1) + \beta_2(t_1) + L)]$$
$$- (\alpha_1(t_2) + \beta_1(t_2) + C_0) - \phi(t_2)(\alpha_2(t_2) + \beta_2(t_2) + L)$$

将不等式右侧的式子设为 C_g^T，显然该值是决定冷链物流供应链采纳物联网技术后是否获得更大收益的边界值。

推论1：当物联网采纳成本满足 $0 \leq C_g^* \leq C_g^T$ 时，则生鲜农产品冷链物流供应链的总成本减少，总收益增加；当 $C_g^* > C_g^T$ 时，物联网采纳成本过高，不宜引进该技术。

命题2：冷链物流供应链中，批发商与零售商双方均获利的边界值相同且与供应链整体获利边界值一致。当 $0 \leq C_g^* \leq C_g^T$ 时，采纳技术后批发商与零售商的收益都增加。

$$C_g^T = \left(\frac{\gamma(t_2)}{\gamma(t_1)}\right)^{\frac{1}{k-1}} \times \frac{\phi(t_2)}{\phi(t_1)} \times [\alpha_1(t_1) + \beta_1(t_1) + C_0 + \phi(t_1)(\alpha_2(t_1) + \beta_2(t_1) + L)]$$
$$- (\alpha_1(t_2) + \beta_1(t_2) + C_0) - \phi(t_2)(\alpha_2(t_2) + \beta_2(t_2) + L)$$

下面以批发商为例（零售商可类推）：

$$\pi_S^* = A\gamma(t_2) \times \left[\frac{\alpha_1(t_2) + \beta_1(t_2) + C_0 + C_g + C_t}{\phi(t_2)} + \alpha_2(t_2) + \beta_2(t_2) + L\right]^{1-k} \times \left(\frac{k-1}{k}\right)^{2k} \times \frac{1}{k-1}$$

$$\geq \pi_S^\omega = A\gamma(t_1) \times \left[\frac{\alpha_1(t_1) + \beta_1(t_1) + C_0}{\phi(t_1)} + \alpha_2(t_1) + \beta_2(t_1) + L\right]^{1-k} \times \left(\frac{k-1}{k}\right)^{2k} \times \frac{1}{k-1}$$

化简得：

$$C_g^* \leq \left(\frac{\gamma(t_2)}{\gamma(t_1)}\right)^{\frac{1}{k-1}} \times \frac{\phi(t_2)}{\phi(t_1)} \times [\alpha_1(t_1) + \beta_1(t_1) + C_0 + \phi(t_1)(\alpha_2(t_1) + \beta_2(t_1) + L)]$$
$$- (\alpha_1(t_2) + \beta_1(t_2) + C_0) - \phi(t_2)(\alpha_2(t_2) + \beta_2(t_2) + L)$$

设上式右侧为 C_g^T，我们不难发现使批发商、零售商获利的边界值与供应链整体边界值具有一致性。

推论2：当物联网采纳成本满足 $0 \leq C_g^* \leq C_g^T$ 时，则供应链整体与批发商、零售商收益均增加；当 $C_g^* > C_g^T$ 时，引入技术成本过高，批发商与零售商均不愿支付高昂成本。

（三）关于生鲜农产品冷链物流主体决策的比较分析

在产品流通过程中，批发商与零售商会受到方方面面因素的影响，从而影响到批发价格、零售价格、订货量，以及批发商与零售商各自愿意承担的技术成本费用。本部分主要分析采纳物联网技术前后，批发商与零售商的决策及效益。

命题3：当物联网采纳成本满足 $0 \leq C_g^* \leq C_g^S$ 时，批发商降低批发价格；当 $C_g^* > C_g^S$ 时，批发商会提高批发价格，其中

$$C_g^S = \frac{\phi(t_2)}{\phi(t_1)} \times (\alpha_1(t_1) + \beta_1(t_1) + C_0) + \frac{\phi(t_2)(\alpha_2(t_1) + \beta_2(t_1) - \alpha_2(t_2) - \beta_2(t_2))}{k} - (\alpha_1(t_2) + \beta_1(t_2) + C_0)$$

证明分析技术采纳前后批发价格式（7-8）与式（7-17），假设 $p_S^* \leq p_0^\omega$，且 $\frac{k}{k-1} > 0$

可得：

$$p_S^* = \left(\frac{\alpha_1(t_2) + \beta_1(t_2) + C_0 + C_g + C_t}{\phi(t_2)} + \frac{\alpha_2(t_2) + \beta_2(t_2) + L}{k} \right) \times \frac{k}{k-1}$$

$$\leq p_0^\omega = \left(\frac{\alpha_1(t_1) + \beta_1(t_1) + C_0}{\phi(t_1)} + \frac{\alpha_2(t_1) + \beta_2(t_1) + L}{k} \right) \times \frac{k}{k-1}$$

化简得：

$$C_g^* \leq \frac{\phi(t_2)}{\phi(t_1)} \times (\alpha_1(t_1) + \beta_1(t_1) + C_0)$$

$$+ \frac{\phi(t_2)(\alpha_2(t_1) + \beta_2(t_1) - \alpha_2(t_2) - \beta_2(t_2))}{k} - (\alpha_1(t_2) + \beta_1(t_2) + C_0)$$

且 $\phi(t_2) > \phi(t_1)$，$\alpha_2(t_1) + \beta_2(t_1) - \alpha_2(t_2) - \beta_2(t_2) > 0$，上式取值范围具有实际意义，记上式右侧为 C_g^S，同理可得，当 $C_g^* > C_g^S$ 时，$p_S^* > p_0^\omega$。

观察 C_g^S 的表达式，我们能够发现，采纳物联网技术后，生鲜农产品实体耗损率的变化越大，表明技术改进所带来的收益越大，批发商所能承担的物联网采纳成本就越高；同时物联网技术使流通时间缩短幅度越大，批发商与零售商花费在运输与仓储上的成本越小，供应链能够承受的物联网采纳成本越高。当物联网采纳成本较低时，批发商愿意承担更多的成本以获取更多的订单，必要时甚至会以降低批发价格的策略来增大订单数量，达到薄利多销的目的；但是当物联网采纳成本过高时，批发商可能通过提高批发价格的方式将一部分成本转移给零售商承担，或者不愿承担高昂成本而拒绝采纳技术。

命题4：当物联网采纳成本满足 $0 \leq C_g^* \leq C_g^R$ 时，零售商降低零售价格；当 $C_g^* > C_g^R$ 时，零售商会提高零售价格，其中：

$$C_g^R = \frac{\phi(t_2)}{\phi(t_1)} \times (\alpha_1(t_1) + \beta_1(t_1) + C_0) + \phi(t_2)(\alpha_2(t_1) + \beta_2(t_1) - \alpha_2(t_2) - \beta_2(t_2))$$

$$- (\alpha_1(t_2) + \beta_1(t_2) + C_0)$$

命题 5：当零售商订货量的物联网采纳成本满足 $0 \leqslant C_g^* \leqslant C_g^Q$ 时，零售商会增加对产品的订货量；反之，当 $C_g^* > C_g^Q$ 时，零售商会减少对产品的订货量。边界值为：

$$C_g^Q = \left(\frac{\gamma(t_2)}{\gamma(t_1)}\right)^{\frac{1}{k}} \times \frac{\phi(t_2)}{\phi(t_1)} \times [(\alpha_1(t_1) + \beta_1(t_1) + C_0) + \phi(t_1)(\alpha_2(t_1) + \beta_2(t_1) + L)]$$
$$- (\alpha_1(t_2) + \beta_1(t_2) + C_0) - \phi(t_2)(\alpha_2(t_2) + \beta_2(t_2) + L)$$

证明分析技术采纳前后的最优订货量式（7-9）与式（7-18），可得：

$$q_R^\omega = A\gamma(t_1) \times \left[\frac{\alpha_1(t_1) + \beta_1(t_1) + C_0}{\phi(t_1)} + \alpha_2(t_1) + \beta_2(t_1) + L\right]^{-k} \times \left(\frac{k-1}{k}\right)^{2k}$$

$$\leqslant q_R^* = A\gamma(t_2) \times \left[\frac{\alpha_1(t_2) + \beta_1(t_2) + C_0 + C_g + C_t}{\phi(t_2)} + \alpha_2(t_2) + \beta_2(t_2) + L\right]^{-k} \times \left(\frac{k-1}{k}\right)^{2k},$$

化简得：

$$C_g^* \leqslant \left(\frac{\gamma(t_2)}{\gamma(t_1)}\right)^{\frac{1}{k}} \times \frac{\phi(t_2)}{\phi(t_1)} \times [(\alpha_1(t_1) + \beta_1(t_1) + C_0) + \phi(t_1)(\alpha_2(t_1) + \beta_2(t_1) + L)]$$
$$- (\alpha_1(t_2) + \beta_1(t_2) + C_0) - \phi(t_2)(\alpha_2(t_2) + \beta_2(t_2) + L)$$

由上式观察可知，决定零售商订货数量的物联网采纳成本受到生鲜农产品的流通耗损率影响，当采纳成本较低时，零售商必然加大订货量，而当采纳成本较高时，受到批发商批发价格调整的影响，零售商可能会选择降低订货量保持一定的收益。成本边界值与产品品质的关系不大，但是会受到流通时间，运输、仓储成本的影响。

命题 6：边界值的关系 $C_g^Q \leqslant C_g^T$。

证明通过对比观察显然有：

$$C_g^Q = \left(\frac{\gamma(t_2)}{\gamma(t_1)}\right)^{\frac{1}{k}} \times \frac{\phi(t_2)}{\phi(t_1)} \times [(\alpha_1(t_1) + \beta_1(t_1) + C_0) + \phi(t_1)(\alpha_2(t_1) + \beta_2(t_1) + L)]$$
$$- (\alpha_1(t_2) + \beta_1(t_2) + C_0) - \phi(t_2)(\alpha_2(t_2) + \beta_2(t_2) + L)$$

$$\leqslant C_g^T = \left(\frac{\gamma(t_2)}{\gamma(t_1)}\right)^{\frac{1}{k-1}} \times \frac{\phi(t_2)}{\phi(t_1)} \times [(\alpha_1(t_1) + \beta_1(t_1) + C_0) + \phi(t_1)(\alpha_2(t_1)$$
$$+ \beta_2(t_1) + L)] - (\alpha_1(t_2) + \beta_1(t_2) + C_0) - \phi(t_2)(\alpha_2(t_2) + \beta_2(t_2) + L)$$

已知 $k > 1$，显然有 $\frac{1}{k-1} > \frac{1}{k}$，又 $\frac{\gamma(t_2)}{\gamma(t_1)} > 1$，$C_g^Q \leqslant C_g^T$ 得证。

命题 7：边界值的关系 $C_g^S \leqslant C_g^R$。

证明比较批发价格与零售价格的边界值：

$$C_g^S = \frac{\phi(t_2)}{\phi(t_1)} \times (\alpha_1(t_1) + \beta_1(t_1) + C_0) + \frac{\phi(t_2)(\alpha_2(t_1) + \beta_2(t_1) - \alpha_2(t_2) - \beta_2(t_2))}{k}$$
$$- (\alpha_1(t_2) + \beta_1(t_2) + C_0)$$

$$\leqslant C_g^R = \frac{\phi(t_2)}{\phi(t_1)} \times (\alpha_1(t_1) + \beta_1(t_1) + C_0) + \phi(t_2)(\alpha_2(t_1) + \beta_2(t_1) - \alpha_2(t_2) - \beta_2(t_2))$$
$$- (\alpha_1(t_2) + \beta_1(t_2) + C_0)$$

因为 $k > 1$，可得：$\dfrac{M\phi(t_2)}{k} < M\phi(t_2)$，$M = (\alpha_2(t_1) + \beta_2(t_1) - \alpha_2(t_2) - \beta_2(t_2))$，$C_g^S \leqslant C_g^R$ 得证。

推论3：当物联网采纳成本小于等于 C_g^S 时，批发商会降低批发价格，期望获取更多的订货量；当采纳成本 $C_g^S \leqslant C_g^* \leqslant C_g^R$ 时，批发商会提高批发价格，将一部分采纳成本转移给零售商，但零售商的零售价格仍然低于采纳技术前；当采纳成本 $C_g^* > C_g^R$ 时，零售商会提高零售价格，保持收益。

命题8：$C_g^S \leqslant C_g^R \leqslant C_g^Q \leqslant C_g^T$。

证明命题6、7已经给出了 $C_g^S \leqslant C_g^R$，$C_g^Q \leqslant C_g^T$ 的证法，这里主要讨论 $C_g^R \leqslant C_g^Q$。

$$C_g^R = \frac{\phi(t_2)}{\phi(t_1)} \times (\alpha_1(t_1) + \beta_1(t_1) + C_0) + \phi(t_2)(\alpha_2(t_1) + \beta_2(t_1) - \alpha_2(t_2) - \beta_2(t_2))$$
$$- (\alpha_1(t_2) + \beta_1(t_2) + C_0)$$
$$\leqslant C_g^Q = \left(\frac{\gamma(t_2)}{\gamma(t_1)}\right)^{\frac{1}{k}} \times \frac{\phi(t_2)}{\phi(t_1)} \times [(\alpha_1(t_1) + \beta_1(t_1) + C_0) + \phi(t_1)(\alpha_2(t_1) + \beta_2(t_1) + L)]$$
$$- (\alpha_1(t_2) + \beta_1(t_2) + C_0) - \phi(t_2)(\alpha_2(t_2) + \beta_2(t_2) + L)$$

化简得：

$$(\alpha_2(t_1) + \beta_2(t_1) - \alpha_2(t_2) - \beta_2(t_2)) \leqslant \left(\frac{\gamma(t_2)}{\gamma(t_1)}\right)^{\frac{1}{k}} \times (\alpha_2(t_1) + \beta_2(t_1) + L) - (\alpha_2(t_2) + \beta_2(t_2) + L)$$

另有：

$$\frac{A}{\phi(t_1)} \leqslant \left(\frac{\gamma(t_2)}{\gamma(t_1)}\right)^{\frac{1}{k}} \times \frac{A}{\phi(t_1)}, \left(\frac{\gamma(t_2)}{\gamma(t_1)}\right)^{\frac{1}{k}} > 1, (k > 1),$$

即有 $C_g^R \leqslant C_g^Q$ 结论成立。

推论4：当物联网采纳成本小于等于 C_g^S 时，供应链批发价格降低，零售价格降低，各级流通主体均获利；当采纳成本 $C_g^S \leqslant C_g^* \leqslant C_g^R$ 时，供应链批发价格上升，批发商独立承担不了采纳成本，进而由零售商承担一部分成本，零售商因技术采纳获得较大收益，为提高市场需求量，零售商的零售价格仍低于采纳技术前；当采纳成本 $C_g^R \leqslant C_g^* \leqslant C_g^Q$ 时，批发商与零售商均提高价格，增加订货量，试图以将采纳成本转移到消费者身上的方式，得到最大收益；当采纳成本 $C_g^Q \leqslant C_g^* \leqslant C_g^T$ 时，批发商与零售商继续提高各自价格，消费者因价格较高减少对产品的需求，供应链订货量减少，但仍能获利。最后，在采纳成本 $C_g^* > C_g^T$ 时，批发商与零售商收益均减少，技术带来的流通改善无法弥补技术成本，冷链物流主体会放弃该技术（见表7-3）。

表7-3　物联网采纳成本与物流主体批发零售价格、订货量及收益的关系

参数变化		物联网采纳成本 C_g^* 的取值范围			
		$0 \leqslant C_g^* \leqslant C_g^S$	$C_g^S \leqslant C_g^* \leqslant C_g^R$	$C_g^R \leqslant C_g^* \leqslant C_g^Q$	$C_g^Q \leqslant C_g^* \leqslant C_g^T$
	订货量	增加	增加	增加	减少
	批发价格	减少	上升	上升	上升
	零售价格	减少	减少	上升	上升
	批发商收益	增加	增加	增加	增加
	零售商收益	增加	增加	增加	增加
	供应链总收益	增加	增加	增加	增加

借鉴相关文献的算例参数验证本文构建模型与所得命题。

荔枝的产品自身成本 $C_0 = 0.8$ 元/千克，需求规模 $A = 900\ 000$，需求弹性 $k = 2$，物流运输成本 $\alpha(t_1) = 1.4$ 元/千克，其中批发商承担的运输成本 $\alpha_1(t_1) = 1.0$ 元/千克，零售商承担 $\alpha_2(t_1) = 0.4$ 元/千克。初始流通中的产品保存比率函数 $\phi(t_1) = 0.83$，产品品质函数 $\gamma(t_1) = 0.8$，物流仓储成本 $\beta(t_1) = 1.0$ 元/千克，其中批发商承担的运输成本 $\beta_1(t_1) = 0.4$ 元/千克，零售商承担 $\beta_2(t_1) = 0.6$ 元/千克。荔枝的品质对运输时间十分敏感，为了提高荔枝的品质与保存比例，需采纳物联网技术，流通企业对每件农产品的加工成本为 $L = 0.2$ 元/千克。

采纳物联网技术后，物流运输成本 $\alpha(t_2) = 0.9$ 元/千克，其中批发商承担的运输成本 $\alpha_1(t_2) = 0.6$ 元/千克，零售商承担 $\alpha_2(t_2) = 0.3$ 元/千克。初始流通中的产品保存比率函数 $\phi(t_2) = 0.95$，产品品质函数 $\gamma(t_2) = 0.9$，物流仓储成本 $\beta(t_2) = 0.6$ 元/千克，其中批发商承担的运输成本 $\beta_1(t_2) = 0.2$ 元/千克，零售商承担 $\beta_2(t_2) = 0.4$ 元/千克，物联网采纳成本 $C_g^* = 1.001$。将以上数据代入本文构建的模型，得出参数关系见表7-4。

表7-4　物联网技术采纳前后供应链决策参数变化情况

批发价格（元）	零售价格（元）	订货量（千克）	批发商收益（元）	零售商收益（元）	供应链总收益（元）
$p_0^\omega = 6.5012$	$P_R^\omega = 15.4024$	$q_R^\omega = 3\ 034.97$	$\pi_R^\omega = 23\ 372.9$	$\pi_S^\omega = 11\ 686.5$	$\pi_U^\omega = 35\ 059.4$
$p_0^* = 6.3758$	$P_R^* = 14.5516$	$q_R^* = 3\ 825.29$	$\pi_R^* = 27\ 832.03$	$\pi_S^* = 13\ 916.01$	$\pi_U^* = 41\ 748.04$

由表7-4知，当物联网采纳成本 $C_g^* = 1.001$ 时，冷链物流供应链的批发价

格下降 1.93%，零售价格下降 5.52%，订货量上升 26.04%，批发商与零售商的收益分别上升 19.078% 和 19.077%。结合表 7-3 结论可知算例中物联网采纳成本 $C_g^* = 1.001$ 存在于 $0 \leq C_g^* \leq C_g^S$ 之中，根据理论模型推算出：影响生鲜农产品冷链物流决策及效率参数的重要边界值分别为 $C_g^S = 1.0605$，$C_g^R = 1.2031$，$C_g^Q = 1.4249$，$C_g^T = 1.6603$ 符合命题 8 中边界值的关系 $C_g^S \leq C_g^R \leq C_g^Q \leq C_g^T$。显然采纳成本 $C_g^* = 1.001$ 的确存在于区间 $[0, C_g^S]$，即 $[0, 1.0605]$ 中。

为了进一步验证模型，我们假设其他参数不变，令 $C_g^* \in [0, 2]$，得出图 7-5。显然，当物联网采纳成本小于 $1.6603(C_g^T)$ 时，冷链物流各级流通主体收益均增加。随着采纳成本的增长，批发商、零售商与供应链整体收益增加趋势下降，直到采纳成本大于边界值 1.6603 时，供应链各方收益均减少，即会放弃采纳物联网技术。

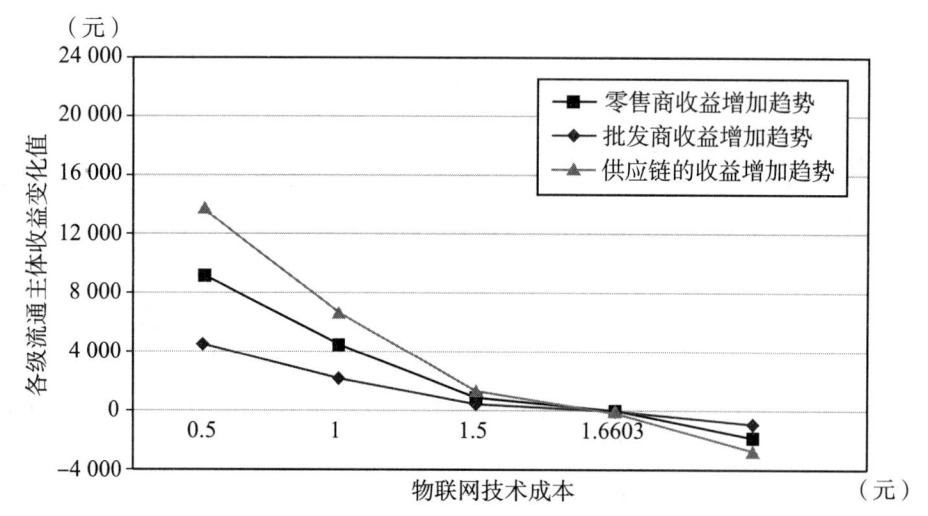

图 7-5 物联网采纳前后冷链物流各级流通主体收益变化趋势

在采纳技术的前提下，$C_g^* \in [0, 1.6603]$，从图 7-6 可以看出前后两阶段批发价格与零售价格的变化情况，当采纳成本小于 $1.0605(C_g^S)$ 时，技术使用后的批发、零售价格均低于技术使用前的价格；当采纳成本 $C_g^* \in [1.0605, 1.2031]$ 时，技术使用后的批发价格高于技术使用前的价格，但零售价格仍低于技术使用前的价格，批发商将部分技术成本转移给零售商；当采纳成本大于 1.2031 时，技术使用后的批发、零售价格均高于技术使用前的价格。另外，从图 7-7 得出 $C_g^* = 1.4249$ 是采纳物联网技术后订货量由增加变为减少的关键值，并且当 $C_g^* < 1.4249$ 时，订货量的增加速度是递减的，当 $C_g^* \geq 1.4249$ 时，订货量的减少速度是先慢后快的，订货量减少幅度随技术成本的增大而增大。

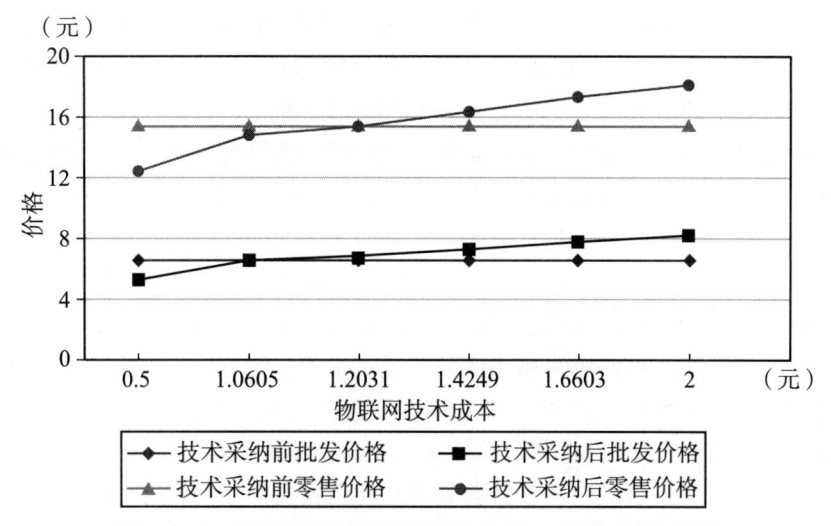

图 7-6 物联网技术采纳前后批发、零售价格变化

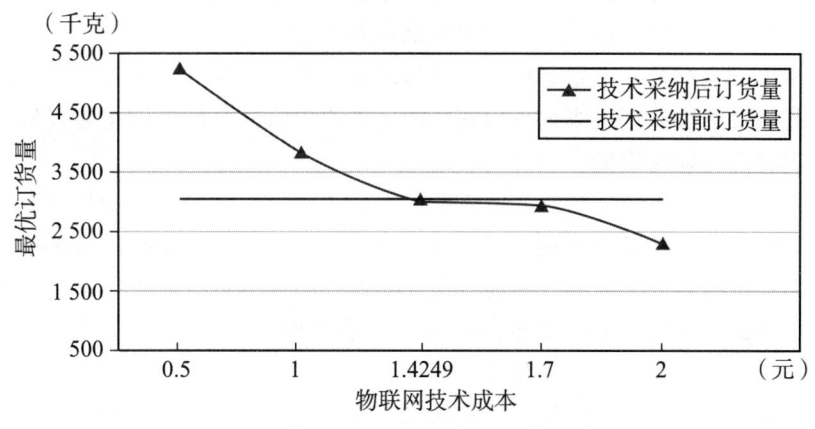

图 7-7 物联网技术采纳前后最优订货量对比

在基本数据不变的前提下，因为图 7-7 已经确定了最优订货量，我们可以进一步讨论技术采纳前后供应链各方的成本变化情况，同时推测供应链所需支付的运输成本与仓储成本的变化，见表 7-5。

表 7-5 物联网技术采纳前后供应链各级流通主体成本变化情况 单位：元

运输成本	仓储成本	批发商成本	零售商成本	供应链总成本
$\alpha(t_1)=4\ 248.96$	$\beta(t_1)=3\ 034.97$	$C_S^\omega=8\ 044.51$	$C_R^\omega=25\ 253.5$	$C_U^\omega=33\ 298.01$
$\alpha(t_2)=3\ 442.76$	$\beta(t_2)=2\ 295.17$	$C_S^*=10\ 473.2$	$C_R^*=27\ 832.0$	$C_U^*=38\ 315.4$

显然，当物联网采纳成本 $C_g^*=1.001$ 时，冷链物流供应链的运输成本下降

18.97%，仓储成本下降24.37%，批发商成本上升30.19%，零售商的成本上升10.21%，由此可以看出，采纳物联网技术带来的运输、仓储成本的减少对批发商、零售商成本的增加起到了一定的弥补作用。

该研究通过构造物联网技术采纳前后两阶段的成本收益模型，重点分析了冷链物流供应链中流通时间的缩短对产品保存比率、产品品质、运输成本、仓储成本的影响，为冷链企业投资物联网技术提供了理论依据。与以往文献不同的是，本书假设物联网采纳成本由批发商与零售商分别承担，供应链各级主体承担的物联网采纳成本大小由批发价格、零售价格及最优订货量等变量动态决定。我们重点对比了技术采纳前后各级流通主体的收益、批发价格、零售价格与订货量，由此得出与冷链企业决策密切相关的关键边界值 C_g^S、C_g^R、C_g^Q、C_g^T，并通过算例分析，得到以下结论：

批发商、零售商与供应链整体获利的边界值相同，物联网采纳成本小于边界值 C_g^T 时，各级流通主体均获利。这一结论与以往文献中阐述的流通过程中批发商、零售商分别接受不同的物联网采纳成本边界值有明显差别，产生差别的原因是：以往文献中多假设物联网采纳前后批发商的批发价格恒定不变，令其完全承担技术相关成本；而本书则是由动态变量决定，研究物联网采纳前后变化的批发价格，进而得出供应链各级主体均获利的成本边界值，为供应链企业投资物联网技术提供有力的理论依据。

采纳物联网技术后，零售商的收益增加值大于批发商的收益增加值，零售价格的上升幅度大于批发价格的上升幅度。当采纳成本小于 C_g^S 时，采纳技术后的批发、零售价格均低于采纳技术前，即物联网采纳成本较低时，批发商选择独自承担技术成本，以低价赢得更多的订单。而采纳成本 $C_g^* \in [C_g^S, C_g^R]$ 时，批发商则将部分物联网采纳成本转移给零售商。

批发商的这一行为充分体现了物联网采纳成本对供应链企业战略计划布置的重要性。物联网采纳对生鲜农产品产品保存比率函数改进越明显，供应链能够承受的采纳成本就越高，这是符合供应链企业的现实运行情况的。

供应链中决定订货数量的物联网采纳成本与产品品质关系不大，但受到流通时间、运输与仓储成本的影响。物联网采纳成本越低，对订货量影响越大，采纳成本小于边界值 C_g^Q 时，采纳技术后的最优订货量明显高于采纳技术前。供应链企业在面对较为高昂的物联网采纳成本时，应加强运输、仓储过程中的管理，合理降低物联网采纳成本，提高订货量，以取得最大收益。

二、农产品物流效率的影响因素

农产品物流成本过高、效率低下导致农产品价格逐年上涨。随着互联网技术的发展以及新型物流模式的出现，实现农产品物流效率提升的变革性因素在于物联网技术、冷链物流技术的应用和电商物流平台模式的创新。从宏观上看，农产品物流效率又不仅仅局限于这些影响因素。发现农产品物流效率影响因素，并积极实施相关对策，从制度、技术等方面带动农产品物流体系升级，将有效地提高农产品物流效率，从而降低农产品价格，维持社会经济稳定。这一节将从8个方面分别考虑对农产品物流效率的影响。

（一）城镇化的影响

晏维龙和韩耀（2004）运用时间序列分析法及横截面数据分析法，分阶段对城镇化水平与流通产业发展水平之间的关系进行了实证分析，证实了城镇化将促使商品流通产业不断发展这一关系的存在。且根据进一步研究，晏维龙（2006）发现城市化对流通业发展无论从长期来看还是短期来看都具有非常重要的作用，这种影响具有长期性大于短期性的特征。具体到农产品流通领域，杨军和王厚俊（2011）通过实证研究，发现我国城镇化水平与农产品物流效率存在长期协整关系，无论是长期还是短期，城镇化对农产品物流效率的提高有显著的正向促进作用。曾慧敏和谢珊珊（2014）通过选取我国26个省市2001~2011年的面板数据，发现城镇化对农产品流通效率的促进作用具有滞后性。

研究并不仅局限于实证方面，案例方面也有建树。汪洋和喻学德（2015）研究发现新型城镇化的发展为北京市流通服务业效率的提升提供了新的契机，新型城镇化所带来的人口效应、市场效应、产业效应都有利于流通服务业的效率提升。同理，物流作为流通的重要环节，新型城镇化的发展也会通过上述效应作用于物流行业。智敏（2013）以陕西为例，指出城镇化通过提高农户生产销售组织化程度、完善市场体系、改善基础设施、提高农民素质和信息化建设等途径，作用于农产品价格形成、传递和接受全过程来改善农产品的物流效率。平先秉和肖云梅（2014）则以城镇化背景下的湘潭为例，运用解释结构模型分析发现城镇化的发展对于降低农村物流成本、提高农产品物流效率具有重要的支撑作用和促进作用。因此，我们提出如下命题：

命题9：城镇化的发展将对农产品物流效率的提高起正向促进作用。

（二）交通管制的影响

农产品的配送发展依托于城市交通的快捷与通畅，四通八达的交通网络俨然支撑着城市农产品配送的快速发展。但在现实生活中，胡云超等（2012）发现错综复杂的交通问题不仅没有促进城市配送的发展，反而成为农产品配送发展的一大瓶颈，城市农产品交通管制成为许多城市农产品配送必须面对的一大难题。王梦奎（2004）认为城市物流配送作为一种社会化物流体制和高效的现代化物流方式，在某种程度上与城市交通系统产生冲突，并制约着我国城市经济的发展。戢晓峰等（2014）指出农产品物流在城市进行配送的过程中，必然与城市交通管制发生矛盾，同时也会存在"最后一公里"的问题。

目前，由于农产品物流配送与交通系统的矛盾，如早晚高峰的交通拥挤叠加效应与交通安全恶化现象，很多城市出台了相应的交通管制措施，主要表现为货车时段禁限与区域禁限，但是没有进行相应的评估，造成了农产品物流配送的"最后一公里"现象，即物流配送常常遭遇堵在"最后一公里"无法配送成功。据相关统计，"最后一公里"配送成本占到整个城市配送成本的1/3。在农产品领域，蔬菜从批发市场到零售市场的这"最后一公里"，物流成本比从山东寿光拉到北京的费用至少高出150%。也就是说，进城"最后一公里"的费用比前面1 000公里的费用还要高出150%。而交通拥挤造成的货车急起急停及无法匀速行驶又大大增加了货车的耗油量，这使得农产品运行的成本也随之增加，最终使得农产品运行效率降低。

这些交通管制措施的实施，对城市物流配送的整体效率产生了很大的负面影响，同时也在不同程度上增加了城市物流配送的成本，从而整体上降低了农产品物流的运行效率。基于上述分析，我们提出如下命题：

命题10：城市交通管制会在一定程度上增加物流配送成本，并对农产品城市物流的效率造成一定的负面影响。

（三）交通运输体制的影响

科学先进的管理体制是提高交通运输管理水平和生产效率的有力保障，对于高度依赖交通运输管理水平的农产品物流活动来说，交通管理体制无疑是影响农产品物流效率的关键因素（杨咏中和牛惠民，2009）。赵金涛和刘秉镰（2005）指出交通运输管理体制直接影响到交通运输活动中所涉及的各种复杂关系，是保证交通运输和经济社会协调发展的重要环节。因此，建立合理的交通运输体制将极大地提高农产品物流的效率。

赵金涛和刘秉镰（2005）进一步发现交通运输体制对综合交通运输体系的作用方式和效果以及影响程度，受到不同的经济制度和交通运输发展阶段的制约。而罗生等（2001）指出，我国现行的交通管理是在计划经济体制上形成的分散管理模式，即按照运输方式从中央到各地政府分别设立若干交通主管部门，分别对各种运输方式实行条条管理，随着经济体制改革不断深入和市场经济的逐步建立，现行交通运输管理体制已经越来越不适应经济、社会的发展要求。由于交通各部门缺乏统一规划，不仅导致重复建设突出，还致使城乡之间、东西部之间、陆水之间发展极不平衡，海陆空路网和港站布局不合理，综合运输优势难以发挥，联合运输难以组织，规模经济难以实现。分方式的管理模式也是制约农产品物流效率的重要因素。赵金涛和刘秉镰（2005）发现分方式的管理容易导致各部门对于机构设置、体制调整和综合交通的衔接缺乏深入研究，容易造成部门分割、区域分割的局面。在此基础上，我国的交通运输难以为农产品物流提供完善的统筹规划和完整的产品服务，这极大地影响了农产品的物流效率。现阶段我国以纵向管理为主、以横向协调为辅的运输方式的规划和建设并不符合现代物流的发展趋势。因此，我们提出如下命题：

命题11：交通管理体制的合理建设对于农产品物流效率的提高具有显著的促进作用。

（四）流通加工业的影响

随着经济的发展和人民生活水平的提高，消费者对农产品质量、价格、安全、多样化等方面的要求越来越高，农民实现农产品向商品的转化越来越难，农产品物流体系较为落后，发展流通加工业是解决该问题的有效途径之一。黄桂红和饶志伟（2011）发现我国农产品物流存在农产品商品转化率低、农产品附加值低的问题，流通加工环节的集成将有利于实现农产品物流一体化，从而提高物流效率。

杨双林（2009）指出流通加工能有效衔接干线运输与支线运输，促进两种运输形式的合理化。根据近些年的实践调查，流通加工向流通企业提供的利润，其成效并不亚于运输、仓储中挖掘的利润，是物流中的重大利润源。同时，流通加工也可以极大地提高原材料的利用率，从而实现农产品流转的最大节约。流通加工也是一种低投入、高产出的加工方式，往往以简单的加工解决了大问题。实践证明，流通加工可以将农产品的利用率提高20%～50%。黄祖辉和刘东英（2005）指出城市与乡村的分工是农产品物流存在的基础，农产品经过流通加工改变形态从而增加对消费者的效用是农产品物流的价值来源之一。洪银兴和郑江淮（2009）通过对农产品价值链的分析，发现农产品价值存在于农产品流通加工环节，提高加工企业和大型零售企业对农产品价值链的驱动力有利于提高农业生产力，从而提高物流效率。因此，我们提出如下命题：

命题12：流通加工业的发展水平越高，越能促进农产品物流效率的改善。

（五）物流节点的规划与布局的影响

物流节点是物流网络中连接物流线路的结节之处，是除运输过程以外其他物流活动的集中场所，是物流组织与管理所依赖的地点空间。根据金凤玲（2011）的研究，现在对物流节点的理解有广义与狭义之分，广义地说，物流节点指所有进行物资中转、集散和储运的节点，包括铁路货运站、公路枢纽、港口、空港等交通枢纽和大型的公共仓库及现代物流园区、物流中心、配送中心等，而狭义的专指因现代物流业发展而形成的物流园区、物流中心及配送中心。在本书中，研究对象主要为狭义物流节点。物流节点是物流系统的重要组成部分，也是组织各种物流活动，完成物流功能，提供物流服务的重要场所。

马士华（2004）认为物流节点既是物流连线的终点，也是物流连线的起点，它的处理能力直接影响到物流连线的流通量。物流节点包括仓库、配送中心、转运中心等，能够直接影响到连线流通量的有装卸能力、仓储能力、分拣能力、订单处理能力等。合理的物流节点规划建设，不仅能高效率、高效益地完成物流作业，促进第三方物流业的发展，还可以减少物流系统对城市的负面影响，改善城市的交通环境，拉动城市的经济发展。由上可见，文献中提及的有关物流节点对物流效率的影响有很多，但是研究农产品物流效率的文献较少。综上所述，提出以下命题：

命题13：物流节点的规划与布局的优化对农产品物流效率具有积极作用。

1. 物流节点的区位影响因素。陶经辉（2005）分析了物流园区规划时存在的诸多影响因素，采用专家群决策，构造综合评分矩阵，以确定物流园区的规模。寇荣和谭向勇（2008）在流通网络布局分析方面，从农产品流通主体的空间网络布局入手，对农产品流通网络布局进行分析，重点分析消费地与产地的网络布局和消费地内部流通主体的网络布局对农产品物流效率的影响，从跨区域和区域内部两个角度对农产品物流网络布局与流通效率的关系进行比较分析。

通过文献的分析，我们发现，物流节点或物流中心的功能设计，既要考虑功能的集成性，又要考虑专业性和规模化。通过科学的选址，不单纯考虑数量的增加，从而注意所建物流园区的效力问题，杜绝以农产品物流园区布局建设为名圈地占地的不良现象，才能避免物流资源的浪费，真正有效地促进提高农产品的流通。因此，提出以下命题：

命题13a：农产品物流节点区位的选择越符合农产品物流体系供应主体的空间网络布局，运输物流效率越高。

2. 物流节点层次结构的影响。在建设物流节点时，每个省市都有不同的物流区域。而在这些区域中，不同地区都有其特色农产品，这些特色农产品市场需求与销量也各不相同，存在较大差异性。例如，一些省市的名优农产品，不仅要销往全国各地，在国际上也拥有很大的市场，由于每年都有大量的名优农产品出口到世界各地，那么就需要在层次上建设更大规模和更高服务水平的物流节点。而相对的，对于某些部分地区的市场尚未完全打开的特色农产品，如果销量相对较差，则暂时不需要建设过大规模的物流节点。此外，也可以根据我国的行政规划、城市的口岸级别，是否为重要的交通枢纽，或者是否有特殊的经济政策对该地进行层次划分。只有当节点层次与当地特点相匹配的情况下，才能很好地促进农产品物流效率的提升。因此，在此提出以下命题：

命题13b：物流节点的层次结构越符合城市的行政层次和规模大小，物流效率和节点利用率越高。

（六）物流运输方式和基础设施对农产品物流效率的影响

运输是物流的主要组成部分。由于农产品生产的地域性、季节性，农产品对保鲜性和安全性的要求比较严格，需求的全年性和普遍性造成农产品流通与其他工业商品流通的不同。加之公路运输可实现门对门的灵活性服务，这使得公路运输较为普遍，在农产品运输方式中，特别是鲜活农产品物流中，占比较大。这种运输方式不但较为单一，而且公路运输承载着农产品物流转运的巨大压力，公路道路建设的通达能力和深度也亟待提高。

欧阳小迅和黄福华（2011）的实证研究发现，在农产品流通效率的决定因素中，农村物流基础设施在四个解释变量中对ACE（农村农产品流通效率）的促进作用最为显著。估计结果表明，农村物流基础设施水平提高1个单位，将推动ACE增长0.045个单位。物流基础设施水平的提高可以扩大农村农产品供给市场的半径，增强市场的辐射能力，带动农村农产品交易量和流通速度的上升，进而促使流通效率的提高。崔振洪等（2014）的实证研究发现，物流基础设施是农产品物流效率提高的基础，实证结果显示，农产品物流基础设施财政投入提高一个单位，农产品物流整体效率提高0.35个单位，可见物流基础设施的完善程度对农产品物流效率提高具有重要的促进作用。张贵友（2009）认为交通运输条件滞后是农产品物流效率最大的制约因素，同时承担以上的农产品流通的批发市场中，大多数设施简陋，功能不全，且辐射力低。

近年来，我国交通运输网络的整体发展为农产品的"四通八达"创造了最基本的条件，在大中城市近郊的农产品运输已经体现出国家大幅度发展交通运输的优越性。但由于我国国土面积大、农产品资源布局很不平衡，有很多受欢迎的农特产品分布在偏远山区，这些地区的交通网络不够发达，有些地区还没有做到村村通公路，有些地区则道路险要。在公路运输过程中，一方面，由于农村的基础交通设施不够完善，使得鲜活农产品中途损失的概率较高，从而影响了物流效率，同时也提高了运输成本；另一方面，对于已经开通了公路的农村来说，由于有关部门疏于对路面的管理，很多超重违规的车辆的通行使得路面的状况变得很差，加上使用了很多面临报废的交通工具，使得农产品的在途损耗率居高不下。根据以上情况，在此提出以下命题：

命题 14：物流运输方式的合适选择和完备的基础设施建设对农产品物流效率的提升起积极作用。

（七）物流技术与装备的影响

根据马士华和陈习勇（2004）的研究，物流技术包括各种物流装备技术、信息技术、软件系统，还包括各种物流优化方法等软技术。技术集成就是要对可用的技术力量进行优化配置和整合，形成有效的物流技术应用方案。比如，运输或配送中的路线规划技术，库存控制技术，供应商管理库存技术，连续补货计划（CRP），客户关系管理（CRM），快速反应（QR）、（JIT）、（ABC）库存分析法，配送资源计划（DRP），物流流程重组（LRP），直拨技术（cross docking）等。按照技术和装备用途的不同，可以将物流技术与装备划分为装卸搬运技术装备、仓储技术与装备、集装单元化技术及其装备以及包装技术与装备。物流设备是对物流技术的应用，如分拣机、堆垛机、机械化装卸等，这是反映物流系统水平的主要标志。

此外，新兴的冷链物流技术以及物联网的应用技术，也对农产品物流效率的提高有极大影响。汪旭晖和张其林（2015）的研究发现，构建基于物联网的生鲜农产品冷链物流体系框架，将物联网技术应用到生鲜农产品冷链物流体系建设中，有助于破解当前冷链物流中断频发的难题，对于降低生鲜农产品流通损耗率、确保生鲜农产品质量安全、稳定农产品价格具有重要意义。新兴物流技术的使用不仅有利于降低农产品物流成本，而且可以搭建更加快捷便利的物流平台，这对于提高农产品物流组织间的信息流通速度，及时把握农产品物流的发展动向具有极大意义，有利于农产品物流效率的提高。

寇荣和谭向勇（2008）在流通技术分析方面，从多种农产品多个流通技术角度进行分析，重点分析信息技术、运输技术和储藏技术等对农产品流通效率的影响。目前，在我国的农产品物流体系中，对物流技术诸如条码技术、射频技术、集装技术等的应用较少，而这些恰恰是提高农产品物流系统效率的主要手段。此外，根据汪旭晖和文静怡（2015）的研究，2003~2011 年 23 个观测区农产品物流的平均技术效率为 0.2621，增长趋势为负，表明我国农产品物流的技术效率尚处于较低水平且呈现负增长，与我国近 10 年年均 10.7% 的经济增长速度相比严重滞后。根据现有文献关于物流技术对农产品的影响的研究，提出以下命题：

命题 15：物流技术和装备的提升对于农产品物流供应链的优化和效率的提升具有显著正向作用，其中提升物流技术效率是提高农产品物流效率的关键。

（八）物流信息化程度对农产品物流效率的影响

李春成和李崇光（2005）提出信息化技术的普及正在逐步改变农产品物流模

式和管理手段，并快速提升了农产品物流的效率和规模。物联网技术的应用，可以使生鲜农产品冷链物流效率明显提升，但同时不可避免地也会增加运营成本，所以各级流通主体需要根据成本收益情况来进行物联网采纳的决策。马士华和陈习勇（2004）认为物流活动中的信息包括：订单信息、需求预测信息、库存信息、各企业能力信息、物流计划信息、生产计划信息等。信息集成的目的是通过关键信息共享，使得物流活动与整个供应链运作实现无缝链接，从而减少信息扭曲、降低库存、提高客户服务水平。共享的关键信息包括库存信息、销售信息、需求和预测信息、订单信息、生产计划信息。这些信息作为物流活动中的基本信息，在物流信息化程度提高的情况下，可以节省大量人力、物力成本，并做到迅速有效地反馈。因此，整体来看，物联网技术的普及会促进信息化程度的提升，对农产品物流效率的提高具有正向作用。

欧阳小迅和黄福华（2011）的实证研究发现，农村信息化水平对ACE（农村农产品流通效率）的促进作用较明显，系数估计值为0.033。进入2000年后，在政府支农惠农政策的强力推动下，农村信息化发展取得明显成效。与"村村通电话工程"开展前的2003年相比，2009年农村电话普及率提高了33%，互联网普及率提高了96%。农村信息化水平的提升推动了农业企业、专业合作组织和农民群众的信息交流，推动了农业产业化经营，提高了农村农产品交易和流通的效率。

这些研究和调查说明政府应继续加大农村信息网络的建设，结合不同地区新农村建设的需要，探索、创建不同的农村信息化服务模式，有效促进和调整农产品种植结构，解决农民盲目种植或丰产不丰收的农业老大难问题，促使农产品流通效率提高。据此，提出以下命题：

命题16：物流信息化水平的提高，尤其是信息化水平的应用化程度和信息对接的标准化程度的提高，将对农产品物流效率的提高起正向影响作用。

（九）农产品物流效率影响因素框架

本节提出了影响农产品物流效率因素的一个分析框架，认为主要存在八类影响因素，即城镇化、城市交通管制、交通运输体制、流通加工业发展、物流节点的规划与布局、运输方式、物流技术与装备、物流信息化程度等，并进一步就各个因素结合前人的研究结果提出了一系列的理论命题（见图7-8）。上述研究对关于农产品物流效率的影响因素分析对于提高物流效率的措施等重要问题具有一定的意义，但是由于作者在物流效率的影响因素实证资料获取上的困难，命题结论大部分基于文献综述形成。这是本研究存在的主要缺陷，也是有待以后进一步深入研究的方向。

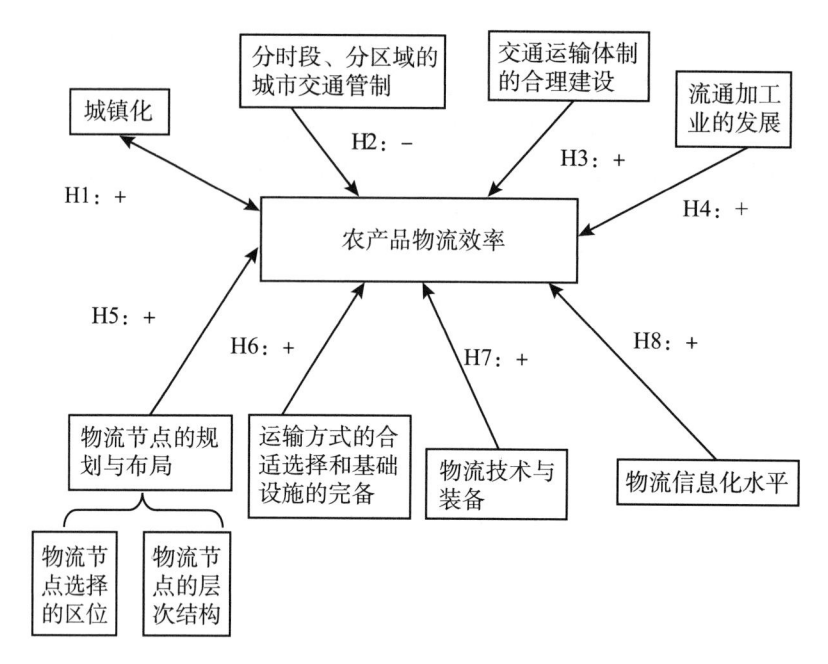

图 7-8　农产品物流效率的影响因素

第二节　农产品物流体系创新

一、现有农产品物流体系

运行机制是指在人类社会有规律的运动中，影响这种运动的各因素的结构、功能及其相互关系，以及这些因素产生影响、发挥功能的作用过程和作用原理及其运行方式。在农产品物流体系运行机制中包括物流主体、交易环节、交易方式、物流环节、物流方式等元素。物流主体体现的是物流体系中参与主体的种类、数量、结构、功能等，物流主体越多，供应链越宽、越长，交易环节和物流环节也就越多；反之物流主体越少，供应链越窄、越短，交易环节和物流环节也就越少。交易方式体现的是物流主体之间如何发生关系（如何进行交易）。物流方式体现的是农产品如何在物流主体之间进行流动。不同的农产品物流体系运行机制有不同的损耗、成本和效率等特征。

一条完整的农产品供应链包括生产者、产地批发市场或物流中心、加工商、物流商、销地批发市场或物流中心、零售商、消费者等多个主体。不同的农产品在流通过程中涉及的物流主体的种类、数量不尽相同,同一物流主体承担的角色不尽相同,由此导致不同农产品物流体系运行机制存在较大差异。但总体来讲,现有农产品物流体系运行机制涉及的物流主体多、交易环节多、交易方式落后(交易时间长、交易效率低、信息共享程度低)、物流环节多、物流方式落后(组织化程度低、冷链不畅、环节较多),导致农产品物流损耗高、成本高、效率低,"买也难"和"卖也难"的现象并存,"菜贵伤民"和"菜贱伤农"的现象并存等。其中,农产品损耗严重和有效供给不足的问题突出(汪旭晖、张其林,2016),农产品在物流过程中的腐损较为严重,导致大量劣质农产品充斥市场,不符合消费者的需求,而且,物流过程中的腐损损失或冷藏成本还推高了农产品价格,超出了部分消费者的购买能力,这导致农产品供给与消费需求和消费能力并不完全匹配。

鉴于现有农产品物流体系存在诸多问题,有必要对其进行变革。以往研究认为农产品供应链上下游之间存在双重边际效应,独立决策情境下的最终产品价格通常高于集中决策情境,减少交易环节(如"农超对接")或供应链一体化成为农产品物流体系变革的战略发展方向(刘天军等,2013)。近年来,物联网等技术的快速发展带动了农产品经营模式的同步创新,经营模式的变革对物流模式的变革形成倒逼机制,这成为时下农产品物流体系创新的主要方向(樊西峰,2013)。据此,本节将重点探索基于物联网的农产品物流体系构建。

二、基于物联网的生鲜农产品冷链物流体系运行机制分析

"甲醛白菜""翻新土豆""蓝矾韭菜""敌敌畏生姜""硫磺枸杞"等生鲜农产品质量安全事故频发,很多都是因为运输过程中用于保鲜的有毒化学制剂所致,这在一定程度上反映出我国冷链物流发展的滞后。目前,我国果蔬流通腐损率高达20%~30%、肉类达12%、水产品达15%,仅果蔬一项,每年损耗金额就达1 000亿元以上,运输销售缺乏必要的冷链保障是导致我国生鲜农产品物流过程中腐损严重的主要因素之一。我国蔬菜产量占世界总产量的比重达59%、果品和肉类产量占46%、水产品和禽蛋产量占35%,生鲜农产品冷链物流需求规模很大。但与巨大的需求相比,尽管我国冷库和冷车数量增长较快,制冷技术也有了显著提高,与国外先进冷链物流体系相比,还有很大差距。目前,我国尚未建立起一套能监控保障农产品从生产、包装、储存、运输到销售(即从农田到餐桌)全过程质量状况的完整体系,缺乏相关的温度立法及食品卫生法规,冷链技术标准缺位,致使农产品在整个流通过程中的质量状况无法得到有效控制和保

障。虽然冷库建设发展十分迅速,但是冷库结构不合理、布局分散、利用率不高的问题依然存在。尽管市场上大大小小的零散冷链物流企业很多,但是冷链服务水平良莠不齐,大多数运营也不规范。整体而言,冷链物流企业信息化程度低,即使冷链上的某个节点实现了信息化,也难以保证该技术已应用到整条冷链上,冷链中断现象频频发生。冷链物流体系建设关键不是强调"冷",而是强调"链",生鲜农产品只有在流通加工、储藏、运输、分销、零售等环节始终处于适宜的低温控制环境,才能够最大程度地保证产品品质和质量安全、减少损耗。

将物联网技术应用到冷链物流体系建设中,有助于破解当前冷链发展的难题。所谓"物联网",在技术上也叫传感网,是指通过射频识别(RFID)装置、红外感应器、全球定位系统、激光扫描器、二维码识别终端等信息传感设备,按约定的协议,把任何物品与互联网相连接,进行信息交换和通信,以实现智能化识别、定位、跟踪、监控和管理的一种网络(卢涛、周寄中,2011)。通过物联网技术的集成运用,可以实现对农产品的位置跟踪、来源追溯,以及运输、仓储、流通加工等环节的电子化作业,特别是可以对整个物流过程进行温湿度监控,能够有效加强冷链物流各个环节的沟通,减少信息不对称现象,提高冷链效率,防止冷链中断,确保农产品质量和安全。鉴于此,本节将构建基于物联网的生鲜农产品冷链物流体系框架,并分析其运行机制。

(一)基于物联网的生鲜农产品冷链物流体系框架

基于物联网的农产品冷链物流体系建设是要综合运用射频识别技术、视频监控技术、传感器技术、移动GIS技术等物联网技术,确保农产品从产地到消费者餐桌全流通过程始终处于维持其品质所必需的可控温湿度环境下,实现农产品各冷链物流环节的无缝衔接,保持冷链的完整性和可控性,同时最大限度地提高物流配送效率,降低物流成本。该体系是一个包含若干信息系统和平台的复杂工程,政府监管部门、冷链相关企业和消费者是主要的应用主体,其中冷链相关企业包括了农产品冷链物流全过程涉及的企业,如农产品批发市场、农产品物流中心、农产品流通加工企业、第三方物流企业等。构建基于物联网的农产品冷链物流体系框架,可从三方应用主体的功能需求倒推。从政府监管部门的功能需求看,为了营造安全的农产品环境,基于物联网的农产品冷链物流体系必须能够在冷链终端对于农产品进行全程可视化追溯,保证监管部门在农产品物流过程中可以随时查询并观看,及时纠正物流过程中存在的问题,变"事后控制"为"事中控制"甚至"事前控制",最大限度减少不必要损失。从冷链相关企业的功能需求看,为了实现上下游信息的共享,基于物联网的农产品冷链物流体系必须能够在农产品物流的各个环节进行数据的采集、传输和管理,同时在农产品物流全程对温湿度进行有效监控，发生参数超标时，相关系统能够发出预警并进行智能调节；而且必须能够在相关智能系统的辅助下，以成本最小化为原则，设计冷链物流仓储或配送方案（包括冷链仓储管理或冷链运输路径优化方案等），提高冷链物流效率，并可对远程运输的冷藏车行使轨迹进行有效监控；此外，还必须能够对不同冷链企业间农产品交接信息进行采集，并实现对相关农产品的可视化追溯，一旦发生质量安全问题，可以快速明确责任。从消费者的功能需求看，由于传统的物流过程使得消费者无法知晓最终购买的农产品是否存在安全隐患，如农药超标、使用有毒物质保鲜等，所以消费者从内心希望能够对所购买的冷链农产品进行物流全程的质量追溯，实现从田间到零售终端的全过程信息查询，而且如果消费者可以查询到农产品生产、加工、运输、销售的"全生命周期"数据，既满足了消费者对所购买农产品信息知情权的需求，又可以促使消费者大胆放心地购买相关农产品。鉴于政府监管部门、冷链相关企业和消费者的功能需求，基于物联网的农产品冷链物流体系框架如图 7-9 所示。

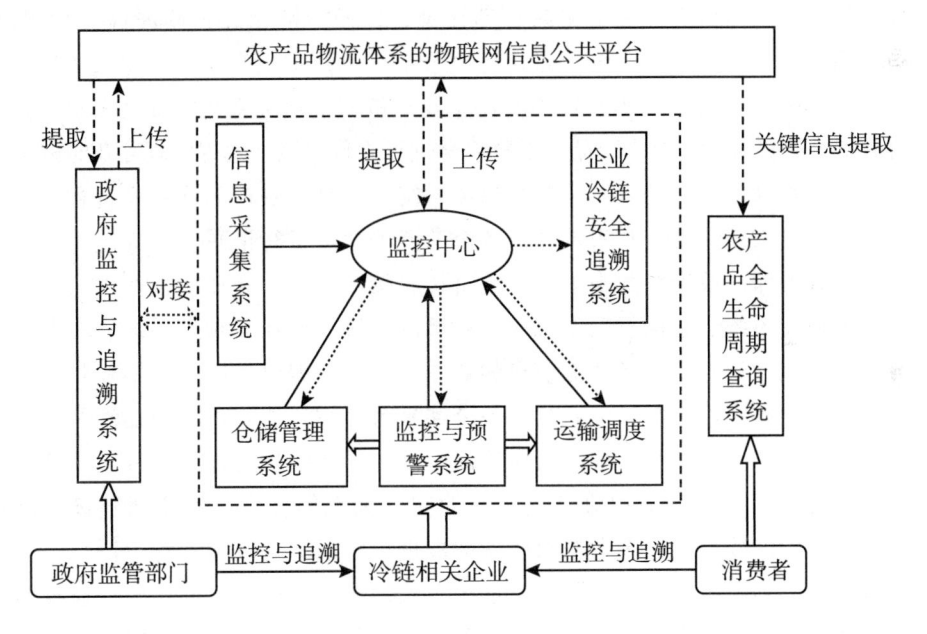

图 7-9　基于物联网的农产品冷链物流体系框架

冷链相关企业一般应建立基于物联网技术的监控中心，并建立信息采集系统、仓储管理系统、运输调度系统、监控与预警系统、企业冷链安全追溯系统以实现与监控中心的协调配合。信息采集系统用于采集农产品在物流过程各节点上的信息（包括农产品进入物流过程的初始信息），通过 EPC 编码技术对冷链上的农产品做出唯一的、标准的编码，根据编码为每组农产品建立一个档案，通过无线传感器网络（WSN）、射频技术（RFID）、全球定位系统（GPS）、通用分组无线服务技术（GPRS）等物联网技术进行数据信息采集，并传输到监控中心供其他物联网系统共享使用。仓储管理系统用于农产品入库到出库过程中的智能化管理，接受来自监控中心的数据信息，配合仓库管理人员的智能终端，利用 WSN 和 RFID 技术，提高农产品入库、在库盘点、出库的作业效率，减少农产品仓储过程中的损耗，还可以进行库存智能化分析，确定最优库存和补货订货点。运输调度系统通过 RFID、GPS 定位及地理信息系统（GIS）实现运输车辆跟踪、指挥调度和最优配送路线的设计，有助于进行"多温共配"等冷链联合配送方案的优化设计，节省配送时间，降低农产品在运输环节的损耗。监控与预警系统综合运用 RFID、温度传感器、二氧化碳传感器、声光报警器等对农产品在仓储、运输等物流环节的温湿度进行实时监控，尤其是在远距离运输过程中，即便冷藏车具有恒温控制设备，当外界温度急剧变化时，冷藏车内的实际温度也会发生变化，严重影响温度敏感性高的农产品品质，而监控与预警系统的作用恰恰在于当温湿度数据超出预设数值上限或下限时自动报警，以便冷链相关企业进行实时调控。仓储管理系统、运输调度系统、监控与预警系统的数据信息也都会通过 GPRS 无线通信技术随时传送给远程监控中心。企业冷链安全追溯系统将接受来自监控中心的信息，有针对性地对农产品冷链物流全过程进行追溯，发现问题并及时解决。

政府监管部门建立的政府监控与追溯系统主要是对农产品冷链全过程进行监控与追溯，将农产品冷链物流链条上各个节点的数据进行汇总，建立统一的安全追溯基础数据库。政府监控与追溯系统直接对接冷链相关企业的监控中心，实时获取信息采集系统、仓储管理系统、运输调度系统、监控与预警系统、企业冷链安全追溯系统的信息，将各物流节点的数据按照统一编码加以汇总形成物流节点备案。同时，政府监控与追溯系统具备公共平台性质，建立过程中还涉及配套冷链物联网标准体系的建设，即政府应该制定统一的冷链物流作业标准、物联网信息采集与传输标准、各个物流节点之间的交互标准等，形成物联网建设标准体系，指导不同的冷链相关企业按照统一标准进行物联网化改造，将不同冷链物流链的监控中心和政府监控与追溯系统进行有效的兼容和衔接，确保政府监控与追溯系统能够在区域范围内进行多品类、跨企业、跨冷链的全方位监控与追溯。

农产品全生命周期查询系统是供消费者使用的，也是基于物联网的农产品冷链物流体系框架的一个重要组成部分。由政府相关部门主持开发农产品全生命周期查询系统，并建立统一的公共信息存储后台，设计官方查询网站以及客户端，成立专门的部门加以管理。消费者可通过官网或安装在电脑及智能手机等 IT 设备上的客户端查询农产品的全生命周期数据。消费者只需要输入或扫描购买的农产品 EPC 码，点击产品追溯，即可获得该产品从产地到最终零售终端所经历的物流过程以及所有物流节点的相关信息。

此外，在基于物联网的农产品冷链物流体系框架中，还有一个物联网信息公共平台。政府监控与追溯系统的核心信息以及所有冷链相关企业监控中心的主要信息都将上传至该信息平台，该平台按照统一的信息采集标准和数据传输协议加以汇总，实现追溯数据查询统计、根据批次码正向跟踪农产品以及通过追溯码反向溯源等。而该平台上集聚的大量数据信息经过整合也将反向提供给政府监控与追溯系统、企业的监控中心，消费者使用的农产品全生命周期查询系统的信息也都来自该信息平台。而且该平台还是一个采用线下实体市场和线上虚拟市场相结合的服务平台，可以为农产品提供货源、车源、库源的交易撮合，以及在线支付、供应链金融服务、农产品冷链物流行情指数发布、冷链知识普及和冷链政策信息发布等相关服务。

（二）基于物联网的农产品冷链物流体系运行机制

一条完整的农产品供应链应该包括生产者、产地批发市场或物流中心、加工商、物流商、销地批发市场或物流中心、零售者、消费者等多个主体。在冷链物流实践中，可分为以加工企业为核心的冷链物流模式、以第三方物流企业为核心的冷链物流模式、以批发市场或物流中心为核心的冷链物流模式、以零售企业为核心的冷链物流模式、以农民专业合作组织为核心的冷链物流模式等（洪涛，2013）。为了保证能够规避不同冷链物流模式可能造成的外部效度不足，也为了进一步简化模型，本节参照朱超才（2011）、杨钧（2013）等的相关研究，将农产品冷链物流全过程分为冷链加工、冷链仓储、冷链运输、冷链销售四个环节（如图7-10所示），并基于冷链物流过程视角分析该体系的运行机制。

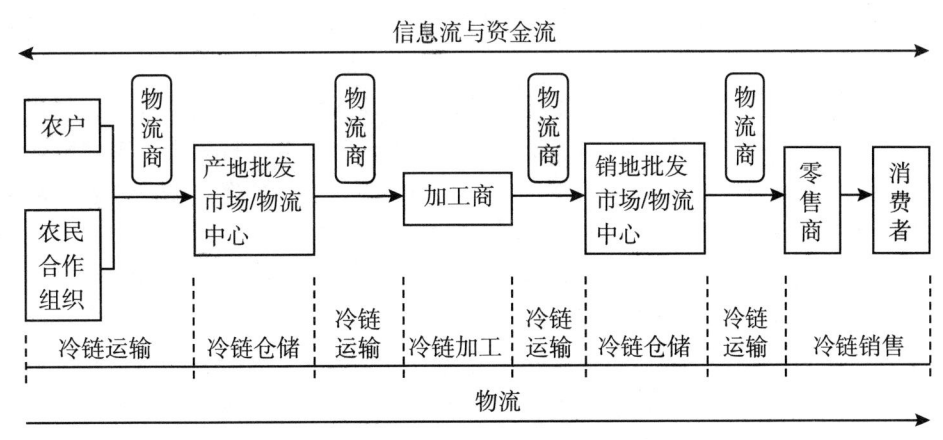

图 7-10 农产品冷链物流全过程

完整的冷链物流应从农产品生产源头开始，在生产环节就采用 RFID 技术详细记录农产品生产过程，将数据储存在本地数据库中。在随后的所有物流环节，农产品的信息状况都是可以监控和追溯的。在本节研究中，我们仅以冷链加工、冷链仓储、冷链运输、冷链销售四个环节为基础，通过简化的模式探讨物联网架构下农产品冷链物流体系的运行机制（见图 7 - 11）。

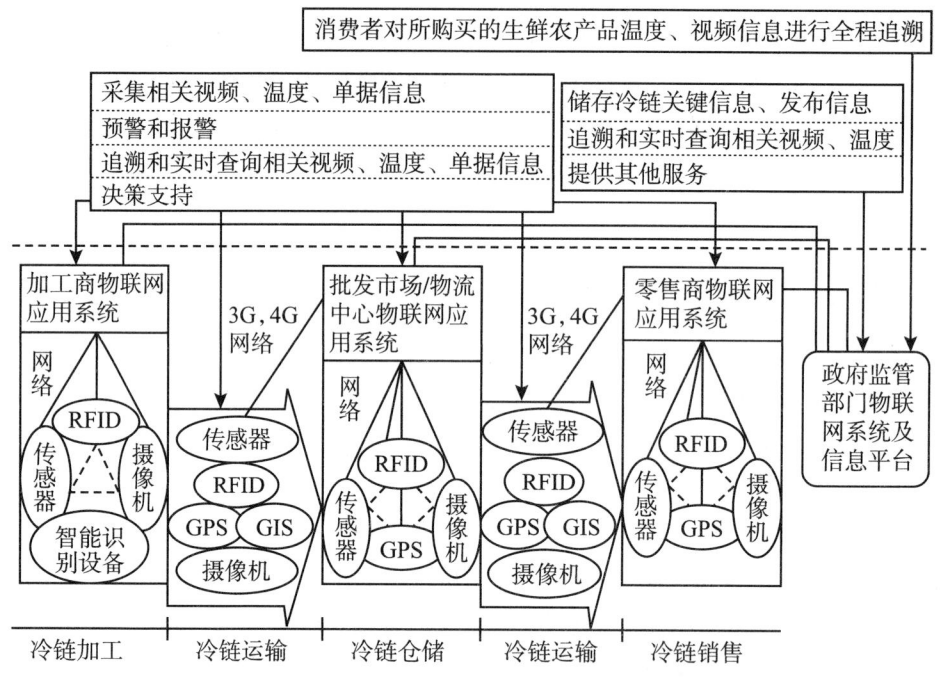

图 7 - 11 基于物联网的农产品冷链物流体系运行机制

在冷链加工环节，农产品进入流通加工前的信息首先会被自动采集，随后 RFID 读写器、摄像头、温度传感器等会详细记录加工全过程，采集每道加工工序的信息，包括加工过程中的温度、湿度以及相应操作人员的信息等。在加工阶段，需要将原有射频标签上的信息和加工后所形成的信息进行融合，形成新的农产品信息附在电子标签中。为了降低成本，按照附加值、易腐程度对于农产品采用分类 RFID 电子标签：对于低值耐腐品，单品使用条形码、整体包装应用 RFID 电子标签；对于高值易腐品，每一件产品均采用 RFID 电子标签以便对环境进行严格控制。该环节采集的信息主要包括农产品名称、农产品数量、农产品重量、原料构成、原料产地、加工企业、加工方式、生产日期、等级评定等。此阶段的信息传输是先将采集到的信息保存到企业本地的信息采集系统，再将有关安全追溯的信息通过监控中心上传至政府监控与追溯系统。在加工出库装车完成后，将车上所载产品的单品或者整体包装的电子标签整合至叉车的车载 RFID 电子标签，完成信息的整合并形成新的接入口，以便于信息的传输以及与下一环节的对接。在农产品冷链加工环节，先进的物联网设备和技术可以使农产品深加工实现标准化、流程化、自动化，典型的如产品等级评定，以往需要专业且富有经验的员工对于农产品的外观、色泽、大小、形状、气味等进行综合评估后做出认定，主观性较强、准确性较差，而基于物联网设备所具有的成像技术以及嗅觉系统可以对上述农产品特点进行自动化检测，并给予可靠的评级。

冷链运输在冷链物流全程的多个阶段都会发生。以公路运输为例，冷链运输车都会配备集定位系统（GPS）、信息采集系统（RFID 读写器以及传感器）和信息传送系统（无线通信）于一体的设备，并纳入物联网体系之中。一旦电子运单传送至运输调度系统，系统会立即对订单需求、在编车辆、GIS 和 E-Map 信息进行智能匹配，设计出合理有序的最佳运输方案，同时系统还能够将配送路线、预计到达时间与车辆调度信息自动传送至仓储管理系统以便及时调整并安排合适的仓位，实现两个系统与两个物流环节的无缝衔接。而且在运输过程中，冷链运输车的车载电子标签、司机 ID 卡以及 GPS 定位技术和监控中心的第三方可视化监控平台密切结合，可以对车辆编号、货物清单、车辆司机、联系方式、收货地址、行驶路线、在线地标等进行实时监控。更为重要的是，利用传感器实时获取冷藏运输车厢的温湿度信息，通过 RFID 标签存储并传送至可视化监控平台，可以实时监控冷藏运输车的工作状态。一旦温湿度超出系统根据车载产品类别及品质等级设定的合理区间，系统便会自动预警，同时向冷藏运输车发出调控指令。

冷链仓储是农产品冷链物流的一个核心环节，无论是农产品批发市场，还是农产品物流中心，甚至大型农产品加工中心都需要进行冷链仓储。仓储管理系统需要根据产品入库和出库情况实时调整仓位信息，同时对于在库货物的温湿度进行实时的监控以确保适宜的仓储环境，还要对于仓库订货与仓位信息进行合理的匹配，因而冷链仓储往往涉及大量的信息采集与处理，而且操作烦琐、信息量大、内容复杂，如何有效地改善仓储管理系统成为冷链仓储面临的关键问题。基于物联网的农产品冷链物流体系为解决这一问题提供了可能。首先利用 RFID 技术和传感器对入库农产品的电子标签进行身份验证，自动采集农产品上一个物流环节的配送商名称、运输方式、运输工具、卫生环境、所运输农产品收货时间、地点、数量等信息，然后利用数据传送器将信息汇总至仓储管理系统，从而基于智能运算以成本最小化为原则合理分配农产品的仓储空间，并通过与运输调度系统的信息对接实现对农产品的跟踪定位以及叉车的操作控制，整个过程完全是一种信息化、自动化的运作方式；仓库内安装多个温湿度采集装置，可以同时多点采集温湿度状况，而且在仓库内设有报警装置，当其温湿度数据超出预设数值上限或下限时，将自动报警；在冷库地面设置感应秤，可以感知到冷库内农产品数量的变化，以实现对在库农产品数量的动态感知，为合理地控制库存创造条件（李洁，2011）；在清点货物或者查询货物的时候，工作人员可以运用语音识别技术或用手持读卡机直接读取农产品相关信息；农产品出库信息可以自动传送至仓储管理系统，系统收到指令后会自动查询相应产品仓位，同时将信息传送至运输调度系统，由运输调度系统安排产品的配送路线与叉车调度，该过程每一个环节的信息都会被及时地发送至监控中心，由监控中心及时纠正物流过程中不符合标准的操作行为，尽可能减少损失并保证产品的质量与安全。

在冷链销售阶段，零售商将利用 RFID 技术同上一物流环节冷链运输车辆的车载电子标签进行对接，利用企业内部追溯系统验证运送过来的生鲜农产品信息，对于验证合格的，零售商接受农产品并进行销售，如果信息不吻合，则拒绝这些农产品进入消费点。在此阶段，利用零售卖场的 RFID 读写器、摄像机、传感器及 GPS 定位系统，还可以实现卖场内农产品在货架上的科学合理陈列，同时对售卖和零售库存的农产品实时监控以便及时补货等。

由于农产品附带可以发送传递信息的 RFID 电子标签，可以在不同时段根据环境的需要，自动发送无线电波，而且无线电波借助无线通信设备的远距离传输功能能够实现数据的分发，经由各个接收系统的解码分析整合成客户端可以识别的信息。所以无论加工商、批发市场或物流中心，还是零售商都可以采集到农产品冷链物流过程的信息，而物流服务商运输全过程的信息会通过安装在冷藏车上的传感器传输到下一个物流节点。因此，在每一个节点上，均可以查询到该节点之前的全部农产品物流信息。当加工商、批发市场或物流中心、零售商将关键的可追溯信息上传至政府监管部门物联网系统及信息平台时，该系统可以按照统一的信息采集标准和数据传输协议，汇总各物流节点的追溯信息，作为地区性农产品冷链物流追溯体系的指挥调度中心，其主要功能有物流节点备案、追溯数据查询统计、根据批次码正向跟踪农产品以及对外提供通过追溯码反向溯源的查询服务等。此外，信息平台具备公共服务平台属性，可以有效连接冷链物流供需双方，比如冷链物流企业可以将运送路线、运送的农产品种类等承运信息放在信息平台上，冷链物流需求方据此选择合适的冷链物流供应商；冷链物流需求方也可将需要运送的农产品种类、运送目的地等商讯放在平台上，冷链物流企业据此选择合适的客户；冷链供需双方可在信息平台上进行相应交易支付操作。政府相关部门也会定期在信息平台上发布最新的冷链政策信息、农产品冷链物流行情指数信息等，供相关企业作为决策依据；消费者也可通过该平台提供给农产品全生命周期查询系统的数据对所购农产品信息进行全程追溯。

通过对基于物联网的农产品冷链物流体系运行机制的分析可以看出，农产品冷链物流体系成功的关键在于打造一条闭环的高效冷链物流链与物联网信息链

(见图 7-12)。基于此，可以总结出该体系运作效率的重要决定因素：一是农产品冷链物联网的完善程度，包括冷链物流各个主体应用物联网的完善程度，直接决定了冷链物联网是否具备封闭的可能性；二是冷链物联网标准体系，直接决定了冷链物联网能否实现高效率的运作；三是冷链物流各节点之间的信息共享程度，直接决定了冷链物联网的发展程度（鞠红，2013）。不仅如此，三个因素之间还存在内在联系，冷链物流主体的物联网应用程度低，冷链物联网的发展不完善，不仅影响冷链物联网标准体系的建设，也不利于各冷链物流节点信息的有效共享；冷链物联网标准体系的缺失，也使冷链节点信息共享成为一个难题，加剧冷链中断现象的频发。这些都导致当前基于物联网的农产品冷链物流体系运作效率低下，但这为探索物联网架构下农产品冷链物流体系的建设路径提供了参考。

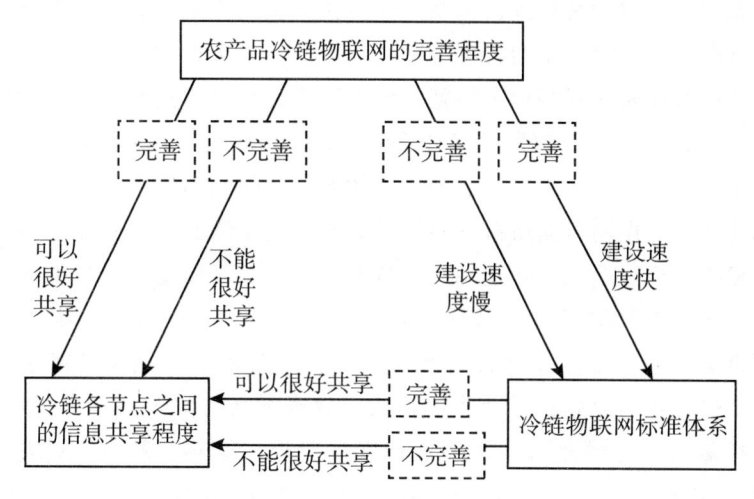

图 7-12 基于物联网的农产品冷链物流体系运行效率的决定因素

（三）鲜活农产品冷链物流中物联网采纳的影响因素

通过物联网技术的集成运用，可以实现对鲜活农产品的位置跟踪、来源追溯，以及运输、仓储、流通加工等环节的电子化作业，特别是可以对整个物流全程进行温湿度监控，从而加强冷链物流各个环节的沟通，减少信息不对称，提高冷链效率，防止冷链中断，确保农产品质量和安全，有利于建设良性的农产品物流生态系统。但是物联网技术的应用需要冷链企业高额的投入，势必增加企业运营成本，而在短期内冷链物流体系规模经济效益未发挥出来之前，企业的投入产出绩效难以达到理想的状态，所以一些冷链企业对应用物联网技术往往缺乏一定的积极性。因此，究竟哪些因素会影响到鲜活农产品冷链物流中物联网的采纳意愿是很值得研究的问题，然而国内研究较少。技术接受模型（TAM）是信息系统采纳研究领域广泛使用的理论，对用户采纳行为有很好的解释能力（Davis，1989；邓朝华等，2009；Lin et al.，2007；Dishaw & Strong，1999）。很多研究证实，只要对于 TAM 进行适当的拓展和修正就能很好地发现和解释用户对于新技术的采纳过程，从而对用户的行为进行一定的预测和解释，在各种技术环境下TAM 都具有良好的稳健性和适应性（张楠等，2007；李志宏等，2012）。所以本研究引入技术接受模型，在保留基本结构的基础上，结合鲜活农产品冷链物流的特点增加了一些外部影响因素，并将物联网采纳意愿作为预测和解释冷链相关企业行为的主要指标，试图寻找鲜活农产品冷链物流中物联网采纳的影响因素。

1. 理论分析与研究假设。

（1）感知有用性、感知易用性与物联网采纳意愿。

感知有用性、感知易用性及采纳意愿是技术接受模型（TAM）的三个核心变量，感知有用性是指潜在采纳者相信使用特定新技术会增加工作效能的程度；感知易用性是指潜在采纳者相信采纳特定技术需要付出努力的程度；采纳意愿则是指个体打算完成特定行为的强度（Davis et al.，1989）。冷链相关企业采纳物联网技术及相关系统可以实现生产、加工、物流、仓储和销售等过程环节和中间节点的信息共享，可以同时向所有冷链参与者实时传送数据，减少了信息失真的现象，实现相关农产品的可视化追溯，一旦发生质量安全问题，可以明确责任；物联网的采纳还可以对鲜活农产品物流运输全过程进行温度监控，发生参数超标时，相关系统能够发出预警并进行智能调节；而且能够在相关智能系统的辅助下，以成本最小化为原则，设计冷链物流仓储或配送方案，提高冷链物流效率，并可对远程运输的冷藏车行驶轨迹进行有效监控（李洁，2011；刘成华、贺盛瑜，2012）。由此可见，在鲜活农产品冷链物流中采纳物联网可以明显提高冷链物流效率，而冷链物流效率的提高恰恰是冷链相关企业所追求的目标，因此从理论上看，冷链相关企业对物联网提高工作效能的感知越强，越乐于采纳物联网技术或系统。很多研究也都证实了感知有用性对采纳意愿的正向影响关系（Amoako - Gyampah & Salam，2003；Lee et al.，2003；邓朝华等，2009）。戴维斯（Davis，1989）认为，潜在采纳者不论接触的是简便易学的新技术，还是操作复杂的新技术，都需要投入大量的时间精力来消化理解，他们在认知上都要经历从需求判断、个人观感判断到价值观判断的过程来评价新技术是否易用。而当新技术易用的判断形成时，也会增加其对新技术有用的判断，采纳意愿也会进一步增强。伊巴里亚（Igbaria，1997）、鲁耀斌和徐红梅（2006）的研究都表明，感知易用性会正向影响感知有用性，同时对采纳意愿产生积极影响。物联网作为一种新兴的技术尚处于探索阶段，而且物联网建设是一项庞大和复杂的系统工程，涉及的知识和相应的技术非常广泛，加之物流企业的技术人才匮乏（牛丹等，

2013），冷链相关企业利用物联网提升冷链物流效率面临着一系列障碍。当下，冷链相关企业能否切实有效应用物联网技术在很大程度上取决于物联网技术是否具备简单、可操作等特性，这同时也是冷链相关企业决定是否采纳物联网技术的关键影响因素。因此，本书提出如下假设：

假设1：感知有用性对物联网采纳意愿存在显著的正向影响。

假设2：感知易用性对感知有用性存在显著的正向影响。

假设3：感知易用性对物联网采纳意愿存在显著的正向影响。

（2）网络外部性与物联网采纳意愿。

冷链物流的核心在于"链"，如果仅仅链上的一家企业引入物联网技术，无论对于该企业还是对于整条冷链物流线都没有太大的意义。因此，探究已经采用物联网技术的冷链相关企业的数量就显得尤为重要。基于此，本书引入"网络外部性"的概念，对此问题加以具体分析。

根据网络外部性理论，当一种产品或技术对用户的价值随着采用相同产品（技术）或可兼容产品（技术）的用户增加而增大时，就出现了网络外部性（Kauffman，2000）。网络外部性理论可以用来解释产品的价值与使用产品的用户数量紧密相关这一现象（Katz & Shapiro，1985）。本书用感知的用户数量来代替实际用户数量，认为感知的用户数量影响感知的物联网采纳有用性，因为物联网用户数量越多，冷链物流体系越能形成基于物联网的封闭链条，从而带来巨大的冷链物流效率提升。除了对于新用户产生一定程度的示范效应外，物联网用户数量越多，越能对于未使用物联网的冷链相关企业造成巨大的压力，这种压力既来源于采用物联网提升效率的渴望，也来源于不使用物联网造成冷链物流链条中合作关系破裂的担忧。因此，感知到使用物联网用户数量很多有利于鼓励新用户学习使用物联网技术。不仅如此，新老用户对使用方法和经验交流得越多，新采纳者越会认为物联网技术不难使用，越有可能对采纳物联网持积极的态度。以往的研究也证实了新技术的推广需要众多的用户参与，从而产生一种集体行为，几乎没有用户愿意单独使用某项技术（Gao & Bai，2014；Song et al.，2009）。因此，本书提出如下假设：

假设4：网络外部性对感知有用性存在显著的正向影响。

假设5：网络外部性对感知易用性存在显著的正向影响。

假设6：网络外部性对物联网采纳意愿存在显著的正向影响。

（3）感知成本与物联网采纳意愿。

新技术的采纳必然伴随着成本的增加，特别是对于学科交叉性强、技术范围广、产业集成度高、应用涵盖面宽的物联网而言更是如此，而成本正是用户考虑使用或购买某产品的重要影响因素（Mathieson et al.，2001）。因此，探究物联网使用成本对于冷链相关企业物联网采纳意愿的影响至关重要。

以往的很多研究已经证实了使用成本与采纳意愿的负向影响关系，如卢安和林（Luarn & Lin, 2005）在对移动银行使用者采纳意愿探讨时加入了感知财务成本，发现感知财务成本对消费者采纳意愿有显著负向影响。之后学者在对移动服务的消费者采纳意愿的研究中也证实了卢安和林的（Luarn & Lin, 2005）移动银行模型中关于感知财务成本的假设。基于前两位学者的研究，本书将其模型中的感知财务成本扩充为更具一般性的概念，即感知成本，并将其纳入本研究模型。这里将感知成本定义为冷链相关企业在采纳物联网技术或系统时所支出全部成本的量化，包括技术或系统的采购成本、后续升级及维护的成本等。冷链相关企业会对物联网采纳的成本收益情况进行评价，感知成本越大，意味着相对收益越小，感知到的物联网有用性就越低，越不利于物联网的采纳。因此，本书提出如下假设：

假设7：感知成本对感知有用性存在显著的负向影响。

假设8：感知成本对物联网采纳意愿存在显著的负向影响。

（4）感知兼容性与物联网采纳意愿。

物联网技术是多种新技术的交融与创新，每一项技术革新，都会对与之相关联的技术产生重大影响，这些技术创新之间会形成强烈的"联系"和"互动"（卢涛、周寄中，2011）。更为重要的是，采纳物联网技术并不是简单地替换掉原有冷链物流体系中的系统平台，而是将物联网系统与原有的系统、数据、平台衔接，进行技术整合、流程重组进而形成新的系统架构来逐步创造价值。因此，物联网的兼容性是冷链相关企业必须考虑的因素。

物联网的兼容性主要是指物联网技术和冷链相关企业的业务流程、IT基础设施、分销渠道、企业文化和价值体系的兼容程度（颜波等，2013）。一般地，如果感知到新技术具有较好的兼容性，那么企业可以预期该技术能带来更大的效用，操作起来也较容易，从而更愿意采纳该技术。具体而言，如果冷链相关企业认为物联网技术能与企业现有的业务流程、员工经验、软件系统、硬件设备等进行很好的融合，则企业能够充分发挥现有的优势以更低的重置成本引入物联网技术，从而降低物联网采纳的难度系数，而且也能够更有效地将物联网应用于冷链物流体系进而大大提升物流效率，冷链相关企业的采纳意愿也随之大大增强。以往的实证研究也初步证实物联网与现有软件、硬件设置的兼容性正向影响物联网感知的有用性和易用性，同时正向影响物联网用户的采纳意愿（吴标兵，2012）。因此，本书提出如下假设：

假设9：感知兼容性对感知有用性存在显著的正向影响。

假设10：感知兼容性对感知易用性存在显著的正向影响。

假设11：感知兼容性对物联网采纳意愿存在显著的正向影响。

2. 研究设计与数据采集。

（1）测量量表设计。

为了保证实证调查的有效性，在实施问卷调查之前，笔者对中铁铁龙集装箱物流股份有限公司、大连獐子岛渔业集团股份有限公司、大连世达集团（农副产品物流中心）、大连毅都集团有限公司等6家冷链相关企业进行了深度访谈，被访对象主要为中高层管理者及冷链物流相关负责人。访谈主要目的是初步了解企业管理者对冷链物流以及冷链物流中采纳物联网技术或系统的认识，了解鲜活农产品冷链物流的发展现状及主要困境，探索冷链物流中物联网采纳的影响因素。在深度访谈过程中，访谈主持人对访谈内容进行了现场录音，随后整理成了定性的文字报告，这为测量量表的开发及实证调查操作提供了有价值的指导性意见。

本研究结合定性研究报告以及前期的理论分析、文献综述，设计出了初始调查问卷，包括网络外部性、感知成本、感知兼容性、感知有用性、感知易用性、物联网采纳意愿6个变量29个题项。初始测量量表的设计参考了相关领域的成熟量表，具体而言，网络外部性参考王（Wang, 2008）；感知成本来自邓（Deng, 2010）；感知兼容性参考颜波等（2013）；感知有用性、感知易用性、物联网采纳意愿参考戴维斯（Davis, 1989）的研究成果。但由于研究背景与以往的研究存在很大的差异，我们对量表的问项进行了相应的修订，以使之符合鲜活农产品冷链物流运输过程中物联网采纳的研究背景，并根据深入访谈的内容对量表进行了修正和补充。所有测量题项均采用李克特（Likter）七点量表，从完全不同意到完全同意分别给予1分到7分。随后我们邀请了28位冷链相关企业的管理人员开展预测试。预测试采用"分项对总项（Item-to-total）相关系数"的方法考察量表的构念效度。依据"分项对总项（Item-to-total）相关系数"应满足大于0.35的标准，删除了相关系数低于0.35的8个题项，最后保留了原量表中的21个题项。保留的题项能较好地反映各自维度的内容，至此形成了最终的正式调查问卷，表7-6描述了本研究使用的量表测量题项。

表7-6　　　　　　　　　　量表测项设计

结构变量	测项数目	测项内容
网络外部性	3	感到采纳物联网技术的冷链相关企业数量巨大
		感到采纳物联网的同类企业数量在不断增加
		感到供应链上越来越多的企业采纳了物联网技术

续表

结构变量	测项数目	测项内容
感知成本	4	采纳物联网技术需要企业增加大量的一次性成本
		采纳物联网技术需要企业增加大量的后续成本
		采纳物联网技术需要企业增加升级、运行、维护成本
		与获得的收益相比,采纳物联网技术的成本支出过大
感知兼容性	3	物联网技术采纳能与企业原有业务流程融合
		物联网技术采纳能与供应链节点企业的信息系统兼容
		物联网系统与供应链各节点企业员工的工作经验一致
感知有用性	4	采纳物联网技术能够提高冷链物流运作效率
		采纳物联网技术能够防止冷链中断
		采纳物联网技术能够使供应链信息透明,可视化程度增大
		采纳物联网技术能够提高企业绩效
感知易用性	3	在冷链物流中采纳物联网技术是比较容易的
		物联网技术的使用不需要太多的经验
		物联网技术的操作比较简单
采纳意愿	4	企业将在1年之内试用物联网技术
		企业将在1年之内采纳物联网技术
		企业会向同类企业推荐采纳物联网技术
		企业会倡导在冷链物流全程普及物联网技术

(2)样本与数据采集。

大规模的实证研究以辽宁、河北、北京、上海等地52家冷链相关企业为对象展开,包括冷链物流企业26家,流通加工企业11家,农产品批发市场6家,农产品仓储物流中心9家。为保证可靠性和可操作性,具体填写问卷的人员应对冷链物流、物联网技术、信息技术等都有一定的了解,所以调查对象限定为这些企业的中高层管理人员、冷链物流负责人及相关技术人员,因为他们对企业的整体运营情况比较熟悉,且对物联网等新兴技术也有一定的认识。因本调查的专业性,被调查对象可能对问卷的部分题项存在疑惑,且问卷的填写也可能掺杂了较多的个人感受。因此所有问卷调查均采取实地面访的形式进行,由众多博士生和硕士生组成的专业调查队伍经过培训后亲赴企业开展实地调查,在调查过程中,调查人员积极与被调查对象进行沟通,以保证调查结果的真实性、可靠性。调研发放问卷总数280份,有效回收率85%,将部分内容填写不完整或者明显有误的问卷剔除，最终得到有效问卷数为216份。问卷填写对象中高层管理人员的比重为19.5%，中层管理人员比重为35%，专业冷链物流负责人及相关技术人员比重为45.5%。

3. 研究结论与政策启示。

（1）研究结论。

本节从理论上梳理了感知有用性、感知易用性、网络外部性、感知成本、感知兼容性与鲜活农产品冷链物流中物联网采纳意愿之间的影响关系，并采用问卷调查和PLS建模方法对于上述关系进行了实证检验。研究结果及其分析如下：

首先，感知易用性对感知有用性和物联网采纳意愿均具有显著的正向影响，而感知有用性对物联网采纳意愿并不具备显著的影响。虽然物联网作为新兴的技术开始得到初步推广，但是其重要性已经得到学术界与企业界的一致认同（Giusto et al., 2010；卢涛、周寄中，2011）。而物联网应用于冷链物流所孕育的广阔前景也开始得到高度重视（李洁，2011；刘成华、贺盛瑜，2012；牛丹等，2013）。但是本研究中感知有用性并没有表现出对物联网采纳意愿的积极影响，这反映出当下冷链相关企业在采纳物联网过程中面临着一系列挑战，如流通主体弱小、技术操作困难、价格不被认可等。特别是物联网技术的前沿性以及嵌入冷链物流的复杂性导致的高难度引入系数成为制约物联网应用于冷链物流的关键要素，提高感知易用性成为冷链相关企业的共识。因此，培育流通主体、降低技术门槛、提高市场认可度成为提高物联网采纳意愿的重要手段。

其次，网络外部性对感知有用性、感知易用性与物联网采纳意愿均具有显著的正向影响。物联网作为贯穿整条冷链物流体系的信息系统、监控系统、追溯系统，只有形成从田间到餐桌的完整闭环系统才能真正提升整条冷链物流体系的效率。然而目前物联网在冷链物流领域的应用尚处于导入期，应用物联网的冷链相关企业数量并不是太多，很难形成真正的闭环系统。而且，物联网的很大功能在于优化鲜活农产品的配送路径，这对于有效降低重复配送、货车空驶从而提升冷链物流效率具有巨大的推动作用，而物联网这一功能的实现需要企业内部的协调与企业之间的协作，但是由于企业内部的物联网普及进度缓慢以及同质企业物联网推广速度迟缓，物联网的作用发挥受到很大抑制。因此，鼓励冷链相关企业积极采用物联网，为构造基于物联网的闭环冷链物流系统建立规模基础具有非常重要的意义。

再次，感知成本对感知有用性与物联网采纳意愿不存在显著的影响。这与以往关于新技术采纳的研究结论不一致（Luarn & Lin, 2005；Deng et al., 2010；刘子龙，2012），之所以产生这种偏差，原因在于以往研究的新技术如移动银行、3G技术等，针对的应用主体主要是消费者个体，涉及的新技术相对简单、便于操作，技术市场透明度高，应用新技术的过程并不复杂，使用得失比较容易衡量。而物联网技术相关研究针对的应用主体主要是冷链相关企业，而且物联网技术比较复杂，技术市场较为混乱，物联网切实嵌入鲜活农产品冷链物流体系是一个漫长的过程，并不能一蹴而就，更为重要的是没有标准化的引入规程，短期内很难对使用得失进行准确的评估。因而，该结论反映的是物联网采纳过程中面临的技术采购不规范、应用方案不成熟、评估体系不完善，这既是本研究结论出现偏差的原因，也是未来冷链相关企业在产业链内推广物联网需要解决的关键问题。

最后，感知兼容性对感知易用性与物联网采纳意愿均具有显著的正向影响，而对感知有用性的影响效应却不显著。物联网嵌入鲜活农产品冷链物流体系并不仅仅是一种简单的新技术采用，而是意味着整条物流体系的重构。传统的鲜活农产品冷链物流体系沿袭了商流、物流、信息流、资金流共同支撑、联动发展的"四流融合"发展趋势，仍然是一种以商流为基础、物流为手段、信息流为支撑、资金流为归属的配送模式，而基于物联网的鲜活农产品冷链物流系统则是依靠强大信息流引导商流、物流、资金流的快速流转，特别强调企业内部的协调运作、节点之间的协作配合、运输过程的协同控制。因此，基于物联网的鲜活农产品冷链物流体系要确保农产品从产地到消费者餐桌全流通过程始终处于维持其品质所必需的可控温湿度环境下，实现农产品冷链物流各环节的无缝衔接，保持冷链的完整性和可控性，同时最大限度地提高物流配送效率，降低物流成本，仅仅依靠公司现有的业务流程、信息系统、员工经验是远远不够的。要实现对于鲜活农产品冷链物流体系的物联网化改造，必须进行企业再造。因此，物联网的兼容性仅仅提高了推广的便利度，能否真正提升鲜活农产品的冷链物流效率还在于物流体系的重构。

（2）政策启示。

首先，降低物联网技术在冷链物流中的采纳门槛，提升感知易用性。政府应投入资金开展物联网技术的研发工作，联合高校、科研院所、物联网企业、冷链相关企业等相关机构，共同推动物联网设备的标准化、简捷化、集成化、开放化、智能化、自动化，致力于为冷链相关企业采纳物联网提供一揽子解决方案；鼓励冷链相关企业与高校之间的合作，联合培养具备物联网知识的专业物流人才，保证冷链相关企业的关键岗位拥有专业化技术员工，为鲜活农产品冷链物流体系采纳物联网创造良好的外部人才环境；冷链相关企业应不断加强对现有员工的培养，开通对于现有员工的再教育平台，为其提供免费培训，使其能够有效运作基于物联网的冷链物流系统，为鲜活农产品冷链物流体系采纳物联网创造良好的内部人才环境。

其次,以财税优惠措施鼓励冷链相关企业积极采纳物联网,扩大网络外部性。对于引入物联网的冷链相关企业提供融资支持,如低息、贴息、放宽还贷期限、放宽抵押条件、支持外资介入等优惠贷款措施,鼓励更多的企业加入冷链物联网建设;采取购买物联网技术及相关设备抵扣所得税政策,鼓励更多的冷链相关企业引入物联网;引导企业在采纳物联网过程中不断向纵深化方向发展,将物联网应用于企业的每一个工作环节,鼓励冷链相关企业不断完善自己内部的物联网化改造,而且特别针对冷链物流体系物联网化改造一揽子解决方案推出有吸引力的优惠措施,鼓励冷链相关企业上下游之间在引入物联网过程中协同合作,实现未来冷链物流运输过程中的有效衔接。

再次,物联网兼容性与企业再造优势并举,建立真正的基于物联网的冷链物流运作系统。鼓励冷链相关企业在引入物联网过程中充分发挥现有的优势,在保证冷链物流体系物联网化改造效率的前提下,尽可能采用与原有的业务流程、员工经验、软件系统、硬件设备相兼容的物联网技术、设备及改造程序,发挥物联网的兼容性以降低应用过程中的障碍;鼓励冷链物流节点企业基于统一标准建立开放式的信息系统、监控系统与追溯系统,确保冷链物流供应链上物联网系统的兼容性;利用物联网技术将鲜活农产品在物流配送过程中每一个环节的信息整合至系统,为企业改善配送流程、降低产品损耗以及政府主导建立质量追溯体系提供有效的支撑;鼓励冷链相关企业进行基于物联网的企业再造,根据物联网时代的要求,改造原有的业务流程,使得物联网技术能够与业务流程实现有效的融合,建立真正属于物联网时代的鲜活农产品冷链物流体系,最大限度地提升冷链物流效率。

最后,采取措施破除鲜活农产品冷链物流采纳物联网过程中面临的其他障碍。鼓励鲜活农产品生产合作社与合作联社的发展,强化鲜活农产品批发市场的标准化建设,推动鲜活农产品零售企业的连锁化经营,确定一批鲜活农产品物流与流通加工企业作为重点企业予以扶持培育,提高流通主体的组织化程度与集约化程度;为采用基于物联网的冷链物流体系配送的鲜活农产品提供质量认证服务以及必要的价格补贴,提高消费者的认可度以及产品的市场竞争力,变鲜活农产品冷链物流体系的物联网化改造由"供给推动"为"需求拉动";规范物联网市场,为物联网技术及相关设备制定法定标准,将不符合标准的产品逐出市场,同时建立统一完善的价格认证与质量公证体系;开展物联网技术应用于冷链相关企业的试点工作,并安排相关研究人员的进驻,及时调整物联网技术存在的问题,确定鲜活农产品冷链物联网标准体系,总结出分阶段、分步骤、规范化地引入流程与应用方案,从而建立完善的基于物联网的冷链物流效率评估体系,以此作为冷链相关企业引入物联网的评估标准。

(四) 农产品冷链物流配送的干扰管理

天有不测风云，即使冷链物联网的完善程度高，冷链各节点之间的信息程度高，具备完善的冷链物流网标准体系，但由于冷链配送过程具有高度的不确定性、动态性和连锁性等特点，也很容易受到众多干扰事件的负面影响，如车辆故障造成冷藏厢体难以密封、车辆制冷机组突然失灵、交通事故造成车辆受损等，使得事先制定好的计划受到影响，甚至导致冷链中断，此时不仅会加剧农产品的腐损，而且将进一步威胁居民的消费安全。因此，如何在冷链中断后进行科学处理尤为重要。由于冷链物流配送系统是一个典型的"人—机"系统，除了考虑降低生鲜农产品这类易腐品的成本损失外，"人"的参与也必须受到重视。而人在面对扰动时做出的反应是不同的，因此发生干扰事件后，需要调整剩余服务对象的配送顺序，这样势必导致连锁反应，造成整个系统的混乱。此时就需要考虑扰动对整个冷链物流配送系统的影响，生成使系统扰动最小的调整方案。在这种情况下，生鲜农产品冷链物流配送问题变得更加复杂，现有的方法和理论体系将难以胜任相关的研究工作。如何有效地处理导致冷链中断的干扰事件，已成为影响生鲜农产品冷链物流模式生存和发展的关键。鉴于此，本部分将重点探讨农产品冷链物流配送的干扰管理。

1. 基于行为的扰动分析。

干扰事件发生后，为了有效地生成使系统扰动最小的调整方案，首先需要对扰动造成的影响进行分析。由于生产商、客户（包括分销商、零售商和终端客户等）和物流配送运营商是使配送过程能够顺利运行的行为主体，三者的利益是研究的关键。因此，首先分析扰动对上述行为主体的影响，具体如下：

第一，生产商。冷链中断后，传统方法是从配送成本的角度，凭经验进行重调度。通过调研发现，在光明牛奶"酸败门"、速冻食品"病菌门"等一系列事件发生后，冷链配送中断导致的食品安全问题越来越突出，即当冷藏箱体无法正常工作时，如果继续配送，产品将发生腐坏。这些产品经过二次冷冻并销售时，实际上部分已经变质，它们是难以从正常产品中区分出来的，当问题产品流入消费者手中而引起健康问题时，将严重影响企业的可持续发展。因此，如何将受扰箱体内产品的温度控制在合理的范围，从而使产品不发生腐坏，是生产商考虑的首要目标。

第二，客户。客户是物流配送过程的接收者。扰动必然会引起连锁反应，影响后续一系列剩余货物的配送任务，使得某些客户可能无法按时收到货物。因此，对于客户来说，能否在要求的时间范围内收到货物，是其考虑的首要目标。

第三，物流配送运营商。物流配送运营商是物流配送过程的主导者。扰动发生后，配送车辆的行车路线随之发生变化，此时势必影响配送成本。由于在整个物流配送过程中，配送成本是物流配送运营商关注的核心，因此，在生成调整方案时，应适当兼顾成本因素，尽可能节约配送成本。

2. 基于前景理论的扰动度量方法。

前景理论是行为科学中具有重大影响的行为决策理论，它以人的有限理性为基础，能够更加真实地描述人在不确定条件下的决策行为。因此，本部分以前景理论为基础，提出系统扰动的度量方法。

（1）价值函数的表示。

扰动发生后，由于各主体考虑的目标不同，因此，根据前景理论，对各个目标的价值函数进行描述，其中目标 i 的价值函数 $V^i(x)$ 可表示为：

$$V^i(x) = \begin{cases} x^{\alpha^i}, & x \geq 0 \\ -\lambda^i(-x)^{\beta^i}, & x < 0 \end{cases} \quad i = 1, 2, \cdots, n \quad (7-26)$$

其中：n 为主体个数；α^i、β^i 为风险态度系数；λ^i 为损失厌恶系数。

根据前景理论，人们在开始决策时，首先需要选择一个价值为 0 的参照点，进而才能判定结果到底是盈利还是亏损。

（2）不满意隶属函数的确定。

由于各目标的主体是人，而人又是主观的，对扰动的感知是模糊的。因此，需要将各目标进行模糊化处理。

设 x^i 的不满意隶属函数为 $\mu^i(x^i)$，参照点为 O^i。当 $\mu^i(R^i) = 1$ 时，基于前景理论，此时人们面临的是亏损，表现出来的是风险追求，根据式（7-26）可知：

$$\mu^i(R^i) = -V^i(-R^i + O^i) = -[-\lambda^i(-(-R^i + O^i))^{\beta^i}] = \lambda^i(R^i - O^i)^{\beta^i} \quad (7-27)$$

由 $\mu^i(R^i) = 1$，可知 $R^i = O^i + (1/\lambda^i)^{1/\beta^i}$。因此，$\mu^i(x^i)$ 可分为以下三段来表示：

①当 $x^i \geq R^i$ 时，$\mu^i(x^i) = 1$；

②当 $O^i \leq x^i < R^i$ 时，人们面临的是亏损，根据式（7-27）可知，$\mu^i(x^i) = \lambda^i(x^i - O^i)^{\beta^i}$；

③当 $0 \leq x^i < O^i$ 时，$\mu^i(x^i) = 0$。

综上，x^i 的不满意隶属度函数可表示为：

$$\mu^i(x^i) = \begin{cases} 1, & x^i \geq R^i \\ \lambda^i(x^i - O^i)^{\beta^i}, & O^i \leq x^i < R^i \\ 0, & 0 \leq x^i < O^i \end{cases} \quad i = 1, 2, \cdots, n \quad (7-28)$$

因为 R^i 由 β^i 和 λ^i 来决定，而对于不同主体，β^i 和 λ^i 是不同的，因此 R^i 也是不同的。可采用实证研究的方法，通过对各主体进行问卷调查，以确定上述参数。

(3) 扰动度量函数的构建。

根据不满意隶属函数的确定，对各目标采用不满意的隶属度进行度量。目标 i 的不满意度越小，对主体 i 的扰动越小。因此，目标 i 的扰动度量函数为：

$$d^i(x^i) = \min \mu^i(x^i) \quad i = 1, 2, \cdots, n \tag{7-29}$$

3. 生鲜农产品冷链物流配送的干扰管理模型。

本部分研究的问题是指一个冷链配送中心为多个客户配送生鲜农产品，配送产品类型单一，冷藏配送车辆类型相同，需满足以下条件：第一，每辆冷藏车从配送中心出发，沿着行车路线把装载的产品配送到指定客户后，返回配送中心；第二，客户的需求量已知，所需产品只能由一辆冷藏车完成，且所有客户都应该得到服务；第三，冷藏车所载的产品不能超过其装载能力；第四，每个客户都有其接受服务的时间窗，即客户对产品到达时间的要求是在某个时间段上。在满足这些条件后，要求合理安排配送路线，使得目标函数最优，即配送成本最低。

当按照最优配送路线执行配送计划的过程中，干扰事件将导致冷链中断，原有的配送方案将不再最优，甚至不可行，此时就需要构建干扰管理模型，从而生成使系统扰动最小的调整方案。本部分以最频繁发生的干扰事件——冷藏箱体无法正常工作为例，阐述干扰管理模型的构建。我们对于现实问题进行抽象化处理，将研究问题界定为以下三个假设。

H1：物流配送初始方案已知；

H2：对客户进行服务时冷藏箱体的温度变化忽略不计；

H3：客户不满意度只与送货时间相关。

(1) 参数及变量说明。

n：未完成配送任务的客户总数量。

m：初始方案中在途配送车辆的总数。

V：点集合，$V = \{v_0, v_1, \cdots, v_{n+m+1}\}$，$v_0$ 代表初始配送中心；$v_1, \cdots, v_n$ 代表未完成配送任务的客户；v_{n+1} 为受扰车辆所在位置；$v_{n+2}, \cdots, v_{n+m}$ 代表其他在途配送车辆所在的位置，即虚拟配送中心；v_{n+m+1} 为候备车辆所在的位置，即初始配送中心。

d_{ij}：v_i 与 v_j 之间的距离。

s：配送车辆的行驶速度。

η：冷藏箱体无法工作时，箱体内每升高 1℃ 所需要的时间。

δ：单位距离的配送成本（包括运输成本、制冷成本等）。

T_0：生鲜农产品接近腐败时的临界温度。

T_n：冷藏车辆正常工作时箱体内的温度，$T_n \leq T_0$。

C：冷藏车的固定成本。该费用为定值，不因配送距离的长短而发生改变，具体包括司机的出勤费用、养路费和车辆保养费用等。

[ET_i, LT_i]：客户 i 的时间窗，分别为客户要求到货时间段的始点和终点。

$$x_{ijk} = \begin{cases} 1, & \text{车辆 k 由 } v_i \text{ 出发后开向 } v_j \\ 0, & \text{其他} \end{cases}$$

μ^1：生产商对受扰车辆中产品温度的不满意度。

μ_i^2：客户 i 对农产品到达时间的不满意度。

μ^3：物流配送运营商对配送成本的不满意度。

（2）虚拟客户点的设置。

将受扰车辆假定为虚拟的客户点，以便其他车辆顺利进行救援。虚拟客户点可表示为：

①受扰车辆所在的位置。当冷藏箱体无法正常工作时，如果受扰车辆也无法继续行驶，则受扰车辆所在的位置即为虚拟的客户，救援车辆需要到达该处进行救援。

②受扰车辆与救援车辆的交会点。当冷藏箱体无法正常工作时，如果受扰车辆可以继续行驶，为了降低箱体内温度的变化，需要快速将受扰箱体中的农产品进行转移，可将救援车辆与受扰车辆中途的某一点设为交汇点，两车同时赴该点进行动态交接，交汇点设置规则如下：

分别以受扰车辆和各候选车辆所在位置为圆心，以 $(T_0 - T_n) \times \eta \times s$ 为半径做圆，在保证产品不发生腐败的情况下，确定车辆的可达距离范围。

如果受扰车辆和候选车辆的可达距离范围有重叠，则候选车辆可以成为救援车辆；否则，不能成为救援车辆。

如果某一救援车辆的下一个服务客户 G 在重叠区域内，则 G 为虚拟客户点；否则，在救援车辆的配送路线上，在重叠区域内，选择离客户 G 最近的点 G′ 为虚拟客户点。

（3）扰动度量函数的确定。

①生产商扰动的度量。

对于生产商而言，当受扰车辆得到救援时，其箱体内产品的温度是最被关心的目标，这直接关系到产品是否腐败。因此，建立生产商的价值函数为：

$$V^1(x) = \begin{cases} x^{\alpha^1}, & x \geq 0 \\ -\lambda^1(-x)^{\beta^1}, & x < 0 \end{cases} \tag{7-30}$$

其中：当温度大于 T_0 时，农产品将产生腐败，因此选择 T_0 作为生产商的参照点。当受扰车辆得到救援时，如果产品的温度 $T > T_0$，意味着生产商亏损（$x < 0$）；反之，意味着生产商盈利（$x \geq 0$）。

根据公式（7-28），生产商对受扰车辆内产品温度的不满意隶属函数可表示为：

$$\mu^1(T) = \begin{cases} 1, & T \geqslant R^1 \\ \lambda^1(T-T_0)^{\beta^1}, & T_0 \leqslant T < R^1 \\ 0, & 0 \leqslant T < T_0 \end{cases} \quad (7-31)$$

其中：β^1、λ^1 为参数；$R^1 = T_0 + (1/\lambda^1)^{1/\beta^1}$。

②客户扰动的度量。

对于客户而言，最关心的是农产品的到达时间。因此，建立客户 i 的价值函数为：

$$V_i^2(x) = \begin{cases} x^{\alpha^2}, & x \geqslant 0 \\ -\lambda^2(-x)^{\beta^2}, & x < 0 \end{cases} \quad i = 1, \cdots, n \quad (7-32)$$

其中：选择现状，即没有发生扰动时，初始方案中客户 i 的到货时间 t_i^0 为参照点，如果调整方案对客户 i 的到货时间 $t_i > t_i^0$，意味着客户 i 亏损（$x < 0$）；反之，意味着客户 i 盈利（$x \geqslant 0$）。

根据公式（7-28），客户 i 对农产品到达时间的不满意隶属函数可表示为：

$$\mu_i^2(t_i) = \begin{cases} 1, & t_i \geqslant R_i^2 \\ \lambda^2(t_i - t_i^0)^{\beta^2}, & t_i^0 \leqslant t_i < R_i^2 \\ 0, & 0 \leqslant t_i < t_i^0 \end{cases} \quad i = 1, \cdots, n \quad (7-33)$$

其中：β^2、λ^2 为参数；$R_i^2 = t_i^0 + (1/\lambda^2)^{1/\beta^2}$。

③物流配送运营商扰动的度量。

对于物流配送运营商而言，在制订调整方案时最关心的是配送成本。因此，建立物流配送运营商的价值函数为：

$$V^3(x) = \begin{cases} x^{\alpha^3}, & x \geqslant 0 \\ -\lambda^3(-x)^{\beta^3}, & x < 0 \end{cases} \quad (7-34)$$

其中：选择现状，即没有发生扰动时，初始方案剩余客户的配送成本 f^0 为参照点，此时调整方案的配送成本为：

$$f = \sum_{i=n+2}^{n+m+1} \sum_{j=0}^{n+1} \sum_{k=1}^{m} \delta d_{ij} x_{ijk} + C \sum_{j=1}^{n+1} \sum_{k=1}^{m} x_{(n+m+1)jk} \quad (7-35)$$

如果 $f > f^0$，意味着物流配送运营商亏损（$x < 0$）；反之，意味着物流配送运营商盈利（$x \geqslant 0$）。

根据公式（7-28），物流配送运营商对配送成本的不满意隶属函数可表示为：

$$\mu^3(f) = \begin{cases} 1, & f \geqslant R^3 \\ \lambda^3(f - f^0)^{\beta^3}, & f^0 \leqslant f < R^3 \\ 0, & 0 \leqslant f < f^0 \end{cases} \quad (7-36)$$

其中：β^3、λ^3 为参数；$R^3 = f^0 + (1/\lambda^3)^{1/\beta^3}$。

（4）干扰管理模型目标函数的构建。

对于生产商、客户和物流配送运营商三个行为主体面对扰动时所关注的目标，由于食品安全关系到群众切身利益，进而影响国家的经济发展与社会稳定，因此生产商目标的优先级最高；客户是企业利润的源泉，在出现突发情况下，应最大程度地保证客户利益不受伤害，这有利于企业的可持续发展，因此客户目标的优先级次之；物流配送运营商的优先级最低。

综上，采用字典序多目标规划的方法，构建目标函数如下：

$$\min \text{Lex} = P_1 : \mu^1(T) P_2 : \sum_{i=1}^{n} \mu_i^2(t_i) P_3 : \mu^3(f) \qquad (7-37)$$

4. 干扰管理模型的求解方法。

物流配送问题已被证明是 NP – hard 的，而干扰管理模型以物流配送问题为基础，求解起来将更加困难。另外，为了尽快恢复系统的正常运行，干扰事件的处理也具有很强的实时性。在这种背景下，由于蚁群算法具有正回馈、分布式计算以及贪婪的启发式搜索等特点，为有效地求解上述问题提供了可能。但是，由于该算法仍然存在着容易陷入局部优化、搜索速度较慢的缺陷，因此提出改进的蚁群算法——混合蚁群算法（Hybrid Ant Colony Optimization，HACO），对干扰管理模型进行求解。算法的基本原理如下：

在 HACO 中，采用信息素调整策略、最优个体变异策略来防止陷入局部优化，改善搜索结果；采用救援车辆选择策略、集成其他算法策略来减少计算量，提高搜索速度。

（1）信息素调整策略。

蚁群算法中，蚁群运动总是趋近于信息量最强的路径，但是如果该路径离最优解相差较远，将会导致信息量得到不应有的增强，使得后续的蚂蚁难以发现更好的全局最优解，这说明信息量最强的路径不一定能反映出最优的路径。为了提高算法的全局搜索能力，采用确定性选择和随机性选择相结合的策略，即当搜索陷入局部最优时，对路径上的信息量进行动态调整，缩小最好和最差路径上信息量的差距，并适当加大随机选择的概率，以利于对解空间更完全地搜索。

由于信息素的更新作用，每条路径上信息量可能在某次搜索后出现极大值或极小值的现象，极大值将使搜索早熟，极小值则不利于全局搜索，因此吸收了最值蚂蚁算法的思想，将信息素水平限制在最大值和最小值之间，同时在搜索前，将所有边的信息素水平设为最大值，从而使蚂蚁在搜索初期具有更大的搜索范围。另外，当各边信息素水平相差很大时，将各边信息素水平与信息素的最大值进行加权平均，从而使信息素差异相对减少，有利于产生新的搜索路线。

当问题规模较大时，由于信息素保留系数 ρ 的存在，那些从未被搜索到的边,信息量会逐渐减小到接近于0,降低了算法的全局搜索能力。为解决这一问题,随着搜索的进行,采用动态调整ρ的方法。

(2) 最优个体变异策略。

由于蚁群算法是一种正反馈的启发式搜索方法,因此算法在具有较快搜索速度的同时,也容易陷入局部优化。为克服此问题,我们考虑蚁群在搜索到食物后,如果通向食物的道路上突然遇到自然灾害,蚂蚁更换路径后仍然可以觅到原来的食物。为此,引入变异算子来克服算法容易陷入局部优化的缺陷。

当发现多次相同结果、开始倾向于局部收敛时,算法将很难跳出这个局部最优解,于是实施变异,即在这个局部最优路径上取任意一段或几段,让信息素大幅度减少,甚至减为最小值。于是下次不得不跳出此路径,去寻找另外可能的更好路径,实验表明变异有助于摆脱局部最优。

(3) 救援车辆选择策略。

在对受扰车辆进行救援时,可供选择的车辆很多,包括配送中心的候备车辆和所有的在途车辆,但并不是所有这些车辆都能进行救援的,如果对这些车辆的救援路线都进行计算,必然耗费较长的计算时间。

为了缩小解空间的范围,提出两个原则来选择救援车辆:容量原则。在对受扰车辆进行救援时,判断将受扰箱体内的产品转移到自身箱体后,是否超过了车辆的载重量。如果不超载,则将该车辆加入到候选车辆集合;否则放弃该车辆,维持其初始路线不变。距离原则。在干扰管理模型中,生产商目标的优先级最高,即受扰箱体内温度升高至 T_0 之前,必须将生鲜农产品转移到救援车辆上,以防止农产品的腐败。

(4) 集成其他算法策略。

蚁群算法易与传统启发式算法相结合的特点,决定其具有很强的耦合性,因此将节约法、邻域交换法两种简洁高效的优化算法集成到蚁群算法中,可大幅度提高算法的求解速度。

节约法是一种简单易懂、求解速度较快的算法,其出发点很朴素:由配送中心 P_0 向两个用户 P_i、P_j 各派一辆车运送货物,则总里程为 $2 \times (d_{0i} + d_{0j})$,若只派一辆车按 $P_0 - P_i - P_j - P_0$ 的路线送货,可得节约量 $\mu_{ij} = d_{i0} + d_{0j} - d_{ij}$,其中 d_{i0} 为客户 i 到配货中心的距离,d_{0j} 为配货中心到客户 j 的距离,d_{ij} 为客户 i 到客户 j 的距离。根据节约量的大小及是否满足装载量约束,可不断改进行车路线。

领域交换法是一种通过对初始解进行简单操作而获得新解的一种方法,采用邻域算子包括如下:随机交换。在初始解中随机选择两个交换节点 i 和 j(i≠j),将它们的位置互换,形成一个新的解。随机交换子序列。该算子是对随机交换的扩展,通过在初始解中随机选择两段子序列,将它们的位置互换,形成一个新的解。随机插入。随机选择编码 i 和插入位置 j，将 i 安排在编码位置 j 上，从而形成新的解。随机插入子序列。该算子是对随机插入的扩展，通过随机选择一段子序列和插入位置 j，将子序列安排在编码位置 j 上，从而形成新的解。

因此，基于物联网的农产品冷链物流体系建设困难重重。在当前该体系建设严重滞后的背景下，应呼吁全社会关注农产品冷链物流，积极倡导物联网技术在农产品冷链物流中的应用，通过科学合理的建设路径促进基于物联网的农产品冷链物流体系的建设。

第三节 农产品物流体系的建设路径

一、农产品物流的基础设施优化

（一）加强交通基础设施建设

交通基础设施建设是物流大系统的重要组成部分，加强交通基础设施建设可从以下几个方面入手：首先，政府出面协调各部门工作。由于各部门之间的协调和沟通不畅，缺乏统筹规划，农产品运输在"最先一公里"上还存在很多问题，应从改善农产品物流基础设施建设的角度出发，对边远地区、山区及村道的改善进行统筹规划，解决当前农产品收购和调运中的障碍，提高农产品运输的效率。相关部门应相互配合，在有矛盾冲突时政府应出面协调统筹，调配资源。其次，积极推进重大基础设施项目建设。重点包括中西部铁路、城际铁路、国家高速公路"断头路"和普通国道"瓶颈路段"、内河高等级航道、新建干线机场等，在细节上提高交通网络的质量和水平，为农产品物流的运输过程扫清障碍。同时应积极推进重大交通基础设施建设，提高交通路网密度，以提高农产品物流的运输效率，尤其是农产品跨省跨区域长距离物流的运输效率。

（二）加强物联网和冷链物流的基础设施建设

农产品冷链物流的物流信息主要产生于物联网，所以农产品冷链物流的设施和设备主要分为两个部分：一个部分是保证农产品始终处于规定的低温状态所需要的各种设施设备，如冷加工设备、冷藏库、冷藏车、冷藏船、铁路机械冷藏车、冷藏销售柜台等；另一个部分是物联网所需要的各种信息感应设备，即射频识别（RFID）装置、红外线传感器、GPS定位系统、激光扫描器、二维码识别终端等信息感应设备等。

要使这条"保鲜链"发挥作用，实现物流模式上的突破，这两部分的基础设施和设备缺一不可。在冷链设备方面，应重点投资建设冷库、冷链运输车辆及制冷设备，尤其是批发零售冷库，鼓励冷链企业购置冷藏车辆，提高冷链运输能力，减少"断链"现象产生，确保整个运输过程都处在规定的低温环境下。同时，要改进冷库安装技术和工艺，使保鲜冷藏运输车厢和温度控制设施规范化，提高整个冷链物流过程的效率。

在物联网所需的基础设施和设备方面，目前冷链物流的信息化程度非常低，不但信息基础设施落后，而且缺乏统一的信息标准和信息平台。当前我国农产品物流信息化技术主体分散、规模小、技术基础薄弱，RFID、EDI技术、条形码、GIS等在工业物流领域广泛运用的技术，在农产品物流领域未能得到大力推广应用。应加强物联网技术在农产品物流领域的推广，积极推进相关PPP项目的建设，扩大资金来源，同时加强监管，确保资金的使用效率。应加强农产品物流信息网络建设，采取建立大型数据库的方式，即一定规模的在储、在流农产品皆入库，及时采集各物流环节的信息，并进行科学归纳、整理、更新，形成大型动态的数据库，为农户、企业的生产决策提供实时的动态信息，从而提高物流的效率。

二、农产品物流的社会化创新

（一）探索农产品物流平台众包模式

农产品物流社会化的一个重要途径就是众包。农产品物流众包模式分为全民众包和企业众包。针对全民众包，应对从业人员的资质进行严格的审核，充分开发民众的闲散运力，降低配送成本。企业众包模式是针对物流公司的众包模式，应针对服务和流程进行标准化规范，做好众包物流的信用管控，形成标准化的服务流程，整合物流企业的资源，大大降低农产品物流的成本。

（二）发展农产品物流企业园区

农产品社会化的另一个重要途径是物流企业群的建设。具体来说就是要打造专为农产品物流服务的物流企业园区，整合物流需求、物流设施、物流客户以及管理服务等资源，为众多物流企业提供系统服务，将众多服务功能不同的农产品物流公司集聚在一起，通过园区的协作功能，实现物流信息和物流基础设施的共享，从而形成紧密的协作关系，实现集约化经营，提高农产品物流的规模效应，降低物流成本，充分发挥专业化农产品物流企业的作用，实现农产品物流服务的各项功能，提供全系列的服务。

（三）构建城乡共同配送体系

由政府牵头，构建开放式的城乡一体化共同配送和仓储服务体系，加强邮政末端配送网络建设、城乡客货运基础设施建设、物流龙头企业的营业网点建设以及第三方物流企业高效的物流系统建设，促进企业间资源共享、优势互补，减少不必要的项目建设，降低物流成本，以减轻甚至消除行业间同质化竞争和恶性竞争的问题；协调公安、交通、财政、市政等部门，推进物流配送车辆的标准化，减少不必要的交通管制，降低物流成本，提高配送效率。

三、农产品物流信息化、标准化建设

（一）农产品物流信息化

1. 建立实时的农产品物流信息采集系统。从政府的角度去看，政府应当扮演信息系统发起者和企业间信息互联协调者的角色，应该为企业间的信息互联提供多方面的支持，包括专业的技术人才、资金以及相关的支撑。从企业的角度去看，应该及早认识到建立实时的农产品物流信息采集系统的重要性，组织相关的专业人员，搭建信息平台，与相关企业进行平台对接，共享相关信息，实现信息资源共享。最终使得供应链各相关企业间达到平台互通、信息共享、行动一致，从而构成一个信息对称的动态系统，提高信息交流的效率。

2. 建立完备的数据库系统。数据库系统可以对采集到的物流信息进行分类储存，以便随时快速提取。对于政府机构，需要安排相关技术人员，设计完备的数据库系统，将物流信息采集系统采集到的物流信息录入其中，以便进行数据分析和查询。政府的数据库最好能够和企业的数据库实现互联，以便能够达到数据共享。企业也应建立自己的数据库系统，企业应组织相关专业技术人员，将本企业物流信息进行量化、分类、加工处理，最终录入数据库中，以便实时对数据进行提取分析，做出有效预测。

3. 实现物流信息传递双向一体化。双向一体化是指物流信息传递的横向和纵向一体化。物流信息横向一体化即实现从物流信息的生成、采集、存储、加工处理、传送、共享等一系列程序的一体化，物流信息的纵向一体化即是与供应链上下游企业的信息连通，与政府数据库的连通。对于数据的生成，我们可以采用物联网技术，实时生成有关产品的一系列数据；在数据采集阶段，我们则利用物流信息采集系统，系统地采集各种实时的物流信息；之后采用数据库技术对信息进行分类储存；最后通过信息平台，进行企业间的信息共享。以上便是企业取得物流信息的基本流程，关键是要在每个流程中采取标准化，使信息能够高效地运转。

（二）农产品物流标准化

1. 建立和完善物流标准化体系。我国农产品自身的标准化程度较低，许多产品的分类、分级大都是凭人工感觉，这给农产品的存储、运输和加工造成一定的困难。政府与企业要积极组织相关专家，对国外先进的物流标准进行研究，并结合我国物流行业的实际情况，制定符合我国行业情况的物流标准。所制定的标准应是一个科学的、完整的标准体系，应包含物流过程中每项技术环节、软硬件的详细标准。

2. 促进硬件与流程的双标准化模式。硬件标准化是整个物流过程标准化的基础，要与国际先进的物流标准接轨，首先要在硬件条件上进行相应的改善，即要促进货运设备、仓储设施、搬运设施等基础物流设施、设备的标准化。在改善硬件条件的同时，还要对相应的物流流程进行标准化改造，比如运输、仓储、装卸、搬运、流通加工等流程要随着设备的升级而进行完善，打破传统的无标准化限制、凭经验操作的做法。

3. 充分发挥政府在标准化建设中所起的作用。政府部门作为国家标准的制定者和推广者，应积极协调好相关部门、企业统一标准，实现物流效率的最大化。我国现已成立包括物流信息技术委员会、物流标准化技术委员会以及中国物品编码中心在内的多个物流标准化组织。各相关部门应该积极地参与物流标准的研究与制定。并且在制定物流技术标准的同时，更要出台政策，规定各相关企业执行的标准，不仅要成为标准的制定者和推广者，更要成为标准实施的监督者。

四、推进新兴技术在农产品物流中的应用

（一）推进冷链技术在农产品物流领域的应用

整体设计、梯度推进、统筹规划、多方协调，构建合适冷链物流体系。由于

中国人口众多，地域广大，区域特点明显，因此要进行整体设计、梯度推进，统筹规划、多方协调，选择重点品种、重点区域先行试点，构建适合中国国情的农产品冷链物流体系。

1. 充分发挥政府的宏观调控作用，建立政府、行业协会和龙头企业联动机制，制定国家农产品冷链物流发展规划。要根据目前中国优势农产品区域布局和农产品冷链物流的特点，建立多种组织形式并存的农产品冷链物流体系。例如，以冷链物流配送中心为核心，发展区域内农产品短途冷链物流体系；利用第三方冷链物流，发展跨区域的农产品长途冷链物流体系；突出农产品加工企业的优点，实施供应链管理，建立专业化和多元化的农产品冷链物流宏观体系。

2. 充分调动冷链环节行为主体的积极性，特别是重点培育第三方冷链物流、提高农民的组织化程度。根据国家农产品冷链物流发展规划的总体要求，优化农产品冷链物流布局，积极推进各具特色的区域农产品冷链物流体系建设，选择重要品种（高价值量农产品，如热带水果；易腐败产品，如肉类等）建立冷链通道试点。

首先在中小城市开展"生产基地+大型批发市场+配送中心+超市"试点，优化以大型农产品批发市场运营商为主导的冷链物流模式。

其次是在大城市开展"生产基地+配送中心+超市"冷链物流试点，积极倡导发展以连锁超市为主导的冷链物流模式。

最后是在农产品出口优势产区开展"加工企业+生产基地"冷链物流试点，也就是中国冷链物流运作的第三种模式，即以"加工企业为主导的冷链物流模式"，在总结示范、试点成功经验的基础上，逐步向全国辐射、推广。

3. 出台相关政策法规，规范市场，支持和引导冷链物流企业的发展。各政府部门要根据中国农产品冷链物流发展要求，完善和建立健全的检查与监督机制，尽早出台农产品冷链物流业发展相关扶持政策，使中国农产品冷链物流有一个良好健康稳定的市场环境，为了尽快推动中国农产品冷链物流业的快速发展，国家必须尽早制定和实施科学、有效的宏观政策。

一是在科技政策方面。将冷链物流技术发展作为重要内容，纳入国家发展规划和科技计划；加大国家对冷链物流的科技政策性投入，设立专项基金，并列入预算；加大国家科技支撑计划、中小企业创新基金、国际合作等项目计划的资助强度；重视农产品冷链物流平台建设，在国家重点实验室、国家工程中心、部门重点实验室、中试基地、质量标准与检验中心、食品安全评价研究中心等国家工程项目建设中，给予优先支持。

二是在财政金融政策方面。建议把农产品冷链物流作为国家投资、政策引导和吸引外资的战略重点，在预算安排和工农业建设项目计划中，给予集中支持和倾斜；适当考虑冷链物流企业、批发市场、配送中心减免增值税和所得税；对农产品冷链物流业实行优惠贷款政策，包括低息、贴息、放宽还贷期限、放宽抵押条件、支持外资介入等。

三是在产业政策方面。尽快理顺多部门管理的局面，成立协调组织，理顺科研、生产、贸易等部门的关系；按照国家产业政策要求，根据优势农产品的区域布局引导农产品冷链物流业的合理布局；加速农产品冷链物流园区建设，引导一体化发展。

四是在贸易政策方面。鼓励、支持农产品冷链物流企业积极参与国际竞争；采取有效手段和政策，扶持与保护具有自主知识产权的农产品冷链物流商标和品牌，扩大其国际市场的影响；引进、消化发达国家农产品冷链物流技术，包括项目、设备仪器等硬件，以及开展产权许可证贸易或软件贸易。

（二）推进物联网技术在农产品物流中的应用

近几年，我国企业已经逐步实现将物联网技术应用至农产品物流领域，然而，随着冷链技术在农产品物流中的应用不断增多，将物联网技术应用到农产品冷链物流体系建设中就变得尤为关键。将物联网技术应用到农产品冷链物流体系建设中有助于破解当前冷链物流中断频发的难题，对于确保生鲜农产品质量安全、稳定农产品价格具有重要意义。以下是推进物联网技术在农产品冷链物流中应用的建议：

1. 政府先期投入与优惠措施并举，支持基于物联网的生鲜农产品冷链物流体系建设。生鲜农产品冷链物联网建设不仅仅是简单的商业行为，还存在一定的社会性，所以应由政府先期引导投入，当冷链物联网体系发展到一定市场规模时，逐步实现政府与市场的双轮驱动。首先，政府应当成立专门的基金用于农产品冷链物流体系建设，尤其要建立起完善的生鲜农产品冷链物流监控与追溯系统以及冷链物流信息公共平台，成立专门的部门加强管理，允许不同的冷链相关企业免费接入，在一定程度上减轻冷链相关企业的负担，促进物联网架构下生鲜农产品冷链物流体系的发展；其次，政府应采取多种优惠政策激励和促进冷链相关企业推进物联网化改造，并积极实现和政府监控与追溯系统的对接，对于引入物联网的冷链相关企业适当减免增值税或所得税，给予相应的补贴，并提供低息或无息贷款、许诺更长的还贷期间、允许外资介入等融资优惠政策；最后，政府还应该建立完善的责任认定机制，一旦发生安全事故，尽快锁定相关责任方，保障消费者的切身利益与其他利益相关者的品牌权益，从而形成对冷链相关企业与消费者的激励。

2. 组建多种形式的冷链物流联盟体系，共建基于物联网的冷链系统。由于生鲜农产品"农田到餐桌"的冷链物流全过程较长以及我国农产品冷链物流发展刚刚起步，农产品物流主体的组织化程度低，且物联网技术的应用需要冷链企业的高额投入，生鲜农产品冷链物联网的建设难以依靠一家或几家企业。因此，加强生鲜农产品冷链物流领域的战略合作，科学构建生鲜农产品冷链物联网供应链体系成为必然。农户或农民合作组织可以联合中小型物流企业共同组建冷链物流合作联盟，实现生鲜农产品在周边区域范围内的配送及其在产地批发市场/物流中心的集聚；产地批发市场/物流中心可以与大型第三方物流企业合作，联合销地批发市场/物流中心等下游企业结成战略合作伙伴关系，建立生鲜农产品长途冷链物流联盟，实现生鲜农产品在全国范围内的跨区域冷链运输；销地批发市场/物流中心全面整合区域范围内的中小型物流企业、大型连锁超市、社区店等，共同解决生鲜农产品冷链物流配送的"最后一公里"问题。冷链物流联盟内的企业完全按照国家统一的生鲜农产品冷链物联网建设标准进行企业再造，龙头企业牵头共建统一的监控中心以及配套的信息采集系统、仓储管理系统、运输调度系统、监控与预警系统、企业冷链安全追溯系统，政府主导建设政府监控与追溯系统以及物联网信息公共平台，联盟内企业自行配备设备接入冷链物联网体系，实现成本分摊、收益共享，而且在一定程度上解决冷链中断问题。

3. 分阶段、分步骤逐步推进冷链相关企业的物联网化改造。冷链物流各个主体应用物联网也不可能一蹴而就。不同生鲜农产品的耐腐性不同，对冷链物流的需求强度也不同，不同地区消费者可接受的价格水平也不同，所以面对冷链建设大规模的固定资产投资，尤其是物联网技术应用的高额成本，冷链相关企业不可能实行大推动的模式一次性全面推进物联网化改造，而应采取分阶段、分步骤逐步推进的方式。首先，科学地筛选出具备冷链物联网应用可行性的生鲜农产品类型，并依据易腐性、价值、消费者可接受的价格水平等因素确定不同生鲜农产品冷链物联网应用的优先级顺序，如冷链相关企业可尝试在部分重点地区或大城市，在高品质的肉类、水产品以及进口高档易腐性水果等高端生鲜农产品中开展冷链物联网的先行试点；其次，冷链相关企业应强调从生产环节开始，经过集中、批发、分散到零售等整个物流环节都配以完善的冷链运输、仓储和交易设施，并运用物联网技术实现数据的共享和传输，从而确保冷链过程的完整性；最后，冷链相关企业可以联合高校和科研院所的力量，开展体系建设成本与效率的研究，对不同类型生鲜农产品冷链物联网采用前后，农产品损耗率、物流费用、相关企业收益变化情况进行调研分析，以确保物联网采纳确实有效。当发现改造目标没有达到时，要及时总结原因，纠正偏差。当冷链物联网运行绩效良好时，可以考虑拓展企业经营的生鲜农产品类别或扩大区域范围。

4. 引导消费者需求，实现"需求拉动"与"供给推动"并举。冷链物联网建设既需要大量的初始投资,也面临着高昂的运营成本,倒逼经其配送的生鲜农产品不得不采用高价格。如果消费者对于产品不认可,也不愿为其额外成本埋单,则很难建立起基于物联网的生鲜农产品冷链物流体系,即使通过强力的"供给推动"能够一时建立,长期内也会因为无人问津而难以维持。因此,引导消费者需求,确保经由冷链物联网配送的生鲜农产品能够得到应有的市场回报,实现"需求拉动"与"供给推动"并举成为必然。首先,整合电视频道、报刊专栏、官方微博、微信公号、广播专栏等多种媒介,宣传冷链物联网相关知识以及食品安全常识,定期发布生鲜农产品质量安全事件、质量安全问题对消费者身体造成的危害与防治知识等,引导消费者主动了解生鲜农产品的质量特征以及冷链物联网的优势,理性看待冷链物联网配送产生的高价格,提高消费者的认可度;其次,作为消费者自身,也应该为自己及家人的健康考虑,培养食品安全意识,主动选用经由冷链物联网配送的生鲜农产品,并自觉充当宣传员,让基于物联网的生鲜农产品冷链物流体系造福更多的民众。

五、农产品物流模式优化

构筑高效的农产品物流模式,其目的是为提高农产品流通效率、减少农产品损失、缩短物流时间、降低库存水平、扩大物流半径。为此,本书提出以下建议:

1. 构建基于供应链的准时农产品物流运行模式。准时农产品物流是以终端消费者对农产品的需求为起点,"拉动"零售商供货,并依次传递到批发商甚至农户(或农业企业)生产的一种与现行农产品流通路径相反的运作管理系统。这样,不仅有利于满足消费者的需求,提高客服水平,而且还可以通过上述过程的标准化管理,大大降低农产品库存水平和库存成本,从而实现在必需的时间内以必要的品种、数量和质量,运送到客户手中,以达到缩减时间、减少浪费、降低成本和提高服务质量的目的。

2. 构建电子商务下农产品物流运行模式。一是以物流中心(批发市场)来主导一体化农产品供应链系统,通过采用先进的电子信息技术辅助农产品交易,通过完善物流体系和构建信息技术平台,使物流中心(批发市场)成为联结生产、加工、零售的核心环节,进行农产品物流运作。二是通过大型商业连锁企业建立农产品配送中心,从供应链上游(批发市场)向上进行信息整合,实现农产品大宗交易跨地区调配,以快速满足消费者需求。三是大力发展农产品电子期货交易市场。农民及农产品经销商通过期货交易,套期保值,从而规避经营风险。此外,期货交易还能帮助农民做到将产品规格化、标准化,并引导农产品加工业发展，拓展农业产业价值链，从而有效地提升我国农产品的国际竞争力。

3. 创新农产品组织模式，构建新型的流通渠道关系。提高农产品的渠道经营效率，是降低农产品流通成本的重要环节。全国和各地方农产品渠道建设应做到整体布局和科学规划，农产品的渠道关系应转变当前以权利与冲突为重点的关系形式，逐步过渡到关系与联盟并注重效率与效益的业务关系合作方式上，不断形成有深度的联盟渠道模式。具体包括：合作社（协会）指导下的农户生产联盟、龙头加工企业主导下的农产品企业加工联盟、龙头商业营销企业主导下的流通联盟和中心城市大型卖场主导下的纵向直销联盟。通过以上联盟方式完善农产品流通体系，优化农产品生产布局，减少流通环节，从而减少农产品消耗，节约交易时间，降低农产品物流成本。

第八章

农产品流通信息体系建设

就农产品流通而言，农产品流通信息内容广泛，是指与农产品生产、经营、销售有关的一切信息，不仅包括宏观环境中的政策信息、农业科学技术信息，也包括产生在农产品供应链上的生产、物流、销售等信息。在农产品流通信息传播过程中，作为传播的客体和基本内容，流通信息需要通过不同的传播渠道传送到农户、批发商、零售商等渠道主体，并引导其合理决策。近年来，随着互联网技术与应用的快速发展，即使是发展相对滞后的农村地区，也取得了长足的进步。据《2015中国农村互联网发展状况调查报告》显示，截至2015年12月，农村网民规模达到1.95亿，人均周上网时长为23.8小时。农村网民使用手机上网的比例最高，为87.1%，农村手机网民规模为1.70亿，相比2014年增长幅度明显，增加2 391万人，年增长率为16.3%。除了电视、广播、期刊等传统的信息传播渠道外，微博、微信、APP等现代媒介也日渐丰富。

虽然农产品流通信息渠道日渐丰富，但农产品流通渠道中仍然存在严重的流通信息不充分、信息不对称的问题。这些问题也加剧了农产品的价格过度波动、两端价差过大、质量安全差等农产品流通问题。为了揭示我国农产品流通信息体系中存在的问题，并探究信息体系的建设与优化路径，本章将开展三个方面的研究：首先，通过对农户、中间商和消费者三类典型渠道主体的调查，研究不同主体在各类农产品流通信息上的需求与供给情况，揭示供需差距，明确农产品流通信息体系建设的重点。其次，从信息渠道入手，研究农户、中间商和消费者等典型渠道主体在不同类型的农产品流通信息上的渠道选择问题，分析渠道选择的现状和满意度，揭示当前农产品流通信息渠道中存在的问题。最后，农产品流通信息平台作为我国大力发展的农产品流通信息渠道，目前受制于用户数量少且增长缓慢、使用频率不高等问题，难以充分发挥其价值。本章将以提高用户满意度，增强持续使用为目标，分析我国农产品流通信息平台的质量维度构成，及其与信息平台使用的满意度、使用倾向之间的关系。

第一节　农产品流通信息的需求与供给分析

一、理论基础与相关研究

（一）农产品流通信息的定义和分类

信息存在于人类社会的各个领域，流通信息是对流通活动的客观描绘，是流通领域中各种关系及其状态的真实反映，流通信息依赖于商品流通。商品流通是指商品或服务从生产领域向消费领域的转移过程。农产品流通是农产品生产结束后，通过商品交换实现从农产品生产领域向消费领域转移的全部过程。农产品流通包括农产品生产、运输、储存、加工、营销等一系列流通环节。其中生产是起点，营销是终点，运输和储存是联结产销的中间环节，加工则是农产品生产后销售前改变农产品形态、将农产品由初级产品变为最终产品的重要环节。

农产品流通包括商流、物流、信息流和资金流等流通形式。在商品流通中，信息流起着领先、导向和支撑的作用。信息流是由信息源向信息接受者传递信息的全部过程，是在空间和时间向同一方向运动的信息的集合。农产品流通信息包括农产品品种、数量、价格、质量、标准等大量内容，不仅具有一般商品流通信息所具有的共性，同时具有农产品的特殊性。

许多流通与营销学者对一般商品的流通信息分类进行了较为系统的研究。夏春玉（2013）总结分析了流通信息的分类，指出流通信息可按照来源、来源稳定性、信息产生的过程、信息发生的时间、信息的作用及信息的内容划分。其中信息按信息来源划分为商品流通内信息与流通外信息。流通内信息来自商品销售、商品流转以及在商品流通过程中所获得的信息。商品流通外信息是指从政府有关的商品流通的法律、法规等外部因素中获取的信息。史丽雯（2011）从宏观上将流通信息分为产品信息、渠道信息、消费者信息、策略信息、战略信息。产品信息包括产品品名、形状、包装、规格、价格体系、产品特点及独特点，未来发展趋势等。渠道信息主要包括行业的渠道构成、成员的特点、利益如何分配、如何避免渠道冲突、渠道进入成本等。随着零售行业的变化，传统渠道（收购商、二道贩、批发市场等）逐渐没落，大型终端（龙头企业、超市等）迅速崛起，但由于广大农民组织化程度较低、收入增长缓慢，传统渠道还会在相当时间内占据主导。消费者信息，主要包括消费者基本构成、消费者行为及心理。农民对消费者信息知之甚少，多数依靠经验进行农业决策。对消费者信息进行调研、判断和定位，可满足消费者的差异化需求，减小城乡差距。策略信息，即通过对竞争对手的市场行为判断、分析后，做出的市场策略。农户更注重同业者信息，对其行为进行判断、分析后，做出市场策略。战略信息，主要是指国家的政策法律调整。此外，从市场管理结构角度分析，流通信息内容包括：农产品价格信息、供给信息、需求信息、交易信息、质量信息，及期货信息。

也有一些学者则从农产品流通的特殊性出发，对农产品流通信息的定义和内容进行了研究。胥爱贵（2002）认为农产品流通信息就是指与农产品生产、经营、销售有关的一切消息、情报、数据、资料等的总称，是农情和商情的综合反映。它具有信息的一般特点，如客观性、有价性、时效性、共享性、传播性和可加工性等，还具有季节性、区域性、渗透性和分散性等独有特征。周树华认为生鲜供应链的有效管理应考虑农户、超市和消费者三个主体的需求，通过信息管理系统整合生产、供应、销售三个环节，进而提高整个供应链的效率（周树华，2011）。信息管理系统包括产品、操作者、地点和设施条件四种信息要素，建立信息管理系统应围绕不同阶段信息要素来构建基础信息内容。信息内容应按照生产阶段、物流阶段及消费阶段提供。生产阶段包括生产产品信息、生产（种植）者信息、生产（种植）地点信息和生产资料及设施信息；物流阶段包括流通商品信息、物流商信息、物流地点信息和物流设施工具信息；销售阶段包括销售商品信息、销售网点信息、销售地点信息和陈列销售设施工具信息。这些信息架构成为供应链的基础信息体系。

还有一些学者则重点关注了消费者的农产品流通信息需求问题，主要集中在消费者对食品安全的认知与购买行为的相关性方面，以及消费者对安全食品的支付意愿方面。周应恒等（2004）在对南京超市消费者调查中，选择六类信息代表六类食品安全问题，包括生产日期和保质期，农药、兽药等化学残留，防腐剂、色素等添加剂的使用，产地、厂商以及经销商，盐、糖、脂肪等含量，是否使用了转基因等生物技术。调查显示，消费者选择最重要的食品安全信息依次是：生产日期和保质期，农药、兽药等化学残留，防腐剂、色素等添加剂使用，产地、厂商以及经销商，盐、糖、脂肪等含量，是否使用了转基因等生物技术。在对前三位重要的信息选择的统计结果中，消费者当前最关心的食品安全问题是比较清晰和集中的。冯忠泽（2008）基于全国7省9市的调查发现在六类农产品质量安全信息中，消费者选择最关注的信息依次是：保质期、生产日期、价格、认证标志、销售商品牌及信誉、生产者名称。在这六类农产品质量安全信息中，以生产日期和保质期为代表的食品变质问题是消费者最关注的食品质量安全信息。就农产品质量安全信息提供渠道而言，有237人选择"较为相信政府部门提供的信息"，占到被调查者的57%，其次为相信认证机构提供的信息，占到52%，选择"凭个人经验获得的信息"和"相信生产企业提供的质量安全信息"的也占到了一定的比例，分别达到14%和13%，而选择"相信民间组织"和"销售商提供的质量安全信息"的所占比例比较小，分别仅为5%左右。

从上述研究文献中可以看出，有愈来愈多的学者对农产品流通信息领域的问题展开了丰富的研究工作，但对农产品流通信息的定义及分类尚未形成统一的观点，往往都只关注了农产品流通信息的某一个方面，例如经济信息、农产品市场信息或农业科技信息等。结合现有文献，在本研究中，农产品流通信息是指与农产品生产、经营、销售有关的一切信息，不仅包括宏观环境中的政策信息、农业科学技术信息，也包括产生在农产品供应链上的生产、物流、销售等信息。

本书从农户、中间商角度出发，将农产品流通信息划分为两个部分，即外部信息和内部信息。一方面，农户的生产经营活动受到外部环境的影响，包括政治法律要素的政策信息及与农业生产极为相关的科学技术信息。另一方面，农户关注在农产品供应链上产生的信息，包括生产阶段的农产品价格信息、农产品质量信息、农资价格信息、物流信息以及农产品销售阶段的市场需求信息和同业者信息（见表8-1）。

表8-1　　　　　　　　　农产品流通信息分类

划分标准	信息内容
外部	政策信息
	科学技术信息
内部	价格信息
	农资价格信息
	质量信息
	物流信息
	市场需求信息
	同业者信息

从消费者角度出发，对消费者最关注的农产品质量信息进行研究，分成9类

农产品质量信息,包括:生产采摘日期、保质期,代表农产品是否变质;产地、生产者(厂商)、经销商等农产品流通各个环节的主体;化学残留,代表农产品生产环节中的化学污染问题;添加剂,代表加工环节的污染问题;成分含量,代表饮食过程中是否会由于摄入过量而带来健康问题;是否使用转基因,代表具有不确定性的高科技产物存在的安全隐患。

(二)农产品流通信息需求与供给的研究现状

农产品信息的用户需求与实际供给分析是农产品流通体系建设的前提和起点。克蒂芬(Stephen, 1989)在印第安纳州、爱荷华州、伊利诺伊州、东南亚向农民发放了2 537份问卷,以研究农业决策信息来源。洛克希德(Lockheed, 1980)发现较高的正规教育会增加农民的效率,在一个变化的现代化的环境中,高教育水平的农民会有更高的回报。从20世纪80年代开始,我国学者也开始关注农村信息服务的问题。王宣明(1988)以图书馆改革为背景,研究了农村专业大户的信息需求问题。刘巩等(1984)提出实际生产中出现的问题:"为何经济信息如此不通?"上述问题的原因在于信息来源少、信息传递慢、信息质量和信息应用差等。2000年以后,随着信息技术的快速发展与应用,该领域的相关研究更加深入。彭光芒(2002)通过对几个农村社区的调查,发现农村科技传播媒介环境以口语媒介为主,同质性较高,农业科技信息的有效传播不足,媒介分散,媒介环境整合低,现代传媒介入困难。此外,还进一步讨论了人际传播、组织传播、大众传播在农村的媒介环境,据此提出了优化、整合、发展农村科技传播媒介环境的建议。谭英(2004)对河北、云南、陕西、安徽、山西等地9县8镇35村300余户农民展开调查,发现农户在选择信息的渠道时偏好电视和报刊,但是针对与生计有关的科技信息,农户最满意的信息渠道是农村能人、市场(集市)等人际传播渠道。冯海英(2006)以农村社区中信息需求的主体"农户"为导向,对农户的信息意识及其需求表达方式、信息需求的内容、影响信息需求的因素等方面进行了调查分析。

从现有研究来看,虽然已经有不少国内外的学者关注到了农产品的信息需求与供给问题,但是现有研究往往关注的农产品流通信息中的部分内容,例如价格信息、科技信息、农产品质量信息、物流信息等,研究也主要围绕农户这一个流通渠道主体展开。实际上,农产品流通渠道包括农户、批发商、零售商、消费者等多类主体,这些主体的信息需求与供给情况并不一致,而且农产品流通信息也远不止以上提及的信息种类。因此,课题组将通过针对农户、中间商和消费者三类主体的调查,研究不同主体在各类农产品流通信息上的需求与供给情况,揭示供需差距,明确农产品流通信息体系建设的重点。

二、农户的流通信息需求与供给实证分析

本课题组于 2013 年 12 月，筛选有农村家庭背景、沟通能力比较强、有责任心的学生，利用假期回乡探亲等时间，进行本次专题调查。在正式调查前，课题组对参加调查的所有学生进行了 2 个小时的培训。培训阶段，要求学生对问卷内容进行充分理解，并能向他人解释问卷题项含义，每个学生要求按户发放 10~20 份问卷，在调查时，一对一向农户解释问卷内容并帮助填写，于假期结束后进行回收。本研究共发放问卷 900 份，回收有效问卷 830 份，有效回收率为 92.2%。

（一）调查地区及样本分布

问卷分布 18 个省以及新疆维吾尔自治区、广西壮族自治区、内蒙古自治区 3 个自治区，代表性良好（见表 8-2）。

表 8-2　　　　　　　　农户调查地区分布

省份	比例（%）	省份	比例（%）
安徽	2.29	江苏	4.22
福建	0.60	辽宁	21.93
甘肃	5.06	内蒙古	3.86
广西	0.12	山东	10.00
贵州	1.33	山西	6.75
海南	2.65	陕西	6.39
河北	8.07	四川	2.05
河南	3.98	新疆	3.01
湖北	2.17	云南	2.17
湖南	7.35	浙江	3.62
吉林	2.29	合计	100.0

830 名农户的样本特征如表 8-3 所示。830 份样本的性别分布为男性共 540 人，占总体 65.1%；女性共 290 人，占总体 34.9%。年龄分布按频数高低依次是 46~55 岁共 271 人，占总体 32.6%；36~45 岁共 233 人，占总体 28.1%；26~35 岁共 91 人，占总体 11.0%；61 岁以上共 87 人，占总体 10.5%；25 岁以下共 79 人，占总体 9.5%；56~60 岁共 69 人，占总体 8.3%。从教育水平来看，

农民教育普遍在初中以下，即义务教育水平，占总体 69.8%，高中/技术学校水平以上为 30.2%。从农户类型来看，所调查样本中，多数农户（85.9%）从事种植业，少数农户（29.5%）从事养殖业。

表 8-3　　　　　　　　　　　农户样本分布

样本特征	类型	占比（%）	累计占比（%）
性别	男	65.1	65.1
	女	34.9	100.0
年龄	25 岁以下	9.5	9.5
	26～35 岁	11.0	20.5
	36～45 岁	28.1	48.6
	46～55 岁	32.6	81.2
	56～60 岁	8.3	89.5
	61 岁以上	10.5	100.0
受教育水平	本科以上	8.0	8.0
	大专	5.1	13.1
	高中/技术学校程度	17.1	30.2
	初中	40.2	70.4
	小学	25.0	95.4
	无教育背景	4.6	100.0
种植业	是	85.9	85.9
	否	14.1	100.0
养殖业	是	29.5	29.5
	否	70.5	100.0

（二）农户的农产品流通信息供需情况

对农产品流通信息供需情况的调查结果如表 8-4 所示。农户感知农产品流通信息供给情况按比例高低依次为：农产品价格（23.1%）、农资价格（16.7%）、政策信息（12.4%）、同业者信息（12.2%）、市场需求信息（11.9%）、农产品质量信息（10.8%）、农业科技信息（8.3%）、其他农户信息（4.6%）。农户获得农产品价格类信息最多，获得农业科技信息最少。

农户感知农产品流通信息需求情况按比例高低依次为：农业科技信息（23.6%）、农资价格信息（19.1%）、农产品价格信息（18.3%）、农产品质量信息（15.6%）、同业者信息（10.4%）、政策信息（7.7%）、市场需求信息（4.2%）、其他信息农户为（1.1%）。农户需求农业科技信息最多，需求市场需求信息最少。

表 8-4　　　　　　　农户农产品流通信息供给情况　　　　　　单位：%

信息种类	供给情况	需求情况
农产品价格	23.1	18.3
农资价格	16.7	19.1
政策信息	12.4	7.7
同业者信息	12.2	10.4
农产品质量信息	10.8	15.6
农业科技信息	8.3	23.6
市场需求信息	11.9	4.2
其他	4.6	1.1
合计	100	100

对比农户对各类农产品流通信息的供给与需求认知，可以发现需求较大而供给不足最严重的信息是农业科技信息（比例差异达到15.3%）。从国际经验看，农户增产增收、城乡差距的缩小受到农业科技信息传播效果的影响。农业科技信息传播渠道多、速度快、信息量大有助于科技信息转化为实际效益，进而帮助农户提高收益，改善农村经济状况。黄睿（2011）对广东3个农业生态区312户有效农户的农业科技信息需求的调查显示，农户最需要与农业生产极为相关的农业科技信息，该类信息中农户最关心农作物病虫害防治信息和优良品种信息。当前农户对农业科技信息需求体现出农户科技意识的觉醒，之所以会出现这种态势，可能由于以下原因：（1）农户关注如何通过科技信息改变生产方式、提高生产率。（2）在调查样本中46~55岁农户占整体的32.6%，他们试图改变传统务农方式，更多地关注如何提高农业生产的科技含量，进而增加收入。（3）同业者农业科技信息的使用大大提高了竞争力，促使更多农户需要科技信息改变落后状况。（4）消费者对农产品的品质及品种提出了更高要求，从而刺激了农户对农产品科技信息的需求。

农户对各类农产品流通信息的重要性认知情况如表8-5所示。调查显示，选择农产品价格信息为最重要流通信息的农户最多（38.9%）、其次是市场需求（23%），其他信息的选择比例低于10%，特别是选择物流信息的农户最少（1.2%）。这主要是因为农户在经营某一产业时，农产品价格信息与市场需求信息决定农户"种什么,种多少",因此,农产品价格信息与市场需求信息往往直接决定了农户农业经济收入,与农户生产生活极其相关。而与其他信息相比物流信息对农户来说并不重要,一般由中间商、"二道贩"直接到"地头"收购农产品,农户在"地头"进行交易。

表8-5 农户对各类农产品流通信息的重要性认知情况　　　单位:%

	农产品价格	农资价格	政策	同业者	产品质量	农业科技	市场需求	物流	其他	合计
比例	38.9	4.3	9.8	1.2	5.4	7.1	23	1.2	9.1	100

三、中间商的流通信息需求与供给分析

课题组于2015年3~5月间,挑选了30余名沟通能力比较强、有一定责任心的学生,利用假期回乡探亲等时间,进行本次专题调查。课题组成员首先于2015年3月15日,用3小时左右的时间,对调查者进行细致培训,并进行模拟调研训练,确保本次调查顺利进行,并于2015年"五一"假期结束后进行问卷回收。本次调查累计发放问卷400份,回收有效问卷208份,有效回收率为52%。

(一)调查地区及样本

被调查者来自黑龙江省、吉林省、辽宁省、山东省、河南省、云南省和内蒙古自治区等地,如表8-6所示。

表8-6　　　　　　　中间商地区分布

省份	样本数	比例(%)
黑龙江	89	42.79
吉林	31	14.90
辽宁	23	11.06
山东	21	10.10
河南	11	5.29
云南	9	4.33
内蒙古	6	2.88
其他	18	8.65
合计	208	100.00

受访者包括批发商、零售商，以及批零兼营中间商。受访中间商的业务种类涵盖水果、蔬菜、杂粮、农副产品等，样本代表性良好，如表8-7所示（由于四舍五入问题，个别分类中各项的百分比合计数约为100%）。

表8-7　　　　　　　　　　中间商样本分布

样本特征	类型	频率	百分比（%）
性别	男	108	51.9
	女	100	48.1
年龄	25岁以下	5	2.4
	26~35岁	58	27.9
	36~45岁	80	38.5
	46~55岁	50	24
	56~60岁	11	5.3
	61岁以上	4	1.9
受教育水平	本科以上	12	5.8
	大专	34	16.3
	高中、技校	53	25.5
	初中	78	37.5
	小学	29	13.9
	无教育背景	2	1.0
被访者家庭成员社会身份	大学生	70	33.7
	务工	82	39.4
	社员	9	4.3
	农民	32	15.4
	干部	4	1.9
	其他	10	4.8
	缺失	1	0.5
被访者公司类型	批发商	43	20.7
	零售商	101	48.6
	批零兼营	63	30.3
	缺失	1	0.5

（二）中间商的农产品流通信息供需情况

中间商非常关注政府补贴、"免税少费"等优惠政策，同时，农产品质量信息、同业者信息以及下游客户的购买需求、购买意向、物流配送等信息也是影响中间商经营的重要因素，是批发商、零售商重点关注的信息，如表 8-8 所示。

表 8-8　　　　　农产品中间商流通信息供给与需求情况　　　　单位：%

信息种类	供给情况	需求情况
农产品价格	83.7	60.6
政策信息	36.1	29.3
同业者信息	45.7	30.8
农产品质量信息	45.2	37.0
市场需求信息	63.5	45.2
物流信息	30.8	11.5
其他	1.4	1.4

从本次调查来看，中间商感知的农产品流通信息供给情况按比例高低依次为：农产品价格（83.7%）、市场需求信息（63.5%）、同业者信息（45.7%）、农产品质量信息（45.2%）等。其中，中间商获得农产品价格类信息最多，超过80%。分析原因有三：其一，中间商对价格信息极为重视。与农户不同，农户在种植（养殖）之初几乎无法清晰知晓几个月后的市场情况，但中间商在销售产品时，整个市场的供应情况十分明了，使他们及时获取农产品价格信息具有现实可能性。而且其在开展业务之初，会花费较多时间和精力，通过各种渠道收集产地、销地和集散地的产品价格信息，以期望在经营中占据初始价格优势。其二，中间商获取信息的渠道来源较多，不但有政府公布的指导价格，也能通过报纸、电视、电话、手机、网络等媒介以及批发市场、同行之间取得需要的信息。尤其是互联网的普及，对农产品价格等市场信息的传递十分迅捷。在一项对网站抽样调研的研究中发现，90%以上的商业网站都提供蔬菜的价格信息，接近80%的网站提供水果类的价格信息（张静等，2014）。其三，中间商的下游客户和销售区域相对固定，多数批发商与零售商之间有协议（或者口头协议），他们对价格的谈判是协议约定的重点，因此，价格信息具有"双向传递性"，这使得农产品价格信息更加准确、稳定。调查同时发现，半数甚至半数以上中间商认为能够获得与其业务相关的市场需求信息（63.5%）、同业者信息（45.7%）和农产品质量信息（45.2%）。主要原因是这些信息对中间商的业务开展至关重要，每个中间

商都会尽可能通过各种渠道获取需要的信息。

中间商对农产品流通信息需求情况按比例高低依次为：农产品价格信息（60.6%）、市场需求信息（45.2%）、农产品质量信息（37.0%）和同业者信息（30.8%）。从调查来看，这些信息需求与农产品中间商获取到的信息情况基本契合，说明这些信息对中间商的经营极其重要。由于农产品生产具有周期性，即从生产到收获往往需要很长时间，农民不能预知未来农产品的价格。因此，农民一般根据上期农产品的价格决定生产多少。在农产品流通市场上，批发商、零售商等销售者也或多或少面临同样的问题。因此，获取较为准确的市场需求信息，是中间商迫切需要解决的问题。需要特别指出的是，同业者信息的获取和使用，大大提高了中间商企业在市场中的竞争能力。当两个中间商经销的农产品具有较高的相互替代性时，若下游需求者对中间商所提供的农产品价值增值差异的敏感度增强，那么该中间商可以凭借自身提供农产品的较高价值增值差异占有较大的市场需求量，进而获得提高其销售价格的资本（费威，2013）。

值得一提的是，从调查统计结果的表象来看，农产品流通信息的供给是充分的。但与部分被调查者的深入访谈获知，许多信息表面上看充分，实际上，由于各种信息的来源渠道不一，同一信息也有多种信息来源，而不同信息源之间可能存在相互矛盾、不匹配的现象。这说明，目前还没有权威的、值得信任的农产品信息源，这也是未来农产品流通信息渠道体系建设应该重点考虑的问题。

四、消费者的流通信息需求与供给分析

通过预调查，课题组发现消费者主要关注农产品流通信息中的农产品质量及其相关信息，因此在正式调查时，课题组为了降低无效问项对受访者的干扰，主要调查了与农产品质量相关的信息。相关信息包括以下几个部分：生产采摘日期、保质期，代表农产品是否变质；产地、生产者（厂商）、经销商等信息，代表农产品流通各个环节的主体；化学残留，代表农产品生产环节中的化学污染问题；添加剂，代表加工环节的污染问题；成分含量，代表饮食过程中是否会由于摄入过量而带来健康问题；是否使用转基因，代表具有不确定性的高科技产物存在的安全隐患。

本课题组于2015年7月，挑选了沟通能力比较强、有一定责任心的学生，利用暑假进行本次专题调查。在暑假前，课题组对参加调查的所有学生进行了1.5个小时的培训。培训阶段，要求学生对问卷内容进行充分理解，并能向他人解释问卷题项含义，每个学生要求按户发放10~20份问卷，并于假期结束后进行回收。针对消费者的调查共发放问卷430份，回收有效问卷407份，有效回收

率为94.7%。

(一) 调查地区及样本分布

按消费者最经常购买的农产品品类排序依次为：蔬菜瓜果、奶、肉、粮食、蛋。消费者购买的农产品品类情况如表8-9所示（由于四舍五入问题，各项的比例合计数约为100%）。

表8-9　　　　　　　　受访者最常购买的农产品品类

选项	小计	比例（%）
粮食	22	5.41
蔬菜瓜果	296	72.73
肉	28	6.88
蛋	17	4.18
奶	39	9.58
其他	5	1.23
本题有效填写人次	407	

从受访者的特征看，男女比例比较接近，分别为43.49%和56.51%。绝大多数受访者的年龄都大于25岁，是家庭中的主要农产品购买者，能够反映消费者对农产品信息的供需情况。样本特征如表8-10所示（由于四舍五入问题，某些分类中各项的百分比合计数约为100%）。

表8-10　　　　　　　　消费者样本分布

样本特征	类型	百分比（%）
性别	男	43.49
	女	56.51
年龄	25岁以下	0.98
	26~35岁	6.63
	36~45岁	9.34
	46~55岁	9.09
	56~60岁	20.39
	61岁以上	53.56

续表

样本特征	类型	百分比（%）
受教育水平	博士研究生	1.97
	硕士研究生	26.04
	大学本科	56.51
	高中	12.29
	初中	3.19
月收入	2 000元以下	28.75
	2 001~3 000元	19.66
	3 001~4 000元	19.66
	4 001~5 000元	14
	5 001元以上	17.94
家庭规模	2人及以下	22.36
	3人	44.72
	4人	20.64
	5人及以上	12.29

（二）消费者的农产品流通信息供需情况

消费者感知农产品流通信息供给情况按比例高低依次为：生产采摘日期（67.23%）、保质期（56.08%）、产地（55.07%）、是否转基因（29.73%）、生产者（厂商）（29.05%）、化学残留（27.03%）、成分含量（24.66%）、添加剂（23.31%）、经销商（23.31%）、其他（2.03%）。消费者获得生产采摘日期信息最多，获得经销商、添加剂信息最少。

消费者所需要的农产品流通信息按比例高低依次为：生产采摘日期（82.77%）、化学残留（71.28%）、保质期（70.95%）、是否转基因（59.80%）、添加剂（54.39%）、产地（38.51%）、成分含量（34.80%）、生产者（厂商）（21.62%）、经销商（11.15%）、其他（1.35%）。消费者需求生产采摘日期信息最多，需求经销商信息最少（见表8-11）。

表8-11　　　消费者的农产品流通信息供需情况　　　单位：%

信息种类	供给情况	需求情况
生产采摘日期	67.23	82.77
保质期	56.08	70.95

续表

信息种类	供给情况	需求情况
产地	55.07	38.51
生产者（厂商）	29.05	21.62
经销商	23.31	11.15
化学残留	27.03	71.28
添加剂	23.31	54.39
成分含量	24.66	34.80
是否转基因	29.73	59.80
其他	2.03	1.35

从调查的所有消费者来看，消费者需求量较大的有：生产采摘日期、保质期、化学残留、是否转基因及食品添加剂（大于50%）。其中需求较大而供给不足的信息主要是化学残留、是否转基因及食品添加剂（大于20%）。由此可见，消费者对农产品安全问题极为关注，亟须代表农产品安全的瓜果蔬菜的化学残留、农产品是否转基因及乳制品等农产品添加剂信息。消费者对农产品安全信息有强烈需求，这种需求并未被满足，农产品信息市场供需没有达到平衡。与此同时，由于农产品具有信任品的属性，消费者在消费前后很难对其质量进行辨认，这就给了不法分子可乘之机。因此，农产品信息服务应尽快满足消费者对农产品安全信息的需求，保障广大消费者的切实利益。

消费者对各类农产品流通信息的重要性认知情况如表8-12所示。

表8-12　消费者对各类农产品流通信息的重要性认知情况

	生产日期	保质期	产地	生产者	经销商	化学残留	添加剂	成分含量	是否转基因	其他	合计
比例	24.32	16.89	3.38	0.68	1.01	32.43	3.72	5.41	12.16	0.00	100

调查显示，消费者感知对其最重要流通信息按比例高低依次为化学残留、生产日期、保质期、是否转基因、成分含量、添加剂、产地、经销商、生产者。消费者认为农产品化学残留信息最重要，这表现了消费者对农产品安全状况的关注。消费者对食品安全状况的评价与其掌握的负面信息量呈反向关系（周应恒等，2004），即消费者得到的负面信息越多，对市场上食品的质量安全状况评价越低，而目前农产品质量安全状况是大众和媒体重点关注的热点问题，而化学残留问题这方面的负面新闻也比较多，消费者对农产品质量安全信息获取不足，造

成消费者对农产品质量安全状况信心不足的局面。

第二节 农产品流通信息渠道选择分析

一、农产品流通信息传播渠道选择的相关研究

从现有文献看，已经有许多学者对农产品信息传播渠道进行了有益探讨，分析了常见的信息传播渠道类型。学者的研究内容存在差异。肖倞（2009）、谭英（2004）、李建军（2004）等学者研究重点在于农户的信息需求；李小丽（2011）、董亮（2013）等学者研究重点在于农户获取信息的渠道；马振（2010）、戴玮宏（2013）等则综合研究农户获取信息需求及行为，即信息行为；卢凌霄等（2010）以蔬菜批发商为研究对象，发现从事蔬菜批发业务的批发商，信息收集范围和收集方式逐渐由自己采集向委托专业经纪人转变。在不同的研究内容下，信息传播渠道分类存在差异。肖倞（2009）、谭英等（2004）、戴玮宏等（2013）将信息渠道聚类，分为人际、组织等渠道。李建军等（2004）、李小丽（2011）、董亮（2013）、马振等（2010）则列举了信息传播渠道类型，包括亲朋，电视、报纸、收音机等渠道类型。卢凌霄等（2010）在对中间商信息需求进行了研究后，发现经纪人这一信息渠道。具体农产品流通信息渠道研究进展如表 8-13 所示。

表 8-13 信息渠道研究进展

作者	研究内容	信息类型	信息渠道
肖倞（2009）	信息服务需求影响因素	综合信息	人际传播渠道（面对面聊天、农贸市场、打电话）；组织传播（村委会）；传统媒体渠道（电视、收音机、报纸、杂志）；现代媒体渠道（手机短信、网络）
谭英等（2005）	信息需求分析	农业政策	电子媒介（电视、广播）；纸介（报纸）；组织（政府或村委会）人际传播渠道（朋友、能人、邻居）

续表

作者	研究内容	信息类型	信息渠道
李建军等（2004）	信息需求	致富科技	亲戚朋友、熟人、电视、政府、涉农企业
李小丽（2011）	信息渠道影响因素	科技信息	网络、电视、报纸、收音机、宣传册、电话、邻居、朋友、亲戚、领导、能人、信息中介、政府、相关书籍
董亮（2013）	信息渠道	旅游信息	亲朋好友推荐、网络、电视、报纸、旅行社推介学术书籍、旅游书刊、风光影碟、其他来源
马振（2010）	信息需求及获取途径	综合信息	电视，手机，订阅书籍报刊，DVD光盘，电话，有电脑且能够，有电脑而不能
卢凌霄等（2010）	需求	信息来源	经纪人
戴玮宏等（2013）	信息行为	综合信息	大众传递模式（电视、广播、电话互联网、图书、期刊）；组织模式（政府部门或相关组织）；人际模式（邻居、亲戚和朋友）

资料来源：作者整理。

此外，学者们还进一步研究了信息传播渠道的选择问题。李建军等（2004）调查发现，农民获得"致富科技"的主要渠道依次为：亲戚朋友或熟人、电视、政府、涉农企业等。也有部分学者调查得到农户偏好信息发出者是政府。陈煜等（2008）调研得到农户获得交易信息的渠道偏好按比例高低排序依次是组织化渠道（政府、批发市场等）、收购者。其中组织化渠道比例为59%、收购者比例为30%。农户获得政策信息的渠道情况按比例高低依次是广播、电视和收购者。戴玮宏等（2013）从农民信息行为的角度调查得到农户偏好信息媒介按比例高低依次为广播电视、手机、报纸、互联网等。农户通过广播、电视等传统方式获取信息的比例在降低，极少有农户通过互联网获得信息。谭英等（2004）在探讨不同信息渠道传播效果时认为不同媒体或渠道传播农业政策的效果有较大差异。传播效果最好的渠道按重要程度依次为：印发农业政策的资料、组织培训、村喇叭广播、电视、人际传播。李小丽等（2011）在湘鄂渝黔边区调研农户获取科技信息时得到电视是湘鄂渝黔边区农户获取科技信息的最主要渠道，农户文化程度是影响农户获取科技信息渠道的主要因素。多数学者认为农户偏好的信息获取方式是口头传播。一方面，与电视、广播等传播媒介相比，口头传播提高了农户对信息的信任度和利用率，实现了信息的双向流动。另一方面，与电视、广播等传播媒介相比，农户所支付获取信息的成本较低，信息传播不受农户教育、经济水平的制约。

综上所述，信息传播渠道对于信息的传播具有重要的影响，不同的信息传播渠道在信息传播的速度、准确性和可获得性方面都存在很大的差异，并导致用户在信息传播渠道的选择上存在差异。然而，现有研究对于农产品流通信息传播渠道的研究仍有待深入。首先，现有研究往往重点关注传播媒介，而对传播主体关注不足。实际上，传播渠道不仅在传播媒介上存在差异，可划分为传统媒介（电视、广播、期刊）和现代媒介（电脑、微博微信等）；还可以从发出者角度进行划分，分为政府（村委会、政府部门等）和非政府（企业、非营利组织、个人等）等，其中个人指亲朋好友、邻居、能人等。其次，学者们主要研究了整体农村信息服务需求的传播渠道，即研究农业信息、民生信息、行政管理信息的集合，鲜有学者针对农产品流通信息的传播渠道进行研究。最后，现有研究主要研究了农户的信息传播渠道选择问题，而对农产品流通渠道上的其他主体的选择问题关注不足。鉴于此，本研究从农户、中间商和消费者的角度出发，分析这些渠道主体在不同类型的农产品流通信息上的传播渠道选择问题。

二、农户的流通信息渠道选择分析

考虑到调查对象的一致性，课题组将农户的流通信息渠道选择和农户的流通信息需求与供给调查合并实施，相关调查过程与样本情况详见本章第一节。

（一）农户获取农产品流通信息的发布主体分析

农户在获取农产品流通信息时，相关信息的发布主体情况如表 8-14 所示（因四舍五入问题，表中某些信息发布主体的占比合计数约为 100%）。

表 8-14　　　　　　农户流通信息选择发布主体　　　　　单位：%

主体选择	政府部门	企业组织	非营利组织	个人	其他	合计
农产品价格	22.3	17.7	5.6	50.5	3.7	100
农业科技信息	35.5	18.2	12.9	24.1	9.2	100
政策信息	51.3	9.5	8.9	23.0	7.2	100
同业者信息	8.4	10.5	7.8	67.5	5.9	100
其他	10.9	9.3	4.9	38.3	36.5	100

续表

主体选择	政府部门	企业组织	非营利组织	个人	其他	合计
物流信息	11.4	21.0	8.1	43.3	16.2	100
市场需求信息	17.5	25.8	11.0	36.2	9.6	100
农资价格	20.4	36.2	7.0	32.5	3.9	100
农产品质量信息	22.1	18.5	8.7	43.0	7.8	100

调查结果显示农户获得农产品价格（50.5%）、同业者信息（67.5%）、农产品质量信息（43%）、市场需求信息（36.2%）、物流信息（43.3%）多数依靠个人发布；农资价格（36.2）多数依靠企业组织发布；政策信息（51.3%）与农业科技信息（35.5%）依靠政府部门发布。政策信息、农业科技信息由政府部门发布，其他信息均由非政府主体发布。

农户在获取大多数农产品流通信息时更偏好的发布主体是个人，这主要有以下原因：第一，口头传播提高了农户对信息的信任度和利用率，实现了信息的双向流动，同时农户所支付获取信息的成本较低，信息传播不受农户教育、经济水平的制约。第二，对个人主体的依赖与农村社会网络环境有关。农村社会网络环境包括亲缘和地缘两个特点，这些特点使农户的需求受到其他社会成员偏好的影响。人与人之间的交流是农户重要的获取信息的方式，多数学者研究证实农户偏好通过亲朋好友获得农产品信息。社会密度较高使信息在个人之间的传播通畅，分析其原因主要是农村开放式房屋结构与"串门"的风俗习惯。第三，在农村信息传播中农村意见领袖的作用突出，农户偏好从意见领袖处获得信息。意见领袖在信息传播过程中既是受传者也是传播者，他们从外界获取信息后向农民传播信息。意见领袖一般在农村经济富裕，接受新事物较快，社会地位较高，农户认为意见领袖传播的经验信息可帮助其脱贫致富。

在调查中，我们要求被调查者根据自己的感知情况，对其获取信息的发布主体信任度进行打分。如果被调查者认为该发布主体的可信任度非常高，则打分分值为5分，根据程度依次降低，如果被调查者认为该发布主体的可信任度非常低，则给该主体的信任度打1分，3分代表信任程度一般。中间商对各发布主体的信任度如表8-15所示。

表8-15　　　　　　农户对各信息发布主体的信任度

主体	政府部门	企业组织	非营利组织	个人	其他
信任程度（均值）	3.919	3.171	2.84	3.608	2.58

从信息发布主体信任度的调查结果来看，农户对政府部门的信任程度最高，得分均值为 3.919 分，农户对个人信任程度较高，得分均值为 3.608 分。整体而言，农户对政府、个人比较信任，对企业组织、非营利组织信任程度一般。

当各个主体发布信息不一致时，农户更信任的信息发布主体情况如表 8-16 所示（由于四舍五入问题，数据合计约为 100%）。

表 8-16　　　　　发布不一致时农户更信任的发布主体　　　　单位：%

	缺失	政府	企业	非营利组织	个人	其他	合计
比例	11.1	50.4	8	2.8	24.3	3.5	100

调查显示当各个主体发布信息不一致时，选择信任政府的农户为 50.4%，选择信任企业的农户为 8%，选择信任非营利组织的农户为 2.8%，选择信任个人的农户为 24.3%。因此，农户对各个主体报道不一致时信任程度按高低排序依次是政府、个人、企业组织、非营利组织。实地调研发现，农户对政府的信任主要源于政府的权威性，且从长期来看，政府的决策与农户的未来农业经济收入有着密切的关系。但农户表示政府提供的流通信息普遍是针对性较弱的信息（如政策法规信息）或者可用性较弱的农业科技信息。

（二）农户获取农产品流通信息的传播媒介分析

农户获取农产品流通信息时使用的传播媒介调查情况如表 8-17 所示（由于四舍五入问题，某些项"总数"约为 100%）。

表 8-17　　　　　农户感知农产品流通信息传播媒介　　　　单位：%

相关信息	面对面	电视	收音机	报纸	书	电脑	微博微信	短信	电话	其他	总数
农产品价格	42.5	16.0	6.0	4.3	2.2	9.5	1.9	5.0	11.0	1.7	100
农资价格	39.7	17.7	7.3	4.9	3.7	9.6	1.9	4.5	8.1	2.5	100
政策	10.4	34.6	12.0	10.9	9.2	11.6	1.5	4.0	3.9	1.7	100
同业者	48.9	10.3	2.1	5.0	2.5	8.4	2.2	4.2	14.8	2.6	100
农产品质量	32.9	21.5	5.8	6.7	4.5	10.6	1.4	3.4	7.9	5.1	100
农业科技	13.8	31.5	8.4	8.5	9.0	15.3	2.3	3.1	4.7	3.4	100

续表

相关信息	面对面	电视	收音机	报纸	书	电脑	微博微信	短信	电话	其他	总数
市场需求	28.2	22.3	5.4	7.0	3.0	12.6	2.3	3.2	11.7	4.4	100
物流	28.3	17.2	4.5	5.8	2.4	11.3	2.7	3.0	16.7	8.1	100
其他	24.4	16.6	3.6	5.4	5.2	8.8	2.5	3.9	9.9	20.0	100

调查显示农产品流通信息的传播基本依赖于传统媒介，其中农户获得农产品价格信息（42.5%）、农资价格（39.7%）、同业者信息（48.9%）、农产品质量（32.9%）、市场需求信息（28.2%）、物流信息（28.3%）多数依靠与个人面对面的交流获得；农户获得政策（34.6%）与农业科技信息（31.5%）多依靠于电视媒介。据《2013 中国农村互联网发展状况调查报告》显示，截至 2013 年 12 月，农村网民规模达到 1.77 亿，比上年增加 2 096 万，增长率为 13.5%。截至 2013 年 12 月，中国农村互联网普及率达到 27.5%，呈继续增长态势，较上年提升了近 4 个百分点，与城镇 62%的互联网普及率差距较上年同期下降了近 1 个百分点，降至 34.5%，城乡间互联网普及差距继续缩小。农村网民各互联网应用中使用率最高的为即时通信，其次是搜索引擎和博客/个人空间，网络音乐和网络视频分列第四、五位。现代传播媒介在未来具有很大的发展空间。

我们要求被调查者根据自己的感知情况，对其获取信息的传播媒介的信任程度进行打分。如果被调查者认为该媒介的可信任度非常高，则打分分值为 5 分，根据程度依次降低，如果被调查者认为该媒介的可信任度非常低，则给该主体的信任度打 1 分，3 分代表信任程度一般。农户对各传播媒介的信任度如表 8 - 18 所示。

表 8 - 18　　　　　　农户对传播媒介的信任程度　　　　　　单位：分

传播媒介	面对面	电视	收音机	报纸	书	电脑	微博微信	短信	电话
信任程度	3.87	3.60	3.03	2.95	2.76	2.96	2.23	2.48	3.06

从整体来看，农户对各类传播媒介的信任程度不高，相对而言，传统传播媒介的信任程度较现代传播媒介的信任程度高。农户较为信任的传播媒介为"面对面"（3.87 分）和电视（3.60 分），而较为不信任的传播媒介是微博微信（2.23 分）和短信（2.48 分）。农户对传统媒介更认可，一方面是因为传统媒介"看得见、摸得着"，他们对该类媒介接触时间长，比较了解；另一方面说明，现代化的电子媒介还未被农户广泛接受。当各个媒介报道不一致时，农户信任媒介调查

情况如表8-19所示。

表8-19　　　　　报道不一致时农户更信任的传播媒介　　　　单位：%

传播媒介	面对面	电视	收音机	报纸	书	电脑	微博微信	短信	电话	其他	缺失	总数
比例	41	19.5	6.3	5.1	1.4	4.7	0.1	0.1	2.2	1.4	18.2	100

调查显示农户对各个媒介报道不一致时按信任程度高低排序依次是面对面41%、电视19.5%、收音机6.3%、报纸5.1%、电脑4.7%、电话2.2%、书1.4%、微博微信0.1%、短信0.1%。农户更信任传统媒介73.3%。其中农户最信任面对面沟通。

综合以上数据得到，农户主要依靠传统媒介获取信息，利用现代媒介获得的农产品流通信息有限，而且信任度较低。制约农户对现代媒介使用的原因主要有以下几个：

第一，信息传播基础设施建设落后。信息传播基础设施包括电视、广播、宽带、电信等物理网络，是信息传播的物质基础和桥梁，农户通过信息基础设施获得信息。信息基础设施建设依靠政府及农户的资金投入，但农村地理分布广阔，农户居住分散，加大了政府建设信息基础设施的难度；农户信息意识薄弱、经济水平有限，制约了信息基础设施建设的发展，表现出越接近农村，相应的基础设施建设水平就越不完善的特点。电视和电话相对于互联网的普及率较高、物理网络建设较完善、覆盖面大。

第二，农户所处的社会网络环境。农村社会网络环境包括亲缘和地缘两个特点，这些特点使农户的需求受到其他社会成员偏好的影响。人与人的交流是农户重要的获取信息的方式，多数学者研究证实农户偏好通过亲朋好友获得农产品信息。社会密度较高使信息在个人之间的传播通畅，分析其原因主要是农村开放式房屋结构与"串门"的风俗习惯导致的。农户会参考社会网络中获得较大收益其他成员的信息需求。然而，这些社会网络中的成员向农户提供的信息往往比较单一，一般是农产品价格、市场需求信息等，对于先进的科学技术等信息涉及较少，社会网络的封闭性和排他行性，使政府官员和农技推广员等外界信息传播者传播信息困难，阻碍了先进信息提高农业生产效率、改善农民生产方式及提高生活质量。

第三，农户特征的影响。农户特征影响信息渠道选择和信息的利用率主要包括两个方面。一方面，农户往往是风险厌恶者，表现出冒险意识差，安于现状，容易满足的行为意向。因此，对于新兴的信息传播渠道，农户出于安全与风险的考虑，利用率较低。另一方面，农户教育文化水平是影响信息渠道选择的重要因素。从本研究的调查可以看出，农民受教育程度较低，普遍在初中以下，占总体的69.8%，这导致农户对新渠道的掌握水平有限，不善于使用新兴的信息传播渠道，因此在信息渠道的选择上，更偏好通过传统渠道获取信息。但是电视、广播提供的主要是生活、娱乐、教育信息，有关农产品流通的信息较少，个人即亲友提供的信息质量不高，这些原因都导致了农户对农产品流通信息的需求无法得到满足。

（三）农户对信息传播渠道偏好分析

如前文所述，农户对信息传播渠道的偏好如表8-20所示。

表8-20　　　　　　　　农户对信息传播渠道偏好

流通信息	主体	媒介
农产品价格	个人	面对面
农资价格	企业组织	面对面
政策信息	政府	电视
同业者信息	个人	面对面
质量信息	个人	面对面
科技信息	政府	面对面
需求信息	个人	面对面
物流	个人	面对面

从整体上说，农户对农产品信息传播渠道选择的差异主要体现在主体的选择上，媒介的差异不显著。农户偏好由亲朋好友等个人获得农产品价格、同业者信息、质量信息、市场需求信息、物流信息；偏好由政府服务部门，如村委会、农业部门等获得政策信息、农业科技信息；而农户对与农产品经营相关的农业生产资料价格信息则偏好从企业组织获得。农户偏好从传统媒介获得农产品流通信息。多数农户获取信息依然靠传统的人际传播媒介（村能人、亲朋好友、村干部）。电视传播信息具有及时性与广泛性的特点，农户普遍拥有电视这一媒介传播工具。电脑、微博微信等现代媒介未被农户广泛采纳。

农户对农产品流通信息价值的整体评价如表8-21所示。

表 8-21　　　　　农户对农产品流通信息价值的评价　　　　单位：%

	非常同意	不同意	一般	同意	非常同意	合计
您获得的信息对您是有价值的	1.4	2.2	30	47.3	19.2	100
您对所获得的信息是满意的	2.2	6.9	38.5	42.5	10	100

调查显示，认为所获得的农产品流通信息非常有价值的农户仅为19.2%，对所获得信息非常满意的农户仅为10%。因此，当前的农产品流通信息体系仍有很大的提升空间，应面向农户需求建设健全农产品流通信息体系，整合涉农信息资源，建立畅通的渠道，使更为完备的信息能及时、准确地传递到农户。通过农产品流通信息体系的建设来降低农产品流通中存在的信息不对称的影响，提高流通效率、降低流通成本。

三、中间商的流通信息渠道选择分析

考虑到调查对象的一致性问题，课题组将中间商的流通信息渠道选择调查、中间商的流通信息需求与供给调查合并实施，相关调查过程与样本情况详见本章第一节。

（一）中间商获取农产品流通信息的发布主体分析

信息在企业经营中扮演着越来越重要的角色，信息资源具有稀缺性和业务指导性，这使得中间商对信息供给问题越来越关注，对权威信息源的关注持续增加。课题组对中间商获取信息时选择的农产品流通信息发布主体的情况进行了调查，如表8-22所示（由于四舍五入问题，某些主体的各项合计数约为100%）。

数据显示，中间商获取的政策信息主要来源于政府部门，这个信息来源，渠道权威、数据准确、可回溯，绝大多数中间商选择其作为主要信息发布主体来源。除政策信息外，中间商获得农产品价格（50.5%）、同业者信息（58.7%）、农产品质量信息（46.6%）、市场需求信息（56.3%）、物流信息（56.7%）等主要依靠个人来源，其属于典型非政府主体发布主体。

表 8-22　　　　　中间商获取流通信息的发布主体　　　　单位：%

主体	政府部门	企业组织	非营利组织	个人	其他	合计
农产品价格	26.4	19.2	2.4	50.5	1.4	100
政策信息	60.7	9.2	4.4	21.8	3.9	100

续表

主体	政府部门	企业组织	非营利组织	个人	其他	合计
同业者信息	14.1	14.6	8.7	58.7	3.9	100
农产品质量信息	22.8	18.4	8.7	46.6	3.4	100
市场需求信息	14.6	15.0	9.2	56.3	4.9	100
物流信息	11.4	9.5	8.5	56.7	13.9	100
其他	14.4	12.8	4.3	58.0	10.6	100

政策信息主体选择。相关政策信息的发布源头是政府和管理部门，因此，不难理解中间商在获取政策信息时会主要选择政府部门。第一，获得该类信息的难度不高，无论是从电视、广播、报纸等传统媒体，还是网络、手机等新信息媒介，都比较容易得到该类信息。第二，由于政府部门就是该类信息的发布源头，信息发布时间、内容等可随时查证，真实可信度高。第三，中间商有问题需要反馈时，也主要是通过政府部门相关人员进行反映，可以与此同时获取相关联的其他政策信息。

其他信息主体选择。长期以来，我国社会形成的社会网络关系一直是"人本中心"的，即当人与周边环境发生信息交换时，"人—人"传播是主要传播方式之一。受传统农业思想影响，我国农产品流通长期固化在一种闭塞、保守的环境里，农产品流通环节中出现被动跟风的情况屡见不鲜。从我国经济发展的宏观整体来看，市场化还处于初级阶段，而农产品批发商、零售商对市场化的理解和适应还需要一个缓慢的过程，许多中间商市场意识还很缺乏，信息化意识淡薄，行为被动，没有形成主动搜集市场需求信息的习惯。

中间商之间的信息传递包括"批发商—批发商""批发商—零售商""零售商—批发商""零售商—零售商"等情形。与农户的行为一样，中间商对个人为传播主体的偏好主要源于以下几个原因。第一，口头传播可即时获得，进而迅速做出决策。第二，口头传播提高了中间商对信息的信任度和利用率，实现了信息的双向流动、互通有无。第三，个人发布的信息一旦产生口碑，其他人的信任度会大幅度提升。因为口碑具有非商业化的特点，因此口碑传播是中间商经常使用且深得信任的信息渠道。第四，中间商尤其是零售商经营位置相对固定，在相对封闭的环境中容易产生"意见领袖"，"意见领袖"比同伴更多地接触媒介或信息源，热衷于传播信息和表达意见，在实际经营中经常为他人提供信息，更容易对他人施加影响。

在调查中，我们要求被调查者根据自己的感知情况，对其获取信息的发布主体信任度进行打分。如果被调查者认为该发布主体的可信任度非常高，则打分分值为 5 分，根据程度依次降低，如果被调查者认为该发布主体的可信任度非常低，则给该主体的信任度打 1 分，3 分代表信任程度一般。中间商对各发布主体的信任度如表 8-23 所示。

表 8-23　　　　　中间商对各信息发布主体的信任度　　　　　单位：分

主体	政府部门	企业组织	非营利组织	个人	其他
信任程度（均值）	4.24	3.56	3.39	4.01	3.27

从对信息发布主体信任度的调查结果来看，首先，中间商对政府部门的信任程度最高，得分均值为 4.24 分（满分 5 分）。这一方面源于人民大众对政府的信任；另一方面，政府部门作为最正式的信息来源，其发布的信息无论从权威性、完整性，还是时效性和有用性等方面都更胜一筹。

其次，是个人来源，得分均值为 4.01 分。个人来源与其他渠道相比，获取过程更便捷、成本更低。人际来源信息被认可，主要源于我国传统的文化氛围下，人们之间的"乡亲"情节，人们之间相互信任，"低头不见抬头见""邻里乡亲"不会受骗等传统思想的影响。

最后，是企业组织和非营利组织，得分均值分别为 3.56 分和 3.39 分。这两类主体的得分不高，一方面源于企业和非营利组织自身传播力度不够、信息传递广度受限或者信息传递不充分，也不排除部分企业可能发布虚假信息；另一方面可能源于信息使用者的误解，比如获取信息不连续、信息获取延迟等，影响了中间商对该类信息的信任程度。

当各个主体发布报道的信息内容不一致时，中间商更信任的发布主体情况如表 8-24 所示（由于四舍五入问题，各项合计数约为 100%）。

表 8-24　　　　报道内容不一致时中间商更信任的发布主体　　　　单位：%

主体	缺失	政府	企业	非营利组织	个人	其他	合计
比例	1	43.3	10.6	7.2	35.1	2.9	100

正如前面分析的那样，表面上看，农产品流通信息的供给是充分的。但实际上，由于各种信息的来源渠道不一，同一信息也有多种信息来源，不同信息源之间可能存在相互矛盾、不匹配的现象。调查数据显示，中间商对各个信息发布主体报道不一致时，信任程度按高低排序依次是政府、个人、企业组织、非营利组织。

政府部门的信息是权威的，因此，由于中间商对政府的信任，政府部门的信息与其主要决策、经营活动密切相关。但同时，我们注意到，并非每种信息都能从政府相关部门获得，如同业者信息、物流信息等。此时，中间商更趋向于与周边商户、亲戚朋友等求证信息的真伪。在网络环境下，"网络意见领袖"应势而生。网络意见领袖的话语平台包括微博、公众号、朋友圈等，那些关注农产品流通问题的政府官员、专家、学者、企业家等，他们在网络上不代表官方机构，也不代表企业组织，而是以个人形象，以互联网为主要活动阵地，议论问题、发表观点，并加上自己的见解将其传播出去，已经成为链接农产品流通渠道各个环节信息的桥梁和纽带（熊凯，2014）。

（二）中间商获取农产品流通信息的传播媒介分析

中间商获取农产品流通信息时使用的传播媒介调查情况如表 8-25 所示（由于四舍五入问题，某些项合计数约为 100%）。

表 8-25　　　　　中间商感知农产品流通信息传播媒介　　　　单位：%

传播媒介	农产品价格	政策	同业者	农产品质量	市场需求	物流	其他
面对面	45.4	16.0	43.2	38.5	41.7	27.6	26.7
电视	10.6	43.7	15.0	17.3	13.6	14.3	16.0
收音机	1.0	1.0	1.5	1.4	2.4	3.0	2.1
报纸	3.9	4.9	2.9	4.8	3.9	2.5	1.6
书	4.8	3.4	2.9	7.2	0	2.0	3.7
电脑	14.0	21.8	15.0	15.4	17.5	19.2	20.3
微博微信	6.3	3.4	5.8	3.4	3.4	3.0	2.7
短信	1.4	3.4	2.9	4.8	3.4	3.9	5.9
电话	12.6	2.4	10.7	7.2	14.1	24.6	20.9
合计	100	100	100	100	100	100	100

从数据结果来看，农产品中间商感知到的流通信息传播基本依赖于传统媒介（包括面对面、电视、收音机、报纸和书），其中获得农产品价格信息占比 65.7%，政策信息占比 69%，同业者信息占比 65.5%，农产品质量信息占比 69.2%，市场需求信息占比 61.6%。值得注意的是，在传统媒介中，除政策信息（43.7%）一项，较多中间商是从电视渠道获得外，农产品价格信息（45.4%）、同业者信息（43.2%）、农产品质量信息（38.5%）、市场需求信息（41.7%）等信息多数依靠面对面交流获得，这也与前面分析的流通信息发布

主体选择偏好相吻合。

在现代信息传播媒介（包括电脑、微博微信、短信、电话）的使用上，电脑（包括能登录移动互联网络的平板电脑和手机终端）的使用较为突出。除部分不会上网或者囿于网络覆盖限制不能上网的中间商会采用电话等方式作为信息传播媒介之外，越来越多的中间商选择利用电脑等现代通信工具作为信息传播载体。目前，我国网民规模达 6.49 亿，互联网普及率为 47.9%。其中，手机网民规模达 5.57 亿，用手机上网人群占网民总数的 85.8%，个人互联网应用呈上升态势（中国互联网络信息中心（CNNIC）第 35 次《中国互联网络发展状况统计报告》）。调研访谈发现，在会利用网络的中间商中，大部分中间商更愿意使用智能手机而不是台式电脑作为上网工具，搜索、传递相关信息。在可预见的未来，这种方式将可能成为重要的农产品流通信息传播媒介。

我们要求被调查者根据自己的感知情况，对其获取信息的传播媒介的信任程度进行打分。如果被调查者认为该媒介的可信任度非常高，则打分分值为 5 分，根据程度依次降低，如果被调查者认为该媒介的可信任度非常低，则给该主体的信任度打 1 分，3 分代表信任程度一般。中间商对各传播媒介的信任度如表 8-26 所示。

表 8-26　　　　　中间商对传播媒介的信任程度　　　　　单位：分

传播媒介	面对面	电视	收音机	报纸	书	电脑	微博微信	短信	电话	其他
信任程度	4.35	4.30	4.17	4.30	3.99	4.24	3.83	3.77	4.01	3.69

从整体来看，中间商对传统传播媒介的信任程度较现代传播媒介的信任程度高。中间商对各传播媒介的信任度从高至低为面对面（4.35 分）、电视和报纸（4.30 分）、电脑（4.24 分）。而中间商对微博微信（3.83 分）、短信（3.77 分）的信任程度较低。中间商对传统媒介更认可，一方面是因为传统媒介"看得见、摸得着"，他们对该类媒介接触时间长，比较了解；另一方面说明，现代化的电子媒介还未被中间商广泛接受。

在现实中，也可能存在各个媒介传递的信息不一致的情况，这就需要中间商有能力对不同媒介传递的信息进行对比、校正。当出现信息媒介产地的信息内容不一致时，中间商信任媒介情况如表 8-27 所示。

表 8-27　媒介报道内容不一致时中间商更信任的传播媒介

传播媒介	传统					现代				其他	总数
	面对面	电视	收音机	报纸	书	电脑	微博微信	短信	电话		
比例（%）	39.4	19.2	2.9	2.9	1.4	18.3	2.4	0.1	3.8	9.6	100

数据显示，中间商对各个媒介发布的信息不一致时，按信任程度高低排序依次是面对面（39.4%）、电视（19.2%）、电脑（18.3%）。这与前面的分析是一致的，即中间商在对其获取的信息产生异议后，更愿意通过自己的人际渠道求证信息的真伪，而对部分需要与政府部门提供的信息进行对比校正的信息，会更倾向于通过电视等权威媒介对比校正。值得注意的是，电脑（网络）在信息不一致校正中的作用也非常明显，说明在信息技术现代化的驱使下，越来越多的中间商会通过网络，对各种媒介信息进行对比、校正。但总体看来，现代媒介主体的使用还不够广泛，这可能是未来农产品流通信息体系建设需要重点关注的问题。

（三）中间商对信息传播渠道的偏好分析

结合前面的阐述和实际调查数据，中间商对信息发布主体和传播渠道媒介的偏好如表 8-28 所示。

表 8-28　中间商对信息传播渠道选择的偏好

流通信息	发布主体	媒介选择
农产品价格	个人	面对面
政策信息	政府	电视
同业者信息	个人	面对面
质量信息	个人	面对面
需求信息	个人	面对面
物流	个人	面对面

整体而言，中间商获取农产品流通信息的发布主体以个人为主，传播媒介以面对面为主。除政策信息外，中间商获得农产品价格、同业者信息、农产品质量信息、市场需求信息、物流信息等主要依靠个人来源，属于典型的由非政府主体，利用的媒介主要是通过个人面对面交流。中间商获取政策信息的途径主要来源于政府部门发布的信息，利用的媒介主要是电视新闻节目等。

学者研究表明，信息价值与信息增量之间存在显著的正相关关系。信息本身的质量会对信息使用者的收益产生影响，使用更为准确的信息可以为企业带来更大的收益。采纳虚假信息或无关信息不仅会浪费企业宝贵的资源，还会给企业带来损失，因此建立一套信息评价机制，对信息进行有效的筛选显得至关重要。在中间商取得的信息发生不一致现象时，除政策信息外，对于农产品价格、同业者信息、农产品质量信息、市场需求信息、物流信息等，他们更倾向于利用个人渠道，通过面对面的方式进行校正。

绝大多数中间商认为其所获得的流通信息是有价值的，占总受访中间商的96.2%，这也印证了信息对中间商经营的重要价值。但是，认为所获得流通信息价值非常大的中间商的比例仅为28.4%，因此，对于中间商而言，当前的农产品流通信息的价值仍有进一步提升的空间。如表8-29所示（由于四舍五入问题，各项百分比合计数约为100%）。

表8-29　　　　　　　中间商对流通信息价值的评价

项目	频率	百分比（%）
非常不同意	6	2.9
不同意	2	1.0
基本同意	46	22.1
同意	95	45.7
非常同意	59	28.4
合计	208	100.0

第一，中间商获得的流通信息对其经营具有指导作用。如中间商获取的政策信息，将影响其经营地点、经营项目、经营规模等，中间商倾向于选择"政策优惠""少费低税"的地区开展经营活动，因此地方政府出台的政策会极大地影响中间商的行为。农产品价格信息、市场需求信息、农产品质量信息等，对其进货渠道选择、存货量大小等具有重要指导意义，如市场对某种商品需求量较大，中间商可能会选择集中采购、保持一定的存货量，以保证满足市场需求。

第二，中间商可以依据其所获得的流通信息制定合适的市场策略。在开放的竞争性市场里，农产品中间商必须审时度势、制定合适的竞争策略。如某中间商可以依据其经营的农产品质量与其他经销商产品的对比情况，决定采取"高质高价""随行就市"，或者"薄利多销"的策略，提高市场竞争力。

第三，中间商对流通信息的有效使用能够改善其经营绩效。农产品价格信息、同业者信息、市场需求信息、物流信息等都极大地影响着中间商的经营绩效，有效使用这些信息，可以指导中间商采取最优的经营策略，降低运营成本、减轻资金压力、增加企业收益。

绝大多数中间商对其所获得的流通信息是满意的，他们占到总受访中间商的93.8%。但是，对所获得流通信息非常满意的中间商的比例仅为25.5%，因此，对于中间商而言，当前的农产品流通信息渠道仍有进一步提升的必要。如表8-30所示。

表8-30　　　　　　　　　中间商对流通信息的满意度

项目	频率	百分比（%）
非常不同意	4	1.9
不同意	9	4.3
基本同意	74	35.6
同意	68	32.7
非常同意	53	25.5
合计	208	100.0

第一，中间商获得流通信息的渠道较丰富。在发布主体方面，中间商可以通过政府部门获得信息，也可以通过企业、非营利组织、个人等非政府发布主体获得信息，在传播媒介选择上，中间商可以通过电视、广播、期刊等传统信息媒介，也可以通过电脑、微博微信、手机、短信等现代化传播媒介获取信息。中间商在获取流通信息时，无论是获取信息的主体还是媒介种类选择上都非常丰富，基本可以满足其对流通信息的需求，其对获得流通信息的渠道比较满意。

第二，中间商可以对其所获得的流通信息可信度进行核实和评价。前面已经分析，中间商对各个媒介发布的信息不一致时，中间商可以通过政府等官方媒介、电脑（网络）或者自己的人际渠道，对各种媒介信息进行对比、校正、核实和评价。中间商对其需要的信息有多种校正渠道，对能够有效评价、使用信息感到满意。

第三，中间商根据其所获得的流通信息有效地开展运营活动。中间商可以根据政策信息、农产品价格信息、市场需求信息、农产品质量信息等，决定其经营地点、经营项目、经营范围，确定进货渠道、存货量大小，并制定合适的竞争策略。

四、消费者的流通信息渠道选择分析

考虑到调查对象的一致性，课题组将消费者的流通信息渠道选择调查、消费者的流通信息需求与供给调查合并实施,相关调查过程与样本情况详见本章第一节。

(一) 消费者获取农产品流通信息的发布主体分析

消费者获取农产品流通信息的发布主体调查情况如表8-31所示。消费者依靠生产企业获得生产(采摘)日期信息(36.49%)、保质期信息(36.15%)、产地信息(36.15%)、生产者信息(30.74%);依靠经销商获得经销商信息(32.77%);依靠认证机构获得化学残留信息(27.36%)、添加剂信息(28.72%)、成分含量信息(25.34%)、是否转基因信息(25.68%)。

表8-31　　　　消费者获取农产品流通信息的发布主体　　　单位:%

	政府	认证机构	生产企业	经销商	民间组织	个人	其他
生产(采摘)日期	11.49	17.57	36.49	26.35	6.08	20.95	2.36
保质期	8.45	19.93	36.15	29.05	5.41	14.86	2.70
产地	7.09	11.49	36.15	33.78	5.07	12.50	0.68
生产者(厂商)	8.11	12.16	30.74	26.35	5.07	8.11	1.35
经销商	6.42	9.46	14.53	32.77	3.72	9.12	1.01
化学残留	12.84	27.36	8.58	15.88	4.39	10.81	1.35
添加剂	9.80	28.72	19.26	14.86	5.07	7.09	1.35
成分含量	9.12	25.34	23.99	15.20	3.72	6.42	1.35
是否转基因	11.15	25.68	20.27	15.88	6.08	5.74	1.35

以上调查结果表明,生产日期、保质期、产地和生产者信息一般都由生产企业提供,消费者对于购买最多的蔬菜瓜果的化学残留信息、添加剂信息、成分含量信息及是否转基因信息都依赖于认证机构的提供。一方面,消费者在购买绿色、无公害、有机等具有认证标识的蔬菜瓜果时,认证机构提供的农产品安全信息具有统一标准或标签,更容易被消费者辨识。另一方面,消费者更相信认证机构提供的农产品安全信息。然而,也应该注意到,虽然近年来政府在农产品流通信息建设方面投入了大量的资金,但消费者在获取相关信息,特别是安全信息时很少利用政府发布的信息。

在调查中,我们要求被调查者根据自己的感知情况,对其信息发布主体的信任度进行打分。如果被调查者认为该发布主体的可信任度非常高,则打分分值为5分,根据程度依次降低,如果被调查者认为该发布主体的可信任度非常低,则给该主体的信任度打1分,3分代表信任程度一般。消费者对各发布主体的信任度如表8-32所示。

表 8-32　　　　　消费者对各信息发布主体的信任程度　　　　　单位：分

主体	政府	认证机构	生产企业	经销商	民间组织	个人
信任程度（均值）	3.4887	3.542	2.9544	2.7177	2.9592	2.941

调查结果显示，消费者对各类信息发布主体的信任程度都不高。相对而言，比较信任认证机构和政府，分别为 3.542 和 3.4887，消费者对生产企业、经销商、民间组织和个人信任程度更低。因此，信息发布主体的信誉机制，以及信息发布的透明、公开制度建设迫在眉睫。

当各个主体发布信息不一致时，中间商更信任的发布主体情况如表 8-33 所示。

表 8-33　　　　　消费者发布不一致信任主体　　　　　单位：%

	政府	认证机构	生产企业	经销商	民间组织	个人	其他
比例	37.84	41.22	3.72	2.36	7.77	6.08	1.01

调查结果显示，当各个主体发布信息不一致时，消费者对信息发布主体的信任程度由高到低依次为：认证机构、政府、民间组织、个人、生产企业、经销商、其他。消费者对认证机构提供的信息更信任。这也表明对于具有信任品属性的农产品而言，获得消费者信任的一个有效且可行的方法是建立第三方认证制度，通过在食品上加贴认证标识的方式向消费者传递食品品质信息。

(二) 消费者信息传播媒介分析

消费者获取农产品流通信息时使用的传播媒介调查情况如表 8-34 所示。消费者主要依靠标签获得农产品信息，通过标签可获得生产（采摘）日期信息的占比 53.04%，保质期信息的占比 53.38%，产地信息的占比 50.68%，生产者信息的占比 44.26%，经销商信息的占比 34.80%，化学残留信息的占比 36.15%，添加剂信息的占比 37.16%，成分含量信息的占比 35.81%，是否转基因信息的占比 35.81%。其次依靠面对面沟通获得农产品信息。

表 8-34　　　　　消费者感知农产品流通信息传播媒介

	面对面沟通	标签	电视	收音机	报纸	书及宣传册	电脑	微博微信	短信	电话	其他
生产日期	29.05	53.04	9.46	2.70	3.72	8.78	9.12	7.77	2.70	2.36	1.69
保质期	24.66	53.38	7.4	2.70	3.04	7.43	8.78	5.41	3.04	1.69	3.04

续表

	面对面沟通	标签	电视	收音机	报纸	书及宣传册	电脑	微博微信	短信	电话	其他
产地	21.28	50.68	7.43	3.38	3.04	9.80	8.11	6.42	1.35	1.35	1.35
生产者	14.86	44.26	10.14	4.39	3.04	7.09	9.12	6.08	2.03	2.03	1.35
经销商	16.22	34.80	9.12	3.72	2.70	6.76	8.11	7.0	2.36	1.01	2.36
化学残留	16.89	36.15	11.82	4.05	3.04	8.45	12.50	8.11	2.03	1.35	1.69
添加剂	13.51	37.16	11.82	3.38	4.05	8.45	9.80	7.09	2.70	1.35	0.34
成分含量	11.49	35.81	10.47	2.70	3.38	6.76	10.81	9.12	3.38	1.01	0.68
是否转基因	12.16	35.81	10.14	4.05	2.36	9.12	11.15	6.76	2.70	1.01	1.01

调查显示消费者依靠的农产品传播媒介主要是标签。一方面，在农产品认证机构市场规范化的背景下，消费者信任认证机构发布的信息，而认证机构主要通过标签向消费者提供农产品的化学残留、成分含量、是否转基因等信息。另一方面，相较于其他农产品传播媒介，通过标签传递的农产品信息具有更高的确定性、可靠性。

我们要求被调查者根据自己的感知情况，对其获取信息的传播媒介的信任程度进行打分。如果被调查者认为该媒介的可信任度非常高，则打分分值为5分，根据程度依次降低，如果被调查者认为该媒介的可信任度非常低，则给该主体的信任度打1分，3分代表信任程度一般。消费者对各传播媒介的信任度如表8-35所示。

表8-35　　　　　消费者对传播媒介的信任程度　　　　　单位：分

传播媒介	面对面沟通	标签	电视	收音机	报纸	书及宣传册	电脑	微博微信	短信	电话
信任程度	3.26	3.24	3.12	2.93	3.15	2.96	3.12	2.93	2.75	2.73

整体而言，消费者对各类传播媒介的信任程度都不高，没有一种媒介达到了比较信任的水平（分值为4）。相对而言，消费者对面对面沟通的信任度最高，分值为3.26，其次是标签，分值为3.24。

当各个媒介报道不一致时，消费者信任的传播媒介调查情况如表8-36所示。

表 8-36　　　　　内容不一致时消费者更信任的传播媒介　　　　单位：%

	面对面沟通	标签	电视	收音机	报纸	书及宣传册	电脑	微博微信	短信	电话	其他
比例	19.26	35.81	16.22	1.01	6.76	3.38	11.49	2.36	0.34	1.01	2.36

调查显示当各个媒介报道的内容不一致时，按消费者信任程度高低排序依次是标签（35.81%）、面对面（19.26%）、电视（16.22%）、电脑（11.49%）、报纸（6.76%）、书及宣传册（3.38%）、微博微信（2.36%）、收音机（1.01%）、电话（1.01%）、短信（0.34%）。消费者更信任通过标签获得信息。与其他媒介相比较，标签发挥识别产品品牌的作用更大，其包含生产厂家、产品成分、安全生产认证、生产日期等重要信息，能够为消费者选择产品时提供选择参考。标签往往提供给消费者购买产品更准确的信息。

（三）消费者对信息传播渠道的偏好分析

结合前面的阐述和实际调查数据，消费者对信息传播渠道的偏好如表 8-37 所示。

表 8-37　　　　　　　　消费者信息传播渠道偏好

信息内容	主体	媒介
生产日期	生产企业	标签
保质期	生产企业	标签
产地	生产企业	标签
生产者	生产企业	标签
经销商	经销商	标签
化学残留	认证机构	标签
添加剂	认证机构	标签
成分含量	认证机构	标签
是否转基因	认证机构	标签

从整体上说，消费者对农产品信息传播渠道的偏好差异主要体现在主体的选择上，媒介的偏好差异不显著。消费者偏好利用生产企业通过标签提供的农产品生产日期、保质期、产地、生产者信息；偏好利用认证机构通过标签获得化学残留、添加剂、成分含量、是否转基因信息。

消费者对所获得的农产品流通信息的价值性评价如表 8-38 所示（由于四舍

五入问题,各项合计约为100%)。绝大多数消费者认为其所获得的流通信息是有价值的,占总受访消费者的88.89%,这也印证了信息对消费者的重要价值。但是,认为所获得流通信息价值非常大的中间商的比例仅为9.43%,因此,对于消费者而言,当前的农产品流通信息的价值仍有进一步提升的空间。

表8-38　　　　　消费者农产品流通信息价值性评价

项目	频率	百分比(%)
非常不同意	8	2.7
不同意	25	8.42
基本同意	147	49.49
同意	89	29.97
非常同意	28	9.43
合计	297	100.0

消费者对农产品流通信息满意度评价如表8-39所示。对农产品流通信息非常不满意和不满意的消费者为16.38%,因此当前针对消费者的农产品流通信息体系仍有较大不足。

表8-39　　　　　消费者农产品流通信息满意度评价

项目	频率	百分比(%)
非常不同意	1	0.35
不同意	46	16.03
基本同意	158	55.05
同意	67	23.34
非常同意	15	5.23
合计	287	100.0

第三节　农产品流通信息平台建设满意度及其影响因素研究

一、流通信息平台建设现状及存在的问题

为了破解农产品生产流通信息不畅、信息不对称的难题,我国迫切需要建立

一个高效完善，整合农产品市场信息采集、存储、传输与发布等功能，满足农产品流通渠道中不同主体需要的现代化的农产品流通信息平台（崔雪冬，2012）。1986 年，农业部提出了《农牧渔业信息管理系统总体设计》，组建了农业部信息中心。1995 年，农业部制定了《农村经济信息体系建设"九五计划"和 2010 年规划》，并开始启动"金农工程"，1996 年开通了我国第一个农业信息网站——中国农业信息网。1998 年，中共十五届二中全会通过的《中共中央关于农业和农村工作若干重大问题的决定》对农业信息工作提出要求：完善信息收集和发布制度，向农民提供及时准确的市场信息。2000 年，《中共中央、国务院关于 2000 年农业和农村工作的意见》要求：农业行政主管部门要尽快建立及时、准确、系统、权威的农业信息体系。2005 年到 2008 年连续四年的中央"一号文件"中都强调要加强农业信息化建设。2015 年随着中央"一号文件"的发布，政府明确了支持涉农电子商务平台建设的政策。政府具体支持政策包括：第一财政支持政策。省、市财政安排专项资金支持农产品现代流通信息平台体系建设。第二金融扶持政策。积极引导社会资本广泛进入农产品流通领域，支持金融机构参与农产品流通信息平台体系建设。第三建设大型的农产品流通信息平台。大力发展专业性农产品电子商务，为农户及农产品流通过程中的中间商提供信息、商务、品牌、在线软件及无线增值等系列服务，促进线上线下相融合，发挥电子商务的无地域限制优势。

在各级政府的大力支持下，经过十余年的努力，新农村商网、惠农网等一批农产品流通信息平台相继建成，为农户、批发商、零售商等农产品生产流通主体提供信息化服务。据 2015 年公开资料显示，目前涉农信息平台超过 3 万家，我国农村和农业信息化水平显著改善。我国的农产品信息网通常以政府带头、企业跟进的模式进行，农产品信息服务平台主要有农产品信息服务网、农产品电子商务网、农产品门户网 3 种类型。农产品信息服务网主要为农户、涉农企业和广大社会用户提供分行业（分品种）、分区域的与其生产经营活动以及生活密切相关的各类资讯信息及业务服务，如中国农业信息网。农产品电子商务网主要免费发布农产品供求信息，了解中国农产品价格行情，进行农产品批发和农产品交易，提供专家咨询服务，如中国惠农网、中粮成立的我买网、雨润建设的果蔬 B2B 信息平台等。农产品门户网则主要提供农产品相关的政策、技术、产品展示以及展会等信息，如中国农产品门户网，中国农资门户网。此外，许多的农产品信息系统平台也纷纷建立了手机端应用。

虽然我国的农产品流通信息平台的建设取得了突破性进展，但这些信息平台在上线运行后却普遍遭遇推广难的问题，信息平台用户数量少且增长缓慢，使用频率不高等问题日益突出。相较于日均 IP 访问以 10 万计数的传统的电子商务网站（如京东、天猫等），农产品的网站的访问量较低，如中国惠农网、农宝网、中国农产品门户网等，日均访问量不足 1 000。课题组在调研中也发现，农户、中间商和消费者在获取相关的农产品流通信息时，都很少采用电脑、微博、微信等现代化的信息传播媒介。因此，农产品流通信息平台的使用问题成为当前加快农产品流通信息平台发展的关键问题。

但到目前为止，学者对农产品流通信息平台的用户使用问题的研究还很少。从现有的农产品流通信息平台的研究成果来看，学者们大多是从农产品信息平台的系统开发和平台建设的角度来分析信息平台的运行模式、系统设计、性能优化等信息平台开发和建设中存在的技术问题及其规制策略，这类研究已经取得了丰硕的成果（崔雪冬，2012；胡艺峰等，2011；梁益民，2009；刘孝国等，2011）。崔雪冬（2012）在借鉴发达国家农产品物流信息化建设经验的基础上，提出六个完善我国农产品流通信息服务体系的建设策略。胡艺峰等（2011）则基于 RFID 技术设计了农产品流通信息系统，解决了农产品流通信息平台中如何实现农产品信息及时、快速、准确地交流和共享的难题。资武成和廖小刚（2011）则基于供应链管理研究的视角，比较研究了政府主导式信息服务模式、消费者需求式信息服务模式、农产品供应商信息服务模式等模式，并提出了构建农产品流通中供应链式信息服务模式的对策。这些研究为新农村商网、中国惠农网、海南农业信息网等农产品流通信息平台的快速建设奠定了较为坚实的技术基础与制度保障。

信息系统成功模型是评价信息系统在使用后能否成功的重要理论模型，对于我国的农产品流通信息平台使用问题的研究具有重要指导意义。该理论指出建成的信息系统要想获得广泛的采纳和使用必须提高用户对该系统的满意度，而信息系统质量的三个维度（服务质量、系统质量和信息质量）是影响用户满意度的重要因素（Delone & Mclean，1992；Delone & Mclean，2003）。因此，要想让已经建成的农产品流通信息平台在运营中获得广泛的认可并取得成功，需要从这些平台的用户（农产品生产者与流通中间商）使用的角度出发，结合农产品信息服务平台的特点，分析我国农产品流通信息平台的质量维度构成，及其与信息平台使用的满意度、使用倾向之间的关系，揭示影响农户使用信息平台的关键质量维度。

二、信息平台满意度及其影响因素的理论分析与研究假设

（一）信息系统成功模型理论

笛伦和麦克伦（Delone & Mclean，1992）在整合以往信息系统成功因素研究

的基础上，提出了信息系统成功模型，指出信息系统质量包括系统质量和信息质量两个维度，并以系统使用和用户满意度为中介，产生个人影响和组织影响。信息系统成功模型提出后受到了信息系统领域学者们的广泛关注，并开展了大量的实证研究和理论拓展。2003 年，笛伦和麦克伦（Delone & Mclean, 2003）在综述信息系统成功模型提出 10 年来的研究进展的基础上，进一步修订了信息系统成功模型，在信息系统质量中增加了服务质量维度，指出信息质量、系统质量与服务质量三个维度对用户满意度和使用意愿具有重要的影响。此后，多位学者们在信息系统质量与满意度之间的影响关系上进行了探讨分析并对合理利用信息系统成功 D & M 模型提供了一些具体建议（Chen, 2010；Teo et al., 2008；王文韬等，2014）。

用户满意度是指用户对于网站（系统）提供的报告、服务支持的满意程度，是测量信息系统整体成功的一个重要测量方面，它用来测量用户对于使用信息系统的态度（Delone & Mclean, 1992；Delone & Mclean, 2003；Petter et al., 2008）。有研究者认为，用户满意是用户在与系统直接交互过程中的情感态度，这种情感状态通常会受到用户过去使用经验的影响（Teo et al., 2008）；也有研究者认为满足包含着认知与情感两个方面，认为用户满意为用户在使用信息系统过程中对系统使用愉悦程度的情感与认知方面的评价，如 Au（2006）认为终端用户满意度为终端用户在使用信息系统过程中对系统的友好程度以及愉悦程度的感知的评价（Au & Cheng, 2006）。对于终端用户满意度的测量，使用单一问项来测量被认为缺乏可信度，同时会引发许多测量误差（Zviran & Erlich, 2003）。有些研究采用产品服务的一些特点来对终端服务进行测量，使得终端用户满意被当成了终端用户满意的影响因素，实际上无法测量用户满意度；Oliver（1989）认为对于满意度，用户可能有 4 种不同的适应状态，满意、愉悦、高兴、欣慰。Au（2006）认为用户的满意包含情感与认知两个方面，对终端用户满意的测量基于这两个方面，满意度测量包含满意、高兴、欢快、欣慰、满足（Au & Cheng, 2006）。

系统的使用包含多方面的意义，强制性的与自愿的，有效率的与无效率的，告知的与未告知的，等等。使用倾向相较使用行为而言，是一种态度。因此，采用使用倾向能够很好地解释用户采用系统是由于因果关系而非流程所导致的。笛伦等（Delone et al., 2003）指出，高满意度会带来强使用意愿，随后影响系统的使用。卡利锡等（Calisir et al., 2004）认为，具有高满意度的用户系统的使用频率较高，尤其是在强制使用系统的情况下（Calisir & Calisir, 2004）。

系统质量指的是系统在运行中是否有错误，用户界面是否一致，系统是否容易使用，交互系统的回馈率情况，文件质量以及程序的可维护性（Seddon, 1994）。系统质量好坏取决于系统预期的操作特性，主要包括系统稳定性、容错性、易用性、响应性等方面（Wu & Wang, 2006）。采用不同的角度，系统质量的划分也不尽相同。基于终端用户角度和设计师角度，系统质量分为两类，灵活性和复杂性。灵活性是指系统特性设计是不是必要的或者有用的，以及软件修改是不是容易的；复杂性信息系统友好，容易使用，文件有很好的编制方式，以及响应速度快（Gorla et al., 2010）。基于系统相关与任务相关这两个层次，系统质量总体包含五个关键的维度，分别是：接入性、可靠性、灵活性、响应时间、集成性。其中，接入性、可靠性属于系统相关层次，代表用户使用中的系统特性；响应时间、灵活性、集成性在特殊的情境中被认为是任务相关层次（Nelson & Todd, 2005）。

服务质量是服务活动能够满足现有和潜在需求的特性和特征的总和，是企业为使目标顾客感到满意而愿意提供的最低服务水平，也是企业保持着已预先设定服务水平的连贯性程度（Gorla et al., 2010）。在 IS 领域中，服务质量是服务提供者提供的整体服务支持，反映了信息平台的服务特性，是指用户对于服务的规范性的期望与实际服务之间的差异性程度（Delone & Mclean, 2003）。在信息系统领域，信息系统部门既是系统的开发运营者，同时也是为企业提供技术支持的一方。早期的研究中，服务质量主要指的是信息系统部门所提供的服务；随着信息系统的发展与个人电脑的普及，服务质量的范围有所扩展，指的是服务提供方提供的整体的服务支持，包括任何单位或部门提供的服务（Delone & Mclean, 2003；Leyl et al., 1995）。服务质量是经常用服务质量评价量表（servqual instrument）来测量的多维度构念。服务质量评价量表对服务的测量包括有形性、可靠性、响应性、保证性和移情性这五个维度（Chen, 2010；Iwaarden et al., 2004）。帕拉休拉曼（Parasuraman, 2001）创意性地将服务质量评价量表进行开发并用来测量信息系统服务质量（Gorla et al., 2010）。

信息质量指的是信息系统生成内容的质量，主要是指信息系统生成报告或者屏幕上显示的内容的质量（Delone & Mclean, 1992）。在以往对信息系统成功的研究中，研究者都强调信息质量是信息系统成功的一个重要因素。笛伦和麦克伦（DeLone & McLean, 1992）对以往信息系统化研究文献的回顾，发现在组织中测量信息系统的信息质量的指标主要包括：准确性、及时性（实时性）、可靠性、完整性以及相关性等。在将信息质量作为二阶变量的研究中，戈拉等（Gorla et al., 2010）将信息质量测量维度确定为信息内容和信息格式，其中包含了准确性、完整性、相关性、一致性、及时性。

（二）理论模型与研究假设

本研究以信息系统成功模型为基础，通过对信息系统质量维度的分析与划分，着力研究信息质量、服务质量、系统质量对满意度与持续使用意愿的影响机理，概念模型如图 8-1 所示。

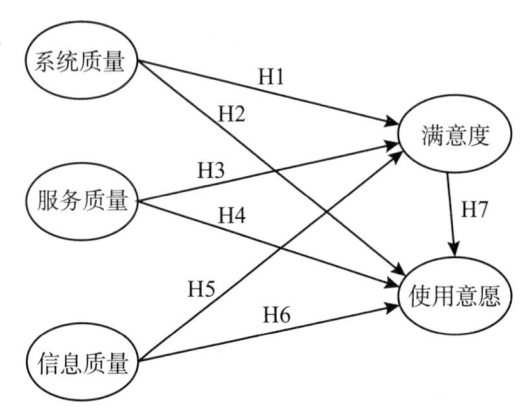

图 8-1　农产品信息平台质量与满意度、持续使用意愿关系的概念图

农产品流通信息平台的系统质量反映了信息平台的系统特征，包括信息平台运行的可靠性、导航有效性、页面布局合理性等方面的内容（周涛等，2011）。信息平台的系统质量是整个信息平台质量的基石，是整个信息平台的基础设施，承载了信息平台的另外两个维度：信息、服务。用户访问农产品流通信息平台主要是获取信息，尽管网站提供的信息内容能够满足用户的需求，但系统的设计会影响到内容的供给以及影响到用户的使用方便性。网站系统的界面设计是否友好，是否便于操作，网站的整体设计是否具有吸引力和审美效果，信息组织的是否合理，能否让用户方便找到信息，这些对于一个信息类网站的成功运营至关重要。

学者们已经针对管理支持系统（Gelderman & Weele, 2002）、知识管理系统（Wu & Wang, 2006）、网站（Palmer, 2002）等多种不同类型的信息系统进行了实证研究，发现系统质量对用户的满意度和使用倾向具有显著的促进作用。而且，与一般信息系统相比，农产品流通信息平台的功能更为复杂，而且涉及众多农产品品种和不同时期的数据，且直接用于指导农业生产和经营。因此，没有运行可靠、导航合理、布局有序的信息系统，用户就不可能很好地使用该信息平台，并及时方便地获取相关的信息和服务，也就难以获得用户的满意。

由此，本研究提出假设：

H1：系统质量正向影响用户对信息平台的满意度；

H2：系统质量正向影响用户对信息平台的持续使用意愿。

农产品流通信息平台的服务质量反映了信息平台的服务特性，是指用户对于服务的规范性期望与实际服务之间的差异性程度（Gorla et al., 2010）。服务质量一般包括可靠性、响应性、保证性、移情性等服务特征（Gorla et al.,

2010；Jiang et al.，2002；周涛等，2011）。可靠性是指信息平台能够提供准时的服务，能够在特定的时间提供承诺的服务。响应性是指信息平台能够对用户的请求提供及时的服务和回复。保证性是指信息平台具有专业的知识与能力，能够提供丰富的相关信息并保证服务的专业性。移情性是指信息平台能够关心用户的需求，并提供个性化的服务。一些学者在研究中发现低下的服务质量会降低用户的满意度，并导致用户的流失（Chen & Cheng，2009；Delone & Mclean，2003；Gorla et al.，2010）。本书的研究对象是农产品流通信息平台，与企业内部的信息系统、电子商务网站等信息系统相比，其主要的用户群体是从事农业生产经营活动的农户和中间商，而他们普遍受教育程度较低，对信息技术掌握能力有限，为使其能够掌握并顺利使用农产品流通信息平台，服务质量在其中的作用更为重要。因此，本研究提出假设：

H3：服务质量正向影响用户对信息平台的满意度；

H4：服务质量正向影响用户对信息平台的持续使用意愿。

农产品流通信息平台的信息质量反映了信息平台的内容特征，是指信息系统生成报告或者屏幕上显示的内容的质量（Delone & Mclean，1992），包括信息的及时更新、完整性、准确性和相关性（周涛等，2011）。在以往对信息系统的研究中，研究者都将信息质量作为信息系统成功的重要因素加以考量，并在实证研究中发现信息质量对于用户的满意度具有显著的影响（Wu & Wang，2006）。对于农产品流通信息平台而言，农户和中间商使用这些平台的目的在于获取相关的农产品生产流通信息，这些信息是否完整、准确、可靠、相关、及时直接影响到农户决策的合理性，因此，无论是系统质量还是服务质量，都是为信息质量服务。如果农产品流通信息平台不能提供高质量的信息，就无法提高用户的满意度。因此，本研究提出假设：

H5：信息质量正向影响用户对信息平台的满意度；

H6：信息质量正向影响用户对信息平台的持续使用意愿。

用户满意度反映了用户对信息平台所提供的报告、服务的评价（Petter et al.，2008），是用户在与信息平台直接交互过程中形成的情感态度（Urbach et al.，2010）。在信息系统成功模型中，用户满意度是重要的测量对信息系统和整个用户使用全过程的用户评价的指标（Delone & Mclean，2003）。

使用意愿是用来测量用户将来使用信息平台的可能性，是系统使用的一个态度性指标（Wu & Wang，2006）。虽然也有一些研究使用实际使用数据（如硬件监控数据、用户连接时间、系统功能使用量等）作为系统使用的指标（Delone & Mclean，1992），但对于非强制性使用的系统而言，使用意愿可以作为实际使用的替代指标（Urbach et al.，2010）。另外，考虑到在模型中采用持续使用意愿能够更好地解释用户使用系统是由于因果关系,因此本研究采用的是持续使用意愿。

虽然用户对信息系统的满意度评价形成于信息系统的使用过程,但信息系统成功模型理论指出形成后的满意度又会反过来影响用户未来使用信息系统的意愿和行为(Delone & Mclean, 2003)。一些学者认为用户满意度对于信息系统的使用意愿有着潜在的影响(Chen et al., 2003)。刘鲁川等学者实证检验了用户满意度与持续使用之间的关系,发现用户对信息系统的满意度正向影响用户对信息系统的持续使用意愿(刘鲁川、孙凯,2011)。因此,本研究提出假设:

H7:用户对网站的满意度正向影响用户的持续使用意愿。

三、农产品流通信息平台满意度及其影响因素的实证分析

本节以信息系统成功模型为理论基础,以针对我国农产品流通过程中主要渠道成员(农户和中间商)的问卷调查为数据基础,分析我国农产品流通信息平台的质量维度构成,及其对用户满意度、持续使用意愿的影响,解释提高用户满意度和持续使用意愿的关键因素。

(一)基于农户视角的农产品流通信息平台使用的实证研究

1. 研究设计与数据采集。

(1)量表开发与问卷设计。

课题组采用了问卷调查的方法对样本数据进行收集,问卷分发方式采用实地调查。由此,问卷的开发与量表的有效性至关重要,这将直接关系到调查研究结果的可信性。量表的开发与问卷设计的具体过程如下:

首先,界定研究范围。结合本节的研究问题,对国内外大量相关文献进行回顾,从而对研究问题的现状进行归纳总结。在此基础上,确定适合解决研究问题的构念及研究模型,并进行适当的调整以适合农产品信息服务平台的情景。本节的研究模型包含3个研究构念,分别是信息系统的3个质量维度(信息质量、系统质量、服务质量)、用户满意度与持续使用意愿。

其次,确定测量问项。考虑到测量问项的有效性,本研究的研究变量尽量借鉴以往研究的经典测量量表,并且结合农产品信息平台研究的情景进行适当修改。对于本研究的信息质量(准确性、及时性以及完整性)、系统质量(易用性和安全性)、服务质量(响应性、可靠性、保证性、移情性、有形性)、用户满意度、持续使用意愿都是参考经典量表。测量量表均采用李克特五级量表。具体题项如表8-40所示。

表 8－40　题项设计

二阶构念	一阶构念	题项内容	参考文献
系统质量（SYQ）	易用性（EOU）	（1）学习使用该信息平台是容易的 （2）熟练使用该信息平台是容易的 （3）通过该信息平台很容易查找到我需要的农产品信息	Chen，2010
	安全性（SEC）	（1）该信息平台可以有效地保护我的信息 （2）该信息平台的运作是可靠的 （3）我认为，向该信息平台提供我的信息是安全的 （4）总体而言，通过该信息平台发布信息是安全的	Chen & Cheng，2009
信息质量（INQ）	准确性（ACC）	（1）对我而言该信息平台是一个准确的信息来源 （2）从该信息平台获得的信息是明确的 （3）该信息平台提供的信息内容是容易理解的 （4）该信息平台提供的信息是完整的	Chen，2010；Nelson & Todd，2005
	及时性（ACT）	（1）通过该信息平台我可以快速获取最近的农产品信息 （2）该信息平台对我提出的问题提供及时的响应 （3）该信息平台能使我及时获取最新的农产品信息	Nelson & Todd，2005
	完整性（INF）	（1）该信息平台可以为我提供农业生产经营所需的准确信息 （2）通过该信息平台，我能够获得农业生产经营所需的足够的信息 （3）该信息平台提供了及时的相关信息	Nelson & Todd，2005
服务质量（SEQ）	响应性（RES）	（1）该信息平台对用户的访问提供正确的反馈 （2）该信息平台对用户的访问提供及时的响应 （3）该信息平台重视用户的需求 （4）对用户的需求，该信息平台总有快捷的响应能力	Gorla et al.，2010；Leyl et al.，1995
	可靠性（REL）	（1）该信息平台能提供他承诺的服务 （2）当用户遇到问题时，该信息平台会积极解决这一问题 （3）该信息平台的服务值得信赖 （4）该信息平台能按时提供他承诺的服务 （5）该信息平台运行中很少出错	Gorla et al.，2010；Leyl et al.，1995

续表

二阶构念	一阶构念	题项内容	参考文献
服务质量（SEQ）	保证性（AS）	（1）该信息平台能够保护用户的信息 （2）该信息平台能善意对待用户 （3）该信息平台有足够的专业知识能够确保他们的服务 （4）该信息平台的使用过程能够增强我对他的信任	Gorla et al., 2010；Leyl et al., 1995
	移情性（EM）	（1）该信息平台提供个性化的服务 （2）该信息平台以用户利益为核心 （3）该信息平台能够理解用户的特定需求	Gorla et al., 2010；Leyl et al., 1995
	有形性（TA）	（1）该信息平台看起来很有吸引力 （2）该信息平台的界面组织得很有条理 （3）该信息平台的字体看起来很舒服 （4）该信息平台的颜色搭配得很合适 （5）该信息平台的多媒体功能正常 （6）该信息平台提供的功能导航服务是有效的（例如，导航栏设计得便于查找信息）	Aladwani & Palvia, 2002；Leyl et al., 1995
用户满意度（SAT）		（1）我对该信息平台感到满意 （2）我对该信息平台感到满足 （3）我对该信息平台感到愉快	Au & Cheng, 2006
持续使用意愿（CON）		（1）我倾向持续使用该信息平台而不是停止使用 （2）我倾向持续使用该信息平台而不是选用其他替代的平台 （3）我不会停止对该信息平台的使用	Teo et al., 2008

最后，对量表进行预测量并修改形成最终问卷。根据参考量表，经过对英语与汉语之间的3轮翻译，初步形成了本节的量表。量表初步开发完成后，请信息系统领域的研究者对其进行修改完善。然后再根据研究的情境对测量问项进行了适当调整，从而形成了最终的调查问题项。经过完善修改后，将问卷发给10位调查者进行预调查，根据调查者对问卷的反馈，进一步进行修改，提高问卷的普遍适应性，以及语义表达的简明准确性。由此，确定最终问卷。

问卷设计包括三个部分：农产品信息服务平台的使用情况、研究模型构念测量问项和用户的基本信息。

第一部分是被调查者使用互联网的基本情况。该部分调查了参与调查用户使用互联网农业信息服务平台的基本情况,包括网络使用频率、累计使用时间、使用的农业信息服务平台的名称等信息。

第二部分是研究模型构念的测量。这是问卷调查的最重要部分,该部分包含了对研究模型构念的测量,包括信息质量、服务质量、系统质量的二阶构念维度的测量(如及时性、完整性、响应性等)、满意度、持续使用意愿等构念。构念的测量采用五级李克特量表,其中"1"表示完全不同意,"2"表示不同意,3表示持中立态度(既不同意也不反对),"4"表示同意,"5"表示完全同意,被调查者根据其自身情况与看法选择相应的数字。

第三部分是用户的基本信息。在这一部分对调查用户的个人基本信息与农产品种植相关信息进行收集,主要有性别、年龄和农产品种植种类与年限以及销售额等。

(2)数据采集。

本研究在2013年12月25日至2014年3月21日之间开展,课题组利用学生寒假回家的时机,组织了67名学生在家乡发放调查问卷。问卷的调查对象为农民或参与农业交易的用户,这些用户最为可能访问到农业信息服务平台,由此对农业信息服务平台很熟悉。为了提高问卷的回收率和填答质量,我们采取了以下措施:第一,根据学生的专业和户籍进行了过滤,主要选择来自农村并且专业相关的学生作为调查员;第二,在调查前对所有调查员进行了培训,让调研人员了解问卷调查的方法,以及问项代表的具体含义;第三,要求受访者必须是户主或了解家庭生产详细情况的人;第四,问卷调查员采用访谈的形式向受访者解释问题,并根据受访者的意见代为填写问卷;第五,为了激励调查员,我们按照每份有效问卷15元的标准支付报酬。

调查采用线下问卷发放的方式,调研中投放问卷800份,回收506份。为确保问卷的有效性和准确性,本研究对调查回收的问卷进行严格细致的筛选,并将无效问卷一律剔除。筛选原则如下:①答案一致者删除。将问卷中所选选项一致者删除。②反向测量题项回答冲突。调查问卷中有反向测量题项,若反向测量题项与正向题项的回答得分基本一致,则将其视为无效问卷。由此,经过进一步筛选后,最终得到有效问卷391份,有效回收率48.9%。

2. 数据分析与结果。

(1)描述性统计分析。

通过对有效问卷的数据进行汇总与分析,得到参与调查用户的人口学统计信息,具体信息汇总如表8-41所示(由于四舍五入问题,某些项各类百分比合计数约为100%)。

表 8-41　　描述性统计

项目	类别	数量	百分比（%）
性别	男	256	65.47
	女	135	34.53
年龄	17 岁以下	0	0
	17~27 岁	67	17.14
	28~38 岁	106	27.11
	39~49 岁	178	45.52
	50 岁以上	40	10.23
每周使用农产品信息平台的时间	1 小时及以下	190	48.59
	1~2 小时	110	28.13
	2~3 小时	45	11.51
	3~4 小时	18	4.6
	4 小时以上	28	7.16
使用农产品信息平台的频率	平均一年几次	138	35.29
	平均一月几次	107	27.37
	平均一周几次	106	27.11
	平均一天几次	40	10.23
每周使用该信息平台的时间	1 小时及以下	127	32.48
	1~2 小时	108	27.62
	2~3 小时	73	18.67
	3~4 小时	29	7.42
	4 小时以上	54	13.81
接触互联网时间	1 年及以下	86.0	21.99
	1~2 年	62	15.86
	2~3 年	67	17.14
	3~4 年	38	9.72
	4 年及以上	138	35.29

通过对样本的描述性统计发现样本的几个特点：

第一，男性多于女性。在参与调查所得到的 391 份有效问卷中，男性用户 256 人，女性用户 135 人，男性用户所占比例为 65.47%，男性多于女性用户。考虑到中国人口男性比例较高，同时，从事农业活动的农村，男性为主导力量，由此获得的样本并不影响调查的准确性。

第二，参与调查的用户年龄集中在 28～50 岁之间。参与调查的用户为从事农业劳动并且参与决策的相关人员，28～50 岁之间的农业活动从事者占总调查样本的 72.63%。这个群体主要为中老年人。由于中国目前大多数的农村青壮年到城市打工，参与农业活动的主要为中年人以及部分老年人。由此，从年龄分布的角度看，本次研究调查的样本是合理的。

第三，农产品信息平台使用频率的分布较为平稳。农产品信息平台使用的频率从一年几次到一周几次较为平缓。考虑到在中国农产品生产销售的季节性特征，农产品信息在整体上需求较为平稳，从实际情况出发，农业活动的从事者大部分会在每年选择生产与销售的时候采用农产品信息平台，绝大多数不会每天采用农产品信息平台，这与本次调查的数据具有一致性。由此，从农产品信息平台使用频率来看，本次调查的数据是真实、可靠的。

（2）量表信度与效度分析。

调查问卷测量因素的准确可靠是研究结果可靠以及科学的前提。由此，对量表的信度与效度进行评估。信度是指量表的一致性和稳定性，通常采用 Cronbach's α 信度系数来测量各个变量的信度。

效度是用来衡量问卷测量量表的有效性和正确性，表示测量数据能够准确测量出其变量特征的程度。效度是对测量工具有效程度评判的重要指标。问卷调查的目的就是为了获得有效的测量数据，对研究模型进行分析。同时可以为后来的研究提供支持，效度越高，表示问卷的测量的真实程度越高。效度分为内容效度和结构效度。研究模型中的所有构念的测量指标都来自以往的研究的经典量表，问卷的题项也经过了有关领域专家的审查。由此，内容效度较高。本研究进一步遵循福内尔和拉克尔（1981）的建议对结构效度进行了检验。

从表 8-42 中可以看出，我们所采用的概念的信度绝大部分大于 0.7，其中 ACT 和 INF 的信度分别 0.671 和 0.687，虽没有达到 0.7 的门槛值，但尚可接受。所有变量的平均方差萃取（AVE）均大于 0.5，表明变量具有良好的聚合效度。

表 8 - 42　　　　　　　因子负载、CR 值、AVE 和 α 值

二阶构念	变量	题项	AVE	CR	α 值
信息质量	及时性（ACT）	AC1	0.610	0.824	0.671
		AC2			
		AC3			
	准确性（ACC）	ACC1	0.587	0.850	0.765
		ACC2			
		ACC3			
		ACC4			
	完整性（INF）	INF1	0.615	0.827	0.687
		INF2			
		INF3			
系统质量	安全性（SEC）	SEC1	0.653	0.849	0.734
		SEC2			
		SEC3			
	易用性（EOU）	EOU1	0.677	0.863	0.742
		EOU2			
		EOU3			
服务质量	移情性（EM）	EM1	0.660	0.853	0.761
		EM2			
		EM3			
	保证性（AS）	AS1	0.645	0.844	0.725
		AS2			
		AS3			
	可靠性（REL）	REL1	0.540	0.824	0.716
		REL2			
		REL3			
		REL4			
	响应性（RES）	RES1	0.560	0.835	0.738
		RES2			
		RES3			
		RES4			

续表

二阶构念	变量	题项	AVE	CR	α 值
服务质量	有形性（TA）	TA1 TA2 TA3 TA4	0.599	0.882	0.832
	持续使用意愿（CON）	CON1 CON2 CON3	0.666	0.857	0.749
	用户满意度（SAT）	SAT1 SAT2 SAT3	0.687	0.868	0.772

从表 8 - 43 可以看出，AVE 的平方根数值大于此构念与其他构念的相关系数，表明测量构念具有良好的区别效度。

表 8 - 43　　　　　　　基于农户的变量区别效度分析

变量	ACT	ACC	AS	CON	EM	EOU	INF	REL	RES	SAT	SEC	TA
ACT	**0.781**	—	—	—	—	—	—	—	—	—	—	—
ACC	0.473	**0.766**	—	—	—	—	—	—	—	—	—	—
AS	0.291	0.474	**0.803**	—	—	—	—	—	—	—	—	—
CON	0.400	0.691	0.438	**0.816**	—	—	—	—	—	—	—	—
EM	0.560	0.632	0.516	0.707	**0.813**	—	—	—	—	—	—	—
EOU	0.436	0.567	0.375	0.540	0.607	**0.817**	—	—	—	—	—	—
INF	0.405	0.692	0.477	0.670	0.598	0.415	**0.856**	—	—	—	—	—
REL	0.343	0.666	0.511	0.588	0.613	0.439	0.704	**0.868**	—	—	—	—
RES	0.251	0.391	0.448	0.445	0.423	0.345	0.304	0.414	**0.869**	—	—	—
SAT	0.381	0.516	0.272	0.638	0.480	0.408	0.497	0.509	0.323	**0.773**	—	—
SEC	0.261	0.669	0.422	0.636	0.605	0.471	0.678	0.743	0.319	0.517	**0.900**	—
TA	0.449	0.607	0.264	0.622	0.609	0.507	0.593	0.540	0.357	0.657	0.630	**0.774**

（3）模型分析与假设检验。

采用 PLS 的方法来对结构方程模型以及相关假设关系进行验证。运行 Smart-PLS2.0 软件，得到研究模型中各变量的测量值、路径系数与显著性。数据结果如图 8-2 所示。

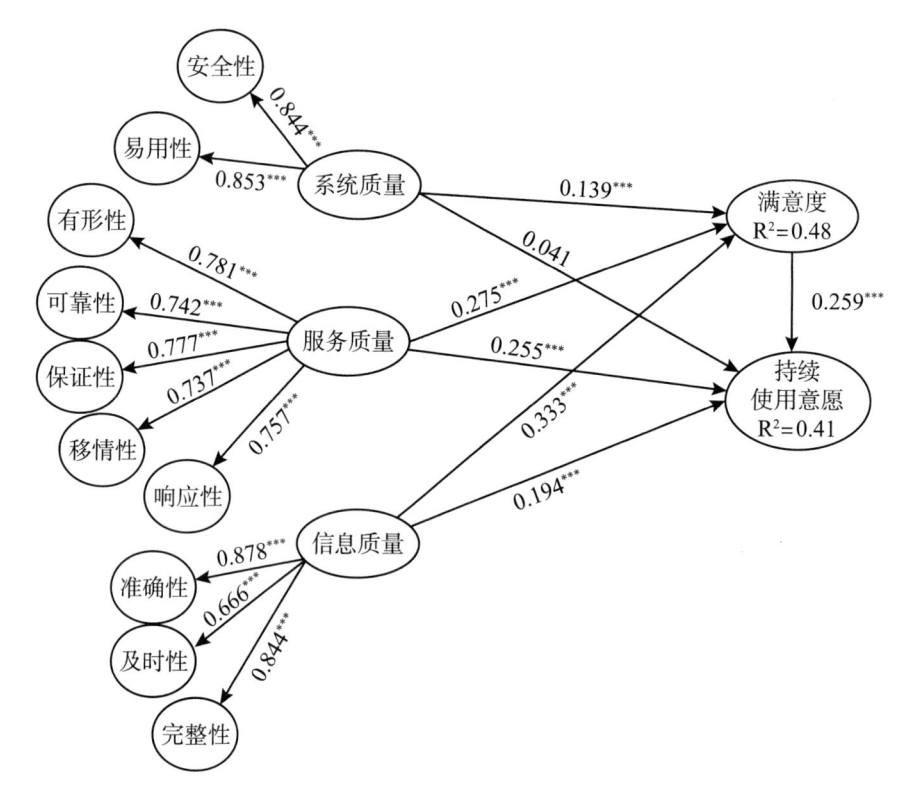

图 8-2　基于农户的研究模型的 PLS 检验结果

注：*p<0.05，**p<0.01，***p<0.001。

我们利用方差解释度（R^2）来研究模型对因变量的解释力度。一般来说，R^2 大于 0.3，即认为该模型具有良好的解释能力。在研究模型中，信息质量、系统质量与服务质量对满意度的解释力度 $R^2=0.48$；信息质量、系统质量、服务质量与满意度对持续使用意愿的解释力度 $R^2=0.41$。从解释力度来看，本研究模型具有很好的解释力度。研究假设的检验结果如表 8-44 所示。

表 8-44　　　　　　　基于农户视角假设检验结果

假设	路径系数	T 值	假设是否成立
H1：系统质量→满意度	0.139***	3.409	支持
H2：系统质量→持续使用意愿	0.041	0.751	不支持
H3：服务质量→满意度	0.275***	4.825	支持
H4：服务质量→持续使用意愿	0.255***	4.052	支持

续表

假设	路径系数	T值	假设是否成立
H5：信息质量→满意度	0.333***	6.792	支持
H6：信息质量→持续使用意愿	0.194**	3.194	支持
H7：满意度→持续使用意愿	0.259***	5.209	支持

农产品流通信息平台质量的三个维度均对用户满意度产生显著的正向影响。具体而言，信息质量对农户满意度的影响最大，标准化路径系数为0.333，且在0.001的水平上显著。因此，信息质量提高一个单位，用户满意度将提高0.333个单位。作为一个任务型的信息系统，用户使用农产品流通信息平台的主要目的在于获取相关的农产品流通信息，指导其生产、经营与销售决策。因此，农产品流通信息平台的信息质量对于农户满意度而言，非常重要。服务质量对用户的满意度影响也比较大，标准化路径系数为0.275，且在0.001的水平上显著。考虑到农户使用信息技术的能力比较低，因此他们在使用农产品流通信息平台时也比较看重服务质量。高质量的服务，可以提高农户使用的满意度。此外，系统质量对农户的满意度也具有显著的影响，标准化路径系数为0.139，且均在0.001的水平上显著。因此，假设H1、H3、H5均得到支持。虽然系统质量、信息质量和服务质量作为平台质量的三个重要维度，均会对用户满意度产生影响，但对于各种信息平台而言，三者的影响存在差异（Chen，2010；Urbach et al.，2010）。本书的研究结论表明，对于农产品流通信息平台而言，农户的满意度主要受信息质量、服务质量的影响，而系统质量的影响比较小。为了提高用户的满意度，农产品流通信息平台运营商应该优先考虑并采取有效措施来提高信息平台的信息质量和服务质量，特别是信息质量的提升对于提高农户满意度具有重要意义。

对于农产品流通信息平台的用户使用倾向而言，农户的满意度影响很大，标准化路径系数达到0.259，且在0.001的水平上显著。这意味着，用户满意度提升1个单位，用户使用意愿将提高0.259个单位，农户在农产品流通信息平台的使用过程产生的满意度对他们后续使用信息平台的倾向具有重要影响。因此假设H7得到支持。农产品流通信息平台的运营商为了提高农户后续的使用倾向，应该在建设、运营、服务过程中做到以农户的满意度为中心，采取切实措施提高农户的满意度。服务质量和信息质量对用户持续使用意愿的影响也很大，标准化路径系数分别为0.255和0.194，且分别在0.001和0.01的水平上显著。但是系统质量对用户的持续使用意向并没有显著的直接影响。因此，H4和H6得到支持，而H2没有得到支持。

(二) 基于中间商视角的农产品流通信息平台使用的实证研究

1. 研究设计与数据采集。

(1) 量表开发与问卷设计。

本研究采用了实地问卷调查的方法进行样本数据的采集。量表的开发与问卷设计的具体过程如下：

首先，界定研究范围。结合本节的研究问题，对国内外大量相关文献进行回顾，从而对研究问题的现状进行归纳总结。在此基础上，确定适合解决研究问题的构念及研究模型，并进行适当的调整以适合农产品信息服务平台的情境。本节的研究模型包含3个研究构念，分别是信息系统的3个质量维度（信息质量、系统质量、服务质量）、用户满意度与持续使用意愿。

其次，确定测量问项。考虑到测量问项的有效性，本研究的研究变量在借鉴以往研究的成熟量表的基础上，结合农产品信息平台研究的情境进行适当修改。本研究的信息质量（准确性、及时性以及完整性）、系统质量（易用性和安全性）、服务质量（响应性、可靠性、保证性、移情性、有形性）、用户满意度和持续使用意愿都是参考成熟量表。测量量表均采用李克特五级量表。具体题项如表8-45所示。

最后，对量表进行预测量并修改形成最终问卷。根据参考量表，经过英语与汉语之间的3轮互译，初步形成了本研究的量表。量表初步开发完成后，请信息系统领域的研究者对其进行修改完善。然后再根据研究的情境对测量问项进行了适当调整，从而形成了最终的调查问题项。正式调查前，将问卷发给10位调查者进行预调查，根据调查者对问卷的反馈，再次进行完善，提高问卷的普遍适应性，以及语义表达的简明准确性。由此，确定最终问卷。

表8-45　　　　　　　　题项设计

二阶构念	一阶构念	题项内容	参考文献
系统质量（SYQ）	易用性（EOU）	(1) 学习使用该信息平台是容易的 (2) 熟练使用该信息平台是容易的 (3) 通过该信息平台很容易查找到我需要的农产品信息	Chen, 2010
	安全性（SEC）	(1) 该信息平台可以有效地保护我的信息 (2) 该信息平台的运作是可靠的 (3) 我认为，向该信息平台提供我的信息是安全的 (4) 总体而言，通过该信息平台发布信息是安全的	Chen & Cheng, 2009

续表

二阶构念	一阶构念	题项内容	参考文献
信息质量（INQ）	准确性（ACC）	（1）对我而言该信息平台是一个准确的信息来源 （2）从该信息平台获得的信息是明确的 （3）该信息平台提供的信息内容是容易理解的 （4）该信息平台提供的信息是完整的	Chen, 2010；Nelson & Todd, 2005
	及时性（ACT）	（1）通过该信息平台我可以快速获取最近的农产品信息 （2）该信息平台对我提出的问题提供及时的响应 （3）该信息平台能使我及时获取最新的农产品信息	Nelson & Todd, 2005
	完整性（INF）	（1）该信息平台可以为我提供农业生产经营所需的准确信息 （2）通过该信息平台，我能够获得农业生产经营所需的足够的信息 （3）该信息平台提供了及时的相关信息	Nelson & Todd, 2005
服务质量（SEQ）	响应性（RES）	（1）该信息平台对用户的访问提供正确的反馈 （2）该信息平台对用户的访问提供及时的响应 （3）该信息平台重视用户的需求 （4）对用户的需求，该信息平台总有快捷的响应能力	Gorla et al., 2010；Leyl et al., 1995
	可靠性（REL）	（1）该信息平台能提供他承诺的服务 （2）当用户遇到问题时，该信息平台会积极解决这一问题 （3）该信息平台的服务值得信赖 （4）该信息平台能按时提供他承诺的服务 （5）该信息平台运行中很少出错	Gorla et al., 2010；Leyl et al., 1995
	保证性（AS）	（1）该信息平台能够保护用户的信息 （2）该信息平台能善意对待用户 （3）该信息平台有足够的专业知识能够确保他们的服务 （4）该信息平台的使用过程能够增强我对他的信任	Gorla et al., 2010；Leyl et al., 1995
	移情性（EM）	（1）该信息平台提供个性化的服务 （2）该信息平台以用户利益为核心 （3）该信息平台能够理解用户的特定需求	Gorla et al., 2010；Leyl et al., 1995

续表

二阶构念	一阶构念	题项内容	参考文献
服务质量（SEQ）	有形性（TA）	(1) 该信息平台看起来很有吸引力 (2) 该信息平台的界面组织得很有条理 (3) 该信息平台的字体看起来很舒服 (4) 该信息平台的颜色搭配得很合适 (5) 该信息平台的多媒体功能正常 (6) 该信息平台提供的功能导航服务是有效的（例如，导航栏设计得便于查找信息）	Aladwani & Palvia, 2002; Leyl et al., 1995
用户满意度（SAT）		(1) 我对该信息平台感到满意 (2) 我对该信息平台感到满足 (3) 我对该信息平台感到愉快	Au & Cheng, 2006
持续使用意愿（CON）		(1) 我倾向持续使用该信息平台而不是停止使用 (2) 我倾向持续使用该信息平台而不是选用其他替代的平台 (3) 我不会停止对该信息平台的使用	Teo et al., 2008

问卷包含三个部分：第一部分是被调查的互联网及农产品信息服务平台的使用情况，包括网络使用频率、累计使用时间、使用的农业信息服务平台的名称等信息。第二部分是研究模型构念的测量，本部分是问卷的主体部分，采用五级李克特量表，1~5分别表示"完全不同意""不同意""持中立态度"（既不同意也不反对）"同意""完全同意"，被调查者根据其自身情况与看法选择相应的数字。第三部分为被调查者的基本信息，主要有性别、年龄及销售额等。

(2) 数据采集。

用于检验本研究假设的数据来源于课题组在2014年1月至2014年4月发起的长达3个月的农产品流通信息平台使用情况的调查。调查的目标对象为参与农产品流通过程的中间商，包括批发商、零售商和批售兼营商，且他们每周使用网络时间需超过1个小时。为了提高问卷的回收率和填答质量，我们采取了以下措施：第一，在调查前对所有调查员进行了培训，让调研人员了解问卷调查的方法，以及各问项的具体含义；第二，要求被调查者必须是商家的负责人；第三，问卷调查员采用访谈的形式向受访者解释问题，并根据受访者的意见代为填写问卷；第四，为了激励调查员，我们按照每份有效问卷15元的标准支付报酬。调查采用实地问卷发放的方式，调研中投放问卷200份，回收162份，其中有效问卷113份，有效回收率56.50%。

2. 数据分析与结果。

（1）描述性统计分析。

通过对有效问卷的数据进行汇总与分析，得到受调查者的人口学统计信息，具体信息汇总如表 8–46 所示（由于四舍五入问题，某些项各类百分比合计数约为 100%）。

表 8–46　　　　　　　　　　描述性统计

项目	类别	数量	百分比（%）
性别	男	61	53.98
	女	52	46.02
年龄	17 岁以下	0	0
	17~27 岁	12	10.62
	28~38 岁	34	30.09
	39~49 岁	48	42.48
	50 岁以上	19	16.81
每周使用农产品信息平台的时间	1 小时及以下	54	47.79
	1~2 小时	31	27.43
	2~3 小时	16	14.16
	3~4 小时	8	7.08
	4 小时以上	4	3.54
使用农产品信息平台的频率	平均一年几次	13	11.50
	平均一月几次	52	46.02
	平均一周几次	33	29.20
	平均一天几次	15	13.27
每周使用该信息平台的时间	1 小时及以下	25	22.12
	1~2 小时	43	38.05
	2~3 小时	23	20.35
	3~4 小时	10	8.85
	4 小时以上	12	10.62
接触互联网时间	1 年及以下	15	13.27
	1~2 年	19	16.81
	2~3 年	18	15.93
	3~4 年	15	13.27
	4 年及以上	46	40.71

通过对样本的描述性统计发现样本的几个特点：

第一，男性略多于女性。在参与调查所得到的113份有效问卷中，男性用户占比约为53.98%，女性用户占比约为46.02%，这表明农产品流通中间商的从事人员在性别分布上较为平均，男性略多于女性。

第二，参与调查的中间商年龄集中在28~49岁之间。这个年龄段的农产品流通中间商从事者占总调查样本的72.57%。这表明农产品流通中间商从事者主要由中年人及中老年人从事。从社会分工的角度来看，我国目前青壮年大多从事新兴服务等行业，传统农业经营活动主要由中年人以及部分老年人从事。由此，从年龄分布的角度看，本次研究调查的样本是合理的。

第三，农产品信息平台使用频率的相对较高。农产品信息平台的使用频率平均在一个月几次到一周几次这个区间段的受调查者人数约占总样本的75.22%。从实际情况来看，从事农产品流通的中间商（批发商、零售商和批零兼营商）是农业生产者与市场的中介，他们需要及时了解农产品供给、市场需求、销售价格、流通渠道等信息，针对不同市场行情调整经营策略，才能实现盈利。由此，从农产品信息平台使用频率来看，本次调查的数据是真实、可靠的。

（2）量表信度与效度分析。

调查问卷测量因素的准确可靠是研究结果可靠以及科学的前提。由此，本书对量表的信度与效度进行评估。信度是指量表的一致性和稳定性，通常采用Cronbach's α信度系数来测量各个变量的信度。

效度是用来衡量问卷测量量表的有效性和正确性，表示测量数据能够准确测量出其变量特征的程度。效度是对测量工具有效程度评判的重要指标。问卷调查的目的就是为了获得有效的测量数据，对研究模型进行分析，同时可以为后来的研究提供支持。效度越高，表示问卷测量的真实程度越高。效度分为内容效度和结构效度。研究模型中的所有构念的测量指标都来自以往的研究的经典量表，问卷的题项也经过了有关领域专家的审查。由此，内容效度较高。本研究进一步遵循福内尔和拉克尔（1981）的建议对结构效度进行了检验。

删除部分信度和效度不达标的题项后，新的量表及其信度和效度结果如表8-47和表8-48所示。从表8-47中可以看出，我们所采用的概念的信度均大于0.7，所有变量的平均方差萃取（AVE）均大于0.5，表明变量具有良好的聚合效度。

从表8-48可以看出，AVE的平方根数值大于此构念与其他构念的相关系数，表明测量构念具有良好的区别效度。

表 8-47　　　　　因子负载、CR 值、AVE 和 α 值

二阶构念	变量	题项	AVE	CR	α 值
信息质量	及时性（ACT）	ACT1	0.704	0.877	0.789
		ACT2			
		ACT3			
	准确性（ACC）	ACC1	0.585	0.849	0.760
		ACC2			
		ACC3			
		ACC4			
	完整性（INF）	INF1	0.733	0.892	0.818
		INF2			
		INF3			
系统质量	安全性（SEC）	SEC1	0.668	0.858	0.750
		SEC2			
		SEC3			
	易用性（EOU）	EOU1	0.755	0.902	0.837
		EOU2			
		EOU3			
服务质量	移情性（EM）	EM1	0.672	0.860	0.753
		EM2			
		EM3			
	保证性（AS）	AS1	0.708	0.879	0.795
		AS2			
		AS3			
	可靠性（REL）	REL1	0.662	0.887	0.830
		REL2			
		REL3			
		REL4			
	响应性（RES）	RES1	0.661	0.887	0.828
		RES2			
		RES3			
		RES4			

续表

二阶构念	变量	题项	AVE	CR	α值
服务质量	有形性（TA）	TA1 TA2 TA3 TA4	0.598	0.856	0.775
	持续使用意愿（CON）	CON1 CON2 CON3	0.754	0.902	0.836
	用户满意度（SAT）	SAT1 SAT2 SAT3	0.810	0.927	0.882

表 8-48　　　　　　　基于中间商的变量区别效度分析

变量	AC	ACC	AS	CON	EM	EOU	INF	REL	RES	SAT	SEC	TA
ACT	**0.839**	—	—	—	—	—	—	—	—	—	—	—
ACC	0.365	**0.765**	—	—	—	—	—	—	—	—	—	—
AS	0.272	0.595	**0.841**	—	—	—	—	—	—	—	—	—
CON	0.256	0.540	0.530	**0.816**	—	—	—	—	—	—	—	—
EM	0.299	0.479	0.523	0.332	**0.812**	—	—	—	—	—	—	—
EOU	0.369	0.479	0.437	0.353	0.291	**0.823**	—	—	—	—	—	—
INF	0.435	0.601	0.441	0.454	0.447	0.408	**0.784**	—	—	—	—	—
REL	0.364	0.544	0.440	0.395	0.456	0.248	0.432	**0.735**	—	—	—	—
RES	0.449	0.439	0.493	0.354	0.536	0.227	0.438	0.511	**0.748**	—	—	—
SAT	0.324	0.650	0.540	0.562	0.420	0.410	0.493	0.436	0.451	**0.829**	—	—
SEC	0.182	0.464	0.583	0.359	0.338	0.440	0.277	0.352	0.369	0.442	**0.808**	—
TA	0.213	0.560	0.531	0.529	0.400	0.329	0.328	0.454	0.402	0.513	0.384	**0.774**

（3）模型分析与假设检验。

采用 PLS 的方法来对结构方程模型以及相关假设关系进行验证。运行 Smart-PLS2.0 软件，得到研究模型中各变量的测量值、路径系数与显著性。数据结果如图 8-3 所示。

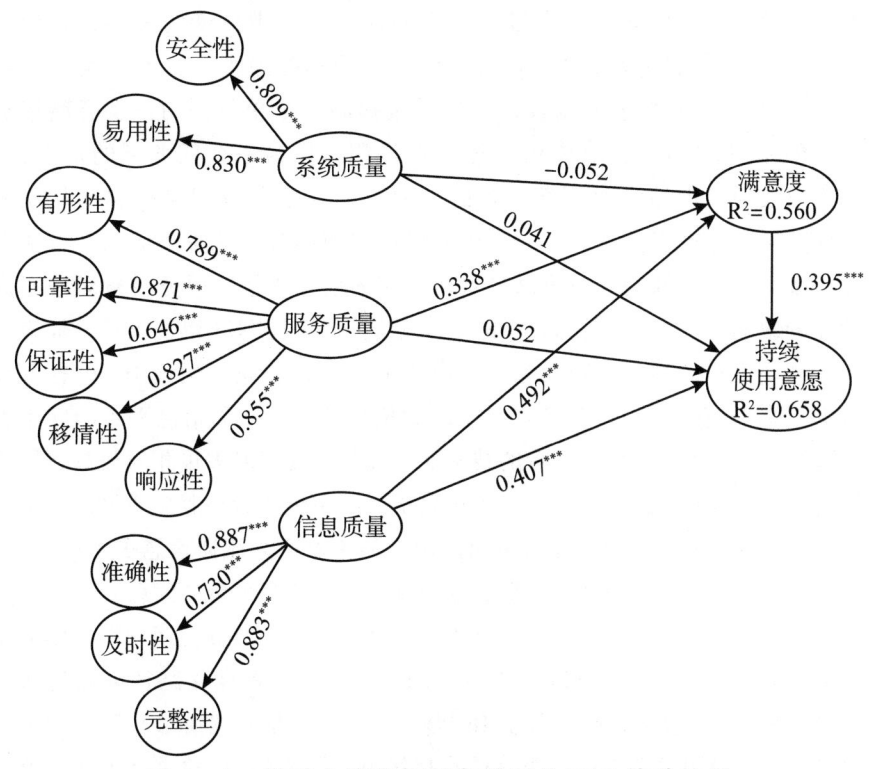

图 8-3　基于中间商的研究模型的 PLS 检验结果

注：* $p<0.05$，** $p<0.01$，*** $p<0.001$。

我们利用方差解释度（R^2）来研究模型对因变量的解释力度。一般来说，R^2 大于 0.3，即认为该模型具有良好的解释能力。在研究模型中，信息质量、系统质量与服务质量对满意度的解释力度 $R^2=0.560$；信息质量、系统质量、服务质量与满意度对持续使用意愿的解释力度 $R^2=0.658$。从解释力度来看，本研究模型具有很好的解释力度。研究假设的检验结果如表 8-49 所示。

表 8-49　　　　　　　　基于中间商视角假设检验结果

假设	路径系数	T 值	假设是否成立
H1：系统质量→满意度	-0.052	1.928	不支持
H2：系统质量→持续使用意愿	0.041	0.388	不支持
H3：服务质量→满意度	0.338*	2.034	支持
H4：服务质量→持续使用意愿	0.052	0.119	不支持
H5：信息质量→满意度	0.492***	5.260	支持
H6：信息质量→持续使用意愿	0.407***	7.423	支持
H7：满意度→持续使用意愿	0.395***	5.689	支持

农产品信息平台质量的三个维度对中间商用户的满意度的影响存在较大差异。具体而言，信息质量对中间商用户满意度的影响最大，标准化路径系数为 0.492，且在 0.001 的水平上显著，信息质量提高一个单位，用户满意度将提高 0.492 个单位，假设 H5 得到支持。这一点说明，作为一个任务型的信息系统，中间商用户使用农产品流通信息平台的主要目的在于获取相关的农产品流通信息，指导其经营与销售决策，因此，中间商用户使用农产品流通信息平台能否获得满意，很大程度上取决于该信息平台所发布的信息质量。服务质量对中间商用户满意度的影响相对较小，在 0.05 的水平上显著，假设 H3 得到支持。而系统质量对于中间商用户的满意度则没有表现出明显的直接影响，假设 H1 没有得到支持。根据样本描述性统计分析可知，中间商用户使用农产品信息平台的频率普遍较高，因而他们对于操作信息平台的技术能力和信息搜索能力也相对较高，因此他们在使用农产品流通信息平台时，对于信息平台的系统质量与服务质量的要求相对较低。本研究结果表明，为了提高中间商用户使用农产品流通信息平台的满意度，信息平台运营商应该优先考虑并采取有效措施来提高信息平台的信息质量。

农产品流通信息平台质量的三个维度对中间商用户的持续使用意愿的影响也有明显区别。信息质量对用户持续使用意愿的影响最大，标准化路径系数为 0.407，且在 0.001 的水平上显著，因此假设 H6 得到支持。但是系统质量和服务质量对中间商用户的持续使用意愿均没有明显的直接影响，因而假设 H2 和 H4 没有得到支持。该研究结果表明，为了提高农产品流通信息平台的访问量和用户的持续使用意愿，农产品流通信息平台的运营商应将提高该平台的信息质量作为重中之重。

用户满意度对持续使用意愿存在很大的影响作用，标准化路径系数达到 0.395，且在 0.001 的水平上显著，用户满意度提升 1 个单位，用户使用意愿将提高 0.395 个单位，因此，假设 H7 得到支持。这意味着，中间商用户在农产品流通信息平台的使用过程产生的满意度对他们后续使用信息平台的意愿具有重要影响。农产品流通信息平台的运营商为了提高中间商用户后续的使用意愿，应该在建设、运营、服务过程中做到以用户的满意度为中心，切实采取措施提高中间商用户的满意度。

（三）研究结论

本研究的理论贡献主要体现在：与以往农产品流通信息平台领域的研究主要关注平台的开发和建设的问题不同，本研究将信息系统成功模型应用于农产品流通信息平台使用问题的研究，在拓展信息系统成功模型的应用范围的同时，丰富了农产品流通信息平台领域的研究。

首先，通过对以往文献的回顾以及数据分析验证，本研究提出了信息系统平台的质量维度：系统质量、信息质量与服务质量的二阶构念：

1. 信息质量包括准确性、及时性与完整性。其中，准确性是指网站所发布的信息是有依据的，是与现实世界相一致的；及时性指的是信息的内容是否实时更新；完整性是指发布的信息或者报告是否提供了所有相关的信息。

2. 服务质量包括可靠性、响应性、保证性、移情性与有形性。可靠性表明网站能按照其承诺向用户提供准时的服务，响应性要求网站对用户问题提供及时的回复，保证性要求网站具有能力与技术履行其任务，移情性指网站向用户提供个性化的服务（周涛等，2011）。有形性在传统的企业信息系统中，并没有得到很好的支持，但在互联网情境下，对于农业信息平台而言，由于用户缺乏与平台运营人员的直接接触，用户对信息平台的认知主要来源于网站的访问，因而有形性主要指的是网站页面的布局、字体设计、网页导航等方面的内容，网站页面的友好度以及布局设计的合理性都会影响用户对农产品流通信息平台的服务能力判断。因而，有形性应当具有更加重要的作用。

3. 系统质量包括易用性与安全性。系统质量的测量主要关注信息系统本身特性的测量。易用性是指系统是否容易学习和使用，安全性是指系统是否安全可靠，体现在系统对用户个人信息的保护上。

其次，本研究以农户使用农产品流通信息平台为背景，在信息系统成功模型的基础上，探究了信息平台质量的三个维度——服务质量、信息质量、系统质量对用户满意度的影响作用。实证研究发现，农产品流通信息平台质量的三个维度（信息质量、服务质量、系统质量）对用户满意度具有不同的影响程度，特别是在对比农户与中间商这两组不同的样本的数据分析结果后，我们发现了一些有趣的现象：

1. 不论是农户还是中间商用户，信息质量对满意度的影响作用都是最大的，均在0.001的水平上显著。这个结果表明，农户和中间商用户使用农产品流通信息平台的主要目的都在于获取相关的农产品流通信息，指导其经营与销售决策。因此，农产品流通信息平台能否获得用户满意，绝大程度上取决于该信息平台所发布的信息质量的好坏。

2. 不论是农户还是中间商用户，服务质量都对用户的满意度具有较大的影响，影响系数分别为0.275和0.338，且均在0.001的水平上显著。这个结果表明，服务质量对于提高农产品流通信息平台的用户满意度具有较为重要的影响，在保障提供高质量的信息的同时，提高服务质量能够有效提升用户的使用体验，充分发挥信息平台的价值。

3. 农产品流通信息平台的系统质量，不论是对农户还是中间商用户，都是三个质量维度里对满意度影响作用最小的一个维度，而且系统质量对中间商的满意度则没有表现出明显的直接影响。这也就表明，相对于信息质量和服务质量来说，用户对于农产品流通信息平台的系统质量的要求较低。农户和中间商对于系统质量的要求存在差异的可能原因在于：首先，中间商用户对互联网的熟悉度、使用农产品信息平台的频率都普遍较高，因而他们对于信息搜索能力和操作信息平台的技术能力也相对较高，他们在使用农产品流通信息平台时，更容易上手，他们对于信息平台的系统质量的要求相对也较低；其次，一般来说，中间商（批发商、零售商及批零兼营商）参与农产品的流通过程，连接农户与市场，他们经营的农产品种类较多，且年销售额较大，所以面临的经营风险也较大。因而，中间商更倾向于投入精力在农产品流通信息的收集与研究上，系统质量较低也不会影响他们的使用。

最后，本研究将信息平台质量的三个维度——服务质量、信息质量、系统质量作为前因变量，以用户满意度为中心变量，进一步探究了农产品流通信息平台质量对用户持续使用意愿的影响机制。实证研究发现：

1. 用户满意度对用户持续使用意愿具有很强的正向影响。用户在农产品流通信息平台的使用过程产生的满意度对他们后续使用信息平台的意愿具有重要影响。农产品流通信息平台的运营商为了提高用户后续的使用意愿，应以用户满意度为中心，在信息平台质量的三个维度上采取可行措施来提高用户满意度。

2. 信息质量对中间商的持续使用意愿具有最大的正向影响作用，同时对农户的持续使用意愿也具有显著的影响。这表明，对于农产品流通信息平台来说，用户是否持续使用取决于他们是否能从该信息平台获取他们生产经营所需的信息。准确、及时、完整的信息是提高用户持续使用的重要前提。

3. 服务质量对农户的持续使用意愿具有显著的正向影响作用，而对中间商的持续使用意愿的影响却不显著。这主要是由于农户与中间商在信息技术的使用能力、经营规模和投入程度方面的差异导致的。该结果也表明，农产品流通信息平台运营商在提高用户持续使用时，应该针对不同类型的用户有针对性地提供差异化的服务。

第四节 我国农产品流通信息传播渠道优化与信息平台建设策略

一、农产品流通信息供给内容的优化

农户、中间商和消费者在各类农产品流通信息的需求和供给上存在显著的差

异，因此应该加强农产品流通信息供给内容的优化工作，特别是要丰富渠道主体需求大，但现实供给严重不足的农产品流通信息。

首先，政府应加大农业科技信息的供给，满足农户对高质量农业科技信息的需求。在调查中发现农户需求较大而供给不足最严重的信息是农业科技信息。在农村供销合作社时代，我国农村曾经遍布农业"三站"体系，依赖于这个体系，农业科技信息得以经由高度组织化的方式自上而下逐级向农户传播。但随着计划经济供销社时代的终结，农业"三站"体系也基本消失，这使得农业科技信息的传播陷入一种真空状态——老的"三站"体系已不复存在，新的组织化的科技传播体系则一直没有建立起来。直到今天，我们看到农户获得科技信息的渠道要么依赖传统公共大众传播媒体（电视、广播、报纸等）——这些媒体提供的农业科技信息通常注定缺乏针对性；要么在以"切实可行"为诉求的基层农业技术层面，高度依赖传统人际传播。就这两种传播来看，大众媒体信息的针对性差，而人际传播的科学性、规范性难以保证，且传播效率低下。而在公共媒体传播与面对面人际传播之间，最缺乏的正是一个高度组织化的、有针对性的信息传播渠道。在美国，政府的农业主管部门与地方农业大学主导了农业科技信息向农户的传播，这种传播带有公共服务、教育服务、产业扶植等色彩，在农业合作组织和农业企业的推动下得以实现高度组织化的传播；在日本，大型农协组织在农业科技推广中发挥了至关重要的作用。相比之下，我国目前的农业科技推广既缺少政府和地方农业高校的主导，又缺少规模化农业协作组织的参与，因而组织化、规范化程度都有待提高。要改善这种现状，农业科技信息的供给应注意以下几个方面：第一，拓宽信息供给可以依靠建立完善的流通信息服务平台，在提供农户最新政策信息、产品信息的同时将新技术新方法及时传递给农户。建立和完善农业科技信息库，可提高农民生产力，更好地发展农村经济。第二，在农业科技信息推广过程中应注意选择适合不同类型农户需要的信息传播方式。转变以往自上而下灌输式的农户培训方式，应以农户需求为中心，多运用访谈等方法，发挥农户的主观能动性，利用好村能人的带头作用。第三，发展多元化农产品科技信息的推广方式。与非营利组织合作，及时更新农业科技信息，转化信息为实际成果。

其次，以提高农产品价格和市场需求信息质量为重点，满足农户和农产品中间商对这些信息的及时性、准确性和完整性的要求。在调查中发现，农产品价格和市场需求是农户认为最重要的信息类型，同时也是农产品中间商认为最需要的信息类型。对于农户和中间商而言，农产品价格信息与市场需求信息是决定其生产经营品种的重要依据，市场行情的好坏往往直接决定了他们的经济收入。因此，在优化农产品流通信息供给内容时，应该将提高农产品价格和市场需求信息质量为重点，并采取以下措施：第一，加强农产品交易场所的信息化建设，特别是以农产品批发市场和大中型农贸市场为重点，以现代化的物联网技术、云服务技术为支撑，实时、准确地采集农产品成交价格、销量等相关信息，并及时发布。第二，引导合作社、农产品中间商等市场主体参与农产品流通信息采集，建立多源信息的自动互验和人工审核相结合的信息校验机制，提高信息的准确性。第三，建立完善的流通信息服务平台，借助现代化的通信手段，如微博、微信、QQ等工具，将实时的市场行情与市场需求信息推送给中间商和农民用户。

最后，加快农产品质量追溯体系建设，满足消费者对农产品质量信息的高需求。在调查中发现，消费者对农产品质量信息的需求远远没有得到满足，在化学残留、是否转基因、添加剂和采摘日期等信息上存在严重的供给不足现象。由于农产品的质量安全信息具有明显的信任品属性，消费者在消费前后很难对其质量进行辨认，因此，建立完善的农产品安全追溯体系已是当务之急。当前我国的农产品质量追溯体系存在缺少统一立法、与国际质量安全追溯体系不接轨、不同地区和部门的质量安全追溯体系不兼容、追溯技术落后、市场主体参与不足等问题，因此，在美国、欧盟的质量安全追溯体系建设经验的基础上，应采取以下措施来加快完善我国的农产品质量追溯体系：第一，食品安全追溯体系需要国家以立法形式强制推行。现有《食品安全法》等法律对食品安全追溯缺乏明确规定。地方层面的食品安全追溯法规或制度效力与影响力有限，影响了实际追溯效果，加快全国的食品安全追溯立法已是当务之急。第二，食品安全追溯体系的建立关键在于统一和与国际接轨。食品安全追溯体系需要保证在全国和全球有效，这是食品追溯体系有效发挥作用的前提。发达国家采用全球统一编码及标识系统，系统由编码体系、自动识别的数据载体和电子数据交换标准组成，这三个组成部分相辅相成，被全球多数国家和地区采用。中国也应在全国范围内建立与国际接轨的食品安全追溯体系。第三，建立完善的食品召回和惩罚制度。无论在生产、加工、运输还是销售环节，哪个环节出现了问题，则其必须实施召回。对出现问题的当事人应实施责任追究，包括经济责任和刑事责任追究。为了保证食品安全追溯体系可实施，应建立方便公众对食品安全进行检测的公共检测设施或平台。实施食品安全问题有奖举报机制，增加社会公众的参与度。食品安全规制机构加大向社会公众的宣传力度，增加社会公众对食品安全追溯体系的了解、认知和使用，使得不建立追溯体系的食品无法进入市场流通体系，使得优质食品如绿色食品等可得到社会公众应有的认可。第四，建立符合消费者需要且使用方便的质量追溯信息平台。要根据消费者的需要来设置质量追溯的内容，避免关键信息缺失的问题。同时，充分利用微信、微博、APP、超市触摸屏等新兴工具，为消费者提供快捷方便的查询服务，提高追溯信息的使用效率。

二、农产品流通信息传播渠道的优化

信息传播渠道对于信息的传播具有重要的影响,不同的信息传播渠道在信息传播的速度、准确性和可获得性方面都存在很大的差异。由于我国的农产品流通信息渠道建设相对滞后,农户、中间商和消费者在农产品流通信息渠道的选择上存在很多的限制,导致出现相关渠道主体对信息渠道的信任程度低、过度依赖传统信息传播渠道、信息获取成本高等问题。结合前面的研究结论,课题组提出以下三个方面的农产品流通信息传播渠道优化建议。

首先,建立以政府为主导,同时与市场运作相结合的多元化的农产品流通信息服务体系投入机制。农产品流通信息服务具有公共服务属性,农户、中间商、消费者都对政府提供的信息或基于政府信用披露的信息(如官方报纸、电视台、广播的信息)有最大的信任,应进一步发挥政府的权威信息发布职能。此外,在农产品流通信息服务体系建设中,政府主要起引导、促进作用。政府引导促进作用的实现依赖于宏观管理与资金支持。第一,宏观管理职能包括建立战略发展规划、立法及制定行业标准,规范信息服务行业,促进和谐发展。第二,宏观管理职能还包括建立国家层面的信息管理协调机构,推进各系统信息单位之间的协调发展。资金支持职能指运用财政手段,为农产品流通信息服务机构提供补贴与经费,发展商业性服务模式,扶持非营利性组织服务模式。第三,国外的农产品流通信息服务体系建设得较成熟,在构建信息管理体系时应加强国际交流与合作,借鉴国外构建农产品流通信息服务体系的经验,学习先进管理技术与经验。

其次,加大现代信息传播媒介的开发与推广。网络信息平台、微博、微信等现代信息传播媒介具有高度自主性、广泛参与性、去中心化的互动性等特点,可降低信息传播的成本,提高信息传播速度,并起到削弱中间商的信息垄断(农户和消费者直接交换信息的可能性增加)的作用。但调查显示,农户、中间商和消费者获取农产品流通信息主要依靠的是传统的媒介,现代信息传播媒介的使用还非常有限。为了加快现代信息传播媒介的推广与使用,可采取以下措施:第一,提高农户对现代信息传播媒介的认识,加强农村基础教育和农民技术培训。各级政府应通过各种途径进行宣传教育,让他们真正意识到现代信息传播媒介在获取农产品流通信息方面的作用和价值,并掌握基本的计算机和互联网使用能力。第二,加强农村、农产品批发市场和零售场所的网络建设,保障网络畅通。第三,在考虑农产品流通渠道主体接受能力的基础上,提供有用、重要、可用、可靠的信息产品。

最后,加强第三方信息发布机构和认证机构的信誉体系建设。首先,发挥市场在信誉体系建设中的决定性作用，鼓励行业协会、研究机构和企业参与农产品流通信息的发布与认证工作，并通过市场竞争实现优胜劣汰，相关机构通过优质的服务获取应有的收益。同时，要更好地发挥政府的监管职能。具体而言，第一，根据"谁主管、谁负责"的原则，政府主管部门加强对第三方信息发布机构和认证机构的监管，对这些机构进行定期检查和不定期抽查，发现问题及时取消第三方认证资格。第二，建立责任追查制度。对在采集、检测、评价等工作中出现的结果与事实不符的，要对第三方信息发布和认证机构追责，要求其分别承担相应的法律责任。同时，要加强与纪委之间的联动，一旦发现检测、评价中出现腐败问题，纪委可以第一时间介入调查处理。第三，宣传和奖励正规、诚信的信息发布与认证机构。定期通过媒体向全行业及全社会发布监察信息，大力宣传信誉良好、公正、客观、独立、权威的信息发布与认证机构，奖励表现出色、能坚持原则的机构和个人，提高其无形资产和期望收益等。

三、农产品流通信息平台的建设策略

近年来，我国的农产品流通信息平台的建设取得了突破性进展，但这些信息平台在上线运行后却普遍遭遇使用频率不高的问题。为了提高农产品流通信息平台的用户数量和使用率，可以从提高用户对信息平台的满意度入手，而信息质量、系统质量和服务质量是提高用户满意度的重要手段，特别是信息质量。为了充分发挥农产品流通信息平台在农业经济健康发展以及促进农民增收中的积极作用，我们基于本章第三节的研究提出以下几点建议：

首先，农产品流通信息平台应高度重视并不断提高用户的满意度。用户满意度在提高农产品流通信息平台使用倾向上具有重要作用，因此，农产品流通信息平台不仅要做好平台的开发与建设工作，还要增强对用户满意度的重视。(1)在信息系统的开发和更新中，应该密切关注用户的需求，通过调查、访谈等多种形式了解用户对信息平台的真正需求，使得信息平台能够更好地满足用户的需要，进而提高满意度。(2)在农产品流通信息平台的运行过程中，应将用户满意度作为各部门考核的重要指标，切实保证整个平台的运行以提高用户满意度为目标。(3)农产品流通信息平台还应为用户提供电话、网页、微信等多种联系方式，了解农户对信息平台的意见和建议，并积极做出反馈，解决用户在使用中遇到的问题。

其次，以信息质量为核心，着力提高农产品流通信息平台发布信息的准确性、及时性和完整性，进而提高用户的满意度和持续使用率。不论是农户还是农产品流通的中间商，他们使用农产品信息平台的最重要的目的在于利用农产品流通信息平台提供的信息指导生产种植、经营活动，因此农产品信息平台的信息质量非常重要。具体而言：（1）农产品流通信息平台应该加强与合作社、农产品批发市场、农贸市场等相关组织的联系，增强相关信息的数据采集能力。（2）农产品流通信息平台运营方应当注重农产品电子商务人才的培养，形成专业的信息收集、整理、分析人才队伍，及时、准确、完整地把握农产品市场的动态与行情。（3）农产品流通信息平台对于所提供的信息，应严把质量关，及时更新，将农产品实时的价格、供求、政策等信息，准确全面地传递给用户，以帮助农户和中间商科学决策。（4）平台运营方可以借助现代化的通信手段，如微信、QQ等工具，将实时的农产品流通信息以早报或晚报的方式推送给中间商用户，帮助中间商及时调整他们的经营决策，从而增加他们的满意度。

最后，有针对性地提升农产品流通信息平台的服务质量，帮助用户充分利用农产品流通信息平台的价值。服务质量对于用户的满意度具有重要的影响，特别是对于农户而言，服务质量还对其持续使用意愿也具有显著的直接影响。因此，为了提高信息平台的使用，应采取以下措施：（1）针对不同类型的用户有针对性地提供差异化的服务。与中间商相比，农户在信息技术使用能力方面存在欠缺，因此，提高服务质量应该以农户为重点。（2）农产品流通信息平台应该提供电话、QQ、微信、网页等多种沟通方式，方便用户反馈使用中遇到的问题。（3）农产品流通信息平台应制定服务标准，保证在特定的时间内提供其所承诺的服务，能够对用户的请求提供及时的服务和回复。（4）农产品流通信息平台可以定期派遣专业技术人员到基层农村，为农户进行信息平台使用的技能培训，也可以通过电话沟通、短信告知等方式对农户进行指导。

第九章

农产品流通成本构成与利润分配

近年来，随着农产品价格难题的日益加剧，尤其是农产品生产价格和零售价格两重天，引发了全社会的广泛关注。课题组于2011年对大连市和台湾彰化两地的蔬菜价格进行了调研，发现常见蔬菜如头菜、萝卜、土豆、茄子、青椒、西红柿、菠菜，大连的产地收购价占批发价比重分别为33%、38%、50%、54%、58%、55%、17%，而台湾彰化的产地收购价占批发价比重分别为67%、67%、78%、88%、83%、84%、61%，大连比台湾彰化分别低33个、29个、28个、34个、25个、29个、44个百分点。上述蔬菜大连的批发价占零售价比重分别为45%、53%、67%、43%、63%、67%、60%，而台湾彰化的批发价占零售价比重分别为50%、56%、76%、84%、69%、85%、68%，大连比台湾彰化分别低5个、3个、9个、40个、6个、18个、8个百分点。这表明我国蔬菜流通渠道中的确存在比价关系不够合理的现象，农民直接售菜价格和市民买菜价格之间的价差过大，菜价低时市民得不到实惠，菜价高时农民增收有限。

学术界对农产品流通中的生产价格和零售价格差价过大现象也进行了许多的研究。一些学者认为两端价差过大的原因在于中间商的暴利（方昕，2004；洪涛，2002；彭磊、孙开钊，2010），但也有学者认为在充分竞争的农产品市场环境中蔬菜流通中间商的利润很低，并无暴利可言（耿莉萍，2011）。

农产品两端价差过大问题是在从农民到市民的流通过程中逐步形成的，因此一些学者开始从农产品流通的过程入手，解构不同流通主体的成本构成情况。王学真等（2005）分析了蔬菜从山东寿光的菜农到北京最终消费者全程的流通费用情况，发现从农户到产地批发市场的费用最高，销地零售环节费用次之；所有环节中费用占比最高的分别是包装费、燃油费、市场管理费和运费。杨志宏和翟印礼（2011）以沈阳市蔬菜市场为例分析了超市农产品流通渠道中各流通环节的费用构成，认为当前蔬菜流通存在流通环节过长、中间供应商过多等问题。文晓巍（2011）调查了广州市的蔬菜流通渠道，发现农产品流通成本对零售价格影响极为明显，同时还发现农产品从批发市场到零售终端的流通成本过高，"最后一公里"现象是价格居高不下的重要原因。马翠萍等（2011）以番茄为例调查指出，从生产端到零售端的累计流通成本费用占零售价格的69%，过多的流通主体层层放大了蔬菜流通成本，同时过多的流通环节导致损腐率的提高又推高了蔬菜零售终端的价格。

另一些学者在解构成本的同时，还进一步分析了农产品流通中利润的分配情况。许世卫等（2008）分析了价格上涨时番茄和尖椒流通渠道中的成本和利润分配情况，认为价格上涨的主要推动力是成本增加。孙侠和张闯（2008）以大连市茄子流通渠道为例分析了蔬菜流通成本和利润在不同渠道主体间分配的情况，发现中间商比农户获得了更多的利润。张喜才等（2011）在实地调研山东、北京蔬菜流通各环节上的成本收益的基础上探讨了蔬菜产业链价格传导的模式。李林阳和王秀娟（2012）对西安蔬菜流通的实地调研指出，价格上涨的主导因素是批发商、零售商所得利润，同一时间段销售同种蔬菜，生产环节获得的单位利润最低，零售环节获得的单位利润最高。席恺媛等（2013）通过对武汉蔬菜市场的调研分析，发现农民生产者仅能获得不足20%的利润，在利润分配中处于劣势地位，大部分利润都被批发商和零售商获取。刘思宇和张明（2013）通过调查城镇消费者的蔬菜消费现状，也认为中间商拥有对生产商和消费者的高议价能力，中间商的强势议价能力限制了城镇居民消费水平的提高。

从已有文献可以看出，学术界对蔬菜流通成本与利润的研究已经取得了丰硕的成果，但仍有很多问题有待进一步地深入研究。首先，现有研究一般都没有考虑市场行情的影响。虽然有些学者认为在农产品价格高涨时，中间商可以凭借自己更强的渠道权力将更多的利润截留在中间环节，从而导致农民增收乏力的现象（陈军，2013；陈薇、杨春河，2008；彭磊、孙开钊，2010）。但这些观点仍缺乏充分的实证研究支持。其次，现有研究大多以流通量较大的主导型流通渠道为主，缺少对具有创新潜力的小众渠道的关注，不利于我国农产品流通渠道的创新与升级。最后，现有研究虽然发现零售环节往往是整个农产品流通渠道中进销差价最高的环节，并被视为导致农产品零售价格居高不下的重要环节（文晓巍，2011），但出于操作可行性的考虑，以往的研究大多在每个环节上仅选择一类典型的渠道主体作为调查对象，不利于揭示零售环节加价高的根源和明确降低零售成本的对策。鉴于此，课题组将借鉴农产品流通渠道成本利润解构研究的分析方法和思路，采用案例研究方法，开展系列专题研究，深入揭示我国农产品流通中的成本构成和利润分配状况，探究我国农产品流通渠道的升级与优化路径的问题。

第一节 价格高涨背景下我国农产品流通成本解构研究

近年来，农产品价格波动加剧，"价高伤民"和"价低伤农"交替出现，"种菜赔"与"买菜贵"同时并存，引发了全社会的广泛关注。农产品价格低迷时，农民损失惨重，但在农产品价格高涨时，也有许多学者认为农民的增收非常有限（陈军，2013；刘耀森，2012；郑风田、李明，2009）。在农产品流通渠道中，农民的价格谈判能力弱，利益容易受批零环节的影响，城镇居民消费蔬菜的大部分货币流向了中间环节的流通主体（李圣军，2010；刘思宇、张明，2013）。那么，在农产品价格高涨的市场行情下，我国农产品流通渠道中的利润在不同流通主体之间究竟是如何分配的？中间商是否真的截留了更多的利润而导致农民增收乏力？本研究将借鉴以往农产品流通成本解构研究的经验（李林阳、王秀娟，2012；孙侠、张闯，2008；文晓巍，2011），采用案例研究方法，从微观的农产品流通渠道入手，分析在价格高涨的市场行情下，农产品流通成本和利润在不同渠道主体上如何分配。

一、研究设计

（一）研究方法与研究对象

考虑到农产品流通涉及生产、批发、零售等多个环节，且不同环节的调查对象与流通细节差别较大，不宜采用统一标准的问卷调查方式，因此本书选择了案例研究方法，以便通过对农户、批发商、零售商等流通主体的深度访谈获取第一手资料。

本研究根据典型性和代表性的原则选取了油菜作为研究对象。选择油菜作为研究对象主要基于以下考虑：首先，油菜是一种比较典型的叶菜，具有易腐烂且流通损耗大的特点；其次，油菜是城镇居民消费较为普遍的蔬菜，是国家农业主管部门和各地农业部门重点监测的蔬菜品种；最后，油菜价格在2013年7月25日至8月10日期间处在历史高位，满足本研究对市场行情的要求。大连市双兴综合批发市场公布的每日油菜价格编制的统计图见图 9-1。本研究的调查时间为 2013 年 7 月 25 日至 8 月 10 日，调查时点位于该年度的 8 月价格曲线的波峰上，调查期间的最高价格为 9.00 元/千克，最低价格为 5.50 元/千克，平均价格为 6.76 元/千克，比同年 5 月、6 月平均价格上涨了约 200%，比 3 月、4 月上涨了约 72%，这表明本次调查正值油菜价格高涨期间。

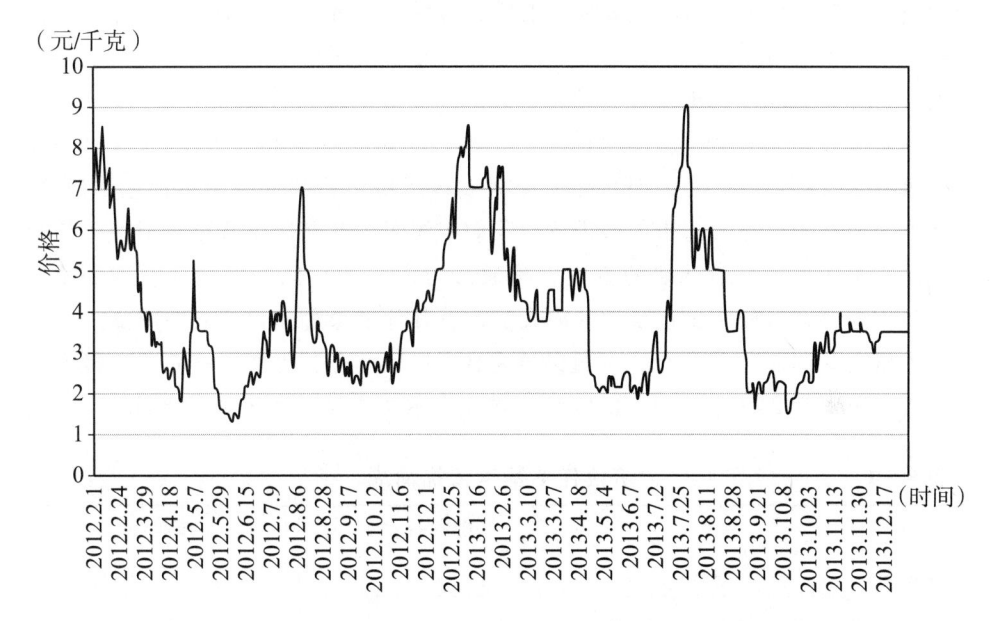

图 9-1　2012~2013 年大连市双兴批发市场油菜价格统计

虽然选取一种蔬菜有一定的局限性，但我们在访谈中同时调查各渠道主体的总体经营规模，并按照油菜的重量占比和销售额占比，对该渠道主体的费用进行分摊。而且，本研究的目的是对比不同渠道主体的成本构成和利润分配情况，因此以一种农产品为例已经可以满足研究的目的。

（二）调研设计与样本分布

大连是辽宁省第二大城市，全国 5 个计划单列市之一，户籍人口超过 670 万人，是一个典型的大中型城市。在正式开始流通成本分析研究之前，课题组在 2013 年 3 月 19 日和 4 月 12 日，先后前往大连市服务委和大连市农委开展调研工作，了解大连市蔬菜流通的情况。总体来看，大连市的蔬菜供应中本地菜和外地菜各占 50%，但占比又随着季节的变化而变化。夏季，大连市的蔬菜供应主要来源于大连市周边农村，本地菜占总供应量的 70% 左右。但在冬季，大连市的蔬菜供应主要来源于山东、河北、海南等地，外地菜占总供应量的 70% 左右。

本研究以大连市油菜作为调查目标，选择市场行情好的时间段对油菜的种植户、批发商、零售商等流通主体进行实地访谈获得真实可靠的一手数据，进而解析蔬菜流通成本构成以及利润分配。在实施深度访谈之前拟定了详细的访谈提纲，访谈内容根据流通主体的不同有所差异，主要由三部分构成：第一部分为被访者的基本信息，包括年龄、学历、家庭规模、从业人口与从业年限等；第二部分为被访者流通环节发生的主要成本费用，包括生产环节的土地投入成本、生产资料费用、人工费用等，批发、零售环节的包装费、运输费、市场管理费、雇用工人费等；第三部分为被访者的相关收入，包括销售收入、政府补贴等。

本研究按照采用典型抽样和"滚雪球"抽样相结合的方法，调查时间是2013年7月25日至8月10日。由于当时大连居民消费的油菜基本都是本地菜，因此农户调查主要在大连市周边进行。我们组织了由8名博士和硕士研究生组成的调研小组，采用实地调研的方式直接通过与农户和中间商的访谈获取一手数据。我们在调查过程中也让受访者向我们推荐其他油菜种植农户和中间商。

本研究共调研各类农产品流通渠道主体64人，其中油菜种植农户、批发商和零售商分别为24户、15位和23位。访谈样本基本情况如表9-1所示。

表9-1　　　　　　　　访谈样本基本情况简表

项目	农民	批发商	零售商
样本数量	24	15	23
平均访谈时间	30分钟	50分钟	45分钟
样本分布	旅顺区三涧堡镇、甘井子区辛寨子镇	双兴商品城蔬菜批发市场、机场前果蔬批发市场	税专农贸市场、孙家沟农贸市场、熟食品交易中心农贸市场、机场前果蔬农贸市场
平均年龄	51岁	41岁	39岁
平均从业时间	14年	7年	6年
主要数据	耕地面积、生产资料成本、人工成本、亩产量、销售价格等	进货价格、包装费、运输费、人工费、市场管理费、损耗费、销售价格等	进货价格、运输费、摊位租金、市场管理费、损耗费、零售价格等

二、实证研究

在调查期间，大连市的油菜主要由大连周边的农村供应，经过收购、运输、批发、零售等多个环节。具体流通过程如下：农民在当地农村直接出售油菜；本地批发商从产地收购油菜后，直接运输到大连市内批发市场开展批发业务；零售商从批发市场采购油菜，然后运输到早市、农贸市场等零售场所进行销售。

(一) 农民环节的成本与利润

大连周边农民多以自有耕地进行蔬菜种植，种植面积在 1.90~5.50 亩之间，普遍种植规模不大。菜农都采用多茬种植方式，每年可生产蔬菜 8 茬左右。虽然调研期间的油菜价格高涨，但农户的油菜种植面积普遍不高，油菜种植户的油菜种植面积占蔬菜总种植面积的比例在 1%~10% 之间。油菜平均亩产量为 1 083 千克，最高亩产 1 250 千克，最低亩产 800 千克。

在油菜的生产过程中，每亩油菜的种子费为 85 元，农药费 358 元，肥料费 300 元，灌溉费 60 元。每亩大棚每年折旧和维护的费用在 8 969 元左右。多数农户会自购农机具，农机购置价格在 1 500 元到 3 600 元之间，一般可以使用 10~15 年，平均每茬每亩燃油费约 171 元。油菜的种植主要由农户的家庭成员承担，一般每户有 1~2 名劳动力从事蔬菜生产工作。除家庭成员外，少量农户会在农忙季雇佣少量的短工，短工每小时的工资为 10 元。

油菜种植户同时也种植其他蔬菜品种，因此油菜生产环节中的费用可以分为共用性费用和专用性费用。共用性费用的支出是为所有蔬菜的生产服务，需要在不同蔬菜品种间分摊，包括大棚的折旧和维护费用，农机的折旧和燃料费。专用性费用的支出只是为油菜的生产服务，包括种子费、农药费、化肥费等。本研究按照种植面积分摊共用性费用，油菜生产成本构成情况如表 9-2 所示（由于四舍五入问题，表中各项比例合计数约为 100）。在不考虑农户家庭成员的人工成本的情况下，平均一茬油菜每亩生产费用总额约为 2 064 元，每公斤生产成本约为 1.92 元，其中成本占比较高的是大棚费、农药费和肥料费，分别占到 48.96%、18.75% 和 14.58%，三者合计超过 80%，是油菜生产成本的主要构成部分。调查期间，大连市地产油菜的田头收购平均价格为 4.40 元/千克，可知农民种植油菜获得的平均利润为 2.48 元/千克。

表9-2　　　　　　　　　　油菜生产成本构成情况表

项目	平均成本（元/千克）	比例（%）
种子费	0.08	4.17
农药费	0.36	18.75
肥料费	0.28	14.58
灌溉费	0.06	3.13
大棚费	0.94	48.96
农机费	0.14	7.29
雇工费	0.06	3.13
合计	1.92	100.00

（二）批发商环节的成本与利润

大连本地蔬菜的产区距离大连市区较近，批发商大多亲自组织人员和车辆到地头进行收购。采购周期为每天1趟，一般都有常年稳定的合作农户，并不需要代理商或中介商。批发商在地头对蔬菜质检、分等、整理后打包装车直接运送到大连市内批发市场进行交易。批发商一般同时经营多种蔬菜，对于受访的批发商，每车蔬菜中油菜的重量占比在8%~42%之间。批发商在批发市场均租有摊位，面积在6米至10米不等，每年经营天数在360天左右。

油菜批发商一般规模不大，较少雇用工人。长期雇工的月工资在2 500元左右，而临时雇工的工资每小时约为20元。交易过程耗费的包装费为每月600~1 000元，油菜在运输与交易过程中发生损耗约4%。运输所用车辆以批发商自有车辆为主、雇用车辆为辅，车辆为载重1~3吨的小型货车，自有车辆的购置费用在4万元至8万元之间，使用年限5~10年，平均每年折旧和维修费用约6 850元，每年需缴纳保险费2 000~5 000元，燃油费每月1 500~3 000元。若租用车辆运输，则平均费用为每趟200元，与车辆运输相关的费用统一概括为运输费。

蔬菜进入批发市场要统一收取市场综合管理费，每吨大约60元。批发商租用的摊位面积根据批发商实力不同有所差异，每年摊位费在7 200~30 000元之间，所需的摊位设备主要是手推车和电子秤，平均购买价格分别为518元和421元，平均使用年限6年。

除油菜外，批发商还同时经营其他多种蔬菜，因此本次调查中发生的雇工费、包装费、运输费、市场管理费、摊位费都属于共用性费用，损耗费属于专用性费用。将共用性费用按蔬菜重量分摊成本后，油菜在批发商环节发生的成本构成如表9-3所示。批发环节，每公斤流通成本为4.95元，由批发商采购成本和新增流通成本两部分构成,分别为4.31元和0.64元,其中油菜的采购成本占据了流通成本的绝大部分,其次是新增流通成本中的损耗费、运输费和市场管理费,三者合计为0.57元,几乎占据了新增流通成本的90%,是批发环节成本上升的主要原因。调查期间批发商的油菜平均批发价格为5.66元/千克,扣除流通成本后可知批发商油菜利润为0.71元/千克。

表9-3　　　　　　　批发商环节油菜流通成本构成表

项目		平均成本(元/千克)	比例(%)
采购成本		4.31	87.07
新增流通成本	雇工费	0.01	0.2
	包装费	0.03	0.61
	损耗费	0.24	4.85
	运输费	0.22	4.44
	市场管理费	0.11	2.22
	摊位费	0.03	0.61
合计		4.95	100.00

(三) 零售商环节的成本与利润

批发商收购的蔬菜进入批发市场后即与零售商交易。零售商通过自有车辆将批发来的蔬菜运至早市、农贸市场进行销售,所用车辆类型分为小型货车和三轮车两种,每天运载蔬菜200~1 000公斤,其中油菜占比在2%~25%之间。早市、农贸市场等零售场所多靠近居民区,零售商常年租有固定摊位,面积在4米至15米不等,每年经营天数也在360天左右。

零售商一般由自己家庭成员组成,多为两人搭档,在销售旺季少数零售商会多雇用一名短工,平均每月工资3 000元。零售商的车辆购置费用从1万元到5万元不等,使用年限4~10年,平均每年折旧和维修费用等约为4 683元,货车每年缴纳保险费1 500~3 000元,燃油费每月1 200~2 500元。三轮车并不发生保险费用,燃油费也较低,每月400~800元。

零售商进入早市、夜市、农贸市场等零售场所需缴纳摊位租赁费,按租赁面积不同每年费用在15 000~60 000元之间,所需摊位设备主要是电子秤和筐子等,平均购买价格674元,平均使用年限3年。零售过程耗费的包装费为每月500~1 500元。零售商进货属大批采购并不会仔细挑选,从批发商处开始的装卸、运输等环节对蔬菜造成的损耗会由零售商承担,而消费者从零售商处购菜时会摘除腐烂变质部分,从而导致零售商环节的平均损耗率达到13%。

与批发商一样，零售商也同时经营多种蔬菜，所发生的雇工费、运输费、摊位费、设备折旧费和包装费等共用性费用需要按重量比重在不同蔬菜品种间分摊，与不需要分摊的专用性费用损耗费汇总后，油菜在零售商环节增加的流通成本构成如表9-4所示（由于四舍五入问题，表中各项的比例合计数约为100%）。零售环节，每公斤流通成本7.67元，由零售商采购成本和新增流通成本两部分构成，分别为5.84元和1.83元，其中采购成本占据绝大部分，其次是新增流通成本中的损耗费、摊位费和运输费，三者共计1.74元，约占新增流通成本的95%，是零售环节成本上升的主要原因。调查期间零售商的油菜平均零售价格为8.82元/千克，扣除流通成本后可知零售商油菜利润为1.15元/千克。

表9-4　　　　　　　零售商环节油菜流通成本构成表

项目		平均成本（元/千克）	比例（%）
采购成本		5.84	76.14
新增流通成本	雇工费	0.01	0.13
	运输费	0.23	3.00
	摊位费	0.38	4.95
	包装费	0.08	1.04
	损耗费	1.13	14.73
合计		7.67	100.00

（四）蔬菜流通各环节成本与利润比较

经过上述农民种植户、批发商、零售商各环节发生费用的计算分析，大连本地油菜的单位成本汇总如表9-5所示，整个油菜流通过程中农民的生产成本为1.91元/千克，批发商和零售商的流通成本分别为4.95元/千克和7.67元/千克。在不考虑采购成本的情况下，批发商发生新增流通成本0.64元/千克，零售商发生新增流通成本1.83元/千克，批零中间环节共发生新增流通成本2.47元/千克，占油菜最终零售价格的28%，且主要以零售环节为主，这些成本极大地推动了终端价格的上涨。

表9-5　　　　　　　　　油菜单位利润分配

	农民	批发商	零售商	合计
平均利润（元/千克）	2.49	0.71	1.15	4.35
成本利润率（%）	130.36	14.34	14.99	—
占总利润比例（%）	57.24	16.32	26.44	100.00

在2.47元/千克的中间商新增流通成本中，又以损耗费、市场征收费用、运输费比重最高。损耗费是新增流通成本中的最大支出项，批发商环节发生损耗费0.24元/千克，零售商环节1.13元/千克，共计1.37元/千克，在新增流通成本中的占比超过50%。摊位费和市场管理费都属于市场征收费用，批发商要缴纳市场管理费0.11元/千克，摊位费0.03元/千克；零售商要缴纳摊位费0.38元/千克，市场征收费用共计0.52元/千克，在新增流通成本中的占比达到21%。运输费也比较高，批发商环节发生运输费0.22元/千克，零售商环节0.23元/千克，共计0.45元/千克。可见，损耗费、市场费用和运输费占据了流通成本的绝大部分。

除了流通成本对油菜的最终零售价格有影响外，各流通主体的经营利润也是零售价格的重要组成部分，在扣除流通环节发生的各项成本费用后，各流通主体最终的利润分配如表9-5所示。可见，在行情好的情况下，销售单位数量的油菜，农民获得最高利润2.49元，其次为零售商获得利润1.15元，批发商获得最低利润0.71元；农民的成本利润率最高，为130.36%，批发商和零售商成本利润率相差不大，分别为14.34%和14.99%。从销售单位数量的油菜总利润来看，农民所获利润占比高达57.24%，而零售商和批发商利润各自仅占26.44%和16.32%，农民获得了过半的利润，这说明市场行情好的时候农民利润是比较可观的。

为进一步检验价格高涨的行情下农民利润是否增长，本书又参考对比了以往学者对蔬菜利润分配的研究成果，将搜集到的相关文献根据商务部公布的蔬菜价格统计信息[①]进行对比，筛选出调查时间符合价格低迷行情的研究案例，最终选定包括孙侠和张闯（2008）以茄子为调查品种、马翠萍等（2011）以番茄为调查品种、刘思宇和张明（2013）以大白菜为调查品种的三篇文献作为比较对象，并分别编号为文献1、文献2和文献3。虽然各研究所调查的蔬菜品种和价格有所差异，但流通费用比例相对固定，因此选取的蔬菜品种对研究结论不会造成太大影响（李林阳、王秀娟，2012；孙侠、张闯，2008；杨宜苗、肖庆功，2011）。

对比结果如表9-6所示。这些研究中农民获利在总利润中所占比重最低的为24.14%，最高的为46.15%，而本书中农民获利达到了57.24%，远高于以往的研究结果。这也部分揭示了在市场行情好的情况下，蔬菜流通利润并没有被中间商过度"截留"，利润确实从中间商向农民发生了转移。出现这种情况的原因在于，市场行情好的时候，该种农产品的供给相对不足，而批发商和零售商为了

[①] 蔬菜价格信息从商务部百家农副产品批发市场日报监测系统（baijia.mofcom.gov.cn）和商务部"城乡市场监测信息服务体系"商务预报（cif.mofcom.gov.cn）中获得。

保持经营的稳定和连续性，会主动将利润让渡给农户来争取货源。另外，蔬菜购买者在采购蔬菜时往往都会从一家中间商处购齐自己所需的多种蔬菜，这也加剧了蔬菜中间商在行情好时虽然利润较低，也要购进这种蔬菜的倾向。

表 9-6　　　　　　　　相关研究结果对比汇总表

比较对象	农民 利润（元）	农民 百分比（%）	批发商 利润（元）	批发商 百分比（%）	零售商 利润（元）	零售商 百分比（%）
文献1	0.48	42.86	0.28	25.00	0.36	32.14
文献2	0.18	46.15	0.07	17.95	0.14	35.90
文献3	0.07	24.14	0.15	51.72	0.07	24.14

通过对油菜流通利润分配的解析表明，在价格高涨的行情下，利润是能够向农民转移的。然而，调研中也发现，农民种植油菜的同时还种植其他蔬菜，而且油菜种植面积相对偏小，比例不足蔬菜种植总面积的10%，因此尽管油菜价格上涨能够刺激农民收入增加，但是从农民种植蔬菜的总收入来看，又表现出了增长乏力的一面。究其原因，应该是农民蔬菜种植结构不合理，利润率高的农产品的种植规模太小，对农民增收贡献乏力，这也部分验证了一些学者关于价格高涨时农民增收有限的研究观点。

三、结论与讨论

本节以大连油菜为例，通过对我国蔬菜流通成本构成与利润分配进行案例研究，考察了价格高涨的背景下利润在各流通主体间如何分配的情况，发现蔬菜流通过程中农民获得的单位利润最高，零售商居其次，批发商最末，农民所获利润占比高达57.24%。

通过与以往研究成果的比较可以发现，在价格高涨的条件下，利润分配对农民更为有利，农民分得的利润比例要比以往研究高出11.09%~33.10%。这表明在行情好的情况下利润并没有被中间商过度"截留"，而是能够向农户传递。

但是，调查中也发现，即使是油菜种植户，油菜的种植面积也不足其蔬菜总种植面积的10%。因此，蔬菜价格高涨时农民增收乏力的原因不在于利润被中间商挤占，而应该在于农民种植结构的不合理，利润率高的农产品的种植规模太小，对农民增收贡献乏力。因此，引导农民合理种植是增加农民收入，降低价格高涨对市民民生产生冲击的关键。

本节也证实了批发商、零售商环节新增的成本费用是农产品价格高涨的主要推手这一结论。调查显示，油菜在批零环节共发生新增流通成本2.47元/千克，几乎达到终端零售价格的1/3。损耗费是流通成本的最大消耗费用，达到1.37元/千克，占比超过50%。损耗费过高的主要原因在于绿叶蔬菜易腐易损，从地头采摘到终端消费者耗时过长，发生大量水分流失，各流通环节的多次装卸搬运进一步加剧了物理损伤，尤其零售商处作为流通最后一站，还要承担部分蔬菜销售不完不得不处理掉带来的损耗。因此，对农产品流通体系进行升级改造，改善产地初加工条件，加快农产品冷链物流和配送中心建设，改良保鲜和储运技术，减少农产品在流通过程中的损耗，是有效降低农产品流通成本的重要举措。

批发商、零售商所需缴纳的市场管理费和摊位费等市场费用也是流通成本居高不下的重要原因，本次调查中批零中间商合计需缴纳的市场费用为0.52元/千克，几近新增流通成本的1/4，这些市场费用最终都转嫁给了消费者。因此，为了降低农产品价格高涨对市民民生的影响，应加快推进批发市场、农贸市场等公益性农产品交易场所的建设。首先，应当在法律上明确农产品批发市场和农贸市场的公益性。其次，通过税费减免、用水、用电、用气的优惠政策，来降低农产品交易场所的建设与运营成本。

第二节 短渠道中的农产品流通成本与利润解构研究

一、渠道长度对农产品流通价格的影响研究

随着农产品价格难题的日益凸显，越来越多的学者们开始将目光集中到农产品流通渠道研究上，试图通过对流通渠道的梳理解构，破解我国农产品流通面临的价格波动与价格高涨困境。一些学者从微观视角入手，通过调查具体的农产品流通过程，解析流通渠道中不同环节主体的成本构成与利润分配，指出我国农产品流通渠道发展仍面临诸多问题，其中以流通环节过长和中间商过多最为突出（杨志宏、翟印礼，2011）。运输成本高、流通环节多是影响流通费用的主要因素，过多的流通环节令蔬菜价格"节节高"，流通成本对农产品零售价格影响极为明显（王学真，2005；孙侠，2008；文晓巍，2011；吴明月，2012）。目前的蔬菜流通环节导致了消费者购买力大部分流向了中间流通主体（刘思宇、张明，2013），销售同种蔬菜零售环节获得的单位利润最高，生产环节获得的单位利润

最低（李林阳、王秀娟，2012），相比生产者，批发商、零售商等中间商获得了更高的利润（孙侠、张闯，2008）。

另一些学者则从宏观层面对我国农产品流通渠道进行了研究，分析了渠道长度与流通效率的关系，指出了目前渠道结构的不足之处和未来的变革方向。在农户到消费者的整个流通链条上，过多的流通主体放大了蔬菜流通成本，过多的流通环节推高了零售价格（马翠萍、肖海峰等，2011），农产品流通环节多、流通时间长直接影响到了农产品流通的经济效益与农户经济利益（汪旭晖，2008）。因此，建立"扁平化、多元化"的渠道结构，克服传统流通渠道中环节过多、效率低下的弊端，是我国农产品流通渠道结构变革的主要方向（赵晓飞、李崇光，2012），以"农餐对接""农超对接"为基础提炼出的多种短渠道流通模式获得了学者们的广泛认同（彭磊，2010；施晟，2012；朱华友，2013；古川，2013）。

从已有文献可以看出，学者们关于农产品流通渠道的研究已经取得了丰硕的成果，不仅在微观上对农产品流通渠道的成本构成与利润分配做了全面深入的解析（孙侠等，2008；文晓巍，2011；刘思宇，2013），同时也从宏观角度分析了渠道与效率的关系，探索了缩短渠道环节的流通变革方向（汪旭晖，2008；徐从才，2012；刘刚，2013）。但是这些研究大多都是基于传统流通渠道，虽然也提炼出了一些创新的短渠道模式，但这些成果仍缺乏充分的实证检验。因此本节以大连秋白菜的流通为调查对象，通过对零级渠道流通模式这一典型的短渠道类型进行案例分析，探索零级渠道模式下的农产品流通成本构成与利润分配问题，进而从实证上考察零级渠道的可行性与有效性。

二、研究设计

（一）研究对象与研究方法

我国北方地区有储存秋菜过冬的习俗，每年从10月中下旬开始，土豆、白菜、萝卜、大葱等秋菜大量上市。对此各地政府一般都会设置一个特定的时间段，在规定时间内秋菜可以免费进入市区，直接运到居民区进行销售，而不需经过以批发市场为代表的传统农产品流通渠道，因此与多环节的传统渠道相比，秋菜流通是一种典型的短渠道模式。

秋菜的销售有两种方式，一种是秋菜销售商在地头组织收购，然后将收购的秋菜运到市内居民区销售，另一种是种植秋菜的农民自己直接将收割的秋菜运到市内销售。两种方式中以菜农直接进城销售为主，这种农民自产自销的模式绕过了蔬菜批发商与零售商，将生产者与消费者直接联系起来，流通环节比一般的短渠道模式更少，是一种更为典型的短渠道类型——零级渠道流通模式，也更具研究价值。

在零级渠道销售的秋菜中，白菜作为城镇居民日常消费较为普遍的一种蔬菜，是我国农业部和各地农业部门重点监测的蔬菜品种，相比其他秋菜又有易腐易损的特点，更具代表性，因此选择秋白菜作为零级渠道流通模式下的研究对象。

考虑到秋菜种植农户在经验与实力上各有区别，秋白菜生产与销售过程中的细节差异较大，统一标准的问卷调查方式无法涵盖所有可能的情况，所以选用了案例研究方法，试图通过对秋白菜种植农户的深度访谈获取可靠的第一手资料。

（二）调研设计与样本分布

大连市地处我国东北地区，是辽宁省第二大城市，户籍人口超过670万，是典型的北方大中型城市，由于地理与气候因素，长期以来大连市民都有购买秋菜储存过冬的习惯。通过正式调查之前对大连市农委的调研得知，每年大连市政府都会为秋菜进城开通"绿色通道"，农民可以免费进城销售秋菜，销售时间通常为一个月左右，具体到2014年，秋菜的销售时间为10月15日至11月25日，在此期间秋菜种植农户可以免费到市内各居民区进行销售。

课题组以大连市秋白菜为调查对象，通过对进城销售秋菜的菜农进行深度访谈，获得准确有效的第一手数据，进而解析秋白菜在零级渠道流通下的成本与利润问题。正式访谈提纲主要包括四部分：第一部分为被访菜农的基本信息，包括年龄、学历、家庭规模、从业人口与从业年限等；第二部分为被访菜农在秋菜种植阶段发生的成本费用，包括土地租赁费、生产资料费、机械费、人工费等；第三部分为被访菜农在销售阶段的成本费用，包括雇工费、包装费、损耗费、运输费、食宿费等；第四部分为被访菜农的收入情况，包括销售收入、政府补贴等。

调研时间为2014年11月20日至24日，由5名博士和硕士研究生组成调研小组前往大连市内各居民区，按照典型抽样的方法，对正在销售秋白菜的农民进行深度访谈。经过调研，本研究共获得有效的秋白菜销售样本16人，平均访谈时间25分钟，访谈样本基本情况如表9-7所示。

表9-7　　　　　　　　　秋白菜访谈样本基本情况表

项目	类别	人数
年龄	40岁以下	3
	40~50岁	10
	50岁以上	3

续表

项目	类别	人数
学历	小学	9
	初中	7
家庭从业人数	2 人	16
从业年限	10 年以下	6
	10~20 年	6
	20 年以上	4
秋白菜产地	旅顺	4
	普兰店	3
	瓦房店	2
	金州	7

三、分析与结果

零级渠道模式下的秋白菜流通不需要经过批发商和零售商，作为唯一的流通渠道主体，种植秋菜的农民在地头收割秋白菜后，直接将其装车运输到大连市内居民区进行销售，因此整个过程可以分为生产和销售两个阶段。

（一）秋白菜生产阶段的成本与利润

零级渠道模式下的秋白菜生产与普通模式并无差异，课题组调研的 16 位农民种植秋菜所用的耕地既有自有耕地，也有租赁耕地，总面积在 5~100 亩不等。租赁耕地的平均费用为 400 元/亩。这些耕地每年种植两茬儿农产品，白菜、大葱等秋菜为第二茬儿作物。秋菜均采用露天种植方式，其中秋白菜的种植面积在 4~40 亩之间，平均种植面积为 12.6 亩，平均亩产量为 5 156 千克。

秋白菜生产过程中，平均每亩地花费种子费 75 元，农药费 66 元，肥料费 452 元，灌溉费 295 元。秋白菜拢地、播种等过程需要使用机械，多数农民会自购机械，价格在 5 000~30 000 元不等，一般使用 10 年左右，平均每亩燃油费 92 元。部分农户采用租用机械的方式，平均每亩地租用费 241 元。秋白菜生产过程还需要耗费人力，种植面积小的菜农一般会选择亲戚邻里之间互相帮忙，种植面积大的菜农会额外雇用工人，费用标准为每小时 10 元，从种植到收割平均每亩地需要雇工费 522 元。

除了白菜以外秋菜种植户还同时种植其他蔬菜，因此生产阶段发生的成本费用需要分为共用性费用和专用性费用。共用性费用是指所有蔬菜共同消耗的费用，需要在不同蔬菜间分摊，包括土地租金、机械的折旧和燃油费等。专用性费用是指秋白菜生产单独消耗的费用，包括种子费、农药费、肥料费、灌溉费、雇工费等。按照种植面积对共用性费用进行分摊后，秋白菜生产阶段的单位流通成本构成如表9-8所示。在不考虑农民人工成本的情况下，平均每亩秋白菜的生产成本为1 475元，每千克的生产成本约为0.29元，其中比重最高的是肥料费、雇工费和灌溉费，三者合计占比为75.2%，是秋白菜生产的主要成本支出。

表9-8　　　　　　　　秋白菜生产阶段单位成本构成

项目	平均成本（元/千克）	比例（%）
土地租金	0.024	8.4
种子费	0.015	5.2
农药费	0.013	4.5
肥料费	0.088	30.8
灌溉费	0.054	18.9
机械费	0.019	6.7
雇工费	0.073	25.5
合计	0.286	100.0

秋白菜在地头收割后直接运输到社区进行销售，虽然经由菜农一个流通主体完成了从生产到销售的整个过程，但实质上菜农相当于同时扮演了生产者与销售者两个角色，因此秋白菜的利润可以看作是由生产利润和销售利润两部分组成的。调查得知，秋白菜收割后有三种销售方式，第一种是农民亲自运输进城销售，第二种是在地头直接卖给前去收购的批发商，然后由批发商转运到社区销售，第三种是地头卖给批发商后由批发商运到批发市场销售。因此批发商的地头收购价格就等同于农民种植秋白菜的生产价格，收购价格减掉生产成本后即是秋白菜的生产利润。根据访谈资料，秋白菜的地头平均收购价格为0.34元/千克，扣除生产成本0.29元，每千克获得生产利润为0.05元，成本利润率为17.2%。

（二）秋白菜销售阶段的成本与利润

在零级渠道模式下，秋白菜收割完成后，菜农直接运输到大连市内居民区销售，在政府规定的销售时间内，进城卖菜不需缴纳摊位费、市场管理费等经营费用，也没有固定的销售场所，只要不影响交通和居民生活都是被允许的。每趟进城拉满一车菜，被访菜农既有单独销售白菜的，也有同时销售其他秋菜的，白菜的销售比例在80%~100%之间，平均值为2 828千克；前期销售较快，后期销售逐渐放缓，平均计算每趟可销售3天。由于地理和气候原因，前期的秋菜多为外地菜，大连周边地区的秋菜要到10月底才上市，因此访谈对象的平均销售时间为33天。

销售秋菜一般为两人搭档，都是菜农自己家庭成员，销售阶段不产生雇工费。秋白菜离地后水分流失较快，销售时需摘除腐烂破损的菜帮，因此损耗较高，平均达23%。秋白菜大部分都是批量购买，由菜农送货上门，较少使用包装袋。销售期间白菜直接存放在车上，菜农多数直接睡车上，少数睡旅店，旅店费用平均20元/天，平均每天饮食支出37元。秋菜的运输车辆都是自有车辆，一般为小货车或三轮车，购置费用在6 000~80 000元不等，平均使用年限13年，销售期间平均修车费142元，货车每年缴纳保险费2 000~7 500元，燃油费每趟80~300元，销售完空车返回时需缴纳路桥费15~35元，三轮车没有保险费和路桥费，燃油费每趟20~50元。

除损耗费为秋白菜的专用性费用外，包装费、餐宿费、运输费等支出都是共用性费用，按蔬菜重量对共用性费用进行分摊后，秋白菜销售阶段的单位流通成本构成如表9-9所示。平均每公斤成本0.32元，其中比重最高的是损耗费和运输费，两者合计超过80%。

表9-9　　　　　　　　秋白菜销售阶段单位成本构成

项目	平均成本（元/千克）	比例（%）
损耗费	0.185	57.5
包装费	0.006	1.9
餐宿费	0.049	15.1
运输费	0.082	25.5
合计	0.322	100.0

零级渠道下，菜农自己运输秋白菜进城销售的平均销售价格为0.81元/公斤，扣除销售成本0.32元和生产价格（即地头收购价格）0.34元，可知每公斤获得销售利润0.15元，成本利润率为22.7%。

（三）零级渠道下秋白菜总成本与总利润

通过上述计算得知，零级渠道模式下由菜农直接销售给消费者的秋白菜，平均生产成本为0.29元/千克，销售成本为0.32元/千克，总成本为0.61元/千克。在总成本的各项支出中，如表9-10所示，损耗费最高，达到0.185元/千克，其次是肥料费、运输费和雇工费，分别为 0.088 元/千克、0.082 元/千克和 0.073 元/千克，四项费用合计约为 0.43 元/千克，约占总成本的 70%，是秋白菜的主要成本支出。

表 9 - 10　　　　　　　　秋白菜总成本构成表

项目	平均成本（元/千克）	比例（%）
损耗费	0.185	30.4
肥料费	0.088	14.5
运输费	0.082	13.5
雇工费	0.073	12.0
其他费用	0.180	29.6
合计	0.608	100.0

秋白菜生产阶段的单位利润为 0.05 元/千克，销售阶段的单位利润为 0.15 元/千克，两者加总可知零级渠道模式下农民获得的总利润为 0.2 元/千克，成本利润率为 32.8%，其中生产利润和销售利润各自占比 25% 和 75%。以平均亩产量 5 156 千克计算，则每亩秋白菜农民可获利润 1 031 元，本季秋白菜总利润为 12 991（按平均种植面积 12.6 亩计算）元。

（四）零级渠道下农民利润分析

零级渠道模式下农民自己种植自己销售，所获得秋白菜的单位利润为 0.2 元/千克，其中既包括了生产利润也包括了销售利润。但是如果在地头直接将白菜卖给前来收购的批发商，则仅能获得 0.05 元/千克的生产利润，占据秋白菜总利润 75% 的销售利润都被批发商赚取，农民的利润水平大幅下降。与零级渠道相比，在地头将秋白菜卖给批发商然后由批发商转运到社区的方式虽然只增加了一个流通环节，也并没有提高最终零售价格，但却极大削弱了菜农的盈利能力，将大部分利润从农民手中转移到批发商手中。而在批发商收购后进入批发市场销售的第三种方式下，农民依然仅能获得 0.05 元/千克的生产利润，根据课题组的调查资料，流通渠道中只存在一级中间商和存在多级中间商对菜农的影响是没有差别的，农民面对的收购价格是相同的，有所不同的只是各级中间商增加的成本与利润。调查期间市区农贸市场的白菜价格是 1.16 元/千克，远高于农民进城销售的价格，显然经过批发市场的流通方式不仅降低了农民的盈利能力，而且提高了消费者承担的零售价格。可见，相比一般的短渠道和传统渠道，零级渠道模式下是能够有效降低产销价差，提高农民收入的。

从农民的秋白菜总收入考虑，以平均亩产量 5 156 千克和平均种植面积 12.6 亩计算，若在地头直接卖给批发商，则每亩可获利 258 元，一茬秋白菜总利润 3 251 元，若农民自己进城销售，则每亩可获利 1 031 元，一茬秋白菜总利润 12 991 元，农民自己进城销售的利润大约是卖给批发商的 4 倍。需要指出的是，2014 年秋白菜市场行情比较低迷，不论是在地头卖给批发商，还是农民自己进城销售，所获得的利润都是低于往年的。根据农户访谈，2013 年秋白菜进城销售的平均价格为 1.5 元/千克，到 2014 年下降为 0.81 元/千克。尽管行情不好导致收入过低，但与卖给批发商相比，在零级渠道下农民的利润还是获得了一定的保障，可见零级渠道的模式能够在一定程度上抵御市场不景气对农民收入造成的冲击。而造成市场行情不乐观的原因，在于菜农习惯对上一年利润较高的农产品大量跟进种植，致使今年秋白菜大范围种植导致产量超过需求，市场供过于求引起价格下跌；同时周边地区秋菜上市时间早于大连地区，当地无法消化的秋白菜提早进入大连市场，对本地菜造成一定冲击，进一步恶化了价格颓势。究其根源，还是在于农民种植结构不合理，无法准确判断市场供求关系，失衡的供求水平导致了农产品价格的下跌。

农民选择自己进城销售，不愿卖给批发商，最主要的原因在于卖给批发商的利润太低，尤其是在市场行情不佳的情况下，甚至无法保证收支平衡，农民为了能够尽量多赚取利润不得不选择进城亲自销售。进城销售虽然成本不高，也能获得更多的利润，但却是以菜农的异常艰辛为代价的，在进城销售秋菜的一个多月里，产销两地频繁奔波，销售期间吃住基本都在车上，还要经常变换销售社区。

四、结论与讨论

本节以大连秋白菜为例，通过对秋菜进城这一典型流通渠道的案例研究，考察了零级渠道模式下农产品流通的成本构成与利润分配情况。研究发现，相比一般的短渠道和传统渠道，在零级渠道下农民自产自销既能够获得生产利润，也能够获得销售利润，所得利润比例和利润总额显著高于其他渠道模式。

同时，由于零级渠道绕过了各个环节的渠道中间商，使得最终零售价格也保持在一个较低的水平，可见零级渠道模式确实能够有效降低产销两端价差、增加农民收入。而且，即使调查期间秋白菜行情低迷导致农民收入减少，但与卖给批发商相比，在零级渠道下农民的利润还是获得了一定的保障，说明零级渠道的模式能够在一定程度上抵御市场不景气对农民收入造成的冲击。

考虑到城市管理、市场建设等原因，秋菜进城这一零级渠道模式无法大规模复制与推广，而是仅限于每年秋季特定时间内施行，但是零级渠道给农民和消费者带来的益处是显而易见的。零级渠道的模式并非只有秋菜进城一种,已经有学者(彭磊,2010;古川,2013;郑力文,2013;王鹏飞,2013)提出并论证了"农社对接""农餐对接"等新型零级渠道模式的可行性与优越性,因此,为减少农产品价格波动,提高农民收入,降低终端价格,应当着力推广农产品的零级渠道流通模式,鼓励以"农社对接""农餐对接""周末市场"为主要形式的新型零级渠道发展,扶植农民合作社等农民组织进入居民社区设点销售,推广餐饮企业与农民组织的订单合作,积极引导农组织进一步开发探索新型直销模式。

同时,研究中还发现,市场供求的不平衡也是影响农民收入的一个重要原因。秋白菜供求水平的失衡导致了价格下跌,继而引起农民收入减少。产生这种情况的根本原因在于农民种植结构不合理,无法准确判断市场供求关系,对上一年度较高利润农产品的跟风种植导致产量过剩,失衡的供求水平最终造成了农产品价格的下跌。因此,综合利用多种信息渠道,促进农产品供需信息有效传播,积极引导农民合理种植,同时加强市场建设监管力度,营造和谐竞争环境,是稳定农产品市场,增加农民收入的关键措施。

第三节 不同流通渠道下农产品流通成本与利润解构研究

农产品流通渠道是指农产品及相关服务通过一系列相互依存的组织(或个人)从提供者转移到消费者的途径、过程以及相互关系。随着我国主要农产品的供给从总体短缺、供不应求转向相对过剩、销售日趋激烈,农产品流通渠道也发生了很大变化,出现了一些新的渠道形式和渠道系统,使得农产品流通渠道整体上处于一个新与旧、破和立的交替时期(李春成、李崇光,2005)。那么,在农产品流通渠道呈现多元化格局的背景下,何种类型的农产品流通渠道的流通成本更低?不同流通渠道下,渠道主体的利润分配情况又是怎样?本节以锦州水果主产区北镇市生产的葡萄流通为案例,对不同流通渠道模式下农产品流通成本和利润分配情况进行比较分析,以期为农产品流通渠道选择提供决策参考。

一、研究现状回顾

从农产品流通渠道来看,现有研究主要涉及:(1)农产品流通渠道的变迁与类型。孙剑和李崇光(2003)分析归纳了农产品流通渠道模式演变的五个阶段。关于农产品流通渠道的形式,基本形成了三种类型(李大胜、罗必良,2002;张闫、夏春玉，2005）、四种类型（杨年芳、孙剑，2007）、五种类型（杜红平等，2008）、六种类型（郭崇义、庞毅，2009）等不同观点。（2）农产品流通渠道绩效评价。赵晓飞和李崇光（2008）构建了基于整体渠道观的农产品渠道竞争力评价体系和以应用熵学为基础的评价模型。王彬等（2008）运用"DEA-偏好锥"模型对鲜活农产品的流通渠道效率进行了综合评价。孟菲和傅贤治（2007）比较分析了"农户+批发商""农户+龙头企业""农户+合作社+龙头企业"三种农产品流通渠道的效率。（3）农产品渠道模式选择。赵晓飞和李崇光（2007）认为"农户—龙头企业"的农产品渠道模式是我国农产品营销渠道的主流模式。王广斌和冉维龙（2004）认为，"公司（大型流通企业）+基地+农户"流通模式是山西农产品流通市场建设的必然选择。陈晓群和冉春娥（2007）指出，农产品营销渠道必须向"生产者+加工配送中心+农产品销售集团连锁店+消费者"模式转化。郭崇义和庞毅（2009）提出了以实力强的流通主体为核心建立的六种渠道模式，进而探索我国农产品流通的主导模式。（4）农产品流通渠道创新。袁华（2005）从流通组织的角度出发，论证了我国建立以合作社为中介组织的农产品流通渠道的必要性，并提出了创新的目标与思路。汪旭晖（2006）建立了农产品流通体系优化的分析框架。赵晓飞和田野（2009）认为，为了提高我国农产品流通渠道运行的绩效，要从渠道关系、参与主体、流通业态、流通技术、政府政策支撑体系等角度进行创新。

通过文献回顾可知，关于农产品流通渠道的研究正逐渐深入、具体，但该领域还有进一步研究的空间。从研究内容来看，现有研究虽然对不同类型的农产品流通渠道进行了分析与对比，但缺少不同类型渠道的流通成本与利润分配的对比研究。而对流通渠道中的成本分摊与利润分配研究的论文，大多以流通量较大的主导型流通渠道为主，缺少对其他类型的流通渠道的关注和对比分析。从研究对象来看，主要涉及粮食、蔬菜、畜禽等农产品，而较少关注水果，尤其是到目前为止还没有发现专门研究葡萄流通的文献资料。基于此，本节采用多案例比较研究的方法，选取葡萄为调查对象，对不同流通渠道下的流通成本和利润分配进行分析、比较，以探寻最优模式的农产品流通渠道。

二、研究设计

（一）研究方法和研究对象

考虑到农产品流通包括生产、批发、零售、物流等诸多环节，且不同的流通渠道所涉及的流通环节差别较大，不宜采用统一的标准通过调查问卷的方法对不同流通渠道、不同环节的受访者进行调研。因此本研究选取案例研究方法,试图通过对葡萄农户、批发商、零售商的深度访谈获取第一手资料。

本节研究的是同一种水果在不同流通渠道下的流通成本和利润分配问题。不同品种的水果虽然存在价格差异,但由于同一环节的流通费用相对固定,因此选取的水果品种对研究结论不会造成太大影响。同时,葡萄是城镇居民普遍消费的农产品,且锦州是全国有名的"葡萄之乡",其葡萄生产和销售都具有典型意义,因此选择锦州水果主产区北镇市生产的葡萄作为研究对象。此外,为了研究之便,假设几种流通渠道中所涉及的全部流通主体均只生产和销售这一种水果。

(二) 调研设计

按照流通渠道的环节层次划分,目前锦州市葡萄流通渠道主要有三种类型:一是"农户+经纪人+批发市场+零售商+消费者"模式,所占比例约为50%;二是"农户+农民专业合作社+大型综合超市+消费者"模式,所占比例约为25%;三是"农户+水果超市+消费者"模式,所占比例约为20%。针对这三种葡萄流通渠道,我们将全部调研人员分为三个小组,分别负责与各种流通渠道相关的资料收集工作。

在深入访问前,事先拟定了详细的访谈提纲,访谈内容根据对象的不同有所差异,主要包括三个部分:第一部分是受访者的基本信息,包括年龄、性别、受教育程度、家庭规模、从业年限等;第二部分是受访者所处流通环节发生的主要费用,如生产环节的生产资料费用、土地投入成本、人工费用等,批发、零售环节的运输费、包装费、损耗费、市场管理费、雇用工人费等;第三部分是受访者的销售价格(即生产价格、批发价格和零售价格)和收入水平以及对目前现状的评价。

调研采用任意抽样、判断抽样与典型抽样相结合的方法。为了完整地、客观地反映葡萄流通过程中的成本和效率,我们一方面通过访谈录音、纲要记录及时整理访谈资料;另一方面通过暗中观察、横向比较,并参照相关部门的统计信息对调研数据进行核准和确认。

(三) 样本分布

本研究重点调查了锦州市3种葡萄流通渠道下各个流通环节的流通主体。其中,深度访谈了22位农户、3位专业合作社负责人、4个经纪人、5个批发商、2位大型综合超市经理、20位小商贩及10名水果超市经营者。接受访谈的样本的基本情况如表9-11所示。

表9-11 访谈内容简表

访谈对象	农户	专业合作社负责人	经纪人	批发商	大型超市经理	小商贩	水果超市经营者
样本数量	22人	3人	4人	5人	2人	20人	10人
平均访谈时间	20分钟	45分钟	25分钟	20分钟	30分钟	15分钟	20分钟
样本分布	常兴店镇、鲍家乡、同阳、正安、大市、廖屯	常兴店镇和鲍家乡	常兴店镇、黄屯和鲍家乡	锦州市水果批发市场	锦州大润发超市、锦州华联超市	人民街农贸市场、杭州街农贸市场、贵州街农贸市场、古塔早市	锦州市古塔区、凌河区
样本特征 均龄	54	48	45	40	32	43	45
样本特征 最高文化程度	专科	高中	初中	本科	本科	高中	高中
样本特征 平均从业年限	20年	7年	10年	8年	5年	12年	3年
抽样方法	任意抽样	典型调查	典型调查	判断抽样	典型调查	任意抽样	判断抽样
主要数据	种植面积、产量、生产成本、种植损耗、包装成本、销售价格、销售渠道	收购价格、收购量、运营成本、损耗、销售价格、销售渠道	相关费用、收入	进货价格、运输费用、运输损耗、雇工费用、市场管理费用、销售价格	运营成本、损耗、销售量、经营收入	进货价格、市场管理费、损耗、销售价格、销售量	进货价格、税费、场地租金、流通费用、雇工费用、损耗、销售价格、销售量

三、不同流通渠道下葡萄流通的成本结构与利润分配

(一)"农户+经纪人+批发市场+零售商+消费者"流通渠道

葡萄从产地农户流通到锦州市区消费者手中,共经过4个流通环节,这些环节与相应的成本构成如图9-2所示。

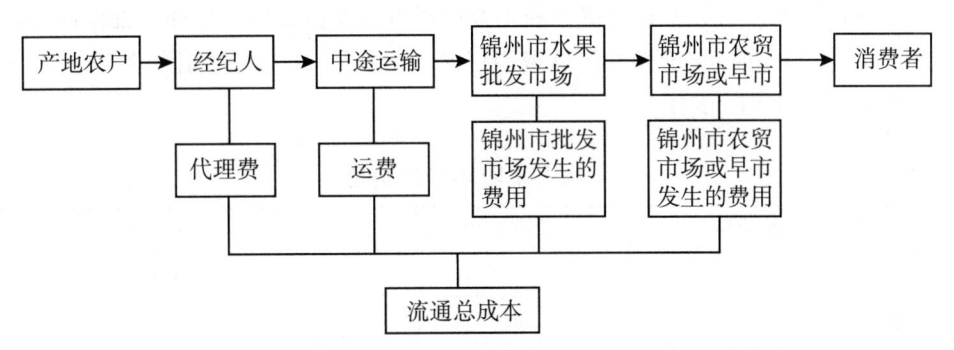

图9-2 "农户+经纪人+批发市场+零售商+消费者"流通渠道下葡萄流通环节及成本

1. 农户生产环节的费用。北镇的葡萄种植户目前均采用"陆地"种植方式栽种葡萄,葡萄在生产过程中的成本,主要由直接生产资料费用、基础设施与生产工具的折旧费和维护费、人工费用以及其他费用4部分构成。根据这4项费用支出,计算出农户在种植葡萄过程中,每亩地的总费用约为2 250.5元。在当前的技术条件下,葡萄每亩地的平均产量为2 750千克,则平均每千克的生产成本为0.8184元。调查期间,北镇葡萄"大陆货"的地头平均收购价格为2元/千克,则农户销售1千克葡萄平均可获得的利润为1.1816元。

2. 经纪人采购环节的费用。通过与4名当地从业多年的经纪人深度访谈发现,经纪人代为采购的整体流程和成本情况如图9-3所示。

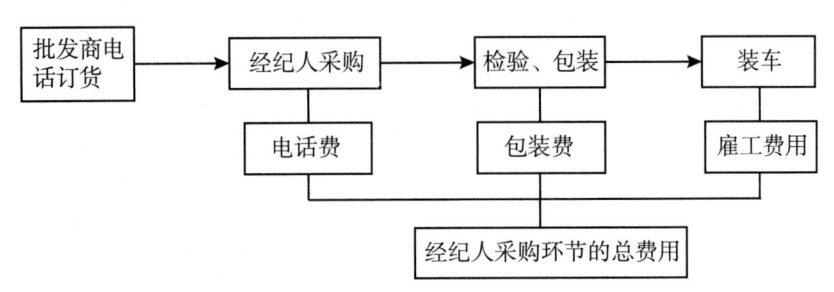

图9-3 经纪人代为采购的整体流程和成本情况

由于葡萄属于易损耗农产品，所以包装好坏对批发商利润有至关重要的影响。最常用的包装箱有木头箱和塑料箱两种，皆为 3 千克装，均价为 1.15 元/个。为了最大限度地防腐、防潮，降低损耗，每个箱子均需一个塑料袋、两片保鲜药，塑料袋为 0.15 元/个，保鲜药为 0.05 元/片。由此，葡萄的包装费用为 0.4666 元/千克。另外，6 吨的车通常需要雇用 3 名搬运工花费一天的时间才能整装完毕，平均每名工人的费用为 65 元/天，即此阶段的雇工费用为 0.0325 元/千克。由此，测算出采购环节每亩地的总费用为 1 377.1175 元，各阶段的费用情况如表 9-12 所示，其中包装费和雇工费用都由批发商支付。另外，批发商还需向经纪人支付 0.08 元/千克的代理费用以及 2 元/千克的进货费用，则采购环节的总费用为 2.5791 元/千克。

表 9-12　　　　　　　　经纪人采购环节的费用

采购环节的费用	每吨费用（元）	占比（%）
电话费	1.67	0.33
包装费	466.60	93.18
雇工费用	32.50	6.49
合计	500.77	100.00

3. 葡萄运输环节的费用。北镇与锦州两地相距 96 公里，批发商每次进货周期为一天，以承重 6 吨的货车为例，平均每百公里耗油 11 升，司机工资为 2 000 元/月、维修费 500 元/月，保险费 4 000 元/年。调查期间，柴油的平均价格为 5.5 元/升，故往返一次的油费为 116.16 元。同时，葡萄在运输过程中因为包装或摆放不当产生损耗，平均损耗率为 1%，各项具体费用如表 9-13 所示。

表 9-13　　　　　　　　运输环节的费用

运输环节的费用	每吨费用（元）	占比（%）
油费	19.36	36.46
司机工资	11.11	20.92
维修费	2.78	5.24
保险费	1.85	3.48
损耗费	18.00	33.90
合计	53.10	100.00

4. 葡萄在锦州批发环节的费用。北镇葡萄运到锦州后，即进入锦州水果批发

市场进行销售，在批发市场销售过程中，批发商需要支付以下四项费用（见表 9-14）：（1）市场管理费。锦州水果批发市场按照批发商当日的批发价格一次性收取 3% 的管理费，不再额外收取摊位费。调查期间葡萄的平均批发价格为 1.8 元/斤，则批发商日销售 6 吨葡萄需向市场缴纳管理费 324 元。（2）冷库费用。葡萄的易腐蚀性决定其对温度、湿度的高要求，为最大限度降低损耗，批发商普遍租赁冷库以储存待销葡萄。冷库的费用分为两部分：租赁费和电费，平均每个冷库位的租赁费为 10 000 元/年，电费为 550 元/月。（3）雇工费用。批发商雇用的工人有两种：长工和短工。长工按月支付工资，平均 1 350 元/月，主要负责整理、分拣、销售。而卸货、码垛则要雇用短工，平均工资为 55 元/天。一个批发商，平均每天要雇用 1 个长工和 2 个短工，支付的雇工费用为 155 元/天。（4）损耗费。在批发环节，由于摆放、包装、储存等原因会造成一定程度的破损、腐烂，平均损耗率为 1%。

表 9-14　　　　　　　　　　批发环节的费用

批发环节的费用	每吨费用（元）	占比（%）
市场管理费	54.00	51.17
冷库费用	7.69	7.29
雇工费用	25.83	24.48
损耗费	18.00	17.06
合计	105.52	100.00

综上所述，批发商要承担采购费 2.615 元/千克，运输成本 0.1062 元/千克，则总成本为 2.9322 元/千克。按葡萄的平均批发价格 3.6 元/千克计算，则每千克葡萄批发商的利润为 0.6678 元。

5. 葡萄在零售环节的费用。零售商通常在早市和农贸市场各有两个摊位，平均每个摊位的费用为 100 元/月，则零售商每月缴纳的摊位费与工商管理费之和为 400 元。农贸市场为消费者提供的包装比较简单，每日成本约 10 元。另外，零售商虽然拥有丰富的水果销售经验，但受果品质量、销售周期、储存条件等因素的影响，一般 3 千克包装箱的损耗至少为 0.5 千克。正是由于葡萄损耗率高的特性，长期从事葡萄销售的业主都会租一个专门的水果储存库，费用为 500~600 元/年。工作日的销售量约为 150 千克/天，周末约为 200 千克/天，则零售商每月的费用约为 4 533.58 元，如表 9-15 所示[①]。

[①] 需要说明的是，锦州的城市规模、地形地貌、经济发展水平等客观原因，决定了零售商普遍使用承重 500~600 斤的人力三轮车作为运输工具，该运输工具价格低廉且使用年限长，故零售环节的运输费用忽略不计。

表9-15　　　　　　　　　　零售环节的费用

零售环节的费用	每吨费用（元）	占比（%）
摊位费与工商管理费	40.82	8.28
包装费	30.61	6.21
损耗费	416.67	84.56
仓库租赁费	4.68	0.95
合计	492.78	100.00

在零售环节，每千克葡萄的费用为0.9856元，进货价格为3.6元/千克，即零售环节的总成本为4.5856元/千克。葡萄的平均零售价格为5.0元/千克，则每千克葡萄零售商的利润为0.4144元。

（二）"农户+农民专业合作社+大型综合超市+消费者"流通渠道

葡萄从产地农户流通到锦州市区消费者手中，共经过3个流通环节，这些环节以及相应的成本如图9-4所示。

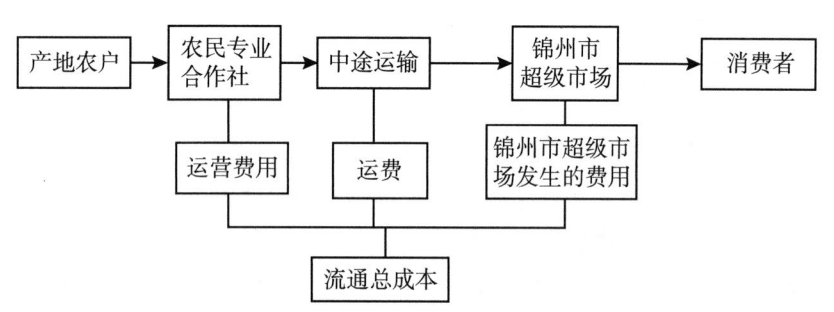

图9-4　"农户+农民专业合作社+大型综合超市+消费者"
流通渠道下葡萄流通环节及成本

1. 农户生产环节的费用。与"农户+经纪人+批发市场+零售商+消费者"流通渠道相比，"农户+农民专业合作社+大型综合超市+消费者"流通渠道中增加了塑料袋费用420元/亩，损耗费则降至40元/亩，即每亩地的种植总费用约为2 610.5元。按照优化栽培技术，优质葡萄的平均产量为1 500千克/亩，则平均生产成本为1.7404元/千克。优质葡萄平均回收价格为4元/千克，则农户销售1千克优质葡萄平均可获得利润2.2596元。

2. 合作社回收与运输环节发生的费用。通过与合作社负责人的深度访谈发现，合作社每年主要发生三项运营费用，以北镇常兴店葡萄生产合作社为例：一是冷库费用。每一批回收的优质葡萄都要储存到冷库中，其3 000吨冷库的建设成本约为3 000万元，使用年限通常为20年，每千克葡萄占1元的折旧费；冷库使用中耗费的成本主要是电费，平均费用为0.6元/千克。二是人工费用。人工费用包括两部分，合作社正式员工和临时搬运工的费用。其中，正式员工的费用约为0.14元/千克，临时搬运工的费用约为0.06元/千克。三是包装费用。在"农户+经纪人+批发市场+零售商+消费者"流通渠道包装的基础上，还需对每个包装袋分别打孔，费用为1元/袋，故此流通渠道的包装费为0.8元/千克。因此，在合作社回收环节，每千克葡萄的运营成本为2.6元，如表9-16所示。

葡萄从合作社运输到锦州超级市场的费用与"农户+经纪人+批发市场+零售商+消费者"流通渠道在运输环节所发生的各项费用没有差异。

表9-16　　　　　　　　　合作社的运营费用

回收环节的费用	每吨费用（元）	占比（%）
冷库费用	800	61.54
人工费用	100	7.69
包装费用	400	30.77
合计	1 300	100

3. 超级市场发生的费用。大型综合超市的水果经营多采用自营模式，通过大批量采购、减少中间流通环节来降低经营成本。笔者通过对锦州大润发、华联两家大型超市的实地调查，了解到一个100平方米的水果区，基础设施投入约为8.75万元，平均使用年限为10年，则基础设施折旧费用为8 750元/年。同等面积的水果区，通常需要配备6名员工，负责水果的上架、促销和展台管理，每名员工的平均工资为1 000元/月。优质葡萄经由合作社运送到超市后，需要超市自行雇工进行搬运，通常6吨车的搬运费为270元。大型综合超市一般常年租有冷库，用于储存不易储藏的水果，平均每个冷库的租赁费为10 000元/年。在大型超市销售葡萄的过程中，还存在其他一些费用，主要包括电费、包装费、收银纸费等。其中，电费1 000元/月、包装费1 500元/月、收银纸费200元/月。大型综合超市平均每天销售优质葡萄约1 500千克，由此计算各项费用如表9-17所示。

在本环节中，每千克优质葡萄的运营成本为 2.6782 元，进货价格为 8.3334 元/千克，则总成本为 11.0116 元/千克。优质葡萄平均销售价格为 11.80 元/千克，则超级市场销售 1 千克优质葡萄平均可获得利润 0.7884 元。

表 9-17　　　　　　　　　零售环节的费用

零售环节的费用	每吨费用（元）	占比（%）
基础设施折旧费	8.1	0.61
员工工资	66.7	4.98
搬运费	45.0	3.36
冷库费用	9.3	0.69
损耗费	1 180.0	88.12
其他费用	30.0	2.24
合计	1 339.1	100.00

（三）"农户+水果超市+消费者"流通渠道

葡萄从产地农户流通到锦州市区消费者手中，共经过 2 个流通环节，这些环节以及相应的成本如图 9-5 所示。

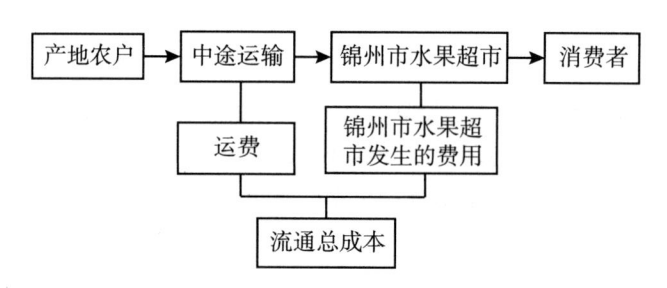

图 9-5　葡萄在"水果超市+农户"流通渠道下的流通环节及成本

与"农户+经纪人+批发市场+零售商+消费者"流通渠道相比，"农户+水果超市+消费者"流通渠道中农户生产成本在损耗费方面差别较小，费用为 130 元/吨，而葡萄销售价格与流通费用则有较大差异。

市场覆盖率、销售量等因素共同决定了水果超市每次进货量的有限性，农户大多不愿满足水果超市零散的购买需求，通常选择等待经纪人的一次性大批量购采购。因此，即使同为地头直接采购，水果超市也要支付略高的价格以补偿农户损失。一般情况下，"大陆货"的平均价格为 2.6 元/千克。

在运输环节，因无法达到独立运输的货运量，水果超市大多委托专业的运输公司代为运输。因此，这种运输方式直接按运输重量收取费用，平均运费为0.2元/千克。另外，水果超市还需支付装卸、搬运费用，平均为0.2元/千克，即运输环节的总费用为0.4元/千克。

水果超市的经营费用主要包括：城市管理费、场地租赁费、包装费、人工费用和损耗费。其中，城市管理费约为900元/年；40平方米的场地租赁费约为10 000元/年；水果超市销售葡萄时所提供的包装，为常见的简易塑料袋，费用为450元/月；同等规模的水果超市，通常雇用一名工人，负责日常葡萄的销售和货物整理，平均工资为1 200元/月；由于水果超市在销售周期、储藏条件等方面的限制，会产生一定损耗，通常占进货量的10%左右。以40平方米的水果超市为例，每天销售葡萄约500千克，水果超市的经营费用如表9－18所示。每千克葡萄的成本为0.5906元，进货价格为2.6元/千克，运输总费用为0.4元/千克，按水果超市的平均零售价格4.2元/千克计算，则每千克葡萄零售商的利润为0.6094元。

表9－18　　　　　　　　水果超市经营费用

零售环节的费用	每吨费用（元）	占比（%）
城市管理费	2.5	0.85
场地租赁费	27.78	9.41
包装费	15	5.08
人工费用	40	13.54
损耗费	210	71.12
合计	295.28	100

四、不同流通渠道下葡萄流通成本和利润的比较

（一）流通成本

扣除各流通环节的进货价格后，计算出三种流通渠道模式下各流通环节及渠道整体的流通费用与销售额（见表9－19）。表9－19表明，无论是从渠道整体，还是从中间商环节或零售环节，"农户＋农民专业合作社＋大型综合超市＋消费者"流通渠道中的流通费用都是最高的，"农户＋水果超市＋消费者"流通渠道

中的流通费用最低,"农户+经纪人+批发市场+零售商+消费者"流通渠道中的流通费用则介于二者之间。

表9-19　不同流通渠道模式下各流通环节及渠道整体的流通费用与销售额

流通渠道	中间商环节 流通费用（元/吨）	中间商环节 销售额（元/吨）	零售环节 流通费用（元/吨）	零售环节 销售额（元/吨）	渠道整体 流通费用（元/吨）	渠道整体 销售额（元/吨）
农户+经纪人+批发市场+零售商+消费者	659.37	1 800	492.8	2 500	1 152.17	4 300
农户+农民专业合作社+大型综合超市+消费者	1 353.1	4 166.7	1 339.1	5 900	2 692.2	10 066.7
农户+水果超市+消费者	200	0	295.3	2 100	495.3	2 100

注：将三种葡萄流通渠道下介于农户与零售商之间的流通主体统称"中间商",下同。

"农户+农民专业合作社+大型综合超市+消费者"流通渠道的成本之所以是最高的,这可能是因为,农民专业合作社在葡萄种植户产前、产中、产后都要提供相应的服务,耗费很大;大型冷库的建立与维护极大提高了流通成本。"农户+经纪人+批发市场+零售商+消费者"流通渠道的成本次之,一方面,因为单个零售商的经营规模小、收益低,并且面临水果超市等新型零售商的激烈竞争,为了实现理想的收益,提高批零价差是最直接有效的方式,因此提高了流通费用;另一方面,该流通渠道的流通环节多,多次装卸、搬运增加了流通损耗,无效物流费用高。"农户+水果超市+消费者"流通渠道的流通费用最低,其可能的原因主要在于它有效连接了农户和零售市场,中间没有其他流通主体,仅涉及运输费用。

(二) 不同流通渠道下不同流通主体的利润比较

基于调查数据计算出的不同流通渠道下各流通主体的利润、成本利润率如表9-20所示。仅从利润数量来看,无论在哪种葡萄流通渠道中,农户获得的利润均最高,而零售商获得的利润均最低。然而,农户、中间商、零售商的获利周期存在明显差异,农户获利周期较长,而中间商和零售商的获利周期通常仅为一天,且担负的风险较小。因此,我们将获利周期这一时间要素考虑进来,进一步考察不同流通主体的成本利润率[①]。从表9－20可见，在三种葡萄流通渠道中，中间商的单位成本利润率均最高，而农户的单位成本利润率均最低。中间商的单位成本利润率是农户的2倍多，而零售商的单位成本利润率则是农户的1~3倍。我们认为，这是因为农户作为交易主体，规模小而数量庞大，同时获利周期比中间商和零售商长，无法排除诸如自然因素和经济因素的影响，作为市场价格的被动承受者，其收入常发生较大波动。而中间商和零售商通常拥有较强的渠道权力，交易对象选择余地很大，当销售价格发生变化时，可通过压低收购价保持稳定的利润。与零售商相比，中间商的单位成本利润率要高出2倍左右，这是因为中间商的单位利润与销售量均高于零售商。

表9－20　不同流通渠道下各个流通主体的利润及成本利润率

流通渠道	农户 利润（元/千克）	农户 单位成本利润率（%）	中间商 利润（元/千克）	中间商 单位成本利润率（%）	零售商 利润（元/千克）	零售商 单位成本利润率（%）
农户＋经纪人＋批发市场＋零售商＋消费者	1.182	28.88	0.668	71.63	0.414	42.01
农户＋农民专业合作社＋大型综合超市＋消费者	2.260	25.97	1.628	60.65	0.788	28.48
农户＋水果超市＋消费者	1.771	42.70	0	0	0.610	103.19

表9－20还显示，在葡萄流通的三种渠道中，"农户＋水果超市＋消费者"

---

① "农户＋经纪人＋批发市场＋零售商＋消费者"流通渠道中，在生产环节，平均亩产量为2 750千克，净利润为1.1816元/千克，生产周期5个月，每亩地的总投入为2 250.5元，则每个月的成本利润率为28.88%。在中间商环节，月利润＝净利润×当天销售额×30天＝60 102元。月成本＝采购环节费用＋运输环节费用＋批发环节费用＝83 901.4666元。单位成本利润率＝月利润/月成本＝71.63%。在零售环节，月利润＝净利润×当天销售额×30＝2 038.848元。月成本＝摊位费与工商管理费＋包装费＋损耗费＋仓库租赁费＝4 852.9762元。单位成本利润率＝月利润/月成本＝42.01%。"农户＋农民专业合作社＋大型综合超市＋消费者"流通渠道中，在生产环节，平均亩产量为1 500千克，净利润为2.2596元/千克，生产周期为5个月，每亩地的总投入为2 610.5元，则每个月的成本利润率为25.97%。在中间商环节，中间商每天销售4 500千克，月利润＝净利润×当天销售额×30天＝219 672元，月成本＝回收环节费用＋运输环节费用＝362 178.1333元，单位成本利润率＝月利润/月成本＝60.65%。在零售环节，月利润＝净利润×当天销售额×30＝35 478元，月成本＝基础设施折旧费＋员工工资＋搬运费＋冷库费用＋损耗费＋其他费用＝124 562.5元，单位成本利润率＝月利润/月成本＝28.48%。"农户＋水果超市＋消费者"流通渠道中，在生产环节，平均亩产量为2 750千克，净利润为1.7706元/千克，生产周期为5个月，每亩地的总投入为2 280.5元，则每个月的成本利润率为42.70%。在零售环节，月利润＝净利润×当天销售额×30＝9 141元，月成本＝城市管理费＋场地租赁费＋包装费＋人工费用＋损耗费＝8 858.3333元，单位成本利润率＝月利润/月成本＝103.19%。

这种流通渠道的单位成本利润率最高，而"农户＋农民专业合作社＋大型综合超市＋消费者"流通渠道的单位成本利润率最低。

五、结论与建议

本节的研究结论是，在三种葡萄流通渠道中，从流通成本来看，"农户＋水果超市＋消费者"＜"农户＋经纪人＋批发市场＋零售商＋消费者"＜"农户＋农民专业合作社＋大型综合超市＋消费者"；从流通主体获利来看，如果考虑获利周期这一因素，以成本利润率这个指标来衡量，则"农户＋农民专业合作社＋大型综合超市＋消费者"＜"农户＋经纪人＋批发市场＋零售商＋消费者"＜"农户＋水果超市＋消费者"。可见，从流通成本和农户获利的角度，"农户＋水果超市＋消费者"是最理想的葡萄流通渠道；而"农户＋农民专业合作社＋大型综合超市＋消费者"流通渠道的功能却还没有充分显现。

基于上述结论，本研究提出如下对策建议：一要充分发挥"农户＋水果超市＋消费者"流通渠道的低成本优势，同时还应发展和完善新型农产品流通渠道，例如"农户—超级市场—消费者""农户—农产品经销公司—连锁超市—消费者""农户—龙头企业—零售终端—消费者"等渠道模式，实现各种流通渠道优势互补，共同发展；二要加大对合作社的扶持力度，增强"农户＋农民专业合作社＋大型综合超市＋消费者"流通渠道的功能。首先，政府应通过立法明确农民专业合作社的法律主体地位，为其长远发展奠定制度基础。其次，设立专项扶持资金，例如，按合作社的规模每年分发一定数额的财政拨款，分担其日常的运营成本；当市场价格出现剧烈波动时，政府应追加部分价格补贴，以降低合作社所承担的市场风险。最后，适度放宽合作社的贷款条件，缩短贷款时间，优先满足农民专业合作社的信贷需求。三要改进物流技术，降低流通损耗。为了降低农产品流通成本，提高农产品流通效率，应加快建设以冷藏和低温仓储、运输为主的农产品冷链系统，形成生产—运输—储藏—销售的整体服务体系，建立全国统一的农产品高效运输通道，优化农产品物流环境。

第四节　不同类型农产品零售终端的成本利润对比研究

零售环节是农产品流通中的重要组成部分，农产品在零售环节的高加价率现象引起了包括学界在内的全社会的关注。许多学者从流通渠道的角度，解构不同流通环节中批发商、零售商的成本构成与利润分配（陈耀庭、戴俊玉，2014；高静等，2015；孙侠、张闯，2008；王学真等，2005），并在研究中发现蔬菜零售环节的高加价率是导致农民售菜价格和市民买菜价格之间价差过大的重要原因，并将零售环节的批零价差过大现象称为蔬菜流通中的"最后一公里"问题（刘达、庞毅，2012；吴海民等，2012）。蔬菜的零售环节由早夜市、农贸市场、超市等不同类型的零售终端所组成，不同类型的零售终端的成本构成和利润情况怎样？是否是零售商的暴利导致了过高的批零价差？本研究将从微观层面详细解构不同类型的零售商在销售蔬菜时的成本和利润情况，从而揭示蔬菜流通中"最后一公里"问题的真实情况，并探究破解"最后一公里"问题的对策。

一、研究现状

我国的农产品流通中存在价格波动剧烈、渠道两端价差过大两大难题（杨志宏、翟印礼，2011；张喜才等，2011）。这两大问题都是在农产品从农民到市民的流通过程中逐步形成的，因此许多学者从整个农产品流通渠道入手，以各环节上的典型渠道主体为研究对象，分析不同流通环节的成本构成和利润分配。为了揭示蔬菜流通环节上的成本分摊情况，王学真等（2005）分析了蔬菜从山东寿光的菜农到北京最终消费者全程的流通费用情况。杨志宏和翟印礼（2011）以沈阳市蔬菜市场为例分析了超市农产品流通渠道中各流通环节的费用构成。还有一些学者还同时分析了利润的分配情况。蒋中一等（1996）调查了蔬菜生产、批发、零售三个环节的费用和利润情况。许世卫等（2008）分析了价格上涨时番茄和尖椒流通渠道中的成本和利润分配情况，认为价格上涨的主要推动力是成本增加。孙侠和张闯（2008）以大连市茄子流通渠道为例分析了蔬菜流通成本和利润在不同渠道主体间分配的情况，发现中间商比农户获得了更多的利润。文晓巍（2011）调查了广州市的蔬菜流通渠道，发现"最后一公里"是农产品零售价格居高不下的重要原因。张喜才等（2011）在实地调研山东、北京蔬菜流通各环节上的成本收益的基础上探讨了蔬菜产业链价格传导的模式。高静等（2015）则研究了重庆蔬菜供应链的价值创造及利益分配问题，发现其中利益分配并不均衡，零售环节利益在整个供应链中占比68%。莫拉利达尔等（Muralidhar et al.，2012）对比分析了印度安得拉邦的四种农产品流通渠道，发现收获前订购最为常见，而运输费、代理佣金和连锁批发商是渠道运营中的主要问题。西替利等（Sidhu et al.，2011）对比分析了印度旁遮普邦三种渠道长度不同的豌豆流通渠道的成本与利润情况，并指出生产者直接对接消费者的渠道效率最高。

一些学者则重点关注了零售环节对蔬菜价格问题的影响。吴海民等（2012）

基于对农副产品"最后一公里"流通模式的思考,在客观分析平价商店对抑制农副产品价格效果的基础上指出其存在的不足,并提出建立公益性农副产品直销零收费平价市场流通模式的设想以及配套措施的建议。刘达、庞毅(2012)对比了北京市超市和农贸市场在进行蔬菜销售时所发生的成本和获取的利润情况,发现蔬菜零售终端类型对零售价格具有重要影响。赵庆泉(2015)则对四个零售终端进行了案例调查,测算了不同零售终端的成本与利润情况。

总体而言,以典型渠道主体为研究对象的全流通渠道的成本构成与利润分配研究已经取得了许多有重要价值的成果。从这些研究中可以发现,零售环节往往是整个农产品流通渠道中进销差价最高的环节,并被视为导致农产品零售价格居高不下的重要环节(文晓巍,2011)。但此类研究由于需要调查的环节众多,出于操作可行性的考虑,往往在每个环节上仅选择一类典型的渠道主体作为调查对象,这不利于比较同一环节上不同类型的渠道主体在成本和利润上的差异。而实际上,不同类型的渠道主体在流通效率、加价和利润上存在较大差异(刘达、庞毅,2012)。探究零售环节对蔬菜价格问题影响的研究已经在零售环节的流通模式,不同零售终端类型对流通加价的影响等方面取得了重要的进展。但此类研究往往缺乏对不同类型零售终端的详细成本解构和利润分析,不利于揭示零售环节加价高的根源和明确降低零售成本的对策。鉴于此,本研究将借鉴农产品流通渠道成本利润解构研究的分析方法和思路,采用案例研究方法,全面解构不同类型零售终端的成本构成和利润,探究提高零售环节效率,降低零售环节成本的对策。

二、研究设计

由于本研究所涉及的零售终端类型较多,不同类型的零售终端的调查对象差别很大,且调查数据较为敏感,所以采用案例研究的方法,以期通过对不同类型的农产品零售商的深度访谈获取第一手资料。由于时间、精力和研究经费等方面的制约,本研究根据典型性和代表性的原则选取了油菜作为研究对象。虽然选取一种蔬菜有一定的局限性,但由于本研究的目的是对比不同类型零售终端在成本构成和利润上的差异,虽然不同品种的蔬菜在价格上存在差异,但流通成本的构成相对一致,因此不会导致研究结果产生太大偏差。选择油菜作为研究对象主要基于以下两点考虑:第一,油菜是一种比较典型的叶菜,具有易腐烂且流通损耗大的特点;第二,油菜是城镇居民消费较为普遍的蔬菜,是国家农业主管部门和各地农业部门重点监测的蔬菜品种。

（一）调查设计

大连是辽宁省第二大城市，全国5个计划单列市之一，是一个典型的大中型城市。近年来，大连市的蔬菜零售价格呈现快速攀升的上涨态势。在调研中发现，从2008年到2012年，大连市零售环节重点监测的15种蔬菜的平均零售价格从3.74元/千克上涨到5.80元/千克，总体上涨55.69%，远高于同期的CPI涨幅（16.1%）。大连市民购买蔬菜主要通过早夜市、农贸市场、超市等类型的零售终端。从市场份额来看，早夜市销售的蔬菜占大连市蔬菜零售总量的40%，农贸市场占16%，大型超市占8%左右。

在对零售商深入访谈之前，课题组在2013年3月到5月期间先后前往大连市服务委、农委和双兴批发市场进行了调研，对大连市蔬菜零售情况进行了全面的了解，并在预调研的基础上为不同类型的零售商分别拟定了详细的访谈提纲。提纲整体由三大部分构成：第一部分是被访者的基本信息，包括受访者的年龄、最高学历、从事农产品销售的时间、家庭规模、联系方式等。第二部分是被访者在进行油菜销售时发生的成本，由于终端类型的不同其所在零售过程中产生的费用也不尽相同，所以访谈提纲也会稍加改变，主要包括油菜的收购价格、长期以及临时雇工费、摊位费、包装仓储费、运输费、损耗费等。第三部分是被访者的收入部分，主要包括农产品的出售价格、销售额、收入水平等。为了确保数据的真实可靠，本研究采用了以下两种方式：第一，在对当事人询问相关问题之余，还会询问一些其他终端的情况，力图使彼此的答案相互印证；第二，在调查中加入了校验问题，一旦发现不一致的情况，我们会对受访者进行二次访谈。例如，虽然可以通过详细的成本和价格数据计算出每斤油菜的利润，但访谈中还是向零售商直接询问了每斤的利润。

本研究主要以访谈的形式作为原始数据的主要收集方法，同时将二手数据调查法和电话访谈法作为辅助数据收集方法。通过对蔬菜不同类型流通终端经营业主的深度访谈，获取了大连市蔬菜在销售过程中成本和利润的第一手数据资料。通过对比同一种蔬菜通过三种不同类型的零售终端销售时的成本和价格差异，探究各类零售终端的成本构成和利润情况，分析成本和利润差异的原因，从而使研究结果具有一定的普遍性。

（二）调查过程

正式调研在2013年8月到9月期间进行。由于所需调查的数据较多，且需要走访的对象分散在大连市不同区域，因此成立了以专职教师为负责人，博士研究生和硕士研究生为调查员的调研小组，亲自去各个卖场与店主进行实地访谈，获取一手数据。

本研究按照采用典型抽样和随机抽样相结合的方法，根据大连市民购买蔬菜的习惯，选取大连熟食品交易中心、大连市沙河口区尖山街良勇市场、大连市机场前果蔬农贸市场以及兴工街农贸市场作为农贸市场的调查点；选取孙家沟果蔬早晚市、黑石礁早夜市和大连市高新区税专早夜市作为早夜市的调查点。按照信息饱和原则，分别深度访谈了农贸市场16人、早夜市中的摊主18人，每个摊主的访谈时间在70分钟左右。

本研究选取DS超市的3个门店作为超市的调查对象。由于受总样本量的制约，深度访谈了3位大型综合超市的蔬菜部负责人，每位负责人的访谈时间在60分钟左右。

三、实证研究

（一）商贩的成本构成与利润

农贸市场中的零售商贩大多以家庭为单位，夫妻一同从事蔬菜销售活动，而很少雇佣其他员工。这些商贩需要承担的零售成本由采购价格、运输成本、销售成本三部分组成。

1. 采购价格。农贸市场中的商贩主要从大连双兴商品城蔬菜批发市场、大连机场前菜果批发市场等批发市场采购蔬菜。这些批发市场的摊位费和交易佣金都只向批发商征收，零售商从批发市场采购蔬菜只需支付批发价格即可。大连市农贸市场蔬菜零售商2013年8月、9月采购油菜的价格范围在5~7元每千克，平均采购价格为5.775元/千克。

2. 运输成本。农贸市场零售商一般采用自购车辆的方式运输，车型一般选择使用1.5吨到3吨不等的小货车。运输成本主要由车辆折旧费、燃油费、保险费、维修费等费用构成。小货车的购置价格从3万元到7万元不等，平均每辆车的购置价格为4.31万元。根据使用年限分摊购置成本，平均每公斤的折旧成本为0.032元。

在各项运输成本中，机动车燃油费所占份额最高，平均每月支出在1500元左右。由于农贸市场中的零售商一般不雇佣司机，而且只在市内行驶，因此一般都不需要支付路桥费和司机工资。此外，机动车每年平均保险费、维修费和违章罚款支出分别为2312元、562元和62.5元。按照重量将这些费用分摊到每千克蔬菜，每千克油菜的各项运输费用情况见表9-21。

表 9–21　　　　　　　　农贸市场的蔬菜运输费用

项目	折旧费	保险费	维修费	罚款费	燃油费	司机工资	路桥费	总运输费
费用（元/千克）	0.032	0.016	0.003	0.000	0.141	0.000	0.000	0.192
占比（％）	16.67	8.33	1.56	0.00	73.44	0.00	0.00	100.00

数据来源：笔者访谈数据整理

3. 销售成本。为了在农贸市场开展零售业务，摊主需要向农贸市场缴纳一定的费用并购置销售所需的电子秤、筐等摊位设施，并承担雇工费、损耗费、包装费、摊位设施费和水电费等其他费用。其中，损耗费所占比重最高，占总销售成本的 82.68%。这主要是因为油菜具有易腐烂变质的特点，商贩在销售蔬菜的过程中会产生较高的损耗，损耗比例平均达到 13.5%。

其次是摊位管理费。大连的农贸市场一般采用合并征收的方式，将摊位费、卫生费和其他税费合并成农贸市场管理费一次性征收。一个 1.2 米长的摊位每月的管理费在 500 元到 700 元之间，平均 600 元左右。每个电子秤和铁筐的价格在 100 元左右。

农贸市场的商贩在销售蔬菜时，一般会免费提供包装塑料袋，一个长为 1.2 米左右摊位一个月包装费用为 180 元左右。少量规模较大的农贸市场零售商在经营过程中需要雇用销售员协助其完成正常的销售活动，这些雇员的雇佣方式分为长期雇用和短期雇用两种，长期雇用平均每人每月工资为 3 000 元，短期雇用平均每人每小时工资 100 元。

农贸市场中的商贩常年从事蔬菜零售，凭借丰富的经验，可以比较准确地确定每天的进货量，即便没有完全销售，剩余的少部分蔬菜会被储存在这些商贩的家中，因此蔬菜仓储费用一般不存在。按重量分摊后，销售蔬菜的成本费用情况见表 9–22。

表 9–22　　　　　　　　农贸市场销售成本

项目	摊位管理费	雇工费	损耗费	包装费	摊位设施费	仓储费用	水电等其他费用	总费用
费用（元/千克）	0.204	0.013	1.188	0.029	0.001	0.000	0.002	1.437
占比（％）	14.20	0.90	82.67	2.02	0.07	0.00	0.14	100.00

数据来源：笔者访谈资料。

4. 利润分析。每千克油菜在农贸市场的平均零售价格为 8.875 元，批零差价为 3.1 元，加价率为 53.68%。农贸市场中的零售商销售每千克油菜的平均总成本为 7.404 元，平均利润为 1.471 元。零售商每月的平均利润为 6 500 元，按经营人数进行分摊，平均人均利润 2 458 元。

考虑到农贸市场中的零售商很少雇工，主要由家庭成员共同经营，虽然不实发工资，但不能忽略其家庭成员的劳动成本。由于家庭成员的劳动成本难以具体量化，因此采用当年辽宁省城镇私营单位就业人员月平均工资 2 519 元作为核算劳动成本的参考。在考虑家庭成员劳动成本的情况下，油菜按重量分摊的劳动成本为每千克 0.2811 元，农贸市场中的零售商销售每千克油菜的平均总成本为 7.685 元，平均利润为 1.19 元。零售商每月的平均经营利润仅为 1 966 元。

（二）早夜市蔬菜销售过程中成本利润解构

早夜市的蔬菜零售经营方式与农贸市场的比较相似，也是以家庭为单位，不过经营规模往往更小，而且通常都不会雇佣其他员工。

1. 采购价格。早夜市中的商贩也主要从大连双兴商品城蔬菜批发市场、大连机场前菜果批发市场等批发市场采购蔬菜，平均采购价格为 5.511 元每千克。采购环节是蔬菜在整个零售过程中费用最高的环节，采购价格占总体销售成本费用的 73.71%。

2. 运输成本。早夜市零售商一般采用自购车辆的方式运输，所用车辆一般为 1.5 吨到 2 吨不等的小货车。运输成本主要由车辆折旧费、车辆耗油费、车辆保险费、修车费用、车辆罚款等费用构成。早夜市零售商所用车辆的平均购置价格在 42 444 元左右。按照使用年限折旧以后得到运输过程中车辆每天的折旧费用在 6.94~11.57 元之间。

在各项运输成本中，机动车燃油费所占份额最高，平均每月支出在 1 217 元左右。由于农贸市场中的零售商一般不雇用司机，而且只在市内行驶，因此一般都不需要支付路桥费和司机工资。此外，机动车每年平均保险费、维修费支出分别为 2 148 元、728 元左右。另有少量的违章罚款费用。按照重量将这些费用分摊到每斤蔬菜，每千克油菜的各项运输费用情况见表 9 - 23（因四舍五入问题，表中各项目费用比例的合计数约为 100%）。

表 9 - 23　　　　　　　　早夜市的蔬菜运输费用

项目	折旧费	保险费	维修费	罚款费	燃油费	司机工资	路桥费	总运输费
费用（元/千克）	0.031	0.021	0.005	0.000	0.121	0.000	0.000	0.178
占比（%）	17.42	11.80	2.81	0.00	67.98	0.00	0.00	100.00

数据来源：笔者调查资料。

3. 销售成本。早夜市摊主在蔬菜销售过程中需要向摊位管理机构缴纳一定的摊位管理费，该费用以摊位大小为标准，通常一个长 1.2 米的摊位每月摊位费用大概在 400 元左右。摊位设施主要包括电子秤、铁筐和蔬菜售后包装袋，电子秤和铁筐每个单价 100 元左右。

与农贸市场相比，早夜市的经营时间有限，因此蔬菜销售过程中的损耗更高，油菜的平均损耗比例约为 19%，占销售成本的 91.24%。早夜市中的零售商也会为消费者免费提供购物袋，一个长 1.2 米的摊位每个月平均需要包装费用在 150 元左右。早夜市零售商大多是以"夫妻店"形式经营，一般不存在雇工费用。按照重量进行分摊，每公斤销售费用情况见表 9-24（因四舍五入问题，表中各项费用的比例合计数约为 100%）。

表 9-24　　　　　　　　早夜市销售成本

项目	摊位管理费	雇工费	损耗费	包装费	摊位设施费	仓储费用	水电等其他费用	总费用
费用（元/千克）	0.106	0.000	1.630	0.042	0.001	0.000	0.007	1.786
占比（%）	5.94	0.00	91.27	2.35	0.06	0.00	0.39	100

数据来源：笔者调查资料。

4. 利润分析。每公斤油菜在早夜市的平均零售价格为 8.72 元，批零差价为 3.209 元，加价率为 58.22%。早夜市中零售商每千克油菜的平均零售成本为 7.477 元，每千克油菜的平均利润为 1.243 元。零售商每月的平均利润为 2 937 元，按经营人数进行分摊，平均人均利润 1 390 元。

在考虑家庭成员劳动成本的情况下，油菜按重量分摊的劳动成本为每千克 1.202 元，零售商销售每千克油菜的平均总成本为 8.678 元，平均利润为 0.016 元。零售商每月的平均经营利润仅为 104 元。

（三）超市蔬菜销售成本费用解构

DS 超市的蔬菜销售采用的是超市与蔬菜零售商联营的模式，超市将蔬菜销售业务承包给零售商经营，超市按照承包面积和销售额对零售商进行"抽点"收费。大连市一共有 8 家冠名 DS 大型超市的蔬菜卖场，这些蔬菜卖场的零售商相互独立，都是从双兴批发市场、机场前批发市场等几家当地大型批发市场采购蔬菜，并雇佣专门负责销售的人员维护蔬菜销售区域的整体环境卫生和开展蔬菜销售活动。蔬菜的销售收入由超市统一收取，并按照实现约定好的抽点比例扣除一定的"摊位费用",余下部分返还给零售商。从零售商的经营上看,超市中的蔬菜零售商与农贸市场、早夜市中的零售商比较相似,区别之处主要在于:第一,少数承包商在将蔬菜从批发市场运输至超市时采用了物流外包的运输方式;第二,在进行蔬菜销售时,承包商会雇用专门销售人员从事蔬菜销售活动。

1. 采购成本。在蔬菜的批发阶段,成本费用仍以蔬菜批发采购成本为主,经过走访调查,大型超市蔬菜区域承包商主要的蔬菜采购地点与农贸市场同为大连双兴蔬菜批发市场。3家零售商的油菜平均采购价格为5.533元/千克,约占总流通成本的70.70%。

2. 运输成本。超市中的蔬菜零售商的运输方式有两种:物流外包和自购车辆运输。一家零售商采用物流外包的方式运输蔬菜,每天的蔬菜销售量在500千克左右,每月的租车费用为3 000元,根据重量占比分摊租车费用,每千克油菜的运输费用在0.2元左右。

两家蔬菜成本商采用自购车辆的方式运输蔬菜,每天蔬菜的销售量平均在775千克左右。蔬菜运输过程中的费用包括:车辆折旧费用、司机工资、保险、修车费、罚款、车辆耗油费用等。由于超市的蔬菜零售商的经营规模较大,普遍购买1.5吨的箱货,平均购买价格6万元,一般可以使用10年。司机的月工资在3 000元左右,一辆车一年的燃油费在12 000元左右,保险费在1 200元左右,另外每年平均用于修车的费用在500元左右。这些车辆主要往返于市内的批发市场和超市,因此没有路桥费支出,也很少被罚款。由于蔬菜零售商同时销售多种蔬菜,所以这些运输费用按照油菜在蔬菜总销量中的重量占比进行分摊,每千克油菜的运输费用见表9-25。

表9-25　　　　　　　　超市零售商自有车辆运输费用

项目	折旧费	保险费	维修费	罚款费	燃油费	司机工资	总运输费
费用（元/千克）	0.024	0.004	0.002	0.000	0.045	0.136	0.211
占比（%）	11.37	1.90	0.95	0.00	21.33	64.45	100.00

资料来源:笔者调查资料。

总体而言,物流外包和自有车辆运输两种方式的每千克运输费差别不大,分别为0.2元和0.211元,零售商运输油菜的平均费用为0.207元/千克,占总零售成本的2.65%。

3. 销售成本。蔬菜零售商的摊位费是按照营业额进行"抽点"征收的,平均每年缴纳的摊位费在15万到20万间不等。三家零售商实际缴纳的摊位费用分摊到每千克油菜为0.741元。另外,超市蔬菜销售区域的基础设施由超市统一提供,不需要承包商额外承担。

与农贸市场和早夜市相比,超市的蔬菜储藏设施更好,但油菜的损耗也平均达到10%。在蔬菜销售过程中,需要为消费者提供免费的塑料包装袋,平均每月在90元左右。超市的油菜销售需要雇用专门的销售人员,平均每个门店的销售人员在2~6人之间,每人每月的工资在1 800~2 000元之间。按照重量进行分摊,每千克油菜的费用情况见表9-26(由于四舍五入问题,表中各项费用的比例合计数约为100%)。

表9-26　　　　　　超市中蔬菜零售商销售成本

项目	摊位管理费	雇工费	损耗费	包装费	摊位设施费	仓储费	水电等其他费用	总费用
费用(元/千克)	0.741	0.419	0.920	0.006	0.000	0.000	0.000	2.086
占比(%)	35.54	20.09	44.11	0.27	0.00	0.00	0.00	100.00

资料来源:笔者调查资料。

总体而言,超市中的蔬菜零售商在销售油菜的过程中平均每千克成本为2.086元,占总零售成本的26.65%。其中损耗费占比最高,达到0.92元,其次是摊位费和雇工费,分别为0.741元和0.419元。

4. 利润分析。每千克油菜在超市的平均零售价格为9.2元,批零差价为3.667元,加价率为66.26%。超市中的蔬菜零售商每千克油菜的平均成本为7.827元,每千克油菜的平均利润为1.373元。零售商每月的平均利润为12 500元,按经营人数进行分摊,平均人均利润10 277元。

四、结论及政策建议

(一) 研究结论

总体而言,早夜市和农贸市场商贩的流通成本费用相差不大,但与超市中的零售商相比具有较大优势,每千克总成本分别低了0.423元和0.349元。在每千克油菜的平均利润仅在1.243~1.471元之间的情况下,使得农贸市场和早夜市在与超市的竞争中具有较大的价格优势。这也是早夜市和农产品市场的蔬菜销量远超超市的一个重要原因。超市零售商的流通成本高的主要原因在于销售成本过高,每公斤的销售成本要比早夜市和农贸市场中的零售商高0.3元和0.65元。

对比销售成本的构成，可以发现，超市销售成本高的主要原因在于摊位管理费和雇工费。超市每千克油菜的摊位管理费和雇工费分别为0.741元和0.419元，而早夜市分别为0.106元和0元，农贸市场则分别为0.204元和0.013元。但是需要特别指出的是，在考虑家庭成员劳动成本的情况下，超市零售商与早夜市、农贸市场中的零售商在流通成本费用上的差距显著缩小，每千克成本仅分别高0.034元和0.142元。因此，虽然家庭成员参与经营为早夜市和农贸市场中的零售商提供了经营上灵活性，在更低的价格条件下盈利，但加价能力并不强。

超市的零售价格最高，每千克9.2元，而早夜市和农贸市场的零售价格较为接近，分别为8.72元和8.875元。由于三者均通过本地批发市场采购蔬菜，因此他们之间的采购成本差别不大。批零价差最大的是超市，达到3.667元，而早夜市和农贸市场则分别为3.209元和3.1元。

但是由于超市零售商的经营成本远高于其他类型的零售商，因此三者的每千克利润较为接近，超市、早夜市、农贸市场零售商的每千克利润分别为1.373元、1.243元和1.471元。但是超市零售商的经营规模要远高于早夜市和农贸市场的零售商，因此平均每月每个零售商的利润总额存在较大差异，超市、农贸市场和早夜市零售商的月平均利润分别为12 500元、6 500元和2 937元。如果对比人均利润的话，三者之间的差距更大，分别为10 277元、2 458元和1 390元，这主要是因为农贸市场和早夜市主要是家庭经营，家庭成员都参与经营活动，而超市往往只有1人经营，或者存在少量的合伙人。在考虑家庭成员劳动成本的情况下，三者之间的经营利润差异更大，分别为12 500元、1 966元和104元。这也反映出早夜市、农贸市场的零售商盈利能力很差，农产品零售经营中的规模化和专业化是提高绩效的重要手段。

在采购、运输和销售三类成本中，采购成本占比最高，三类零售商均达到70%以上。其次是销售成本，占比在20%左右。从销售成本看，损耗费占比最高，特别是早夜市的损耗费占比达到总销售成本的91%，超市零售商的占比最低，但也达到44%。这主要是在零售环节，缺少冷链运输和冷藏销售的环境，加之油菜易腐不易贮藏的特性，导致损耗率居高不下。其次是摊位管理费，超市零售商的该项费用在总销售成本中的占比达到36%，虽然早夜市提供的各项服务非常有限，但摊位管理费在总销售成本中的占比也达到了5.91%。

对于运输成本而言，三类零售商存在较大差异。超市零售商的主要运输成本是司机工资，占总运输成本的64%，而农贸市场和早夜市的零售商并不雇用司机，而是由家庭成员承担运输工作。农贸市场和早夜市零售商的主要运输成本是燃油费，分别占总运输成本的73%和68%。由于这些零售商都是从市内的批发市场采购蔬菜，并运输到当地的零售点进行销售，沿途没有路桥收费站，违章罚款也很少。

（二）政策建议

虽然在农产品流通渠道中零售环节的批零价差很大，但导致加价过高的原因不在于零售商赚取了暴利，特别早夜市和农贸市场两个主要的零售终端，在考虑家庭成员的劳动成本的情况下，零售商的经营利润非常低。因此，降低零售环节批零价差过大问题不能靠压低零售商的利润率，而应该着力于提高零售环节的经营效率，降低零售成本。

第一，大力发展集中配送业务。由于蔬菜零售环节运输批量不经济，不利于冷链运输、低温保鲜等降低损耗率的运输、仓储技术的推广，导致损耗率居高不下。因此，可以批发市场为依托，加快集中配送业务的发展，实现运输仓储技术的优化升级，降低运输成本和损耗率。

第二，鼓励发展联合采购业务。目前，我国的蔬菜零售商的经营规模过小，零售商单独采购的议价能力有限，也不利于开展产地直接采购，导致采购成本过高。因此，可以以市场管理部门、集中配送企业等组织为依托，发展联合采购业务，降低采购成本。

第三，加大公益性农产品零售交易的市场建设。通过补贴、适当入股等方式介入批发市场的运行，并明确在交易市场规划建设过程中的土地出让政策、税费减免及优惠政策，以及批发市场用水、用电、用气的优惠政策，降低农产品零售市场的建设与运营成本。同时，物价部门应对摊位管理费实施严格规制，确定合理的资费标准，避免收费过高抬高农产品价格。

第十章

农产品价格波动问题研究

第一节 我国农产品价格波动的表现与特点

21世纪以来，我国农产品（食品、粮食）价格出现了一轮新的波动，在2004年5月到2017年9月期间，我国农产品价格指数波动幅度较大。以2004年5月为基期（=100），小麦2005年6月价格指数比2004年5月下跌了6.03%，后2006年12月比2004年5月上涨了6.61%，2016年7月比2004年5月下跌了4.97%；棉花（籽棉）2004年10月价格指数比2004年5月下跌了12.86%，2005年10月比2004年5月上涨了7.95%，2007年8月比2004年5月上涨了5.37%，2008年12月比2004年5月下跌了17.57%；鸡蛋2004年9月价格指数比2004年5月上涨了14.27%，2005年4月比2004年5月下跌了7.76%，2006年9月比2004年5月上涨了21.20%，2008年11月比2004年5月下跌了9.56%，2017年9月比2004年5月上涨了30.44%。农产品价格在频繁波动中不断上升。2004年5月以来，我国农产品价格波动有什么特征？经历了几个周期？波动幅度如何？外部不规则因素对价格波动的影响趋势如何？只有清楚这些问题，才能了解农产品价格波动特征，才能在探明其背后的影响因素的同时，针对性地提出稳定农产品价格的政策建议。因此，认识农产品价格波动的特征规律具有重要的意义。

一、农产品价格波动的周期特征——周期识别方法

经济变量的月度时间序列一般包括自身的趋势成分、周期成分、季节成分和随机成分四种信息数据成分。价格时间序列的长期趋势由长期趋势成分来代表,周期性成分代表以数月为周期的一种周期性变动。不规则变动成分的变动一般无规律可循,又称为随机变动因子。农产品价格具有较强的季节性,只有剔除季节成分直接分析,才不会影响研究结果的可信度。许多科研人员和研究机构在研究时间序列的季节调整问题时,开发出不同研究模型和不同研究方法,其中以美国商务部人口普查局(Bureau of Census, Department of Commerce)开发研究的 X-11 应用较广泛。它是以移动平均法为基础的季节调整方法,可以把时间序列(月度或季度)分解为周期成分、季节成分和不规则成分。X-12 方法是在 X-11 基础上进行扩展得到的,其具有 X-11 的全部功能,同时能进行调整结果稳定性诊断,因此,X-12 方法得到了更为广泛的应用。X-12 算法的四种模型方法分别是乘法模型、加法模型、伪加法模型和对数加法模型。由于本节的研究对象是农产品价格指数,是相对数,故采用乘法模型。

乘法模型一般形式如下:

$$Y_t = Y_t^C \times Y_t^S \times Y_t^I \qquad (10-1)$$

其中,Y_t 为农产品价格,Y_t^C 为农产品价格的趋势循环成分,Y_t^S 为农产品价格的季节成分,Y_t^I 为农产品价格的不规则成分。

农产品价格经过季节调整后,季节和不规则成分的影响被剔除,但 Y_t^C 里面还包含价格的趋势成分和循环成分,时间序列的趋势和周期成分是划分农产品价格波动周期的关键,早期,采用一阶差分方法、回归分析方法、移动平均方法、BP 滤波和 HP 滤波方法等趋势分解方法将其分离出来。其中 HP(Hodrick-Prescott)滤波分解法较为常用,霍德里克和普雷斯科特(Hodrick & Prescott, 1980)在分析"二战"后美国经济周期时最先提出 HP 滤波分解法。通过设置参数值 λ,根据对称移动数据平均法原理,通过数学计算,将时间序列分离成一条趋势线和一条上下波动的周期线,从而探索时间序列趋势变动和周期变动的波动特征,其原理如下:

设 Y_t 是包含趋势和周期成分的时间序列,Y_t^C 是其中的周期成分,Y_t^T 是趋势成分,则

$$Y_t = Y_t^T \times Y_t^C \quad t = 1, 2, 3, \cdots, T \qquad (10-2)$$

要把 Y_t^T 从 Y_t 中分离出来,就是求下式的最小化问题的解:

$$\min \sum_{t=1}^{T} \{(Y_t - Y_t^T)^2 + \lambda [c(L) Y_t^T]^2\} \qquad (10-3)$$

其中 c(L) 是延迟算子多项式

$$c(L) = (L^{-1} - 1) - (1 - L) \qquad (10-4)$$

将式（10-4）代入式（10-3），则 HP 滤波的问题就是使下面损失函数最小，即

$$\min \sum_{t=1}^{T} \{(Y_t - Y_t^T)^2 + \lambda \sum_{t=2}^{T-1} [(Y_{t+1}^T - Y_t^T) - (Y_t^T - Y_{t-1}^T)]^2\} \qquad (10-5)$$

上式第一项为周期成分平方和，第二项为趋势项二阶差分平方和，$[c(L)Y_t^T]^2$ 为控制项，用其来调整趋势的变化，随 λ 的增大而增大。λ 是正的惩罚因子，最优值为：$\lambda = \frac{VAR(Y_t^c)}{VAR(\Delta^2 Y_t^T)}$，通过控制调整参数 λ 的值，在趋势要素对实际序列的跟踪程度和趋势光滑度之间做选择。当 λ=0 时，$Y_t = Y_t^C$，此时 Y_t 即为满足最小化的趋势序列；随 λ 的增大，估计的趋势越光滑，当 λ→∞ 时，估计的趋势收敛于线性函数。

一般经验，λ 的取值如下：

$$\lambda = \begin{cases} 100, & \text{年度数据} \\ 1\,600, & \text{季度数据} \\ 14\,400, & \text{月度数据} \end{cases}$$

结合本研究使用的样本数据，λ 的取值为 14 400。

二、农产品价格波动周期识别结果与分析

本章研究农产品价格波动的周期特征，结合数据的可获得性，样本区间选为 2001 年 1 月~2014 年 12 月，以下实证过程通过软件 EVIEWS、EXCEL 和 MAT-LAB 完成。农产品种类繁多，本书选取了籼稻、粳稻、小麦、玉米、大豆、棉花、猪肉、牛肉和羊肉等作为农产品的代表，研究其价格波动的特征。数据来自于中国农产品价格调查年鉴，其原始数据为同比数据，虽然同比指数能够消除季节性因素的影响，但是同比指数容易受到上一年基数的影响，可能存在"翘尾因素"和"新涨价因素"，即上一年度同期价格的上涨会自然转移到当年同期的价格指数，但这部分因素却与当年的经济情况相关度不大。因此，把同比数据转化为 2001 年 1 月为 100 的定基数据。定基指数能够较好地反映价格的变化趋势，并且能够据此来观测价格变动的长期趋势及变化规律。

1. 农产品价格季节成分波动特点。由于采用的是月度数据，先用 Census-X12 方法对籼稻（xiand）、粳稻（jingd）、小麦（xiaom）、玉米（yum）、大豆（dad）、棉花（mianh）、猪肉（zhur）、牛肉（niur）和羊肉（yangr）等进行季

节调整，调整后的序列记为 xiand – SA、jingd – SA、xiaom – SA、yum – SA、dad – SA、mianh – SA、zhur – SA、niur – SA、yangr – SA（见图 10 – 1），同时得到农产品价格的季节因子 xiand – SF、jingd – SF、xiaom – SF、yum – SF、dad – SF、mianh – SF、zhur – SF、niur – SF、yangr – SF（见图 10 – 2）。

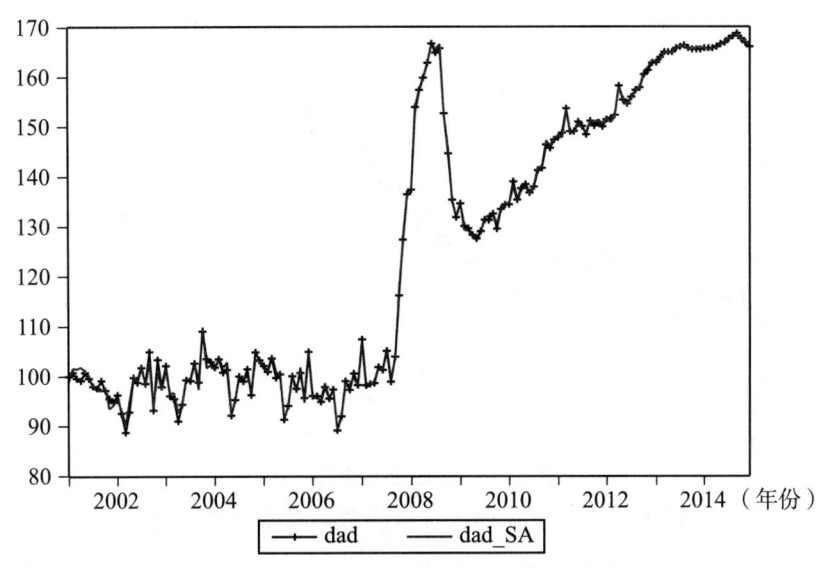

图 10 – 1（a） 大豆价格季节调整前后的趋势

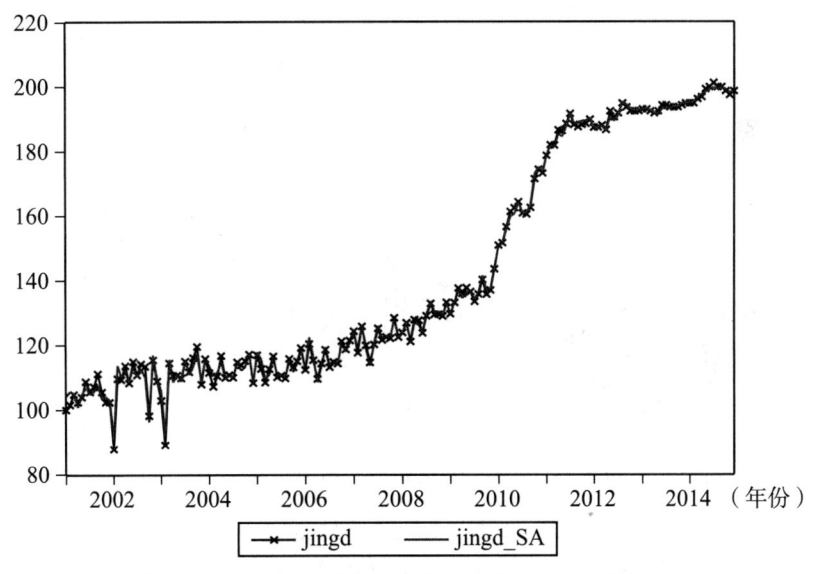

图 10 – 1（b） 粳稻价格季节调整前后的趋势

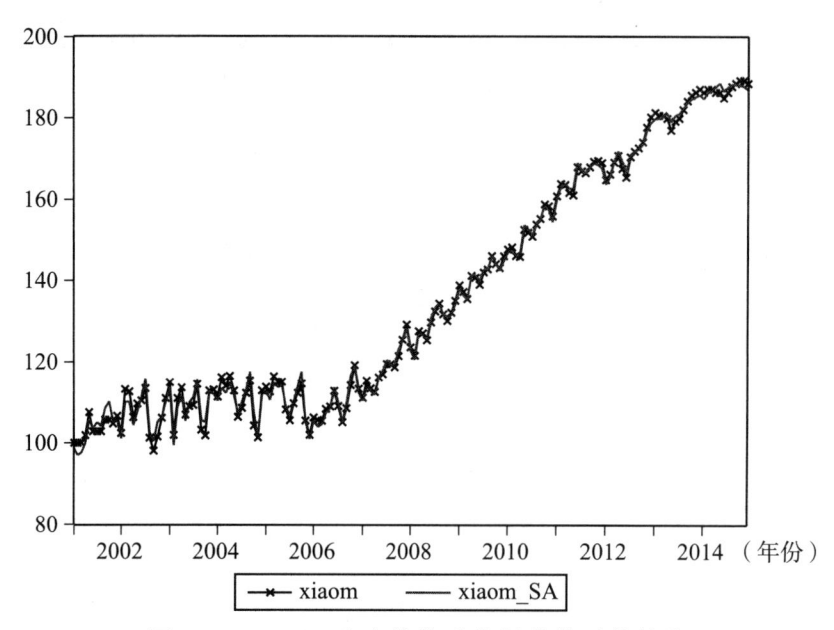

图 10-1（c） 小米价格季节调整前后的趋势

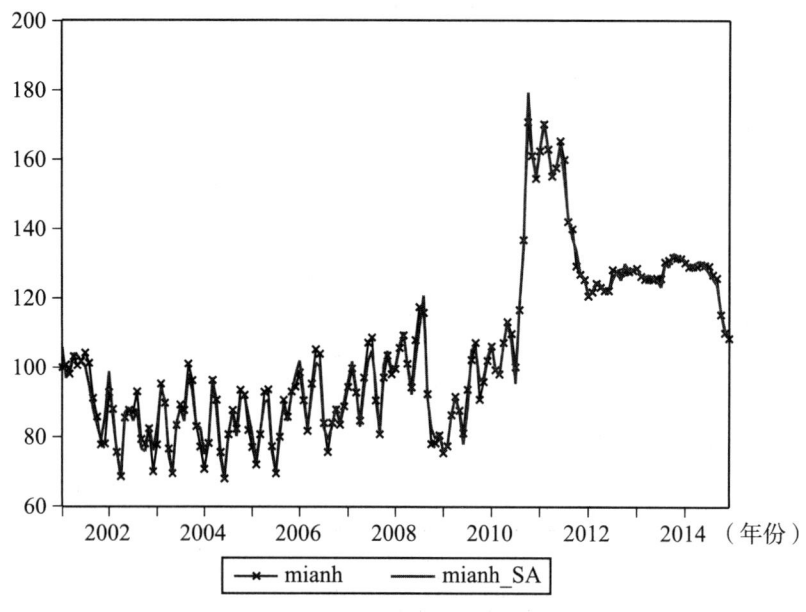

图 10-1（d） 棉花价格季节调整前后的趋势

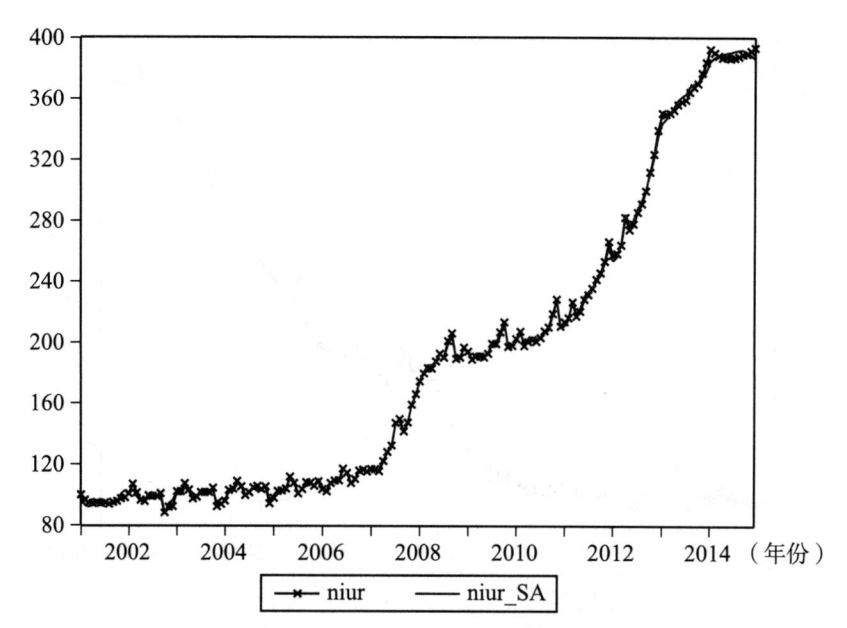

图 10 -1 （e） 牛肉价格季节调整前后的趋势

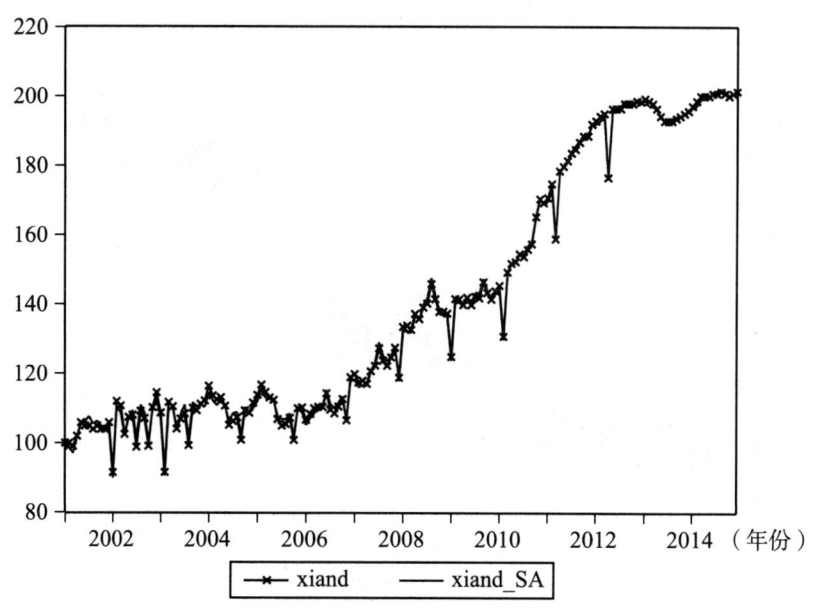

图 10 -1 （f） 籼稻价格季节调整前后的趋势

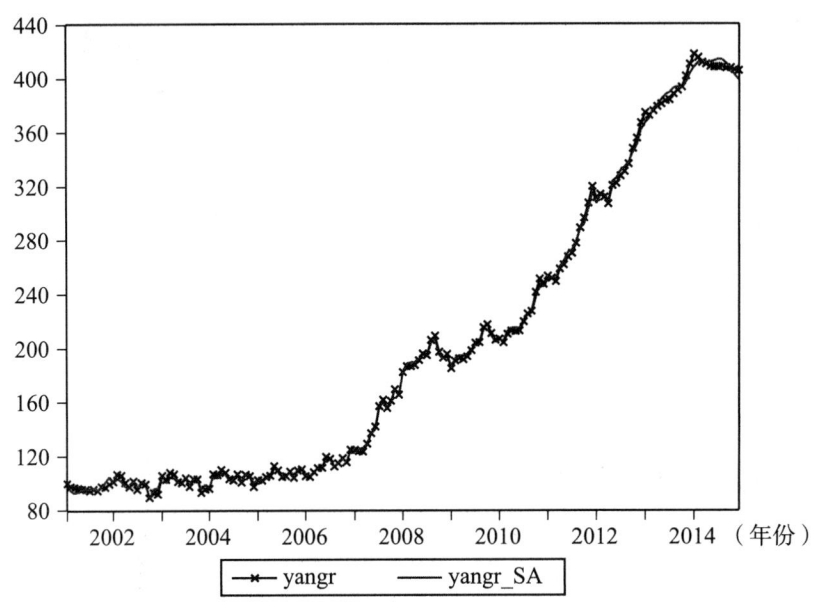

图 10-1（g） 羊肉价格季节调整前后的趋势

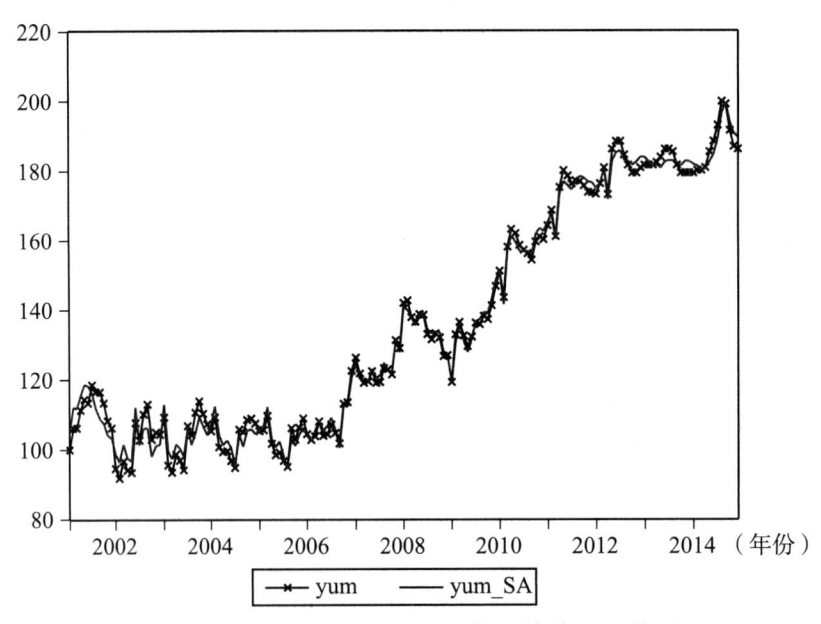

图 10-1（h） 玉米价格季节调整前后的趋势

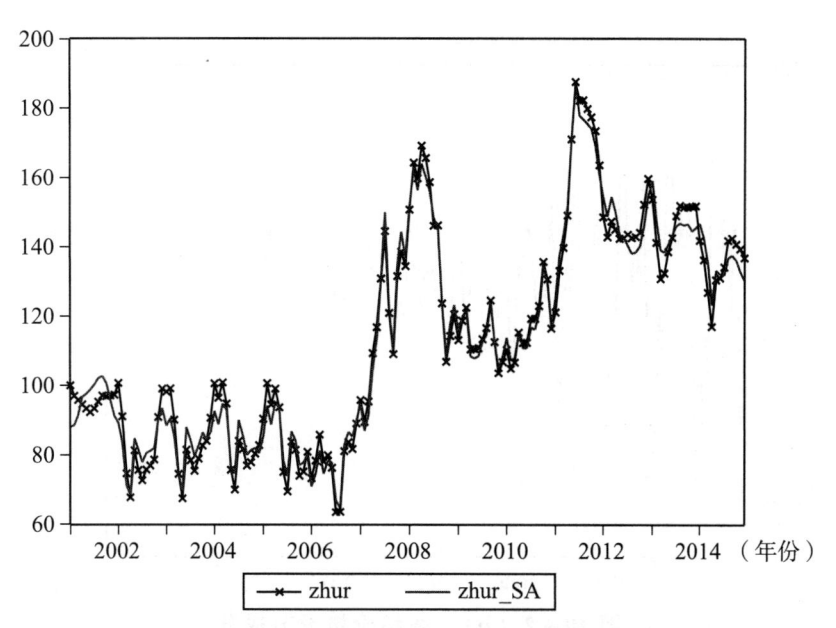

图 10–1（i） 猪肉价格季节调整前后的趋势

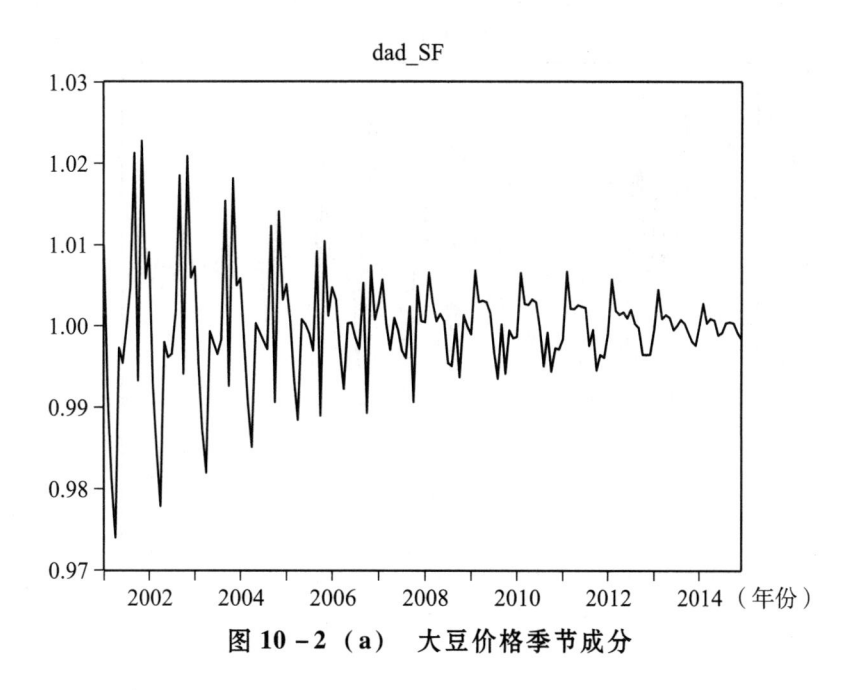

图 10–2（a） 大豆价格季节成分

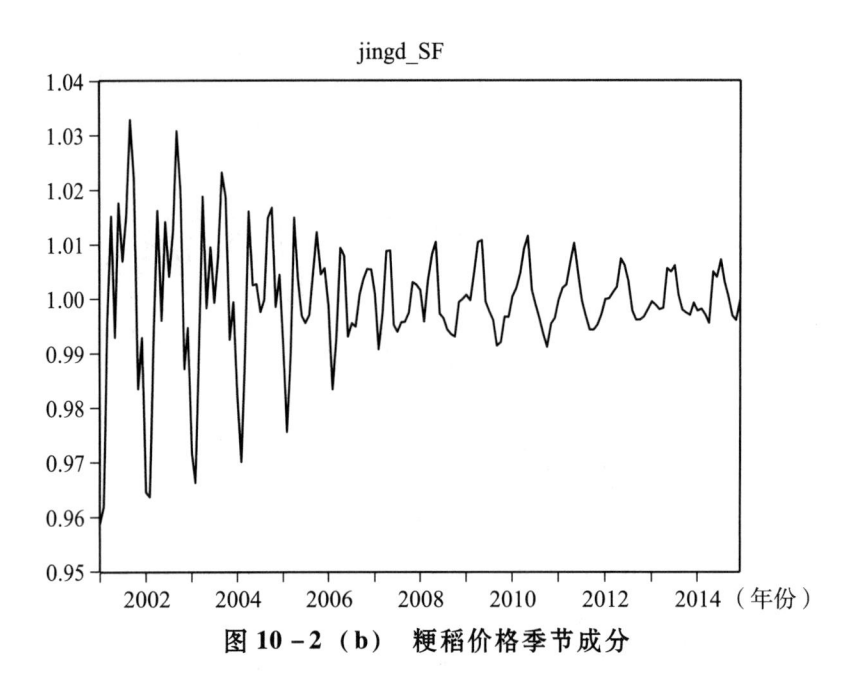

图 10 - 2 (b)　粳稻价格季节成分

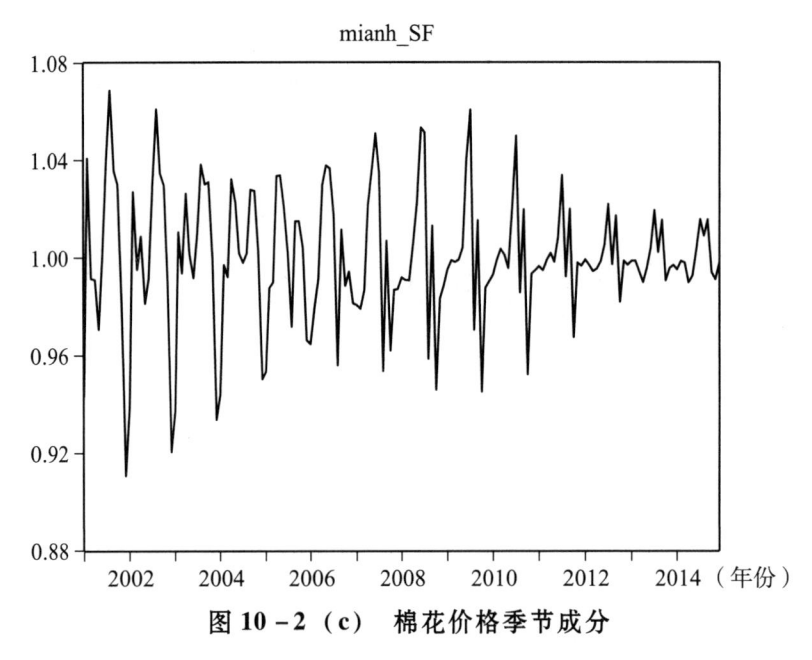

图 10 - 2 (c)　棉花价格季节成分

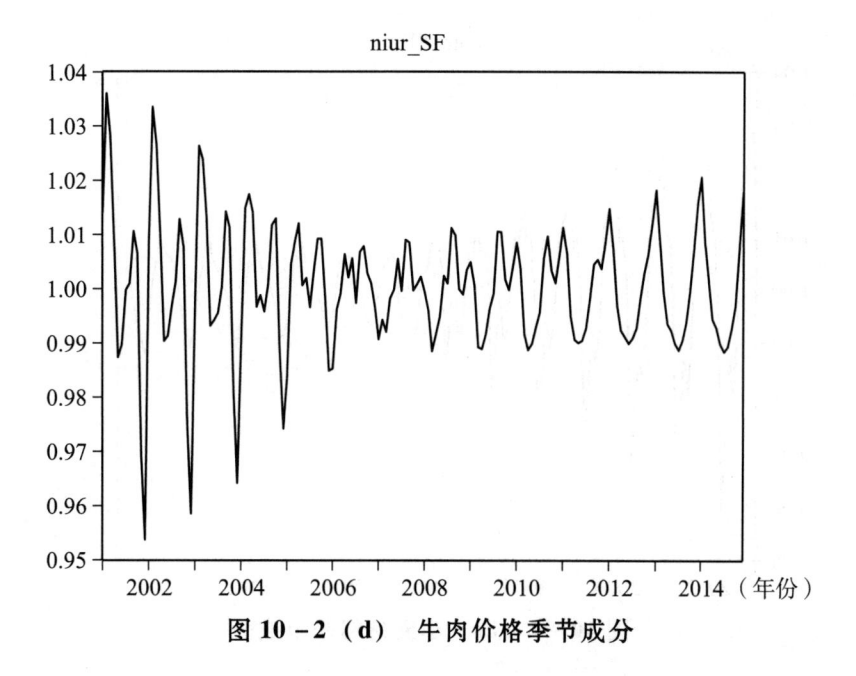

图 10-2（d）　牛肉价格季节成分

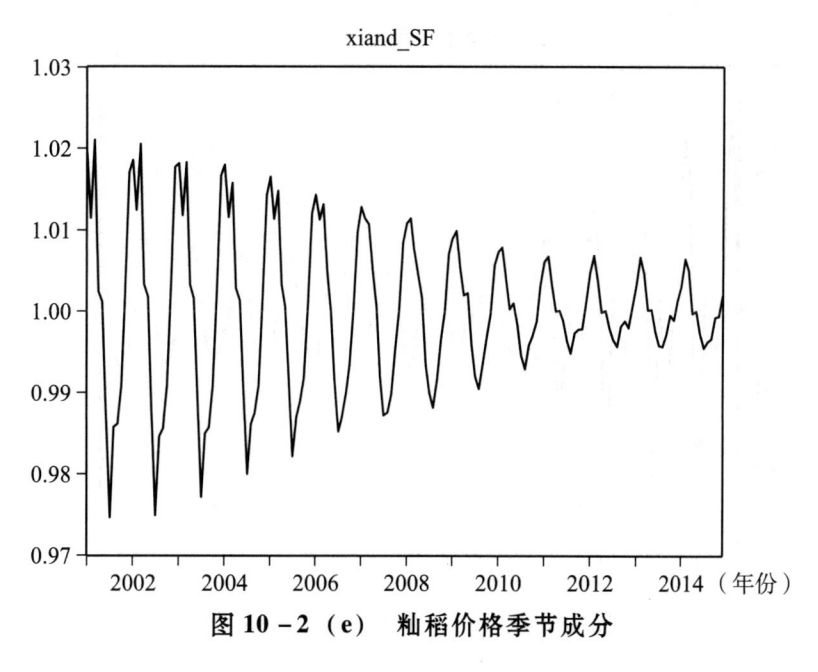

图 10-2（e）　籼稻价格季节成分

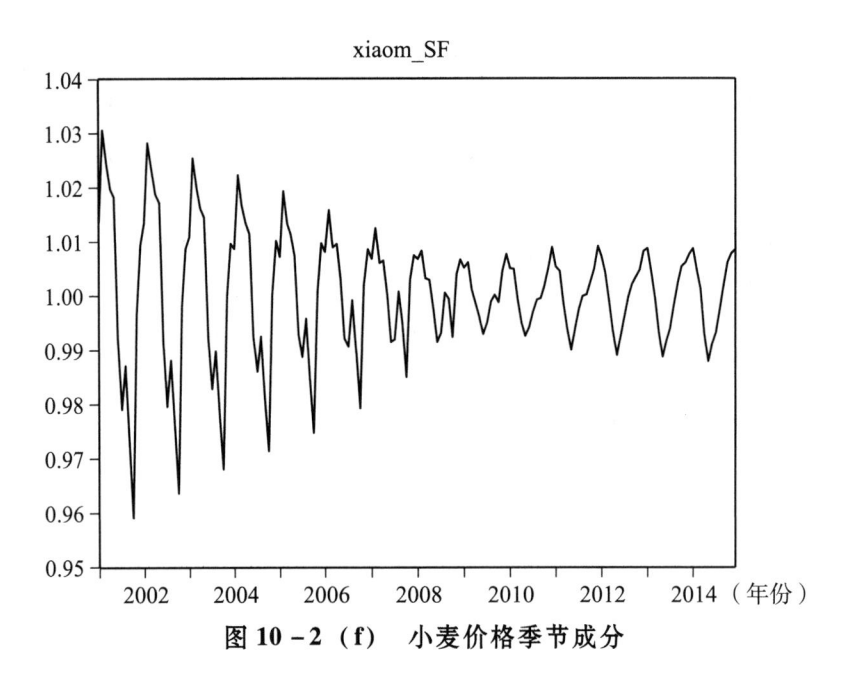

图 10-2（f） 小麦价格季节成分

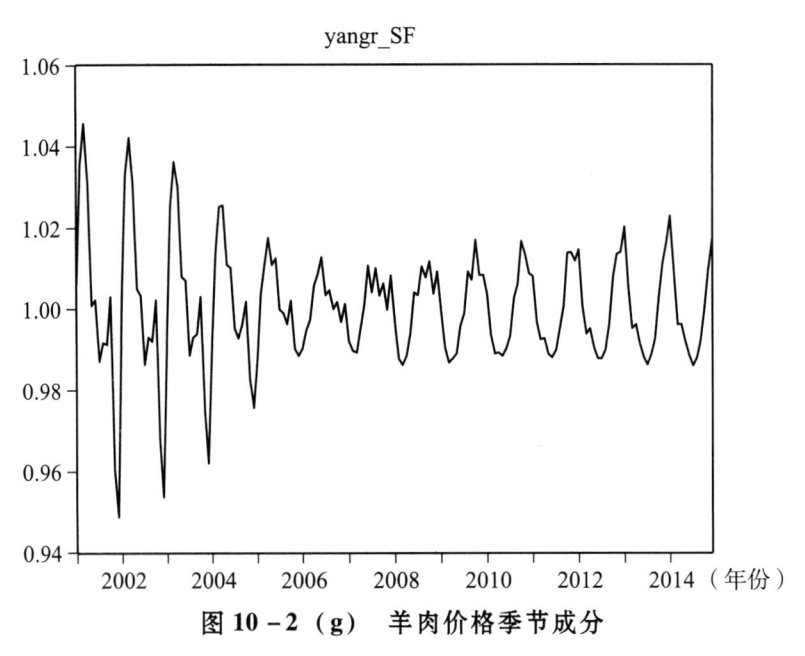

图 10-2（g） 羊肉价格季节成分

yum_SF

图 10-2（h） 玉米价格季节成分

zhur_SF

图 10-2（i） 猪肉价格季节成分

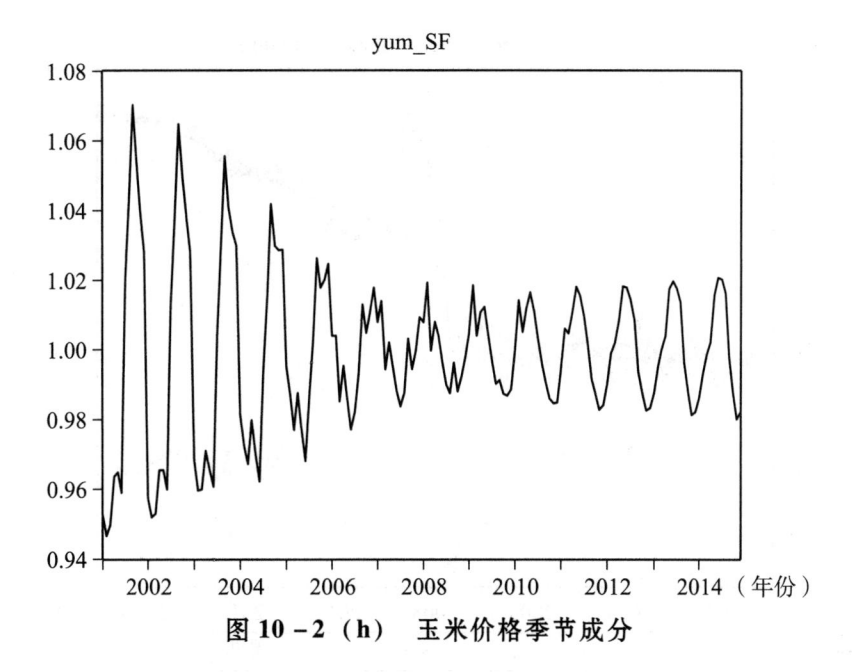

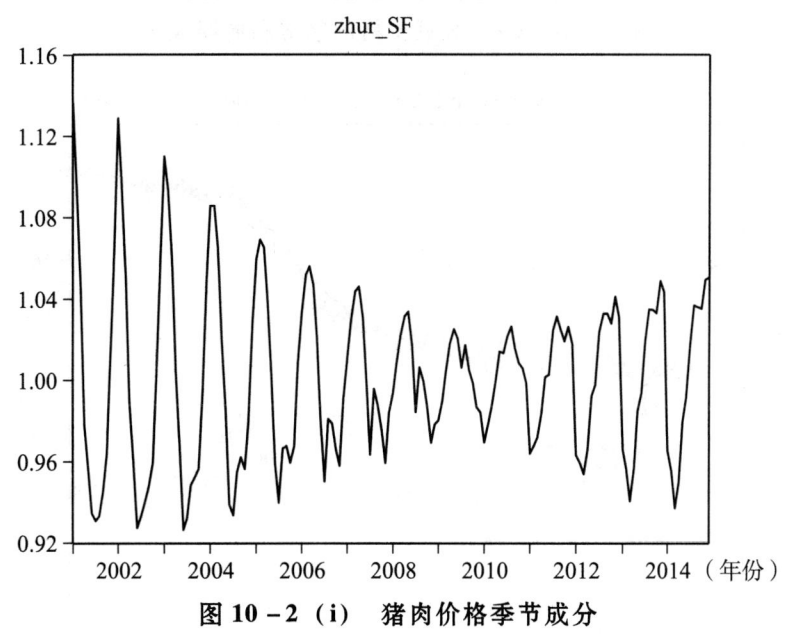

图 10-3 显示的是农产品价格的季节因子。从图中可以看出农产品价格确实存在明显的季节性。由于 X-12 方法采用乘法模型，因此当季节性因素对农产品价格波动有正向影响时，季节因子大于 1；当季节性因素对农产品价格波动有负向影响时，季节因子小于 1；当季节性因素对农产品价格波动没有影响时，季节

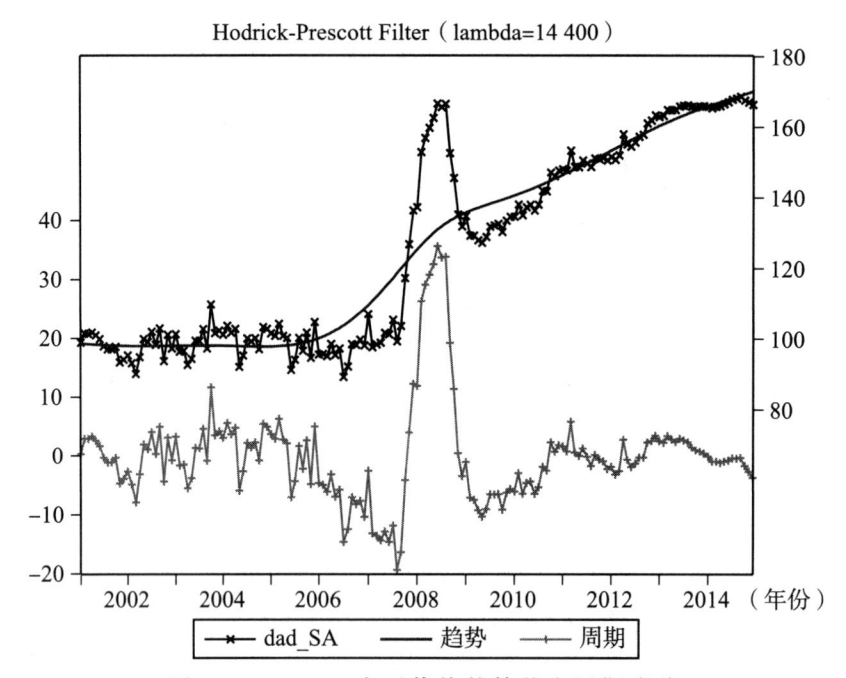

图 10-3（a） 大豆价格的趋势和周期成分

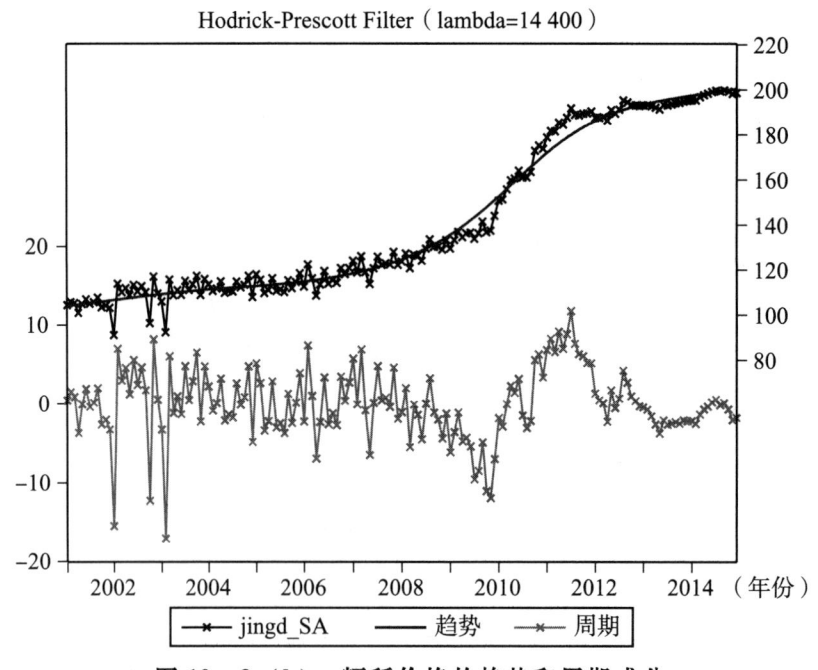

图 10-3（b） 粳稻价格的趋势和周期成分

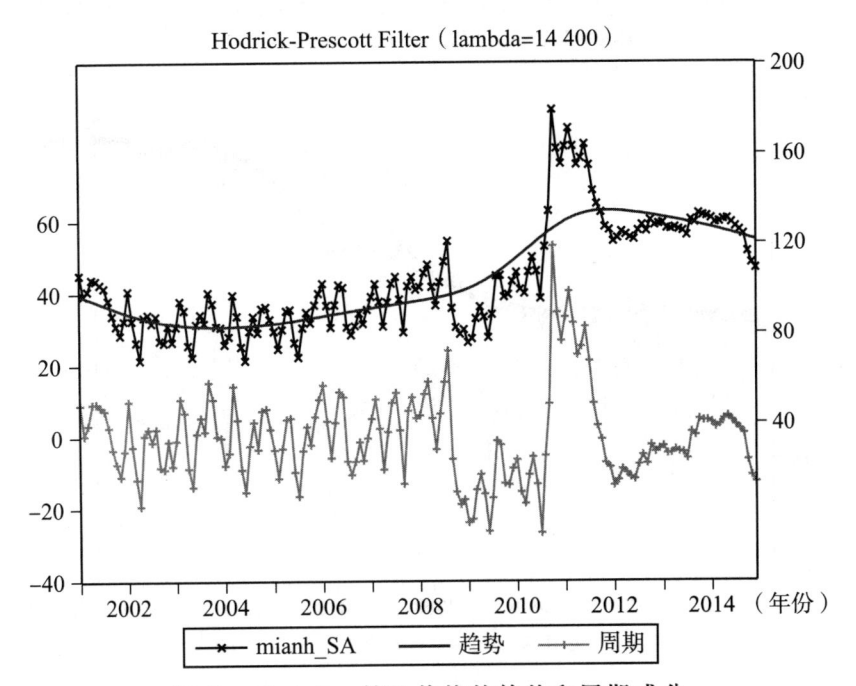

图 10-3（c） 棉花价格的趋势和周期成分

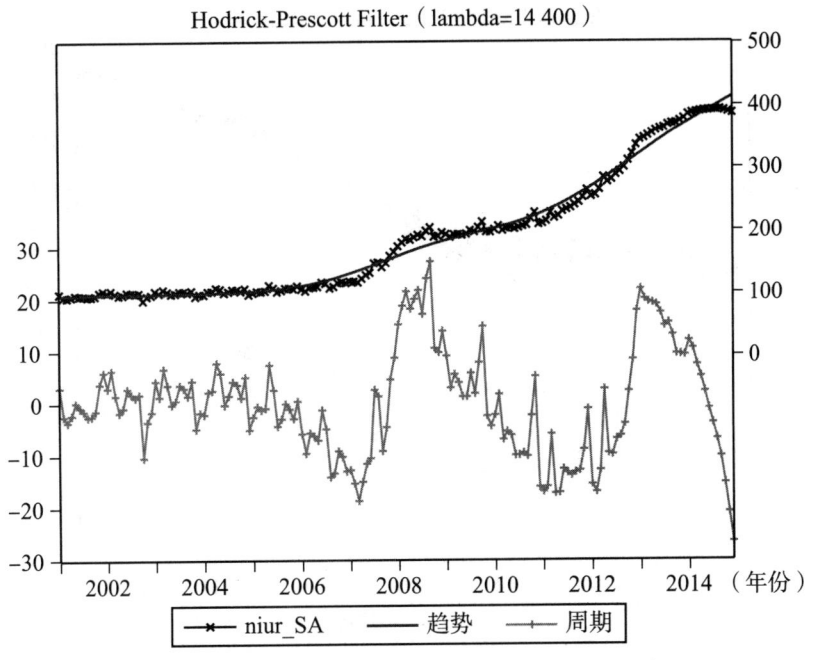

图 10-3（d） 牛肉价格的趋势和周期成分

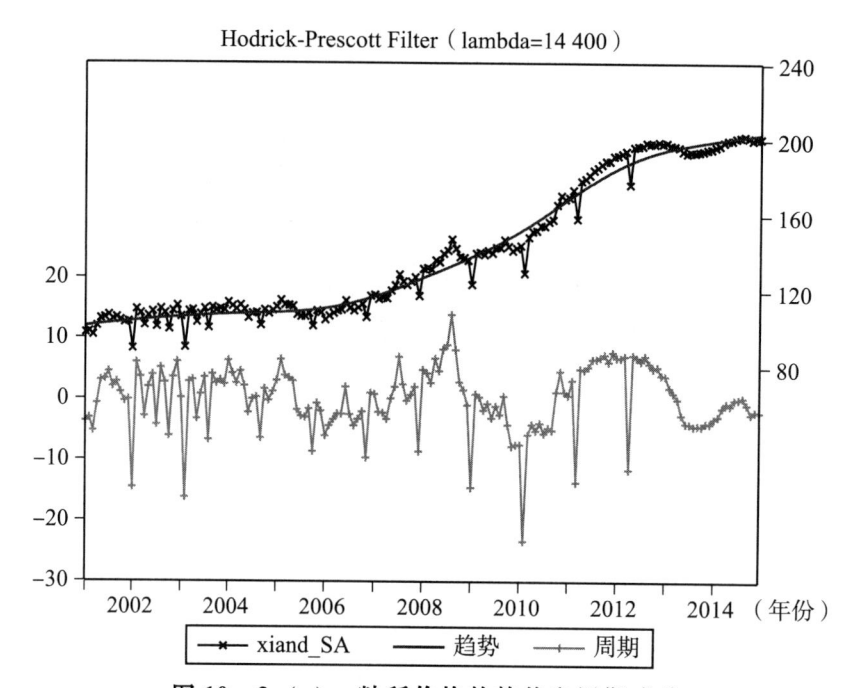

图 10-3（e） 籼稻价格的趋势和周期成分

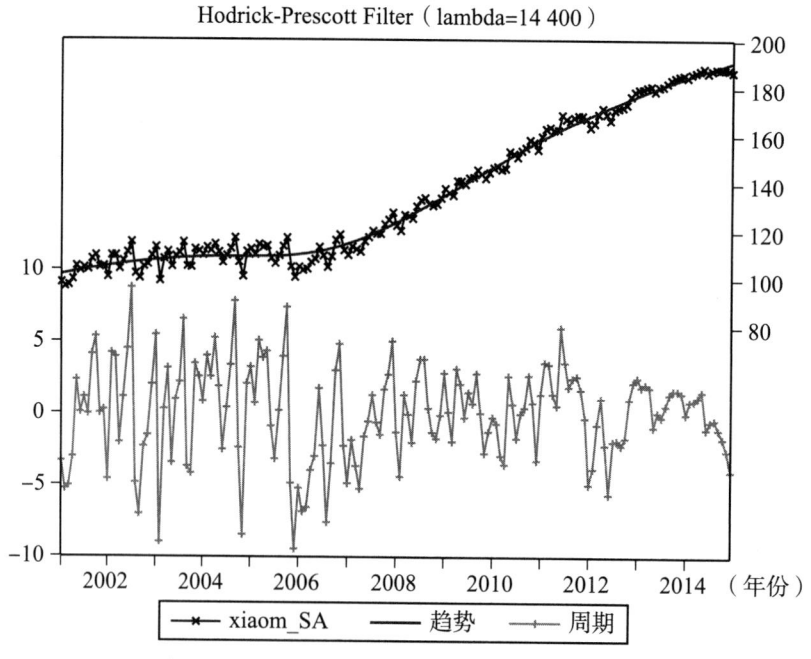

图 10-3（f） 小麦价格的趋势和周期成分

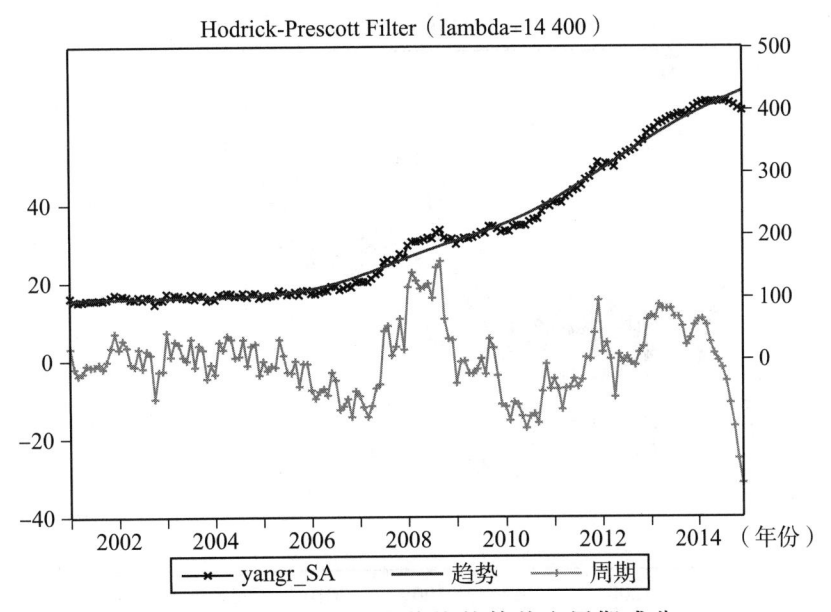

图 10 – 3（g） 羊肉价格的趋势和周期成分

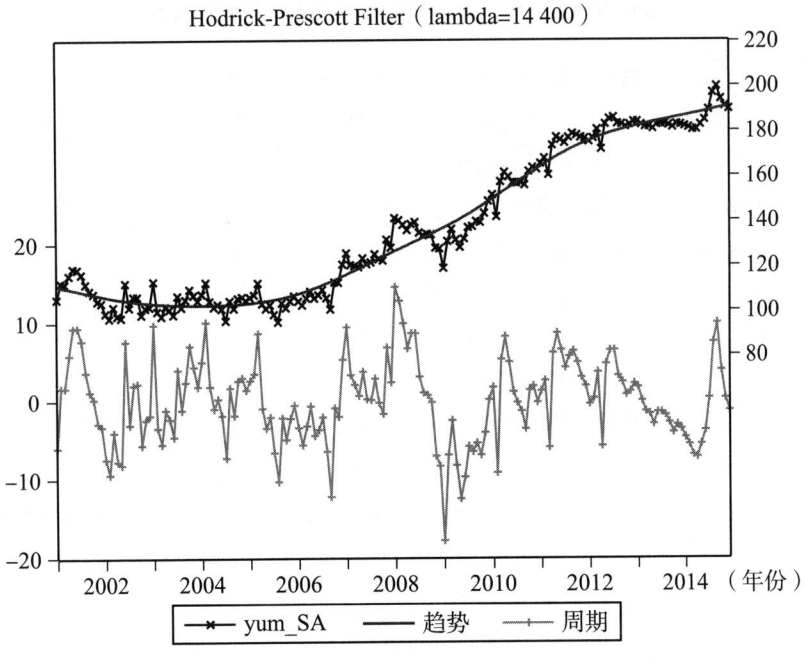

图 10 – 3（h） 玉米价格的趋势和周期成分

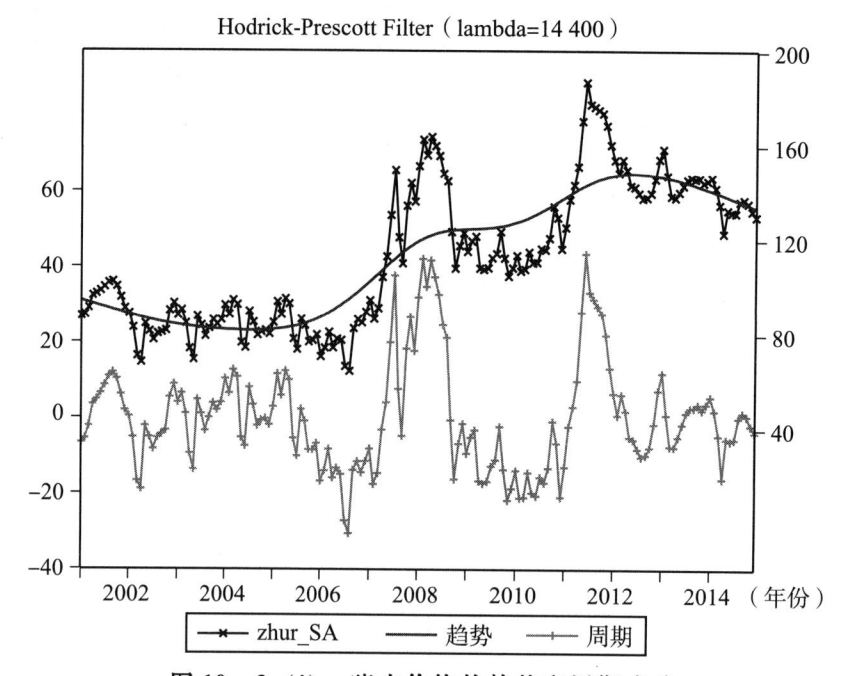

Hodrick-Prescott Filter（lambda=14 400）

图 10 - 3（i） 猪肉价格的趋势和周期成分

因子等于1。受季节性因素影响，每年的6~11月农产品价格有可能下降，而每年的12月到次年4月季节性因素则可能导致农产品价格上涨。之所以会出现如此明显的季节规律，主要是由于居民的消费习惯和节假日的影响。经过季节调整后的序列更为平滑，有利于下文的分析，也易于判断波动周期特征，见图 10 - 2。

2. 农产品价格趋势成分波动特点。对经过季节调整后的序列进行 HP 滤波分解，得到籼稻（xiand）、粳稻（jingd）、小麦（xiaom）、玉米（yum）、大豆（dad）、棉花（mianh）、猪肉（zhur）、牛肉（niur）和羊肉（yangr）等农产品价格的趋势成分（Trend）和周期成分（Cycle）（见图 10 - 3）。

3. 农产品价格周期成分波动特点。周期曲线（Cycle）显示了价格存在着明显的周期变化规律，按波谷—波谷划分，2001~2014 年周期成分共经历了不同的周期，见图 10 - 4。样本期间，籼稻（xiand）、粳稻（jingd）、小麦（xiaom）、玉米（yum）、大豆（dad）、棉花（mianh）、猪肉（zhur）、牛肉（niur）和羊肉（yangr）等农产品价格指数经历了相对平稳、小幅度波动、急剧波动的显著转变。在不同时段或周期中，不同种类的农产品价格波动存在着持续时间和震荡程度的差异。

4. 农产品价格随机成分波动特点。农产品价格随机成分基本呈无规则变动，但波动越来越频繁（见图 10 - 4）。这说明投机、自然灾害、羊群效应等不确定因素对我国农产品市场的影响越来越明显。

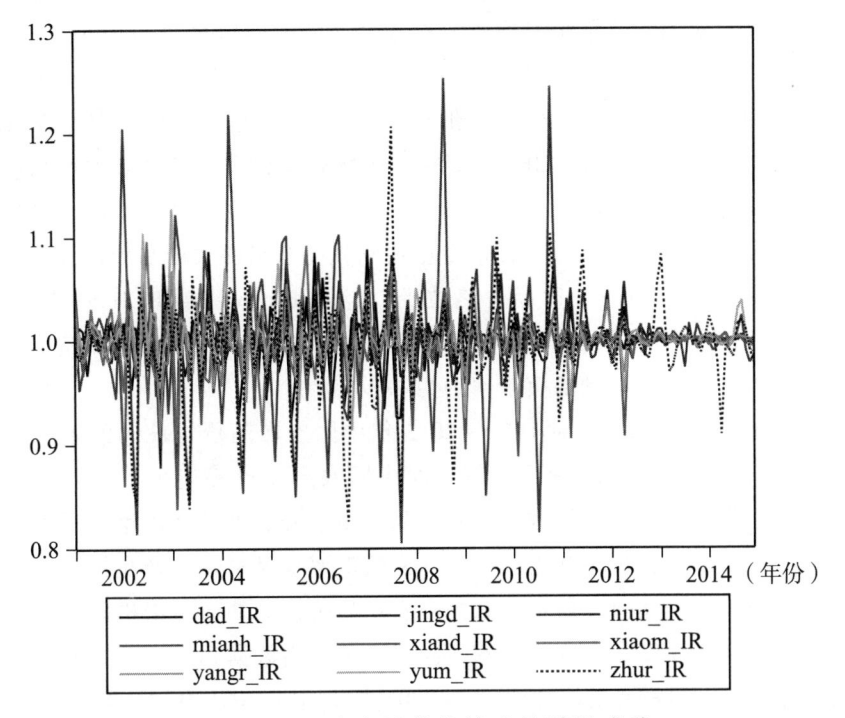

图 10-4　农产品价格波动的随机成分

第二节　农产品价格波动的成因
——对中国农产品价格波动影响的外部因素研究

随着我国农业市场开放程度的不断深化，农产品价格波动受到国际大宗商品价格波动、国际石油价格波动、金融危机等外部冲击的影响，外部冲击对我国农产品价格的稳定带来了挑战。在经济开放背景下，研究外部冲击对国内农产品价格的影响，对平抑我国农产品价格异常波动具有重要意义。

农产品价格波动的成因引起了国内外学者的普遍关注。麦卡锡（McCarthy，2000）认为汇率变动对消费物价指数有微弱的影响，并且与经济体的开放度有一定的联系。罗锋（2011）运用 SVAR 模型对影响国内农产品价格波动的各种外部冲击因素进行了实证分析。研究发现，国际农产品价格波动的贸易传导影响最大，石油价格的贡献排在第二，外部需求和国际投机资金对国内农产品价格有较强的影响，人民币有效汇率的影响不大。伞锋和祝宝良（2004）研究了国际市场初级产品价格变化对我国产品进口价格、消费价格指数的影响，研究发现国际产品价格的提高对我国物价水平升高具有拉动性。特罗斯特勒（Trostle，2008）对影响农产品价格波动的生物质能源发展、美元汇率等外部冲击因素进行了重点分析后提出，从中长期来看，农产品价格将会持续上涨。韦斯科特（Westcott，2007）和托克格斯（Tokgoz，2009）研究了生物质能源发展计划对农产品价格的影响，研究发现生物质能源的发展增加了农产品需求，将提高农产品价格。黄守坤（2015）研究发现，国际大宗商品价格波动先于国内农产品价格波动，波动的幅度和频率都高于国内农产品价格波动，经过 BEKK – GARCH 模型的测定，对国内农产品价格具有单向的波动溢出性，方差分析发现国际大宗商品价格波动对国内一些农产品价格波动的贡献率约为 1/3。

温涛和王小华（2014）对 1952～2012 年中国农产品价格波动的影响因素进行了检验，研究结果表明：货币政策均对中国农产品价格产生了强烈的冲击效应，广义货币供应量增长是导致中国农产品价格上升的关键性因素。另外工业品出厂价格、国际农产品价格和人民币实际有效汇率也对本轮农产品价格波动产生了正向冲击效应。上述研究对近年来国内农产品价格的外部冲击机制进行了有益探讨，但是研究的深度和广度仍不够，同时由于使用数据和方法的差异，研究结论也存在诸多不一致的地方。本节采用 2005 年 1 月至 2015 年 12 月的月度数据，运用 VAR 模型对各种外部冲击因素影响农产品价格波动的路径及其贡献进行实证分析。

一、研究方法

VAR 常用于分析不同类型随机变量扰动项对系统变量的动态影响。通过其变形还可以计算出其中一个变量的脉冲（微小变化）对其余变量的影响，包括这种影响的大小、方向及持续时间。该模型的优点在于不需要事先假定模型中各变量的内生性，但确定 VAR 模型单个参数估计值是非常困难的，通过观察系统的脉冲响应函数和方差分解可以得出 VAR 模型研究结论。脉冲响应函数和方差分解将所考虑的经济变量纳入一个系统，能够反映系统的完全信息、估计变量冲击的时滞及影响程度，进而刻画几个变量之间共同变动的关系。因此，本书采用 VAR 模型来研究外部冲击对我国农产品价格波动冲击效应。

（一）向量自回归模型具有以下形式：

$$X_t = K_1 X_{t-1} + K_2 X_{t-2} + K_3 X_{t-3} + \cdots + K_p X_{t-p} + C + \varepsilon_t \quad (10-6)$$

其中，C 为 n×1 常数向量，X_t 是向量在时刻 t 的取值，X_{t-1}，X_{t-2}，X_{t-3}，…，

X_{t-p} 为其各期滞后值，K_p 为 $n \times n$ 矩阵，ε_t 为 $n \times n$ 误差向量。满足 $E(\varepsilon_t) = 0$；$E(\varepsilon_t \varepsilon_t') = \Omega$（$\Omega$：一个 $n \times n$ 正定矩阵）；$E(\varepsilon_t \varepsilon_{t-k}') = 0$

（二）脉冲—响应分析

方程（10 - 4）中 X_t 的向量 $MA(\infty)$ 可写成：

$$X_t = (\vartheta_0 I + \vartheta_1 L + \vartheta_2 L^2 + \nu)\varepsilon_t \qquad (10-7)$$

设 $\vartheta_n = (\vartheta_{n,ij})$，$q = 1, 2, 3, \cdots$，则 x 的第 i 个变量 x_{it} 可写成为：

$$x_{it} = \sum_{j=1}^{k}(\vartheta_{0,ij}\varepsilon_{jt} + \vartheta_{1,ij}\varepsilon_{jt-1} + \vartheta_{2,ij}\varepsilon_{jt-2} + \vartheta_{3,ij}\varepsilon_{jt-3} + \cdots + \vartheta_{n,ik}\varepsilon_{kt} + \nu\nu) \qquad (10-8)$$

其中，k 是向量 X_t 的维数。

$$\vartheta_{n,ij} = \frac{\partial y_{i,t+n}}{\partial \varepsilon_{jt}}, \quad s = 0, 1, \cdots, \nu\nu \qquad (10-9)$$

$\vartheta_{0,ij}$，$\vartheta_{1,ij}$，$\vartheta_{2,ij}$，$\vartheta_{3,ij}\varepsilon_{jt-3}$，$\cdots$，$\vartheta_{n,ik}$，$\nu\nu$ 为对 x_j 的一个单位脉冲引起的 x_i 的响应函数，描述了 $x_{i,t+s}$ 在时期 t 的其他变量和早期变量不变的情况下，对 x_{jt} 的一个脉冲的反应。

二、变量选取与数据处理

我们从供给、需求和货币三个冲击途径进行研究：（1）供给推动最重要的影响因素是由成本推动引起商品供给变化，进而导致价格发生波动，反映供给推动机制的国外冲击变量用食品价格指数（food）、农业原材料指数（raw）、金属价格指数（metals）和原油价格指数（oil）代替。其中，能源中的石油与农产品价格波动有着千丝万缕的联系，因此，用布伦特混合油、迪拜法塔赫石油和美国西得克萨斯州的中级原油市场的原油价格平均值（oil）表示国际能源价格。（2）需求对农产品价格的影响。外部需求因素选取我国出口总值（export）作为代理变量。（3）农产品价格作为价格体系中的一环，国际货币市场的变化也将通过流动性转化、汇率波动以及国际利率的变化影响国内农产品价格波动。货币冲击渠道的汇率因素用人民币实际有效汇率（exchange）表示，反映国际流动性的国际利率水平选用美联储联邦基金利率（federal）作为替代指标。选取农产品批发价格指数（wholesale）来衡量国内农产品价格的波动。所有数据区间均为 2005 年 1 月至 2015 年 12 月的月度同比数据，并对各变量进行了对数化处理。由于为同比数据，无须再考虑各种循环因素和季节变动因素。

三、实证结果与分析

1. 单位根检验。实证分析之前，我们采用 ADF 检验方法对各变量序列的平稳性进行检验，零假设为存在单位根。对各变量机器一阶差分后的变量进行单位根检验结果表明（见表 10-1）：Δwholesale、Δfood、Δraw、Δmetals、Δoil、Δexport、Δexchange 和 Δm2 均在 1% 的显著性水平下接受了原假设，而一阶差分后的变量均拒绝存在单位根的假设，为平稳序列，即服从 I（1）。

表 10-1　　　　　各变量序列的单位根检验变量

变量	检验类型 (c, t, p)	ADF 检验值	临界值 1%	临界值 5%	临界值 10%	结论
wholesale	(c, t, 12)	-2.46803	-4.03698	-3.44802	-3.14914	非平稳
Δwholesale	(0, 0, 11)	-5.15974	-2.58454	-1.94354	-1.61494	平稳
food	(c, t, 1)	-1.98595	-4.03016	-3.44476	-3.14722	非平稳
Δfood	(0, 0, 0)	-6.86179	-2.58287	-1.9433	-1.61509	平稳
raw	(c, t, 1)	-1.6239	-4.03016	-3.44476	-3.14722	非平稳
Δraw	(0, 0, 0)	-7.75493	-2.58287	-1.9433	-1.61509	平稳
metals	(c, t, 1)	-1.65229	-4.03016	-3.44476	-3.14722	非平稳
Δmetals	(0, 0, 0)	-8.29333	-2.58287	-1.9433	-1.61509	平稳
oil	(c, t, 1)	-2.17817	-4.03016	-3.44476	-3.14722	非平稳
Δoil	(0, 0, 0)	-6.74504	-2.58287	-1.9433	-1.61509	平稳
export	(c, t, 1)	-3.07174	-4.03016	-3.44476	-3.14722	非平稳
Δexport	(0, 0, 0)	-20.3254	-2.58287	-1.9433	-1.61509	平稳
exchange	(c, t, 1)	-2.6212	-4.03016	-3.44476	-3.14722	非平稳
Δexchange	(0, 0, 0)	-7.30926	-2.58287	-1.9433	-1.61509	平稳
federal	(c, t, 1)	-1.50426	-4.03016	-3.44476	-3.14722	非平稳
Δfederal	(0, 0, 0)	-4.90406	-2.58287	-1.9433	-1.61509	平稳

注：（1）检验类型（c, t, p）中，c 表示含常数项，t 表示趋势项，p 表示滞后阶数；（2）Δ 表示变量序列的一阶差分。

2. 模型建立与滞后阶数的确定。考虑到模型的稳定性，对非平稳变量取差分后建立 VAR 模型。我们主要估计各种外部冲击因素对我国农产品价格波动的传递效应，为准确反映各种外部冲击的影响，对相关内部冲击因素进行了控制。对于变量排列顺序，首先从理论上假设供给冲击在先，其次是需求冲击和货币冲击。再次，滞后期的选择对估计 VAR 模型至关重要：滞后期越短，误差项的自相关性越严重，将会造成模型参数的非一致性估计；滞后期太长，虽然能够完整地反映模型的动态特征，但导致自由度减少，将直接影响模型参数估计的有效性。滞后 1~5 阶 VAR 模型最优自回归阶数 p 的检验结果（见表 10-2）表明：我们采用 LR、FPE、AIC、SC 和 HQ 准则确定模型的滞后阶数为 2 阶，其 AIC 值为 39.45417、SC 值为 41.84575、HQ 值为 40.71071。同时经单位圆检验发现，滞后 2 阶的 VAR（2）模型的特征多项式的所有根模的倒数小于 1，即位于单位圆内，因此模型满足稳定性所要求的条件（见图 10-5）。

表 10-2　　　　　　　　　　VAR 滞后阶数的确定

Lag	LogL	LR	FPE	AIC	SC	HQ
0	-3 587.87	NA	2.13E+15	57.99789	58.17985	58.07181
1	-2 420.91	2 164.528	40 112 300	40.20816	41.84575*	40.87339
2	-2 310.16	191.1288*	19 097 255*	39.45417*	42.54738	40.71071*
3	-2 259.53	80.83872	24 438 386	39.66988	44.21872	41.51772
4	-2 208.32	75.16841	31 900 043	39.87611	45.88058	42.31527
5	-2 156.4	69.5053	42 903 040	40.07095	47.53105	43.10142

注：LR 表示似然比统计量、FPE 表示最终预测误差统计量、AIC 表示赤迟信息准则统计量、SC 表示施瓦茨准则统计量、HQ 表示信息准则统计量等统计量来确定滞后阶数，* 表示根据该标准应选择的滞后阶数。

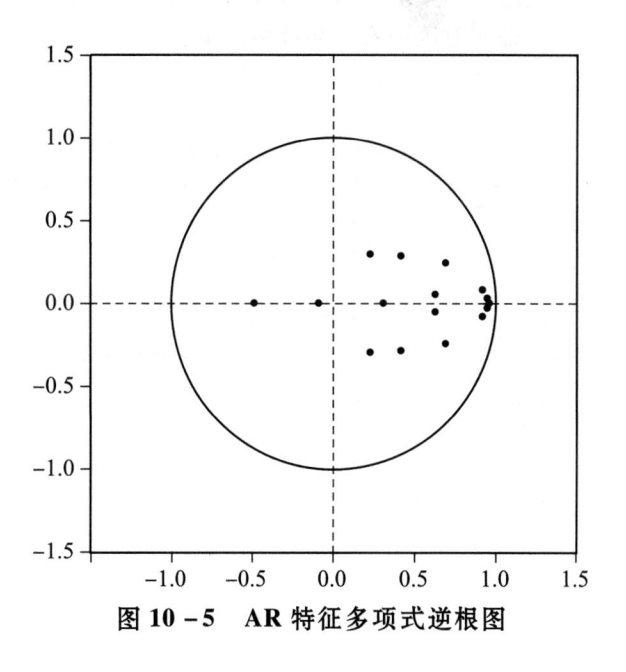

图 10-5　AR 特征多项式逆根图

3. 脉冲响应函数分析。在 VAR 模型中，脉冲响应函数描绘了在一个扰动项上加上一次性的（one time shock）冲击，冲击对第 i 个变量的冲击不仅直接影响第 i 个变量，并且通过模型的动态（滞后）结构传导给所有的其他内生变量，对于内生变量的当前值和未来值带来影响。然后，计算 VAR 模型中的外部冲击变量对农产品价格冲击的脉冲响应函数。本研究选取滞后长度为 100 个月，通过计算可以得到各外部因素对农产品价格冲击的响应轨迹。我国农产品价格分别受到外部冲击变量一个标准差单位的正向冲击后的脉冲响应函数见图 10-6：（1）我国农产价格受到自身一个冲击后，产生了一个剧烈的响应，这种响应随着时间的推移逐渐减弱。（2）国外食品价格冲击对国内农产品价格的冲击产生正向影响，影响逐渐加强，在第 3 期与第 4 期之间达到最大值，随后逐渐减弱。国外食品价格对我国农产品价格波动产生了影响。（3）农业原材料指数对农产品价格冲击的响应开始为负，并在第 2 期达到最大值后逐渐减小，在第 4 期和第 5 期之间减弱为 0，随后对国内农产品价格产生正向冲击作用。（4）金属价格指数对农产品价格一开始处于正向影响，并逐渐增强。（5）来自国际原油价格的冲击，对农产品价格产生负向影响，并在第 5 期达到最大值，随后逐渐减弱，并逐渐趋向于零。出口对我国农产品价格的影响一开始处于负向影响状态，在第 2 期和第 3 期之间转换为正向影响，并呈现逐渐减弱的趋势。（6）联邦资金利率对我国农产品价格一开始有微弱的正向影响，并逐渐减弱，进而转向微弱的负向影响。（7）人民币实际有效汇率对国内价格的影响一开始就呈现较强的负向影响，在第 2 期和第 3 期之间转向正向影响，并在第 3 期与第 4 期之间达到峰值，随后，逐渐减弱，趋于零。这表明汇率波动确实对国内农产品价格产生了重要的影响，在前 2 期波动较大，但是随后一直较稳定。

Response to Cholesky One S.D. Innovations ± 2 S.E.

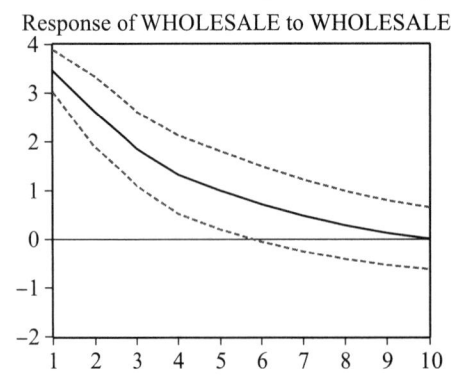

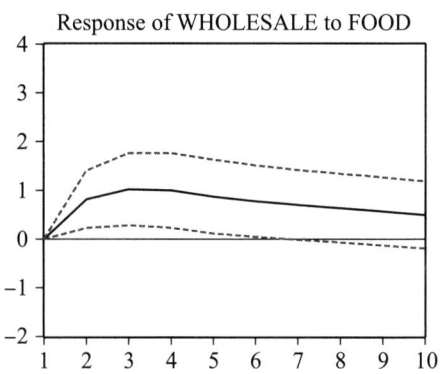

图 10 - 6　脉冲响应函数图

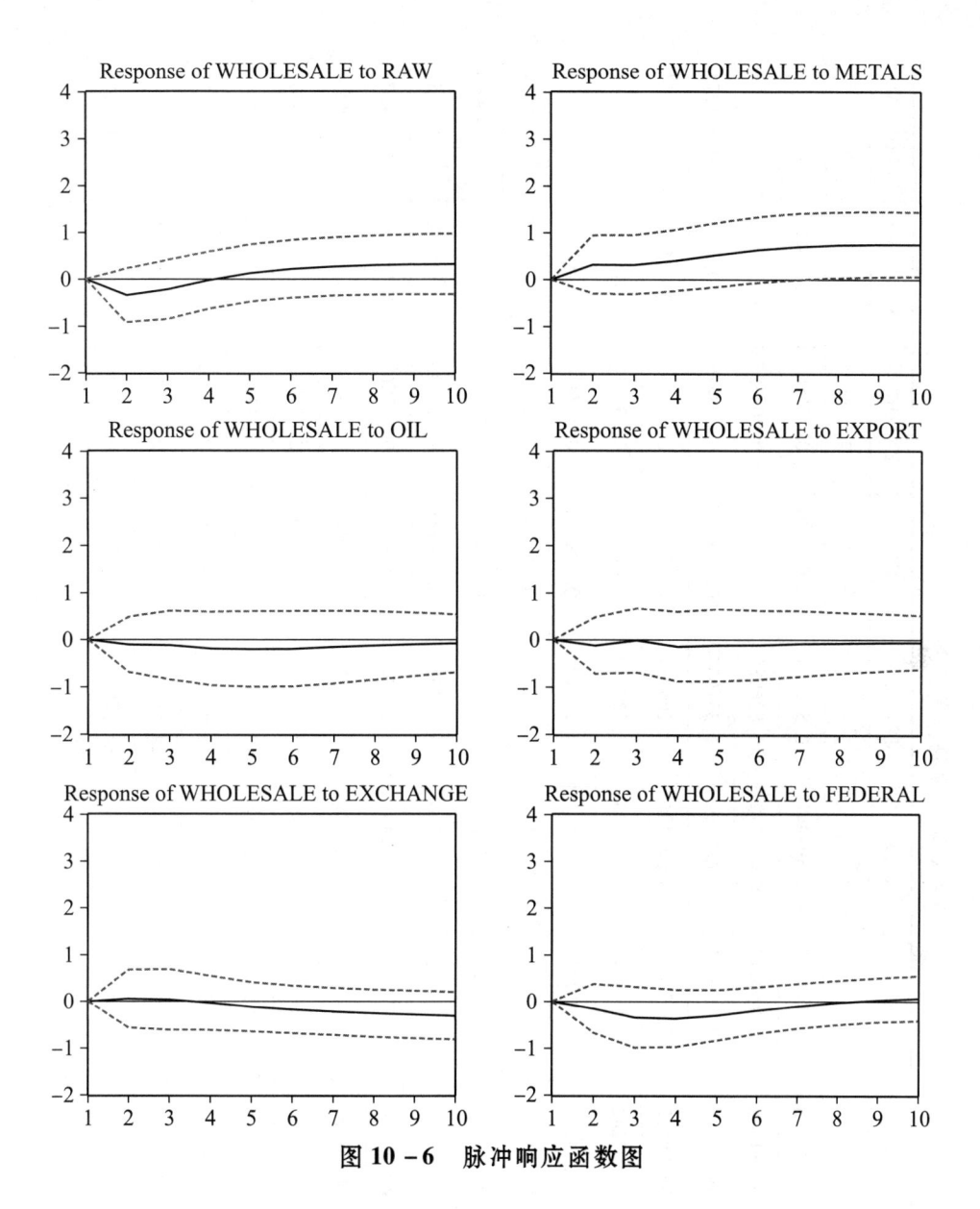

4. 方差分解分析。通过方差分解可以对各种冲击的影响大小进行分析比较。如表 10 - 3 所示，从对农产品价格的影响大小来看，在第 2 期时，农产品自身的影响是其价格波动的主要因素，第一是国内农产品价格自身的贡献，其贡献率为 95.28145%；第二是国外食品价格波动；第三是国外农业原材料价格。然而，从第 6 期起，第一仍是农产品自身的影响，占 81.03242%；其次是国外食品价格波动，其贡献率为 12.86649%；第三是国外金属材料的价格。

表10-3　　　　　　　　　　　　VAR模型预测方差分解

Period	S.E.	WHOLESALE	FOOD	RAW	METALS	OIL	EXPORT	EXCHANGE	FEDERAL
1	3.459177	100	0	0	0	0	0	0	0
2	4.438865	95.28145	3.344183	0.596947	0.517531	0.056086	0.07658	0.016676	0.110551
3	4.946943	90.81548	6.940249	0.677372	0.826085	0.100222	0.062325	0.019981	0.558285
4	5.25147	86.96771	9.759692	0.602852	1.331055	0.219676	0.128485	0.022255	0.968273
5	5.457128	83.88532	11.5746	0.614308	2.169521	0.341318	0.162943	0.065676	1.186314
6	5.609658	81.03242	12.86649	0.734235	3.335014	0.440721	0.195316	0.157361	1.23844
7	5.731297	78.34384	13.81222	0.9284	4.700275	0.498293	0.207436	0.2941	1.215433
8	5.835471	75.81155	14.50055	1.163566	6.140074	0.526251	0.214163	0.469865	1.173985
9	5.928697	73.49486	14.95222	1.415688	7.563291	0.536497	0.217145	0.680233	1.140066
10	6.014162	71.42132	15.19734	1.666318	8.916366	0.539148	0.219685	0.919072	1.12076
11	6.093087	69.59896	15.27293	1.902497	10.16837	0.539795	0.222261	1.180359	1.114825
12	6.166076	68.01629	15.22189	2.115726	11.30225	0.541795	0.225458	1.458339	1.118251
13	6.233477	66.65361	15.08437	2.301255	12.30934	0.547108	0.22925	1.74828	1.12679
14	6.295606	65.48756	14.8947	2.456984	13.18698	0.556887	0.233649	2.046234	1.13701
15	6.352757	64.49477	14.67993	2.582717	13.93708	0.571511	0.238572	2.348911	1.14651
16	6.405212	63.65306	14.46028	2.679589	14.5651	0.590692	0.244008	2.653439	1.153832
17	6.453233	62.942	14.24997	2.749717	15.07919	0.613625	0.249986	2.957268	1.158248

续表

Period	S.E.	WHOLESALE	FOOD	RAW	METALS	OIL	EXPORT	EXCHANGE	FEDERAL
18	6.497076	62.3429	14.0583	2.795954	15.48935	0.639231	0.2566	3.258103	1.159562
19	6.536992	61.83871	13.89071	2.821691	15.80671	0.666368	0.26399	3.55389	1.15794
20	6.573244	61.41391	13.74961	2.830669	16.04289	0.693993	0.272326	3.842808	1.153793
30	6.798109	59.16272	13.40947	2.759137	16.1239	0.891709	0.441526	6.109237	1.102302
40	6.92052	57.53924	13.4967	3.30732	15.6512	0.929204	0.744718	7.16058	1.171039
50	7.000347	56.33286	13.49286	3.872487	15.63648	0.913842	1.001414	7.55545	1.194607
60	7.04681	55.66218	13.54516	4.060197	15.77753	0.904431	1.127696	7.736968	1.185837
70	7.078826	55.24595	13.65076	4.057858	15.90873	0.904725	1.165014	7.836996	1.229972
80	7.104378	54.93313	13.76054	4.030108	16.00045	0.908189	1.167994	7.889719	1.309879
90	7.123081	54.70539	13.8438	4.016851	16.06188	0.91151	1.163681	7.914969	1.381926
100	7.134847	54.55994	13.89494	4.014064	16.10132	0.913855	1.15998	7.92627	1.429635

反映国外需求的出口对国内农产品价格的影响较小。这说明我国面临的国际贸易环境对国内农产品价格产生了一定影响,但是出口竞争力不足的问题值得关注。

美联储联邦利率对国内农产品价格的影响在1%左右。

人民币实际有效汇率对我国农产品价格的影响逐渐增大,在第100期达到7.92627%。这说明汇率波动对国内农产品价格的影响存在一定的滞后性,并且影响逐渐显现并增强。

第三节 农产品价格波动的影响
——中国农产品价格波动对宏观经济的影响

农产品价格波动受到各界的广泛关注。农产品价格波动对我国宏观经济运行环境的影响日渐深远。邹玲和许丽烨(2014)分析发现,二者存在显著的线性相关,居民整体消费价格水平对农产品价格波动的影响较大,而农产品价格波动对居民消费价格影响有限,并据此对促进农产品价格稳定、健康的发展提出相关政策建议。杨志海和王雅鹏(2011)研究发现:长期而言,农产品价格波动、通胀预期以及通货膨胀之间不存在协整关系,但农产品价格波动是通胀预期的格兰杰(Granger)原因,通胀预期与通货膨胀之间存在着双向的格兰杰因果关系;短期来看,三者之间存在着波动性的相互影响,一般在当期或滞后1期时达到最大。刘振亚和陈宇(2013)分析表明,国际农产品价格上涨将导致中国农产品价格上升,进而传导至各部门并影响价格、产出、就业等各项指标,导致社会总体福利降低。随着价格上涨幅度的增加,其负效应也随之相应增加。国际农产品价格的上涨对行业的影响也体现出一定的结构性特征,即国内农业受其影响出现扩张的同时,其他产业则出现了紧缩。凌先勇和彭珏(2012)研究发现,农产品价格对工业生产率的影响呈现门槛效应:在一定的涨幅范围内,农产品价格上涨有利于工业生产率的增长;而当涨幅越过某一门槛值后,农产品价格上涨对工业生产率的促进作用变得不明显。范小仲(2014)根据江西省1978~2012年的年度数据,运用协整检验对江西省农产品价格和农业生产资料价格波动关系进行了实证分析。研究发现:农产品价格波动和农业生产资料价格波动之间存在显著的协整关系,农业生产资料价格的波动会带来显著的农产品价格波动,且农产品价格的波动也会引起农业生产资料价格的波动,但其影响程度没有前者显著。对于"农产品价格波动如何影响国内宏观经济,其作用的程度和表现如何"一直缺乏可靠的实证研究。

本节将以农产品价格波动与我国宏观经济的关系为研究对象，借鉴秦建群（2015）的相关研究，采用2005年1月~2015年12月的数据为研究样本，建立一个多变量结构向量自回归模型（SVAR），从农产品价格波动冲击对中国经济波动影响动态关系的角度进行实证分析。

一、研究方法——SVAR模型

向量自回归模型（VAR）是研究农产品价格冲击与宏观经济的关系多种分析方法中广泛应用的一种多元时间序列分析方法。西姆斯（Sims，1980）提出的VAR模型采用多方程联立的形式，在模型的每一个方程中，内生变量对模型的全部内生变量的滞后项进行回归，从而估计全部内生变量的动态关系，但因模型中"新息"（innovation）可能存在较强的相关性，不具有直接的经济解释，导致脉冲响应函数的经济含义模糊不清（Enders，2004）。为了弥补这种不足，布兰查德和奎阿（Blanchard & Quah，1989）提出了SVAR方法，通过对VAR模型施加基于经济理论的限制性条件，识别出"新息"，即结构冲击。这种对VAR模型的"新息"进行结构性分解的方法即为SVAR模型。西姆斯（Sims，1986）和Bernanke（1986）提出了一种施加基于经济理论的短期约束的结构化方法，对于n个变量的SVAR模型，需要n(n−1)/2个短期约束以确定结构冲击。当然，SVAR模型的局限性在于它最多仅能够识别与变量数一样多的不同类型的冲击（Blanchard & Quah，1989）。近年来，SVAR已被国外学者广泛引入到国际大宗商品价格冲击的分析中，而国内运用SVAR方法研究农产品价格冲击的文献还相对较少。

一般k个变量p阶结构向量自回归模型SVAR(p)为：

$$By_t = \Phi_0 + \Phi_1 y_{t-1} + \Phi_2 y_{t-2} + \cdots + \Phi_p y_{t-p} + u_t \quad (10-10)$$

其中：$t = 1, 2, \cdots, T_0$，

$$B = \begin{bmatrix} 1 & -b_{12} & -b_{13} & \cdots & -b_{1k} \\ -b_{21} & 1 & -b_{23} & \cdots & -b_{2k} \\ \vdots & \vdots & \vdots & \vdots & \vdots \\ -b_{(k-1)1} & -b_{(k-1)2} & -b_{(k-1)3} & \cdots & -b_{(k-1)k} \\ -b_{k1} & -b_{k2} & -b_{k3} & \cdots & 1 \end{bmatrix}, \quad y_{t-j} = \begin{bmatrix} y_{1(t-j)} \\ y_{2(t-j)} \\ \vdots \\ y_{(k-1)(t-j)} \\ y_{k(t-j)} \end{bmatrix},$$

$j = 0, 1, 2, \cdots, p$，

$$u_t = \begin{bmatrix} u_{1t} \\ u_{2t} \\ \vdots \\ u_{(k-1)t} \\ u_{kt} \end{bmatrix}, \Phi_i = \begin{bmatrix} \delta_{11}^{(i)} & \delta_{12}^{(i)} & \delta_{13}^{(i)} & \cdots & \delta_{1k}^{(i)} \\ \delta_{21}^{(i)} & \delta_{22}^{(i)} & \delta_{23}^{(i)} & \cdots & \delta_{2k}^{(i)} \\ \vdots & \vdots & \vdots & \ddots & \vdots \\ \delta_{(k-1)1}^{(i)} & \delta_{(k-1)2}^{(i)} & \delta_{(k-1)3}^{(i)} & \cdots & \delta_{(k-1)k}^{(i)} \\ \delta_{k1}^{(i)} & \delta_{k2}^{(i)} & \delta_{k3}^{(i)} & \cdots & \delta_{kk}^{(i)} \end{bmatrix},$$

$i = 1, 2, \cdots, p$。

y_{t-p} 表示内生变量的 p 期滞后向量，u_t 为结构化扰动项，化简可得：

$$y_t = b_0 + B_1 y_{t-1} + B_2 y_{t-2} + \cdots + B_p y_{t-p} + \varepsilon_t \qquad (10-11)$$

其中，$t = 1, 2, \cdots, T$。综上可得出简化式扰动项和结构扰动项之间的关系，即反映了内生变量之间的同期相关关系：$\varepsilon_t = B^{-1} u_t$，其中 B 为短期约束条件。在实际的估计中，根据简化式的估计值，通过 ε_t 和 u_t 的关系，新息冲击可以对内生变量同期及未来的变化产生影响。虽然 u_t 无法直接观测到，但可以通过对 ε_t 的方差矩阵进行 Choleski 分解，可以得到结构式冲击 ε_t 两者关系（Waggoner & Zha, 1997）。在建立 SVAR 模型中，首先要建立反应短期冲击的结构式方程系数矩阵 B。

二、计量检验

1. 数据来源与变量选择。结合中国宏观经济数据的特点和可获得性，本书选取 2005 年 1 月～2016 年 1 月的农产品价格和投资、经济增长、消费和通货膨胀等刻画中国宏观经济变量的月度数据进行研究。企业商品交易价格指数（Corporate Goods Price Index，CGPI）由中国人民银行建立并组织实施调查统计，是反映国内企业之间物质商品集中交易价格变动的统计指标，是比较全面地测度通货膨胀水平和反映经济波动的综合价格指数，具有很强的权威性、准确性和总括性。该价格指数由 5 部分组成，即总指数、农产品指数、矿产品指数、煤油电指数和加工业产品指数。本书选取其中的农产品指数作为我国农产品价格的数据来源。由于工业生产增速是反映我国经济运行状况的重要指标，因此，以工业增加值增长率作为经济增长的代理变量。此外，CPI 作为衡量通货膨胀的代理变量。数据来源于 Wind 数据库（见表 10-4）。

表 10-4　　　　　　　　变量说明

变量名称	代理变量	变量符号
农产品价格	农产品指数	AGRPRICE
投资	固定资产投资完成额	INVEST

续表

变量名称	代理变量	变量符号
经济增长	工业增加值增长率	GROWTH
消费	社会消费品零售总额增长率	CONSUMP
通货膨胀	居民消费价格指数	CPI

2. 模型识别。首先建立农产品价格（CGPI）、投资（INVEST）、经济增长（GROWTH）、消费（CONSUMP）和通货膨胀（CPI）的五元结构 VAR（3）模型［即 SVAR（3）模型］，其 A、B 矩阵的形式如下：

$$A = \begin{bmatrix} 1 & a_{12} & a_{13} & a_{14} & a_{15} \\ a_{21} & 1 & a_{23} & a_{24} & a_{25} \\ a_{31} & a_{32} & 1 & a_{34} & a_{35} \\ a_{41} & a_{42} & a_{43} & 1 & a_{45} \\ a_{51} & a_{52} & a_{53} & a_{54} & 1 \end{bmatrix}, B = \begin{bmatrix} 1 & 0 & 0 & 0 & 0 \\ 0 & 1 & 0 & 0 & 0 \\ 0 & 0 & 1 & 0 & 0 \\ 0 & 0 & 0 & 1 & 0 \\ 0 & 0 & 0 & 0 & 1 \end{bmatrix},$$

$\varepsilon_t = (\varepsilon_{1t} \quad \varepsilon_{2t} \quad \varepsilon_{3t} \quad \varepsilon_{4t} \quad \varepsilon_{5t})$，$u_t = (u_{1t} \quad u_{2t} \quad u_{3t} \quad u_{4t} \quad u_{5t})$。

其中，ε_t 是 VAR 模型的扰动项，u_{1t}、u_{2t}、u_{3t}、u_{4t}、u_{5t} 分别表示作用在 CGPI、INVEST、GROWTH、CONSUMP、CPI 上的结构式冲击，即结构式扰动项，$u_t \sim VWN(O_k, I_k)$。一般而言，简化式扰动项 ε_t 是结构式扰动项 u_t 的线性组合，因此，ε_t 代表一种复合冲击。

由于模型中包含有 5 个内生变量，需要对结构施加 k(k-1)/2 = 10 个限制条件才能使得 SVAR 模型满足可识别条件。根据现阶段我国经济运行的实际情况可以做出如下假设：

（1）当期的 INVEST、GROWTH、CONSUMP 和 CPI 对 CGPI 波动冲击无反应，即 $a_{21} = 0$；$a_{31} = 0$；$a_{41} = 0$；$a_{51} = 0$。

（2）GROWTH、CONSUMP 和 CPI 对 INVEST 的当期变化无反应即 $a_{32} = 0$；$a_{42} = 0$；$a_{52} = 0$。

（3）CONSUMP 和 CPI 对 GROWTH 的当期变化无反应即 $a_{43} = 0$；$a_{53} = 0$。

（4）CPI 对 CONSUMP 的当期变化无反应即 $a_{54} = 0$。

上述假设给 SVAR 模型施加的都是短期约束。经过约束后的矩阵 A 变为：

$$A = \begin{bmatrix} 1 & a_{12} & a_{13} & a_{14} & a_{15} \\ 0 & 1 & a_{23} & a_{24} & a_{25} \\ 0 & 0 & 1 & a_{34} & a_{35} \\ 0 & 0 & 0 & 1 & a_{45} \\ 0 & 0 & 0 & 0 & 1 \end{bmatrix}$$

3. 计量检验。模型的数据、平稳性检验及模型的稳定性检验。为避免出现伪回归现象,本书运用 ADF(Augmented Dickey – Fuller)方法对各序列及其一阶差分序列进行平稳性检验。检验时,依据赤池信息准则(AIC)的最小化原则选择趋势项,以及确定常数项是否存在最优滞后变量的阶数。检验发现各序列均是一阶差分平稳的,检验结果见表 10 – 5。

表 10 – 5　　　　　　各变量序列的单位根检验变量

变量	检验类型 (c, t, p)	ADF 检验值	临界值 1%	临界值 5%	临界值 10%	结论
CGPI	(c, t, 12)	-2.93775	-4.03698	-3.44802	-3.14914	非平稳
INVEST	(c, t, 1)	-2.22198	-4.03016	-3.44476	-3.14722	非平稳
Growth	(c, t, 0)	-2.52823	-4.0296	-3.44449	-3.14706	非平稳
CONSUMP	(c, t, 0)	-2.33402	-4.0296	-3.44449	-3.14706	非平稳
CPI	(c, t, 1)	1.021233	-4.03016	-3.44476	-3.14722	非平稳
DCGPI	(0, 0, 11)	-4.30402	-2.58454	-1.94354	-1.61494	平稳
DINVEST	(0, 0, 0)	-7.7926	-2.58287	-1.9433	-1.61509	平稳
DGrowth	(0, 0, 0)	-10.2181	-2.58287	-1.9433	-1.61509	平稳
DCONSUMP	(0, 0, 0)	-13.1603	-2.58287	-1.9433	-1.61509	平稳
DCPI	(c, 0, 0)	-6.49657	-3.48122	-2.88375	-2.57869	平稳

注:①检验类型(c, t, p)中,c 表示含常数项,t 表示趋势相,p 表示滞后阶数;②Δ 表示变量序列的一阶差分。

从表 10 – 6 可知,ADF 检验显示 CGPI、INVEST、GROWTH、CONSUMP 和 CPI 在 1% 的置信度上是非平稳的,即所有变量均 I(0)非平稳的。一阶差分后,CGPI、INVEST、GROWTH、CONSUMP 和 CPI 在 1% 的置信度上均是平稳的,即所有变量均为一阶单整,I(1)平稳的。被估计的 VAR 模型所有根的模都小于 1 并且位于单位圆内,因此该模型是稳定的(见图 10 – 7)。虽然经济变量大多呈现非平稳特征,但由于数据处理时已经进行了季节调整和差分,因而在估计 SVAR 模型时,可以省略变量间的协整检验。

滞后期选择。滞后期的选择对估计 SVAR 模型至关重要:滞后期越短,误差项的自相关性越严重,将会造成模型参数的非一致性估计;滞后期太长,虽然能够完整地反映模型的动态特征,但导致自由度减少将直接影响模型参数估计的有效性。滞后 1 – 8 阶 VAR 模型最优自回归阶数 p 的检验结果(见表 10 – 6)表明:在 5% 的显著性水平下,LR、FPE 和 AIC 指标最优滞后期为 2,而 HQ 和 SC 指标最优滞后期为 1 期，考虑到 AIC 准则倾向于选择过大的滞后阶数（Paulsen，1984），确定滞后阶数为 2。

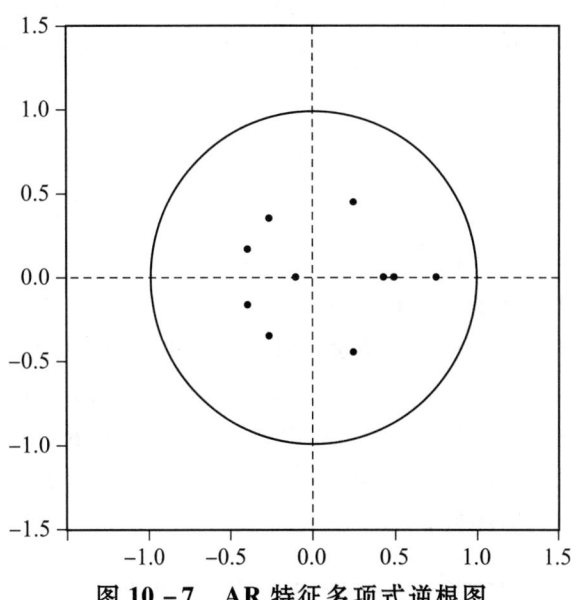

图 10-7 AR 特征多项式逆根图

表 10-6　　　　　　　　　滞后期选择

Lag	LogL	LR	FPE	AIC	SC	HQ
0	-921.884	NA	2.415469	15.07128	15.18559	15.11771
1	-852.165	132.6358	1.167826	14.34414	15.03004*	14.62275*
2	-826.929	45.95702*	1.165704*	14.34032*	15.5978	14.8511
3	-812.17	25.67835	1.383839	14.50683	16.3359	15.2498
4	-802.229	16.48888	1.78458	14.75168	17.15233	15.72682
5	-785.038	27.1139	2.05779	14.87866	17.85089	16.08597
6	-775.321	14.5351	2.700092	15.12718	18.67099	16.56666
7	-760.98	20.28797	3.317631	15.30049	19.41588	16.97215
8	-742.503	24.6355	3.855781	15.40656	20.09353	17.31039

注：LR 表示似然比统计量、FPE 表示最终预测误差统计量、AIC 表示赤迟信息准则统计量、SC 表示施瓦茨准则统计量、HQ 表示信息准则统计量等统计量来确定滞后期，* 表示根据该准则选定的阶数。

在模型满足可识别条件的情况下，可以使用信息极大似然方法（FIML）估计得到 SVAR 模型的所有未知参数，从而得到矩阵 A 及 ε_t 和 u_t 的线性组合的估计结果如下：

$$\hat{A}\hat{\varepsilon} = \begin{bmatrix} 1.000000 & 0.000000 & 0.000000 & 0.000000 & 0.000000 \\ -0.056702 & 1.000000 & 0.000000 & 0.000000 & 0.000000 \\ -0.130461 & 0.077833 & 1.000000 & 0.000000 & 0.000000 \\ -0.066781 & 0.105642 & 0.430209 & 1.000000 & 0.000000 \\ -0.048236 & -0.043915 & 0.442667 & 0.125026 & 1.000000 \end{bmatrix} \begin{bmatrix} \hat{\varepsilon}_{1t} \\ \hat{\varepsilon}_{2t} \\ \hat{\varepsilon}_{3t} \\ \hat{\varepsilon}_{4t} \\ \hat{\varepsilon}_{5t} \end{bmatrix} = \begin{bmatrix} \hat{\mu}_{1t} \\ \hat{\mu}_{2t} \\ \hat{\mu}_{3t} \\ \hat{\mu}_{4t} \\ \hat{\mu}_{5t} \end{bmatrix}$$

三、农产品价格冲击的脉冲响应分析

在 SVAR 模型中，脉冲响应函数描绘了在一个扰动项上加上一次性的冲击，冲击对第 i 个变量的冲击不仅直接影响第 i 个变量，并且通过模型的动态（滞后）结构传导给所有的其他内生变量，对内生变量的当前值和未来值带来影响。然后，计算 SVAR 模型中的经济变量对农产品价格冲击的脉冲响应函数。本书选取滞后长度为 100 个月，通过计算可以得到投资、经济增长、消费和通货膨胀对农产品价格冲击的响应轨迹。图 10-8 给出了投资、经济增长、消费和通货膨胀对农产品价格冲击的脉冲响应。

图 10-8　各宏观变量对农产品价格冲击的脉冲响应

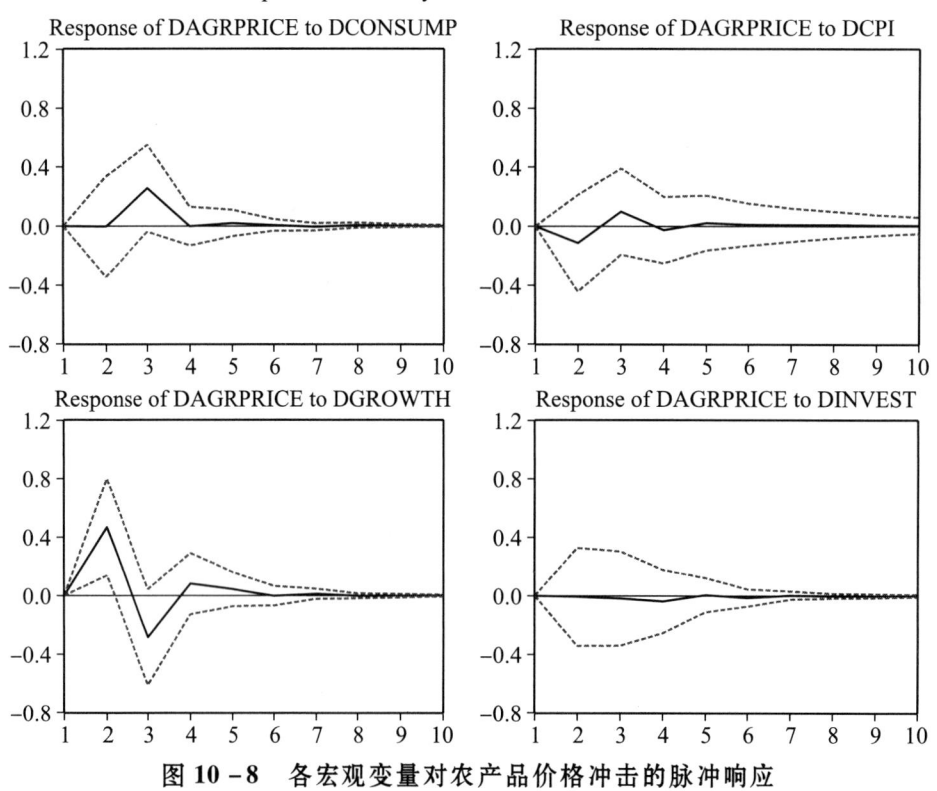

在 SVAR 模型中，经济增长对农产品价格冲击的响应开始为正，即农产品价格升高会降低国内产出，逐渐减弱并回归至零值，之后产生一个正向影响并在第 2 期达到最大值后逐渐减小，大约在第 8 期影响基本消失。农产品价格上涨对消费从第 2 期开始产生正向影响，后在第 4 期逐渐减弱为零，并趋近于零。CPI 对农产品价格冲击的响应是在第 1 期为负，在第 2 期达到最大值，逐渐递减为 0。

四、方差分解

通过方差分解可以对各种冲击的影响大小进行分析比较。如表 10-7 所示，从对农产品价格的影响大小来看，在第 1 期时，农产品价格自身的影响是影响其价格波动的主要因素。从第 2 期起，农产品价格对其自身的影响份额开始逐步下降，到第 16 期时，下降到 89.85%；经济增长对农产品价格的影响开始逐渐上升，到第 19 期，上升到 7.794%；投资对农产品价格的影响呈现上升趋势，到第 16 期分别上升到 0.053%。通货膨胀对农产品价格的影响呈现上升趋势，到第 50 期上升到 0.614%。

表 10-7　　　　　　　　　农产品价格的方差分解

预测期	农产品价格预测方差的解释程度（%）				
	S. E.	DAGRPRICE	DCONSUMP	DCPI	DGROWTH	DINVEST
1	1.855546	100	0	0	0	0
2	1.936365	93.8079	0.0002	0.350049	5.840716	0.001132
3	1.984147	90.12647	1.680999	0.577735	7.605343	0.009456
4	1.987279	89.93124	1.675747	0.594637	7.751979	0.046393
5	1.98803	89.86678	1.684809	0.606361	7.794995	0.047054
6	1.98843	89.86155	1.685167	0.608913	7.791901	0.052467
7	1.988599	89.85691	1.685676	0.610407	7.794399	0.052609
8	1.988658	89.85478	1.686378	0.612108	7.794025	0.052706
9	1.988672	89.85393	1.686464	0.612916	7.793931	0.052755
10	1.988679	89.85342	1.686489	0.613425	7.793896	0.052772
11	1.988682	89.85313	1.686489	0.613715	7.793877	0.052788
12	1.988685	89.85297	1.686486	0.613888	7.793862	0.052792
13	1.988686	89.85288	1.686484	0.613985	7.793852	0.052795
14	1.988687	89.85283	1.686484	0.614043	7.793847	0.052796

续表

预测期	农产品价格预测方差的解释程度（%）					
	S. E.	DAGRPRICE	DCONSUMP	DCPI	DGROWTH	DINVEST
15	1.988687	89.8528	1.686484	0.614075	7.793844	0.052797
16	1.988687	89.85278	1.686483	0.614093	7.793842	0.052798
17	1.988687	89.85277	1.686483	0.614104	7.793841	0.052798
18	1.988687	89.85277	1.686483	0.61411	7.793841	0.052798
19	1.988688	89.85277	1.686483	0.614113	7.79384	0.052798
20	1.988688	89.85276	1.686483	0.614115	7.79384	0.052798
50	1.988688	89.85276	1.686483	0.614118	7.79384	0.052798
100	1.988688	89.85276	1.686483	0.614118	7.79384	0.052798

第四节　农产品价格波动的影响

——农产品价格波动对我国通货膨胀动态冲击效应的计量分析[①]

价格是经济运行的晴雨表，最能直接、准确地反映市场供求和预期。农产品价格是百价之基，是农业生产和宏观经济的重要指标。农产品价格的波动会产生连锁反应，并推动整个物价水平的上升，从而造成通货膨胀。随着我国市场经济体制建设的深化，农产品价格形成机制也发生了重大变化。在这种背景下，认识并有效地控制农产品价格波动对通货膨胀的传导机制，可以指导宏观调控实践，在一定程度上避免对宏观经济稳定带来较大冲击，这与我国二元经济转型的实际要求相适应，具有重要的现实意义。

本节将探讨农产品价格波动对通货膨胀的影响、传导渠道及其贡献度。下文的结构安排为：首先是研究方法的介绍，其次是数据来源与变量选择部分，然后是实证结果与分析部分，最后是研究结论和政策建议。

一、研究方法

VAR 常用于分析不同类型随机变量扰动项对系统变量的动态影响。通过其变形还可以计算出其中一个变量的脉冲（微小变化）对其余变量的影响，包括这

[①] 本节内容发表于《统计与决策》2014 年第 21 期（CSSCI 期刊）。

种影响的大小、方向及持续时间。该模型的优点在于不需要事先假定模型中各变量的内生性，但确定 VAR 模型单个参数估计值是非常困难的，通过观察系统的脉冲响应函数和方差分解可以得出 VAR 模型研究结论。脉冲响应函数和方差分解将所考虑的经济变量纳入一个系统，能够反映系统的完全信息、估计变量冲击的时滞及影响程度，进而刻画几个变量之间共同变动的关系。因此，本书采用 VAR 模型来研究农产品价格波动对我国通货膨胀的动态冲击效应。

1. 向量自回归模型。向量自回归模型具有以下形式：

$$X_t = K_1 X_{t-1} + K_2 X_{t-2} + K_3 X_{t-3} + \cdots + K_p X_{t-p} + C + \varepsilon_t \quad (10-12)$$

其中，C 为 n×1 常数向量，X_t 是向量在时刻 t 的取值，X_{t-1}，X_{t-2}，X_{t-3}，…，X_{t-p} 为其各期滞后值，K_p 为 n×n 矩阵，ε_t 为 n×n 误差向量。满足 $E(\varepsilon_t) = 0$；$E(\varepsilon_t \varepsilon_t') = \Omega$（$\Omega$：一个 n×n 正定矩阵）；$E(\varepsilon_t \varepsilon_{t-k}') = 0$。

2. 脉冲—响应分析。方程（10-4）中 X_t 的向量 MA(∞) 可写成为：

$$X_t = (\vartheta_0 I + \vartheta_1 L + \vartheta_2 L^2 + \nu) \varepsilon_t \quad (10-13)$$

设 $\vartheta_n = (\vartheta_{n,ij})$，q = 1，2，3，…，则 x 的第 i 个变量 x_{it} 可写成为：

$$x_{it} = \sum_{j=1}^{k} (\vartheta_{0,ij} \varepsilon_{jt} + \vartheta_{1,ij} \varepsilon_{jt-1} + \vartheta_{2,ij} \varepsilon_{jt-2} + \vartheta_{3,ij} \varepsilon_{jt-3} + \cdots + \vartheta_{n,ik} \varepsilon_{kt} + \nu\nu)$$

$$(10-14)$$

其中，k 是向量 X_t 的维数。

$$\vartheta_{n,ij} = \frac{\partial y_{i,t+n}}{\partial \varepsilon_{jt}}, \quad s = 0, 1, \cdots, \nu\nu \quad (10-15)$$

$\vartheta_{0,ij}$，$\vartheta_{1,ij}$，$\vartheta_{2,ij}$，$\vartheta_{3,ij} \varepsilon_{jt-3}$，…，$\vartheta_{n,ik}$，$\nu\nu$ 为对 x_j 的一个单位脉冲引起的 x_i 的响应函数，描述了 $x_{i,t+s}$ 在时期 t 的其他变量和早期变量不变的情况下，对 x_{jt} 的一个脉冲的反应。

二、数据来源与变量选择

自 2005 年以来，我国农产品价格呈现出明显的波动性，为了突出这一特征，本文选取 2005 年 1 月至 2013 年 11 月共 107 个样本点进行经验分析，本书以农产品批发价格指数（WPIALOG）月度数据作为农产品价格的代理变量。同时，选取农副产品购进价格指数（DAPILOG）和工业品生产者出厂价格指数（PPILOG）作为农产品价格影响通货膨胀传导渠道的代理变量。此外，本书以居民消费价格指数（CPILOG）作为衡量通货膨胀水平的代理变量。以上数据均来源于国家统计局网站和 CCER 中国经济金融数据库。

将环比的 CPILOG、同比的 WPIALOG、DAPILOG 和 PPILOG 算成以 2005 年 1

月为基期的定基比数据。需要指出的是，在把同比的数据转换成定基比数据时，由于不可获得环比数据，只能先转换成以 2005 年各月为基期的"准定基比数据"，后再转换成以 2005 年 1 月为基期的定基比数据。这样做所产生的偏差十分微小，而且对于 2005 年 1 月到 2013 年 11 月较长的时间序列来说，这样做的微小偏差是可接受的。

本研究首先运用 X11 程序对原始数据进行了季节调整，然后取自然对数。对数据取自然对数并不影响数据之间原来的协整关系，并能使其趋势线性化，在一定程度上可以减少数据的波动性和异方差性。

三、农产品价格波动对我国通货膨胀的冲击效应

本研究运用 Eviews 6.0 软件对各变量进行单位根检验，以确定变量的平稳性，如果确认各变量有单位根，再用 E-G 两步法进行协整检验；若协整关系存在，可以判断农产品价格波动是否对我国通货膨胀产生了影响，随后运用脉冲响应函数和方差分解来描述扰动项的一次冲击对因变量当前值和未来值所带来的影响，以判断不同的传导途径对通货膨胀的动态冲击的贡献度。

1. 单位根检验与协整检验。为避免出现伪回归现象，本研究采取 ADF 检验方法对各时间序列变量进行平稳性检验（见表 10-8）。检验时，依据赤池信息准则（AIC）的最小化原则选择趋势项，以及确定常数项是否存在最优滞后变量的阶数。

表 10-8 各变量序列的单位根检验变量

变量	检验类型 (c, t, p)	ADF 检验值	临界值 1%	临界值 5%	临界值 10%	结论
WPIALOG	(c, t, 2)	-2.989175	-4.048682	-3.453601	-3.1524	非平稳
DAPILOG	(c, t, 1)	-1.816239	-4.047795	-3.453179	-3.152153	非平稳
PPILOG	(c, t, 2)	-2.34554	-4.048682	-3.453601	-3.1524	非平稳
CPILOG	(c, t, 1)	-3.03356	-4.0478	-3.45318	-3.15215	非平稳
ΔWPIALOG	(c, 0, 1)	-9.9435	-3.49438	-2.88947	-2.58174	平稳
ΔDAPILOG	(c, 0, 0)	-7.1891	-3.493747	-2.8892	-2.581596	平稳
ΔPPILOG	(c, 0, 1)	-5.08797	-3.494378	-2.889474	-2.581741	平稳
ΔCPILOG	(0, 0, 0)	-7.71459	-2.58717	-1.94391	-1.61471	平稳

注：(1) 检验类型 (c, t, p) 中，c 表示含常数项，t 表示趋势项，p 表示滞后阶数；(2) Δ 表示变量序列的一阶差分；(3) 由于篇幅的限制，对于检验的各参数数值，我们通过四舍五入的方法保留了小数点后 4 位有效数字。

从表 10-8 可知，ADF 检验显示，WPIALOG、DAPILOG、PPILOG 和 CPILOG 在 1% 的置信度上是非平稳的，即所有变量均 I（0）非平稳的。一阶差分后，WPIALOG、DAPILOG、PPILOG 和 CPILOG 在 1% 的置信度上均是平稳的，即所有变量均为一阶单整，I（1）平稳的。单位根检验结果表明，所有时间序列变量均为一阶单整序列，这表明 WPIALOG、DAPILOG、PPILOG 和 CPILOG 之间很可能存在长期稳定的关系，即协整关系。

运用 E-G 两步法进行协整检验。首先，用普通最小二乘法对 WPIA 做静态回归，结果表明回归方程各变量的系数都是显著的。其次，对静态回归残差做 ADF 单位根检验、对模型的残差进行检验，结果表明：残差不存在单位根，是平稳序列。虽然序列 WPIALOG、DAPILOG、PPILOG 和 CPILOG 不是平稳序列，但 WPIALOG、DAPILOG、PPILOG 和 CPILOG 的线性组合是平稳的，即四者之间是协整的，存在长期均衡关系，模型设计较为合理。

2. 向量自回归、脉冲响应函数和方差分解。向量自回归。在序列平稳的基础上，本研究采用向量自回归的方法来分析各变量之间的关系。我们将居民消费价格、农产品批发价格、农副产品购进价格和工业品生产者出厂价格组成一个向量自回归系统。VAR 模型的构建最为重要的是滞后阶数 p 的确定，对其选择要求为：第一，p 值要足够大才能完整反映模型中变量之间的动态关系；第二，p 值又不能过大，因为滞后阶数越大、待估参数越多，模型的自由度减少的越多，影响模型估计的有效性。滞后 1-5 阶 VAR 模型最优自回归阶数 p 的检验结果（见表 10-9），在显著性水平为 5% 的条件下，LR、FPE 和 AIC 等指标的最优滞后阶数为 5，而 SC 和 HQ 指标最优滞后阶数分别为 2 和 3，考虑到 AIC 准则倾向于选择过大的滞后阶数（Paulsen，1984），因此，本研究选择自回归滞后阶数为 5。

表 10-9　　　　　　　　VAR 滞后阶数的确定

Lag	LogL	LR	FPE	AIC	SC	HQ
0	795.5895	NA	2.13E-12	-15.52136	-15.41842	-15.47968
1	1 358.833	1 071.267	4.67E-17	-26.25163	-25.73693	-26.04321
2	1 426.201	122.8476	1.71E-17	-27.25884	-26.33238*	-26.88369
3	1 453.955	48.43338	1.36E-17	-27.48931	-26.15109	-26.94742*
4	1 468.554	24.33209	1.41E-17	-27.46185	-25.71187	-26.75322
5	1 489.131	32.68048*	1.30E-17*	-27.55159*	-25.38984	-26.67622

注：LR 表示似然比统计量、FPE 表示最终预测误差统计量、AIC 表示赤迟信息准则统计量、SC 表示施瓦茨准则统计量、HQ 表示信息准则统计量等统计量来确定滞后阶数，* 表示根据该标准应选择的滞后阶数。

确定滞后阶数后，本研究建立无约束的 VAR（5）模型并得到各参数估计值以及方程的拟合情况。① 同时，采用 AR 根方法对模型进行系统稳定性检验，结果显示 VAR 模型的特征根全部位于单位圆以内，满足稳定性条件。这表明 VAR 模型是稳定的，可以构造 VAR 模型。在向量自回归的基础上，本文采用脉冲响应函数和方差分解来分析农产品价格波动对我国通货膨胀动态冲击效应。

脉冲响应函数分析。VAR 模型具有动态结构性质，用脉冲响应函数方法来分析某种冲击如何通过模型来影响其他变量，而最终又反馈到自身上来。利用前文构建 CPILOG、DAPILOG、PPILOG 和 WPIALOG 的无约束 VAR（5）模型，基于脉冲响应函数分析方法，可以得到 CPILOG、DAPILOG、PPILOG 受到 WPIA-LOG 冲击的动态响应路径。在脉冲相应图中，横轴表示冲击作用的滞后期数，纵轴表示被解释变量变化，实线表示脉冲响应函数，虚线表示正负两倍标准差偏离带。在给定 1% 的农产品价格波动冲击下，将反应时间设定为 50 期（见图 10 - 9）。

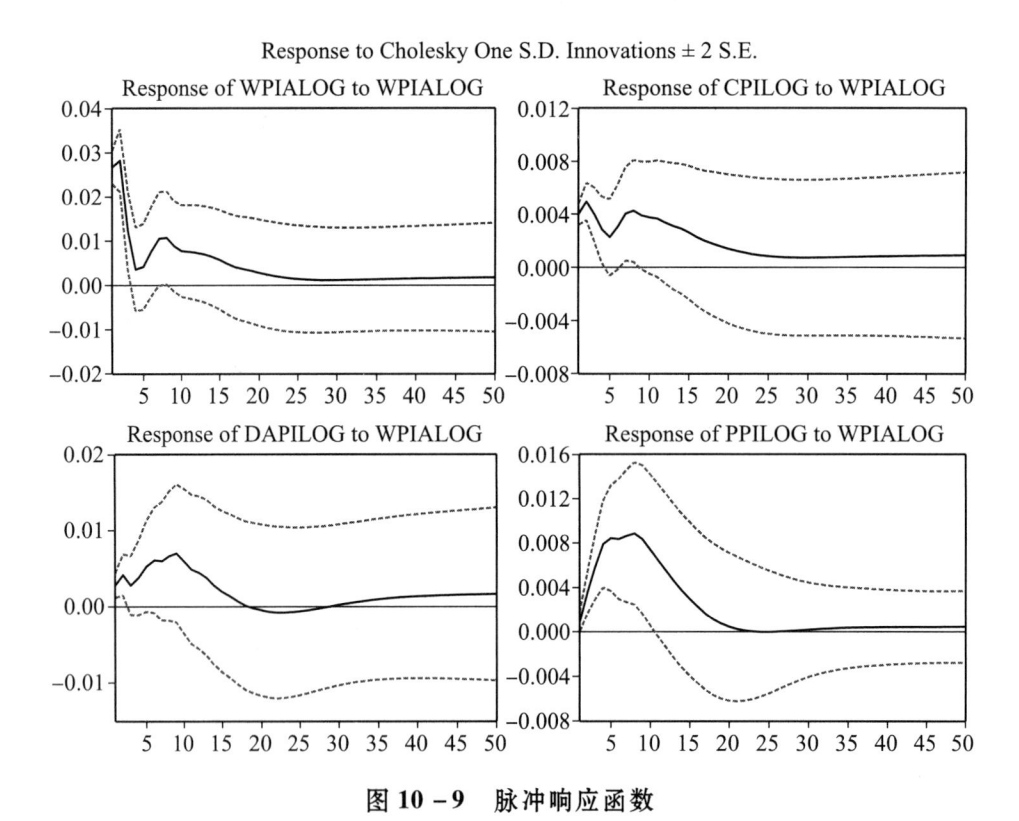

图 10 - 9 脉冲响应函数

从图 10 - 10 可知，在本期（第 1 期）农产品价格给居民消费价格一个标准

---

① 由于篇幅受限，该检验结果并未在文中给出。

差冲击后，居民消费价格在第 1 期开始明显增长且达到最大值后开始回落，并在 4~5 期回落到低点，而后上升并从第 7 期开始逐渐稳定于一定水平。该冲击在观察期内一直为正效应，但呈现波动下降的趋势，这表明农产品价格一个正向冲击对居民消费价格有正向影响且引起通货膨胀的滞后期为 7 个月，但从长期来看，该影响的力度呈现波动减弱的趋势。其经济含义为：居民消费价格受外部条件的某一标准差冲击后，对居民消费价格造成一定的正向冲击，呈现出显著的波动效应，可以看出农产品价格波动对居民消费价格具有长期效应，农产品价格的上涨会刺激居民消费价格不断走高。在本期（第 1 期）农产品价格给农副产品购进价格一个标准差冲击后，当期显现出正效应，农副产品购进价格在当期开始上升且在第 2 期达到最大值，随着时间推移，正向效应强度逐渐减弱，在 4~5 期回落到低点，在 5~9 期内开始回升，并在第 9 期达到最大值，在第 18 期冲击效应由正效应转为负效应，在第 23 期达到波谷之后，开始缓慢上升，在第 35 期之后，冲击效应稳定在一定的水平。在本期（第 1 期）农产品价格给工业品生产者出厂价格一个标准差冲击后，工业品生产者出厂价格开始上升，在第 10 期达到最大值，此后冲击效应逐步减弱，在第 25 期逐渐趋于零。这表明农产品价格会在一段时期内对工业品生产者出厂价格产生拉动作用。农产品价格对自身一个标准差的冲击效应在 1~2 期内呈现上升趋势，达到最大值之后，从第 3 期开始呈现不断减弱的态势，在第 4 期达到波谷，在第 8 期达到波峰。此后，冲击效应逐渐减弱，在第 25 期之后，冲击效应稳定在一定的水平，但始终保持正值。这表明当期农产品价格与其自身滞后值具有一定的关联性。

  图 10-10 是 PPILOG 受到 DAPILOG 冲击、CPILOG 受到 PPILOG 冲击和 CPILOG 受到 DAPILOG 和自身冲击的脉冲响应函数图。通过 PPILOG 受到 DAPILOG 冲击、CPILOG 受到 PPILOG 冲击和 CPILOG 受到 DAPILOG 和自身冲击的脉冲响应函数，以揭示农产品价格冲击居民消费价格的影响渠道。居民消费价格对其自身一个标准差的冲击具有递增的正向响应，在第 4 期达到波峰，随后冲击效应逐渐减弱，并稳定在一定的水平上。这表明居民消费价格自身的滞后值对当期值有逐步增强且为正的影响。其经济含义是：居民消费价格对来自自身的标准差冲击都具有正向响应，当期居民消费价格的一个冲击会导致之后价格的同向变动。主要原因是：一方面，农产品价格呈现稳中有升趋势，但是受季节、市场等多种因素影响，有可能在一定时期内出现上涨或下跌的情况；另一方面，政府加强市场监管，维持了农产品市场的稳定。农副产品购进价格对居民消费价格一个标准差的冲击，在 1~6 期冲击效应呈现递增趋势，在 7~8 期达到波峰，此后逐渐减弱，在第 25 期冲击效应稳定在一定的水平，并对居民消费价格产生持久的影响。居民消费价格受到工业品生产者出厂价格一个标准差冲击所产生的累积

响应函数值，呈现波动趋势，在 1~12 期之间处于 0 附近波动，正负交替，大致在滞后 12 期后会对居民消费价格产生较明显影响，并且冲击效应在第 25 期稳定在负效应。

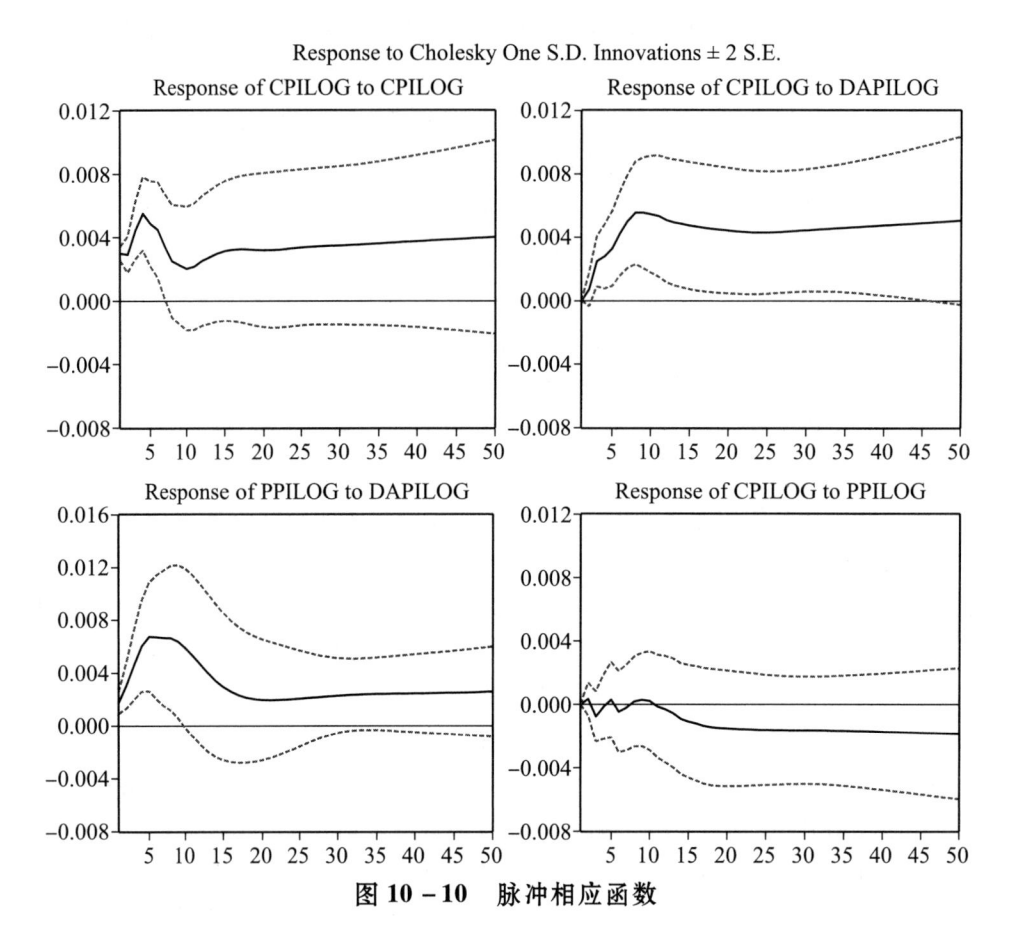

图 10-10 脉冲相应函数

综上可知，农副产品购进价格会对工业品生产者出厂价格和居民消费价格产生明显的正向冲击，而工业品出厂价格对居民消费价格的冲击效应呈现负向冲击。农副产品购进价格才是农产品价格冲击国内通货膨胀的主要间接传导渠道。

方差分解分析。方差分解将系统的预测均方误差分解成系统中各变量冲击所作的贡献，进而掌握各信息对模型内生变量的相对重要性，即各变量的贡献分别占总贡献的比例。本研究采用乔列斯基（Cholesky）正交化处理消除残差项之间的同期相关和序列相关后，通过方差分解了解各因子对通货膨胀的影响程度（见图 10-11 和表 10-10）。

Variance Decomposition

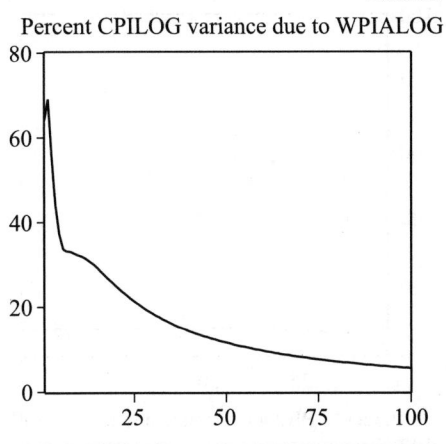

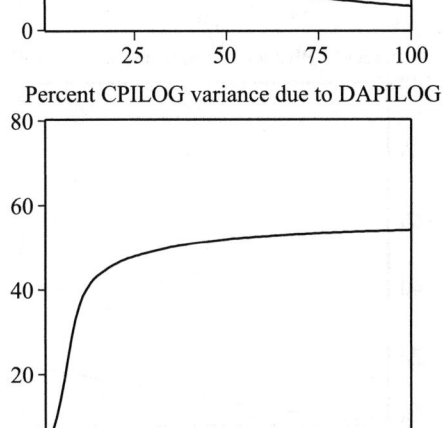

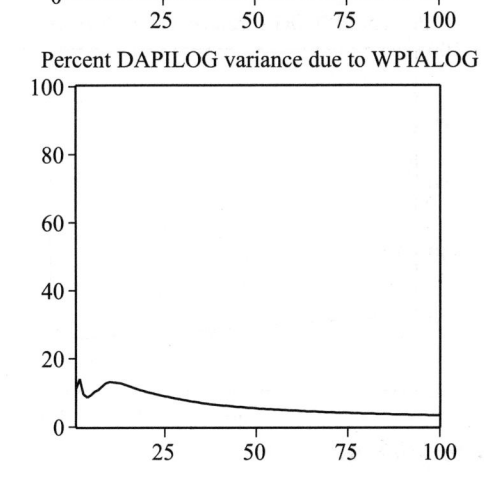

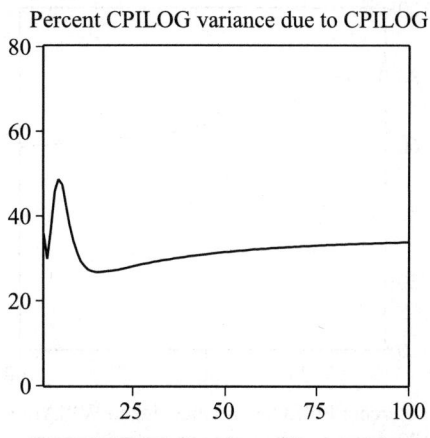

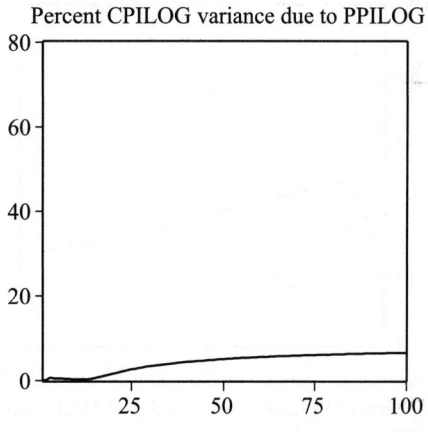

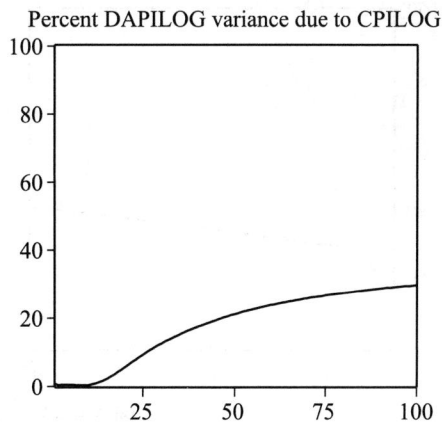

Percent CPILOG variance due to WPIALOG

Percent CPILOG variance due to CPILOG

Percent CPILOG variance due to DAPILOG

Percent CPILOG variance due to PPILOG

Percent DAPILOG variance due to WPIALOG

Percent DAPILOG variance due to CPILOG

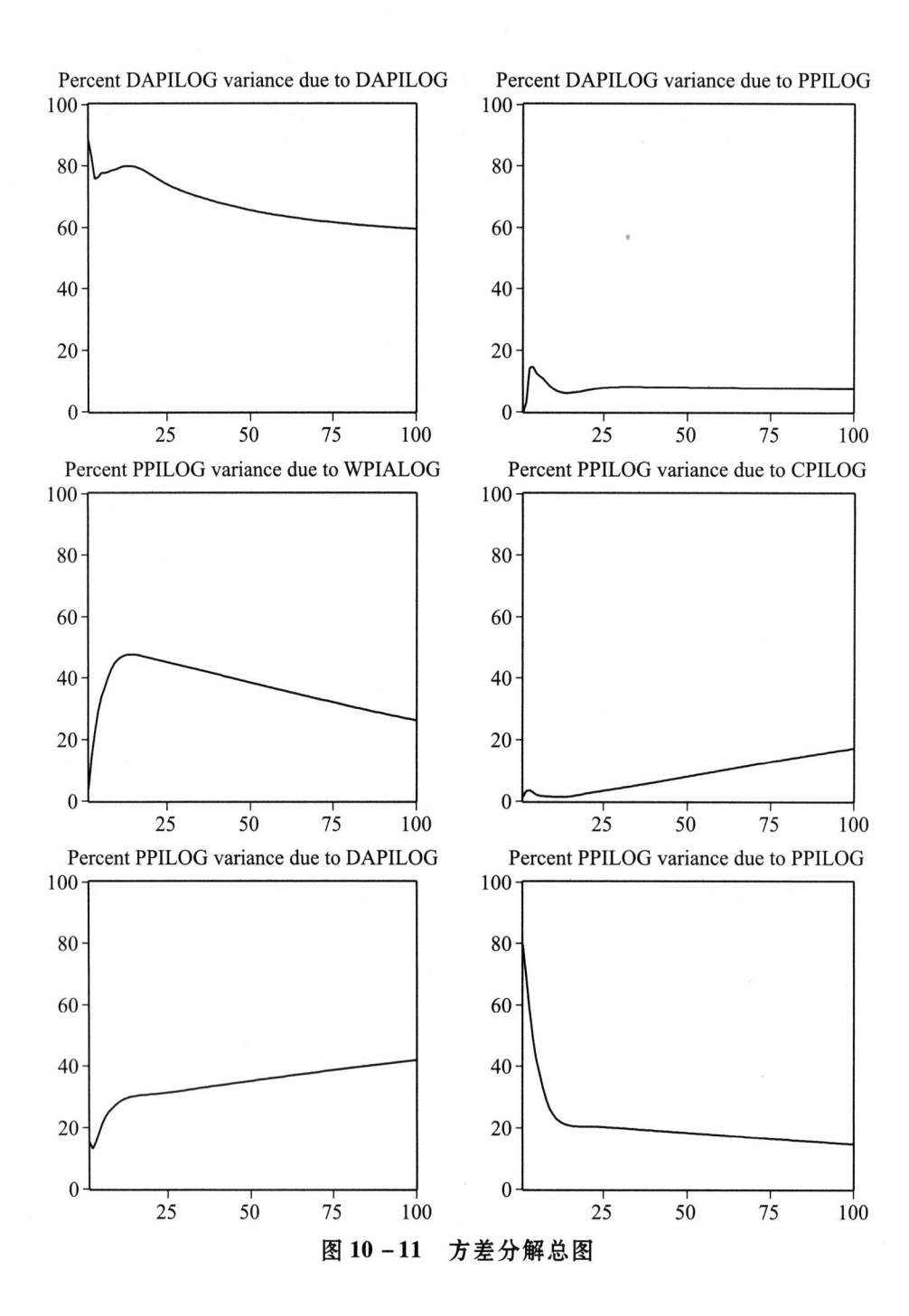

图 10-11　方差分解总图

表 10 – 10　　　　　　　通货膨胀的方差分解（%）

时期	标准差	WPIALOG	CPILOG	DAPILOG	PPILOG
1	0.0050	64.1732	35.8268	0.0000	0.0000
2	0.0077	69.1105	29.8252	0.8600	0.2044
3	0.0100	55.9563	36.7120	6.6340	0.6977
4	0.0121	43.8402	45.7874	9.8774	0.4949
5	0.0137	37.2592	48.6904	13.6157	0.4348
6	0.0153	33.6847	47.4198	18.4576	0.4379
7	0.0170	33.1182	42.7131	23.7974	0.3714
8	0.0185	33.0651	37.6623	28.9515	0.3211
9	0.0198	32.6307	34.0571	33.0102	0.3019
10	0.0210	32.2708	31.2933	36.1560	0.2799
40	0.0394	14.3614	30.4386	50.8459	4.3540
70	0.0552	8.2222	32.7718	53.1490	5.8571
100	0.0726	5.5589	33.7950	54.1421	6.5040

从图 10 – 11 和表 10 – 10 可知，在第 1 期，通货膨胀变化的最主要影响因素是农产品价格变动的冲击，占其全部变化的 64.17%，而来自居民消费价格自身的冲击占全部变化的 35.83%。此后，农产品价格对通货膨胀的影响份额上升到第 2 期的 69.11% 后开始呈现下降趋势。通货膨胀自身的影响则下降到第 2 期的 29.83%，后又上升到第 5 期的 48.69%，随后呈现缓慢下行趋势，农副产品价格和工业产品出厂价格对通货膨胀的影响的份额均呈现上升态势。

综上所述，农产品价格波动是农副产品购进价格和工业品出厂价格变动的主要因素，而农副产品购进价格也是影响我国居民消费价格的重要因素。

第五节　日本稳定蔬菜价格过度波动的经验与启示

近年来，我国大中型城市蔬菜价格波动日见加剧，"菜贵伤民""菜贱伤农"现象屡有发生，引起社会各界关注，也是政府着力探索解决的难题。当前我国的蔬菜价格调控政策主要集中在流通和消费环节，以事后补救为主，通过对批发市场、流通商贩和市民的补贴和引导来平抑价格波动对市民民生和农民收入的影响。然而，蔬菜生产环节才是蔬菜价格调控的关键。由于我国蔬菜生产中的"散""乱""小"等特点，导致菜农盲目选择种植品种，极易出现供给的大起大落，进而引致蔬菜价格的暴涨暴跌。

据考，20世纪50～60年代，日本蔬菜价格也曾出现过暴涨暴跌的现象，之后的50多年里，日本在稳定蔬菜价格方面采取一系列稳定蔬菜供给的机制。为平抑我国蔬菜价格的过度波动，可借鉴日本的相关经验与办法，尽早尽快建立适合我国农产品生产流通特点的蔬菜供给稳定机制。

一、日本稳定蔬菜价格的经验

1. 以"蔬菜生产销售稳定法"为中心，实现蔬菜价格根本性、长期性的稳定。

1966年，日本政府颁布了"蔬菜生产销售稳定法"，以保护蔬菜生产者为政策出发点，从立法层面将蔬菜生产与流通纳入国家财政补贴范畴，主要分为作为中央政府价格政策的"蔬菜生产销售稳定制度"和作为地方都道府县价格政策的"特定蔬菜等供给产地价格差补偿制度"两部分。其中，中央政府的稳定制度是以消费量较大的、对蔬菜价格有决定作用的卷心菜、黄瓜、萝卜、西红柿、茄子等14种指定蔬菜为对象；地方的稳定制度以枝豆、芜菁、南瓜、白菜花等34种特定蔬菜和部分地区的指定蔬菜为对象。

日本在实施蔬菜价格稳定制度时，首先是依据"蔬菜生产销售稳定法"确认指定产地、指定消费地；其次是当指定产地向指定消费地销售时，如果指定消费地的指定蔬菜价格大幅度降价，为了缓和降价的影响，需要向生产者支付生产者补偿金，从而实现指定（特定）蔬菜的生产、销售及价格的稳定。

2. 中央、地方、生产者三方出资构成"蔬菜价格稳定基金"。

日本"蔬菜生产销售稳定法"根据蔬菜供给情况变化历经数次修订，同时依据此法设立的基金会也经过机构性质的改变，最后并入农林水产省的"农畜产业振兴机构"，由中央政府直接监管。

基金会的运营资金来自设立在农畜产业振兴机构内的"蔬菜价格稳定基金"，

基金由中央政府、地方政府（都道府县）的财政补贴和加入基金会的生产者缴纳三部分构成。基金在常态管理和应急管理的不同情形下，补贴方式以及中央、地方、生产者三方的出资比例均有不同规定。

3. 蔬菜管理体制呈现中央地方一体化趋势，管理机构全部设置在农业系统内。

日本中央政府在农业水产省食品流通局设有蔬菜振兴科和蔬菜计划科。蔬菜振兴科负责蔬菜生产和流通过程中的宏观调控及科研推广的协调；蔬菜计划科负责蔬菜统计年报和安排基金发放等。地方各县则根据蔬菜种植面积的大小，在农林水产部或农政部内设置蔬菜科或蔬菜系，负责本地区的具体蔬菜产销工作。

日本政府每5年进行一次蔬菜的需求和供给预测来确定市场状况，根据预测结果确定未来的生产计划；每年5月和11月分别制定一次关于冬春蔬菜和夏秋蔬菜的供求方针，有效引导蔬菜生产和供应；由生产商团体（农协、县经济联合会和大规模生产者）根据以上预测和供求方针在播种前和销售前分别制定供给生产计划，按照该供给计划实施蔬菜生产和销售。

4. 农协为政府垂直调控并维持蔬菜价格稳定提供了组织保证。

日本政府调控蔬菜价格的对策措施大多是通过农协实施。日本农协由基层农协、县经济联合会和中央联合会三级农协组成，覆盖了日本农村整个范围。日本大概有97%的农业生产者都加入了农协，农业生产者的申请计划通过农协向农畜产业振兴机构申报，计划销售的蔬菜委托农协向指定市场销售；基金会—农协—农业生产者通过契约来保证稳定供应。

日本各大中小城市都有由农协直接参加或组织的农产品批发市场，农协利用自己的组织系统，及拥有保鲜、加工、包装、运输、信息网络等现代化的优势，将农民生产的农产品集中起来进行统一销售，保证了蔬菜以高保鲜度迅速运到批发市场。

5. 日本蔬菜价格基金的补贴方式。

日本的蔬菜价格补贴包括常态管理与应急管理两大类，具体的补偿对象条件、出资比例、补贴标准如表10-11所示。

表10-11　日本蔬菜价格稳定基金的补贴方式

措施类别	补偿对象的条件	出资比例% 中央	出资比例% 地方	出资比例% 生产者	补贴标准	概念解释
常态管理	指定蔬菜（14种指定蔬菜）	60	20	20	当平均销售价 B＜保证基准价格 A 时：补偿额 = Q×(A－B)；当平均销售价 B＜最低基准价 C 时：补偿额 = Q×(A－C)	保证基准价格 A：过去六年平均销售价格的90%；最低基准价格 C：过去六年平均销售价格的60%；Q：销售量；
常态管理	订单蔬菜（14种指定蔬菜）	50	25	25	确保订单量的措施：平均销售价 B＞基准价格 A×30%时：补偿额 = Q×(B－D) 70%；如果是生产者从市场购入时：补偿额 = Q×(E－D) 90%但补偿量不超过订单量的50%。防止价格下滑的措施：平均销售价 B＜保证基准价 A 时：补偿额 = Q×(A－B) 90%平均销售价 B＜最低基准价 C 时：补偿额 = Q×(A－C) 90%调整销售的措施：当平均销售价 B＜保证基准价 A 的 70%时：按照基准价 A 和订单价 D 中较低水平的40%予以补偿。	
常态管理	特定蔬菜（34种特定蔬菜）	1/3	1/3	1/3	平均销售价 B＜保证基准价 A 时：补偿额 = Q×(A－B) 80%平均销售价 B＜最低基准价 C 时：补偿额 = Q×(A－C) 80%	

续表

措施类别	补偿对象的条件	出资比例% 中央	出资比例% 地方	出资比例% 生产者	补贴标准	概念解释
应急管理	重要蔬菜和需调整上市销售时间的蔬菜	50%	—	50%	当价格大幅度上涨时： 对生产者提前上市销售重要蔬菜的补贴标准： 当市场平均销售价 > B×150% 时：补偿额 = Q×B×30% 当价格大幅度下降时： 对生产者延后平均销售重要蔬菜的补贴标准： 当市场平均销售价 < B×80% 时：补偿额 = Q×B×30% 对生产者转加工用途销售重要蔬菜的补贴标准： 当市场平均销售价 < B×70% 时： 补偿额 = Q×B×40% − 转加工用途销售成本 对生产者实施市场隔离（将蔬菜销售到加工、饲料、有机肥用途）的补贴标准： 当市场平均销售价 < B×70% 时：补偿额 = Q×B×40%	B：平均销售价格； E：购入价格 D：订单价格

二、建立中国蔬菜价格稳定制度的启示

（一）设立"蔬菜价格稳定基金"，由农业主管部门统一负责实施

当前中国的蔬菜价格稳定制度，主要由商务部和各级地方政府的商务部门负责，针对蔬菜价格暴涨出台保证市民民生的补贴制度，既有直接补贴市民的措施，也有补贴中间商来增加当地蔬菜供给的措施。但这些措施都不能增加整体的蔬菜供给，只是调整总量在各地的分配比例。因此，蔬菜价格稳定基金会应借鉴日本经验，并入农业主管部门，由中央政府直接监管。

（二）建设以计划性生产为调控手段的均衡供应体系

平抑蔬菜价格过度波动的关键在于稳定蔬菜的供给，可以借鉴日本蔬菜价格稳定政策，引导农户均衡生产。因此迫切需要建立以计划性生产为调控手段的均衡供应体系。在新的供应体系中，80%的蔬菜通过市场机制引导农户自主生产，20%的蔬菜实施计划性生产来调控蔬菜的供给。

具体而言，农业部制定未来五年的蔬菜供求平衡预测表，并按照主要蔬菜品种平衡供应量的20%制订生产计划和保证基准价格。然后，由合作社或生产大户申请加入该计划。当市场价格低于保证基准价格时，参与计划的生产者将获得差额补贴，以此来引导农户均衡生产，减小市场价格下跌对种菜农户的冲击，确保农户继续进行蔬菜生产。同时应加大设施农业的扶持力度，降低周边菜农种植反季蔬菜、精品细菜的进入门槛，以此在成本收益合理的前提下优化地产菜的种植结构。

（三）实施提前销售制度

当遭遇恶劣天气、自然灾害等突发情况，导致蔬菜歉收，供给严重不足，蔬菜价格超过以往市场平均价格的150%时，政府可以要求加入计划的农户采取提前销售措施，或者将储存的蔬菜大量投放市场来增加供给。同时，针对其因提前销售而引起的蔬菜产量下降而蒙受损失的部分进行补偿。补贴的额度按平均价格的30%计算。

（四）实施延后销售制度

当供应严重过剩，蔬菜价格下降到以往市场平均价格的70%以下时，政府采用延后销售的措施，要求加入计划的农户推迟上市，或者将蔬菜转移到加工领域。同时，针对因延后销售引起蔬菜品质下降而蒙受的损失，按照平均价格的30%进行补贴。针对因将蔬菜转移到加工领域而遭受的损失，按照平均价格的40%进行补贴。

第十一章

农产品流通领域食品安全的现状及其原因

近年来"三聚氰胺"、"瘦肉精"、海南毒豇豆、有毒多宝鱼、硫磺熏制生姜、陈化粮假冒"东北大米"、运输中使用强酸对荔枝进行保鲜、市场上销售的蔬菜农药残留超标等农产品质量安全事件的报道屡见不鲜，使农产品质量安全成为全社会关注的热点。农产品质量安全是指农产品以其所具有的卫生、营养状况，在满足不同的消费需求时，不会对消费者健康造成危害的一种性状（王玉环、徐恩波，2004）。导致农产品质量安全问题的原因多且复杂，涉及从"农田到餐桌"整条链上的各个环节。其中流通是连接生产和消费的桥梁，由于农产品本身的特性、生产环节的影响以及食品异地运输、加工、消费等诸多因素，导致流通领域影响农产品质量安全的因素增多，发生食品安全问题的概率增加。因此，在流通环节保障农产品质量安全，不仅可以约束上游生产商提供高质量的安全食品，而且还有利于确保下游消费领域的食品安全，对保障"从农田到餐桌"全过程的食品质量安全具有十分重要的意义。因此，近年来我国政府相关部门对强化流通环节的农产品质量安全管理高度重视：商务部通过补贴扶持等措施，对全国400多家农产品批发市场和2 500多家农贸市场、菜市场的交易设施进行了改善，同时还先后在35个城市开展了肉类蔬菜流通追溯体系建设试点；2011年和2012年我国政府先后发布的《国务院办公厅关于加强鲜活农产品流通体系建设的意见》以及《关于深化流通体制改革加快流通产业发展的意见》都重点针对如何提升农产品流通水平等方面做出了明确要求，并指出农产品流通体系建设的目标就是保证食品安全、降低流通成本以及稳定价格。2016年中共中央、国务院《关于深入推进农业供给侧结构性改革加快培育农业发展新动能的若干意见》中明确提出全面提升农产品质量和食品安全水平,健全农产品质量和食品安全标准体系,建立全程可追溯、互联共享的追溯监管综合服务平台等有关意见。2017年中央"一号文件"推进农业供给侧结构性改革,要以体制改革和机制创新为根本途径,以提高农业供给质量为主攻方向,以体制改革和机制创新为根本途径。

随着我国现代化进程的高速发展,农业供给侧改革和农产品去库存问题凸显,传统农产品批发市场业态和交易模式已成为制约农产品快速流通,保障食品品质和安全的瓶颈。目前我国农产品流通环节仍旧存在以下主要问题:首先,流通渠道内部利益分配不合理,流通环节的农产品进入门槛低且缺乏统一标准规范,有效的质量安全追溯体系尚未建立,更增加了生产者、流通者为了利益甘于冒险的机会主义行为。其次,流通环节设施、设备落后导致流通过程条件不符合标准,提高了农产品在流通中质量安全风险的发生率。据相关部门统计数据表明:我国流通环节的食品安全风险发生率高达37.4%(赵冬昶,2011)。此外,近年来新兴流通渠道发展迅速,它们与传统流通渠道共同承载农产品的流通。多种流通渠道并存,监管难度大,造成市场和政府监管双失灵。因此,本章将基于农业经济学、流通理论、食品安全管理等理论,借助于管理学、经济学等多学科的研究方法,分析农产品流通领域的食品安全现状及其原因。

第一节 流通领域典型农产品安全事件及其监管因素分析

尽管随着我国食品安全监管体制机制的不断完善,部分食品安全问题得到了解决,然而近些年典型食品安全事件的不断涌现,仍然需要我们针对具体类型事件剖析其中对应的政府监管问题,并提出有针对性的解决思路。

一、农药残留、重金属超标食品安全事件——以"有毒生姜"事件为例

近年来,农药残留超标的典型食品安全事件被频繁曝光。食物上或环境中的农药能够通过食物链传递并富集,对人体健康造成长期危害,严重的可致人死亡。2013年5月4日山东省潍坊市峡山区农户超量使用违禁剧毒农药"神农丹"种植生姜事件被媒体曝光。在此次事件中,使用的"神农丹"农药的主要成分是涕灭威。农业专家表示50毫克涕灭威就能导致一个50千克重的人死亡。因此,

我国严禁这种剧毒农药用于蔬果种植。然而当地农户都是常年超量使用这种剧毒农药，不仅用药量是其他允许用药植物的 3~6 倍之多，而且在生姜生长期内还要使用两次。这种剧毒农药的超量违禁使用，不仅能够造成人的急慢性中毒，而且由于它能够被植物全身吸收，长期使用还会对土壤、附近地下水造成严重污染。由于生姜种植所在地就有山东省最大的水库——峡山水库，这种农药的毒性还将通过水源对更多人群产生危害。然而，同属于该地区种植的生姜，针对不同的人群和不同的销售渠道却有着截然不同的"待遇"。对于农户而言，尽管他们非常清楚使用"神农丹"种植生姜的有害性，但为了防治病虫害效果好、价格低廉等既得利益，他们依然肆无忌惮地使用；对于农户自家吃的生姜，因关乎自身健康，农户则坚决不使用这种农药。

对内对外质量安全监管的标准制度不同。对于出口的生姜，由于实行村镇、社区、街道的无缝隙监管，对农药的使用等质量安全问题把关十分严格，农户也不会使用这种剧毒农药；对于内销的生姜，由于实行年度质量安全抽查制，并且抽检的样品还可由农户自己选择，基本属于无人监管状态，因此超量使用这种违禁剧毒农药是普遍现象。对农产品的抽检方式存在形式主义行为以及真正的检测主体缺位现象也导致了监管无效。由于农户生产规模小，一车农产品往往由众多农户提供，极易存在安全和不安全农产品混装的现象，导致被抽检到的农产品是安全的，但整车中还存在不安全农产品的问题。并且生产环节的抽检通常实行年检制或自愿自主抽检。这就造成了类似"有毒生姜"事件中的抽检模式，完全是为应付买家需求的"形式主义"抽检行为，即样品由被抽检方自己提供，只要交付一定的抽检费用，就能拿到抽检合格的证明。经调查显示：目前我国负责生产环节的检测方主要以农产品生产加工企业或者经销商等需求方为主，政府相关部门负责检测较少。说明真正的检测主体缺位，检测结果不具可信性。此外，有效的质量安全追溯体系与市场准入机制尚未确立，导致流通环节监管倒逼作用没有得到有效发挥。

针对农药残留、重金属超标等食源性污染所致的食品安全问题，各级政府应以战略生态布局等为基本思路进行长期治理。食品产地的生态布局是安全食品供给的重要保障。只有保证食品产地及周围的空气、水源、土壤等符合安全种养殖、生产的标准，才能从根本上确保食品安全。目前我国食品安全监管多集中于食品生产开始之前和生产结束之后。食品产地安全常被忽略。过量农药、化肥的施用更是加剧了产品安全问题。因此，在严格规范农资使用的标准的基础上，各级政府对产地的生态布局必须与城镇化和新农村建设协调推进，甚至是提前进行（王彩霞，2014）。同时，加大政府的财政扶持力度，提供公益性的质量安全服务，多部门协同并进。政府通过加大在农产品质量安全方面的财政投入，在农产品生产、流通环节设立第三方质量检测机构，提供免费或低收费的质量安全检测服务，建设检测、追溯设备齐全的公益性批发市场；为农产品经营者提供质量安全方面的义务培训与辅导，在一定程度上减轻企业等市场主体实施质量安全检测、追溯的成本负担，在农产品生产流通领域充分发挥引导与示范作用。此外，可借鉴发达国家在农产品质量安全方面实施的有针对性的财政补贴等扶持政策，如欧盟将农业补贴与食品安全、环保、劳动条件等标准挂钩；德国、瑞士对农户的环保型生产成本进行直补；日本发布的"食物、农业、农村基本计划"等。将我国侧重于农产品产量、价格方面的扶持政策与农产品质量安全相联系，由农业、科技、财税部门相互协同，共同制定可操作的政策细则。

二、非法添加剂食品安全事件——以"三聚氰胺"事件为例

2008年9月11日三鹿承认部分批次婴幼儿奶粉受"三聚氰胺"污染。为了提高牛奶中的蛋白质指标含量，企业在牛奶加工过程中添加化工原料"三聚氰胺"。2008年9月16日国家质检总局检查结果证实：全国22家企业69批次奶粉有染，包括伊利、蒙牛、光明、圣元及雅士利在内的多个国产奶粉生产企业的产品中都被检出含有"三聚氰胺"。国产奶粉企业的信誉遭到严重破坏，由此引发的国产奶粉信任危机持续至今。随后国家质检总局宣布今后将不再直接办理与企业和产品有关的名牌评选活动，发布公告决定废止已实施将近9年的食品质量免检制度。

在"三聚氰胺"事件之前，政府对乳品企业尤其是大型知名乳品企业监管力度不足、甚至实行免检制度。对乳品质量安全标准的检验只重视个别指标，而忽略可能存在的非法添加剂问题。有些地方政府为确保地方GDP业绩不落后，一味追求高产创收，而对当地大型、知名企业实行保护政策，对其质量安全监管"睁一只眼、闭一只眼"（王彩霞，2012），从而纵容了企业对产品质量安全性的忽视，甚至钻质检的漏洞，添加有害于人体健康的物质，最终酿成这一食品安全的重大事件。同时，政府部门对品牌企业的信誉管理存在缺失，依赖于企业自觉维护自身信誉和产品声誉，使企业具有机会主义行为倾向。此外，食品添加剂原是为改善食品色、香、味，以及为防腐和加工工艺的需要而加入食品中的化合物质或者天然物质，然而近年来食品添加剂的滥用和过量使用却给我国食品安全带来极大隐患。由于我国食品安全检测标准不完善、检测技术尚需提高，检测频率受到实际情况的制约，最终导致非法使用添加剂的安全问题较为突出。

针对此类问题，首先，要改变地方政府"唯GDP"的锦标赛考核体制，确

立食品安全事件地方政府连带责任制度。尤其针对具有一定产业规模的大型食品生产加工企业，要明确地方政府对其产品的质量安全具有直接把关的责任与义务。目前我国食品安全监管体系尽管已经加强了地方政府部门对食品安全负有的基本职责，但只有加强监督地方政府对职责的具体落实，才能从根本上改变各地的食品安全乱象。对此，部分地区试点实行的食品安全市长负责制已经发挥了明显的作用。因此，应将食品安全监管绩效等多重考核指标作为地方政府政绩考核的标准。其次，政府部门应建立我国大型或品牌企业的信誉档案，并通过权威网站实时发布，使企业信誉受到社会各界的广泛监督，进而对其产生威慑作用。最后，随着科学技术的发展，政府部门对食品添加剂等使用标准与规范需要不断更新与完善，相应的检测技术需要与之同步。对此，政府部门要加大对食品安全检测标准与规范体系建设的投入。

三、加工储存不当食品安全事件——以辽宁"毒豆芽"事件为例

2011年4月，辽宁沈阳市共查获40吨"毒豆芽"。经检测：豆芽中含有亚硝酸钠、尿素、恩诺沙星等有毒有害物质。若人食用含亚硝酸钠的食品会致癌。而恩诺沙星是动物专用药，也被禁止在食品中添加。在沈阳市场上，至少1/3的豆芽都存在类似问题。按照"毒豆芽"的生产方式，1千克黄豆至少可生产10千克黄豆芽，1千克黄豆的成本价约6角钱，每千克可盈利6角钱，按每天销售1 000千克计算，一年即可盈利约24万元。高额的利润成为加工"毒豆芽"的动力源。

监管职能交叉是"毒豆芽"事件的深层原因。我国对"豆芽"的监管涉及工商、质监、农委、公安4家。出现问题后，工商部门表示只对无照经营行为负责，而对食品生产领域的监管，应该由质监局负责；质监部门表示豆芽应为初级农产品，归农业主管部门监管；农委部门表示按照《中华人民共和国农产品质量安全法》规定，在农业活动中获得的动物、植物、微生物初级产品是初级农产品，而豆芽不是初级农产品，是初级农产品的加工品，不应由农业部门负责监管。在事件发生后，这些监管部门没有检查自身存在的监管漏洞和应该承担的责任，而是相互推诿扯皮、推卸责任，这也是"毒豆芽"在市场上存在已久的主要原因。由于我国许多食品的生产供给都是以小规模、分散化模式为主，更加剧了食品安全的"市场失灵"。对此，政府监管部门在食品安全的供给中应发挥更为重要的作用。但长期以来多头监管模式造成职能交叉、监管缺位的困境。尽管问题出现后，政府的事后监管力度加强，而监管成效却难以持久，致使许多食品安

全事件反复发生。尤其是在加工、储存等流通环节过程中的食品安全问题,更易处于监管真空状态。

食品在经过加工、包装、储存等环节时,较容易受到外界环境及人为因素污染,致使食品安全事件发生。对于食品供应链中间复杂环节的监管,应确立监管部门的专门化、品类化监管模式。将可能处于多部门监管的食品类别进行明确的归类,立法指明监管的主体部门或直接责任人。此外,建立有效的质量安全追溯体系也是防范过程环节食品安全问题的主要措施之一。对流通环节的批发市场、菜市等,实行质量安全准入负责制。由地方政府监管部门派驻质量安全检查机构,对主要的加工储存等流通场所予以不定期监查。一旦发现问题产品,由所属的当地监管部门及负责人承担直接责任。

第二节 农产品流通中质量安全影响因素的实证分析

——以山东省苍山县调查数据为例

农产品的生产环节多,尤其是流通环节的程序较多,时间较长。在流通过程中,农产品的质量安全极易受到各种条件的影响,发生变质的风险很大。因此,明确影响流通过程中农产品质量安全的关键因素至关重要。

一、山东省苍山县农产品流通中质量安全影响因素的调查分析

山东省苍山县,拥有"中国大蒜之乡""中国牛蒡之乡""中国蔬菜之乡""中国果菜无公害十强县"等一系列响当当的名号,是我国著名的"农产品之乡"。苍山县位于山东省最南部,与江苏省邳州市相邻。总面积1 800平方公里,耕地面积140万亩。全县共建立各类优质农产品生产基地120万亩,24种农产品获得出口农产品国际质量认证,"三品一标"认证产品达到126种。食用菌产业发展迅速,年产各类鲜菇4亿斤,产值9.4亿元。省、市级农业产业化龙头企业达到39家。农民专业经济合作组织达到1 300家,发展数量居全市第一。为更好地了解目前在流通过程中农产品质量的安全现状,了解导致农作物质量安全出现问题的真正原因,笔者在蔬菜产销大县苍山县展开了一番调查。本次调查共制作调查问卷1 000份,采取定向发放的办法,深入每一个当地参与到农产品流通环节当中的农户和商户家中,在和他们进行攀谈的同时发放调查问卷,取得了比较

珍贵的第一手资料。

从被调查者的性别来看，男性占64%，女性占36%。主要原因是参与到蔬菜流通运输环节中的女性家庭成员较少，普通家庭中参与到农产品流通环节的人，往往是家庭中的男性成员，家庭中的女性成员则主要负责转销农产品、参与价格谈判或者负责财务核算等。从被调查者的年龄构成来看，年龄处在20~50岁之间的中青年人占81%，这一数字能比较准确地描述当地参与农产品流通的家庭或者企业的生产力现状。在被调查者中，以农产品物流作为职业的只有20%，有60%的人是作为批发商参与到农产品的流通环节中。在受调查者中，专业从事农产品物流工作的企业全部都拥有农产品运输所需的冷藏车，甚至每一家企业还都有自己的小型周转冷库。可是在批发商中，没有人使用冷藏车运输农产品，他们选择的最主要的方式是塑料薄膜全覆盖外加毯子包裹等传统的保鲜方式。

在运输过程中，专业的农产品物流企业完全是凭借着冷藏保鲜的冷藏车来确保农产品的及时供应，运输环节中的成本主要包括人工成本、燃油成本和过路费等。批发商的车辆在运输过程中保持农产品质量方式五花八门，有很多批发商选择利用在蔬菜根部连带的一点泥土来延长蔬菜等农作物的保鲜时间，还有些批发商会在蔬菜表面喷洒防腐剂，来延长蔬菜的保鲜时间。在批发商的运输环节中发生的成本主要包括：人工成本、燃油成本、过路费、保鲜成本、损耗成本等。从调查中发现，被运送到销售地的农产品，在销售时普遍会发生一定程度的价格上涨。其中，只有专业物流企业在产品价格上是不做增长的，因为他们赚取的是运输费用，只要蔬菜等农产品及时到货且验收合格，企业之间就会完成财务转账，而不用负责运输的司机直接接触现金。批发商则有所不同，他们不仅要将运输中的正常成本加到蔬菜当中，就连运输环节中发生的农产品腐败变质等损失成本也会一并加入农产品的成本中。所以当这些批发商的运输成本高于预期时，他们就会选择直接将蔬菜运到目的地——蔬菜批发市场将蔬菜批发销售。如果运输成本低于预期，他们就会选择到菜市场自行售卖，以赚取更多的差价。在调查中还了解到，绝大多数农户和批发商在将蔬菜等农产品运到目的地后，再决定是选择批发出货还是零售出货。只有极少数农产品运输者，即当地专业物流企业以及由卖场直接发车到农户地头的农产品运输车，是在明确买家的情况下，才参与农产品物流运输的。

二、农产品流通中质量安全影响因素的计量经济分析

为了更好地调查流通中的农产品质量安全状况及影响因素，所以选择目前研究这类变量最常用的方法是Probit模型，将农产品质量安全影响因素作为变量Y，将被调查的个人相关信息作为变量X。则具体变量及定义如表11-1所示。

表 11-1　模型的变量统计

变量		性别	年龄	受教育程度	家庭规模	家庭月平均收入水平
X		X_1 (女=1, 男=2)	X_2 (≤20岁=1, 21~30岁=2, 31~40岁=3, 41~50岁=4, 51~60岁=5, >60岁=6)	X_3 (小学=1, 初中=2, 高中或中专=3, 大专或大学=4, 研究生及以上=5)	X_4 (1人=1, 2人=2, 3人=3, 4人=4, ≥5人=5)	X_5 (≤2 000元=1, 2 001~5 000元=2, 5 001~10 000元=3, >10 000元=4)

变量		是否关注农产品质量安全信息	对目前农产品质量安全的认知	有无专业认证资格	有无添加保鲜剂	有无专业运输设备	有无专业监管部门
Y		Y_1 (是=0, 不是=1)	Y_1 (好=0, 不好=1)	Y_1 (有=0, 没有=1)	Y_1 (有=0, 没有=1)	Y_1 (有=0, 没有=1)	Y_1 (有=0, 没有=1)

再根据 Probit 模型的有关内容，实证公式如下：
$$p_i = E(Y=1 \mid x_{1i}, x_{2i}, \cdots, x_{ni}) = F(\beta_0 + \beta_1 x_{1i} + \cdots + \beta_n x_{ni}) \quad (11-1)$$

在分析中，将 Probit 模型中的 P_i 作为一定影响条件下农产品安全出现风险的概率，可以近似利用调查数据中的相对频率替代；Y 是一个二分变量，一般取值 0 和 1，表示消费者做出否定选择或肯定选择。x_{1i}, x_{2i}, $\cdots$, x_{ni} 是影响第 i 个风险的因素，即模型中的性别、年龄、受教育程度、家庭规模、收入水平等；E(X) 为某一影响消费者选择的因素在成立条件下针对这一选择的数学期望，而 F(X) 为形如 $\frac{1}{\sqrt{2\pi}}\int_{-\infty}^{I_i} e^{\frac{-t^2}{2}} dt$ 的概率函数，经过和 Probit 模型公式的反函数运算，得到结果：

$$I_i = F^{-1}(p_i) = \beta_0 + \beta_1 x_{1i} + \cdots + \beta_n x_{ni} \quad (11-2)$$

再结合表 11-1 中定义的有关变量，得到公式：
$$Y = \beta_0 + \beta_1 x_1 + \beta_2 x_2 + \beta_3 x_3 + \beta_4 x_4 + \beta_5 x_5 + \mu \quad (11-3)$$

其中 μ 表示误差。

再利用计量软件 Stata12 对以上的被解释变量和解释变量进行 Probit 回归运算，在制作了总计 6 个 probit 模型后，得到结果如表 11-2 所示。

表 11-2　　　　　　　　　　　实证分析结果

	是否关注农产品质量安全	对农产品质量安全的认知	有无专业认证资格	有无添加保鲜剂	有无专业运输设备	有无专业监管部门
性别	0.3827**	0.1550	0.0459	-0.1631	0.0510	0.0884
年龄	-0.0238	0.0448**	0.0429***	-0.0354	0.0006	-0.0784**
教育程度	0.4092***	0.0390***	0.3437***	0.2095***	0.3224***	0.2536***
家庭规模	-0.1005	-0.0489	0.1424	-0.1756	-0.1026*	-0.0498*
收入水平	0.2354	0.0852	0.1162*	-0.0075*	0.0274***	0.1781**

注：*、**、*** 分别表示 10%、5%、1% 水平显著。

从实证的结果来看，农产品流通过程中，对于农产品的质量产生严重影响的因素主要来自两个方面，一方面是人为影响因素，另一方面是非人为影响因素。所谓的人为影响因素，主要体现在农民对于农产品流通过程中农产品质量保护的意识不强、技术不到位等，而非人为因素则主要是指由于农产品流通行业的准入标准太低以及监管体系不健全，给农产品质量的保障留下了漏洞，使得农产品在流通的过程中暴露出了一定的隐患。

通过调查来看，当参与农产品流通的是专业物流企业，农产品运输环节中出现大量的农作物变质、腐败等情况的风险就会相对较小。而且，由于采用冷藏车进行运输，所以在运输环节中仅仅承担运输工作的物流企业完全没有在蔬菜中添加任何保鲜剂等成分的必要，这样就能最大限度降低在农产品的运输和储存过程中发生风险的可能性。但是，当参与农产品流通的是蔬菜批发商、中间商，甚至是农户自己时，这些人出于对自身利益的考虑，为了降低农产品运输环节中的运输时间过长、难以及时出货，甚至因为农产品的价格不够理想而主动压货等问题给自己造成的损失和影响，他们往往容易在流通过程中向农产品中添加一定比例的保鲜剂等成分，以其为自己赢得更多讨价还价的时间成本。

实证运算的结果表明：性别和受教育程度对农产品质量安全风险的产生有极显著的正向影响，家庭月平均收入水平同样对农产品质量安全风险的产生有显著的正向影响，年龄和家庭规模与之不相关。家庭月收入水平和参与农产品流通的工作人员对于农产品质量安全风险的关心程度有非常显著的正向影响。而行业监管给农产品流通质量安全带来的风险也是正面的。同样，通过对调查结果的分析不难发现，事实上影响流通过程中农产品质量安全的关键因素主要有两个，一个是出于自身利益考虑导致农产品质量安全风险增加的"人为因素"，另一个是由于技术水平达不到标准导致的农产品质量安全风险增加的"非人为因素"。

第三节　农产品质量安全问题产生的流通主体原因

一、合作社农户与企业的行为决策原因

农产品流通各环节仅考虑自身的利益，市场无法起到良好的调节作用，容易引发流通渠道冲突，流通系统稳定性较差。并且由于各环节的农产品质量安全信息难以被有效记录、传递和储存，以及目前我国农产品流通渠道模式仍然以组织化程度较低的传统流通模式为主，各环节彼此难以耦合形成有效的农产品质量安全保障体系。尤其对初级农产品来说，广大分散经营的农户仍然是目前我国农产品生产的主体，他们的生产行为直接决定了农产品的质量安全。只有为农户提供相匹配的契约形式，才能达到影响和激励农户产品质量控制行为的目的。同时，由于我国农产品交易具有高度不确定性、交易双方规模与实力显著不对称等特点，农产品流通面临的小农户与大市场之间的矛盾较为突出，农产品质量安全就更加难以控制。

本研究从农产品流通渠道主体对质量安全方面付出的努力行为入手，结合市场上消费者对农产品质量安全的敏感程度，深入探讨主体间努力行为的相互关系

及其影响因素。从我国当前存在的主要三种农产品流通渠道来看:"农户+农产品批发商"属于传统的流通渠道组织形式,其稳定性较差且属于低度权力均衡,渠道运行效率较低;"农户+龙头企业"通常也被称为订单农业,尽管这种组织形式在一定程度上缓解了小农户与大市场之间的矛盾,并使渠道运行效率有所提高,但其权力过度倾斜向龙头企业,农户没有话语权,常导致农户和龙头企业各自的机会主义行为,稳定性差;"农户+合作社+龙头企业",尽管渠道权力仍然倾斜向龙头企业,但提高了交易关系的稳定性和渠道的运行绩效,成为我国农产品流通渠道发展的主要趋势。本节主要从农产品质量安全的角度,研究第三种典型的农产品流通渠道组织形式,即龙头企业主导的"农户+合作社+龙头企业"中龙头企业与合作社农户各自在提高农产品质量安全方面的努力行为决定及其关系,以及农产品质量安全敏感度等因素对他们努力行为的影响。

(一) 龙头企业与合作社的努力水平决定

在龙头企业主导的"农户+合作社+龙头企业"这种农产品流通渠道中,龙头企业对保障农产品质量安全具有独特的优势,拥有灵活选择采购渠道的能力和较强的谈判能力,如集中采购便于实施生产源头的质量控制;作为承接消费者与供应商的枢纽,具有契约的制定和实施能力。在这种渠道关系中,合作社和龙头企业按照双方签订的契约界定权利与义务,合作社中的农户按照契约约定进行指定品种和数量的农产品生产,而龙头企业则按照契约约定专门从事农产品的收购、加工和销售,并为农户生产提供相应服务。

e 表示合作社农户生产的努力水平,农户付出努力的成本函数为 $C_F(e)$,并且满足二阶可微。根据一般成本函数的性质,即边际成本为正以及边际收益递减规律,有 $C'_F(e) > 0$,$C''_F(e) > 0$。r 表示龙头企业对农产品质量的监督管理等投入的努力水平,类似地龙头企业付出努力的成本函数为 $C_S(r)$,有 $C'_S(r) > 0$,$C''_S(r) > 0$。

x 表示最终提供给市场的农产品质量安全水平,它是一个连续的随机变量,其分布函数为 $F(x|e, r)$,并且假设其是二阶连续可微的,相应的概率密度函数为 $f(x|e, r)$。并且农产品质量水平在一定区间内随机变化,即 $x \in [\underline{x}, \overline{x}]$,其中 $\underline{x}$ 和 $\overline{x}$ 分别表示农产品质量安全水平的上下限。显然,在这一流通渠道中最终的农产品质量安全水平 x 是由农户生产过程中付出的努力水平 e,以及龙头企业在收购、运输、销售等流通过程中对农产品质量监管所投入的努力水平 r 共同决定,因此上述农产品质量安全水平 x 的分布函数和概率密度函数中都含有 e 和 r 作为它们的参数。并且合作社中农户以及龙头企业分别投入的努力水平越高,相应的农产品质量安全水平就越高,因此有 $F'_e(x|e, r) < 0$,$F'_r(x|e, r) < 0$,即 $F(x|e, r)$ 对 e 和 r 分别求一阶偏导数为负。

根据优质优价可以将该类农产品价格设为 $p = a_1 + b_1 x$。其中 $a_1 > 0$，表示除了质量安全水平以外其他因素所决定的基本价格；$b_1 > 0$，表示价格受质量安全水平影响的敏感度，说明质量安全水平越高，价格越高。由需求定理可知需求量与价格反向变化。同时，由于近年来我国农产品、食品等质量安全事件不断被曝光，消费者更多会从外观等质量特征、质量安全口碑等角度考虑对该类农产品的需求量问题。因此，本节假设该类农产品销售量为 $Q = a_0 + b_0 x - kp$，其中 $a_0 > 0$，表示市场上与价格、质量安全水平无关的因素所决定的基本销售量，$b_0 > 0$，表示市场上农产品销售量受质量安全水平影响的敏感程度，$k > 0$，表示销售量受价格的绝对影响程度。将价格 p 的表达式代入销售量的式子，则有 $Q = a_0 + b_0 x - kp = (a_0 - ka_1) + (b_0 - kb_1)x$。若令 $a = a_0 - ka_1$，$b = b_0 - kb_1$，即可得 $Q = a + bx$。其中 $a > 0$，$b > 0$。这是由于一般农产品属于生活必需品，需求的价格弹性较小，即 k 相对较小，而受近年来我国食品安全问题的影响，b_0 则相对较大。

在龙头企业主导的"农户 + 合作社 + 龙头企业"这种农产品流通渠道中，龙头企业相比于合作社具有权力优势，它设计并提供给合作社契约，并且假设该契约形式是一般的线性分成制契约，即龙头企业的分成比例为 s，相应地合作社的分成比例为 $1 - s$，其中 $0 < s < 1$。龙头企业另外提供给合作社固定的合作报酬为 R，其中 $R > 0$。可以将固定的合作报酬理解为龙头企业为确保农产品质量，提供给合作社的一定的技术条件支持，如组织合作社农户培训、提供较为先进的生产设备等。

1. 龙头企业主导下努力水平决定。根据委托代理理论及模型，龙头企业作为委托人的目标是自身预期利润最大化，同时还要满足代理人——合作社中农户的参与约束和激励相容约束，因此具体模型如下：

$$\max E_S[\pi(s, r)] = s\int_{\underline{x}}^{\overline{x}} (a + bx)f(x \mid e, r)dx - C_S(r) - R$$

$$\text{s.t. } E_F[\pi(e)] = (1 - s)\int_{\underline{x}}^{\overline{x}} (a + bx)f(x \mid e, r)dx - C_F(e) + R \geqslant 0$$

$$e = \arg\{\max_e E_F[\pi(e)] = (1 - s)\int_{\underline{x}}^{\overline{x}} (a + bx)f(x \mid e, r)dx - C_F(e) + R\}$$

$$(11 - 4)$$

根据 K-T 条件可得不等式约束条件满足紧约束，即：

$$R = -(1 - s)\int_{\underline{x}}^{\overline{x}} (a + bx)f(x \mid e, r)dx + C_F(e) \qquad (11 - 5)$$

将式（11 - 5）代入模型（11 - 4）的目标函数，并由一阶最优条件 $\dfrac{\partial E_S[\pi(s, r)]}{\partial s} = 0$（求导后两边为零），以及 $\dfrac{\partial E_S[\pi(s, r)]}{\partial r} = 0$，可得：

$$-b\int_{\underline{x}}^{\bar{x}} F'_r(x\mid e, r)dx = C'_S(r) \quad (11-6)$$

由激励相容约束可得：

$$-(1-s)b\int_{\underline{x}}^{\bar{x}} F'_e(x\mid e, r)dx = C'_F(e) \quad (11-7)$$

将式（11-6）和式（11-7）中对应的 r 和 e 分别记为 r_S^* 和 e_F^*。

根据函数的假设条件，模型（11-4）的二阶最优条件仍满足。由此可得：在龙头企业主导的"农户+合作社+龙头企业"农产品流通渠道中，龙头企业作为委托人，合作社农户作为代理人，若龙头企业提供给农户的是分成制加固定报酬契约时，合作社农户付出努力水平的边际成本等于相应其努力水平所带来的分成所得的边际收益，该边际收益是指合作社农户通过分成所得的那部分；龙头企业付出努力水平的边际成本等于相应其努力水平所带来的边际收益，该边际收益是指总利润所对应的，既包括龙头企业分成所得的那部分，还包括通过支付给合作社农户固定报酬间接获得的边际收益。

2. 龙头企业与合作社一体化下努力水平决定。

$$\max E[\pi(r, e)] = E_S[\pi(s, r)] + E_F[\pi(e)]$$

$$= \int_{\underline{x}}^{\bar{x}} (a + bx)f(x\mid e, r)dx - C_S(r) - C_F(e) \quad (11-8)$$

由一阶最优条件 $\frac{\partial E[\pi(r, e)]}{\partial r} = 0, \frac{\partial E[\pi(r, e)]}{\partial e} = 0$ 可得：

$$-b\int_{\underline{x}}^{\bar{x}} F'_r(x\mid e, r)dx = C'_S(r) \quad (11-9)$$

$$-b\int_{\underline{x}}^{\bar{x}} F'_e(x\mid e, r)dx = C'_F(e) \quad (11-10)$$

将式（11-9）和式（11-10）中对应的 r 和 e 分别记为 r^* 和 e^*。

由函数的假设条件，模型（11-8）的二阶最优条件仍满足。

比较式（11-7）与式（11-10）可得 $r_S^* = r^*$；比较式（11-7）与式（11-10），以及已知 $C''_F(e) > 0$，可得 $e_F^* < e^*$。

由此可得：在龙头企业与合作社一体化下农产品流通渠道中，龙头企业付出努力水平的边际成本等于相应其努力水平所带来总利润对应的边际收益，合作社农户付出努力水平的边际成本等于相应其努力水平所带来总利润对应的边际收益。在一体化下龙头企业的努力水平等于龙头企业主导下其付出的努力水平；而一体化下合作社农户的努力水平高于龙头企业主导下合作社农户的努力水平。因此，龙头企业主导下较之一体化下的合作社农户努力行为是无效的。

(二) 龙头企业与合作社长期交易中关系治理的引入

由于在以龙头企业为主导的"农户+合作社+龙头企业"这种农产品流通渠

道中，合作社农户努力行为较之一体化下的无效，若龙头企业与合作社能够保持长期的交易合作关系，可以考虑关系交换理论中以规范为主要形式的关系治理这种非常有效的机制。关系治理机制可以为双方提供一种柔性的适应机制，在不确定的交易环境中抑制机会主义行为。在交换关系中，使用复合治理机制比使用单一治理机制更有利于提升交易绩效，这种提升的机制在于不同治理机制在特定的交换关系中可以产生相互补充的作用。如在由契约治理与关系治理构成的混合治理机制中，契约治理机制可以为关系治理提供一些基本的保障；而关系治理机制则可以为双方提供一种柔性的适应机制，在不确定的交易环境中抑制机会主义行为。

为此，我们可以在龙头企业为主导的模型（11-4）中，将能够代表关系治理的惩罚因子引入到合作社农户的预期利润中。对于合作社农户来说，若 $e < e^*$，则合作社农户受到关系性的惩罚（如龙头企业在以后拒绝与其进行合作，不再为其提供相应的技术、资金支持等）；若 $e > e^*$，合作社农户受到关系性的奖励（如合作社声誉得到了提高，并获得龙头企业的长期信任，为其提供更多的培训服务等），则合作社农户的预期利润为：

$$E_F[\pi(e)] = (1-s)\int_{\underline{x}}^{\overline{x}}(a+bx)f(x|e,r)dx - C_F(e) - \theta(e^* - e) + R \tag{11-11}$$

其中 θ 为关系治理的惩罚因子，且 $\theta > 0$。

对式（11-11）中 e 求导，由一阶最优条件 $\dfrac{\partial E_F[\pi(e)]}{\partial e} = 0$，经整理可得：

$$-b\int_{\underline{x}}^{\overline{x}}F'_e(x|e,r)dx = C'_F(e) - \theta - sb\int_{\underline{x}}^{\overline{x}}F'_e(x|e,r)dx \tag{11-12}$$

因此，若 $\theta = -sb\int_{\underline{x}}^{\overline{x}}F'_e(x|e,r)dx$，则此时 $e = e^*$ 纠正了合作社农户的机会主义行为。当然现实中的关系治理比我们所列举的例子更为复杂，但通过这一简单的例子可以说明若龙头企业与合作社农户之间能够保持长期的合作关系，可以将关系治理引入到治理机制中。由参与者自身偏好、利益所确立的适当关系治理惩罚因子，不仅能够减少参与者的机会主义行为，而且有助于合作主体之间长期的信任合作关系的建立。

（三）龙头企业与合作社努力水平的影响因素

1. 分成比例对龙头企业与合作社努力水平的影响。对龙头企业主导的"农户—合作社—龙头企业"中式（11-6）和式（11-7）两边 s 求导可得：

$$(1-s)b\int_{\underline{x}}^{\overline{x}} F''_{er}(x|e,r)dx \frac{\partial r_S^*}{\partial s} + [(1-s)b\int_{\underline{x}}^{\overline{x}} F''_{ee}(x|e,r)dx + C''_F(e)] \frac{\partial e_F^*}{\partial s}$$
$$= b\int_{\underline{x}}^{\overline{x}} F'_e(x|e,r)dx \quad (11-13)$$

$$b\int_{\underline{x}}^{\overline{x}} F''_{er}(x|e,r)dx \frac{\partial e_F^*}{\partial s} + [b\int_{\underline{x}}^{\overline{x}} F''_{rr}(x|e,r)dx + C''_S(r)] \frac{\partial r_S^*}{\partial s} = 0$$
$$(11-14)$$

求解式（11-13）和式（11-14）可得 $\frac{\partial r_S^*}{\partial s}$ 和 $\frac{\partial e_F^*}{\partial s}$，具体如下：

$$\frac{\partial r_S^*}{\partial s} = \frac{-b^2 \int_{\underline{x}}^{\overline{x}} F'_e(x|e,r)dx \int_{\underline{x}}^{\overline{x}} F''_{ee}(x|e,r)dx}{[(1-s)b\int_{\underline{x}}^{\overline{x}} F''_{ee}(x|e,r)dx + C''_F(e)][b\int_{\underline{x}}^{\overline{x}} F''_{rr}(x|e,r)dx + C''_S(r)]}$$
$$-(1-s)b^2(\int_{\underline{x}}^{\overline{x}} F''_{re}(x|e,r)dx)^2$$
$$(11-15)$$

由模型（11-4）的二阶最优性条件，即海塞矩阵（Hesse Matrix）负定，可得式（11-15）分母为正。因此，由假设条件可知若 $F''_{re}(x|e,r)>0$，即 r 和 e 是替代关系时，则 $\frac{\partial r_S^*}{\partial s}>0$；若 $F''_{re}(x|e,r)<0$，即 r 和 e 是互补关系时，则 $\frac{\partial r_S^*}{\partial s}<0$。

$$\frac{\partial e_F^*}{\partial s} = \frac{b\int_{\underline{x}}^{\overline{x}} F'_e(x|e,r)dx[b\int_{\underline{x}}^{\overline{x}} F''_{rr}(x|e,r)dx + C''_S(r)]}{[(1-s)b\int_{\underline{x}}^{\overline{x}} F''_{ee}(x|e,r)dx + C''_F(e)][b\int_{\underline{x}}^{\overline{x}} F''_{rr}(x|e,r)dx + C''_S(r)]}$$
$$-(1-s)b^2(\int_{\underline{x}}^{\overline{x}} F''_{re}(x|e,r)dx)^2$$
$$(11-16)$$

式（11-16）分母为正，由假设条件显然 $\frac{\partial e_F^*}{\partial s}<0$。

根据上述分析可得：

首先，在龙头企业主导的"农户+合作社+龙头企业"这种农产品流通渠道中，合作社农户的分成比例越低，他们的努力水平越低。

其次，当龙头企业与合作社农户的努力水平是相互替代的关系时，龙头企业分成比例越高，他的努力水平越高；当龙头企业与合作社农户的努力水平是互补关系时，龙头企业分成比例越高，他的努力水平越低。前者的结论可以理解为即使龙头企业分成比例增加导致合作社农户缺乏努力动力，其努力水平下降，但由于龙头企业与合作社农户的努力水平是替代的关系，龙头企业自身具有努力动力。后者的结论可以通过分成比例对固定报酬的影响作进一步分析。

由式（11-5）对 s 求导可得：

$$\frac{\partial R}{\partial s} = \int_{\underline{x}}^{\bar{x}}(a+bx)f(x|e,r)dx + \left[(1-s)b\int_{\underline{x}}^{\bar{x}}F'_e(x|e,r)dx + C'_F(e)\right]\frac{\partial e_F^*}{\partial s}$$

$$+ (1-s)b\int_{\underline{x}}^{\bar{x}}F'_r(x|e,r)dx\frac{\partial r_S^*}{\partial s} \quad (11-17)$$

由式（11-17）有：

$$\frac{\partial R}{\partial s} = \int_{\underline{x}}^{\bar{x}}(a+bx)f(x|e,r)dx + (1-s)b\int_{\underline{x}}^{\bar{x}}F'_r(x|e,r)dx\frac{\partial r_S^*}{\partial s} \quad (11-18)$$

若 r 和 e 是替代关系时，$\frac{\partial r_S^*}{\partial s} > 0$，$\frac{\partial R}{\partial s}$ 的正负不确定；若 r 和 e 是互补关系时，$\frac{\partial r_S^*}{\partial s} < 0$，$\frac{\partial R}{\partial s} > 0$。分成比例对固定报酬的影响由两部分构成，第一部分是由预期总利润所决定的，该部分影响始终为正，第二部分是由分成比例对龙头企业的努力水平影响而间接影响到该努力水平的边际收益所决定的。若龙头企业与合作社农户的努力水平是替代关系时，第二部分的影响为负，此时龙头企业分成比例增加对合作社农户获得的固定报酬的影响是不确定的；若龙头企业与合作社农户的努力水平是互补关系时，第二部分的影响为正，此时龙头企业分成比例增加对合作社农户获得的固定报酬的影响为正。

这说明当龙头企业与合作社农户的努力水平是互补关系时，龙头企业分成比例越高，他支付给合作社农户的固定报酬越高，但同时使得合作社农户努力水平下降，因此，即使龙头企业此时获得的分成比例增大，但要支付给合作社农户更高的固定报酬，并使合作社农户努力水平下降。当他和合作社农户努力水平具有互补关系时，在后两种因素的作用下龙头企业的努力水平会下降。

2. 农产品质量安全敏感度对龙头企业与合作社农户的努力水平影响。为明确农产品质量安全敏感度对龙头企业与合作社农户的努力水平的具体影响如何，下面分别分析龙头企业主导下以及龙头企业与合作社农户一体化下质量安全敏感度对他们努力水平的影响。

首先，龙头企业主导的农产品质量安全敏感度对努力水平的影响：

对式（11-6）和式（11-7）两边求导可得：

$$\left[C''_S(r) + b\int_{\underline{x}}^{\bar{x}}F''_{rr}(x|e,r)dx\right]\frac{\partial r^*}{\partial b} + b\int_{\underline{x}}^{\bar{x}}F''_{re}(x|e,r)dx\frac{\partial e^*}{\partial b} = -\int_{\underline{x}}^{\bar{x}}F'_r(x|e,r)dx$$

$$(11-19)$$

$$(1-s)b\int_{\underline{x}}^{\bar{x}} F''_{er}(x|e,r)dx \frac{\partial r_S^*}{\partial b} + \left[(1-s)b\int_{\underline{x}}^{\bar{x}} F''_{ee}(x|e,r)dx + C''_F(e)\right]\frac{\partial e_F^*}{\partial b}$$

$$= -(1-s)\int_{\underline{x}}^{\bar{x}} F'_e(x|e,r)dx \qquad (11-20)$$

由式（11-19）和式（11-20）解得：

$$\frac{\partial r_S^*}{\partial b} = \frac{(1-s)b\int_{\underline{x}}^{\bar{x}} F'_e(x|e,r)dx\int_{\underline{x}}^{\bar{x}} F''_{re}(x|e,r)dx - \int_{\underline{x}}^{\bar{x}} F'_r(x|e,r)dx}{\left[(1-s)b\int_{\underline{x}}^{\bar{x}} F''_{ee}(x|e,r)dx + C''_F(e)\right]\left[b\int_{\underline{x}}^{\bar{x}} F''_{rr}(x|e,r)dx + C''_S(r)\right]}$$

$$\frac{\left[(1-s)b\int_{\underline{x}}^{\bar{x}} F''_{ee}(x|e,r)dx + C''_F(e)\right]}{-(1-s)b^2\left(\int_{\underline{x}}^{\bar{x}} F''_{re}(x|e,r)dx\right)^2}$$

$$(11-21)$$

$$\frac{\partial e_F^*}{\partial b} = \frac{(1-s)b\int_{\underline{x}}^{\bar{x}} F'_r(x|e,r)dx\int_{\underline{x}}^{\bar{x}} F''_{re}(x|e,r)dx - (1-s)}{\int_{\underline{x}}^{\bar{x}} F'_e(x|e,r)dx\left[b\int_{\underline{x}}^{\bar{x}} F'_{rr}(x|e,r)dx + C''_S(r)\right]} \qquad (11-22)$$

$$\frac{\left[(1-s)b\int_{\underline{x}}^{\bar{x}} F''_{ee}(x|e,r)dx + C''_F(e)\right]\left[b\int_{\underline{x}}^{\bar{x}} F''_{rr}(x|e,r)dx + C''_S(r)\right]}{-(1-s)b^2\left(\int_{\underline{x}}^{\bar{x}} F''_{re}(x|e,r)dx\right)^2}$$

由模型（11-4）的二阶最优性条件，即海塞矩阵负定，可得式（11-22）分母为正。根据分子有：

（1）若 $F''_{re}(x|e,r) < 0$ 时，$\frac{\partial r_S^*}{\partial b} > 0$。说明当龙头企业与合作社农户的努力水平是互补关系时，市场对农产品质量敏感度的增强会激励龙头企业为之付出更多的努力。

（2）若 $F''_{re}(x|e,r) > 0$ 时，第一，当 $\int_{\underline{x}}^{\bar{x}} F'_e(x|e,r)dx\int_{\underline{x}}^{\bar{x}} F''_{re}(x|e,r)dx > \int_{\underline{x}}^{\bar{x}} F'_r(x|e,r)dx\int_{\underline{x}}^{\bar{x}} F''_{ee}(x|e,r)dx$，即 $\frac{F'_e(x|e,r)}{F'_r(x|e,r)} < \frac{F''_{ee}(x|e,r)}{F''_{re}(x|e,r)}$，则 $\frac{\partial r_S^*}{\partial b} > 0$。说明当龙头企业与合作社农户的努力水平是替代关系时，并且质量水平的分布函数对农户努力水平的一阶导数与龙头企业努力水平的一阶导数的比率小于质量水平的分布函数对农户努力水平的二阶导数与他们努力水平的混合二阶导数的比率，则市场对农产品质量敏感度的增强会激励龙头企业为之付出更多的努力。

第二，当 $\frac{F'_e(x|e,r)}{F'_r(x|e,r)} > \frac{F''_{ee}(x|e,r)}{F''_{re}(x|e,r)}$，并且

$$b < \frac{\int_{\underline{x}}^{\bar{x}} F'_r(x\mid e,r)dx C''_F(e)}{(1-s)[\int_{\underline{x}}^{\bar{x}} F'_e(x\mid e,r)dx \int_{\underline{x}}^{\bar{x}} F''_{re}(x\mid e,r)dx - \int_{\underline{x}}^{\bar{x}} F'_r(x\mid e,r)dx \int_{\underline{x}}^{\bar{x}} F''_{ee}(x\mid e,r)dx]},$$

则 $\dfrac{\partial r_S^*}{\partial b} > 0$。

第三，当 $\dfrac{F'_e(x\mid e,r)}{F'_r(x\mid e,r)} > \dfrac{F''_{ee}(x\mid e,r)}{F''_{re}(x\mid e,r)}$，并且

$$b > \frac{\int_{\underline{x}}^{\bar{x}} F'_r(x\mid e,r)dx C''_F(e)}{(1-s)[\int_{\underline{x}}^{\bar{x}} F'_e(x\mid e,r)dx \int_{\underline{x}}^{\bar{x}} F''_{re}(x\mid e,r)dx - \int_{\underline{x}}^{\bar{x}} F'_r(x\mid e,r)dx \int_{\underline{x}}^{\bar{x}} F''_{ee}(x\mid e,r)dx]},$$

则 $\dfrac{\partial r_S^*}{\partial b} < 0$。

第二和第三说明当龙头企业与合作社农户的努力水平是替代关系时，并且质量水平的分布函数对农户努力水平的一阶导数与龙头企业努力水平的一阶导数的比率大于质量水平的分布函数对农户努力水平的二阶导数与他们努力水平的混合二阶导数的比率，以及农产品质量敏感度小于某一给定值，则市场对农产品质量敏感度的增强会激励龙头企业为之付出更多的努力。而在上述条件下，农产品质量敏感度大于这一给定值时，则市场对农产品质量敏感度的增强会减弱龙头企业为之付出的努力。

类似地，可知式（11-22）分母为正。根据分子有：

(3) 若 $F''_{re}(x\mid e,r) < 0$ 时，$\dfrac{\partial e_F^*}{\partial b} > 0$。说明当龙头企业与合作社农户的努力水平是互补关系时，市场对农产品质量敏感度的增强会激励合作社农户为之付出更多的努力。

(4) 若 $F''_{re}(x\mid e,r) > 0$ 时，第一，当 $\int_{\underline{x}}^{\bar{x}} F'_r(x\mid e,r)dx \int_{\underline{x}}^{\bar{x}} F''_{re}(x\mid e,r)dx > \int_{\underline{x}}^{\bar{x}} F'_e(x\mid e,r)dx \int_{\underline{x}}^{\bar{x}} F''_{rr}(x\mid e,r)dx$，即 $\dfrac{F'_r(x\mid e,r)}{F'_e(x\mid e,r)} < \dfrac{F''_{rr}(x\mid e,r)}{F''_{re}(x\mid e,r)}$，则 $\dfrac{\partial e_F^*}{\partial b} > 0$。说明当龙头企业与合作社农户的努力水平是替代关系时，并且质量水平的分布函数对龙头企业努力水平的一阶导数与合作社农户努力水平的一阶导数的比率小于质量水平的分布函数对龙头企业努力水平的二阶导数与他们努力水平的混合二阶导数的比率，则市场对农产品质量敏感度的增强会激励合作社农户为之付出更多的努力。

第二，当 $\dfrac{F'_r(x\mid e,r)}{F'_e(x\mid e,r)} > \dfrac{F''_{rr}(x\mid e,r)}{F''_{re}(x\mid e,r)}$，并且

$$b < \frac{\int_{\underline{x}}^{\bar{x}} F'_e(x|e,r)dx C''_S(r)}{\int_{\underline{x}}^{\bar{x}} F'_r(x|e,r)dx \int_{\underline{x}}^{\bar{x}} F''_{re}(x|e,r)dx - \int_{\underline{x}}^{\bar{x}} F'_e(x|e,r)dx \int_{\underline{x}}^{\bar{x}} F''_{rr}(x|e,r)dx}, \quad \text{则} \frac{\partial e_F^*}{\partial b} > 0_\circ$$

第三，当 $\dfrac{F'_r(x|e,r)}{F'_e(x|e,r)} > \dfrac{F''_{rr}(x|e,r)}{F''_{re}(x|e,r)}$，并且

$$b > \frac{\int_{\underline{x}}^{\bar{x}} F'_e(x|e,r)dx C''_S(r)}{\int_{\underline{x}}^{\bar{x}} F'_r(x|e,r)dx \int_{\underline{x}}^{\bar{x}} F''_{re}(x|e,r)dx - \int_{\underline{x}}^{\bar{x}} F'_e(x|e,r)dx \int_{\underline{x}}^{\bar{x}} F''_{rr}(x|e,r)dx}, \quad \text{则} \frac{\partial e_F^*}{\partial b} < 0_\circ$$

第二和第三说明当龙头企业与合作社农户的努力水平是替代关系时，并且质量水平的分布函数对龙头企业努力水平的一阶导数与合作社农户努力水平的一阶导数的比率大于质量水平的分布函数对龙头企业努力水平的二阶导数与他们努力水平的混合二阶导数的比率，以及农产品质量敏感度小于某一给定值，则市场对农产品质量敏感度的增强会激励合作社农户为之付出更多的努力。而在上述条件下，农产品质量敏感度大于这一给定值时，则市场对农产品质量敏感度的增强会减弱合作社农户为之付出的努力。

其次，龙头企业与合作社农户一体化下农产品质量安全敏感度对努力水平的影响：

对式（11-9）和式（11-10）两边 b 求导可得：

$$\left[C''_S(r) + b\int_{\underline{x}}^{\bar{x}} F''_{rr}(x|e,r)dx \right] \frac{\partial r^*}{\partial b} + b\int_{\underline{x}}^{\bar{x}} F''_{re}(x|e,r)dx \frac{\partial e^*}{\partial b} = -\int_{\underline{x}}^{\bar{x}} F'_r(x|e,r)dx$$

$$(11-23)$$

$$b\int_{\underline{x}}^{\bar{x}} F''_{er}(x|e,r)dx \frac{\partial r^*}{\partial b} + \left[b\int_{\underline{x}}^{\bar{x}} F''_{ee}(x|e,r)dx + C''_F(e) \right] \frac{\partial e^*}{\partial b} = -\int_{\underline{x}}^{\bar{x}} F'_e(x|e,r)dx$$

$$(11-24)$$

由式（11-23）和式（11-25）解得：

$$\frac{\partial r^*}{\partial b} = \frac{b\int_{\underline{x}}^{\bar{x}} F'_e(x|e,r)dx \int_{\underline{x}}^{\bar{x}} F''_{re}(x|e,r)dx - \int_{\underline{x}}^{\bar{x}} F'_r(x|e,r)dx \left[b\int_{\underline{x}}^{\bar{x}} F''_{ee}(x|e,r)dx + C''_F(e) \right]}{\left[b\int_{\underline{x}}^{\bar{x}} F''_{ee}(x|e,r)dx + C''_F(e) \right]\left[b\int_{\underline{x}}^{\bar{x}} F''_{rr}(x|e,r)dx + C''_S(r) \right] - b^2 \left(\int_{\underline{x}}^{\bar{x}} F''_{re}(x|e,r)dx \right)^2}$$

$$(11-25)$$

$$\frac{\partial e^*}{\partial b} = \frac{b\int_{\underline{x}}^{\bar{x}} F'_r(x|e,r)dx \int_{\underline{x}}^{\bar{x}} F''_{re}(x|e,r)dx - \int_{\underline{x}}^{\bar{x}} F'_e(x|e,r)dx \cdot [b\int_{\underline{x}}^{\bar{x}} F''_{rr}(x|e,r)dx + C''_S(r)]}{[b\int_{\underline{x}}^{\bar{x}} F''_{ee}(x|e,r)dx + C''_F(e)][b\int_{\underline{x}}^{\bar{x}} F''_{rr}(x|e,r)dx + C''_S(r)] - b^2(\int_{\underline{x}}^{\bar{x}} F''_{re}(x|e,r)dx)^2} \quad (11-26)$$

由模型 (11-8) 的二阶最优性条件，即海塞矩阵负定，可得式 (11-26) 分母为正。根据分子有：

(1) 若 $F''_{re}(x|e,r) < 0$ 时，$\frac{\partial r^*}{\partial b} > 0$。

(2) 若 $F''_{re}(x|e,r) > 0$ 时，第一，当 $\frac{F'_e(x|e,r)}{F'_r(x|e,r)} < \frac{F''_{ee}(x|e,r)}{F''_{re}(x|e,r)}$，则 $\frac{\partial r^*}{\partial b} > 0$。

第二，当 $\frac{F'_e(x|e,r)}{F'_r(x|e,r)} > \frac{F''_{ee}(x|e,r)}{F''_{re}(x|e,r)}$，并且

$$b < \frac{\int_{\underline{x}}^{\bar{x}} F'_r(x|e,r)dx \cdot C''_F(e)}{[\int_{\underline{x}}^{\bar{x}} F'_e(x|e,r)dx \int_{\underline{x}}^{\bar{x}} F''_{re}(x|e,r)dx - \int_{\underline{x}}^{\bar{x}} F'_r(x|e,r)dx \int_{\underline{x}}^{\bar{x}} F''_{ee}(x|e,r)dx]}$$，则

$\frac{\partial r^*}{\partial b} > 0$。

第三，当 $\frac{F'_e(x|e,r)}{F'_r(x|e,r)} > \frac{F''_{ee}(x|e,r)}{F''_{re}(x|e,r)}$，并且

$$b > \frac{\int_{\underline{x}}^{\bar{x}} F'_r(x|e,r)dx \cdot C''_F(e)}{[\int_{\underline{x}}^{\bar{x}} F'_e(x|e,r)dx \int_{\underline{x}}^{\bar{x}} F''_{re}(x|e,r)dx - \int_{\underline{x}}^{\bar{x}} F'_r(x|e,r)dx \int_{\underline{x}}^{\bar{x}} F''_{ee}(x|e,r)dx]}$$，则

$\frac{\partial r^*}{\partial b} < 0$。

类似地，可知式 (11-26) 分母为正。具体结果与龙头企业为主导下的农产品质量安全敏感度对合作社农户努力水平的影响相同，在此不再累述。

综上可得：无论是在以龙头企业为主导的还是龙头企业与合作社农户一体化的农产品流通渠道下，当龙头企业与合作社农户的努力水平是互补关系时，市场上对农产品质量安全敏感度增强时，龙头企业与合作社农户的努力水平都会提高；当龙头企业与合作社农户的努力水平是替代关系时，依据农产品质量安全水平对应的分布函数对龙头企业与合作社农户努力水平的偏导数的不同取值关系，以及农产品质量安全敏感度的取值范围而不同。

二、农产品流通中间商的行为决策原因

导致农产品质量安全问题的原因多且复杂,涉及从"农田到餐桌"整条链上的各个环节。其中流通是连接生产和消费的桥梁,由于农产品本身的特性、生产环节的影响以及食品异地运输、加工、消费等诸多因素,导致流通领域影响农产品质量安全的因素增多,发生食品安全问题的概率增加。因此,在流通环节保障农产品质量安全,不仅可以约束上游生产者提供高质量的安全食品,而且有利于确保下游消费领域的食品安全,对保障"从农田到餐桌"全过程的食品质量安全具有十分重要的意义。

本节由关于零售商价值增值成本的假设条件,结合我国农产品流通的实际情况,通过构建数理模型,分析了在以两个中间商为主体的农产品供应链中,中间商依据实现自身利润最大化的目标,决定其实施的农产品价值增值水平和销售价格,上游产地市场决定供给中间商的农产品最优价格,以及相关价值增值水平、价格决策变量的影响因素。

(一) 问题描述及模型求解

1. 假设条件和变量符号。假设农产品供应链流通环节中的两个中间商(批发商或零售商)分别记为 M_1 和 M_2。他们从同一个上游农产品产地市场收购同类农产品后,通过对农产品进行价值增值活动(本节的价值增值是指中间商通过初加工包装、质量安全检测等服务),增加下游需求者的需求量,提高农产品质量安全水平。中间商的经营规模、经销农产品的类别等是相似的,同时因为从同一产地市场收购同类农产品,一般农产品市场近似完全竞争市场,所以假设两个中间商的收购价格是由农产品产地批发市场所决定的,是相同的。

下游需求者对中间商 M_1 和 M_2 的农产品需求函数分别如下:

$$Q_1 = a_1 - bp_1 + rp_2 + \beta v_1 + \theta(v_1 - v_2) \quad (11-27)$$

$$Q_2 = a_2 - bp_2 + rp_1 + \beta v_2 + \theta(v_2 - v_1) \quad (11-28)$$

其中,$b(b>0)$ 表示需求量对农产品本身价格的敏感度;$r(r>0)$ 表示两个中间商经销农产品的相互替代程度,并且由需求定理可设 $b \geq r$;$\beta(\beta>0)$ 表示需求量对农产品价值增值水平的敏感度;$\theta(\theta>0)$ 表示需求量对农产品价值增值差异的敏感度;$a_i(a_i>0)$ 表示不受农产品本身价格、替代品价格、价值增值影响的情况下,下游需求者对中间商 M_i 经销的农产品的基本需求量($i=1, 2$);p_i 和 v_i 分别表示中间商 M_i 根据自身利润最大化决定的农产品价格和价值增值水平。

由于中间商从事价值增值活动需要耗费一定人工、设备等成本,因此令中间商

M_1 和 M_2 分别对应价值增值活动的成本为 $C_1 = k_1 \dfrac{v_1^2}{2}$、$C_2 = k_2 \dfrac{v_2^2}{2}$。其中 $k_1(k_1 > 0)$、$k_2(k_2 > 0)$ 分别表示中间商 M_1 和 M_2 从事价值增值活动的边际成本系数，反映中间商实施价值增值活动的成本大小。

2. 模型建立和最优值求解。根据上述假设可得中间商 M_i 经销农产品所获得的利润如下：

$$\pi_{M_1}(p_1, v_1) = (p_1 - w - C_1)Q_1 = \left(p_1 - w - k_1 \dfrac{v_1^2}{2}\right)[a_1 - bp_1 + rp_2 + \beta v_1 + \theta(v_1 - v_2)] \tag{11-29}$$

中间商 M_1 的目标是最大化利润 $\pi_{M_1}(p_1, v_1)$，由一阶最优条件 $\dfrac{\partial \pi_{M_1}}{\partial p_1} = 0$，$\dfrac{\partial \pi_{M_1}}{\partial v_1} = 0$ 可得：

$$p_1 = \dfrac{1}{2b}\left[a_1 + rp_2 + wb - \theta v_2 + \dfrac{3(\beta + \theta)^2}{2k_1 b}\right] \tag{11-30}$$

$$v_1 = \dfrac{\beta + \theta}{k_1 b} \tag{11-31}$$

显然，二阶最优条件仍然满足。

类似地，中间商 M_2 的利润如下：

$$\pi_{M_2}(p_2, v_2) = (p_2 - w - C_2)Q_2 = \left(p_2 - w - k_2 \dfrac{v_2^2}{2}\right)[a_2 - bp_2 + rp_1 + \beta v_2 + \theta(v_2 - v_1)] \tag{11-32}$$

由一阶最优条件 $\dfrac{\partial \pi_{M_2}}{\partial p_2} = 0$，$\dfrac{\partial \pi_{M_2}}{\partial v_2} = 0$ 可得：

$$p_2 = \dfrac{1}{2b}\left[a_2 + rp_1 + wb - \theta v_1 + \dfrac{3(\beta + \theta)^2}{2k_2 b}\right] \tag{11-33}$$

$$v_2 = \dfrac{\beta + \theta}{k_2 b} \tag{11-34}$$

二阶最优条件仍然满足。

求解式（11-30）和式（11-31）可得中间商 M_1 和 M_2 的最优价格分别为 p_1^* 和 p_2^*：

$$p_1^* = \dfrac{1}{4b^2 - r^2}\left[a_2 r + 2a_1 b + wb(2b + r) + 3(\beta + \theta)^2\left(\dfrac{r}{2k_2 b} + \dfrac{1}{k_1}\right) - (\beta + \theta)\theta\left(\dfrac{r}{k_1 b} + \dfrac{2}{k_2}\right)\right] \tag{11-35}$$

$$p_2^* = \dfrac{1}{4b^2 - r^2}\left[a_1 r + 2a_2 b + wb(2b + r) + 3(\beta + \theta)^2\left(\dfrac{r}{2k_1 b} + \dfrac{1}{k_2}\right) - (\beta + \theta)\theta\left(\dfrac{r}{k_2 b} + \dfrac{2}{k_1}\right)\right] \tag{11-36}$$

而由式（11-31）和式（11-32）可知中间商 M_1 和 M_2 的最优价值增值水平分别为 v_1^* 和 v_2^*，$v_1^* = \dfrac{\beta + \theta}{k_1 b}$，$v_2^* = \dfrac{\beta + \theta}{k_2 b}$。

农产品产地市场的收购价格是由产地市场生产者共同决定的，上游生产者根据中间商的最优价值增值水平和销售价格，决定利润最大化的供给价格。因此，上游产地市场生产者的共同利润如下：

$$\pi_S = (Q_1 + Q_2)w \qquad (11-37)$$

将式（11-27）和式（11-28），式（11-35）和式（11-36）代入式（11-37），由一阶最优条件 $\dfrac{d\pi_S}{dw} = 0$ 可得生产者的最优收购价格为：

$$w^* = \dfrac{1}{4b(b-r)} \left\{ b(a_1 + a_2) + \left(\dfrac{1}{k_1} + \dfrac{1}{k_2} \right)(\beta + \theta)[(b+r)\beta - (b-r)\theta] \right\} \qquad (11-38)$$

二阶最优条件显然满足。

（二）决策变量最优值的影响因素分析

1. 中间商最优价格的影响因素。

（1）基本需求量、收购价格的影响。

根据上节对中间商最优价格和价值增值水平的分析，由式（11-35）显然有 $\dfrac{\partial p_1^*}{\partial a_1} > 0$，$\dfrac{\partial p_1^*}{\partial a_2} > 0$，$\dfrac{\partial p_1^*}{\partial w} > 0$。

由此可得如下结论：

结论1：当其他条件不变时，若下游需求者对两个中间商经销的农产品的基本需求量增加，则中间商 M_1 的销售价格会随之提高；若产地市场的收购价格提高，则中间商 M_1 的销售价格会随之提高。

该结论表明：中间商的销售价格受到下游市场需求和上游市场供给的显著影响。根据供求关系，下游需求者对农产品基本需求量的增加，会使中间商提高销售价格；上游农产品供给价格的提高会导致中间商收购成本上涨，也会使其提高销售价格。

（2）农产品价值增值水平敏感度的影响。

对式（11-35）中的 β 求偏导有：

$$\dfrac{\partial p_1^*}{\partial \beta} = \dfrac{1}{4b^2 - r^2} \left\{ \dfrac{1}{k_1 b}[6b(\beta + \theta) - \theta r] - \dfrac{1}{k_2 b}[2\theta b - 3r(\beta + \theta)] \right\} \qquad (11-39)$$

令 $A = 6b(\beta + \theta) - \theta r$，$B = 2\theta b - 3r(\beta + \theta)$，则 $\dfrac{\partial p_1^*}{\partial \beta} = \dfrac{1}{4b^2 - r^2} \left(\dfrac{A}{k_1 b} - \dfrac{B}{k_2 b} \right)$

由此可见，若 B < 0，即 $r > \dfrac{2\theta b}{3(\beta+\theta)}$，则有 $\dfrac{\partial p_1^*}{\partial \beta} > 0$。若 B > 0，即 $r < \dfrac{2\theta b}{3(\beta+\theta)}$，并且根据两个中间商从事价值增值活动的边际成本系数的比值满足条件不同有：$\dfrac{k_1}{k_2} < \dfrac{A}{B}$，则 $\dfrac{\partial p_1^*}{\partial \beta} > 0$；$\dfrac{k_1}{k_2} > \dfrac{A}{B} > 1$，则 $\dfrac{\partial p_1^*}{\partial \beta} < 0$。

由此可得如下结论：

结论2：当其他条件不变时，若两个中间商经销农产品的相互替代程度较大（即 $r > \dfrac{2\theta b}{3(\beta+\theta)}$），随着需求量对农产品价值增值水平的敏感度增强，中间商 M_1 的销售价格会提高。当两个中间商经销农产品的相互替代程度较小时（即 $r < \dfrac{2\theta b}{3(\beta+\theta)}$），此时若中间商 M_1 和 M_2 从事价值增值活动的边际成本系数比值小于相关参数给定值（即 $\dfrac{A}{B}$），则随着需求量对农产品价值增值水平的敏感度增强，中间商 M_1 的销售价格会提高；此时若中间商 M_1 和 M_2 从事价值增值活动的边际成本系数的比值大于相关参数给定值（即 $\dfrac{A}{B}$），则随着需求量对农产品价值增值水平的敏感度增强，中间商 M_1 的销售价格会下降。

该结论表明：当两个中间商经销的农产品具有较高的相互替代性时，若下游需求者对中间商所提供的价值增值水平的敏感度增强，其中一个中间商价值增值水平的提高，会极大地增加下游需求者对其农产品的需求量，该中间商进而可以凭借其农产品的需求优势提高销售价格。当两个中间商经销的农产品具有较低的相互替代性时，此时具有较小价值增值成本的中间商，可以通过营销宣传等途径增强下游需求者对其所提供农产品价值增值水平的敏感度，进而提高其农产品销售价格；然而对于具有较高价值增值成本的中间商，一旦下游需求者对农产品价值增值水平的敏感度增强，为实现利润最大化，中间商权衡价值增值的高成本与需求量的增加量，会降低其销售价格。

（3）农产品价值增值差异敏感度的影响。

对式（11-35）中的 θ 求偏导有：

$$\dfrac{\partial p_1^*}{\partial \theta} = \dfrac{1}{4b^2 - r^2}\left\{\dfrac{1}{k_1 b}[6b(\beta+\theta) - r(\beta+2\theta)] - \dfrac{1}{k_2 b}[2b(\beta+2\theta) - 3r(\beta+\theta)]\right\}$$

（11-40）

令 $C = 6b(\beta+\theta) - r(\beta+2\theta)$，$D = 2b(\beta+2\theta) - 3r(\beta+\theta)$，则有 $\dfrac{\partial p_1^*}{\partial \theta} =$

$$\frac{1}{4b^2 - r^2}\left(\frac{1}{k_1 b}C - \frac{1}{k_2 b}D\right)，其中 C > D。$$

由此可见，若 D < 0，即 $r > \frac{2b(\beta + 2\theta)}{3(\beta + \theta)}$，则 $\frac{\partial p_1^*}{\partial \theta} > 0$。若 D > 0，即 $r < \frac{2b(\beta + 2\theta)}{3(\beta + \theta)}$，并且根据两个中间商从事价值增值活动的边际成本系数的比值满足条件不同有：$\frac{k_1}{k_2} < \frac{C}{D}$，则 $\frac{\partial p_1^*}{\partial \theta} > 0$；$\frac{k_1}{k_2} > \frac{C}{D} > 1$，则 $\frac{\partial p_1^*}{\partial \theta} < 0$。

由此可得如下结论：

结论 3：当其他条件不变时，若两个中间商经销农产品的相互替代程度较大时$\left(即 r > \frac{2b(\beta + 2\theta)}{3\beta + \theta}\right)$，随着需求量对农产品价值增值差异的敏感度增强，中间商 M_1 的销售价格会提高。当两个中间商经销农产品的相互替代程度较小时$\left(即 r < \frac{2b(\beta + 2\theta)}{3(\beta + \theta)}\right)$，此时若中间商 M_1 和 M_2 从事价值增值活动的边际成本系数的比值小于相关参数给定值$\left(即 \frac{C}{D}\right)$，则随着需求量对农产品价值增值差异的敏感度增强，中间商 M_1 的销售价格会提高；此时若中间商 M_1 和 M_2 从事价值增值活动的边际成本系数的比值大于相关参数给定值$\left(即 \frac{C}{D}\right)$，则随着需求量对农产品价值增值差异的敏感度增强，中间商 M_1 的销售价格会下降。

该结论表明：当两个中间商经销的农产品具有较高的相互替代性时，若下游需求者对中间商所提供的农产品价值增值差异的敏感度增强，那么该中间商可以凭借自身提供农产品的较高价值增值差异占有较大的市场需求量，进而获得提高其销售价格的资本。当中间商经销的农产品具有较低的相互替代性时，此时具有较小价值增值成本的中间商的销售价格会随着下游需求者对其所提供的农产品价值增值差异的敏感度的增强而提高；而对于具有较高价值增值成本的中间商，一旦下游需求者对农产品价值增值差异的敏感度增强，该中间商会因其成本弱势，降低其销售价格。

（4）价值增值成本的影响。

分别对式（11-35）中的 k_1、k_2 求偏导有：

$$\frac{\partial p_1^*}{\partial k_1} = \frac{(\beta + \theta)}{4b^2 - r^2} \frac{1}{k_1^2 b}\left[\theta r - 3b(\beta + \theta)\right] \quad (11-41)$$

$$\frac{\partial p_1^*}{\partial k_2} = \frac{(\beta + \theta)}{2bk_2^2(4b^2 - r^2)}\left[4b\theta - 3r(\beta + \theta)\right] \quad (11-42)$$

由式（11-41）和假设条件可知$\frac{\partial p_1^*}{\partial k_1} < 0$。分析式（11-42）有：

若$r > \frac{4b\theta}{3(\beta+\theta)}$，则$\frac{\partial p_1^*}{\partial k_2} < 0$。若$r < \frac{4b\theta}{3(\beta+\theta)}$，则$\frac{\partial p_1^*}{\partial k_2} > 0$。

由此可得如下结论：

结论4：当其他条件不变时，中间商的销售价格会随着其边际成本系数的提高而下降。当其他条件不变时，若两个中间商经销的农产品的相互替代程度较大时$\left(\text{即 }r > \frac{4b\theta}{3(\beta+\theta)}\right)$，随着另一中间商$M_2$边际成本系数的提高，中间商$M_1$的销售价格会下降；当两个中间商经销的农产品的相互替代程度较小时$\left(\text{即 }r < \frac{4b\theta}{3(\beta+\theta)}\right)$，随着另一中间商$M_2$边际成本系数的提高，中间商$M_1$的销售价格会提高。

该结论表明：当中间商从事价值增值活动的成本提高时，为实现利润最大化，他会通过降低价格而增加需求量。当两个中间商经销的农产品具有较高的相互替代性时，若另一个中间商因从事价值增值活动的成本较高而降低其销售价格，则为确保自身需求量不被另一个中间商挤占，该中间商也会降低其销售价格。当两个中间商经销的农产品具有较低的相互替代性时，若另一个中间商因从事价值增值活动的成本较高而降低其销售价格，而由于两个中间商销售的农产品相互替代性小，另一中间商可以通过权衡价值增值成本和需求量而提高其销售价格。

（5）农产品本身价格敏感度、农产品相互替代程度的影响。

分别对式（11-35）中的b、r求偏导有：

$$\frac{\partial p_1^*}{\partial b} = -8b^2(4b^2-r^2)^{-2}\left\{a_2r + 2a_1b + wb(2b+r)\right.$$
$$+ 3(\beta+\theta)^2\left(\frac{r}{2k_2b} + \frac{1}{k_1}\right) - (\beta+\theta)\theta\left(\frac{r}{k_1b} + \frac{2}{k_2}\right)\right\}$$
$$+ (4b^2-r^2)^{-1}\left\{2a_1 + w(4b+r) - \frac{(\beta+\theta)r}{2b^2}\left[\frac{3(\beta+\theta)}{k_2} - \frac{2\theta}{k_1}\right]\right\}$$

$$(11-43)$$

$$\frac{\partial p_1^*}{\partial r} = 2(4b^2-r^2)^{-2}r\left\{a_2r + 2a_1b + wb(2b+r)\right.$$
$$+ 3(\beta+\theta)^2\left(\frac{r}{2k_2b} + \frac{1}{k_1}\right) - (\beta+\theta)\theta\left(\frac{r}{k_1b} + \frac{2}{k_2}\right)\right\}$$
$$+ (4b^2-r^2)^{-1}\left\{a_2 + wb + \frac{(\beta+\theta)}{2b}\left[\frac{3(\beta+\theta)}{k_2} - \frac{2\theta}{k_1}\right]\right\} \quad (11-44)$$

分析式（11-43）和式（11-44）无法确定 $\frac{\partial p_1^*}{\partial b}$ 和 $\frac{\partial p_1^*}{\partial r}$ 的正负。因此，需求量对农产品本身价格的敏感度以及两个中间商经销农产品的相互替代程度对中间商最优价格的影响，依据具体参数取值的不同而不同。下面通过对上述参数设定某一数值进行分析。

根据假设条件，结合各参数实际含义，以及式（11-38）w^* 表达式，令 $a_1 = a_2 = 100$，$\beta = \theta = 0.5$，$k_1 = k_2 = 2$。若 $r = 0.09$，当 b 从 0.1 逐渐增加到 1 时，$\frac{\partial p_1^*}{\partial b}$ 的数值变化如表 11-3 第 2 列所示。$\frac{\partial p_1^*}{\partial b}$ 的数值从较大的 69 432.25 减小到 20.82，然后变为负数并继续减小。在该参数取值下，随着需求量对农产品本身价格的敏感度的增强，中间商的销售价格先提高后下降。若 $b = 1.1$，当 r 从 0.1 逐渐增加到 1 时，$\frac{\partial p_1^*}{\partial r}$ 的数值变化如表 11-3 第 4 列所示。$\frac{\partial p_1^*}{\partial r}$ 的数值从 35.26 逐渐增大到 453.44，始终为正。在该参数取值下，随着两个中间商经销的农产品的相互替代程度的提高，中间商的销售价格会提高。

表 11-3 $\frac{\partial p_1^*}{\partial b}$、$\frac{\partial p_1^*}{\partial r}$ 的数值分析

b	$\frac{\partial p_1^*}{\partial b}$	r	$\frac{\partial p_1^*}{\partial r}$
0.1	69 432.25	0.1	35.26
0.2	2 662.75	0.2	40.41
0.3	746.19	0.3	46.90
0.4	274.77	0.4	55.30
0.5	99.62	0.5	66.55
0.6	20.82	0.6	82.33
0.7	-18.56	0.7	105.95
0.8	-39.41	0.8	145.13
0.9	-50.70	0.9	222.83
1	-56.72	1	453.44

对于中间商 M_2 的最优价格 p_2^* 的影响因素分析与中间商 M_1 类似，在此不再赘述。

2. 中间商最优价值增值水平的影响因素。根据最优价值增值水平 v_1^* 和 v_2^*

的表达式，显然有 $\frac{\partial v_1^*}{\partial k_1} < 0$，$\frac{\partial v_1^*}{\partial b} < 0$，$\frac{\partial v_1^*}{\partial \beta} > 0$，$\frac{\partial v_1^*}{\partial \theta} > 0$；$\frac{\partial v_2^*}{\partial k_2} < 0$，$\frac{\partial v_2^*}{\partial b} < 0$，$\frac{\partial v_2^*}{\partial \beta} > 0$，$\frac{\partial v_2^*}{\partial \theta} > 0$。

由此可得如下结论：

结论5：中间商的最优价值增值水平是由中间商从事价值增值活动的边际成本系数、需求量对农产品本身价格、农产品价值增值和价值增值差异的敏感度所决定的。并且当其他条件不变时，随着中间商从事价值增值活动的边际成本增加，该中间商会降低价值增值水平；随着需求量对农产品本身价格的敏感度增强，该中间商会降低价值增值水平；随着需求量对农产品价值增值的敏感度增强，该中间商会提高价值增值水平；随着需求量对农产品价值增值差异的敏感度增强，该中间商会提高价值增值水平。

该结论表明：中间商会由于从事价值增值活动相关成本的提高，而降低价值增值水平；需求量对农产品本身价格敏感度的增强会影响中间商从事价值增值活动，由于价值增值的成本因素会导致农产品销售价格提高，而为确保一定需求量，中间商会适当降低销售价格；需求量对农产品价值增值敏感度、价值增值差异敏感度的增强都能够激励中间商提高价值增值水平。

3. 产地市场最优价格的影响因素。

(1) 基本需求量、农产品价值增值敏感度、农产品相互替代程度的影响。

对式（11 - 38）中的 a_1、a_2 分别求偏导，易见 $\frac{\partial w^*}{\partial a_1} > 0$，$\frac{\partial w^*}{\partial a_2} > 0$。

对式（11 - 38）中的 β、r 分别求偏导有：

$$\frac{\partial w^*}{\partial \beta} = \frac{1}{8b^2(b-r)} \left(\frac{1}{k_1} + \frac{1}{k_2}\right) [2(b+r)\beta + 2r\theta] \quad (11-45)$$

$$\frac{\partial w^*}{\partial r} = \frac{1}{4(b-r)^2} \left[(a_1 + a_2) + \frac{1}{b}\left(\frac{1}{k_1} + \frac{1}{k_2}\right)(\beta + \theta)\beta\right] \quad (11-46)$$

由式（11 - 45）和式（11 - 46）以及假设条件可得 $\frac{\partial w^*}{\partial \beta} > 0$，$\frac{\partial w^*}{\partial r} > 0$。

由此可得如下结论：

结论6：当其他条件不变时，随着下游需求者对两个中间商经销农产品的基本需求量的增加，产地市场的最优收购价格会上涨；随着需求量对农产品价值增值的敏感度的增强，产地市场的最优收购价格会上涨；随着两个中间商经销的农产品相互替代程度增强，产地市场的最优收购价格会上涨。

该结论表明：下游市场基本需求量增加的传递效应会使中间商对上游产地市场的农产品收购量增加，因此生产者会提高其农产品的价格。由结论2可见，若需求量对农产品价值增值的敏感度增强，会导致至少一个中间的销售价格提高，下游销售价格提高使得需求量减少，进而使中间商减少对上游产地市场的农产品收购量，因此上游生产者为实现利润最大化，会提高其收购价格。在其他条件不变的情况下，若两个中间商经销的农产品相互替代程度增强，结合替代程度对中间商销售价格影响的数值分析，在一般情况下，中间商的销售价格会提高，导致下游需求量减少从而使中间商减少对上游市场的农产品收购量，为实现利润最大化，生产者会提高其价格。

（2）价值增值成本的影响。对式（11-38）中的 k_1、k_2 分别求偏导有：

$$\frac{\partial w^*}{\partial k_1} \propto \{-(b+r)\beta + (b-r)\theta\}, \frac{\partial w^*}{\partial k_2} \propto \{-(b+r)\beta + (b-r)\theta\}。$$

由此分析可得：若 $(b-r)\theta - (b+r)\beta > 0$，即 $(\theta-\beta)b > (\theta+\beta)r$，则 $\frac{\partial w^*}{\partial k_1} > 0$，$\frac{\partial w^*}{\partial k_2} > 0$。由此可得：若 $\theta < \beta$，则 $\frac{\partial w^*}{\partial k_1} > 0$，$\frac{\partial w^*}{\partial k_2} > 0$ 不成立；若 $\theta > \beta$，且 $r < \frac{\theta-\beta}{\theta+\beta}b$，则有 $\frac{\partial w^*}{\partial k_1} > 0$，$\frac{\partial w^*}{\partial k_2} > 0$。

若 $(b-r)\theta - (b+r)\beta < 0$，即 $(\theta-\beta)b < (\theta+\beta)r$，则 $\frac{\partial w^*}{\partial k_1} < 0$，$\frac{\partial w^*}{\partial k_2} < 0$。由此可得：若 $\theta < \beta$，恒有 $\frac{\partial w^*}{\partial k_1} < 0$，$\frac{\partial w^*}{\partial k_2} < 0$；若 $\theta > \beta$，且 $r > \frac{\theta-\beta}{\theta+\beta}b$，则有 $\frac{\partial w^*}{\partial k_1} < 0$，$\frac{\partial w^*}{\partial k_2} < 0$。

由此可得如下结论：

结论7：当其他条件不变时，若需求量对价值增值差异敏感度低于对价值增值敏感度时，随着中间商从事价值增值活动成本的提高，上游产地市场的收购价格会下降。当其他条件不变时，若需求量对价值增值差异敏感度高于对价值增值敏感度，并且两个中间商经销农产品的相互替代程度较高时，随着中间商从事价值增值活动的边际成本系数增加，上游产地市场的收购价格会下降；若需求量对价值增值差异敏感度高于对价值增值敏感度，并且两个中间商经销农产品的相互替代程度较低时，随着中间商从事价值增值活动的边际成本系数增加，上游产地市场的收购价格会提高。

该结论表明：若需求量对价值增值差异敏感度低于对价值增值敏感度时，中间商从事价值增值活动成本增加，这会较大程度导致销售价格提高，进而减少下游需求量，从而减少对上游产地市场的收购量，为确保利润最大化，产地市场的收购价格会降低，以确保中间商对农产品的一定收购量。若中间商从事价值增值活动成本提高，由于两个中间商价值增值差异对下游需求量影响更大，并且两个中间商经销农产品的相互替代程度较低，所以此时销售价格并不会显著提高，进而对需求量影响不大，上游产地市场可以适当提高收购价格。若中间商从事价值增值活动成本提高，由于两个中间商价值增值差异对下游需求量影响更大，并且两个中间商经销农产品的相互替代程度较高，所以此时若某一中间商从事价值增值活动成本提高导致两个中间商提供的价值增值差异较大，从而使得销售价格提高，下游需求量减少，为增加中间商的收购量，产地市场的收购价格会降低。

（3）农产品价值增值差异敏感度的影响。对式（11-38）中的 θ 求偏导有：

$$\frac{\partial w^*}{\partial \theta} = \frac{1}{8b^2(b-r)}\left(\frac{1}{k_1}+\frac{1}{k_2}\right)[2r\beta - 2(b-r)\theta] \quad (11-47)$$

由式（11-47）分析可得：若 $r > \frac{\theta}{\beta+\theta}b$，则 $\frac{\partial w^*}{\partial \theta} > 0$。若 $r < \frac{\theta}{\beta+\theta}b$，则 $\frac{\partial w^*}{\partial \theta} < 0$。由此可得如下结论：

结论 8：当其他条件不变时，两个中间商经销农产品的相互替代程度较高时，随着需求量对农产品价值增值差异的敏感度增强，产地市场的收购价格会提高；两个中间商经销农产品的相互替代程度较低时，随着需求量对农产品价值增值差异的敏感度增强，产地市场的收购价格会下降。

该结论表明：若两个中间商经销农产品的相互替代程度较高，根据结论 3 需求量对农产品价值增值差异的敏感度增强会导致中间商销售价格提高，进而使需求量减少，在此既定情况下，上游产地市场会提高农产品的收购价格以实现利润最大。若两个中间商经销农产品的相互替代性低到一定程度时，即使需求量对农产品价值增值差异的敏感度增强，对农产品需求量的影响也不是很显著，为刺激需求，产地市场的收购价格会下降。

（4）农产品本身价格敏感度的影响。对式（11-38）中的 b 求偏导有：

$$\frac{\partial w^*}{\partial b} = \frac{-1}{4(b-r)^2}(a_1+a_2) - \frac{1}{4b^3(b-r)^2}\left(\frac{1}{k_1}+\frac{1}{k_2}\right)(\beta+\theta)[b^2\beta - (b-r)^2\theta]$$

$$(11-48)$$

由式（11-48）可见，若 $b^2\beta > (b-r)^2\theta$，即 $\frac{r}{b} > 1 - \sqrt{\frac{\beta}{\theta}}$，则 $\frac{\partial w^*}{\partial b} < 0$；在其他条件下，$\frac{\partial w^*}{\partial b}$ 的正负不确定。由此可得如下结论：

结论 9：当其他条件不变时，若两个中间商经销农产品的相互替代程度相比需求量对农产品本身价格的敏感度较高时，随着需求量对农产品本身价格的敏感度增强，产地市场的收购价格将下降。

该结论表明：若两个中间商经销的农产品具有较高的相互替代性，同时需求量对农产品本身价格的敏感度较弱但却逐渐增强,为确保需求量,中间商可能会降低销售价格,为保证产地市场的农产品收购量,从而上游生产者会降低收购价格。

第四节　流通领域的农产品质量安全治理模式

食品加工企业由于其农产品战略原料的质量安全问题导致所生产食品的质量安全丑闻接连不断,不但给企业自身造成巨大损失,而且给社会民众身心健康带来更大伤害。农产品质量安全现已成为社会各界关注的焦点,相关研究可谓汗牛充栋,但现有研究还未对其内涵做出准确界定。于2014年7月发生的麦当劳等快餐业的"福喜臭肉"事件,及2008年奶业"三聚氰胺"事件,说明食品质量安全问题本质上产生于供应商的机会主义行为(Williamson,1985),而2012年蒙牛"黄曲霉素"事件所反映的质量安全问题本质上则与"三聚氰胺"事件不同,它是由于环境潮湿引发奶牛饲料发霉变质所致,这说明质量安全问题主要产生于环境不确定性。因此,基于此事实,本研究紧扣不确定性的经济学本质,认为对于以农产品为战略原料的食品加工企业,如乳制品企业蒙牛、伊利等的原料奶即是他们的战略原料;肉制品企业麦当劳、肯德基等的原料肉即是他们的战略原料。这些农产品原料的质量安全直接关系着这些企业所生产食品的质量安全,所以质量安全是这类农产品原料最重要的投资目标。而这类农产品投资交易中两类不确定因素直接影响其质量安全:第一,交易方机会主义行为导致的行为不确定性(Williamson,1985),由于农产品质量标准的不确定性、质量检测的困难,以及较高的测量成本,交易方往往会为了谋取私利而钻监管和检测的空子,实施非道德或有限道德,甚至非法的机会主义行为。第二,环境产生的客观不确定性,即农产品的生产养殖过程存在极大的不确定性,如生物性污染,指自然界中各类生物性因子对农产品质量安全产生的危害。

对于以农产品为战略原料的食品加工企业来说,如何选择合适的战略性原料投资治理模式(如是自己直接投资原料生产,还是通过市场直接采购),有效控制上述两类不确定性,进而确保其质量安全,关系到其产品的质量声誉和企业声誉,并最终影响整个产业链的健康和可持续发展。现实中战略性原料投资治理模式一般有三种:市场采购、一体化直接投资及中间混合治理模式。为了实现农产品战略性原料的质量安全,有效控制农产品生产交易中的两类不确定性,应该采用哪种投资治理模式更合适?本节创新性地针对本研究所提出的质量安全产生的两类不确定性,分别基于交易成本理论和期权交易治理理论构建了对这两类不确定性的治理机制，并将这两类不确定性和两个治理理论有机结合提出了质量安全的动态治理机制，并提出相应研究假设。进一步结合中国乳制品行业的调查数据，对研究假设进行了实证分析。

一、理论分析与研究假设

下面首先基于交易成本理论建立对农食供应商机会主义行为不确定性的治理，其次基于期权交易治理理论构建对农食生产中的环境不确定性的治理，最后，将两种理论相结合，构建农食质量安全投资的动态治理。

（一）质量安全的交易成本治理

1. 基于质量安全的交易成本（质量安全问题作为一种交易成本）。农产品战略原料质量安全问题的一个重要影响因素就是供应商的行为不确定性或机会主义行为。而交易成本理论则主要分析交易方机会主义行为如何影响交易成本并进而影响交易治理模式的选择。当由于供应商机会主义行为而致使此类战略原料产生质量安全问题时，这即是一项很高的交易成本，为此应该选择能降低此类交易成本的治理模式，如企业一体化直接投资。

签约前的交易成本主要是由交易双方的信息不对称引起的，即主要是柠檬市场问题。对于农产品，由于其很多特性品质是无法直接观测的，甚至是不能直接检测出的，所以供应商一般对其所种养供应的农产品拥有比食品加工企业更多的信息，往往可以利用此信息优势在交易合同签订中占据有利地位而获取更多利益，而对于加工企业则由此而受损，这种损失不仅是经济利益，如果无法准确获知有关这种战略性原料的质量安全信息，则很可能为此而招致企业经营失败。

在农产品供应合同履行阶段发生的交易成本主要是由敲竹杠或道德风险问题引起的调适成本，主要是不适应成本和讨价还价成本，如供应商利用自己对该农产品的信息优势而提供不符合质量安全规范或存在质量安全问题的农产品，或者当市场供不应求时故意抬高价格，以及为了确保所供应战略原料的质量安全而请第三方检测机构进行检测所发生的检测成本，或请第三方保证机构确保合同得以履行而发生的履约成本。

由此可见，质量安全问题发生在农产品合同签订及履行的全过程，主要是由柠檬市场和道德风险两类机会主义行为的不确定性引起的，这是一项很重要的交易成本，可以通过合同的有效治理来解决此类问题。

2. 机会主义行为不确定性与质量安全的交易成本治理。交易成本理论将交易方的有限理性和机会主义行为作为分析的假设前提，主要是从资产专用型和交易频率两个维度来分析交易成本及交易治理模式选择的问题。首先，作为战略性原料，其交易频率即为经常，所以本节不再对此维度做分析。其次，资产专用性对交易治理的影响也主要是通过资产专用性对交易方机会主义行为的影响从而作用于交易治理模式的，所以在此将资产专用性作为交易方机会主义行为不确定性的一个重要的影响因素变量来分析，因而本节认为根据交易成本理论，对质量安全的交易成本治理的主要直接影响因素即是交易方机会主义行为不确定性。

根据交易成本理论（Williamson，1979，1985；Klein et al.，1978），例如对原料奶的专用性投资会引起乳制品企业对供应商的机会主义威胁，同时由于原料奶供应商对这一专用性投资所形成的投资优势也会对乳制品企业形成敲竹杠的机会主义威胁，当然供应商作为有限理性的经济人，为了实现自己经济利益最大化，也会直接对乳企施以敲竹杠的威胁，这些都会直接或间接引起原料奶的质量安全问题，增加原料奶的交易成本。如果通过与供应商建立更紧密的关系治理模式，则可对这些机会主义行为及由此引起的交易成本进行较好的控制，当然如果这些机会主义行为不确定性足以严重到无法通过关系治理来确保原料奶的供应，那此时的较优选择则是乳企自己一体化直接投资。

由以上分析，提出以下研究假设：

H1a：农产品战略原料供应商的机会主义行为不确定性程度越高，则战略原料投资交易越倾向于采用更加紧密的治理模式，如中间混合模式或一体化。

H1b：农产品战略原料投资的资产专用性程度对机会主义行为与投资治理模式之间的正向关系具有正向调节作用，即当投资的资产专用性程度较高时，则机会主义与治理模式之间的正向关系会加强。

（二）质量安全的战略价值治理

1. 基于质量安全的战略价值（质量安全作为一种战略价值）。交易治理的期权观认为，当投资交易面对的不确定性程度较高时，应该选择较灵活的治理模式（如战略联盟等），以期实现较高的灵活性战略期权价值（Scherpereel，2008；Chi，1996；Kogut，1991；Folta & Leiblein，1994；陈梅、茅宁，2007、2009）。

农产品战略性原料质量安全问题的另一个重要影响因素就是客观环境的不确定性，如前所述的生物性污染、本地性污染、化学性污染和物理性污染等，这些不确定性因素的解决程度受到相应技术能力的影响，这同时也反映了解决此类不确定性的技术不确定性，这些不确定性是系统性的，或至少部分是系统性的，即不完全能由食品加工企业所掌握或控制，而很大程度上受到社会经济技术发展总体水平的影响。

这种投资的灵活性战略期权价值在于：当这种有关质量安全的技术不确定性

较高时，企业可以选择部分投资，或与供应商合作投资，只是获取未来投资权的选择权，而当这种有关质量安全的不确定性因素较少，技术不确定性程度降低，或企业自己控制这种质量安全的技术不确定性的能力增强，或者企业开发出了能够控制这类不确定性的新技术新专利新工艺时，则可选择全部一体化直接投资。因此，这种应对不确定性的质量安全投资的选择权是有期权战略价值的，体现为确保获得实现战略性原料质量安全的能力。所以，可以将质量安全作为一项重大的战略价值纳入期权交易治理的分析中。

2. 客观环境不确定性与质量安全的战略价值治理。不确定性是环境的关键要素（Miller，1987）。切萨布鲁夫和蒂斯（Chesbrough & Teece，1996）与塔利（Tully，1993）提出在高度不确定和竞争环境中，企业更倾向于采用小型、敏捷的虚拟组织，即鼓励更多的交易通过市场来完成。期权交易治理观的研究主要从以下维度考察对灵活治理模式选择的影响：技术不确定性、产量不确定性、需求不确定性、供给不确定性、价格不确定性、竞争不确定性，得出了部分与交易成本理论相反的实证结论（Folta，1998；Leiblein & Miller，2003；Miller & Folta，2002）。

根据期权及期权交易治理的本质内涵，在其他条件不变的情况下，当企业做战略原料投资时，如果面对较高的有关质量安全的环境不确定性，以及相应的技术不确定性时，企业自身解决这些不确定性的能力有限。因此，如果选择企业一体化直接投资，那么这些不确定性可能招致的质量安全损失风险将由企业独自承担，因而较合理的做法应该选择较灵活的、期权价值较高的投资治理模式，比如市场或战略联盟等模式，而不是在企业内部直接投资或对目标企业进行直接兼并，从而避免不确定、不可逆投资所可能招致的巨大风险。

例如乳制品企业的原料奶投资，由于此投资具有较高的不确定性和不可逆性，乳制品企业如果选择自己直接投资建牧场，则需要投入很高的沉没性成本，如牧场建设的土地成本、奶牛购置成本、牛棚建设成本、挤奶设备装备成本、专业化养殖技术投入成本、专业化养殖和管理的人力资本投入成本等。而奶牛养殖过程又受到疾病、疫情、饲草料质量、水土等客观环境不确定风险因素的影响，从而奶牛的质量以及所产的牛奶的质量受到很大程度的影响，一旦发生奶牛疫情或病菌侵扰，乳企则不得不自己全部承受这种投资损失。如果与专业化的奶牛养殖企业，比如伊利与奶联社通过建立战略联盟的方式来投资建设牧场，这种巨大的投资损失的风险将会由投资合作双方共同承担，而且由奶联社这一专业化的奶牛养殖企业来进行现代化专业化的奶牛养殖，由于其养殖技术和管理水平都较高，不但能增加投资收益，而且同时也会降低原料奶质量安全的投资风险。所以对伊利来说较优的选择是采用较灵活的原料奶的投资治理模式，如与奶联社的联盟合作投资。

同时，当面临竞争威胁时，一旦对投资的价值有所了解，企业应采用能确保获取投资期权执行权的治理模式，如一体化直接投资或与供应商建立战略合作。如在内蒙古市场，伊利和蒙牛构成了对原料奶买方寡头市场，所以蒙牛作为竞争者对原料奶市场的抢先争夺则是伊利进行原料奶投资必须要考虑的重要因素，即面对竞争者对原料奶市场的抢先竞争时，伊利对原料奶的投资交易的较优选择是采用具有获取投资优先权的投资交易模式，如一体化自己投资或与专业化养殖企业奶联社联盟合作投资。

因此我们提出研究假设 H2a 和 H2b：

H2a：农产品战略原料投资面对较高程度的客观环境不确定性时，则更倾向于选择较灵活的投资治理模式，如市场外购或中间混合模式。

H2b：企业面对的原料采购压力对环境不确定性与投资治理模式之间的负向关系具有反向调节作用，即当原料采购面对较高程度的竞争压力时，这种负向关系会减弱。

（三）质量安全的相机治理（交易成本与战略价值的动态权衡）

农产品战略原料的质量安全虽然受到客观环境不确定性及相应技术不确定性等的影响较大，但交易方的机会主义行为尤其在我国当前诚信机制还不健全的初级市场经济中还比较严重，这也将会严重影响到该类原料投资交易模式的选择。如果战略原料投资处在寡占竞争市场，则该原料投资的市场战略价值也需要重点考虑，因此对于战略原料投资交易时所发生的交易成本和所实现的战略价值需要给予综合权衡。

张五常（Chueng，1969）通过对中国农业合约选择的调查分析，提出交易成本和风险厌恶是影响合约选择的主要因素，他的风险因素主要是通过农产品产量的方差来反映的，即农产品产量的不确定性，而这主要是受不同地区的气候、水土和自然灾害及相应的农业生产技术等因素的影响，因此也可以说合约的选择主要受交易成本和这些自然客观环境不确定性因素的影响。所以本节所分析的农食投资交易的治理模式选择本质上也是农食投资交易的合约选择问题。

当供应商机会主义行为的不确定性较高，而环境不确定性程度较低，竞争者的占先性也较低时，此时战略价值则较小，农产品战略原料投资则主要应该考虑交易成本对交易治理模式选择的影响，根据交易成本理论，则更倾向于选择一体化企业自己直接投资，以此降低或减少供应商机会主义行为对质量安全的影响。

当供应商机会主义行为的不确定性较低，但环境的不确定性程度较高，竞争者占先性也较低时，此时该原料投资交易的战略灵活性价值则较高，其交易治理模式的选择应该更多考虑其战略灵活性价值的实现，因此更倾向于选择市场治理交易或中间混合治理模式，以此实现较高的战略期权价值。

当供应商机会主义行为的不确定性较高，同时环境的不确定性程度也较高时，权衡以上两种不确定性的综合影响，紧密的中间混合治理模式将更加适应质量安全的不同治理需求，这种模式既能降低交易方机会主义行为不确定性对质量安全的影响，又能较好实现客观环境不确定性所引起的质量安全的战略期权价值。

当然交易方机会主义行为的不确定性会随着社会经济发展水平的提高和社会诚信道德环境的改善而降低，客观环境的不确定性会随着社会经济发展水平和社会总体科学技术水平的提高而降低。因此，对于农产品战略性原料的供给投资治理模式选择不应是一成不变的，而应随着这些不确定性因素的发展变化而采取动态相机治理。

这里需要说明，交易方的机会主义行为不确定性不会影响客观环境不确定性，但会对客观环境不确定性与投资治理模式之间的关系产生反向调节作用；同样，客观环境不确定性不会直接影响交易方的机会主义行为，但会对机会主义与治理模式选择之间的关系产生反向调节作用。

据上分析得出下面研究假设 H3a、H3b：

H3a：农产品战略原料供应商的机会主义行为不确定性对环境不确定性与治理模式之间的负向关系产生反向调节作用，即当供应商机会主义行为不确定性较高时，环境不确定性与治理模式之间的负向关系会减弱。

H3b：农产品战略原料投资面对的环境不确定性对供应商机会主义行为与治理模式之间的正向关系产生反向调节作用，即当环境不确定性程度较高时，供应商机会主义行为与治理模式之间的正向关系会减弱。

根据以上研究假设分析，资产专用性和竞争压力虽然都是调节变量，但两者的调节作用相反，资产专用性对机会主义与治理模式之间的关系产生正向调节作用，竞争压力对客观环境不确定性与治理模式之间的关系产生反向调节作用。而机会主义行为不确定性与客观环境不确定性对他们与治理模式之间的关系产生相互的反向调节作用。本节的理论模型如图 11-1 所示。

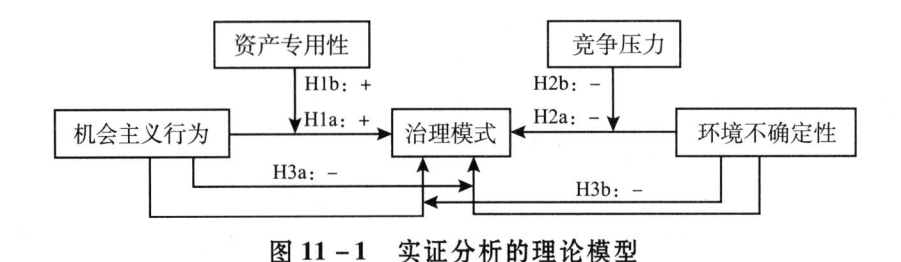

图 11-1 实证分析的理论模型

二、研究设计与实证检验

（一）研究设计

1. 样本与调研。

本研究选择乳制品企业为主要调研对象。我国乳制品行业存在明显的区域分布特点，内蒙古、黑龙江、山东等为主产区。内蒙古乳品行业也是该省区的主导产业，2010年内蒙古乳制品销售额占全国总销售额的17.87%，排名第一；其次为黑龙江省，占比为16.47%，其余省市占比都在10%以下[①]。所以本节选择重点地区抽样，同时考虑到调研可行性和成本的限制，主要选择内蒙古、黑龙江、新疆、江苏、山东的乳制品企业做重点调研。至2010年年底，经国家对乳制品行业清理整顿重新审核通过的各类规模乳制品企业总数为828家，所调研的五个省份的乳制品企业总共有266家，这五个省份乳企总数占全国乳企总数的32%，但这五个省份的乳品产量却占全国乳品总产量的42%[②]。本节研究的问题是企业层面的战略决策问题，所以调研的基本对象单元是乳制品企业，一个企业代表一份问卷。本次调研共发放问卷150份，收回问卷69份，无效问卷2份，有效问卷67份，回收率为44.00%。在此说明，我们的调研是在2011年上半年完成的，各项数据指标都是2010年的。

2. 变量选择与问卷设计。

（1）自变量。本节主要是研究行为不确定性（机会主义）、客观环境不确定性、资产专用性、竞争压力这四个变量对原料投资交易模式选择的影响。根据已有的文献和本研究所调查的乳制品行业的特点，行为不确定性主要通过供应商机会主义行为的量表（John，1984；Gundlach et al.，9931）来反映。资产专用性主要参考斯塔姆普和海德（Stump & Heide，1996）的量表，并根据本行业特点将专用性分为五个主要方面：时效专用性或距离乳制品企业远近的专用性、地理水土专用性、技术专用性、人力资本专用性、奶牛生物资产专用性。根据第三部分的概念分析以及斯莱特和奈沃（Slater & Narver，1994）的量表，有关质量安全问题的客观环境不确定性主要通过生物性、本底性、物理性、化学性及相应的技术不确定性五个方面问题来测量。竞争压力主要通过本企业感受到的采购原料

---

① 国家统计局2010年年报。
② 中国乳制品工业协会。

奶的质量、价格、数量三个方面竞争压力的程度（Chagantir, 1989; Hao, 2000）来测量。以上自变量与调节变量调查问卷采用李克特六级量表打分，分数从1（表示"完全不同意"）到6（表示"完全同意"）。

（2）因变量。按照由松散到紧密的程度，原料奶的投资交易模式主要可分为三类：市场、混合和一体化（Williamson, 1985）。市场模式主要指乳制品企业直接向散户奶农或奶站通过简单的市场契约完成全部原料奶的采购；中间混合治理模式则有多种方式，主要有乳制品企业与原奶供应商所建立的战略联盟；一体化主要指原料奶需求全部通过自建牧场实现。考虑到研究的可行性，本节将两种以上或多种方式相结合的原料奶供应模式也列为中间混合治理模式。以上三类主要治理模式根据松散灵活程度由松到紧由虚拟变量依次表示为：市场—1；中间混合—2；企业一体化—3。

（3）控制变量。本节主要选择了资产总额和企业经营时间作为控制变量。根据该行业资产规模特征将资产总额从小到大分为以下六个等级：1－1 000万元以下；2－[1 000万, 8 900万)；3－[8 900万, 4.13亿)；4－[4.13亿, 10亿)；5－[10亿, 34亿)；6－34亿元以上。将企业成立时间由短到长分6个区间等级：1－1~3年；2－3~5年；3－5~10年；4－10~15年；5－15~20；6~20年以上。

（二）假设检验结果分析

此部分的统计分析是通过SPASS19.0软件做的分析结果。

潜变量的信度和效度检验。本研究的两个主要自变量机会主义行为不确定性和客观环境不确定性，以及两个调节变量——资产专用性和竞争压力为潜变量。本研究最初通过黑龙江乳制品企业调查问卷的预测试，对这些变量量表进行了探索性因子分析，已经删除了不合理题项，保留了因子载荷较高，并能从理论上统一命名的维度，目前这4个潜变量都可从一个维度给予较好的测量。表11－4是这些变量的信度和效度检验结果：机会主义行为不确定性、客观环境不确定性和资产专用性3个变量的信度指标Cronbach's Alpha值都在0.8以上，说明这3个变量的测量具有很好的一致性和稳定性，这3个变量的建构效度指标KMO都在0.7以上，显著性都在0.05之上，说明因素分析适切性良好，各题项之间都具有良好的关联性。只有竞争压力的信度和效度指标均较低，但是KMO值也接近0.7，基本达到效度适切性，Cronbach's α值也大于0.6，也基本达到了可接受的水平。

表 11 - 4　　　　　　　　量表的信度和效度检验

	Cronbach's α	KMO	Bartlett	df	sig
机会主义行为	0.852	0.737	155.967	10	0.000
资产专用性	0.908	0.798	256.000	10	0.000
环境不确定性	0.863	0.835	151.630	10	0.000
竞争压力	0.691	0.646	35.948	3	0.000

由于本研究因变量投资治理模式是有序的虚拟变量：（1）表示市场治理模式；（2）代表中间混合治理模式；（3）表示一体化企业内部直接投资治理模式，随着数字的增大，表示投资治理模式的紧密程度依次增加。所以假设检验采用有序离散的序数回归（ordered probit）方法，通过 Stata12.0 对数据做了层级回归分析。检验结果见表 11 - 5。

表 11 - 5　　　　　　　　数层级回归结果

	模型 1	模型 2	模型 3	模型 4	模型 5	模型 6	模型 7
总资产	0.2723 ** (0.016)	0.2614 ** (0.022)	0.3376 ** (0.007)	0.2721 ** (0.021)	0.3199 ** (0.013)	0.3384 ** (0.011)	0.3475 ** (0.010)
企业经营时间	-0.01942 (0.872)	-0.01169 (0.923)	-0.0792 (0.547)	0.0073 (0.954)	-0.0815 (0.539)	-0.0662 (0.626)	-0.0570 (0.677)
机会主义	—	0.03558 (0.350)	—	0.1864 (0.462)	—	0.0937 ** (0.042)	0.1764 (0.126)
资产专用性	—	—	—	0.1785 (0.294)	—	—	—
环境不确定性	—	—	-0.1081 *** (0.001)	—	-0.0204 (0.915)	-0.1327 *** (0.000)	-0.0446 (0.700)
竞争压力	—	—	—	—	0.1609 (0.362)	—	—
机会主义 * 资产专用性	—	—	—	-0.0056 (0.567)	—	—	—
环境不确定性 * 竞争压力	—	—	—	—	-0.0065 (0.612)	—	—
机会主义 * 环境不确定性	—	—	—	—	—	—	-0.0055 (0.429)
极大似然对数比	-41.157	-40.717	-34.788	-38.590	-34.095	-32.582	-32.2683
拟 R^2	0.0715	0.0814	0.2152	0.1294	0.2308	0.2650	0.2720

注：括号内为 Z 统计量的显著性水平，括号之上为回归系数，***，**，* 分别表示 1%，5%，10% 的显著性水平。

模型 1 说明，控制变量总资产规模对原料投资治理模式具有正向作用，且显著性达到 5% 以上水平；而企业经营时间对原料投资治理模式选择具有反向影响，但效果不显著。分析其原因，可能是企业建立时间越长，企业的声誉越好，企业与战略供应商合作时间越长，合作关系越好，供应商实施机会主义行为的可能性就越小，为此企业做一体化投资原料的动机就越弱（Ganesan, 1994）。

模型 2 说明，机会主义行为不确定性与原料投资治理模式选择正向相关，但相关性不显著。

模型 3 说明，环境不确定性与投资治理模式选择之间有负相关关系，且相关性在 1% 以上显著。而当在模型 6 中同时放入机会主义行为不确定性和环境不确定性之后，行为不确定性由模型 2 中的不显著变得显著了，且显著性达到 5% 以上水平；环境不确定性对原料投资治理模式的影响比模型 3 中更加显著了，显著性远大于 1%。这首先说明假设 H2a 通过检验，对于假设 H1a 则说明，在控制了环境不确定性对治理模式的影响的条件下，机会主义行为不确定性也对治理模式选择有显著影响。

模型 4 说明，资产专用性对机会主义与投资治理模式选择的关系产生反向调节作用，但调节效应不显著。分析可能的原因，本节所调查的资产专用性主要是指原料奶供应投资中的资产专用性，这一方的专用性产生的最直接影响是乳制品企业会对供应商施以机会主义行为，这反过来会影响供应商的机会主义行为，那是正向影响还是反向影响呢？这主要取决于交易双方的博弈关系，如果乳制品企业确实要对供应商施以机会主义行为，那么供应商也会以机会主义行为应对，其结果是两败俱伤，明智的交易者不会选择此战略。实际上，在中国当前的乳业市场环境下，优质原料奶处于严重短缺的状况，乳制品企业为了获得供应商的支持，一般不会对供应商施以机会主义行为。而供应商做了原料奶生产的专用性投资之后，尤其是考虑到原料奶的保鲜性，选择了靠近乳制品企业的地理位置专用性投资，也会尽力做好与乳制品企业的关系专用性投资，一般不会或尽可能少的实行机会主义行为。正如戈什、约翰、简普（Ghosh, John, 2005; Jap, 1999）研究所表明的专用性投资还具有创造价值的特性，节约双方的交易和生产成本，增强市场竞争优势。罗坎、海德、瓦特内（Rokkan, Heide, Wathne, 2003）进一步指出专用性投资不仅因为对投资方如原料奶供应商的投资沉没性而具有绑定约束效应，还因为对乳制品企业具有价值创造而具有绑定效应，所以会降低双方机会主义行为的发生。

模型 5 说明，竞争压力对环境不确定性与投资治理模式选择之间的关系产生反向调节作用，但调节效应不显著。分析其原因，竞争压力量表本身的信度和效度就比较低，主要是由于原料奶供应存在普遍较高的竞争压力所致，即无论企业能否选择一体化直接投资奶牛养殖，其普遍感到高质量原料奶供应的困难。

模型 7 说明，环境不确定性与行为不确定性相互反向调节，但调节效应不显著。分析原因，结合模型 2、模型 3 和模型 6 综合考虑，虽然它们的交乘项同时可反映二者的交互调节效应，但对二者的意义不同。机会主义只有在控制了环境不确定性的前提下才对治理模式有较显著的影响，其单独作用是不显著的，说明它对环境不确定性的治理作用的影响不大，而受环境不确定性的治理影响较大。而环境不确定性也是在控制了机会主义行为不确定性之后对治理模式的作用更加显著，但其本身的单独作用显著性水平就较高，这也同样说明了客观环境不确定性对治理模式的作用受机会主义行为的影响不大。对此可能的原因是，在我国奶牛养殖业受到自然环境不确定性影响更大，气候、水土、疾病瘟疫等对养殖业影响的控制技术系统总体上不完善，我国卫生防疫技术水平相对于发达国家来看总体较低。而奶牛养殖业的利润率（10%左右）相对于乳品加工业的利润率（20%左右）又严重偏低，所以，尤其对于并不专业于奶牛养殖的乳制品企业，一般不会选择前向一体化到养殖业，而更愿意通过较松散的治理模式，如市场或联盟方式实现他们的原料奶供应。因此，对于原料奶的投资模式选择受客观环境不确定性的影响较大，这在下面的稳健性检验中也得到证实①。

三、农产品质量安全治理模式的政策启示

（一）主要结论

基于以上理论分析与实证检验的结果，本节研究得出以下主要结论：

1. 有关质量安全的两类不确定性的权衡作用。行为不确定性或投机作为交易成本理论的假设前提及关键分析变量在中国乳制品行业中得到了验证，即当供应商的机会主义行为较严重时，在控制环境不确定性对此的治理效应影响的前提下，企业更倾向于选择一体化企业自己投资原料生产或与供应商联盟合作，以此避免供应商机会主义的威胁，影响原料奶的质量，从而确保原料的安全供应。但此机会主义行为不确定性主要不是由资产专用性引起的，而是在中国当前市场环境下内生存在的。资产专用性只是对机会主义作用于投资治理模式的选择有部分调节作用。

环境不确定性作为期权交易治理理论预测投资治理模式的关键变量，在中国乳制品行业中得到了显著的验证，即由于原料奶的生产或中国的奶牛养殖业存在较高的自然环境不确定，从而导致较高的质量不确定性等。由此，如果乳制品企业自身实现完全一体化，直接投资原料奶生产，即牧场建设、经营与管理，万一

---

① 中国奶业协会网。

遇到这些不确定因素的不利影响，所有投资和损失将不得不由乳制品企业自己完全承担，这给原料奶的生产造成很高的风险，为了规避此风险，乳制品企业一般不愿选择自己投资奶牛养殖，而是更多地采用市场购买或与专业供应商联盟投资的方式。但由于现阶段我国高质量原料奶供应的严重短缺，造成乳制品企业普遍过高的原料奶采购竞争压力感知，所以很多企业迫于这种压力，不得不选择自己直接投资奶牛养殖，即这种竞争压力对环境不确定性作用于投资治理模式的效果产生反向调节作用，尽管调节效应不显著。

2. 紧密型（介于一体化和生产合同之间的）混合动态治理的最优选择。根据结论1可以看出，当两类不确定性都较高时，中间混合的治理模式则是较优选择。而紧密型混合治理模式相比较于"公司+农户"的松散型模式能更好地实现农产品原料的质量安全。这种紧密型关系治理模式的主要优点在于：通过明示合同和关系合作与战略供应商建立长期战略合作，降低了供应商机会主义行为影响农产品原料质量安全的可能性，同时与供应商共同努力更好地解决了质量安全的客观技术问题，分担了由于客观环境不确定性而造成质量安全问题的损失风险。

在此需要说明，本节虽然在研究设计中考虑到因变量设计的可行性，中间混合模式不仅包括这种紧密的联盟合作模式，还包括多种模式的混合，但是将本节前面的理论分析和实证结果相结合，可得出在中间混合模式中这种紧密的关系治理模式才是实现质量安全的最优模式，而且这种模式的选择过程主要受到客观环境不确定性和机会主义行为不确定性的权衡影响，是一种动态选择的过程。

（二）对策建议

根据本节调查问卷的测度结果，说明目前我国乳制品行业中原料奶投资交易面对的客观环境不确定性和供应商机会主义行为不确定性这两项系统性风险程度都较高。

由于自然水土、气候、疾病瘟疫等环境的不确定性，导致原料奶生产或奶牛养殖行业本身存在不确定性。以及在中国目前的市场环境下，由于市场机制的不完善，乳品企业面临着较高程度的客观环境不确定性，如原料奶的供给不确定、价格不确定及质量不确定等。因此原料奶的投资面临较大的风险，应对这些不确定带来的风险，较优的选择应该是由专业化的奶牛养殖企业去投资，而不是乳制品加工企业自己投资养殖业。为了解决这种环境不确定性给企业经营带来的不利影响，政府可以通过建立奶牛风险基金、农业保险、税收减免、财政补贴等政策鼓励奶牛养殖企业进行规模化、现代化养殖，对由不可抗力造成的养殖风险给予养殖企业或养殖户一定的风险补偿，也可提供无偿或低价的疾病疫情控制技术支持。应对较高程度的奶牛养殖市场风险，如价格风险、需求供给风险，政府可以通过相关政策鼓励乳业协会、合作社等进行规范化运作，建立原料奶的市场供需价格信息平台、完善市场价格机制、及时协调供需矛盾，促进原料奶供需双方的有效沟通与合作。同时建立第三方检测体系，改进相关质量检测技术，降低交易成本等。

为了应对供应商的机会主义风险，同时又面对我国当前原料奶采购的较高市场竞争压力，乳企被迫对原料奶进行一体化投资。对于资金充裕，具有奶牛养殖专业化能力的乳企也可以自己投资兴建牧场。当然随着企业规模扩大，管理层级扩大，企业内部的管理成本和管理风险也会扩大，即由企业内部市场提供原料奶的供给时，也应该注意内部市场风险给原料奶的质量安全带来的风险。从宏观层面来看，国家应该建立健全相关法律，加大对相关违约违法行为的处罚力度，同时建立和完善市场诚信体系建设，加大市场监督力度。

鉴于以上两方面相反的压力，以及市场交易成本和企业内部层级治理成本的权衡，本节建议较好的选择是乳企与原料奶供应商通过建立紧密的关系治理机制来确保双方的利益和原料奶的长期安全供给，如蒙牛与现代牧业之间所建立的比较紧密的权益型战略联盟，伊利与奶联社之间所建立的比较紧密的契约型以及权益型战略联盟。

（三）政策启示

自2008年"三聚氰胺"奶业事件后，原料奶的收购方式有了很大的改进，如原料奶从奶农的奶牛挤奶到乳制品企业是从全封闭的挤奶器，到密封管道，再到密封罐车，到加工车间，几乎完全排除了在原料奶中间收购环节供应商机会主义行为影响质量安全的机会，即正如巴泽尔（Barzel Y., 1982）、张五常（Chueng, 1983）所提出的，如果完全解决了测量问题，就不会有机会主义行为的机会，就没有必要一体化，由奶农或专业供应商做奶牛养殖投资也可以实现原料奶供应的质量安全。但是虽然在收购环节可以做到全过程控制，在奶牛养殖环节却很难做到全过程控制，供应商仍然有机会主义行为的机会，如可以用低质量的饲料、过量使用激素等。当然对于原料奶生产过程的控制技术也在不断提高，所以供应商机会主义行为的不确定性在发展变化，这说明对农食质量安全的测量技术、生产和运输的过程控制技术只是供应商机会主义行为的影响因素。随着这些不确定性的发展变化，应对不确定性的治理模式也在不断变化，这正体现了本节所构建的农食原料投资的动态治理过程。

2014年7月，国家质检检出了麦当劳等快餐企业供应大量不合格变质肉，由此福喜生产变质臭肉的机会主义行为也遭到曝光和惩罚。但在此之前，麦当劳等快餐店其实也对他们最大的战略供应商——福喜集团所供应的原料肉利用最先进的检测仪器做严格的检查，但是没有检出问题。这说明，一方面，由于国家质检采用更先进检测方式和技术，将会更好地揭露和防止供应商供应质量安全有问题的农产品原料的机会主义行为；另一方面，尽管检测技术在不断进步，但是供应商机会主义行为的方式也在不断发展变化，所以应对这种机会主义行为依然是农产品战略原料投资需要重点考虑的因素。

另外，对本节实证研究结论所得出的实现农食原料质量安全的紧密的中间混合治理模式的具体治理机制还有待进一步深入分析。本节的实证研究结论主要是基于中国的乳制品行业调查研究而得出的，同时，通过对麦当劳"福喜肉"事件的简单分析，其主要结论也适合于我国肉制品行业。但在其他农食子行业，如油料加工行业等，以及在其他国家，受到行业生产特性、产业组织特性和不同国家的市场环境等影响，此结论的效度有待进一步考证。

本节分析的立足点是食品加工企业，解决的基本问题是食品加工企业战略原料的投资治理模式选择，根本目标是实现农产品战略原料的质量安全，所以一个内在假设是实现质量安全是食品加工企业的根本宗旨，所以，对于有些企业本身疏于质量安全管理，或甚至故意至此于不顾的情况，则不予考虑。

第五节 保障流通领域农产品质量安全的对策

一、基于利益博弈农产品质量安全问题的治理对策

利益时代的到来是市场经济机制与社会结构分化两个因素双重作用的结果。当市场取代再分配成为自愿配置的基本机制时，利益博弈就成为市场秩序中重要的组成部分，成为一种常规化的社会现象。根据对于农产品供应链各环节主体的利益博弈情况分析，提出如下保障我国农产品质量安全的对策建议。

（一）利用市场机制，通过多种途径引导以消费者为主体的"需求方"购买优质优价的农产品

1. 为消费者提供识别与反馈农产品质量安全的多种便利渠道。利用官方网络、电视等传媒将识别优质农产品的知识与手段，以及国家认可的"三品一标"或具有质量追溯的农产品提供给消费者。同时通过电话、短信、微信等多途径，为消费者提供农产品质量安全问题咨询与反馈的便利渠道。这些措施不仅能够降低消费者在购买优质安全农产品前的选择成本，极大地降低消费者维权追责的机

会成本，确保消费者的经济利益，而且能够增强消费者对农产品质量安全的信心，刺激消费者对优质农产品的需求。

2. 通过培育中高端消费群体对优质安全农产品的稳定需求，以示范作用逐步改变传统的农产品消费习惯。由于消费者对农产品的传统消费习惯在较短时间内难以转变，并且优质农产品的价格相对于一般农产品较高。因此，可以先引导对优质农产品需求欲较强且具有消费能力的中高端消费群体形成对优质农产品的稳定需求。我国国民收入水平的增长提供了一个中高端消费群体，足以支撑精品农产品的消费。近年来，优质农产品的团购、宅配、电子商务等新兴供销渠道为这类消费者群体提供了便利，消费者的消费能力和习惯在变化，需求向精品化方向发展。通过政策法规对新兴优质农产品购销渠道进行扶持，通过这部分消费群体的示范作用以及对优质农产品的口碑相传，不仅能够逐步扩大优质农产品的市场需求范围，而且还能够通过流通成本的降低和生产的规模化，有效降低优质农产品的价格。

（二）以市场为主体逐步建设与完善农产品质量安全检测与追溯体系

1. 确立统一的批发零售市场的质量安全准入制度。从流通环节的市场准入做起，将质量安全检测作为农产品进入市场的必要条件。并且要将该农产品质量安全的市场准入制度在所有具备条件的大型批发市场、零售市场中同步启动，避免出现因单个或少数几个批发市场试点导致这些市场的货源流失而无法真正执行市场准入制度的后果。同时，实行批发、零售各级市场的多级质量安全检测制度，增强流通环节农产品质量安全检测的有效性，这有利于明确问题农产品的责任主体，能够对上游生产经营主体形成质量安全的倒逼机制。

2. 加大政府在流通环节质量安全的财政投入，发挥引导示范作用。各级政府可以通过财政补贴等政策，在农产品流通环节扶持设立第三方质量检测机构，以提供免费或低收费的质量安全检测服务，建设检测、追溯设备齐全的公益性批发市场，为农产品经营者提供质量安全方面的义务培训与辅导。同时，对严格实施质量安全检测、追溯的批发市场、零售市场给予税收减免等奖励政策。通过这些措施，能够在一定程度上减轻企业等市场主体实施质量安全检测、追溯的成本负担，激励流通主体有效持续地从事保障质量安全的相关活动，在农产品流通领域充分发挥政府的引导与示范作用。

（三）以经济手段为主政策扶持为辅激励以农户为主的生产主体

1. 用经济利益激励农户生产优质安全农产品，避免"劣币"驱逐"良币"。国家在加大对农产品安全生产补贴力度的同时，通过下游流通和消费环节对优质安全农产品需求的增强，提高优质农产品的收购价格。通过设置优质农产品收购专区对农户提供的优质农产品实行检测鉴别，引导安全农产品能够获得高效益，使生产优质安全农产品的农户获得较高的经济利益。通过经济利益的增加激励农户提高农产品质量安全水平，由质量安全水平的提高引导和培育流通主体增加对优质优价农产品的需求，使农户利益与农产品质量安全形成良性的互动关系。

2. 培育生产主体的组织化，增强农户群体利益博弈优势。党的十八大提出要"发展农民专业合作和股份合作，培育新型经营主体，发展多种形式规模经营，构建集约化、专业化、组织化、社会化相结合的新型农业经营体系"。通过政策扶持，将专业合作社做大、做专、做强；向国外的农业合作公司方向发展，将农产品经销企业中的购销关系转变为服务关系，不仅与农户签订长期合作合同，而且向农户提供种子、化肥等生产资料，提供技术指导、市场信息和质量安全服务，发挥其在增强农户群体优势，增加农户收入方面的积极作用。通过对生产主体的组织化培育，促进农产品的品牌化、农业的产业化发展趋势。

（四）借鉴国外经验结合我国国情，规制与监管相匹配

1. 各负其责的严格质量管理体系是国外发达国家农产品质量安全的根本保障。国外发达国家对农产品质量安全规制与监管的共同之处可归纳为：一是质量安全标准是统一的。国外发达国家对内销和出口的农产品在质量安全标准方面是没有差别的。例如德国对每一种农产品都制定了具体的入市标准，具体情况都可在公开网站上随时查阅，重点是防范霉菌毒素、农药残留和转基因食品上市。二是有比较健全的质量安全追溯体系。对于畜产品，一般是利用无线射频技术，将饲料、防疫、用药等信息记录到含芯片的耳标中，每个环节都把前一环节的信息包含进去，可实现全流程追溯；对于蔬菜、水果，一般是采用进出货台账方式，每一个环节只保留自身以及前后环节生产商、供应商的信息，一旦发生质量安全问题，可以向前后环节进行追溯。三是以企业自查为主，政府进行监督和抽查。农业服务公司会在生产过程中经常进行严格检查或抽查，要求农户严格按照国家标准进行生产；公司在向农户收购及向零售商供货时，也要进行抽样检测；政府主管部门则时常到农田、配送中心或商店抽查农产品质量，以确保符合国家要求。对此，结合我国国情，由于农业产业化程度较低，产业链连续性弱，可以借鉴国外发达国家的质量安全具体标准，引进先进的质量安全检测与追溯技术，实行有条件的地区、企业、品种先行试点的策略，配合对农业生产主体的培育机制，逐步由政府主导过渡到企业为实施主体，政府实行指导与监督。

2. 各部门统一协调，健全配套的监管制度体制。目前我国已经组建国家食品药品监督管理总局，对生产、流通、消费环节的食品安全实施统一监督管理，

这有利于我国食品安全监管的完善。同时，在具体实施各项食品安全规制时，应明确唯一责任部门。例如农产品流通环节质量安全体系建设涉及商务、农业等多个主管部门，为此应确立唯一的职责部门，涉及的其他部门应统一协调于该部门在体系建设上的安排部署，以免导致职责交叉、监管漏洞等现象。同时要建立质量安全检测标准与追溯信息公开制度、风险评估预警机制、问题产品召回细则等一系列配套一致的规制，确立并严格执行与之匹配的监管机制，如行政问责制、对问题责任主体的惩罚机制、对监管渎职的依法惩处制度，以及社会大众举报监督的奖励制度。尤其对于村镇等监管第一线部门，更应由上级监管部门实施驻点实时监督，上级监管部门对下一级监管部门出现的失职行为也应负有连带责任。这样才能为农产品质量安全规制的有效实施，提供有力的监管环境保障，并且规制的有效实施也能够进一步促进监管的完善，实现规制与监管的匹配。

二、完善农产品流通体系建设中的质量安全措施

从当前我国农产品流通的现状出发，控制影响流通过程中农产品质量安全的关键因素，应当分别从针对造成相关风险的影响因素入手，提高对影响流通过程中农产品质量安全关键因素的控制力度，加强流通体系中配套的质量安全设施建设。

（一）基于"需求拉动"的农产品质量追溯体系建设治理对策

1. 加强对农产品质量追溯知识的宣传，提高认知，唤起需求。消费者是质量追溯农产品的最终需求者，只有他们产生了对质量追溯农产品的需求，才能逆农产品流通渠道逐级拉动农产品质量追溯体系的建设。可以通过多种渠道向消费者宣传质量追溯农产品的相关知识，提高他们对质量追溯农产品的了解与认可，进而增加对质量追溯农产品的需求。

第一，可以设立专门的电视栏目、官方网站、广播栏目、报纸栏目，宣传与发布农产品质量追溯、质量安全的相关知识，包括各类农产品的质量特征、质量安全常识、质量追溯标签识别、质量追溯信息查询等，以及实时更新的农产品质量安全事件信息、质量安全问题对消费者身体造成的急慢性危害与防治知识等。并通过设置专门的热线电话、网络客服、官方微博等沟通渠道，为消费者提供方便快捷的咨询与互动服务。

第二，可以借助消费者协会等社会服务组织的力量，并联合质量追溯农产品的供给主体（包括合作社、大中型农业生产种植企业），定期派驻质量追溯宣传员，在各街道社区、零售市场、超市为消费者实地宣传与解答相关农产品质量追溯、质量安全的知识与问题。

第三，建立方便消费者使用的质量追溯信息平台。一方面，通过规范化我国农产品质量追溯体系的建设标准，实现全国范围内生产、流通环节质量追溯信息的兼容和有效衔接，实时更新与发布包括农产品质量追溯信息、质量检测信息、质量安全问题的惩处信息等系统性的农产品质量信息。另一方面，充分利用现代科学技术等手段，为消费者提供电话查询、短信查询、网络查询、超市触摸屏等多种方便快捷的质量安全追溯信息的查询方式，提高追溯信息的使用效率。例如，消费者使用手机就可以查询某类农产品的产销地等各环节质量检测结果、产品认证等追溯信息。

2. 采取切实措施树立消费者对质量追溯农产品的安全信心。在宣传质量追溯系统的同时，更要利用追溯信息严厉打击生产和销售带质量追溯标签的问题农产品，确保质量追溯农产品的质量安全，增强消费者对质量追溯农产品的信心。否则，一旦质量追溯农产品出现质量安全问题，将会重创消费者信心，导致质量追溯农产品的市场需求严重萎缩。

第一，要依据不安全程度对带有质量追溯标签的问题农产品从严从快查处。现有的食品质量安全问题的惩罚条例及法规，多以问题产品的销售收益为惩处标准，没有与产品具有的不安全程度相对应，缺乏合理的惩处依据，使责任主体对质量安全水平并不重视。同时一旦出现问题，对责任主体的惩罚力度较之产生的不安全后果程度相对较轻，难以产生有效的警示作用。并且问题被举报或查明的效率较低，直接导致惩处时间严重滞后，以至于不能及时控制问题产品在市场的销售，使危害波及范围逐渐扩散。因此，针对出现问题的质量追溯农产品，要确立与其追溯信息、质量检测结果对应的不安全程度相一致的严厉惩罚标准，明确查处问题产品与惩处责任主体的时间界限，以便依据追溯信息进行快速的严厉打击，并且要及时将惩处信息在质量追溯信息平台进行发布。

第二，要组建独立的第三方监管机构，负责对质量追溯农产品的检测与监督。一方面，由政府出资组建独立的第三方监管机构，负责派驻质检人员在实施质量追溯体系的超市、团购配送企业等主体中专门实施对质量追溯农产品的抽检。这样不仅能够减轻实施试点的超市等企业的成本负担，增加他们参与质量追溯体系的积极性，而且能够保障抽检结果的公正有效性。另一方面，第三方监管机构要将抽检结果实时发布到质量追溯信息平台，同时将抽检出现问题的农产品信息及时通报给直接负责农产品质量安全惩处的监管部门，实现抽检信息与惩处机构的有效对接，便于监管部门的快速响应。

第三，要进一步强化问责制度，惩罚与奖励机制并重。一方面，进一步明确农产品质量追溯体系所涉及的各环节主体的责任，细化对问题责任人的惩罚机制，从以罚款、民事诉讼为主上升到刑事诉讼的程度，增强约束力。尤其要对追溯体系负有监管职责的政府部门和行政人员、第三方监管机构实行连带问责制，依据其监管渎职等行为轻重，采取相应的行政、法律问责制度。另一方面，对追溯体系中质检结果长期合格、追溯信息准确完整的参与主体，实行公开表扬、拨付建设资金等奖励方式，激励他们持续努力地参与质量追溯体系建设。并且定期向社会公布质量追溯体系的惩罚与奖励名单，让社会大众共同参与监督。

3. 实施稳步推进、示范带动的建设策略。我国农产品消费者的消费能力在不同地区、不同行业间存在较大差异，而农产品的生产主体和流通主体在规模化、组织化和规范化上也参差不齐。因此，质量追溯体系建设不能采取一刀切的建设策略，只能在条件较为成熟的渠道、地区和农产品类别中先行建设，并通过示范引导的方式，随着越来越多的消费者接受质量追溯农产品，逐步拉动其他渠道、地区和类别的农产品加入农产品质量追溯体系。

第一，在超市和团购等条件成熟的渠道中率先实施农产品质量追溯体系建设。与农贸市场和早夜市等传统零售渠道相比，超市和团购渠道在交易规模、资金实力、声誉和技术等方面都具有优势，实施质量追溯的难度相对较小且更容易监督，因此可以在这些渠道中先行实施质量追溯准入制度，发挥这些渠道的典型示范作用。消费者通过从这些渠道购买质量追溯农产品，不仅可以获得高质量安全的农产品以及透明化的相关信息等服务，还可以培养购买习惯，使得质量追溯农产品逐渐得到消费者的广泛认可，进而实现"良币"驱逐"劣币"的发展趋势。同时，在实施过程中必须注意所有同类渠道同步启动农产品质量追溯体系建设，避免因一个或少数几个企业试点，造成质量追溯难以规模化、同步协调，并导致消费者难以有效区分其间的差异，进而致使试点企业遭受经济损失。

第二，分地区试点，大城市先行，逐步向二三线城市推广。在大城市中超市、团购等成熟渠道发展较为完善，配套的监管机构较为健全，消费者不仅对质量追溯农产品的熟悉度、接受度相对较高，而且具有更强的购买力，对质量追溯农产品有更大的需求，因此开展质量追溯体系建设的条件更为成熟。同时大城市对农产品的需求量大，流动人口多，搞好大城市的质量追溯体系建设，可以形成很强的示范和带动作用，能够更有效地拉动全国农产品质量追溯体系的建设。

第三，建立相对封闭的"质量追溯农产品"交易体系，即在批发与零售市场建立"质量追溯农产品"交易专区或专柜，将有无追溯体系的农产品进行有效的"市场区隔"，实现"优质优价"，逐渐培育有质量追溯的农产品的市场竞争力。

第四，在肉类农产品中先行试点，逐步向蔬菜、水果和粮食等类型农产品扩展。肉类农产品的规模化生产比重高，单品价值大，可以有效分摊因质量追溯而增加的成本，并且监督的难度相对较低。而且目前生猪屠宰已经建立起了较为完善的检验检疫制度，为实施质量追溯奠定了坚实的前期基础。因此可以在肉类农产品中先行建设质量追溯体系，积累质量追溯体系建设的经验，并通过规模化逐步降低质量追溯的成本。

第五，建立农产品质量安全发展基金，大力支持有基础、有条件的生产、流通企业或农民合作组织实施全产业链质量追溯，逐渐提高质量安全农产品的市场份额，充分发挥市场机制在解决食品安全问题上的基础性作用。

（二）完善农产品流通过程的监督体系

影响流通过程中农产品质量安全的非人为因素，主要是指在农产品的流通过程中，由于监管不力和行业准入门槛过低给流通中的农产品质量安全埋下的风险隐患。对此在现有的农产品流通体系基础上，建立覆盖所有农产品的农产品流通全程可追溯系统。这个可追溯系统的基础，是覆盖全国农作物产地的互联网系统，通过二维码扫描技术，将农作物的流通全程数字化、信息化。这样不但消费者可以通过扫描和上网搜索二维码信息的途径了解有关农产品的流通过程，农产品流通的监督执法机关也可以通过二维码查询相关的信息，从而密切监管农作物流通环节的每一个细节，让所有的农作物流通环节都变成透明的、可控的。从我国目前的农产品流通情况来看，尽管有些农作物的销售中已经植入了可追溯系统，但是目前的可追溯系统本身对于物流监管这一块的设计并不严密，所以需要在监管环节上加以完善。例如，茄子在进入流通之前，农户可以为每一个茄子贴上二维码标签，以保证茄子的原产地信息准确。在茄子进入流通环节后，采取密封运输的方式，让每一个经手茄子保鲜密封箱流转的工作人员都必须扫描一次二维码，这个扫描结果会在第一时间上传至网络当中形成流转信息，随着流转信息的累积，茄子的流通过程就全部体现出来了。

（三）加强农产品流通过程中的软硬件建设

农作物的流通在现代化物流业的发展影响下将逐渐发展成为一种专业的物流运输行业。在这个大趋势的指引下，所有的农产品流通环节的准入企业都应当是具备一定专业资质的高素质专业企业。这些企业的专业人员应当是经过严格的上岗培训和技术培训的，具备良好的职业操守，操控着先进的冷藏保鲜运输车。只有这样，才能杜绝农产品在流通环节中被各种外力因素污染导致安全质量发生问题的可能。同时，由于采取的是专业的物流行业运作模式，这样一来我国的农产品销售格局也将会随之发生改变，这些经由专业物流企业运送的农作物产品将会进入正规的农作物销售市场进行销售，而那些食品安全得不到充分保证的农作物将失去进入销售市场的机会，这样就从根本上杜绝了消费者接触到安全质量没有保证的农作物产品的机会。这样的变革，对于消费者来说，也将是一件大大的好事。

就目前的客观情况来说，在我国农村全面普及蔬菜冷藏车是不现实的。因为在流通过程中发生的农产品质量安全风险并不完全只是因为车辆是否冷藏这一个原因决定的，而且，在运输途中的包括燃油费成本高等问题也并不是一时之间可以解决的，所以，应当将研究的重点转移到如何更有效地降低流通中农产品质量安全风险的研究当中，针对现实可以实现突破的环节展开研究。具体来说，就是在防腐剂等产品的研究中进行广泛的技术升级，用更加高科技的技术生产那些更加环保、既能适当延长农作物的保鲜期又对农作物本身的质量安全无害、对人体无害的全新的保鲜剂产品。还有能做的一点，就是制定农作物的流通限时制度，规定在不同运输条件下，每一种农作物的流通时限。例如：在冷藏车运送条件下，芹菜的流通时限为12个小时。如果在12个小时内无法完成新鲜的芹菜从地头到商场的流通过程，那么芹菜就不能进入新鲜农产品售卖区，而只能进入普通农贸市场，售价也只能卖到新鲜芹菜的60%。这样一来，我国农产品的安全质量标准就能得到有效提升。

（四）加强政府在流通环节治理中的投入力度

加强政府在农产品流通环节的质量安全检测、追溯投入，减轻中间商从事价值增值活动的负担。中间商从事农产品价值增值活动的成本较高时，会直接导致农产品的高销售价格。由于消费者对优质安全农产品缺乏有效的识别手段以及传统的消费习惯，使低价农产品更具市场竞争力，所以个别中间商从事质量安全相关的价值增值活动难以实现自身利润最大化，这就需要政府相关部门对具有从事价值增值活动的中间商给予财政税收方面的扶持，通过建设公益性批发市场提供质量安全相关检测追溯服务，设立免费或低收费的第三方农产品质量安全检测认证机构，建设以大型中间商、企业为核心的农产品质量追溯体系等措施，激励中间商等流通主体。

（五）因地制宜确定农业发展战略保障农产品质量安全

依据不同地区农业发展情况，促进"农户+企业""农户+合作社+企业"等不同流通组织模式的有力运行，实现农业产业化发展。以具有规模、资金、技术等优势的大型企业为主体，向农产品供应链上下游进行延伸，不仅能够减少农产品流通环节，有利于稳定农产品价格，而且更能够较好地实现农产品价值增值，确保农产品质量安全，实现农产品的品牌化。由于我国农户多以分散、小型生产种植为主，因此为避免农户在与企业合作中的弱势，可以结合地区特色农产品，由农产品生产种植大户牵头建立农民专业合作社等组织，或与企业合作，或在政府部门扶持下培育特色优质农产品品牌，这既有利于实现农户增收，又能够确保农产品质量安全。

第十二章

农产品流通政策体系建设

第一节 农产品流通政策的界定

农产品流通政策是将农产品流通活动作为研究对象及施用领域的政策或政策群。所谓农产品流通是联结农产品生产者和消费者的纽带，贯穿于农产品从生产领域（供应地）向消费领域（消费地）的社会化转移全过程，是农产品销售过程中商流、物流、信息流的统一。农产品商流是以货币为媒介的农产品交易，目的是完成农产品所有权的转移，实现农产品流通的交易价值。农产品物流作为一种追加的生产过程，主要是以较低的成本和优良的服务提供有效的、快速的农产品输送和保管等服务，使作为物流对象的农产品从生产领域（供应地）流动到消费领域（消费地），实现农产品流通的时空效用。农产品信息流是伴随着农产品商流与物流运行而不断产生的农产品信息传播与流动，是农产品商流与物流的先导及保障，高质量的信息流会增加商流与物流的效率与效益。

由此可见，就理论而言，农产品流通政策至少可聚焦为三个方向：农产品商流（交易）、农产品物流与农产品信息流。然而，在现实的农产品流通活动中，这三流往往交织在一起，且涉及不同的利益主体，加之农产品类别、特征的不同，使得三流的政策干预实难泾渭分明。这或许可以解释我国及世界上绝大多数国家的政府为何鲜有按照农产品流通活动的"三流"分而治之式地制定政策。

从我国现实出发，无论是对农产品流通政策的研究，还是实际制定与执行，我们更多的是把农产品流通放在"三农"或农业问题这样的大背景下来思考的。农产品流通与农产品的生产与消费的特殊性息息相关，更关系到国民的生存质量、农民的收入、农村的发展、城乡互通、社会稳定、国际竞争等要害性的经济、政治与社会问题。因此，农产品流通就绝不仅仅是这一个领域的单纯性问题，用所谓"三流"这种功能靶向式思维，在发现问题、解决问题的过程中发挥了它独有的聚焦优势，但政策的制定与执行时，既要关注"三流"各自存在的问题，也要兼顾协同处理"三流"交叉或交织产生的问题。因此，农产品流通政策的界定以及实际的工作便不能再是"三流"政策的简单相加。

鉴于农产品流通的活动范畴及本质，以及其特有的经济、社会意义，我们认为，农产品流通政策是指为保证农产品供需稳定且高效交易与流转，保障生产、流通、消费各方合理利益，进而引导农业生产、促进流通繁荣、提高消费质量而制定和执行的规则。广义上说，制定和执行政策的主体可以是政府，也可以是集团、公司或个人。狭义而言的主体，仅指政府或具有国家机器职能、行为效力的机构。我国农产品流通政策大致涵盖有关农产品流通的法律、法规、规划、办法、措施，以及政府对全社会农产品流通活动的直接指导等。

第二节 我国现行农产品流通政策的梳理与评价

一、主要农产品流通政策梳理

农产品流通政策可以依据不同的标准与方法进行划分。按照政策制定主体不同，可以分为立法机构的政策、司法机构颁布的政策、行政部门颁布的政策。按照政策所指向的参与农产品流通活动的客体不同，可以划分为农产品生产者管理政策、农产品经销商管理政策、农产品交易市场管理政策、农产品专业化流通组织管理政策等。按照政策针对的农产品种类不同，可以划分为农作物（含经济作物）流通政策、水产品流通政策、畜牧产品流通政策、加工类农产品流通政策等。按照政策作用的流通环节不同，可以划分为农产品生产过程中的流通管理政策、农产品运输管理政策、农产品储存管理政策、农产品流通加工管理政策、农产品销售管理政策等。按照政策目标不同，可以划分为稳定农产品市场供给和市场价格的政策、维持生产者的价格水平以保证农民收入的增长或稳定的政策、稳定或降低消费者的食品支出价格以保护消费者利益的政策、保护国内农产品市场和农业生产的政策、增加农产品出口、获取更多外汇收入的政策、增加国家财政收入和促进工业化进程的政策等。按照政策手段不同，可以划分为国内价格政策手段类政策、对外贸易政策手段类政策、市场结构政策手段类政策[①]。上述标准与方法及其划分结果适用并满足不同研究目的的需要。本书主要依据政策效力进行划分，将我国农产品流通政策体系划分为两个部分，一部分是与农产品流通有关的法律、法规；一部分是有关农产品流通的各种"意见""办法""通知"等行政类政策，这类政策也是公共管理理论研究中所称的"规则"。

（一）与农产品流通有关的法律、法规

据不完全统计，近30年来，全国人大常委会审议通过的有关农业农村方面的法律、法规有20多部，其主体内容中以农产品流通为管理对象的法律有以下七部：

1. 《中华人民共和国农业法》（2003）。《农业法》是我国包括农产品流通政策在内的农业政策制定与实施的依据，它规范了农业生产、流通领域中各主体的权责及利益关系与保障措施。在第四章第二十六到第三十条直接对"农产品流通和加工"提出法律规范，规定"农产品的购销实行市场调节。国家对关系国计民生的重要农产品的购销活动实行必要的宏观调控""逐步建立统一、开放、竞争、有序的农产品市场体系，制定农产品批发市场发展规划。对农村集体经济组织和农民专业合作经济组织建立农产品批发市场和农产品集贸市场，国家给予扶持""鼓励和支持发展多种形式的农产品流通活动""有关行政管理部门应当简化手续，方便鲜活农产品的运输，除法律、行政法规另有规定外，不得扣押鲜活农产品的运输工具""支持发展农产品加工业和食品工业，增加农产品的附加值""建立健全农产品加工制品质量标准，完善检测手段，加强农产品加工过程中的质量安全管理和监督，保障食品安全""鼓励发展农产品进出口贸易""建立农产品进口预警制度"等。对"粮食安全问题"，《农业法》在第五章中，从保障粮食需求供给与保证食品质量安全两个层面进行规范，"国家在政策、资金、技术等方面对粮食主产区给予重点扶持，建设稳定的商品粮生产基地，改善粮食收贮及加工设施，提高粮食主产区的粮食生产、加工水平和经济效益""国家支持粮食主产区与主销区建立稳定的购销合作关系""在粮食的市场价格过低时，国

[①] 国内价格政策手段类政策主要包括价格管制措施、补贴措施、数量管理措施等。对外贸易政策手段类政策主要包括出口鼓励措施、进口限制措施、限制出口和鼓励进口措施及其他措施等。市场结构政策手段类政策主要包括市场管制、提高市场透明度、促进市场均衡价格顺利形成、改善市场基础设施等。

务院可以决定对部分粮食品种实行保护价制度""国家建立粮食安全预警制度，采取措施保障粮食供给""国家对粮食实行中央和地方分级储备调节制度，建设仓储运输体系。承担国家粮食储备任务的企业应当按照国家规定保证储备粮的数量和质量""提倡珍惜和节约粮食，并采取措施改善人民的食物营养结构"。《农业法》还分别在第二章对"农业生产经营体制"、第三章对"农业生产"的规范中，提出有关农产品流通组织建设及农产品流通基础设施建设的规范。如该法第十七条规定要"加强农业综合开发和农田水利、农业生态环境保护、乡村道路、农村能源和电网、农产品仓储和流通、渔港、草原围栏、动植物原种良种基地等农业和农村基础设施建设"。又如第十三条、第十四条指出"引导和支持从事农产品生产、加工、流通服务的企业、科研单位和其他组织，通过与农民或者农民专业合作经济组织订立合同或者建立各类企业等形式，形成收益共享、风险共担的利益共同体，推进农业产业化经营，带动农业发展""农民和农业生产经营组织可以按照法律、行政法规成立各种农产品行业协会，为成员提供生产、营销、信息、技术、培训等服务，发挥协调和自律作用，提出农产品贸易救济措施的申请，维护成员和行业的利益"。

2. 《中华人民共和国农产品质量安全法》（2006）。《农产品质量安全法》是为实现"保障农产品质量安全，维护公众健康，促进农业和农村经济发展"的目标而制定实施的法律。它确立了农产品质量安全标准为强制性技术规范的地位，从农产品产地选择标准、农产品生产过程及农产品包装和标识等方面，提出了农产品质量安全管理规范，明确了监管重点、职责及法律责任。其中关于"农产品包装和标识"的规定，即该法第五章第二十八条至第三十二条是直接针对流通环节农产品质量安全的法律规范，对农产品生产企业、农民专业合作经济组织以及从事农产品收购的单位或者个人销售的农产品包装或标识的形式与内容作出明确规定，"包装物或者标识上应当按照规定标明产品的品名、产地、生产者、生产日期、保质期、产品质量等级等内容；使用添加剂的，还应当按照规定标明添加剂的名称""农产品在包装、保鲜、贮存、运输中所使用的保鲜剂、防腐剂、添加剂等材料，应当符合国家有关强制性的技术规范"，此外，还对农业转基因生物的农产品、依法需要实施检疫的动植物及其产品、无公害农产品的检验、认证及包装标识等方面进行了规范。该法第六章"监督和检查"第三十七条对农产品批发市场在保障农产品质量方面的措施做出以下规定，"农产品批发市场应当设立或者委托农产品质量安全检测机构，对进场销售的农产品质量安全状况进行抽查检测；发现不符合农产品质量安全标准的，应当要求销售者立即停止销售，并向农业行政主管部门报告"，从而明确了我国农产品流通主渠道——农产品批发市场在农产品质量安全保障与监管中的权责。

3. 《中华人民共和国食品安全法》(2009)。《食品安全法》是"为保证食品安全，保障公众身体健康和生命安全"而制定，涉及食品生产、加工、流通、餐饮等多方面内容的法律。法律规定"供食用的源于农业的初级产品（下称食用农产品）的质量安全管理，遵守《中华人民共和国农产品质量安全法》的规定。但是，制定有关食用农产品的质量安全标准、公布食用农产品安全有关信息，应当遵守本法的有关规定"。可见，《食品安全法》的制定与实施对于食用农产品安全产生了重要的约束与影响。该法第四章"食品生产经营"中第三十五条对食用农产品生产投入品安全问题做出如下规定，"食用农产品生产者应当依照食品安全标准和国家有关规定使用农药、肥料、生长调节剂、兽药、饲料和饲料添加剂等农业投入品。食用农产品的生产企业和农民专业合作经济组织应当建立食用农产品生产记录制度"，从食用农产品生产源头把好安全关。该法第六章特别针对进出口食品的安全问题做出明确规定，其中涉及农产品流通的分别体现在第六十四条与第六十八条中，"境外发生的食品安全事件可能对我国境内造成影响，或者在进口食品中发现严重食品安全问题的，国家出入境检验检疫部门应当及时采取风险预警或者控制措施，并向国务院卫生行政、农业行政、工商行政管理和国家食品药品监督管理部门通报。接到通报的部门应当及时采取相应措施"，"出口食品生产企业和出口食品原料种植、养殖场应当向国家出入境检验检疫部门备案"。这种备案与通报制度，既有利于保障我国市场上流通的食用农产品的质量与安全，又有利于阻断与排查"不安全"的因素与源头，从而有利于国际食用农产品的安全管理与控制。

4. 《粮食流通管理条例》(2004)。《粮食流通管理条例》（下称《条例》）的制定是"为了保护粮食生产者的积极性，促进粮食生产，维护经营者、消费者的合法权益，保障国家粮食安全，维护粮食流通秩序"。《条例》对在中华人民共和国境内从事粮食的收购、销售、储存、运输、加工、进出口等经营活动（以下统称粮食流通与经营活动）的主体资格、行为规范、监管与法律责任都做出了较为全面的规定。《条例》第三条与第四条确认从事粮食流通与经营活动主体资格的多元化，并确立国有粮食购销企业的主渠道地位，指出"国家鼓励多种所有制市场主体从事粮食经营活动，促进公平竞争""国有粮食购销企业应当转变经营机制，提高市场竞争能力，在粮食流通中发挥主渠道作用，带头执行国家粮食政策"。该条例明确规定"粮食价格主要由市场供求形成""国家加强粮食流通管理，增强对粮食市场的调控能力"，对于国家的宏观调控，在第三章第二十五条至第二十八条做出如下规定，"国家采取储备粮吞吐、委托收购、粮食进出口等多种经济手段和价格干预等必要的行政手段，加强对粮食市场的调控，保持全国粮食供求总量基本平衡和价格基本稳定""国家实行中央和地方分级粮食储备制度,粮食储备用于调节粮食供求,稳定粮食市场,以及应对重大自然灾害或者其他突发事件等情况""当粮食供求关系发生重大变化时,为保障市场供应、保护种粮农民利益,必要时可由国务院决定对短缺的重点粮食品种在粮食主产区实行最低收购价格"。可见,《条例》明确了我国现阶段粮食流通价格形成是以市场为主、政府宏观调控为辅,宏观调控无论在保障市场供给、保护农民生产利益,还是应对灾情或紧急事件中,均具有特殊的、关键性的地位与作用。

5.《中央储备粮管理条例》(2003)。《中央储备粮管理条例》(下称《条例》)是"为了加强对中央储备粮的管理,保证中央储备粮数量真实、质量良好和储存安全,保护农民利益,维护粮食市场稳定,有效发挥中央储备粮[①]在国家宏观调控中的作用"而制定的。根据《条例》规定,我国实行中央储备粮垂直管理体制,"未经国务院批准,任何单位和个人不得擅自动用中央储备粮","中国储备粮管理总公司具体负责中央储备粮的经营管理,并对中央储备粮的数量、质量和储存安全负责"。《条例》对中央储备粮计划、动用、监管等方面做出了明确的规定,指出"中央储备粮的收购、销售计划,由国家粮食行政管理部门根据国务院批准的中央储备粮储存规模、品种和总体布局方案提出建议,经国务院发展改革部门、国务院财政部门审核同意后,由国务院发展改革部门及国家粮食行政管理部门会同国务院财政部门和中国农业发展银行共同下达中国储备粮管理总公司""中央储备粮实行均衡轮换制度,每年轮换的数量一般为中央储备粮储存总量的20%至30%""出现下列情况之一的,可以动用中央储备粮:全国或者部分地区粮食明显供不应求或者市场价格异常波动;发生重大自然灾害或者其他突发事件需要动用中央储备粮;国务院认为需要动用中央储备粮的其他情形"。《条例》第三章第十八条至第三十六条还对中央储备粮承储企业资质及管理做出了细致的规定。可以说,《条例》制定与实施使我国中央储备粮的计划、仓储、动用及监管活动主体明确、权责清晰,从而规范与提高了我国中央储备粮制度的效用。

6.《棉花质量监督管理条例》(2006)。《棉花质量监督管理条例》(下称《条例》)是为"加强对棉花质量的监督管理,维护棉花市场秩序,保护棉花交易各方的合法权益"而定。条例对棉花经营者(含棉花收购者、加工者、销售者、承储者)从事棉花经营活动,以及棉花质量监督机构对棉花质量实施监督管理活动,进行了较为详细的规范,涉及棉花收购等级管理、公证检验、国家储备制度及出入库管理等多个方面。《条例》第十一条与第十二条指出"棉花经营者

[①]《中央储备粮管理条例》中的"中央储备粮",是指中央政府储备的用于调节全国粮食供求总量,稳定粮食市场,以及应对重大自然灾害或者其他突发事件等情况的粮食和食用油。

收购、加工、销售、承储棉花，不得伪造、变造、冒用棉花质量凭证、标识、公证检验证书、公证检验标志""严禁棉花经营者在收购、加工、销售、承储等棉花经营活动中掺杂掺假、以次充好、以假充真"，借以保证棉花流通过程中的质量与秩序。

7.《生猪屠宰条例》（2008）。《生猪屠宰条例》（下称《条例》）规定我国实行"生猪定点屠宰、集中检疫制度""未经定点，任何单位和个人不得从事生猪屠宰活动"①。《条例》第五条指出"生猪定点屠宰厂（场）的设置规划，由省、自治区、直辖市人民政府商务主管部门会同畜牧兽医主管部门、环境保护部门以及其他有关部门，按照合理布局、适当集中、有利流通、方便群众的原则，结合本地实际情况制订，报本级人民政府批准后实施"，第八条对生猪定点屠宰厂（场）应当具备的条件规定如下："有与屠宰规模相适应、水质符合国家规定标准的水源条件；有符合国家规定要求的待宰间、屠宰间、急宰间以及生猪屠宰设备和运载工具；有依法取得健康证明的屠宰技术人员；有经考核合格的肉品品质检验人员；有符合国家规定要求的检验设备、消毒设施以及符合环境保护要求的污染防治设施；有病害生猪及生猪产品无害化处理设施；依法取得动物防疫条件合格证。"可见，我国《生猪屠宰条例》目的是要实现猪肉从生产到流通的全过程监管，进而保障猪肉的供给安全与质量。

上述七部法律法规中，《农业法》是涵盖"三农"全领域的基础性、根本性大法，因此，一切对农产品流通活动进行干预与管理的政策目标与手段都应当遵循、符合《农业法》的精神与要求。《农产品质量安全法》与《食品安全法》，是对食用农产品质量安全从生产到流通的全过程规范的一般法。这三部法律均是从参与农产品流通活动主体的法律权责及行为角度对农产品流通实施管理的政策。其余四部法律法规，即《粮食流通管理条例》、《中央储备粮管理条例》、《生猪屠宰条例》与《棉花质量监督管理条例》分别对粮食、中央储备粮、猪肉、棉花四类重要农产品的流通进行规范的专门法，是对农产品流通活动的客体实施管理的政策。它们共同构成我国现阶段农产品流通法律法规政策的重要部分。

除上述七部法律、法规外，与农产品流通活动相关并对其效率和效益有一定影响的法律、法规还有：《中华人民共和国种子法》（2004）、《农村土地承包法》（2002）、《渔业法》（2004）、《动物防疫法》（2008）、《野生动物保护法》（2004）、《乡镇企业法》（1997）、《农业机械化促进法》（2004）、《农业技术推

---

① 但是，农村地区个人自宰自食的除外。在边远和交通不便的农村地区，可以设置仅限于向本地市场供应生猪产品的小型生猪屠宰场点，具体管理办法由省、自治区、直辖市制定。

广法》(1993)、《农药管理条例》(2001)、《兽药管理条例》(2004)等。这些法律、法规对农产品流通的数量、质量、种类及方式,有不同程度的间接影响,因此也可将其视为农产品流通法律法规类政策的组成部分。

(二) 与农产品流通有关的规章

农产品流通政策体系另一部分是由政府行政部门颁布的规章构成,通常体现为各种"意见""通知""规划"等政策文件。这类政策与法律法规政策相比,虽然法律效力逊于后者,但针对性、时效性与操作性均强于后者,因而成为政府干预与管理农产品流通活动的主要政策工具,特别在近10年,我国政府有大量的规章出台。政策关注点体现在以下五个方面:

1. 农产品流通体制改革与市场体系建设政策,如原国家体改委、商业部、农牧渔业部联合发布的《关于进一步做好农村商品流通工作的报告的通知》(1984),原国家经贸委与内贸局颁布的《关于推进工商联手开拓市场工作的意见》(1998),原国家经贸委与内贸局颁布的《关于在沿海经济发达地区率先全面推开开拓农村市场工作的意见》(2002)、商务部颁布的《关于进一步加强和改进农产品价格信息服务工作的意见》(2003),商务部、发改委、财政部、农业部、人民银行、税务总局、工商总局、供销总社等部门联合发布的《关于进一步做好农村商品流通工作意见的通知》(2004),国务院发布的《关于促进流通业发展的若干意见》(2005),发改委、商务部、财政部等6部联合发布的《深化流通体制改革试点方案的通知》(2005),商务部、国家开发银行发布的《关于进一步支持农村市场体系建设的通知》(2006),商务部、财政部联合颁布的《关于进一步加强城乡市场信息服务体系建设的通知》(2009)。

2. 农产品流通组织与网络优化政策,如商务部、农业部联合颁布的《关于发展农产品和农资连锁经营的意见》(2003),商务部、农业部、税务总局、国家标准委员会联合发布的《关于开展农产品批发市场标准化工作的通知》(2005)及上述部门联合颁布的《农产品批发市场管理技术规范(GB/T 19575—2004)》(2005),商务部的《关于促进中小流通企业改革和发展的指导意见》(2005),商务部的《关于开展"万村千乡"市场工程试点的通知》(2005),商务部、国家食品药品监督管理局联合发布的《关于完善农村商品流通网络有关问题的通知》(2006),商务部的《关于实施"双百市场工程"的通知》(2006)及商务部、财政部联合颁布的《关于加快农产品流通网络建设推进"双百市场工程"的通知》(2009)。

3. 农产品流通市场秩序监管政策,如农业部、商务部、国家工商总局、国家质检总局联合颁布的《整顿棉花流通秩序的通知》(2004),商务部、农业部、国家质量监督检验检疫总局、国家工商总局联合颁布的《食品安全监管信息发布暂行管理办法》(2004)、农业部的《关于加强农产品批发市场质量安全监管工作的紧急通知》(2006)，农业部、商务部颁布的《关于加强灾后农产品市场流通工作的通知》(2008) 等。

4. 发展农产品物流与流通加工政策，如商务部、科技部、财政部、铁道部、交通部、卫生部、工商总局、质检总局、环保总局、食品药品监管局、认监委等部门联合发布的《关于积极推进有机食品产业发展的若干意见》(2004) 及上述部门发布的《"三绿工程"五年发展纲要》(2004)，国家发改委《关于物流业调整和振兴专项投资管理办法》(2009)。

5. 农产品进出口政策。这类政策基本可以分为进口管理与出口促进两类政策，前者包括进口关税与配额管理、进口国疫情通报及防控等；后者包括出口企业资格评定、出口配额招标、各种国际农产品贸易交流会议通知、扩大出口的对策措施等，其中扩大出口的政策中，以2004年商务部、财政部、农业部、人民银行、税务总局、质检总局、认监委联合颁布的《关于扩大农产品出口的指导性意见》最为全面。

除全国性的农产品流通政策外，我国各级地方政府根据国家法律法规或特别指示也制定了一系列的地方性农产品流通政策。这些地方性政策大多与全国性的农产品流通政策相配套、相协调，并在国家政策允许的范围内，根据各地的实际情况进行一定程度的创新与调整，使国家的政策意图或目的得以实现，因此，它们也是农产品流通政策体系的有效组成部分。

二、我国农产品流通政策效果：成绩与问题

（一）政策成绩

30余年的政策制定与执行，使我国农产品流通政策内容与体系日臻完善。从政策构成看，法律、法规逐步健全，政策规范程度逐步提高；从政策制定思路看，由单纯依靠计划手段向尊重市场规律、利用市场机制转变，由单纯"一刀切"向因地制宜、因时制宜转变；从政策目标看，由单纯注重经济效率向经济效率与社会效益并重转变，由单纯强调保障供给向增加农民收入、提高国民消费福利转变；从政策手段看，特别是农产品流通国际化政策手段，由单纯关税、配额限制等手段，向利用WTO规则、绿色壁垒等方式转变。

（二）问题与不足

应当说，我国农产品流通政策在维护农产品流通活动基本经济秩序方面取得了一定的成绩，但政策体系的系统性构建与完善尚存改进空间，主要体现在以下三个方面：一是政策目标有待进一步明晰；二是政策效力有待进一步加强；三是政策执行效率有待进一步提升。

1. 政策目标有待进一步明晰。我国农产品流通政策体系中，多数政策制定国际化视野仍待开阔，个别政策群目标显得有些单一。截至目前，七部根本性的法律，以及多数政府部门的规章、办法，其目标基本指向农产品流通的供给保障，而多数发达国家，如美国、日本、法国等，其农产品流通政策多体现为对农民收入、利益的保护与支持，以及对本国农业生产、贸易的补贴。可见，我国农产品流通政策目标需要进一步明晰，既要做到利于本国农民增收与利益保护，又能够提高我国农产品的国际竞争力。

2. 政策效力有待进一步加强。政策效力不强包含两个层面，一是指政策本身的法律地位、属级偏低，导致政策运行效力先天不足；二是从某些流通环节与领域看，有些政策的实施结果差强人意。

农产品流通领域的专门而系统的法律类政策匮乏，在我国目前所实施的农产品流通政策中，部门规则占有政策的绝大多数。以本节所分析的政策样本为例，358项法规政策中，法律类政策不足20项，其余均为"通知""办法""规划""纲要"等非法律类政策。法律类政策的缺失使得我国农产品流通政策体系缺少政策"硬核"，政策的制定缺乏充分的法律依据，政策体系缺乏系统性与稳定性。

此外，农产品流通政策中对农产品流通基础设施建设的政策保障仍显不足[①]。提高农产品流通效率与质量，良好的流通基础与设施是必不可少的，而我国部分地区公路、铁路、水路基础建设都比较落后，农村地区的情况较为严重，有的粮食主产区粮食运输道路基本是土路，农田到市场间没有一条像样的公路。多数农产品批发市场设施落后，缺乏满足农产品储存、包装、流通加工需要的设施，交易场所设备简陋，缺乏适合现代农产品交易方式的电子信息系统。这些基础设施的建设，全部依靠农民是不可能的，依靠交易组织与企业也不现实，更多要由政府进行规划、投资、建设。

3. 政策执行效率有待进一步提升。农产品流通政策执行中，跨部门或联合执行的情况过多，效率不高。我国农产品流通治理至少涉及国家发改委、农业

[①] 对这一问题的论述，后续会在政策环境的分析中，结合目前流通领域的现状进一步阐释。

部、商务部、交通部、铁道部、卫生部、工商总局、质检总局等8个部门，另外还不同程度地涉及其地方职能部门，政策制定与出台或是"九龙治水，政出多门"，或是多部门联合发文，这在很大程度上降低了政策制定及执行的效率与效力。同时，由于国家与地方两级管理体制，有时国家制定的政策在地方执行上存在较大差异，有些地区存在地方保护主义，这也使得初衷良好的政策在执行中有时会被"曲解"。

第三节 国外农产品流通政策评介与启示：以美、日、巴西为例

各国现行的农产品流通政策与其农业生产水平、农产品流通的特点、国内外市场环境及政策沿革之间的关系密切，每个国家从其农产品流通活动的实际与管理需要出发制定符合自身发展的政策。可以说，各国的政策各有千秋，这里我们重点考察与介绍美国、日本与巴西的政策，总结它们的政策经验，生成对我国农产品流通政策的制定与实施的启示与参考。

一、美国农产品流通政策

（一）美国粮食流通政策

美国保证粮食流通主要借助于储备制度、价格支持政策、期货市场干预等政策措施。美国的粮食储备大致有四种：其一，正常储备，是粮食生产者和加工商正常经营的周转性库存；其二，缓冲储备，是从一个生产年度到下一个生产年度调节供求的粮食储备，由美国政府和私人共同参与控制；其三，农民自有储备，是指参加自有储备计划的农民储存的粮食[1]；其四，政府储备，是指政府为保证粮食安全的储备，由美国商品信贷公司经营。当市场价大大高于农民投放价时，才投放市场。美国占有世界近1/3的粮食储备，是世界上的主要粮食出口国。美

---

[1] 1977年，美国《谷物和农业法》制定了一个为期4年的农场主拥有的储备计划，鼓励农场主把一部分谷物储备起来，以防未来谷物市场供应短缺。实施该计划时主要借助间接的金融手段：规定参加自有储备的农民须同美国商品信贷公司签订合同，商品信贷公司给农民支付补贴并贷款，贷款利率低于市场利率，农民须在3年内对储备的粮食保证质量，当市场粮食价格剧涨时，农民必须在规定时间内归还贷款，以迫使农民抛售粮食。

国粮食作物仓储能力大大高于年产量,一般来说是年总产量的近两倍。近些年,美国政府为减少粮食储备运行成本,压缩政府开支,特别推崇农民自有储备,强调增加私人储备,以实现政府储备与私人储备的协调。

美国政府通过粮食价格支持政策,保护生产者利益,从而保障粮食供给稳定。美国联邦政府授权农业部,根据国会法令,每年规定主要粮食的支持价格,公布后全年稳定不变,农民可自行选择下列方法以获得支持价格:一是粮食抵押贷款,当市场价格低于支持价格时,已同政府签订"限耕合同"的农民可以暂不出售,而将粮食作为抵押品,从商品信贷公司取得低息贷款,当市场价格超过支持价格水平时,可以取回抵押品出售,还本付息。二是干预性收购,如贷款到期而市场价格仍低于支持价格,商品信贷公司就保证按照支持价格把当作抵押的粮食收购下来。三是直接补贴,如果农民不愿接受上述两种方法,政府就发给他们直接补贴,条件是:在新粮收购后的 5 个月内,如果全国加权平均市场价格低于支持价格,那么,与政府签订"限耕合同"的农民都可向政府申请补贴。补贴金额为支持价格同全国加权平均市场价格间的差额。

美国政府还通过期货交易所调节粮食进出口,保障国内粮食流通稳定。当国内粮食供给超过总需求时,政府就对从事粮食交易的期货交易所实行一项特殊政策,即凡是在交易所内进行的粮食期货交易,只要合约卖出的对象是美国境外的交易商,政府就会按每重量单位给交易所一定的财政补贴,从而鼓励交易所承接此类业务,以部分缓解供给过剩的压力。

(二) 美国农产品流通提振政策

政府积极推进市场信息采集体系和发布指标体系的建设。美国农业部用于蔬菜、水果等农产品市场信息采集和发布的指标包括产品名称、规格、价格、质量等多个方面,不仅如此,他们还采集和发布与价格关系密切的运输信息及其他相关市场条件信息,这样能够比较全面、详细地反映市场的真实情况。采集和发布信息工作由农业部市场服务局蔬菜、水果信息处负责,在各主产地或者批发市场都有其派出机构和人员。各派出机构负责市场行情信息的采集,通过互联网传递给市场服务局,市场服务局负责信息的汇总和发布。

构建健全的法律体系,设置专门机构,确保农产品质量安全。美国全国范围内或者跨州的农产品质量安全管理由联邦政府行使管辖权,各州内部的农产品质量安全管理监管工作由各州执行,各市、县则主要是执行和落实政府、州的工作。美国政府制定了比较健全的法律体系,据资料统计,美国涉及农产品质量安全监管的主要联邦法律有七部。美国对农产品质量安全管理实行的是相对集中的管理体制,农产品质量监管职责主要集中在农业部(USDA)和健康与人类服务部（DHHS）所属的食品药品管理局（FDA）。美国农业部下设的食品安全监督管理服务局，主要负责对全国国内生产的和进口的肉类、禽类、蛋制品实施从生产到消费的全过程监管；农业市场服务局主要负责制订农产品的分级标准，提供分级、检验和市场营销；动植物健康检验服务局，主要负责开展动植物疫病的诊断、预防、控制及对新发生的疫病进行检测等工作。同时，美国还以政府为主导，对农产品有害物质实施制度化的监控计划，此外，还建立起农产品可追溯制度，积极推行HACCP管理体系，从而保证了农产品质量安全。

加大支持力度，形成有特色的服务体系。美国政府的农产品服务体系形成了极有特色的"三位一体"的体系。这个体系有以下特点：由州农学院同时承担教育、研究和推广三项任务，使三者结合在一起，互相促进，并切实为农业生产服务；每年的研究推广计划由基层向上申请，推广站提供的服务应尽量满足农业生产的需要；推广经费由联邦、州和县共同负担。美国农业科学研究的经费充足，它主要来自公共和私人（公司）两大系统，二者互相补充。公共经费主要支持基础研究和应用研究，企业或私人的经费主要支持新产品开发和应用研究。

二、日本农产品流通政策

1. 日本农产品流通与交易的保护型政策。日本于1955年加入"关贸总协定"，也就是现在的世界贸易组织（WTO）的前身。针对日本政府高度保护农业的问题，20世纪60年代起，美国等一些西方农业发达国家强烈要求日本开放国内农产品市场。为了最大限度地继续保护本国农业市场，扶持农业的发展，日本政府与这些国家进行了旷日持久的谈判，直至1994年在"乌拉圭回合"谈判中达成"乌拉圭农业协定"也就是WTO《农业协定》之前，日本政府一直采取了高度保护农业的政策。

2. 日本农产品流通支持型政策。主要农副产品关税化。日本承诺至2000年农产品平均关税率降至12%，但不同品种的减让幅度差别较大。如1995～2000年，牛肉关税从50%降至38.5%，鲜橙从40%降至32%；小麦、大麦、乳制品等6年内实现关税减让15%。大米被允许实施"关税特别措施"，至2000年最终关税率为490%，大米进口量占其国内消费量的比重从1995年的3%提高到2000年的5%，也就是说，大米年进口量要从37.9万吨增加到72万吨，6年间大米实际进口量在338万吨左右，大米仍然受到了较大程度的保护。

将对农业的支持与补贴限定在WTO"绿箱"政策允许的范围内。日本从1995年开始较大幅度地调整了农业支持方式，由以补贴农业生产和流通环节为主转向支持农业的公共性服务、农业基础设施建设以及农业生产结构调整等"绿箱"政策允许的范围内。1997 年，日本政府在"绿箱"政策范围内用于农业补贴的资金达 220 亿美元，一方面，重点支持了农业基础设施建设、农产品批发市场建设、农业技术研发与普及推广、动植物防疫与检疫、重要食品（主要是大米、大豆、小麦和饲料谷物）的公共储备及国内的食品援助（主要是学校用米）；另一方面，补助农业生产者以提高其收入，进行农业灾害救济，以及资助农民调整生产结构等。这些"绿箱"政策补贴占到了政府当年农业预算的 90%。

3. 日本农产品流通提振政策。无论是保护型还是支持型政策，其目标更多的是针对日本农产品资源相对短缺，不得不依赖国际市场而做出的政策选择。而日本农产品流通的提振政策，则是基于本国农产品生产、销售与消费的供给与需求，优化流通组织模式，提升流通效率，进而最大化农产品流通绩效的政策手段，主要体现为交易手段的信息化、市场功能的现代化、交易活动的灵活化、市场制度的规范化、流通设施的现代化、管理的科学化等（刘淑云，2005）。

第一，日本政府关注培育和完善批发市场的功能，积极发展市场外流通渠道。日本十分注意培育和完善批发市场的功能，建立了较为完善的批发市场体系。日本的批发市场有中央批发市场、地方批发市场和其他批发市场 3 层等级。全日本共有 87 个由中央财政和地方财政投资的中央批发市场，1 513 个多元化投资的地方批发市场。市场开设者主要是地方公共团体、株式会社、农协、鱼协等。市场规模较大，功能完备，设施齐全，辐射功能强，批发市场配备有完善的保管设施、冷风冷藏设施、配送设施、加工设施，还设有配套的辅助服务设施，服务集约化程度高。

第二，积极采用拍卖交易方式，农产品市场价格形成比较透明。目前，日本普遍采用拍卖方式完成生鲜农产品的批发交易，而且由手工拍卖逐渐过渡到电子拍卖，进而利用现代信息技术，实现生鲜农产品交易的电子化（农产品批发市场的主要交易方式就是拍卖。例如，在大阪中央批发市场通过拍卖成交的果蔬比率高达 90% 以上。其最基本的做法是农产品出售给要价最高的买主。它不因购买方规模的大小而产生交易条件上的差异，具有公平性，它的报价成交过程的透明度和公开性很高。中央批发市场因拍卖而具有的鲜活农产品价格发现功能也对影响农产品生产组织、稳定农产品价格、调适农产品流向起积极作用）。

第三，日本政府特别重视建立农产品流通信息系统，大型批发市场信息化程度很高。日本农产品流通信息化程度高，建立了农产品供应链信息追踪系统，该系统较为突出的特点是：建立了全国统一的数据库系统，保存各种生鲜农产品的数据，造就了全国共享的数据平台，为提高农产品的可追溯性提供了基本保障。此外，消费者能很方便地通过互联网进入有关"主页"访问，将质量问题反馈给有关企业和部门，经管理部门追踪，找出问题根源，保证消费者的安全和利益。

第四，加强农产品流通设施的建设，重视农产品流通加工。为了提高鲜活农产品的附加值，使鲜活农产品销售过程合理化，提高效率，日本建立了一批加工厂、预冷库、冷藏库、运输中心、地方批发市场、超级市场、商店等，并在全国大中城市的中央批发市场建立了分支机构。这样利用农协、生协、渔协的组织系统及拥有的保鲜、加工、冷藏、运输、信息网络等现代化优势，将农民生产的农产品集中起来，进行统一销售。如对容易变质腐败的水产品，大量运用冷冻设施和低温运输系统，由此实现了水产品长期保鲜。同时日本已经普遍采用包括鲜活农产品产后预冷、整理、储藏、冷冻、运输等在内的规范配套的流通方式，产后的商品化处理几乎达到100%。目前日本农产品加工比例在60%以上，加工转化后产值至少可增加2~3倍。

第五，制定较为完善的分级包装、质量检测制度，保证农产品质量。日本对生鲜农产品流通体系的分级包装、质量检测提出了很高的要求，并制定了一系列的制度。为提高流通的组织化程度，减少市场风险和交易成本，保证质量，日本采用了共同运销体制，即由农民团体共同办理运销，通过农民合作组织将生产的农产品集体地组织运销和供应。在此体制下，分级包装以农业合作组织为单位进行，质量检测以销地批发市场为基础进行。日本批发市场设立"出口管制"，不符合标准的生鲜农产品不得进入消费领域。此外，日本还积极推行质量体系认证，确保产品质量。

第六，充分发挥农协在农产品流通中的作用。日本非常重视农协在农产品流通中的作用。在日本的农产品流通中，农协的服务内容十分广泛，从产品的组织、分选、加工、包装、仓储，到产品的运输、上市，以及货款的回笼，全部由农协代办。

此外，农协的机关报《农业新闻》在各地设有记者站，有专门负责经济信息工作的记者。它以市场情况为主要内容，提供国内乃至国际的商业情报。

三、巴西的农产品流通政策

1. 扩大流通供给政策。结构政策主要包括家庭农业支持计划和土地改革计划。前者是专门针对缺乏国际竞争力的小农制定的，旨在确保小农能够获得稳定收入，防止破产的小农向大城市过快过度迁徙造成社会不稳定，最终保证整个经济的稳定发展；后者旨在吸引农民到内陆的中西部开发后备耕地资源，通过大规模经营提高农业的竞争力。

2. 国内价格支持政策。价格支持政策主要包括期权合约补贴和产品售出计划。期权合约补贴相当于一种价格保证制度。即现在就确定一个一定时期（如半年）以后的期权价格，期权合约到期时，如果实际市场价格高于期权价格，就由农民自行在市场出售产品；如果实际市场价格低于期权价格，仍由农民自己销售农产品，但政府会把市场价格与期权价格之间的差额直接补给农民。这样做既可以减少政府直接以保证价格收购形成的储备，又有利于稳定农民收入。但在实际中，由于市场价格往往高于期权价格，因此这种方法运用的并不多。产品售出计划旨在由政府通过向加工企业或批发商支付"差价"补贴以支持农产品价格。计划的额度有限，仅为产量的 5% ~ 6%，由政府以拍卖的方式对额度进行分配，额度内提供补贴，额度外则不提供补贴。在该计划的实际运作中，只有玉米、棉花和小麦三种作物从中获益。2000 年，产品售出计划共提供了 7 650 万雷亚尔的补贴金额，玉米和棉花分别获得了 1 950 万雷亚尔和 5 700 万雷亚尔的补贴。（所谓"差价"是指市场价格与政府制定的参考价格之间的差额。参考价格既可以是官方的最低价，也可以是期权合约中约定的价格。实际上就是政府提供产地与消费地之间的运费补贴。即当中西部的农民把产品提供给南部的加工企业或批发商时，政府将两地之间的价差补贴给加工企业或批发商，以鼓励他们到内陆地区收购农产品，从而为内陆地区农民提供价格支持。）

3. 促进内销与出口信贷政策。巴西政府根据上一年度农民的产值及种植面积，可向大农场主、中农和小农分别发放其所需资金 55%、70% 和 100% 的贷款，在利率上也有所差异，依次降低 2 ~ 3 个百分点，并以法律形式规定，商业银行必须将一定比例的农业信贷资金直接发放到中小农户手中，这一比例不得低于 25%。如 2000 年在 137.5 亿雷亚尔的农村信贷资金中就有 71.2 亿雷亚尔来源于这一项，占到了农村信贷资金的 51%。从贷款用途看，分别有 89.72 亿、25.12 亿和 23.1 亿雷亚尔用于了流动资金贷款、营销贷款和投资贷款。1996 年之后，流动资金贷款由 43.9 亿增长到了 2000 年的 89.27 亿雷亚尔；营销贷款增长迅猛，从 3.86 亿雷亚尔增加到了 25.12 亿雷亚尔；投资贷款则由 15 亿雷亚尔增长到了 23 亿雷亚尔。不仅如此，巴西政府还建立了"提高竞争力基金"和"出口保障基金"，专门为从事农产品出口的企业开拓国际市场提供融资，帮助他们增加农产品出口。由此我们可以看出，巴西农业信贷政策的重点在于鼓励农民扩大农业生产，帮助中小企业增加农产品出口，信贷资金的增长为农村经济发展提供了必要的资金保障（杨菁，2006）。

4. 农业保险政策。由于巴西国家的财力有限，加上地区之间发展的不平衡，农业保险政策主要在较发达的地区实施。巴西的农业保险由联邦中央银行独家经营，其他银行只能作为代理。与发放农业信贷同步，巴西的农业保险也分为备耕、种植、管理和销售四个阶段进行，涉及"全额保险"和"分段保险"两个险种，保险范围以生产成本为上限，农业生产者可根据农作物、生产条件和不同年份，选择相应的保险项目。在保险金的分配上，政府和农民各负担 50%，这种保险金共担的方式有利于促进农民参加保险降低农业生产风险。此外，巴西政府还要求农业生产者在签订保险合同的同时，必须与"巴西农牧业技术推广公司"签订技术服务合同，接受该公司的技术指导，以确保农业收成，减少风险。但农民认为当前 12% 的保险费率过高，因此，这一间接扶助手段并未得到全面推广（杨菁，2006）。

5. 贸易政策。在与农业有关的各贸易团体、机构与私人部门之间的关系上，由巴西政府负责出面协调。在农产品贸易领域，巴西政府还负责动物健康、植物保护和食品检验检疫等方面的管理、动植物卫生检疫协定的落实以及转基因产品的管理等。

四、经验与启示

从上面分析可以看出，以美国、日本、巴西为代表的发达国家或农业大国，在农产品流通政策的制定与实施方面有很多先进的理念与成熟的办法，借鉴其成功的发展经验，对提高我国农产品流通政策效力有一定的帮助。我们将其总结为以下六点启示：

1. 实施农产品供应链管理，培育规模化经营的农产品流通组织。上述国家在农产品流通中普遍实施了供应链管理思想和技术，整合了各种资源，围绕农产品流通开展各环节节点企业的协调、合作和互动，农产品供应链总体效益显著，降低了流通成本（李亚丽，2014）。目前，以批发市场为核心的农产品流通体制在我国占据主导地位，但这一体制存在着一些固有的弊端，其原因在于批发市场对信息链的阻断。解决这一问题比较有效的办法是通过积极培育核心企业，建立农产品供应链管理体系，并以农产品供应链中的核心企业来替代目前批发市场在农产品流通中的核心地位。未来的农产品批发市场不应该是个体摊位的集合，而应该是批发企业的集合、公司的集合。市场竞争必然走向集中，优胜劣汰的规律首先表现在经营者规模经济效益上的较量。竞争必将导致许多小规模经营者无法支撑而退出市场，批发业最终将是集中与规模经营。我国农产品批发市场必须意识到新时期批发市场建设的战略要点是培育现代批发商，尽快提升批发市场经营主体的组织化水平和运作能力，有效地组织产销衔接。一方面，政府和批发市场管理者要引导现有经营主体按照现代流通方式，转换经营业态，做大、做优、做强，朝着现代企业方向发展；另一方面，要有计划地引进大生产商、大批发商、大代理商入场经营，尤其是那些在国际和我国国内都享有很高知名度的品牌企业，要积极创造条件吸引他们入市，通过他们的规范化经营带动批发市场整体素质的提高。

2. 进行交易方式创新,推进拍卖交易。拍卖交易在发达国家发展了一百多年,被充分证明是一种适合农产品生产和流通特征的交易方式并得到广泛运用。拍卖交易最大限度地缩短了农产品的交易时间,保证了农产品价格形成过程中的公开、公正、公平,极大地提高了交易效率。随着我国农业产业化进程的加快,原先的对手交易将不能适应农产品流通的需要,必将逐渐被拍卖交易所取代。为此,应抓住目前批发市场的转型时机先走一步,积极采取拍卖交易与对手交易相结合的运行模式。

3. 不断完善农产品批发市场的配套服务设施和法制建设。传统农产品批发市场转型为现代批发市场不仅取决于其组织形式与交易方式的创新,还需要相应的配套服务设施加以支撑。因此,建立起与现代农产品流通方式相适应的配套服务体系显得非常重要,如金融结算体系、商品检测体系、物流配送体系、加工服务体系、信息服务体系等,尤其是物流配送体系和信息服务体系。由于农产品具有生鲜、易耗、不易久存的特点,对运输和储存设施要求很高,需要快速周转,与之配套的物流设施建设必须超前。此外,批发市场首先应该是一个权威和专业化的信息收集加工处理中心。另外,法制环境的营造也应加以重视。

4. 大力推进生鲜农产品流通超市化和连锁化。生鲜农产品一般易腐烂,保存期有限。因此,建立一个高效率的农产品流通模式是非常重要的。根据发达国家的经验,生鲜农产品的80%~90%是通过超市和食品商店流通的。通过对发达国家农产品流通模式变迁的进一步分析和总结,可以判断出生鲜农产品超市化是生鲜农产品流通的发展趋势。食品消费革命、连锁超市崛起、物流配送改进、生产方式演化已日益成为影响发达国家农产品流通模式变化的重要方面,对大中城市居民的生鲜供应通路的影响尤其明显。消费的改变引起流通主体的变化,二者又作用于农产品生产主体,并促使其变革(谭向勇等,2008)。此外,随着经济主体的变化,在微观领域的农产品物流配送技术也逐步改进。同时,政府的零售、流通和生产政策也会随之调整,以适应体制变迁的要求。在政府政策和市场经济组织的双重变动中,消费主导型的农产品流通模式得到确立。为适应这种变化,我国应积极推进农产品流通超市化和连锁化,引导已有一定规模的超市集团参与农业的产业化经营,培育若干个在国际范围内有影响力和竞争力的超市集团。

5. 加强合作,积极尝试多种形式的联合。从世界范围来看,目前农产品流通的核心仍然是各种批发市场、中间市场和集散市场。所以,作为蓬勃兴起的超市业态,为了在农产品流通通路中占据更为有利的位置,有必要对批发市场,尤其是对上规模、上档次的批发市场进行包括产权渗透、信息共享、管理互助等在内的各种经营手段的运用。大型超市集团有实力和能力来做这样的事情，这不仅是一种积极有益的尝试，也可能是一个新的利润来源。

我国"三农"问题和农产品流通体制的特殊性，使得与农业有关的经营思路和改革实践备受瞩目。因此，农产品流通企业应积极地尝试多种形式的联合，重视物流配送技术改进和供应链管理水平的优化整合，在我国农业产业化深度拓展和农产品国际化发展战略的调整中，获得更大的发展空间。

6. 政府应加大对农产品流通的支持力度，加强农产品质量的监管。由于农业是基础产业和弱势产业，必须予以扶持，因此，德国在各项政策的指导思想上扶持农业，促进农产品的生产和流通；美国把批发市场建设作为公益事业；日本也制定了很多有利于提高农产品流通效率的政策。为此，我国应根据实际情况，加大对农产品流通的支持力度，对在市场竞争中壮大的各类农产品流通主体给予一定的倾斜政策，鼓励其向农业产业链的上、下游拓展经营业务，尤其要支持龙头企业在加强农产品品牌和质量安全体系建设方面的投入，对其出口的农产品可实行优惠的税收激励。

综观主要发达国家农产品安全质量立法进程可以看出，农产品安全质量管理方面的法律法规大都适应了管理的需求，注重法律的配套，重视法规的操作性，同时，建立了统一协调的管理机制，明晰监管部门的职责；此外，还建立了例行监控制度、可追溯制度，推进与实施 GQP、GMP、HACCP 等"预防为主，全程监控"的农产品质量管理制度。我国应借鉴国外相关经验，尽快建立和完善农产品质量安全管理法规，并加大执法力度。同时，应通过实施例行监控来有效管理农产品安全，加大例行监控的经费投入力度，建立信息定期公布制度和发布平台，充分发挥例行监控信息的作用。此外，应尽快建立健全农产品可追溯制度，积极推行 GQP、GMP、HACCP 等管理体系，提高政府管理效率，有效控制和提高农产品质量。

第四节 完善我国农产品流通政策体系的建议与措施

一、确立农产品流通政策的目标

建构与完善农产品流通政策体系的首要任务是明确政策体系的目标。正如我们在农产品流通政策评估部分对我国农产品流通政策体系的评价，历经多年的发展，政策体系已经具备一定的基础，并在不同层面、环节发挥着作用。未来农产品流通政策体系只能是对原有体系的调整与优化，这既取决于农产品流通活动的实践性，又缘于政策制定、执行的连续性。因此，在提出未来政策体系目标前，我们简要总结当前农产品流通政策的目标，根据上文中政策环境有待解决的问题，先对目标进行修正或再设计，以此作为政策手段或内容的纲要。

（一）现行农产品流通政策的目标

农产品流通政策目标方面，以国家直接干预与指导下的农产品价格与数量安全为首要目标。新中国成立以来，历届政府有一条共识，国家要富强，就要发展工业，经济建设的总方针是"农业为基础，工业为主导"。作为国民经济基础的农业的任务是为工业发展提供充足的廉价原料，为城市居民提供低价的农产品，这一目标是伴随着我国农产品流通发展逐步形成的，在过去的农产品流通政策制定与实施中起到了良好的指导作用，并有利地保障了当时社会与经济的安定及发展。然而，单一且过分强调粮食安全供应，引致其他政策目标可能被忽视或无力顾及。

（二）目标调整的原则

1. 市场调节与政府扶持相结合。市场经济发展的本质及我国入世后环境的改变，都要求我们在经济管理中主要并充分运用市场手段，依靠市场自身的调节作用，减少政府对经济干预或管理的领域及程度。然而，由于作为农产品流通客体的农产品本身具有准公共品属性[①]，所以，农产品流通活动不能被简单地视为纯粹的经济活动，也就不能完全依靠市场手段及市场调节作用，政府的干预与扶持是必不可少的，这也是目前世界上所有的发达国家（即便像美国那样市场经济充分发育的国家）仍然通过直接或间接的政策手段对农产品流通活动进行监管、干预的原因之一。因此，我国在进行农产品流通政策体系构建与完善的过程中，也要借鉴与秉承市场与政府相结合的原则，在如大灾大难等特殊时期、农产品流通基础设施建设等关键领域，政府的作用丝毫不可弱化。

2. 逐步实现经济效率与社会效益目标并重。经济发展与社会进步必然对政府的宏观调控行为目标提出新的要求，要求在公共政策制定过程中，由追求经济快速发展的单一需要，向兼顾考虑经济发展所带来的正负外部性方面转变，要求政策制定者要充分认识并减少经济发展负外部性对社会造成的不良影响，降低、

---

① 农产品的供给与消费关乎人生命的维持，从这个意义上说，农产品的生产与流通具有"准国防"的性质，也具备准公共品的属性与特征。

避免或杜绝政策制定与执行中对经济与社会的可持续发展造成的破坏与损害。因此，在制定农产品流通政策时，不仅要争取实现农产品流通活动高效率、高效益的经济性目标，还要考虑到农产品流通活动本身的正负外部性，要利用与扩大其正外部作用，如鼓励农产品流通中开展共同配送，以减少运输资源的浪费及环境污染，又如鼓励有机农产品的生产与流通加工等活动，提升农产品流通活动对人类健康保障与促进的作用；要规避与控制其负外部影响，如减少农产品流通加工低水平、分散性作业，优化农产品逆向物流，以利于减少流通中农产品的浪费及环境污染。

3. 合理借鉴国内外经验。应当说，我国公共政策科学与实践的发展尚属"初级阶段"，农产品流通政策的制定与实施同样也不例外。未来农产品流通政策制定与实施中，合理借鉴国外的经验是必不可少的，可以降低我国农产品流通政策制定的成本，提高政策制定与执行的效率与效益。当然，在我国农产品流通政策的实践工作中，一定会有成功的案例，或中央，或地方，或短期，或长期，这些都是我们政策工作的宝贵经验与成果，要及时总结整理，对于有一定代表性、影响性的案例，要介绍、推广，这有助于我们农产品流通政策工作的成长与进步。

（三）未来农产品流通政策目标的调整建议

综观我国粮食与农副产品流通现状及表现，不难看出，有许多交叉、共性的问题，这些问题是我国未来流通政策制定所要突破的困境、解决的重点难题，大致可概况为三个方面：一是流通成本高、效率低；二是信息效应发挥有限、价格传导不畅；三是在标准、技术、监管方面都存在漏洞，食品安全问题时有发生。这三个问题构成了未来政策的主攻方向，也是构建与完善未来农产品流通政策的主要目标。实际上，农产品流通政策目标并不一定是单一的，从各国实践看，大多为多重的，这些目标往往是根据各国农业发展及农产品供求的不同特点而提出的、需要解决的主要问题和重要问题。其中要解决的主要问题，并起决定作用的被称为首要目标。随着经济条件的改变，农产品流通需要解决的主要问题也在改变，因而农产品流通政策的首要目标也要随之调整。那么，我国未来农产品流通政策目标重点将在于降低农产品流通成本、平抑农产品价格过度波动，以及保障农产品质量安全方面。降低农产品流通成本要从控制农产品流通的"硬成本"如运输、仓储等，以及"软成本"如渠道交易成本等多方面入手；平抑农产品价格过度波动，可以关注信息发布、传导、反馈，以及市场与非市场手段的结合使用方面；保障农产品质量安全，实则是发挥农产品流通政策的社会效益，因为农产品质量安全关乎人民的生存与生活质量，而且不是单纯依靠市场就能解决的问题，要实现这一目标，必须明确农产品质量标准、农产品各流通环节的主体责任与作业规范。

此外，政策的制定与实施离不开政府部门的合作，进而高效地实现管理职能。以往我国农产品流通政策中所存在的问题，一方面有政策制定本身的问题，另一方面也存在政府职能运行不畅的问题。因此，在未来政策实施中要考虑政府职能顺利实现的手段，这也是政策体系建设应适度兼顾的问题。

二、农产品流通政策的改进建议

根据政策体系建设的目标，以及前面各章的研究启示，我们认为围绕三大政策目标推进若干政策措施。

（一）降低农产品流通成本的政策建议

1. 加强农产品流通基础建设的政策。所谓农产品流通基础建设政策，就是要通过政策引导与扶持，分阶段、分类别地加大农产品流通基础设施改造与建设。首先，要加快农产品批发市场升级改造。农产品批发市场是整个农产品市场体系的中心枢纽。我国农产品批发市场在水电、道路、场地等基础硬件设施方面相对比较完备，但在农产品运输、储备和分类加工环节则显得不足，尤其是在农产品质量安全检验、检测体系方面更加薄弱。因此，农产品批发市场的基础建设类政策，要着重于农产品运输、配送、加工储藏与分类包装体系、农产品信息体系、农产品检验检测和服务体系的建设目标（陈文玲，2009），不断提升农产品批发市场的品质，加强其在整个农产品流通中的中心地位。其次，要通过增加政策性投资，对我国农村流通基础设施进行升级改造，加大农产品产地、销地、中转地的基础设施建设，完善流通骨干网络，加强粮食等重要农产品仓储物流设施建设，增强对流通中运输、仓储、配送功能的支持。最后，应适度关注农村农产品零售市场的建设，特别是要加强水电系统、道路、场地设施等基础硬件的改造建设。

2. 提高流通渠道组织效率的政策。政府应当重点做好以下两方面的政策引导与扶持工作。一是要理顺目前农产品流通组织体系的关系与作用，推进国有农产品流通企业改组改制，在建立现代企业制度的基础上，培育大型农产品流通企业集团；进一步放开搞活中小农产品流通企业，特别是要充分利用好中小企业发展专项资金、中小企业科技创新资金等支持中小流通企业发展，做好中小流通企业在市场准入、信用担保、金融服务、物流服务、人才培训、信息服务等方面的扶持与资助。二是要稳步推进农产品流通的产业化发展，鼓励专业合作经济组织的发展,提高农民进入市场的组织化程度。要注重培育和发展"公司+农户"型、农民合作型以及专业产销协会型等多种形式的专业化农产品流通组织,逐步实现有组织的、规模化的农产品流通模式。在农民合作经济组织成立和运作过程中,要正确把握企业、合作经济组织和农民三者之间的关系,充分发挥企业在推动合作经济组织成立、运行及提高农民组织化进程中的作用,政府一定要把握好干预的力度和阶段性任务,注意在合适的时机以合理的方式退出合作经济组织内部管理,由行政主导转变为行政服务。此外,应当进一步改善合作经济组织法律法规体系及其他合作经济组织成立及运行的外部环境,引导和培育农业中介组织的成长,通过农业中介组织来促进农业生产与市场对接和整合农产品的营销实力,保障与提高农民在农产品流通中的交易地位与利益。

3. 提高流通渠道经营效率的政策。一是要大力发展集中配送业务,可以以批发市场为依托,加快集中配送业务的发展,实现运输仓储技术的优化升级,降低运输成本和损耗率。二是要鼓励发展联合采购业务,可以以市场管理部门、集中配送企业等组织为依托,发展联合采购业务,降低采购成本。三是要加大公益性农产品零售交易市场建设,通过补贴、适当入股等方式介入批发市场的运行,并明确在交易市场规划建设过程中的土地出让政策、税费减免及优惠政策,以及批发市场用水、用电、用气的优惠政策,降低农产品零售市场的建设与运营成本。同时,物价部门应对摊位管理费实施严格规制,确定合理的资费标准。

4. 加强农产品物流基础设施建设与创新。按照现代物流的发展要求,仍需进一步加强农产品批发市场建设、农产品仓储、交通运输条件和工具、相关标准体系建设、物流技术发展等基础设施建设。加强农产品物流基础设施建设,投入是关键。一是可以考虑通过专项资金等形式,加强农产品物流基础设施、科技研发以及专业人才培养等方面的投入;二是可以考虑通过适当倾斜的税收、财政等经济杠杆,优先向农产品物流基地、保鲜冷藏、信息平台等基础设施项目倾斜;三是加强物流技术研发,逐步形成以信息技术为核心,以储运技术、包装技术等专业技术为支撑的现代化物流技术体系;四是加强物流技术标准、计量标准、数据传输标准、作业和服务标准等标准体系建设,尽快形成与国际标准接轨的农产品物流行业标准;五是根据各地区人口数量、消费结构和收入水平,统筹规划、合理布局农产品配送中心,注重引进先进设施设备(如为加强粮库、糖库、保鲜库、冷藏库的建设,增加温控设备和防潮设备等),完善服务功能,提高服务质量。六是要加强农产品物流园区建设与创新,在合理规划农产品物流园区时,应注重园区的发展定位和功能定位,全方面考虑与铁路、公路相连的路网、管道网、仓库、物流中心、配送中心、站场、停车场、信息网络设施等,并配备齐全的设备,包括农产品物流和配送中心内部各种运输工具、装卸搬运机械、自动化作业设备、流通加工设备、信息处理设备及其他各种设备等，从而促进和带动我国农产品物流快速健康发展。

5. 加大农产品流通风险防控力度的政策。农产品流通风险通常表现为自然风险和社会经济风险，相对于农业生产而言，流通中的自然风险概率相对较低，而社会经济风险则较高。农产品流通的社会经济风险一般都是人为因素与利益驱动造成的，如资源风险、技术风险、市场风险与政策风险等。在农产品流通风险管理的过程中，政府具备多重角色，既是公共服务的提供者和市场规则的制定者，同时又是市场的监管者和宏观调控者，因而政府在农产品流通的风险管理中肩负着巨大的责任。农产品的流通连接着生产与消费，且就流通本身而言，涉及多环节、多主体，因此，风险管理不能只考虑某一个环节或某一个群体的风险，而应成为整个流通链条或过程的风险管理者：要提供包括运输设备保险、仓储设施保险、流通客体保险、损失补偿等制度供给和救济手段。此外，针对农产品多地、跨域流通的特点，应该协调好中央政府与地方政府的利益关系，中央政府应防止地方政府演变为"谋利性职权经营者"，一方面，对重点农产品流通中央政府要加强对地方政府的监督，另一方面，对地区性、特殊性或个别性的农产品流通问题要支持和鼓励地方政府依法履职。

6. 推进农产品流通交易方式现代化建设的政策。加强商贸流通、供销、邮政等系统物流服务网络和设施建设与衔接，加快完善县乡村物流体系（朱华友、谢恩奇，2013）。对于农产品流通组织形式的现代化，既要健全统一开放、布局合理、竞争有序的现代农产品市场体系，在搞活流通中促进农民增收。又要促进农村电子商务加快发展，形成线上线下融合、农产品进城与农资和消费品下乡双向流通格局。鼓励大型电商平台企业开展农村电商服务，支持地方和行业健全农村电商服务体系。可通过地方政府税收、补贴等政策扶持，以适当规模的合作社、龙头企业为试点，选择有条件的社区进行对接，通过示范带头作用，逐步探索并完善"农宅对接""农社对接"以及农产品网上直销模式，缩短流通环节，减少因流通环节多而导致的损耗。此外，对部分农产品期货市场、拍卖市场，应当加快市场的信息化进程，积极探索并实施先进高效的期货交易及拍卖体制，完善期货交易及拍卖制度。

（二）平抑农产品价格过度波动的政策建议

1. 提高农产品价格和市场需求信息质量的政策。这类政策的目的在于满足农户和农产品中间商对这些信息的及时性、准确性和完整性的要求。优化农产品流通信息供给内容时，应该将提高农产品价格和市场需求信息质量作为重点，并采取以下措施：第一，加强农产品交易场所的信息化建设，特别是以农产品批发市场和大中型农贸市场为重点，以现代化的物联网技术、云服务技术为支撑，实时、准确地采集农产品成交价格、销量等相关信息，并及时发布。第二，引导合作社、农产品中间商等市场主体参与农产品流通信息采集，建立多源信息的自动互验和人工审核相结合的信息校验机制，提高信息的准确性。第三，建立完善的流通信息服务平台，借助现代化的通信手段，如微博、微信、QQ等工具，将实时的市场行情与市场需求信息推送给中间商和农民用户。

2. 对某些农产品计划形成调控与均衡供应的政策。本研究中以平抑蔬菜价格过度波动为例，指出平抑蔬菜价格的关键在于稳定蔬菜的供给，可以借鉴日本蔬菜价格稳定政策，引导农户均衡生产。因此，迫切需要建立以计划性生产为调控手段的均衡供应体系。在新的供应体系中，80%的蔬菜通过市场机制引导农户自主生产，20%的蔬菜实施计划性生产来调控蔬菜的供给，并应加大设施农业的扶持力度，降低周边菜农种植反季蔬菜、精品细菜的进入门槛，以此在成本收益合理的前提下，优化地产菜的种植结构。

3. 组织建设国家层面的生鲜农产品信息共享的政策。直接对接电商信息系统，建设辐射全国的农产品网络交易平台，遴选符合标准的流通主体纳入其中，同时也积极鼓励流通主体自建网络交易平台，完善农产品网络交易体系，以便及时了解生鲜农产品供需变化，为农业政策的制定以及生鲜农产品的稳定供应提供必要的信息支撑，最终减少生鲜农产品供需的摩擦性失衡、结构性失衡与周期性失衡。

4. 针对生鲜电商的生态管理政策。生鲜电商的发展集成了生产商、加工商、供应商、物流商、消费者等直接利益相关者以及金融机构、技术机构等间接利益相关者，形成一种相互依存、共生共进的生态系统。不同于食利型实体零售商榨取供应商通道费并向消费者梯级定价，借此直接分割供应链利润，生鲜电商的盈利更多取决于生态系统内部的连接红利与合作剩余，这是生鲜电商市场能够实现稳定低价的重要原因。要高度重视内涵式增长，加强对供应商或合作伙伴的筛选，建立完善的合作机制与淘汰机制，强化供应商或合作伙伴的专用资产投资，加强生态系统的内部竞争与自我约束，减少交易成本，降低风险波动，提高供应链利润，为消费者释放更多剩余。生鲜电商的预售模式以及准确的需求预测，使其可以基于有效信息流甚至实际信息流引导商流、物流、资金流的协同流转，从而确保生鲜农产品的稳定供应。

（三）保障农产品质量安全的政策建议

关于农产品流通效益型政策，现阶段突出表现为保障农产品流通安全、保护消费者的权益类政策。农产品的流通安全体现在两个方面：一是供给数量的安全；二是供给质量的安全。因此，农产品流通安全类政策应当紧紧围绕这两个目标展开。

1. 保障农产品供给数量的政策。对以粮食作物为代表的重要农产品供应安全的保障，必须要依托快捷、有效的交易信息系统，包括价格信息、生产信息、需求信息以及储备信息。为确保交易信息的及时、准确与全面，要加快建立起我国与全球农产品生产流通动态信息系统及国内农产品国际贸易分析预警系统（刘秉镰、刘玉海，2009）；健全政府对主要农产品供求变化和市场价格波动的监测、预警体系；完善农产品市场供求和价格异常波动的应急机制；加强农产品市场信息服务，及时反馈农产品价格走势信息，减轻农产品价格波动对农业生产与流通的影响；提高供求信息和价格信息的准确度和透明度。在保障农产品供给数量方面，政府应当加强农产品市场的宏观调控能力，建立大宗农产品储备体系，探索农产品储备制度的市场化改革思路，通过政策引导，鼓励农产品流通和加工企业、民营商业企业参与农产品储备；中央及地方政府管理的粮食储备系统应缩减规模和开支，尝试建立起企业化经营管理、市场化运作的农产品储备体系。此外，在针对稻谷、小麦、玉米等重要粮食或经济作物的收购以及指导性价格等政策手段的操作中，要坚持市场化改革取向与保护农民利益并重，采取"分品种施策、渐进式推进"的办法，完善农产品市场调控制度。继续执行并完善稻谷、小麦最低收购价政策。按照市场定价、价补分离的原则，积极稳妥推进玉米收储制度改革，在使玉米价格反映市场供求关系的同时，综合考虑农民合理收益、财政承受能力、产业链协调发展等因素，建立玉米生产者补贴制度。科学确定粮食等重要农产品国家储备规模，完善吞吐调节机制。

2. 监督农产品流通质量的政策。2016年，中央"一号文件"明确提出"加快完善食品安全国家标准，到2020年农兽药残留限量指标基本与国际食品法典标准接轨"的目标，可见农产品流通质量与食品安全问题将是未来政策工作的重点，它是关系人民饮食健康、农产品消费者的权益以及直接或间接影响农业生产水平与可持续发展的关键性问题（赵尔烈，2013）。加快健全农产品流通全过程链条从农田到餐桌的农产品质量和食品安全监管体系，建立全程可追溯、互联共享的信息平台。以当前我国信用体系建设为契机，将食品安全评价的相关信息作为有关企业信用评级体系的重要指标。建立农产品生产、经销企业的信用档案，实施跟踪评价与定期公示制度。管理部门可对大中型零售商、零售市场、批发市场、农产品生产供给企业（农业合作社、龙头企业）等进行信用评分，并鼓励社会各界利用网络、电话等公开或匿名对违法违规企业实施举报，将企业的不法与不良行为记入信用档案并予以定期公示。对信用良好的企业实施嘉奖，对问题企业通报批评、责令整改。通过上述方法，不仅将企业信用及利益与食品安全挂钩，更实现了社会共治，促使不易于政府监管的部分小型、分散经营者也加入重视食品安全、遵守安全规范的行列中。在电子商务大发展的背景下，建立健全适应农村电商发展的农产品质量分级、采后处理、包装配送等标准体系。针对农产品流通国际化趋势日益增强的情况，要强化动植物疫情疫病监测防控和边境、口岸及主要物流通道检验检疫能力建设，严防外来有害物种入侵。政府应继续加大力度整顿市场秩序，加强对农产品不法经营活动的惩处力度，对农业、质检、卫生、工商等部门的检验检测体系进行综合协调、明确分工、高效整合，尽快制定和完善农产品进入市场的质量安全标准体系和检验检测体系，进一步完善并严格实施我国农产品或食品安全标准。产品认证和标识管理工作在已开展的无公害农产品、绿色和有机食品、水产品、农机产品的认证的基础上，积极推行 GAP（良好农业规范）、HACC（危害分析与关键控制点）体系认证，实现农产品收购、运输、储存、包装、加工、销售等流通环节的全过程的质量安全监控与管理。此外，还应加强农产品质量认证服务和环境认证服务，以提高我国农产品质量档次，躲过绿色壁垒。

3. 加快农产品质量追溯体系建设的政策。一是要对食品安全追溯体系以立法形式强制推行。现有《食品安全法》等法律对食品安全追溯缺乏明确规定。地方层面的食品安全追溯法规或制度效力与影响力有限，影响了实际追溯效果。加快全国的食品安全追溯立法已是当务之急。二是将我国食品安全追溯体系与国际接轨。发达国家采用全球统一编码及标识系统，系统由编码体系、自动识别的数据载体和电子数据交换标准组成，这三个组成部分相辅相成，被全球多数国家和地区采用。中国也应在全国范围内建立与国际接轨的食品安全追溯体系。三是要建立完善的食品召回和惩罚制度。无论生产、加工、运输还是销售环节，哪个环节出现了问题，则对其必须实施召回。对出现问题的当事人应实施责任追究，包括经济责任和刑事责任。四是要建立符合消费者需要且使用方便的质量追溯信息平台。要根据消费者的需要来设置质量追溯的内容，避免关键信息缺失的问题。同时，充分利用微信、微博、APP、超市触摸屏等新兴工具，为消费者提供快捷方便的查询服务，提高追溯信息的使用效率。强化农产品质量追溯与监管相关技术的研究、开发和推广。针对流通环节农产品经营点多面广、经营形式和业态多种多样的特点，建立健全农产品快速检测和质量抽样检验制度，积极构建基层一线执法现场发现农产品质量问题的监管机制，及时开展消费提示、警示和引导。加强农民专业合作社、农业龙头企业、农产品批发市场等流通环节的农产品质量安全检验检测体系建设，全面提高生产流通主体的检测能力和业务水平。严格农产品质量安全市场准入、准出制度，实现农产品直供直销生产记录可存储、产品流向可追踪、储运信息可查询、质量安全可追溯。完善应急处理机制，提升质量安全事故处理应急快速反应能力。为方便老百姓生活，促进居民消费，提升流通现代化水平提供有力保障。

4. 加强对生鲜电商平台安全监管的政策。强化源头控制，注重生鲜产品标准化，提升生鲜农产品质量，强制供应链信息公开，明确质量追溯制以及质量事故责任制，让更多优秀企业得到更多消费者认同，从而使信息显示升级为声誉机制，以此确保产品质量，实现生鲜电商市场的长远发展，也可以赋予电商品牌信誉背书，从而实现生鲜电商企业的长远发展。

5. 健全配套的监管制度体制。目前我国已经组建国家市场监督管理总局，对生产、流通、消费环节的食品安全实施统一监督管理，这有利于我国食品安全监管的完善。同时，在具体实施各项食品安全规制时，应明确唯一责任部门。例如农产品流通环节质量安全体系建设涉及商务、农业等多部门，为此应确立唯一的职责部门，涉及的其他部门应统一协调于该部门在体系建设上的安排部署，以免导致职责交叉、监管漏洞等现象。同时要建立质量安全检测标准与追溯信息公开制度、风险评估预警机制、问题产品召回细则等一系列配套一致的规制，确立并严格执行与之匹配的监管机制，如行政问责制、对问题责任主体的惩罚机制、对监管渎职的依法惩处制度，以及社会大众举报监督的奖励制度。尤其对于村镇等监管第一线部门，更应由上级监管部门实施驻点实时监督，上级监管部门对下一级监管部门出现的失职行为也应负有连带责任。这样才能为农产品质量安全规制的有效实施，提供有力的监管环境保障，并且规制的有效实施也能够进一步促进监管的完善，实现规制与监管的匹配。

6. 创新和完善农产品消费纠纷调解处理机制与部门协作机制。积极推进消费维权和农产品安全综合治理平台建设，要充分发挥行政执法部门、行业主管部门、行业协会等单位的整体优势，既要分工负责，切实履行法定职责，又要密切配合协作，积极推进消费维权和农产品安全综合治理平台建设。切实加强各地工商部门不同区域之间以及与有关职能部门之间的沟通、协作与配合，及时通报有关情况，建立健全协调协作机制，努力形成监管合力。要及时受理和处理消费者有关农产品消费安全的咨询、申诉和举报，并建立健全相应的受理、调解、处理、反馈和综合分析制度，超前预警防范，有针对性地及时通报相关行业组织和监管职能部门，促进行业规范和源头治理，切实维护农产品消费安全和消费者合法权益。

三、完善政府职能，提升政策执行力

要想收获理想的政策效果，仅有完善的政策制定是不够的，政策执行事关重大。而良好的政策执行依赖于健全、高效的政府职能，因此，完善政府职能，提高政府执行政策的能力理所当然构成未来政策手段实施的保障。

（一）政府职能的界定

国外学者对政府职能界定的研究具有比较完善的理论基础。总体可以分为两大流派（童颖华、刘武根，2007）：一是从自然法和社会契约论的角度来阐述、分析和归置政府的西方主流政府职能理论；二是从社会分工、生产力和生产关系、经济基础和上层建筑的角度来阐述、分析和归置的马克思主义政府职能理论。

20世纪90年代前，我国学者对政府职能理论研究基本承袭了马克思主义经典作家的政府职能基本理论，认为它是一个完整的体系，由有限论、两重论、正负作用论、权变论等组成：有限论指政府职能的范围，两重论指政府职能的层次，正负作用论指政府职能的性质，权变论指政府职能的变迁。90年代以来，随着西方经济学、制度经济学、政治学等理论大量涌入，我国学者对政府职能界定的理论基础也逐步倾向于西方主流政府职能理论，即国家干预主义与自由主义政府职能理论。学者们从政府职能的内涵、外延、变迁、转变等不同角度与层次，对其进行定义。虽然至今尚未形成绝对一致的定义，但学者们普遍认为把政府职能界定成"为社会提供公共品和公共服务"，具有高度的抽象性和包容性（翟桔红、徐水安，2007）[①]。

（二）农产品流通中政府职能的定义

流通，是商品或产品由生产领域向消费领域的社会性转移过程及结果，包括商流、物流和信息流。由此可知，农产品流通是农产品从生产领域向消费领域的转移。为农产品流通提供公共品和公共服务，即为农产品流通中的政府职能。由于对政府职能本身缺乏明确的内涵与外延界定，我们也很难对农产品流通中的政府职能做出理论上的抽象与说明。但流通本身的规定性及农产品流通中的主体构成与客体特征，为农产品流通中的政府职能界定提供了基本的出发点与落脚点。

1. 从流通三要素来说，农产品流通中的政府职能必须考虑如何稳定、扩大农产品的商流，实现农产品所有权的顺利转移；必须考虑如何降低物流成本、提高物流效益；必须考虑如何建立提供充分有效的信息服务，减少因信息不对称引

---

① 虽然这一定义还缺乏理论上的阐述与论证，却是对政府职能的若干具体界定的归纳结果，也可以把理论界关于政府职能的具体界定包含进来。参见翟桔红、徐水安：《政府职能厘析》，载《中南财经政法大学学报》，2007年第二期，第43~48页。

发的损失与风险。这是农产品流通中政府职能提供与实施的一般性目标与方向，可视为定义的内涵。

2. 从参与农产品流通活动的主体来说，农产品流通涉及农产品生产者（农民或企业）、农产品批发商、农产品零售商、产业用户（农产品加工制造企业或以农产品为原材料的企业）及消费者。加之，农产品流通主体的行为、彼此关系影响甚至决定了商流、物流、信息流产生、运行的规模与质量，因此，农产品流通中的政府职能必须要考虑不同流通主体的利益与需求。这是农产品流通中政府职能提供与实施的现实考量因素，可视为定义的外延。

3. 从农产品流通活动的客体来说，农产品相较于工业品具有特殊的自然属性与社会属性。特殊的自然属性表现为农产品易腐性、产出非均衡性等，特殊的社会属性在于农产品具有准公共品的性质。因此，农产品流通中政府职能要充分考虑农产品自然与社会属性，并依据其特殊性积极提供公共政策与服务。这是农产品流通中政府职能的提供与实施不同于工业品的根本原因①。

（三）我国农产品流通现行管理机构与职能

根据党的十九大和十九届三中全会部署，2018年3月13日国务院机构改革方案公布实施，方案要求组建农业农村部，"将农业部的职责，以及国家发展和改革委员会的农业投资项目、财政部的农业综合开发项目、国土资源部的农田整治项目、水利部的农田水利建设项目等管理职责整合，组建农业农村部，作为国务院组成部门。"

组建成立的农业农村部下辖包括农村经济体制与经营管理司、种植业管理司、市场与经济信息司、国际合作司等二十一个直属机关。其中与农产品流通管理与指导工作相对紧密的机构及工作职能如表12-1所示。

表12-1 我国农产品流通现行管理机构与职能

机构名称	职能（与流通相关）
农村经济体制与经营管理司	农业产业化经营；农民专业合作组织发展等
种植业管理司	种植业的行业管理；粮食、棉花、油料、糖料等主要农产品产需调控和品质改善等

---

① 农产品的自然与社会属性需要政府积极主动提供更多的公共品或服务支持，诸如弱化政府职能、充分依靠市场等对工业品流通政府职能的规定与建议，就不能适用于农产品流通中政府职能研究。

续表

机构名称	职能（与流通相关）
畜牧业司	饲料、添加剂管理；奶畜饲养以及生鲜乳生产环节、收购环节的监管等
农产品加工局	农产品加工的监管；农产品加工的技术创新和推广等
市场与经济信息司	大宗农产品和重要农业生产资料的流通及价格政策建议；拟定农业和农村经济信息体系、全国大宗农产品市场体系建设规划并组织实施；监测分析农业和农村经济运行；承担农业统计有关工作，发布农业和农村经济信息，指导农业信息服务；承担培育、保护和发展农产品品牌有关工作；组织协调菜篮子工程等
国际合作司	农产品和重要农业生产资料国际贸易政策建议；农业国际贸易促进工作等
兽医局	畜禽屠宰行业管理；屠宰环节质量安全监管等
产业政策与法规司	农业法制建设；农业执法体系建设等
农产品质量安全监管局	农产品质量安全监测和监督抽查；农产品质量体系认证管理；建立农产品质量安全追溯体系；指导实施农产品包装标识和市场准入管理等

注：根据中华人民共和国中央人民政府国务院机构改革方案（2018年3月13日）及中华人民共和国农业农村部网站机构职能（www.moa.gov.cn）归纳整理。

除以上农业农村部的机构外，新组建的国家市场监督管理总局将承担食品安全的监管职责，国家粮食和物资储备局将承担管理国家粮食、棉花和食糖储备等职责。

（四）我国农产品流通中政府职能存在的问题

1. 我国农产品流通政策中的部分措施繁杂、效果不突出。我国农产品流通政策中的部分措施尚未形成目标集中的"政策群"，分散了政策实施效力；个别农产品流通管理机构存在垂直或分级管理分工不明确等问题，增加了政府的管理成本，降低了管理工作的效率与质量。

2. 对市场秩序的监管部分环节存在疏漏。农产品流通关系食品安全，进而影响消费者的生命与健康。政府在这方面的规范与监管尚未实现"全覆盖"。一方面，规范市场秩序的法律法规仍不健全，部分环节缺乏相关的检验检疫标准与市场准入制度；另一方面，某些政府部门执法意识和观念缺失，执法不严，管理松懈。此外，由于个别地方保护主义和部门条块分割的存在，一定程度上延缓了全国市场全过程、全环节监管链条的形成。

3. 政府公共投资与服务在某些领域仍显不足。我国有些地区的农村农产品流通的基础设施落后；有的地区运输与仓储条件差，使得农产品流通成本偏高，难以实现安全、便捷的流通；还有的地方农产品交易市场建设落后，特别是涉及粮食主产区、销售地的批发市场，缺乏现代化的物流设施与设备，导致农产品在流通过程中产生不必要的损耗。

（五）设计与完善我国农产品流通中政府职能的建议

1. 政府应加快推进农产品流通的市场化改革。我国的农产品流通市场体系还不够完善，需要通过政府职能去引导、加速其成长与成熟。政府应加快农产品定价的市场化，通过鼓励性或支持性政策，吸引更多的企业参与农产品流通，以利于培育市场竞争机制，扩大农产品流通渠道。

2. 政府要鼓励与支持提高农民的流通地位与收益。在农产品定价非市场化条件下，政府可将农产品市场销售价高于收购价中属于农民合理利润的部分，通过对农民直补支付给农民，实现农产品生产与流通的合理补偿。政府可加大对农产品流通，特别是广大农村流通基础设施及设备的投资，方便农产品顺利进入流通，降低农民的流通成本。政府应积极投资公共信息平台建设，提供公共信息服务，满足农民对市场信息的需求，利于其做出更为合理的生产决策。政府还应积极的培育与引导农业合作社，扩大合作社的规模与影响，通过提高合作社在流通中的地位，保障农民的交易权益。

3. 政府在开放农产品市场过程中要适度控制节奏。市场开放是经济全球化的本质属性。发展中国家参与经济全球化，就必须开放其国内市场，这是发展中国家最终走向世界的必然选择。不过，农产品的特殊地位与性质决定，要谨慎、适度开放本国市场。政府可充分利用WTO框架下的协议，尤其是对发展中国家的特殊优惠政策，掌握好市场开放的进程，并通过提高本国农产品的竞争力，抵御外部冲击。

4. 深化农产品流通政府管理机构改革。现行的农产品流通政策，多数不是专门针对农产品流通领域而制定的，一是因为农产品流通活动本身涉及众多领域，如农产品生产活动、农产品流通基础设施建设、农产品流通信息服务、农产品流通标准化建设等，需要对所涉及领域进行干预、指导；二是因为机构改革前涉及农产品流通活动管理的政府部门众多，各部门之间的权责存在交叉，加之我国中央与地方两级财政、中央集中地方分权的管理体制，以及在公共政策制定与执行中，中央统一方针、地方制定具体方案的行政方式，使得农产品流通政策数量多、差异大、操作复杂、执行困难。未来要进一步提高农产品流通政策的制定与执行效力，就必须在机构改革的部署下，清晰与理顺部门管理权利与职责，明确中央与地方管理权限与职能，唯此方能突破与改变从前"九龙治水"的局面，使政策发布与执行的载体明晰与明确，减少政策与执行过程中的行政成本与损耗。

5. 创新与发挥行业自律的作用。创新和建立多层次行业自律体系，加大力度，大胆探索，通过以国家级行业协会为主导，协会下设的各类自律服务部门以及地方上各分会和地方性行业协会为主体架构的多层次行业自律组织体系，加强同级别行业协会之间的沟通和协调，创新行业协会内部管理机制，形成一个覆盖全国的多层次网络化行业自律体系。充分发挥行业自律的作用，必须使行业内成员遵循协会的规章制度，增强其自律动力并赋予行业组织合法的地位与权力，形成良好的内部治理结构，加强政府外部监管与制裁，充分发挥社会舆论等社会力量的作用，并控制影响其作用发挥的障碍性因素。

参 考 文 献

[1] 边燕杰、陈磊：《论关系文化与关系社会资本》，载于《人文杂志》2013年第1期。

[2] 蔡荣、马旺林：《治理结构及合约选择：农业企业的货源策略——基于鲁陕两省86家果品企业调查的实证分析》，载于《中国农村经济》2014年第1期。

[3] 曾慧敏、谢珊珊：《城镇化、农产品流通效率与农民收入增长关系研究》，载于《商业时代》2014年第36期。

[4] 陈灿、罗必良：《农业龙头企业对合作农户的关系治理》，载于《中国农村观察》，2011年第6期。

[5] 陈灿：《资产专用性、不确定性与交易的治理模式——基于农业龙头企业与农户间交易的实证研究》，载于《商业经济与管理》2013年第4期。

[6] 陈军：《农产品价格，农民专业合作社与新疆农民可持续增收研究》，载于《西北人口》2013年第1期。

[7] 陈瑞、郑毓煌、刘文静：《中介效应分析：原理、程序、Bootstrap方法及其应用》，载于2013年第9期。

[8] 陈薇、杨春河：《基于第四方物流的农产品流通模式研究》，载于《农业经济》2008第9期。

[9] 陈文玲：《我国建立和完善现代物流政策体系的选择》，载于《中国流通经济》2009年第1期。

[10] 陈晓群、冉春娥：《构建新型农产品营销渠道》，载于《农村经济》2007年第7期。

[11] 陈耀庭、戴俊玉：《不同流通模式下农产品流通成本构成与利润分配——基于漳州香蕉的实证研究》，载于《中国流通经济》2014年第10期。

[12] 陈煜、贺盛瑜：《四川农产品流通中的信息服务体系建设》，载于《农村经济》2008年第12期。

[13] 崔雪冬：《完善农产品流通信息服务体系的对策探讨》，载于《农业经济》2012年第6期。

[14] 崔振洪、王家旭、华振：《我国农产品物流效率评价及影响因素分析》，载于《物流技术》2014年第33期。

[15] 戴丹：《生鲜农产品物流效率分析——以杭州超市为研究对象》，载于《科技致富向导》2012年第23期。

[16] 戴化勇：《我国农产品流通体制的历史、现状及改革措施》，载于《物流工程与管理》2009年第4期。

[17] 戴玮宏等：《湖南农民信息行为之分析》，载于《农业图书情报学刊》2013年第2期。

[18] 邓宏图、米献炜：《约束条件下合约选择和合约延续性条件分析——内蒙古塞飞亚集团有限公司和农户持续签约的经济解释》，载于《管理世界》2002年第12期。

[19] 董亮：《信息传播渠道对旅游形象感知的影响研究——以四川省三个世界遗产旅游地为例》，载于《西南民族大学学报》（人文社会科学版）2013年第2期。

[20] 董毅青：《信息市场的需求分析与思考》，载于《情报科学》1999年第4期。

[21] 杜红平、张玉红、祝映莲：《我国果品流通渠道中存在的问题及对策》，载于《物流技术》2008年第9期。

[22] 樊西峰：《鲜活农产品流通电子商务模式构想》，载于《中国流通经济》2013年第4期。

[23] 方昕：《农产品物流为何"两头叫，中间笑"》，载于《中国禽业导刊》2004年第15期。

[24] 费威：《农产品价值增值的中间商决策及影响因素》，载于《河北科技大学学报》（社会科学版）2013年第3期。

[25] 费孝通：《乡土中国》，人民出版社2008版。

[26] 冯海英、简小鹰：《以农户为导向的信息需求分析》，载于《合作经济与科技》2006年第4期。

[27] 冯忠泽、李庆江：《中国农产品及农产品市场特点分析》，载于《中国农学通报》2008年第9版。

[28] 傅瑜、隋广军、赵子乐：《单寡头竞争性垄断：新型市场结构理论构建——基于互联网平台企业的考察》，载于《中国工业经济》2004年第1期。

[29] 高静、陈辰、杨芳：《重庆市蔬菜供应链价值创造及利益分配研究：

基于价格管理需要》，载于《西南大学学报》（自然科学版）2015 年第 7 期。

[30] 高兴武：《政府职能需求与供给的理论分析》，载于《产业与科技论坛》2007 年第 12 期。

[31] 耿莉萍：《城市菜价中的高流通成本分析及解决途径》，载于《北京工商大学学报》（社会科学版）2011 年第 4 期。

[32] 古川：《社区蔬菜直销模式的形成与运作机制研究——以北京绿富隆合作社为例》，载于《农业经济问题》2013 年第 1 期。

[33] 顾昕：《"鱼与熊掌不可兼得?——医疗服务的市场化与社会公益性"》，载于《公共管理高层论坛》2006 年第 2 期。

[34] 郭崇义、庞毅：《基于流通实力的农产品流通模式选择及优化》，载于《北京工商大学学报》（社会科学版）2009 年第 4 期。

[35] 郭宏宝：《中国财政农业补贴：政策效果与机制设计》，西南财经大学出版社 2009 年版。

[36] 国家质量监督检验检疫总局 2002 年发布的《全国主要产品分类与代码》（GB/T7635—2002）。

[37] 韩顺平、徐波：《渠道权力的来源、使用与渠道绩效——关于我国汽车营销渠道的实证研究》，载于《经济管理》2007 年第 2 期。

[38] 何颖：《中国政府机构改革 30 年回顾与反思》，载于《中国行政管理》2008 年第 12 期。

[39] 洪涛：《构建北京市现代化农副产品流通市场体系的基本思路——建立和完善与入世，绿色奥运，国际化大都市相适应的市场体系》，载于《首都经济》2002 年第 4 期。

[40] 洪涛：《我国农产品冷链物流模式创新与发展》，载于《中国农村科技》2013 年第 8 期。

[41] 洪银兴、郑江淮：《反哺农业的产业组织与市场组织——基于农产品价值链的分析》，载于《管理世界》2009 年第 5 期。

[42] 胡岗岚、卢向华、黄丽华：《电子商务生态系统及其演化路径》，载于《经济管理》2009 年第 6 期。

[43] 胡新艳：《"公司+农户"：交易特性、治理机制与合作绩效》，载于《农业经济问题》2013 年第 10 期。

[44] 胡艺峰、张友华、李绍稳等：《基于 rfid 技术的农产品流通信息系统研究》，载于《数字技术与应用》2011 年第 5 期。

[45] 胡云超、申金升、黄爱玲：《城市货运交通管制情景下城市配送多目标优化效益研究》，载于《交通运输系统工程与信息》2012 年第 12 期。

[46] 黄桂红、饶志伟：《基于供应链一体化的农产品物流整合探析》，载于《中国流通经济》2011 年第 25 期。

[47] 黄睿、张朝华：《农户农业科技信息需求的优先序及其影响因素分析——来自广东的调查》，载于《广东商学院学报》2011 年第 2 期。

[48] 黄修杰：《基于农民专业合作社的农产品流通模式研究——以广东省为例》，载于《南方农业学报》2012 年第 7 期。

[49] 黄宗智：《中国的隐性农业革命》，法律出版社 2010 年版。

[50] 黄祖辉、刘东英：《我国农产品物流体系建设与制度分析》，载于《农业经济问题》2005 年第 4 期。

[51] 戢晓峰、普永明、梁斐雯等：《交通管制时限条件下城市物流配送优化双层规划模型》，载于《公路交通科技》2014 年第 12 期。

[52] 姜长云、赵佳：《我国农产品流通政策的回顾与评论》，载于《经济研究参考》2012 年第 33 期。

[53] 蒋中一、陈子光、潘苏文等：《从大中城市蔬菜价格波动看市场运行中的问题》，载于《中国软科学》1996 年第 8 期。

[54] 金凤玲：《郑州市物流节点规划实证研究》，西南交通大学 2011 年学位论文。

[55] 金耀基：《"面"、"耻"与中国人行为之分析》，载翟学伟：《中国社会心理学评论（第二辑）》，社会科学文献出版社 2006 年版。

[56] 鞠红：《基于协同学的生鲜农产品冷链物流系统研究》，载于《物流技术》2013 年第 6 期。

[57] 寇荣、谭向勇：《论农产品流通效率的分析框架》，载于《中国流通经济》2008 年第 5 期。

[58] 李秉龙、乔娟、王可山：《WTO 规则下中外农业政策比较研究》，中国农业出版社 2006 年版。

[59] 李春成、李崇光：《完善我国农产品流通体系的几点思考》，载于《农村经济》2005 年第 3 期。

[60] 李大胜、罗必良：《关于农产品流通的若干理论问题》，载于《南方农村》2002 年第 1 期。

[61] 李海舰、田跃新、李文杰：《互联网思维与传统企业再造》，载于《中国工业经济》2014 年第 10 期。

[62] 李红：《我国政府食品安全信息披露障碍及对策》，载于《农业经济》2011 年第 9 期。

[63] 李建军、倪莉：《农民利用科技致富状况的实证调研报告》，载于《中

国农业大学学报》（社会科学版）2004年第2期。

[64] 李林阳、王秀娟：《蔬菜流通环节成本构成及利润比较——基于泾阳县至西安市蔬菜流通的实证研究》，载于《价格理论与实践》2012年第6期。

[65] 李圣军：《农产品流通环节利益分配机制的实证分析》，载于《农业技术经济》2010年第11期。

[66] 李小丽、王绯：《农户获取科技信息渠道及影响因素分析——以湘鄂渝黔边区为例》，载于《图书馆学研究》2011年第9期。

[67] 李亚丽：《美国、日本农产品供应链管理模式及经验借鉴》，载于《江苏农业科学》2014年第7期。

[68] 李泽华、尹元元：《农产品市场信用缺失及政府的干预效应》，载于《中国流通经济》2009年第2期。

[69] 李正明：《公共事业管理教程》，机械工业出版社2006年版。

[70] 李志博、米新丽、安玉发：《公益性农产品批发市场建设资金效率模糊分析》，载于《经济问题》2013年第10期。

[71] 联合国2004年发布《国际标准产业分类》修订本第3.1版（ISICRev.3.1）。

[72] 联合国2007年发布《产品总分类》第1.1版（CPCVer.1.1）。

[73] 梁漱溟：《中国文化要义》，上海世纪出版集团2005年版。

[74] 梁益民：《论河南省农产品流通信息服务平台建设》，载于《河南科技学院学报：自然科学版》2009年第4期。

[75] 林强、叶飞：《"公司+农户"型订单农业供应链的Nash协商模型》，载于《系统工程理论与实践》2014年第34期。

[76] 林语堂：《中国文化之精神》，吉林摄影出版社2003年版。

[77] 林语堂：《吾国与吾民》，江苏人民出版社2014年版。

[78] 林臻毅：《台湾农产品主要分类及标准体系研究》，载于《标准科学》2010年第5期。

[79] 刘宝宏：《信息不对称条件下的消费者行为》，载于《商业经济与管理》2001年第7期。

[80] 刘秉镰、刘玉海：《开放条件下中国物流市场发展现状及趋势分析》，载于《商业经济与管理》2009年第3期。

[81] 刘达、庞毅：《北京市蔬菜"最后一公里"问题的实证研究》，载于《北京工商大学学报（社会科学版）》2012年第4期。

[82] 刘凤芹：《不完全合约与履约障碍——以订单农业为例》，载于《经济研究》2003年第4期。

[83] 刘巩、张继忠、尚志斌：《山西忻州地委论农村经济信息的开发与应用》，载于《农业经济丛刊》1984年第5期。

[84] 刘光军：《政府职能界定与政府职能转变》，载于《河南社会科学》2007年第5期。

[85] 刘丽伟：《我国发展社区支持农业的多功能价值及路径选择》，载于《学术交流》2012年第9期。

[86] 刘鲁川、孙凯：《移动数字阅读服务用户采纳后持续使用的理论模型及实证研究》，载于《图书情报工作》2011年第55期。

[87] 刘淑云：《日本农协制度的经验与启示》，载于《内蒙古民族大学学报》2005年第2期。

[88] 刘思宇、张明：《蔬菜流通的成本构成与利润分配——基于长株潭城市群大白菜流通全过程的调查》，载于《消费经济》2013年第1期。

[89] 刘天军、胡华平、朱玉春等：《我国农产品现代流通体系机制创新研究》，载于《农业经济问题》2013年第8期。

[90] 刘雯、安玉发、张浩：《加强公益性建设是中国农产品批发市场发展的方向》，载于《农村经济》2011年第4期。

[91] 刘雯、安玉发：《基于功能分解的农产品批发市场经济性质评价研究》，载于《经济与管理研究》2010年第10期。

[92] 刘孝国、丰烨、田晶等：《吉林省农产品流通信息服务模式研究》，载于《安徽农业科学》2011年第32期。

[93] 刘耀森：《农产品价格与农民收入增长关系的动态分析》，载于《当代经济研究》2012年第5期。

[94] 卢凌霄、周应恒：《农产品批发市场现状及发展趋向》，载于《商业研究》2010年第2期。

[95] 卢涛、周寄中：《我国物联网产业的创新系统多要素联动研究》，载于《中国软科学》2011年第3期。

[96] 罗伯特·K·殷：《案例研究：设计与方法》，重庆大学出版社2004年版。

[97] 罗仲伟、盛遂、任国良等：《中国农产品批发市场发展现状与展望——中国农产品流通产品发展报告（2012）》，社会科学文献出版社2012年版。

[98] 马翠萍、肖海峰、杨青松：《蔬菜流通主体成本构成与收益分配实证研究》，载于《商业研究》2011年第11期。

[99] 马九杰、徐雪高：《市场结构与订单农业的履约分析》，载于《农业经济问题》2008年第3期。

[100] 马士华、陈习勇:《供应链环境下的物流能力构成及其特性研究》,载于《管理学报》2004年第1期。

[101] 马振:《安徽农户信息需求与获取途径的实证研究》安徽大学2010年学位论文。

[102] 毛雪飞等:《我国农产品分类现状分析与探讨——以种植业为例》,载于《农产品质量与安全》2012年第1期。

[103] 门峰:《日本政府在农产品批发市场建设中的作用》,载于《国际商业技术》2003年第3期。

[104] 孟菲、傅贤治:《美日农产品流通渠道模式比较及对中国的借鉴》,载于《中国农村经济》2007年S1期。

[105] 聂祖东、王芳、朱述斌:《农产品市场中信息不对称下的消费者剩余及行为选择》,载于《农林经济管理学报》2008年第2期。

[106] 欧阳小迅、黄福华:《我国农产品流通效率的度量及其决定因素:2000~2009》,载于《农业技术经济》2011年第2期。

[107] 彭光芒:《对当前农村科技传播媒介环境的调查》,载于《湖北农业科学》2002年第5期。

[108] 彭磊、孙开钊:《基于"农餐对接"的农产品流通创新模式研究》,载于《财贸经济》2010年第9期。

[109] 彭泰中、廖文梅:《信息不对称理论下的农产品市场风险研究》,载于《农机化研究》2007年第5期。

[110] 平先秉、肖云梅:《基于解释结构模型的农村物流影响因素研究——以城镇化背景下的湘潭为例》,载于《物流科技》2014年第1期。

[111] 钱丽萍、高伟、任星耀:《供应商专项投资对经销商长期导向的影响》,载于《管理评论》2014年第6期。

[112] 钱丽萍、任星耀:《渠道关系中专项投资不对等与机会主义行为间关系研究:正式化、参与私人关系的调节作用》,载于《管理评论》2012年第10期。

[113] 裘孟荣、王万山等:《论加入WTO后我国农产品国际贸易政策调整》,载于《中国软科学》2003年第3期。

[114] 曲研真:《信息不对称理论下农产品市场问题研究》,载于《改革与开放》2013年第4期。

[115] 任星耀、廖隽安、钱丽萍:《相互依赖不对称总是降低关系质量吗?》,载于《管理世界》2009年第12期。

[116] 任星耀、朱建宇、钱丽萍、王鹏:《渠道中不同机会主义的管理:合

同的双维度与关系规范的作用研究》，载于《南开管理评论》2012年第3期。

[117] 邵作昌：《农产品价格波动的经济学解释》，载于《农村经济》2011年第1期。

[118] 沈梅、杨萍：《信息不对称条件下的农村市场问题及对策研究》，载于《情报科学》2005年第3期。

[119] 史丽雯：《我国农产品流通信息服务模式研究》吉林农业大学2011年学位论文。

[120] 寿志钢：《专有资产的非对称性和总量对关系绩效的影响——定制化合同和嵌入式关系的中介作用》，载于《经济管理》2012年第8期。

[121] 孙隆基：《中国文化的深层结构》，广西师范大学出版社2011年版。

[122] 孙侠、张闯：《我国农产品流通的成本构成与利益分配——基于大连蔬菜流通的案例研究》，载于《农业经济问题》2008年第2期。

[123] 谭向勇、魏国辰、寇荣等：《北京市主要农产品流通效率研究》，中国物资出版社2008年版。

[124] 谭英、王德海、谢咏才：《贫困地区农户信息获取渠道与倾向性研究——中西部地区不同类型农户媒介接触行为调查报告》，载于《农业技术经济》2004年第2期。

[125] 陶经辉、李旭宏、毛海军等：《基于多指标群决策的物流园区规模确定方法研究》，载于《公路交通科技》2005年第1期。

[126] 田敏、张闯、夏春玉：《市场不确定性与农产品收购商投机行为：私人关系的作用》，载于《商业经济与管理》2013年第12期。

[127] 田敏、张闯：《订单农业中交易关系的治理机制与风险防范：基于辽宁盛德集团的案例研究》，载于《财贸研究》2010年第4期。

[128] 童颖华、刘武根：《国内外政府职能基本理论研究综述》，载于《江西师范大学学报》（哲学社会科学版）2007年第3期。

[129] 万俊毅、欧晓明：《产业链整合、专用性投资与合作剩余分配：来自温氏模式的例证》，载于《中国农村经济》2010年第5期。

[130] 万俊毅：《准纵向一体化、关系治理与合约履行——以农业产业化经营的温氏模式为例》，载于《管理世界》2008年第12期。

[131] 汪旭晖、文静怡：《我国农产品物流效率及其区域差异——基于省际面板数据的SFA分析》，载于《当代经济管理》2015年第1期。

[132] 汪旭晖、张其林：《平台型网络市场"平台—政府"双元管理范式研究——基于阿里巴巴集团的案例分析》，载于《中国工业经济》2015年第3期。

[133] 汪旭晖、张其林：《电子商务破解生鲜农产品流通困局的内在机

理——基于天猫生鲜与沱沱工社的双案例比较研究》，载于《中国软科学》2016 年第 2 期。

[134] 汪旭晖、张其林：《基于物联网的生鲜农产品冷链物流体系构建：框架、机理与路径》，载于《南京农业大学学报》（社会科学版）2016 年第 1 期。

[135] 汪旭晖、张其林：《多渠道零售商线上线下营销协同研究》，载于《商业经济与管理》2013 年第 9 期。

[136] 汪旭晖：《农产品流通体系现状与优化路径选择》，载于《改革》2008 年第 2 期。

[137] 汪洋、喻学德：《新型城镇化背景下北京市流通服务业的效率提升浅析》，载于《中国商贸》2015 年第 18 期。

[138] 王胜、丁忠兵：《农产品电商生态系统——一个理论分析框架》，载于《中国农村观察》2015 年第 4 期。

[139] 王彬、傅贤治、张士康：《基于综合"DEA-偏好锥"模型的鲜活农产品流通模式效率评价的研究》，载于《安徽农业科学》2008 年第 12 期。

[140] 王东梅：《经济全球化背景下中国政府职能转变》，载于《辽宁行政学院学报》2007 年第 2 期。

[141] 王广斌、冉维龙：《山西农产品流通和市场建设分析与模式构建》，载于《生产力研究》2004 年第 4 期。

[142] 王梦奎：《关于统筹城乡发展和统筹区域发展》，载于《管理世界》2004 年第 4 期。

[143] 王勉：《农产品"卖难买贵"的病根是信息不对称》，载于《江苏农业科技报》，2015 年第 2 期。

[144] 王文韬、谢阳群、谢笑：《关于 D&M 信息系统成功模型演化和进展的研究》，载于《情报理论与实践》2014 年第 6 期。

[145] 王秀清、孙云峰：《我国食品市场上的质量信号问题》，载于《中国农村经济》2002 年第 5 期。

[146] 王宣明：《谈对专业户的信息服务》，载于《图书馆杂志》1998 年第 5 期。

[147] 王学真、刘中会、周涛：《蔬菜从山东寿光生产者到北京最终消费者流通费用的调查与思考》，载于《中国农村经济》2005 年第 4 期。

[148] 王英平：《我国农产品高流通成本原因及对策分析》，载于《价值工程》2012 年第 36 期。

[149] 魏国辰：《电商企业生鲜产品物流模式创新》，载于《中国流通经济》2015 年第 1 期。

[150] 温忠麟、侯杰泰、张雷：《调节效应与中介效应的比较和应用》，载于《心理学报》2005年第2期。

[151] 文崇一：《报恩与报仇：交换行为的分析》，载杨国枢：《中国人的心理》，中国人民大学出版社2012年版。

[152] 文晓巍：《农产品供应链流通成本与相关主体利益匹配：广州证据》，载于《改革》2011年第8期。

[153] 吴海民、张全红、李响：《基于农产品"最后一公里"流通模式的思考》，载于《价格月刊》2012年第9期。

[154] 吴小丁：《我国生鲜农产品流通的中央批发市场制度构想》，载于《商业经济与管理》2014年第2期。

[155] 吴修立、李树超、郑国生、杨信廷：《农产品质量安全问题中的信息不对称及其对策研究》，载于《当代经济管理》2008年第4期。

[156] 席恺媛、柯巧、王滢淇：《农产品流通环节的利益分配研究——以武汉市蔬菜市场为例》，载于《安徽农业科学》2013年第8期。

[157] 夏春玉、杜楠、张闯：《契约型农产品渠道中的契约治理、收购商管控与农户绩效》，载于《经济管理》2015年第1期。

[158] 夏春玉、田敏、张闯：《契约型农业中私人关系对投机行为的影响：农户感知公平的作用》，载于《北京工商大学学报》（社会科学版）2015年第1期。

[159] 夏春玉、薛建强、徐健：《农产品流通：基于网络组织理论的一个分析框架》，载于《北京工商大学学报》（社会科学版）2009年第4期。

[160] 夏春玉、张闯、董春艳、梁守砚：《"订单农业"中交易关系的建立、发展与维护：以经纪人主导的蔬菜流通渠道为例》，载于《财贸研究》2009年第4期。

[161] 夏春玉：《流通概论（第三版）》，东北财经大学出版社2013年版。

[162] 夏春玉：《中国农村流通体制改革研究》，经济科学出版社2009年版。

[163] 肖芳：《解析生鲜电商四种模式》，载于《互联网周刊》2013年第9期。

[164] 肖惊：《农村信息服务需求影响因素研究》，复旦大学2009年学位论文。

[165] 熊凯：《论网络口传中意见领袖作用的内在机理及其危机公关》，载于《商业经济》2014年第1期。

[166] 胥爱贵：《加快农产品流通信息化的建议》，载于《农业经济问题》2002年第4期。

[167] 徐柏园：《公益性：农产品批发市场性质的正本清源》，载于《中国流通经济》2011年第5期。

[168] 徐国虎、孙凌、许芳:《基于大数据的线上线下电商用户数据挖掘研究》,载于《中南民族大学学报》(自然科学版)2013年第2期。

[169] 许景:《企业间正式契约对关系绩效影响的实证研究》,载于《南京工业大学学报》(社会科学版)2011年第3期。

[170] 许世卫、李哲敏、李干琼等:《尖椒价格形成及利润分配调查报告》,载于《农业展望》2008年第5期。

[171] 晏维龙、韩耀、杨益民:《城市化与商品流通的关系研究:理论与实证》,载于《经济研究》2004年第2期。

[172] 晏维龙:《中国城市化对流通业发展影响的实证研究》,载于《财贸经济》2006年第3期。

[173] 杨芳、谢如鹤:《生鲜农产品冷链物流系统结构模型的构建》,载于《系统工程》2012年第12期。

[174] 杨国枢:《华人本土心理学(上册)》,重庆大学出版社2008年版。

[175] 杨菁:《国外农产品贸易与市场流通》,中国社会出版社2006年版。

[176] 杨军、王厚俊、杨春:《我国城镇化对农产品物流效率的影响》,载于《农业技术经济》2011年第10期。

[177] 杨钧:《中国农产品冷链物流发展模式研究》,载于《河南农业大学学报》2013年第2期。

[178] 杨力、刘佳、胡左浩等:《经销商感知公平与渠道关系质量的实证研究》,载于《营销科学学报》2012年第2期。

[179] 杨年芳、孙剑:《我国柑橘产品流通渠道的运行模式与发展对策》,载于《农业展望》2007年第11期。

[180] 杨双林:《基于流通加工环节的物流运输合理化策略分析》,载于《科技信息》2009年第19期。

[181] 杨万江:《食品安全生产经济分析》,中国农业出版社2006年版。

[182] 杨宜苗、肖庆功:《不同流通渠道下农产品流通成本和效率比较研究——基于锦州市葡萄流通的案例分析》,载于《农业经济问题》2011年第2期。

[183] 杨宜音:《中国社会心理学评论(第一辑)》,社会科学文献出版社2005年版。

[184] 杨咏中、牛惠民:《国外交通运输管理体制及其对我国的启迪》,载于《交通运输系统工程与信息》2009年第1期。

[185] 杨志宏、翟印礼:《超市农产品供应链流通成本分析——以沈阳市蔬菜市场为例》,载于《农业经济问题》2011年第2期。

[186] 杨中芳、彭泗清：《中国人人际信任的概念化：一个人际关系的观点》，载于《社会学研究》1999 年第 2 期。

[187] 杨中芳：《如何理解中国人：文化与个人论文集》，重庆大学出版社 2009 年版。

[188] 叶飞、林强、莫瑞君：《基于 B-S 模型的订单农业供应链协调机制研究》，载于《管理科学学报》2012 年第 1 期。

[189] 袁华：《构建以合作组织为纽带的农产品流通渠道》，载于《科技情报开发与经济》2005 年第 5 期。

[190] 翟桔红、徐水安：《政府职能厘析》，载于《中南财经政法大学学报》2007 年第 2 期。

[191] 翟学伟：《人情、面子与权力的再生产——情理社会中的社会交换方式》，载于《社会学研究》2004 年第 5 期。

[192] 翟学伟：《人情、面子与权力的再生产》，北京大学出版社 2005 年版。

[193] 张闯、夏春玉、刘凤芹：《农产品批发市场公益性实现方式研究——以北京新发地市场为案例》，载于《农业经济问题》2015 年第 1 期。

[194] 张闯、夏春玉：《农产品流通渠道：权力结构与组织体系的构建》，载于《农业经济问题》2005 年第 7 期。

[195] 张闯、杜楠、吴启双：《渠道公平对长期导向和渠道投机行为的影响——基于家具渠道的实证研究》，载于《中大管理研究》2012 年第 3 期。

[196] 张闯、杜楠、夏春玉等：《渠道成员退出和呼吁：感知公平与长期导向的作用》，载于《管理科学》2014 年第 2 期。

[197] 张闯、李骥、关宇虹：《契约治理机制与渠道绩效：人情的作用》，载于《管理评论》2014 年第 2 期。

[198] 张闯、林曦：《农产品交易关系治理机制：基于角色理论的整合分析框架》，载于《学习与实践》2012 年第 12 期。

[199] 张闯、夏春玉、梁守砚：《关系交换、治理机制与交易绩效：基于蔬菜流通渠道的比较案例研究》，载于《管理世界》2009 年第 12 期。

[200] 张闯、徐健、夏春玉：《契约型农产品渠道中农户人际关系网络结构对企业权力应用及其结果的影响》，载于《营销科学学报》2010 年第 1 期。

[201] 张闯、徐健、夏春玉：《契约型农产品渠道中的渠道行为对关系稳定性的影响研究》，载于《营销科学学报》2010 年第 4 期。

[202] 张闯、庄贵军、周南：《如何从中国情境中创新营销理论？——本土营销理论的建构路径、方法及其挑战》，载于《管理世界》2013 年第 12 期。

[203] 张贵友：《我国农产品流通基础设施建设：问题与对策》，载于《中国社会科学院研究生院学报》2009年第1期。

[204] 张浩、孙庆莉、安玉发：《中国主要农产品批发市场的效率评价》，载于《中国农村经济》2009年第10期。

[205] 张静、王健、周国民：《基于农产品价格信息的多源网络信息语义异构类型探析》，载于《农业展望》2014年第5期。

[206] 张维迎：《博弈论与信息经济学》，上海人民出版社1996年版。

[207] 张喜才、张利库、张屹楠：《我国蔬菜产业链各环节成本收益分析——基于山东，北京的调研》，载于《农业经济与管理》2011年第5期。

[208] 张旭梅、陈伟：《供应链企业间信任、关系承诺与合作绩效基于知识交易视角的实证研究》，载于《科学学研究》2011年第12期。

[209] 张艳琦等：《农产品分类的国内外发展现状研究》，载于《中国标准化》2014年第7期。

[210] 张应语、张梦佳、王强等：《基于感知收益——感知风险框架的O2O模式下生鲜农产品购买意愿研究》，载于《中国软科学》2015年第6期。

[211] 张玉玺：《农产品流通理论思考与实践探索——北京新发地市场的实践与经验》，社会科学文献出版社2012年版。

[212] 张玉香：《关于加强农业信息体系建设的对策研究》，载于《农业经济问题》2003年第1期。

[213] 张志杰、吕廷杰：《移动LBS用户接受模型的实证研究》，载于《北京邮电大学学报》（社会科学版）2012年第1期。

[214] 赵尔烈：《为了百姓的绿色餐桌》，中国财富出版社2013年版。

[215] 赵金涛、刘秉镰：《我国综合交通运输管理体制改革探讨》，载于《经济问题探索》2005年第1期。

[216] 赵庆泉：《北京市蔬菜零售终端的成本与利润核算》，载于《经营管理者》2015年第9期。

[217] 赵晓飞、李崇光：《农品流通渠道变革：演进规律、动力机制与发展趋势》，载于《管理世界》2012年第3期。

[218] 赵晓飞、田野：《国农产品流通渠道模式创新研究》，载于《商业经济与管理》2009年第2期。

[219] 赵学刚：《食品安全信息供给的政府义务及其实现路径》，载于《中国行政管理》2011年第7期。

[220] 郑风田、李明：《大豆产业链的成本与利润分配：黑龙江个案》，载于《改革》2009年第5期。

[221] 郑凤田、赵阳：《我国农产品质量安全问题与对策》，载于《中国软科学》2003 年第 2 期。

[222] 智敏：《城镇化影响农产品流通的机理与途径分析——以陕西为例》，载于《西安文理学院学报》（社会科学版）2013 年第 5 期。

[223] 周树华、张正洋、张艺华：《构建连锁超市生鲜农产品供应链的信息管理体系探讨》，载于《管理世界》2011 年第 3 期。

[224] 周涛、鲁耀斌、张金隆：《移动商务网站关键成功因素研究》，载于《管理评论》2011 年第 6 期。

[225] 周茵、庄贵军、王非：《破解渠道投机的恶性循环：合同治理与关系治理权变模型》，载于《西安交通大学学报》（社会科学版）2015 年第 1 期。

[226] 周应恒、霍丽明、彭晓佳：《食品安全：消费者态度、购买意愿及信息的影响——对南京市超市消费者的调查分析》，载于《中国农村经济》2004 年第 11 期。

[227] 朱超才：《中国农产品冷链物流体系研究》，载于《安徽农业科学》2011 年第 4 期。

[228] 朱华友、谢恩奇：《区域农产品流通模式研究——基于浙江省金华市的实地调查》，载于《农业经济问题》2013 年第 10 期。

[229] 朱闪闪、方威：《我国农产品流通中信息不对称问题探讨》，载于《湖南省市场学会 2009 年会暨"两型社会与营销创新"学术研讨会论文集》，2010 年。

[230] 朱涛：《商业布局与市场定位：基于豪泰林模型的拓展分析》，载于《数量经济技术经济研究》2004 年第 10 期。

[231] 庄贵军、李珂、崔晓明：《关系营销导向与跨组织人际关系对企业关系型渠道治理的影响》，载于《管理世界》2008 年第 7 期。

[232] 庄贵军、刘宇：《渠道投机行为的相互性以及交易专有资产的影响》，载于《管理科学》2010 年第 6 期。

[233] 庄贵军、席西民：《关系营销在中国的文化基础》，载于《管理世界》2003 年第 10 期。

[234] 庄贵军、周南、苏晨汀等：《社会资本与关系导向对于营销渠道中企业之间沟通方式与策略的影响》，载于《系统工程理论与实践》2008 年第 3 期。

[235] 庄贵军：《营销渠道控制：理论与模型》，载于《管理学报》2004 年第 1 期。

[236] 庄贵军：《关系在中国的文化内涵：管理学者的视角》，载于《当代经济科学》2012 年第 1 期。

［237］庄贵军：《基于渠道组织形式的渠道治理策略选择：渠道治理的一个新视角》，载于《南开管理评论》2012年第6期。

［238］资武成、廖小刚：《供应链管理视角下我国农产品流通中信息服务模式研究》，载于《物流科技》2011年第5期。

［239］《国际标准行业分类》第四版（ISICRev. 34.0）。

［240］《国民经济行业分类》（GB/T4754—2002），2002年修订。

［241］《国民经济行业分类》（GB/T4754—2011），2011年修订。

［242］Agarwal S, Ramaswami S N, Marketing Controls and Employee Responses the Moderating Role of Task Characteristics, Journal of the Academy of Marketing Science, 1993.

［243］Aiken L S and West S G, Multiple Regression: Testing and Interpreting Interactions, Newbury Park, CA: Sage Publications, 1991.

［244］Akerlof G., The market for lemons: quality uncertainty and the market mechanism, Quarterly Journal of Economics, 1970.

［245］Aladwani A M, Palvia P C., Developing and validating an instrument for measuring user-perceived web quality, Information & Management, 2002.

［246］Ambler T, Styles C and Wang X C, The Effect of Channel Relationships and Guanxi on the Performance of Inter-Province Export Ventures in the People's Republic of China, International Journal of Research in Marketing, 1999.

［247］Anderson E and Weitz B, The Use of Pledges to Build and Sustain Commitment in Distribution Channels, Journal of Marketing Research, 1992.

［248］AndersonE and Oliver R L, Perspectives on Behavior-Based Versus Outcome-Based Sales Force Control Systems, Journal of Marketing, 1987.

［249］Antia K D and Frazier G L, The Severity of Contract Enforcement in Interfirm Channel Relationships, Journal of Marketing, 2001.

［250］Antia K D, Bergen M E. Dutta S and Fisher R J, How Does Enforcement Deter Gray Markets?, Journal of Marketing, 2006.

［251］Au N, Cheng T C E, Extending the understanding of end user information systems satisfaction formation: An equitable needs fulfillment model approach, Mis Quarterly, 2006.

［252］BagozziR R, Yi Y, On the Evaluation of Structural Equation Models, Journal of the Academy of Marketing Science, 1998.

［253］Barnes B R, Yen D and Zhou L X, Investigating Guanxi Dimensions and Relationship Outcomes: Insights from Sino-Anglo Business Relationships, Industrial

Marketing Management, 2011.

［254］BarnesB R, Leonidou L C, Siu N Y M and Leonidou C N, Opportunism as the inhibiting triggerfor developing long-term-orientedwestern exporter – Hong Kongimporter relationships, Journal of Int, 2010.

［255］Baron R M, David A K, Moderator – Mediator Variables Distinction in Social Psychological Research: Conceptual, Strategic, and Statistical Considerations, Journal of Personality and Social Ps, 1986.

［256］Bello D C and Gilliland D I, The Effects of Output Controls, Process Controls, and Flexibility and Export Channel Performance, Journal of Marketing, 1997.

［257］Berry J W, Imposed Etics – Emics – Derived Etics: The Operationalization of a Compelling Idea, International Journal of Psychology, 1989.

［258］Calisir F, Calisir F, The relation of interface usability characteristics, perceived usefulness, and perceived ease of use to end-user satisfaction with enterprise resource planning (ERP), 2004.

［259］Cannon J P, Perreault W D, Buyer-seller relationships in business markets, Journal of Marketing Research, 1999.

［260］Carpio C E, Isengildina – Massa O, Lamie R D, et al., Does e-commerce help agricultural markets? The case of MarketMaker, Choices, 2013.

［261］Cavusgil S T, Deligonul S, Zhang C, Curbing foreign distributor opportunism: an examination of trust, contracts, and the legal environment in international channel relationships, Journal of International Marketing, 2004.

［262］Cavusgil T, Deligonul S and Zhang C, Curbing Foreign Distributor Opportunism: An Examination of Trust, Contracts, and the Legal Environment in International Channel Relationships, Journal of International Marketing, 2004.

［263］Celly KS and Frazier G L, Outcome – Based and Behavior – Based Coordination Efforts in Channel Relationships, Journal of Marketing Research, 1996.

［264］Challagalla G N and Shervani T A, Dimensions and Types of Supervisory Control: Effects on Salesperson Performance and Satisfaction, Journal of Marketing, 1996.

［265］Chen C C, Chen C P and Huang S, Chinese Guanxi: An Integrative Review and New Directions for Future Research, Management and Organization Review, 2013.

［266］Chen C D, Cheng C J, Understanding consumer intention in online shopping: A respecification and validation of the DeLone and McLean model, Behaviour &

Information Technology, 2009.

[267] Chen C W., Impact of quality antecedents on taxpayer satisfaction with online tax-filing systems—an empirical study, Information & Management, 2010.

[268] Chen H Z, Ellinger A E and Tian Y, Manufacturer – Supplier Guanxi Strategy: An Examination of Contingent Environmental Factors, Industrial Marketing Management, 2011.

[269] Chen L D, Muthitacharoen A M, Frolick M N, Investigating the use of role play training to improve the communication skills of is professionals: Some empirical evidence, Journal of Computer Information Systems, 2003.

[270] Chen X P and Chen C C, On the Intricacies of the Chinese Guanxi: A Process Model of Guanxi Development, Asia Pacific Journal of Management, 2004.

[271] Chen Z Y, Huang Y and Sternquist B, Guanxi Practice and Chinese Buyer – Supplier Relationships: The Buyer's Perspective, Industrial Marketing Management, 2011.

[272] Cheng C Y, The Concept of Face and Its Confucian Roots, Journal of Chinese Philosophy, 1986.

[273] Coase R, The Nature of the Firm, Economics N. S, 1937.

[274] Crosno J L, Dahlstrom R, Ameta-analytic review of opportunism in exchange relationships, Journal of the Academy of Marketing Science, 2008.

[275] Crosno JL and Brown J R, A Meta – Analytic Review of the Effects of Organizational Control in Marketing Exchange Relationships, Journal of the Academy of Marketing Science, 2014.

[276] Dahlstrom R, Nygaard A, An empirical investigation of ex post transaction costs in franchised distribution channels, Journal of Marketing Research, 1999.

[277] Darby M, Kami E, Free competition and the optimal amount of fraud, Journal of Law and Economics, 1973.

[278] Davies H, Leung T K P, Luk S T K and Wong Y H, The Benefits of Guanxi: The Value of Relationships in Developing the Chinese Market, Industrial Marketing Management, 1995.

[279] Deci E L and Ryan R M, Intrinsic Motivation and Self – Determination in Human Behavior, New York: Plenum Press, 1985.

[280] Delone W H, Mclean E R, Information systems success: The quest for the dependent variable, Information systems research, 1992.

[281] Doney P M, Cannon J P, An Examination of the Nature of Trust in Buy-

er – Seller Relationships, Journal of Marketing, 1997.

[282] Dong M C, Li C B and Tse D K, Do Business and Political Ties Differ in Cultivating Marketing Channels for Foreign and Local Firms in China?, Journal of International Marketing, 2013.

[283] Douglas S P and Craig S, On Improving the Conceptual Foundations of International Marketing Research, Journal of International Marketing, 2006.

[284] Dyer J H and Singh H, The Relational View: Cooperative Strategy and Sources of Interorganizational Competitive Advantage, Academy of Management Review, 1998.

[285] EI – AnsaryAI and Stern LW, Power, Measurement in the Distribution-Channel, Journal of marketing Research, 1972.

[286] Eisenach J A, Lenard T M, Competition, innovation and the Microsoft monopoly: Antitrust in the digital marketplace, Springer Netherlands, 1999.

[287] Eisenhaedt K M, Control: Organizational and Economic Approaches, Management Science, 1985.

[288] Eisenhardt K M, Building theories from case study research, Academy of Management Review, 1989.

[289] Fornell C, Larcker D F, Evaluating structural equation models with unobservable variables and measurement error, Journal of Marketing Research, 1981.

[290] Fornell, C. and D. F, Larcker, Evaluating Structural Equation Models with Unobservable Variables and Measurement Error, Journal of Marketing Research, 1981.

[291] Fry L W, Charles M F and Parasuraman A. et al, An Analysis of Alternative Causal Models of Salesperson Role Perceptions and Work Related Attitudes, Journal of Marketing Research, 1986.

[292] Ganesan S, Determinants of long-term orientation in buyer-seller relationships, Journal of Marketing, 1994.

[293] Gelderman C J, Weele A J V, Strategic direction through purchasing portfolio management: A case study, Journal of Supply Chain Management, 2002.

[294] Ghosh M and John G, Strategic Fit in Industrial Alliances: An Empirical Test of Governance Value Analysis, Journal of Marketing Research, 2005.

[295] Gilliland D I, Bello D C, Gundlach G T, Control-based channel governance and relative dependenc, Journal of the Academy of Marketing Science, 2010.

[296] Gorla N, Somers T M, Wong B, Organizational impact of system quality,

information quality, and service quality, Journal of Strategic Information System, 2010.

[297] Grant K and Cravens D W, Examining Sales Force Performance in Organizations that Use Behavior – Based Sales Management Processes, Industrial Marketing Management, 1996.

[298] Grayson K, Friendship Versus Business in Marketing Relationships, Journal of Marketing, 2007.

[299] Grewal R, Comer J M and Mehta R, An Investigation into the Antecedents of Organizational Participation in Business-to-Business Electronic Markets, Journal of Marketing, 2001.

[300] Grewal R, Kumar A, Mallapragada G and Saini A, Marketing Channels in Foreign Markets: Control Mechanisms and the Moderating Role of Multinational Corporation Headquarters – Subsidiary Relationship, Journal of Marketing Research, 2013.

[301] Gu F F, Hung K and Tse D K, When Does Guanxi Matter? Issues of Capitalization and Its Dark Sides, Journal of Marketing, 2008.

[302] Gundlach G T and Achrol R S, Goverance in Exchange Contract Law and its Alternatives, Journal of Public & Marketing, 1993.

[303] Hair J F, Anderson R E, Tatham R L, et al., Multivariate Data Analysis, Englewood Cliffs, N. J.: Prentice – Hall, 1998.

[304] Handfield R B and Bechtel C, The Role of Trust and Relationship Structure in Improving Supply Chain Responsiveness, Industrial Marketing Managemen, 2002.

[305] Hawkins T G, Pohlen T L, Prybutok V R, Buyer opportunism in business-to-business exchange, Industrial Marketing Management, 2013.

[306] Haytko D L, Firm-to – Firm and Interpersonal Relationships: Perspectives from Advertising Agency Account Managers, Journal of the Academy of Marketing Science, 2004.

[307] Heide J B and John G, The Role of Dependence Balancing in Safeguarding Transaction – Specific Assets in Conventional Channels, Journal of Marketing, 1998.

[308] Heide J B, Wathne K and Rokkan A I, Interfirm Monitoring, Social Contracts, and Relationship Outcomes, Journal of Marketing Research, 2007.

[309] Heide J B, Interorganizational Governance in Marketing Channels, Journal of Marketing, 1994.

［310］Hernández E M, Arcas L N, Unilateral control and the moderating effects of fairness on the target's performance in asymmetric channel partnerships, European Journal of Marketing, 2003.

［311］Hirst M K, Accounting Information and the Evaluation of Subordinate Performance: A Situational Approach, The Accounting Review, 1981.

［312］Ho D Y F, Face Dynamics: From Conceptualization to Measurement, in Ting‐Toomey, S. (Ed.), The Challenge of Facework, New York: SUNY Press, 1994.

［313］Ho D Y F, On the Concept of Face, American Journal of Sociology, 1976.

［314］Hobbs J E, Bailey D, Dickinson D L, et al, Traceability in the Canadian red meat sector: Do consumers care?, Canadian Journal of Agricultural Economics, 2005.

［315］Hsu F L K, American and Chinese: Passage to differences. Honolulu, HA: University of Hawaii Press, 1981.

［316］Hu H C, The Chinese Concepts of Face, American Anthropologist, 1944.

［317］Husted B W and Folger R, Fairness and Transaction Costs: The Contribution of Organizational Justice Theory to an Integrated model of economic organization, Organization Science, 2004.

［318］Hwang K, Face and Favor: The Chinese Power Game, American Journal of Sociology, 1987.

［319］Iwaarden J V, Wiele T V D, Ball L, et al, Wiele T V D, Ball L, et al, Perceptions about the quality of web sites: A survey amongst students at Northeastern University and Erasmus University, Information & Management, 2004.

［320］Jacobs J B, A Preliminary Model of Particularistic Ties in Chinese political Alliances: Kan-ch'ing and Kuan-hsi in a Rural Taiwanese Township, The China Quarterly, 1979.

［321］Jap S D and Anderson E, Safeguarding Interorganizational Performance and Continuity Under Ex Post Opportunism, Management Science, 2003.

［322］Jap S D, Robertson D C, Rindfleisch A and Hamilton R, Low‐Stakes Opportunism, Journal of Marketing Research, 2013.

［323］Jap S. D. and Ganesan, Control Mechanisms and the Relationship Life Cycle: Implications for Safeguarding Specific Investments and Developing Commitment,

Journal of Marketing Research, 2000.

［324］Jaworski B J, Stathakopoulos V and Krishnan H S, Control Combinationsin Marketing: Conceptual Framework and Empirical Evidence, Journal of Marketing, 1993.

［325］Jiang J J, Klein G, Carr C L, Measuring information systems service quality: SERVQUAL from the other side, Mis Quarterly, 2002.

［326］John G, An empirical investigation of some antecedents of opportunism in a marketing channel, Journal of Marketing Research, 1984.

［327］Joshi A W, Campbell A J, Effect of Environmental Dynamism on relational Governance in Manufacturer-supplier Relationships: A contingency framework and an empirical test, Journal of the Academy of Marketing Science, 2003.

［328］Joshi A W, Stump R L, Determinants of commitment and opportunism, integrating and extending insights from transaction cost analysis and relational exchange theory, Canadian Journal of Administrative Science, 1999.

［329］Joshi A W, Continuous Supplier Performance Improvement: Effects of Collaborative Communication and Control, Journal of Marketing, 2009.

［330］Kashyap V, Antia K D and Frazier G L, Contracts, Extracontractual Incentives, and Ex Post Behavior in Franchise Channel Relationships, Journal of Marketing Research, 2012.

［331］Kaufmann P J, Stern L W, Relational Exchange Norms, Perceptions of Unfairness and Relational Hostility in Commercial Litigation, Journal of Conflict Resolution, 1988.

［332］Klein S, Frazier G Land Roth V, A Transaction Cost Analysis Model of Channel Integration in International Markets, Journal of Marketing Research, 1990.

［333］Kumar N, Scheer L K and Steenkamp E M, The Effect of Supplier Fairness on Vulnerable Reseller, Journal of Marketing Research, 1995.

［334］Kumar N, Scheer L K, Steenkamp J-B E M, Interdependence, punitive capability, and the reciprocation of punitive actions in channel relationships, Journal of Marketing Research, 1998.

［335］Lee D J, Pae J H and Wong Y H, A Model of Close Business Relationships in China (Guanxi), European Journal of Marketing, 2001.

［336］Lee D Y, Dawes P L, Guanxi, trust and long-term orientation in Chinese business marketing, Journal of International Marketing, 2005.

［337］Leung T K P, Chan R Y K, Lai K H and Ngai E W, An Examination of the Influence of Guanxi and Xinyong(Utilization of Personal Trust)on Negotiation Outcome in China: An Old Friend Approach, Industrial Marketing Management, 2011.

[338] Leung T K P, Heung V C S and Wong Y H, Cronyism: One Possible Consequence of Guanxi for an Insider: How to Obtain and Maintain it?, European Journal of Marketing, 2008.

[339] Leyl, Pitt F, Kavan C B, Service quality: A measure of information systems effectiveness, 1995.

[340] Li H Y, Atuahene–Gime K, Product innovation strategy and the performance of new technology ventures in China, Academy of Management Journal, 2001.

[341] Li J J, Poppo L and Zhou K Z, Do Managerial Ties in China Always Produce Value? Competition, Uncertainty, and Domestic vs. Foreign Firms, Strategic Management Journal, 2008.

[342] Lindell M K, Whitney D J, Accounting for common method variance in cross-sectional research design, Journal of Applied Psychology, 2001.

[343] Liu Y, Li Y, Tao L and Wang Y, Relationship Stability, Trust and Relational Risk in Marketing Channels: Evidence from China, Industrial Marketing Management, 2008.

[344] Liu Y, Luo Y, Liu T, Governing buyer-supplier relationships through transactional and relational mechanisms: Evidence from China, Journal of Operations Management, 2009.

[345] Luo J D, Guanxi Revisited: An Exploratory Study of Familiar Ties in a Chinese Workplace, Management and Organization Review, 2011.

[346] Luo Y D, Guanxi: Principles, philosophies, and implications, Human Systems Management, 1997

[347] Luo Y D. Huang Y and Wang S L, Guanxi and Organizational Performance: A Meta-analysis, Management and Organization Review, 2011.

[348] Luo Y, Partnering with foreign firms: How do Chinese managers view the governance and importance of contracts?, Asia Pacific Journal of Management, 2002.

[349] Luo Y, Transactional characteristic, institutional environment and joint venture contracts, Journal of International Business Studie, 2005.

[350] Lusch R F and Brown J R, Interdependency, Contracting, and Relational Behavior in Marketing Channels, Journal of Marketing, 1996.

[351] Macneil IR, The New Social Contract, New Haven, CT: Yale University

Press, 1980.

[352] Marsden P V and Campbell K E, Measuring Tie Strength, Social Forces, 1984.

[353] Mavondo F T and Rodrigo E R, The Effect of Relationship Dimensions on Interpersonal and Interorganizational Commitment in Organizations Conducting Business Between Australia and China, Journal of Business Research, 1999.

[354] Muralidhar G, Radhika P, Seema, et al, Efficiency of marketing channels for mango in mahabubnagar district of andhra Pradesh, Iup Journal of Management Research, 2012.

[355] Nelson P, Information and consumer, Journal of Political Economy, 1970.

[356] Nelson R R, Todd P A, Antecedents of information and system quality: An empirical examination within the context of data warehousing, Journal of Management Information Systems, 2005.

[357] NorthDC, Institutions, Institutional Change, and Economic Performance, Norton: New York, 1990.

[358] Oliver R L and Anderson E, An Empirical Test of the Consequences of the Behavior-and Outcome-based Sales Control Systems, Journal of Marketing, 1994.

[359] Oliver R L, Swan J E, Consumer perceptions of interpersonal equity and satisfaction in transactions: A field survey approach, Journal of Marketing, 1989.

[360] Ouchi W G and Maguire M A, Organizational Control: Two Functions, Administrative Science Quarterly, 1975.

[361] Palmer J W, Web site usability, design, and performance metrics, Information Systems Research, 2002.

[362] Parasuraman A, Colby C L, Techno-ready marketing: How and why your customers adopt technology, Journal of Product Innovation Management, 2001.

[363] Park S H, Luo Y, Guanxi and organizational dynamics: organizational networking in Chinese firms, Strategic Management Journal, 2001.

[364] Petter S, Delone W, Mclean E, Measuring information systems success: Models, dimensions, measures, and interrelationships, European Journal of Information Systems, volume 17 (3): 236–263, 2008.

[365] Ping R A, The effects of satisfaction and structural constraints on retailer exiting, voice, loyalty, opportunism, and neglect, Journal of Retailing, 1993.

[366] Podsakoff P M, MacKenzie S B, Lee J Y, Podsakoff N P, Common

method biases in behavioral research: A critical review of the literature and recommended remedies, Journal of Applied Psychology, 2003.

［367］Poppo L and Zenger T, Do Formal Contracts and Relational Governance Function as Substitutes or Complements?, Strategic Management Journal, 2002.

［368］Poppo L and Zhou K Z, Managing Contracts for Fairness in Buyer – Supplier Exchanges, Strategic Management Journal, 2014.

［369］Preacher K J, Hayes A F, Asymptotic and resampling strategies for assessing and comparing indirect effects in multiple mediator models, Behavior Research Methods, 2008.

［370］Price L L, Arnould E J, Commercial Friendships: Service Provider – Client Relationships in Context, Journal of Marketing, 1999.

［371］Ramaswami S N, Marketing Controls and Dysfunctional Employee Behaviors: A Test of Traditional and Contingency Theory Postulates, Journal of Marketing, 1996.

［372］Rindfleisch A, Antia K, Bercovitz J, Brown J R, Cannon J, et al., Transaction costs, opportunism, and governance, contextual considerations and future research opportunities, Marketing Letters, 2010.

［373］Rindfleisch A, Heide J B, Transaction cost analysis: Past, present, and future applications, Journal of Marketing, 1997.

［374］Robicheaux R A, LEI – ansary A, A General Model for Understanding Channel Member Behavior, Journal of Retailing, 1976.

［375］Samaha S A, Palmatier R W and Dant R, Poisoning Relationships, Perceived Unfairness in Channels of Distribution Embeddedness, Journal of Marketing, 2011.

［376］Samaha S A, Palmatier R W, Dant R P, Poisoning Relationships: Perceived Unfairness in Channels of Distribution, Journal of Marketing, 2011.

［377］Seddon P, A partial test and development of delone and mclean's model of is success, Australasian Journal of Information Systems, 1994.

［378］Seggie S H, Griffith D A and Jap S D, Passive and Active Opportunism in Interorganizational Exchange Embeddedness, Journal of Marketing, 2013.

［379］Sheng S, Zhou K Z and Li J J, The Effects of Business and Political Ties on Firm Performance: Evidence From China Embeddedness, Journal of Marketing, 2011.

［380］Shi G, Shi Y, Chan A K, Liu M T and Fam K S, The Role of Renqing in Mediating Customer Relationship Investment and Relationship Commitment in China Embeddedness, Industrial Marketing Management, 2011.

［381］Shou Z, Guo R, Zhang Q and Su C, The Many Faces of Trust and Guanxi Behavior: Evidence From Marketing Channels in China Embeddedness, Industrial Marketing Management, 2011.

［382］Sidhu R S, Sidhu M S, Singh J M, Marketing efficiency of green peas under different supply chains in punjab, Agricultural Economics Research Review, 2011.

［383］Ford, S. A., & Babb, E. M, Farmer sources and uses of information, 1989.

［384］Stern L, El – Ansary A and Coughlan A, Marketing Channels, Upper Saddle River, 1996.

［385］Stump R L, Heide J B, Controlling supplier opportunism in industrial relationships, Journal of Marketing Research, 1996.

［386］Su C, Yang Z, Zhuang G, Zhou N and Dou W, Interpersonal Influence as an Alternative Channel Communication Behavior in Emerging Markets: The Case of China Embeddedness, Journal of International Business Studie, 2009.

［387］Teo T S H, Srivastava S C, Jiang L, Trust and electronic government success: An empirical study, Journal of Management Information Systems, 2008.

［388］Trusov M, Bucklin R E, Pauwels K, Effects of word-of-mouth versus traditional marketing: Findings from an internet social networking site, Journal of Marketing, 2009.

［389］Tsang E W, Can Guanxi be a Source of Sustained Competitive Advantage for Doing Business in China? Embeddedness, Academy of Management Executive, 1998.

［390］Urbach A, Bar – Nur O, Daley G Q, et al, Differential modeling of fragile x syndrome by human embryonic stem cells and induced pluripotent stem cells, 2010.

［391］Urbach N, Smolnik S, Riempp G, An empirical investigation of employee portal success, The Journal of Strategic Information Systems, 2010.

［392］Wang C L, Guanxi vs. Relationship Marketing: Exploring Underlying Differences, Industrial Marketing Management, 2007.

［393］Wang C L, Siu N Y M and Barnes B R, The Significance of Trust and Renqing in the Long-term Orientation of Chinese Business-to-Business Relationships,

Industrial Marketing Management, 2008.

［394］ Wang D T, Gu F F and Dong M C, Observer effects of punishment in a distribution network, Journal of Marketing Research, 2013.

［395］ Wang X, Yang Z, Inter-firm opportunism: A meta-analytic review and assessment of its antecedents and effect on performance, Journal of Business & Industrial Marketing, 2013.

［396］ Wathne K H and Heide J B, Opportunism in Interfirm Relationships: Forms, Outcomes, and Solutions, Journal of Marketing, 2000.

［397］ Williams J, E – commerce and agricultural commodity markets: E – commerce and the lessons from nineteenth century exchanges, American Journal of Agricultural Economics, 2001.

［398］ Williamson O E., Markets and Hierarchies: Analysis and Antitrust Implications, The Free Press, 1975.

［399］ Williamson O E., The Economic Institutions of Capitalism: Firms, Markets, Relational Contracting, The Free Press, 1985.

［400］ Williamson O E, Transaction Cost Economics and Organization Theory. N J, Swedberg R (eds). Economic Sociology, Princeton University Press, 1996.

［401］ Williamson O E, Credible Commitments: Using Hostages to Support Exchanges, American Economic Review, 1983.

［402］ Wu J H, Wang Y M, Measuring KMS success: A respecification of the DeLone and McLean's model, Information & Management, 2006.

［403］ Wuyts S and GeyskensI, The Formation of Buyer – Supplier Relationships: Detailed Contract Drafting and Close Partner Selection, Journal of Marketing, 2005.

［404］ Ambler T, Styles C, Wang X, The effect of channel relationships and guanxi on the performance of inter-province export ventures in the People's Republic of China, International Journal of Research in Marketing, 1999.

［405］ Xin K R, Pearce J L, Guanxi: Connections as substitutes for formal institutional support, Academy of Management Journal, 1996.

［406］ Yang Z and Wang C L, Guanxi as a Governance Mechanism in Business Markets: Its Characteristics, Relevant Theories, and Future Research Directions, Industrial Marketing Management, 2011.

［407］ Yang Z, Su C, Fam K – S, Dealing with institutional distances in international marketing channels: Governance strategies that engender legitimacy and efficiency, Journal of Marketing, 2012.

[408] Yang Z, Zhou C and Jiang L, When Do Formal Control and Trust Matter? A Context – Based Analysis of the Effects on Marketing Channel Relationships in China, Industrial Marketing Management, 2011.

[409] Yen D A, Barnes B R, Wang C L, The measurement of guanxi: Introducing the GRX scale, Industrial Marketing Management, 2011.

[410] Yilmaz C, Sezen B and Kabaday E T, Supplier Fairness as a Mediating Factor in the Supplier Performance-reseller Satisfaction Relationship, Journal of Business Research, 2004.

[411] Yin R K, Case study research: Design and methods, Sage Publications, Inc, 2009.

[412] Yu C J, Liao T and Lin Z, Formal Governance Mechanisms, Relational Governance Mechanisms, and Transaction – Specific Investments in Supplier – Manufacturer Relationships, Industrial Marketing, 2006.

[413] Zhang Q and Zhou K Z, Governing Interfirm Knowledge Transfer in the Chinese Market: The Interplay of Formal and Informal Mechanisms, Industrial Marketing Management, 2013.

[414] Zhao X, Lynch J G, Chen Q, Reconsidering Baron and Kenny: Myths and Truth about Mediation Analysis, Journal of Consumer Research, 2010.

[415] Zhou K Z, Poppo L, Exchange hazards, relational reliability, and contracts in China: The contingent role of legal enforceability, Journal of International Business Studies, 2010.

[416] Zhou K Z, Li J J, Sheng S and Shao A T, The Evolving Role of Managerial Ties and Firm Capabilities in an Emerging Economy: Evidence From China, Journal of the Academy of Marketing Science, 2014.

[417] Zhou K Z, Zhang Q, Sheng S, Xie E and Bao Y, Are Relational Ties Always Good for Knowledge Acquisition? Buyer-supplier Exchanges in China, Journal of Operations Management, 2014.

[418] Zhou K Z and Poppo L, Exchange Hazards, Relational Reliability, and Contracts in China: The Contingent role of Legal Enforceability, Journal of International Business Studies, 2010.

[419] Zhou K Z and Xu D, How Foreign Firms Curtail Local Supplier Opportunism in China? Detailed Contracts, Centralized Control, and Relational Governance, Journal of Internatinal Business Studies, 2012.

[420] Zhuang G J, Xi Y M and El – Ansary A, The Impact of Interpersonal

Guanxi on Exercise of Power in a Chinese Marketing Channel, Journal of Marketing Channels, 2008.

［421］Zviran M, Erlich Z, Measuring is user satisfaction: Review and implications, Communications of Ais, 2003.

后　记

这个研究项目是我带领的东北财经大学营销与流通研究团队继2009年完成的国家社会科学基金项目——深化农村流通体制改革的系统性研究（06BYJ089）和教育部人文社科重点研究基地重大项目——中国农产品流通市场体系构建与政府职能研究（06JJD630003）以后得到资助并完成的第三个涉农研究项目。2006年，我们获得前述两个研究项目立项时，研究团队刚刚进入农产品流通研究领域不久，因而那时我们的核心关注点有两个：一是要找到涉农流通问题的"感觉"；二是要找到能够体现我们团队比较优势的研究视角。为了解决第一个问题，在2006~2009年期间，我们的团队一方面针对农户、涉农企业和政府主管部门进行了大量的调研，深入农户家庭、企业和基层政府部门的调研让我们的团队成员很快找到了涉农流通问题的感觉。另一方面，我们也大量地检索和阅读了国内外的相关文献，这使得我们能够将调研活动中观察到的鲜活的问题和现象与理论文献中的研究问题尽快建立联系，这也有助于我们解决第二个核心关注点。在过去10余年的研究中，我们研究团队主要从我们熟悉和比较擅长的流通理论和市场营销理论（尤其是营销渠道相关的理论）视角展开对涉农流通问题的研究，这一研究视角让我们的研究能够与传统农业经济学视角的研究相互补充，从而也更加能够突出我们研究的一些特色和理论贡献。

这两个研究项目及其延伸研究的积累让我们的研究团队在过去10余年中成长了很多，他们当中有几位已经成长为教授和博士生导师，这也使得我们研究团队中补充了更多的博士生和硕士研究生力量。同时，我们也吸纳了东北财经大学其他对涉农问题有兴趣的青年教师加入研究团队，这也极大地加强了研究团队的力量。正是有了这些积累，我们才敢于在2012年投标本项目，并幸运地获得了资助。与此同时，也正是由于过去10余年的研究积累，以及更多对涉农流通问题有兴趣、有积累的年轻成员的加入，尽管教育部哲学社会科学重大课题攻关项目对研究成果有着很高的要求，我们还是对项目的研究及其可能产出的成果充满了兴奋与期待。

虽然在整个项目执行期间，我们的团队付出了相当的努力，也基本完成了立项申请书的承诺，但最终的研究成果却不无遗憾。首先，我们感到团队一直熟悉和擅长的流通与营销理论研究视角既为项目研究提供了优势，同时也对研究产生了一定的束缚。在 10 年前，我们团队刚刚进入农产品流通研究领域时，流通与营销理论的研究视角是比较新颖的，这使得我们产出了一批质量还很不错的研究成果。但在过去 10 年中，越来越多的国内流通与营销学者加入农产品流通研究领域中，传统农经院校的一些学者也跟进了这个研究方向，这使得这个研究视角下的理论创新空间变小了。在这样的情况下，研究团队相对同质的学科和专业背景就对研究的视野与创新空间产生了一定的束缚，研究很难突破既有的思维定势和路径，这对研究项目的最终成果产生了一定的影响。这也提醒我们，在未来的研究中，必须要拓展研究的视角，更多地吸纳多元专业背景的学者加入团队。

其次，团队成员更加专注于理论研究，产出的成果以学术论文为主，这造成了资政建议类研究成果的相对不足。我们不得不承认，团队成员低估了资政建议类成果的产出难度。由于团队成员均为东北财经大学的中青年教师和博士研究生，他们所受到的训练和一直以来的研究导向导致了另一种路径依赖。他们在研究中更多地强调对理论的贡献，以及理论研究的创新，这使得他们对解决农产品流通中实际问题的对策性研究关注不足。虽然我们在项目执行期间努力地矫正这一研究导向性的偏差，但项目产出成果中资政建议类成果的不足并没有得到根本性的矫正。这也提醒我们在未来的研究中，尤其是在农产品流通这一现实问题和政策问题特别突出的研究领域中，研究必须要学会"两条腿走路"，理论研究和对策研究需要并重，因为只有如此才能真正将研究做到"顶天立地"。

最后，团队中的新生力量，尤其是博士生，他们对充满现实问题的农产品流通问题研究兴趣不足，这使得通过研究项目培养与提升博士生以及青年教师的目标没有很好地实现。这种问题的出现可能来自两个方面的原因。一方面，我们的博士研究生均是市场营销专业，而在市场营销学科中，农产品流通或农产品营销是比较边缘的研究领域，并非主流。因而这些研究生对主流营销学研究的消费者行为或者网络营销更感兴趣，而对充满"乡土"气息的农产品流通问题兴趣不足。另一方面，我们的多数博士研究生都是"90 后"，出生、生长在城市，他们对农村问题缺乏天然的兴趣与了解，甚至会对农村问题产生一定的抵触情绪。这显然对我们团队未来的研究，尤其是继续对农产品流通问题展开研究提出了一定的挑战。

当然，结项报告的提交意味着研究项目的结束，以上遗憾只能留在未来研究中予以弥补。在这里，我要代表研究团队对在项目研究过程中给予我们大力支持和协助的组织和个人表示深深的感谢，没有这些支持和协助，项目研究是很难顺利完成的。

特别感谢在项目开题过程中以下专家对研究计划提出的富有洞见的建设性意见。他们是农业部市场与经济信息司陈丽水副巡视员、华南农业大学经济管理学院罗必良教授、中国社会科学院农村发展研究所苑鹏研究员、中国人民大学农业与农村发展学院程漱兰教授、北京工商大学洪涛教授。尤其特别感谢时任教育部社会科学司张东刚副司长、马建通处长对本项目开题与研究工作的大力支持！

特别感谢北京工商大学洪涛教授协助课题组在北京工商大学组织的专家咨询会！我们对与会专家一并表示感谢！他们是全国政协委员、原商务部部长助理黄海研究员、北京新发地农产品批发市场张玉玺董事长、中商流通生产力促进中心王德利副主任、农业部市场信息司张国处长、中商商业经济研究中心于淑华研究员、北京工商大学洪涛教授、郭馨梅教授和徐振宇教授。

感谢浙江大学中国农村发展研究院黄祖辉教授、华南农业大学经济管理学院罗必良教授、中国农业大学经济管理学院安玉发教授、西南财经大学工商管理学院周殿昆教授在项目研究过程中给予的大力支持与协助！

项目研究过程中，课题组进行了大量的调研，我们对在调研过程中给予我们大力支持和协助的人员致以深深的感谢！由于涉及人员众多，我们无法在此一一感谢，但没有你们的支持和协助，研究项目将很难顺利完成。我们特别感谢在项目调研过程中给予我们大力支持和协助的以下人员：商务部市场建设司农产品流通处李党会处长；辽宁省服务委市场秩序处张晓平处长、市场建设处赵庆源处长、生活服务业处佟庆忠处长、生产资料处张宇处长、物流处曹蕾处长、综合处刘文处长；辽宁省供销合作社联合社暴国栋副主任、合作指导处赵靖华处长、经济发展处张春颖处长；北京市新发地农产品批发市场张玉玺董事长、北京八里桥农产品批发市场赵尔烈总经理；甘肃省统战部梁春满部长、宁夏审计厅安武巡视员以及中和资产宁夏瑞衡分公司徐静旗总经理；大连市服务委流通处孙宇峰处长、生资处孙志超处长、储备处许成波处长、粮食行业处刘福焕处长、秩序处张熙东调研员；大连双兴批发市场果蔬部马骏总经理和李国志经理。

感谢农业经济、农产品流通及营销学等相关研究领域中众多文献的作者，这些研究文献为项目的研究提供了文献与理论基础。虽然我们尽量做到严谨地引用每一位学者的成果，但难免挂一漏万。我们也恳请学界同仁对我们的研究工作多提出建议与批评。

感谢时任东北财经大学党委书记艾洪德教授、校长李维安教授，及东北财经大学科研处、工商管理学院等部门对本项目研究的大力支持。

感谢课题组的每一位成员，没有他们的努力与投入，本书的研究任务是无法完成的。他们是刘凤芹教授、于左研究员、陈梅教授、张闯教授、汪旭晖教授、徐健教授、崔卫华教授、费威副教授、薛建强副教授、李健生副教授、丁秋雷副教授、刘子龙副教授、杨宜苗副教授、李文静副教授、李孟涛讲师、任博华讲师、杨旭讲师，以及我所带领的东北财经大学营销与流通研究团队的博士后秦建群博士和吕怀涛、田敏、杜楠、郝文艺、张其林、林让、李哲、孙大鹏等博士生。另外，还要感谢参加我们团队学术沙龙和讨论会的全体博士和硕士研究生，他们不仅部分地参与和分担了一些研究工作，在学术沙龙上提出的问题和讨论也启发了课题组成员的研究思路。

由于重大项目研究所涉及的研究范畴较为宽泛，本书是全体课题组成员研究成果的高度浓缩。本书各章的执笔人如下：丁涛和张闯（第一章）、薛建强（第二章）、张闯（第三章）、田敏、杜楠和张闯（第四、第五章）、汪旭晖和张其林（第六、第七章）、徐健和林让（第八章）、徐健和李哲（第九章）、秦建群（第十章）、费威（第十一章）、任博华和吕怀涛（第十二章）。全书最后由张闯和徐健二位教授协助我总撰定稿。

感谢经济科学出版社在本书出版、校对过程中给予的专业指导与帮助！

最后感谢我的家人多年来对我工作的理解、包容和奉献！

夏春玉

2017 年 11 月 15 日于大连

教育部哲学社会科学研究重大课题攻关项目成果出版列表

序号	书 名	首席专家
1	《马克思主义基础理论若干重大问题研究》	陈先达
2	《马克思主义理论学科体系建构与建设研究》	张雷声
3	《马克思主义整体性研究》	逄锦聚
4	《改革开放以来马克思主义在中国的发展》	顾钰民
5	《新时期 新探索 新征程——当代资本主义国家共产党的理论与实践研究》	聂运麟
6	《坚持马克思主义在意识形态领域指导地位研究》	陈先达
7	《当代资本主义新变化的批判性解读》	唐正东
8	《当代中国人精神生活研究》	童世骏
9	《弘扬与培育民族精神研究》	杨叔子
10	《当代科学哲学的发展趋势》	郭贵春
11	《服务型政府建设规律研究》	朱光磊
12	《地方政府改革与深化行政管理体制改革研究》	沈荣华
13	《面向知识表示与推理的自然语言逻辑》	鞠实儿
14	《当代宗教冲突与对话研究》	张志刚
15	《马克思主义文艺理论中国化研究》	朱立元
16	《历史题材文学创作重大问题研究》	童庆炳
17	《现代中西高校公共艺术教育比较研究》	曾繁仁
18	《西方文论中国化与中国文论建设》	王一川
19	《中华民族音乐文化的国际传播与推广》	王耀华
20	《楚地出土戰國簡册〔十四種〕》	陈 伟
21	《近代中国的知识与制度转型》	桑 兵
22	《中国抗战在世界反法西斯战争中的历史地位》	胡德坤
23	《近代以来日本对华认识及其行动选择研究》	杨栋梁
24	《京津冀都市圈的崛起与中国经济发展》	周立群
25	《金融市场全球化下的中国监管体系研究》	曹凤岐
26	《中国市场经济发展研究》	刘 伟
27	《全球经济调整中的中国经济增长与宏观调控体系研究》	黄 达
28	《中国特大都市圈与世界制造业中心研究》	李廉水

序号	书　名	首席专家
29	《中国产业竞争力研究》	赵彦云
30	《东北老工业基地资源型城市发展可持续产业问题研究》	宋冬林
31	《转型时期消费需求升级与产业发展研究》	臧旭恒
32	《中国金融国际化中的风险防范与金融安全研究》	刘锡良
33	《全球新型金融危机与中国的外汇储备战略》	陈雨露
34	《全球金融危机与新常态下的中国产业发展》	段文斌
35	《中国民营经济制度创新与发展》	李维安
36	《中国现代服务经济理论与发展战略研究》	陈　宪
37	《中国转型期的社会风险及公共危机管理研究》	丁烈云
38	《人文社会科学研究成果评价体系研究》	刘大椿
39	《中国工业化、城镇化进程中的农村土地问题研究》	曲福田
40	《中国农村社区建设研究》	项继权
41	《东北老工业基地改造与振兴研究》	程　伟
42	《全面建设小康社会进程中的我国就业发展战略研究》	曾湘泉
43	《自主创新战略与国际竞争力研究》	吴贵生
44	《转轨经济中的反行政性垄断与促进竞争政策研究》	于良春
45	《面向公共服务的电子政务管理体系研究》	孙宝文
46	《产权理论比较与中国产权制度变革》	黄少安
47	《中国企业集团成长与重组研究》	蓝海林
48	《我国资源、环境、人口与经济承载能力研究》	邱　东
49	《"病有所医"——目标、路径与战略选择》	高建民
50	《税收对国民收入分配调控作用研究》	郭庆旺
51	《多党合作与中国共产党执政能力建设研究》	周淑真
52	《规范收入分配秩序研究》	杨灿明
53	《中国社会转型中的政府治理模式研究》	娄成武
54	《中国加入区域经济一体化研究》	黄卫平
55	《金融体制改革和货币问题研究》	王广谦
56	《人民币均衡汇率问题研究》	姜波克
57	《我国土地制度与社会经济协调发展研究》	黄祖辉
58	《南水北调工程与中部地区经济社会可持续发展研究》	杨云彦
59	《产业集聚与区域经济协调发展研究》	王　珺

序号	书名	首席专家
60	《我国货币政策体系与传导机制研究》	刘 伟
61	《我国民法典体系问题研究》	王利明
62	《中国司法制度的基础理论问题研究》	陈光中
63	《多元化纠纷解决机制与和谐社会的构建》	范 愉
64	《中国和平发展的重大前沿国际法律问题研究》	曾令良
65	《中国法制现代化的理论与实践》	徐显明
66	《农村土地问题立法研究》	陈小君
67	《知识产权制度变革与发展研究》	吴汉东
68	《中国能源安全若干法律与政策问题研究》	黄 进
69	《城乡统筹视角下我国城乡双向商贸流通体系研究》	任保平
70	《产权强度、土地流转与农民权益保护》	罗必良
71	《我国建设用地总量控制与差别化管理政策研究》	欧名豪
72	《矿产资源有偿使用制度与生态补偿机制》	李国平
73	《巨灾风险管理制度创新研究》	卓 志
74	《国有资产法律保护机制研究》	李曙光
75	《中国与全球油气资源重点区域合作研究》	王 震
76	《可持续发展的中国新型农村社会养老保险制度研究》	邓大松
77	《农民工权益保护理论与实践研究》	刘林平
78	《大学生就业创业教育研究》	杨晓慧
79	《新能源与可再生能源法律与政策研究》	李艳芳
80	《中国海外投资的风险防范与管控体系研究》	陈菲琼
81	《生活质量的指标构建与现状评价》	周长城
82	《中国公民人文素质研究》	石亚军
83	《城市化进程中的重大社会问题及其对策研究》	李 强
84	《中国农村与农民问题前沿研究》	徐 勇
85	《西部开发中的人口流动与族际交往研究》	马 戎
86	《现代农业发展战略研究》	周应恒
87	《综合交通运输体系研究——认知与建构》	荣朝和
88	《中国独生子女问题研究》	风笑天
89	《我国粮食安全保障体系研究》	胡小平
90	《我国食品安全风险防控研究》	王 硕

序号	书　名	首席专家
91	《城市新移民问题及其对策研究》	周大鸣
92	《新农村建设与城镇化推进中农村教育布局调整研究》	史宁中
93	《农村公共产品供给与农村和谐社会建设》	王国华
94	《中国大城市户籍制度改革研究》	彭希哲
95	《国家惠农政策的成效评价与完善研究》	邓大才
96	《以民主促进和谐——和谐社会构建中的基层民主政治建设研究》	徐　勇
97	《城市文化与国家治理——当代中国城市建设理论内涵与发展模式建构》	皇甫晓涛
98	《中国边疆治理研究》	周　平
99	《边疆多民族地区构建社会主义和谐社会研究》	张先亮
100	《新疆民族文化、民族心理与社会长治久安》	高静文
101	《中国大众媒介的传播效果与公信力研究》	喻国明
102	《媒介素养：理念、认知、参与》	陆　晔
103	《创新型国家的知识信息服务体系研究》	胡昌平
104	《数字信息资源规划、管理与利用研究》	马费成
105	《新闻传媒发展与建构和谐社会关系研究》	罗以澄
106	《数字传播技术与媒体产业发展研究》	黄升民
107	《互联网等新媒体对社会舆论影响与利用研究》	谢新洲
108	《网络舆论监测与安全研究》	黄永林
109	《中国文化产业发展战略论》	胡惠林
110	《20世纪中国古代文化经典在域外的传播与影响研究》	张西平
111	《国际传播的理论、现状和发展趋势研究》	吴　飞
112	《教育投入、资源配置与人力资本收益》	闵维方
113	《创新人才与教育创新研究》	林崇德
114	《中国农村教育发展指标体系研究》	袁桂林
115	《高校思想政治理论课程建设研究》	顾海良
116	《网络思想政治教育研究》	张再兴
117	《高校招生考试制度改革研究》	刘海峰
118	《基础教育改革与中国教育学理论重建研究》	叶　澜
119	《我国研究生教育结构调整问题研究》	袁本涛 王传毅
120	《公共财政框架下公共教育财政制度研究》	王善迈

序号	书　名	首席专家
121	《农民工子女问题研究》	袁振国
122	《当代大学生诚信制度建设及加强大学生思想政治工作研究》	黄蓉生
123	《从失衡走向平衡：素质教育课程评价体系研究》	钟启泉 崔允漷
124	《构建城乡一体化的教育体制机制研究》	李　玲
125	《高校思想政治理论课教育教学质量监测体系研究》	张耀灿
126	《处境不利儿童的心理发展现状与教育对策研究》	申继亮
127	《学习过程与机制研究》	莫　雷
128	《青少年心理健康素质调查研究》	沈德立
129	《灾后中小学生心理疏导研究》	林崇德
130	《民族地区教育优先发展研究》	张诗亚
131	《WTO主要成员贸易政策体系与对策研究》	张汉林
132	《中国和平发展的国际环境分析》	叶自成
133	《冷战时期美国重大外交政策案例研究》	沈志华
134	《新时期中非合作关系研究》	刘鸿武
135	《我国的地缘政治及其战略研究》	倪世雄
136	《中国海洋发展战略研究》	徐祥民
137	《深化医药卫生体制改革研究》	孟庆跃
138	《华侨华人在中国软实力建设中的作用研究》	黄　平
139	《我国地方法制建设理论与实践研究》	葛洪义
140	《城市化理论重构与城市化战略研究》	张鸿雁
141	《境外宗教渗透论》	段德智
142	《中部崛起过程中的新型工业化研究》	陈晓红
143	《农村社会保障制度研究》	赵　曼
144	《中国艺术学学科体系建设研究》	黄会林
145	《人工耳蜗术后儿童康复教育的原理与方法》	黄昭鸣
146	《我国少数民族音乐资源的保护与开发研究》	樊祖荫
147	《中国道德文化的传统理念与现代践行研究》	李建华
148	《低碳经济转型下的中国排放权交易体系》	齐绍洲
149	《中国东北亚战略与政策研究》	刘清才
150	《促进经济发展方式转变的地方财税体制改革研究》	钟晓敏
151	《中国—东盟区域经济一体化》	范祚军

序号	书　名	首席专家
152	《非传统安全合作与中俄关系》	冯绍雷
153	《外资并购与我国产业安全研究》	李善民
154	《近代汉字术语的生成演变与中西日文化互动研究》	冯天瑜
155	《新时期加强社会组织建设研究》	李友梅
156	《民办学校分类管理政策研究》	周海涛
157	《我国城市住房制度改革研究》	高　波
158	《新媒体环境下的危机传播及舆论引导研究》	喻国明
159	《法治国家建设中的司法判例制度研究》	何家弘
160	《中国女性高层次人才发展规律及发展对策研究》	佟　新
161	《国际金融中心法制环境研究》	周仲飞
162	《居民收入占国民收入比重统计指标体系研究》	刘　扬
163	《中国历代边疆治理研究》	程妮娜
164	《性别视角下的中国文学与文化》	乔以钢
165	《我国公共财政风险评估及其防范对策研究》	吴俊培
166	《中国历代民歌史论》	陈书录
167	《大学生村官成长成才机制研究》	马抗美
168	《完善学校突发事件应急管理机制研究》	马怀德
169	《秦简牍整理与研究》	陈　伟
170	《出土简帛与古史再建》	李学勤
171	《民间借贷与非法集资风险防范的法律机制研究》	岳彩申
172	《新时期社会治安防控体系建设研究》	宫志刚
173	《加快发展我国生产服务业研究》	李江帆
174	《基本公共服务均等化研究》	张贤明
175	《职业教育质量评价体系研究》	周志刚
176	《中国大学校长管理专业化研究》	宣　勇
177	《"两型社会"建设标准及指标体系研究》	陈晓红
178	《中国与中亚地区国家关系研究》	潘志平
179	《保障我国海上通道安全研究》	吕　靖
180	《世界主要国家安全体制机制研究》	刘胜湘
181	《中国流动人口的城市逐梦》	杨菊华
182	《建设人口均衡型社会研究》	刘渝琳
183	《农产品流通体系建设的机制创新与政策体系研究》 ……	夏春玉